T0155816

C. Müller-Schloer · E. Schmitter (Hrsg.)

RISC-Workstation-Architekturen

Prozessoren, Systeme und Produkte

Mit 270 einfarbigen und 8 mehrfarbigen Abbildungen

Springer-Verlag

Berlin Heidelberg NewYork London Paris
Tokyo Hong Kong Barcelona Budapest

Dr.-Ing. Christian Müller-Schloer

Universitätsprofessor, Institut für Rechnerstrukturen
und Betriebssysteme, Universität Hannover

Dipl.-Math. Ernst Schmitter

Leiter der Fachabteilung Rechnerarchitekturen,
Zentralabteilung Forschung und Entwicklung,
Siemens AG, München

ISBN 3-540-54050-4 Springer-Verlag Berlin Heidelberg New York

CIP-Titelaufnahme der Deutschen Bibliothek
RISC-Workstation-Architekturen : Prozessoren, Systeme und
Produkte / C. Müller-Schloer ; E. Schmitter (Hrsg.). - Berlin ;
Heidelberg ; NewYork ; London ; Paris ; Tokyo ; Hong Kong ;
Barcelona ; Budapest : Springer, 1991
  ISBN 3-540-54050-4 (Berlin ...)
NE: Müller-Schloer, Christian [Hrsg.]

Satz: Reproduktionsfertige Vorlagen der Herausgeber
Druck: Color Druck Dorfi GmbH, Berlin; Bindearbeiten: Lüderitz & Bauer, Berlin
62/3020-543210 - Gedruckt auf säurefreiem Papier

Vorwort

"Rechenleistung an den Arbeitsplatz!" und "Jedem Entwickler seinen eigenen Rechner!" Die Realisierung dieser Forderungen moderner Datenverarbeitung bestimmt wesentlich das weltweite Marktvolumen für den Rechnereinsatz. Der Wunsch nach immer höherer Rechenleistung, das Angebot hoher Verarbeitungsgeschwindigkeit, die Erschließung neuer und komplexerer Anwendungsfelder, die Verbesserung der Technologien und die Erweiterungen der Systemfunktionen sind Kriterien, die durch die Bereitstellung zentraler Rechenkapazitäten der Mainframes nicht mehr allein befriedigt werden können. Dezentralisierung von Rechenleistung und kooperative Strategien der Zusammenarbeit im Verbund sind Motivation und Motor für die Entwicklung heutiger professioneller Workstations.

Faktoren für den Erfolg der Workstations, der sich mittelfristig in Wachstumsraten von 30% pro Jahr ausdrückt, sind: *Technologie*, die höchste Rechenleistung auf kleinstem Raum ermöglicht, *Architektur*, die diese Möglichkeiten in Verarbeitungsleistung umsetzt, *Graphik*, die die notwendigen leistungsfähigen Benutzeroberflächen schafft, *Vernetzung*, die sich bei Aufgabenverteilung und Kooperation auf Standards der Kommunikation stützt, und nicht zuletzt ein *Standard-Betriebssystem* als Basis für die breite Verfügbarkeit von Anwender-*Software*.

Das Aufkommen von *RISC-Konzepten* (Reduced Instruction Set Computer) sorgte für einen Leistungssprung bei Prozessoren und Rechensystemen und eröffnet den Workstations neue Leistungsbereiche und Anwendungen. Daneben ist der Erfolg der Workstation in den letzten 10 Jahren untrennbar verknüpft mit der Entwicklung des allgemein verfügbaren und weitgehend standardisierten Betriebssystems UNIX.

Workstations sind im Begriff, eine eigenständige Rechnerklasse zu werden. Ihre stürmische Entwicklung bringt es mit sich, daß häufig die an sich notwendige Systematik und Begriffsklärung zu wünschen übrig lassen. Dieses Buch faßt die für Workstations wichtigsten Architekturaspekte zusammen: RISC- und Pipeline-

Konzepte für die Prozessoren, Speicherarchitekturen und Busse für die Ebene der Systemarchitektur, Graphik für fortschrittliche Benutzeroberflächen, Vernetzung für die Kooperation verteilter Systeme und das Betriebssystem UNIX als Basis für die Portierbarkeit von Anwender-Software.

Moderne RISC-Workstations weisen in ihrer Architektur eine Reihe von Ähnlichkeiten auf, müssen sich andererseits aber am Markt voneinander absetzen: ihre Gemeinsamkeiten werden beschrieben und die Unterschiede verdeutlicht, indem die wichtigsten Prinzipien, die grundlegenden Komponenten, deren Zusammenspiel und die wechselseitigen Einflüsse ausführlich behandelt werden. Das Buch möchte für den Leser Entwicklungsentscheidungen nachvollziehbar machen und in der verwirrenden Vielfalt von Design-Aspekten einen Beitrag zur Übersichtlichkeit leisten.

Die einzelnen Kapitel sind dabei so gestaltet, daß sie zum einen eigenständig den Themenschwerpunkt ausführlich diskutieren und dann häufig vernachlässigte Aspekte einer Architekturentwicklung aufarbeiten. Sie erfassen so mehr, als im engeren Sinn zur Beschreibung einer Workstation-Architektur notwendig ist. Darüberhinaus sind die Ausführungen über die Workstation-Komponenten wie Prozessor, Pipeline, Speicher und Bus unter besonderer Berücksichtigung der RISC-Konzepte geschrieben, wo sie ein neues zusätzliches Gewicht bekommen. Die entscheidenden Kriterien werden am Beispiel einer "Referenz"-Workstation BWS '91 noch einmal zusammengefaßt. Die reale Welt heutiger RISC-Workstations beleuchten die Produktbeschreibungen einiger führender Workstation-Hersteller. Das Stichwortverzeichnis und ganz besonders das ausführliche Glossar sollen eine schnelle Orientierung auch für denjenigen ermöglichen, der nicht den gesamten Stoff durcharbeiten möchte.

Motivation und Konzept für dieses Buch entsprangen den Erkenntnissen, die bei der Durchführung von Seminaren zum Thema RISC-Workstation-Architekturen gewonnen wurden. Diese beruhen auf Erfahrungen der Autoren, die auch im Zentralbereich Forschung und Entwicklung der Siemens AG bei der Konzeption neuer Workstation-Architekturen erarbeitet wurden. Dementsprechend zeichnen folgende Mitarbeiterinnen und Mitarbeiter für die einzelnen Kapitel verantwortlich:

Kapitel 1:   "Überblick Workstation-Architekturen"
              Christian Müller-Schloer

Kapitel 2:   "RISC-Grundlagen"
              Christian Müller-Schloer

Kapitel 3:   "Pipelining"
              Eberhard Schäfer

Das Buch wendet sich in gleicher Weise an Studenten, Anwender, Entwickler und technische Manager, die sich umfassend mit den Architekturkonzepten, den Entwicklungskriterien und den Einsatzmöglichkeiten von Workstations auseinandersetzen. Es versteht sich dabei als Ergänzung zu neuerer Literatur über RISC-Architekturen und möchte einen Beitrag zur Abrundung der Themen RISC und Workstation erbringen.

Ein besonderes Anliegen der Herausgeber ist es, sich an dieser Stelle bei allen zu bedanken, die zum Gelingen des Buches beigetragen haben. Der herzliche Dank geht zunächst an die Autoren der Kapitel, insbesondere an Herrn Erwin Thurner, der sich um die Gestaltung und Realisierung des Buches engagiert verdient gemacht und die Fertigstellung unermüdlich und mit Geduld vorangetrieben hat. Nicht zu vergessen sind außerdem Frau Ute Zeiser, Frau Christa Singer und Frau Charlotte Lorenz, die die Autoren beim Schreiben und der Fertigstellung des Manuskriptes mit viel Einsatz unterstützt haben. Schließlich gilt der Dank noch den verständnisvollen Vorgesetzten, die die Idee zu diesem Buch mitgetragen und die entsprechenden Arbeitsbedingungen bereitgestellt haben.

München, im Frühjahr 1991   Chr. Müller-Schloer   E. Schmitter

Inhaltsverzeichnis

1 Überblick Workstation-Architekturen

1.1 Der Trend zur Workstation

1.1.1 Dezentralisierung

Der weltweite Workstation-Markt wächst seit dem Ende der 80er Jahre um jährlich 30% bis 40%, der der Großrechner um 10%. Die Auslastung von Rechenzentren, die noch zu Beginn der 80er Jahre fast ausschließlich die Rechenleistung für Unternehmen, Verwaltungen oder Hochschulen zur Verfügung stellten, ist eher rückläufig, zumindest was die technischen Anwendungen betrifft. Statt immer neue, immer leistungsfähigere Großrechner in Betrieb zu nehmen, setzen sie sich nun vermehrt mit den Problemen der Verwaltung von Workstation-Netzen, also von dezentralen Rechnerkonfigurationen, auseinander.

Die Tendenz zur Dezentralisierung zeigt sich an vielerlei Stellen und auf unterschiedlichen Ebenen in der Architektur von Rechnersystemen:

- Auf einen oder wenige Großrechner (Mainframes) konzentrierte Leistung und Funktionalität wird auf viele kleine, und für sich genommen einfacher handhabbare, Systeme verteilt.

- Hierarchische Organisationsformen weichen einer vernetzten Struktur mit prinzipiell gleichrangigen, aber trotzdem spezialisierten Ressourcen.

- Statt Stand-alone-Lösungen werden kooperative Strategien bevorzugt, wie z. B. im Bereich der numerischen Simulation, wo Vektorprozessoren für das Höchstleistungs-"Number Crunching" zuständig sind, während Workstations benutzernahe Aufgaben wie z. B. die Visualisierung der Ergebnisse übernehmen.

- Homogene, von einem einzigen Unternehmen stammende Rechnerlandschaften weichen heterogenen Netzen mit Knoten unterschiedlicher Hersteller. Das Zusammenarbeiten unterschiedlicher Rechner ist wiederum nur möglich, wenn man sich auf Standards einigt und Systemschnittstellen offenlegt. Der Übergang von geschlossenen zu offenen, von eng verflochtenen zu modularen Systemen ist also zugleich Ursache und Folge der Dezentralisierung der Datenverarbeitung.

Als Gegenpol und dezentrale Ergänzung der klassischen Mainframes hat sich – beginnend etwa 1980 – die *Workstation* einen festen Platz erobert.

1.1.2 Definition und Abgrenzung

Kristallisationspunkt für das Entstehen der neuen Rechnerklasse der Workstations waren die Mikroprozessoren 680x0 der Firma Motorola. Im Rahmen seiner Doktorarbeit an der Stanford University baute Andreas von Bechtolsheim 1981 einen kompakten Ein-Platinen-Rechner, basierend auf dem Prozessor 68000. Das Projekt, in dem dieser Rechner entstand, trug den Namen "Stanford University Network", kurz Sun. Diese frühen Workstations waren charakterisiert durch die Kombination von 680x0-Architektur, UNIX als Betriebssystem und – etwas später – Vernetzung über Ethernet. Einsatzgebiet war hauptsächlich der technische Bereich (Schaltungsentwicklung, Software-Entwicklung). Frühe Vertreter der Workstation-Gattung und ihre spätere Entwicklung sind in Tabelle 1-1 zusammengestellt.

Tabelle 1-1: Die frühen Workstations

Hersteller	Prozessor	Betriebssystem	heutiger Stand
SUN	68 0x0	UNIX	→RISC
Daisy	i 80 86	eigenes Betriebssystem	-
Valid	68 0x0	UNIX	-
Perq	AMD bit slice	eigenes Betriebssystem	-
Apollo	68 0x0	AEGIS / UNIX	→RISC, →CISC

Die Konkurrenz von unten: Personal Computer

Neben diesen Workstations wurde sehr schnell ein weiteres Ein-Platz-System populär: der Personal Computer (PC). Seine Eigenschaften sind bestimmt durch den Erstanbieter IBM, das Betriebssystem MS-DOS und die Prozessorbasis Intel 80x86. Sieht man vom Prozessor ab, so unterscheidet sich die Architektur eines

PC nicht grundlegend von der einer Workstation. Allerdings war die Leistung eines PC, bedingt durch die Mitte der 80er Jahre verfügbaren Intel-Prozessoren, eher im unteren Bereich angesiedelt. Mit einer Neuorientierung der Intel-Prozessoren weg vom Controller-Bereich und hin zur General Purpose-Leistung, wie sie bei der 80x86-Familie zu beobachten ist, werden Hochleistungs-PCs wohl in den klassischen Workstation-Markt eindringen. Herausragendes Merkmal wird MS-DOS bzw. OS/2 bleiben sowie die extrem breite Basis binärkompatibler Software.

Die Differenzierung der Workstations als Hochleistungsmaschinen wird in Zukunft davon abhängen, ob die dort eingesetzten Prozessoren den Vorsprung vor den traditionellen Prozessoren halten können. Dies kann, zumindest für einige Zeit, gelingen durch Einsatz leistungsfähiger neuer Architekturen. RISC-Prozessoren dürften deshalb in den nächsten Jahren die Workstation-Landschaft wesentlich bestimmen, während die PC-Architekturen weiterhin von Intel und IBM geprägt sein werden.

Die Konkurrenz von oben: Server

Ein Computer mit einer Leistung von 15 MIPS hat noch vor nicht allzu langer Zeit ausgereicht, eine Vielzahl von Benutzern im Time-Sharing-Betrieb zu bedienen. Es liegt deshalb nahe, Rechner, die aus einem oder mehreren Mikroprozessoren mit einer solchen Leistung bestehen, vielen Benutzern zur Verfügung zu stellen. Damit können teure Ressourcen wie Drucker, Platten oder externe Netzanschlüsse besser ausgelastet werden. Allerdings bedeutet der Einsatz von Servern wieder eine Art von Zentralisierung, jedenfalls dann, wenn sie wie früher mit "dummen" Terminals betrieben werden.

Eine solche Aufgabenteilung in Benutzeroberfläche und Rechenleistung wird neuerdings wieder durch Einsatz sogenannter X-Terminals angestrebt: diese sind ausgerüstet mit einem Prozessor mittlerer Leistungsfähigkeit (z. B. 68020), nicht frei programmierbar, und bieten ausschließlich die Funktionen der Benutzeroberfläche X Window System. Eine solche Aufgabenteilung hat aber nur so lange Bestand wie

– das X-Terminal deutlich billiger ist als eine Low End-Workstation, und

– der Server deutlich leistungsfähiger ist als die Workstation bzw. durch gemeinsame Nutzung von Ressourcen Kostenvorteile bietet.

Neben den Servern auf Basis von Mikroprozessoren werden zukünftige Rechnerlandschaften weiterhin die klassischen Mainframes, Vektorprozessoren, Datenbankmaschinen, On-line-transaction-processing- (OLTP-) Maschinen und in zunehmendem Maß Spezial-Server z. B. für Simulationsaufgaben umfassen.

Ein Low End-Server ist weitgehend identisch mit einer Workstation, ausgenommen die Graphikfähigkeit. Er ist jedoch hinsichtlich Rechenleistung und Peripherie nach oben ausbaubar.

Tabelle 1-2 gibt Kriterien für die Abgrenzung zwischen PC, Workstation und Server an.

Tabelle 1-2: Abgrenzung PC - Workstation - Server

	PC	Workstation	Server
Anzahl Benutzer	1	1	>1
Leistung 1991	niedrig bis mittel	mittel bis hoch	hoch
Leistung 1995	niedrig bis hoch	niedrig bis hoch	hoch bis sehr hoch
Prozessor	Intel 80x86	(680x0) RISC	80x86 | 680x0 | RISC | Spezialprozessoren
Betriebssystem	MS-DOS OS/2	UNIX	UNIX und andere
Graphikfähigkeit	gut	sehr gut	keine

1.1.2 Fünf Erfolgsfaktoren für Workstations

Der Trend weg vom Großrechner hin zum Minicomputer, später zur Workstation und zum Personal Computer (PC) begann bereits Anfang der 60er Jahre mit Einführung der PDP-Rechner von Digital Equipment Corporation. Für den heutigen hohen Leistungsstand von Arbeitsplatzsystemen sind im wesentlichen fünf Faktoren verantwortlich:

Technologie

Die schnelle und stetige Entwicklung der Halbleitertechnologie hat die Voraussetzung dafür geschaffen, auf kleinstem Raum höchste Rechenleistung zur Verfügung zu stellen. Und noch wichtiger: neben der absoluten Leistung wurde auch das Preis-Leistungs-Verhältnis entscheidend verbessert. Nimmt man die Integer-Leistung als Maßstab – gemessen in MIPS/$ (MIPS = *million instructions per second*, siehe Kapitel 2, "RISC-Grundlagen") – so wurde in den letzten 30 Jahren eine Verbesserung um einen Faktor von mehr als 1 Million erreicht [GELS 89].

Neben den Fortschritten der Höchstintegrationstechnik dürfen die drastischen technologischen Verbesserungen auf dem Gebiet der magnetischen und magneto-optischen Massenspeicher nicht vergessen werden, die unabhängige Arbeitsplatzrechner erst möglich gemacht haben.

Architektur

In der Datentechnik ist es Aufgabe der Architektur, die Möglichkeiten , die die Technologie schafft, zu realisieren. Mit der Entwicklung der Reduced Instruction Set Computer (RISC) wurde die Leistung, gemessen in MIPS, zum zentralen Optimierungskriterium. Auch wenn die Angabe der Prozessorleistung bei weitem kein vollständiges Bild von der Nützlichkeit eines Rechners bietet, so ist es doch im wesentlichen ein Verdienst der RISC-Architekten, den Wettbewerb um höhere Leistungen gestartet zu haben: Leistung ist nicht alles, aber ohne hinreichende Leistung wären Workstations nicht denkbar. Allein von 1980 bis 1990 wurde die Leistung Mikroprozessor-basierter Systeme um den Faktor 25 gesteigert.

Graphik als Benutzerschnittstelle

Dezentralisierung der Datenverarbeitung muß nicht heißen, daß alle Anwendungen unbedingt auf eine Vielzahl kleiner Rechner verteilt werden. Sie gibt vielmehr die Möglichkeit, die unterschiedlichen Teile einer Applikation jeweils dort anzusiedeln, wo sie am effizientesten unterstützt werden. Workstations ermöglichen es in idealer Weise, aufwendige Graphikoberflächen direkt am Arbeitsplatz anzubieten, da dafür eine sehr enge Kopplung zwischen Bildschirm, Graphikeinheit und Central Processing Unit (CPU) notwendig ist.

Neben der Verarbeitungsleistung einer Workstation (gemessen in MIPS) ist heute ihre Graphikleistung ein herausragendes Merkmal. Es ist sogar denkbar, daß in Zukunft die auf die Graphik spezialisierte Leistungskomponente wichtiger wird als die CPU-Leistung: Die Workstation wird dann zum Informationsmanager und Visualisierungshilfsmittel für Daten, die anderswo im Netz entstehen.

Vernetzung

Aufgabenverteilung und Kooperation erfordert die schnelle Übertragung immer größerer Datenmengen. Workstations und mit ihnen im Verbund arbeitende Rechner benötigen standardisierte Datenverbindungen im lokalen Bereich (Local Area Network: LAN) und im Fernbereich (Metropolitan Area Network: MAN; Integrated Services Data Network: ISDN oder in Zukunft das Breitband-ISDN). Das im LAN-Bereich zum Standard gewordene Ethernet hat hier Pionierarbeit geleistet.

Software

Entscheidend für den Markterfolg eines Rechners, sei es ein Mainframe oder eine Workstation, ist die Verfügbarkeit von Anwender-Software. Entscheidend für das Entstehen einer hinreichend großen Software-Palette ist die Verbreitung und Stabilität des zugrundeliegenden Betriebssystems. Das in AT&T-Lizenz allgemein verfügbare, weitgehend standardisierte Betriebssystem UNIX ist daher untrennbar mit dem Erfolg der Workstations verbunden (AT&T: American Telephone and Telegraph Corporation).

1.1.3 Das Client-Server-Modell

Workstations sind kein Ersatz für die Mainframes, sondern eine Ergänzung. Deshalb muß die geordnete Zusammenarbeit zwischen ihnen und anderen Rechnern in einem Netzverbund geregelt werden. Das Modell, welches die Beziehungen zwischen unterschiedlichen Netzteilnehmern am besten beschreibt, ist das *Client-Server-Modell*.

Die vernetzte Systemarchitektur bringt es mit sich, daß keine festen hierarchisch gegliederten Abhängigkeiten mehr bestehen. Das Zusammenwirken der Komponenten – seien dies nun Rechner oder Programme – kann hier angemessener beschrieben werden durch ein Modell wechselnder Auftraggeber-Auftragnehmer-Verhältnisse. Dabei kann der Auftraggeber (Client) seine Aufträge an viele Auftragnehmer (Server) geben, umgekehrt erfüllt ein Server die Aufträge vieler Clients (vgl. [NEHM 90]).

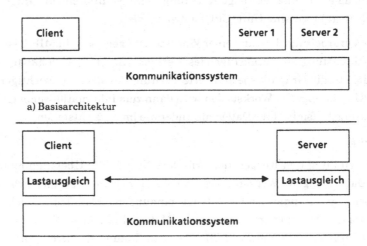

a) Basisarchitektur

b) Client-Server-Architektur mit intelligenten Netzfunktionen

Bild 1-1: Client-Server-Architektur

Der Vorteil einer Client-Server-Architektur liegt in ihrer sauberen Modularität: es wird klar unterschieden nach Infrastruktur (Kommunikationssystem, Verwaltung der Client/Server-Objekte) und ihren Nutzern (Clients, Server) (Bild 1-1). Ein Vorteil ist die modulare Erweiterbarkeit, z. B. durch Einbau neuer Server, oder die Änderung einer Implementierung bei konstanter Schnittstelle, also ohne daß der Client davon wissen muß. Selbst das Kommunikationssystem läßt sich transparent austauschen, z. B. beim Übergang von einer Ethernet- auf eine FDDI-Implementierung (FDDI: *fibre distributed data interface*).

Besonders attraktiv erscheint es, dem Kommunikationssystem, wiederum transparent für den Anwender, zusätzliche intelligente Funktionen wie etwa den Lastausgleich zu übertragen.

1.2   Einsatz von Workstations

Die Domäne der Workstations ist der professionelle Einsatz. Dies sind zunächst definitionsgemäß die Arbeitsplätze für Entwickler und Techniker, aber zunehmend auch Bürosysteme und Anwendungen für Entwurfsaufgaben. Schwerpunkt der ersten Systeme war der Bereich Computer Aided Design (CAD) für Elektronik (ECAD) und Mechanik (MCAD). Workstations wie Daisy und Valid, die sich ausschließlich auf CAD spezialisiert hatten, wurden jedoch wegen der zu schmalen Basis bald von der Entwicklung überholt. Trotzdem bildet der technische Einsatz mit etwa 89% im Jahr 1990 nach wie vor den Schwerpunkt der Workstation-Anwendungen. Kommerzielle Anwendungen werden nach neueren Schätzungen jedoch von 11% in 1990 auf etwa 25% in 1993 bei einer Verdoppelung des gesamten Workstation-Marktvolumens zunehmen [DATA 90], was zugleich eine Steigerung dieses Marktvolumens von über 450 % bedeutet. (Bild 1-2).

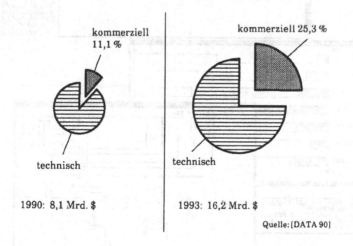

Bild 1-2: Technischer und kommerzieller Einsatz von Workstations

Besonders starke Wachstumsraten können für alle mit Graphik verbundenen Anwendungen erwartet werden. Hierzu zählen die Schnittbildanalyse in der medizinischen Diagnostik, die Visualisierung komplexer wissenschaftlicher Daten, die Animation von Abläufen im computerunterstützten Unterricht oder das Design von Gebäuden, Möbeln und anderen Objekten mit realistischen Beleuchtungsmodellen.

Die für Workstations verfügbare Anzahl von Anwendungen wächst täglich. Stellvertretend für viele seien im folgenden einige wenige herausgegriffen.

Computer Aided Design für Elektronik (ECAD)

ECAD-Systeme unterstützen den gesamten Entwurfsablauf integrierter Schaltungen und Baugruppen. Der graphischen Erfassung der Schaltung am Bildschirm folgt eine Überprüfung auf Einhaltung von Entwurfsregeln, eine Formatübersetzung und die Simulation mit realistischen Stimuli-Daten. Die Auswertung der graphisch dargestellten Simulationsergebnisse gibt Hinweise auf Fehler oder Entwurfsschwächen. Das verifizierte Entwurfsergebnis dient direkt zur Steuerung der Fertigungsabläufe. Bild 1-3 zeigt einen ECAD-Bildschirm mit einem Schaltungsausschnitt und zugehörigen Simulationsergebnissen.

Verstärkte Beachtung findet in diesem Zusammenhang das Problem der Arbeitsgruppen-Organisation: Ziel ist die gemeinsame Arbeit an einem Entwurf durch ein Expertenteam, das u. U. weltweit verteilt sein kann. Zentrale Anforderungen

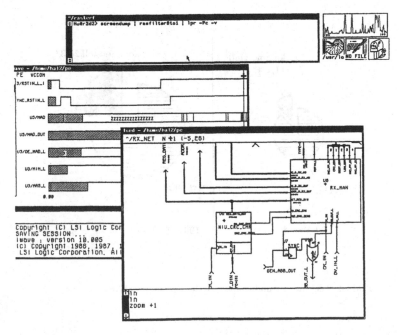

Bild 1-3: ECAD-Bildschirm

an ECAD-Workstations sind: große zentrale Datenhaltung, hohe CPU-Leistung für die Simulation und – für Erfassung und Auswertung – 2D-Farbgraphik.

Computer Aided Design für Mechanik (MCAD)

MCAD-Systeme unterstützen Konzeption, Konstruktion, Modellbildung und Analyse mechanischer Bauteile. Mit steigender Graphikleistung der Workstations werden die einfachen "Drahtmodelle" durch Oberflächenmodelle abgelöst. Existierende Zeichnungen können über Scanner eingelesen werden. Eine Entwurfsüberprüfung kann z. B. durch eine Finite-Elemente-Modellierung und Simulation erfolgen. Auch im Fall von MCAD können die Entwurfsdaten direkt an Fertigungsautomaten weitergegeben werden.

Wesentliche Eigenschaften von MCAD-Workstations sind die hohe Graphikleistung (3D, Farbe, Schattierung) und – für die Simulation – hohe CPU-Leistung im Integer- und Floating Point-Bereich.

Computer Aided Software Engineering (CASE)

Nicht zuletzt durch die Verfügbarkeit preisgünstiger Hardware wird der Bedarf an Anwender-Software immer höher. CASE-Umgebungen haben das Ziel, die Produktivität der Software-Entwicklung und -Wartung zu erhöhen. Angeboten werden für unterschiedlichste Sprachen und Zielmaschinen die klassischen Hilfsmittel wie (Cross-) Assembler, (Cross-) Compiler, Linker, Debugger, Bibliotheken, Diagnosetools, Optimierer und Simulatoren für Laufzeitumgebungen.

Ähnlich wie bei ECAD und MCAD spielt auch hier die geordnete Zusammenarbeit größerer Gruppen eine immer wichtigere Rolle. Dies wird unterstützt durch zentrale Datenhaltung und Tools für Projektmanagement, Terminüberwachung, Versionskontrolle, Datensicherung und Systemverwaltung.

Speziell für Alt-Software kommen Werkzeuge für die automatische Dokumentation und Analyse zum Einsatz. Gemessen an MCAD und ECAD sind die Anforderungen an CASE-Workstations gering: gefordert werden mittlere CPU-Leistung und graphische Benutzeroberflächen mit guter Interaktivität, wofür aber oft schwarz-weiße 2D-Graphik ausreicht.

Büro und Electronic Publishing

Die Ansprüche an die Gestaltung von Texten gehen heute weit über die Möglichkeiten einer einfachen Textverarbeitung hinaus. Produkte wie Frame Maker, Viewpoint und Interleaf befriedigen bereits professionelle Bedürfnisse. Sie unterstützen neben der Textverarbeitung auch die Erstellung von Graphiken, die Kombination von Text, Graphik und Bildinformation sowie unterschiedliche Buchstabenfonts. Sie bieten Funktionen für die Bucherstellung und Verwaltung großer Loseblattsammlungen, für Layout-Erstellung und verfeinerte Typographie.

Von Künstlern vorgefertigtes Material ("Clip Art") wird bereits in Form von Bibliotheken angeboten, wo man Bilder von Menschen, Computern, Landkarten, Tieren, Geldscheinen u.a.m. finden kann.

Die beschriebenen Einsatzarten werden unter dem Begriff "Desk Top Publishing" (DTP) zusammengefaßt. Die Anforderungen an für Desk Top Publishing geeignete Workstations sind zunächst nicht sehr hoch: schwarz-weißer Bildschirm mittlerer Auflösung und interaktive Benutzeroberfläche. Sie lassen sich allerdings fast beliebig steigern, wenn professionelle Druckqualität zum Maßstab genommen wird.

Finanzdienstleistungen

Eine nichttechnische Anwendung von Workstations, die neuerdings stärkere Verbreitung findet, sind die Finanzdienstleistungen. Hier werden komplexe Finanzdaten übersichtlich aufbereitet, analysiert und als Entscheidungsgrundlage für Dispositionen verwendet. Ausschlaggebend ist dabei der Zugang zu aktuellsten Informationen in einschlägigen Datenbanken. Dafür geeignete Workstations müssen vor allem gute Graphikeigenschaften und Zugang zu Kommunikationsnetzen besitzen.

Design, Visualisierung, Animation

Als Fernziel der graphikorientierten Workstation kann die Multi-Media-Station gelten: Sie erlaubt die Kombination herkömmlicher Text- und Icon-orientierter Bildschirminhalte mit hochaufgelösten Stand- oder Bewegtbilddaten verschiedener Quellen, so z. B. von CD-ROM, Videorecorder oder von Breitbandnetzen. Damit werden Anwendungen etwa im Design von Einrichtungsgegenständen oder Kunstobjekten möglich. Der simulierte Gang durch das noch nicht in Realität existierender Gebäude hilft dem Architekten, Entwurfsfehler zu vermeiden. Auf der Basis von Beleuchtungsmodellen wird ein naturgetreuer Eindruck erreicht. Workstations dieser Art erlauben schließlich photorealistische Darstellungen bis hin zur "virtuellen Realität" (vgl. z. B. [WRIG 90, DEGR 90, UPSO 90]).

1.3   Leistung und Kosten

1.3.1 Das Gesetz von Joy

Bill Joy, bei SUN Microsystems für Forschung und Entwicklung zuständig, hat aus der Leistungsentwicklung von Mikroprozessoren und Workstations der letzten Jahre geschlossen, daß auch in Zukunft eine jährliche Verdopplung der Leistung zu erwarten ist. Nach John Hennessy, Stanford University, können Steige-

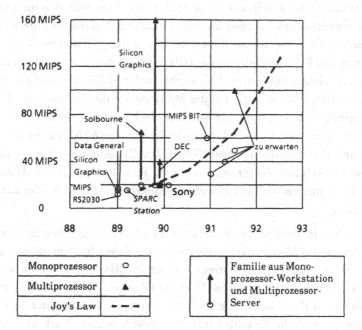

Bild 1-4: Aktuelle RISC-Workstations bzw. Server und Joy's Law

rungsraten von 50 bis 100% pro Jahr für die nächsten vier Jahre erwartet werden [HENN 90].

In Bild 1-4 ist die Leistung von RISC-Workstations (gemessen in MIPS) über dem Jahr ihrer ersten Verfügbarkeit aufgetragen. Das Gesetz von Joy (Joy's Law) ist als gestrichelte Kurve eingezeichnet.

1.3.2 Kostenoptimierung oder Leistungsoptimierung?

Interessanter als die überall in der Elektronik vorzufindende exponentielle Wachstumskurve ist die Beobachtung, daß der Workstation-Markt sich in zwei Bereiche unterteilen läßt (Bild 1-4): unterhalb von Joy's Kurve sind die *kosten-bestimmten*, oberhalb die *leistungsbestimmten* Maschinen angesiedelt.

Kostenbestimmte Workstations sind heute aufgebaut mit Monoprozessoren in Standardtechnologie, d. h. CMOS. Einsparungsmöglichkeiten auf Kosten der Leistung ergeben sich auch durch Reduzierung der externen Cachegröße oder durch Verwendung langsamerer Speicherbausteine (vgl. [HAFE 90]). Außer bei den für die elektronischen Bauteile anfallenden Kosten kann auch beim mechanischen

Aufbau eingespart werden. Verzichtet man auf die Erweiterbarkeit einer Workstation (Ausnahme: s.u.), d. h. auf einen Systembus, dann läßt sich die gesamte Elektronik einschließlich Speicher auf einer einzigen Baugruppe unterbringen. An die Stelle einer aufwendigen Rückwandverdrahtung (Backplane) mit Stekkern, Rahmen und Einschubbaugruppen tritt dann ein sogenanntes Motherboard. Zum Extrem getrieben wurde diese Philosophie in der SPARCstation SLC, welche auch keinen Lüfter mehr enthält und das Motherboard im rückwärtigen Teil des Bildschirmgehäuses unterbringt. Ein weiteres Merkmal kostenbestimmter Workstations ist der Einsatz von anwendungsspezifischen ICs (ASIC) zur Senkung der IC-Anzahl und Reduzierung der Boardfläche. Die Erweiterbarkeit einer kostenbestimmten Workstation beschränkt sich i. d. R. auf einige (2 bis 3) Add-in-Module, z. B. für unterschiedliche Kommunikationsschnittstellen oder zur Speichererweiterung.

Leistungsbestimmte Workstations basieren auf hochgetakteten Monoprozessoren, zunehmend auch auf Mehrprozessorarchitekturen. Neben Implementierungen in CMOS-Technologie mit einer Taktfrequenz von 50 MHz (1991) treten auch bipolare Bausteine, die bereits bis zu 80 MHz (1990) schnell sind. In diesem Marktsegment sind auch die Kosten für Einschubsysteme, Backplanes und Tower-Gehäuse tragbar, um so die Erweiterbarkeit zu gewährleisten. Auch hier werden verstärkt ASICs eingesetzt, allerdings mehr zur Geschwindigkeitserhöhung als zur Kostensenkung. Leistungsbestimmte Workstations sind oft identisch mit Servern derselben Familie, reduziert um Ein-/Ausgabe-Kanäle, dafür erweitert um Hochleistungsgraphik.

Mitentscheidend für den Kauf einer Workstation wird es sein, daß für die oft sehr unterschiedlichen Anforderungen einer Organisationseinheit – von der Textverarbeitung bis zur Visualisierung, vom Spreadsheet bis zur Simulation – maßgeschneiderte Modelle angeboten werden, die ein genügend großes Leistungsspektrum abdecken und ein Wachstum hinsichtlich Leistung und Funktionalität zulassen. Es sind also *Workstation-Familien* nötig, die von der kostenbestimmten Low End-Maschine über leistungsfähige Graphik-Workstations bis zum Multi-User-Server reichen, wobei die Binärkompatibilität durch die Verwendung einer einheitlichen Prozessorbasis gesichert wird .

1.3.3 RISC- oder CISC-Workstation?

Eine High Level-Workstation wird im Jahr 1993 eine Integer-Leistung von 250 MIPS haben, eine Graphikleistung von 2 Mio. 3D-Vektoren/s, einen Hauptspeicher von 1 GByte und wird 50 000 $ kosten (siehe Bild 1-9). Für die Integer-Leistung setzt diese Prognose eine jährliche Zunahme von 60% voraus. Dies kann nicht allein durch technologische Fortschritte geleistet werden. Um Taktfrequenzen von 100 MHz bei durchschnittlich einem Zyklus pro Instruktion (CPI = 1, siehe Kapitel 2, "RISC-Grundlagen") zu erreichen, sind Superpipelines oder superskalare Architekturen (siehe Kapitel 3, Pipelining") notwendig.

Pipelines einer Tiefe von 10 oder mehr Stufen *effizient* zu betreiben (was die Voraussetzung für CPI = 1 wäre), ist aber umso schwieriger, je komplexer und unregelmäßiger ein Befehlssatz aufgebaut ist.

Ein Merkmal von RISC-Prozessoren ist ihr regulär aufgebauter und daher für Pipeline-Verarbeitung sehr gut geeigneter Befehlssatz. Es ist deshalb zu erwarten, daß RISC-Prozessoren auch in den nächsten Jahren noch einen Leistungsvorteil gegenüber CISC-Prozessoren bieten werden. Andererseits darf nicht der Eindruck entstehen, CISC-Architekturen wären auf dem Stand von 1980 stehengeblieben. Auch hier kommen – im Rahmen der Möglichkeiten – diverse Maßnahmen zur Zyklenreduktion (siehe Kapitel 2, "RISC-Grundlagen") zum Einsatz. Letztendlich ist der CISC-Entwickler nur dem Grundsatz der (Aufwärts-) Kompatibilität verpflichtet; erreicht er diese mit RISC-Mitteln, so wären Kompatibilität und hohe Leistung vereint. Inwieweit aber die Komplexität des CISC-Befehlssatzes diese Kombination zuläßt, bleibt abzuwarten.

Auf der anderen Seite ist zu bedenken, daß auch die RISCs "in die Jahre kommen" und ihre Historie aufbauen, der sie verpflichtet sind – allerdings von einer moderneren Basis ausgehend.

Insgesamt ist aus den genannten Gründen anzunehmen, daß RISC-Prozessoren gegenüber den CISC-Prozessoren in den nächsten Jahren einen Performance-Vorteil beibehalten werden.

1.4 Markt

Die Überlegungen der vorangegangenen Abschnitte sollen im folgenden durch Marktzahlen und Prognosen illustriert werden.

Dezentrale vs. zentrale Datenverarbeitung

Ein Vergleich zwischen Workstations als den Vertretern der dezentralen Datenverarbeitung und den dem zentralisierten Konzept verpflichteten Mainframes (Bild 1-5) macht zweierlei deutlich:

- Die Wachstumsraten der Workstations liegen mit mittelfristig 30% jährlich (1988/89: 37%) dreimal so hoch wie die der Mainframes.

- Dies ist nicht nur als Basiseffekt eines noch jungen Marktes zu verstehen; bereits 1995 wird der Workstation-Umsatz 77% dessen der Mainframes betragen.

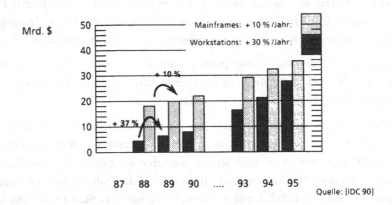

Bild 1-5: Marktvolumen und Wachstumsraten von Workstations und Mainframes

RISC-Workstation vs. CISC-Workstation

Innerhalb des sehr stark expandierenden Marktsegments der Workstations wird der Anteil der RISC-Workstations von 23% im Jahr 1988 auf 90% im Jahr 1994 zunehmen (Bild 1-6, [IDC 90]). Dies bedeutet für den Markt von RISC-Workstations ein Wachstum um den Faktor 16 von 1988 bis 1994.

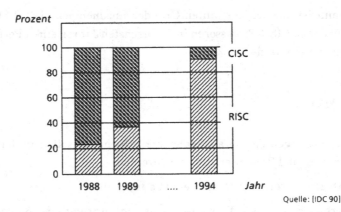

Bild 1-6: Prozentualer Anteil von RISC- und CISC-Systemen am gesamten Workstation-Markt

Marktanteile

Der gesamte Workstation-Markt (RISC und CISC) wurde im Jahr 1988 von HP-Apollo (29,2%), SUN (27%) und DEC (17,6%) dominiert (Bild 1-7). Im besonders zukunftsträchtigen Markt der RISC-Workstations ist SUN mit noch wachsender

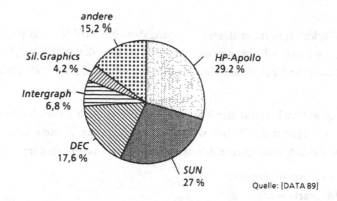

Bild 1-7: Workstation - Markt (RISC + CISC, nur Hardware) 1988

Tendenz marktbeherrschend, wobei für andere Firmen wie DEC und IBM eine kräftige Zunahme zu erwarten ist (Bild 1-8).

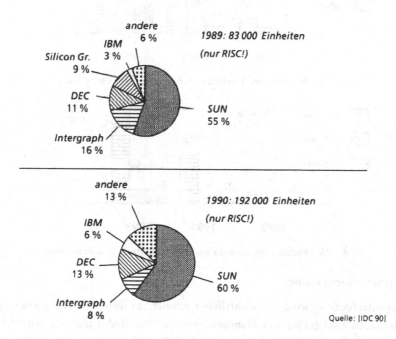

Bild 1-8: U.S. - RISC - Workstations und Server auf dem Weltmarkt, 1989 und 1990

1.5   Trends

Eine Workstation im mittleren Leistungsbereich wird lt. Dataquest (Bild 1-9 a-d) 1993 eine Integer-Leistung von 100 MIPS haben, 600 000 3D-Vektoren/s darstellen können und bei einem Hauptspeicherausbau von 128 MB etwa 20 000 $ kosten.

Diese quantitative, aus der Entwicklung der letzten Jahre hochgerechnete Prognose sei ergänzt durch drei wesentliche *technische Trends*, welche sich auf die Workstation-Architekturen der nächsten Jahre auswirken dürften:

– Mehrprozessorsysteme
– Bildverarbeitung
– verteilte Betriebssysteme

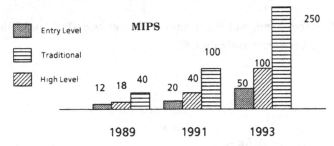

Bild 1-9 a: Prognose von Workstation-Eigenschaften: Performance

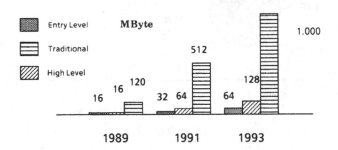

Bild 1-9 b: Prognose von Workstation-Eigenschaften: Speicherausbau

Mehrprozessorsysteme

Leistungssteigerung wird wirtschaftlicher erreichbar durch Mehrprozessorsysteme als durch hochgezüchtete Monoprozessoren. Die Reduktion der Anzahl von Zyklen pro Befehl (CPI, vgl. Kapitel 2, "RISC-Grundlagen") von über 10 im Jahr 1980 auf heute knapp über 1 hat, ohne die gleichzeitig erfolgte Erhöhung der Taktfrequenz um den Faktor 2,5 (von 10 auf 25 MHz) zu berücksichtigen, eine Leistungssteigerung um annähernd den Faktor 10 bewirkt. Erreicht wurde dies durch extensives Pipelining (siehe Kapitel 3, "Pipelining") sowie eine Reihe von

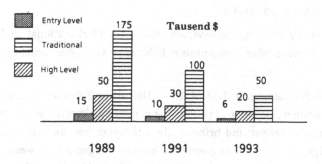

Bild 1-9 c: Prognose von Workstation-Eigenschaften: Preis

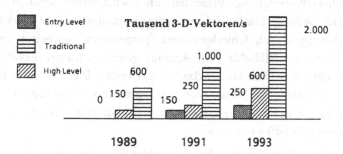

Bild 1-9 d: Prognose von Workstation-Eigenschaften: Graphik

Maßnahmen, die dieses effiziente Pipelining erst ermöglichen. Beispiele sind die Regularisierung und Vereinfachung des Befehlssatzes oder die optimierende Compiler-Technik. Um die "Schallmauer" von CPI = 1 zu erreichen oder gar zu unterschreiten, sind höhere Parallelitätsgrade notwendig. Durch paralleles Betreiben mehrerer Ausführungseinheiten erhält man superskalare Maschinen. Zusätzlich wächst die Pipeline-Tiefe auf 8, 10 oder mehr Stufen an. Allerdings bedeutet eine Verdoppelung der Pipeline-Tiefe, wie in Kapitel 2 und 3 diskutiert wird, noch keine Verdoppelung der Leistung. Ebenso wenig erreicht man dies durch eine Verdoppelung oder Vervielfachung von Pipelines. Es dürfte deshalb weitaus schwieriger sein, CPI von 1 auf 0,1 zu senken als in der Vergangenheit von 10 auf 1. Auch die Steigerung der Taktfrequenzen durch neue IC-Technologien wird teurer und damit langsamer werden.

Bei abflachender Entwicklungskurve für die Einzelprozessor-Leistung ist zu erwarten, daß Leistungssteigerung durch Parallelität auf einer Ebene gröberer Granularität wirtschaftlicher wird: es werden dann Prozesse, Tasks, Threads oder Transaktionen auf eine größere Anzahl von Prozessoren verteilt. Workstations mit 2, 4, 8 und 16 Prozessoren sind die Folge. Moderne RISC-Prozessoren sind auf diese Entwicklung vorbereitet z. B. durch atomare Test-and-Set-Befehle oder die Unterstützung von Cache-Konsistenzprotokollen für Mehrfach-Caches.

Bildverarbeitungskomponenten

Die Gerätegruppen Fernsehen, Datenverarbeitung (in Workstations) und Telekommunikation wachsen über gemeinsame Bildverarbeitungskomponenten zusammen.

Fernsehen: HDTV-Fernsehgeräte (HDTV: High Definition Television) empfangen aus einem Breitbandnetz Daten in digitaler Form, dekomprimieren sie, unterwerfen sie einer Fehlerkorrektur und bringen sie auf einem hochauflösenden Bildschirm zur Anzeige. Bildbearbeitungsschritte können eingeschoben werden. Gesteuert werden diese Abläufe durch einen Prozessor (Embedded Controller).

Datenverarbeitung/Workstations: Bilddaten unterschiedlicher Quellen (Breitbandnetz, ISDN, optische Platte, Videorecorder) werden von einer Workstation empfangen, dekomprimiert, fehlerkorrigiert, gespeichert, bearbeitet und auf einem hochauflösenden Bildschirm zur Anzeige gebracht. Anspruchsvolle Bildverarbeitungsschritte reichen bis zur Szenenerkennung. Die Durchführung der Bildverarbeitung erfolgt durch speziellen Hardware. Die Steuerung übernimmt ein Zentralprozessor, der zusätzlich in der Lage ist, ein Betriebssystem und Anwenderprogramme ablaufen zu lassen.

Telekommunikation: Bild- und Sprachdaten werden vom Netz empfangen, dekomprimiert und ausgegeben; ebenso werden in umgekehrter Richtung Bild und Sprache aufgenommen, digitalisiert, kodiert und übertragen. Die Steuerung der Abläufe obliegt einem Prozessor (Embedded Controller).

Wesentliche Komponenten für Empfang, Kodierung und Dekodierung, Verarbeitung und Senden von Bild- und anderen Daten sind mehrfach nutzbar. Dabei profitiert der Datenverarbeitungssektor von den in der Unterhaltselektronik und der Telekommunikation erreichbaren hohen Stückzahlen.

Verteilte Betriebssysteme

Verteilte Betriebssysteme verbergen die Komplexität heterogener Rechnernetze. Sie ermöglichen es, daß in einem Netz Applikationen kooperativ von spezialisierten Servern bearbeitet werden. Wesentliche Kommunikationsmechanismen wie Inter Process Communication (IPC) werden effizient vom Betriebssystemkern unterstützt. Kurze Latenzzeiten ermöglichen eine Auslagerung auch kleinerer Aufgabenpakete. Entscheidungen über Art und Umfang der Auslagerung von Teilaufgaben und den Zugriff auf Netzressourcen werden in Abhängigkeit von der Lastsituation und den Fähigkeiten der Server automatisch getroffen.

1.6 Komponenten einer (RISC-) Workstation – ein Überblick über die weiteren Kapitel des Buches

Moderne Workstations weisen bezüglich ihrer Systemarchitektur große Ähnlichkeiten auf. *Gemeinsamkeiten* sind die enge Kopplung einer Integer Unit (IU) mit einer Floating Point Unit (FPU), der Einsatz einer Memory Management Unit (MMU) auf dem Prozessor-Chip, die Verwendung großer Cache-Speicher und die Kopplung von Cache und Hauptspeicher über einen schnellen Speicherbus. *Unterschiede* ergeben sich als Folge der unterschiedlichen Prozessoren und der jeweils unterstützten Cache-Philosophie, aber auch bezüglich der Leistungsfähigkeit des Graphiksubsystems sowie dessen Anbindung an den Hauptspeicher. Unterschiede finden sich vor allem in der Art der Anbindung der Ein-/Ausgabe-Einheiten (I/O-System) und der Unterstützung von Standard-Systembussen.

Aufgrund der grundsätzlichen Ähnlichkeiten scheint es gerechtfertigt, eine Art von "Referenz-Workstation" zu definieren, die die für das Jahr 1991 typischen Eigenschaften vieler existierender Workstations in sich vereinigt. Diese Referenz- oder Beispiel-Workstation BWS '91 entspricht keinem einzelnen existierenden Produkt. Sie dient im vorliegenden Buch als Hilfsmittel, um

– einen ersten Überblick über die Komponenten einer Workstation zu geben,

– ihr Zusammenspiel zu erläutern,

– mit Hilfe typischer Kennwerte für Prozessorleistung, Cache-Größe, Hauptspeichergröße, Busgeschwindigkeiten, Graphikleistung, Massenspeicherkapazitäten usw. einen Referenzvektor zu bilden, an dem der Leser andere Architekturen messen kann.

Eine ausführliche Beschreibung und Diskussion der BWS '91 findet sich in Kapitel 14. Im folgenden wird sie zunächst in groben Zügen vorgestellt.

Prozessor-Architektur

Die BWS '91 (Bild 1-10) besitzt einen 32 bit RISC-Prozessor mit Integer Unit (IU), Floating Point Unit (FPU) und weiteren spezialisierten Ausführungseinheiten (Extension Execution Units EEU) sowie einen großen Registersatz (REG). Die Aktivitäten dieser Einheiten sind zeitlich in Form einer Befehls-Pipeline überlappt. Die Verwaltung des virtuellen Speichers wird von einer On-chip Memory Management Unit (MMU) durchgeführt. Der externe Cache hat eine Größe von 128 KByte und ist über einen 80 MByte/s schnellen Speicherbus mit dem Hauptspeicher verbunden; dieser hat eine Kapazität von 16 bis 32 MByte.

Die Grundprinzipien der RISC-Architektur, die Technik des Befehls-Pipelinings, die Speicherarchitektur mit Cache und Memory Management Unit sowie die Besonderheiten der eng mit der Prozessorarchitektur verknüpften RISC-Compiler sind Gegenstand der Kapitel 2 bis 5 (*"RISC-Grundlagen"*, *"Pipelining"*, *"Speicher-architektur"*, und *"RISC-Compiler"*). Kapitel 6 (*"Aktuelle RISC-Prozessoren"*) vergleicht derzeit verfügbare RISC-Prozessoren.

System-Architektur

Die BWS '91 verwendet zur Ankopplung der I/O-Einheiten keinen separaten Standard-Systembus (wie z. B. Multibus, AT-Bus, VMEbus). Die I/O-Einheiten sind direkt am Speicherbus angeschlossen. Dies erhöht einerseits den Entwicklungsaufwand, da nun eine Anpassung der Schnittstellen an den Speicherbus erfolgen muß, während viele I/O-Einheiten für Standardbusse fertig verfügbar sind. Andererseits kommt bei modernen Motherboard-Entwürfen die durch die Stan-

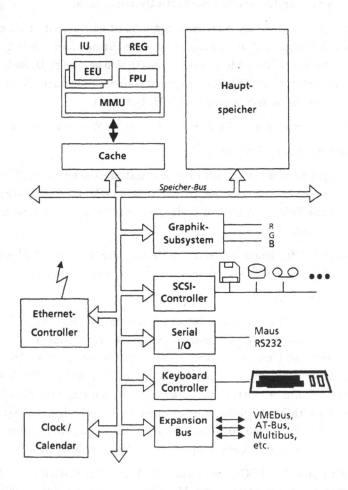

Bild 1-10: Architektur der Beispiel-Workstation BWS '91

dard-Systembusse ermöglichte Modularität sowieso nicht zum Tragen, da kein Einschubsystem vorgesehen ist. Zudem ist der Speicherbus der BWS '91 drei- bis viermal so schnell wie ein Standardbus.

Das Graphiksubsystem ist ebenfalls nicht über einen Standardbus, sondern über den schnellen Speicherbus eng an Prozessor, Cache und vor allem Hauptspeicher angebunden. Massenspeicher wie Floppy Disk, Harddisk und Streamer sind am Small Computer Systems Interface-Bus (SCSI) angeschlossen. Maus und eine zusätzliche serielle Schnittstelle (RS 232, 96 KBaud) werden durch einen Serial I/O Controller, die Tastatur durch einen Keyboard Controller bedient. Zur Kommunikation über ein Local Area Network (LAN) dient der Ethernet Controller. Schließlich enthält die BWS '91 eine Expansion Bus-Schnittstelle zu einem Standardbus, welcher die Benutzung handelsüblicher Erweiterungsboards erlaubt, sowie eine batteriegepufferte Uhr.

Busse werden in Kapitel 7 behandelt, die *Vernetzung* über LAN, MAN und WAN in Kapitel 8. Das Graphiksubsystem als ein wesentlicher Differenzierungsfaktor zukünftiger Workstations ist Gegenstand von Kapitel 9 (*"Graphik"*), kann aber wegen der Fülle des Stoffs nicht annähernd erschöpfend behandelt werden. Hier wird auf die umfangreiche weiterführende Spezialliteratur verwiesen. Eine Übersicht über die wichtigsten *Massenspeicher*typen und ihre Kenndaten findet sich in Kapitel 10.

System-Software

Das Betriebssystem der BWS '91 ist UNIX. Die herausragende Eigenschaft von UNIX ist seine Offenheit. Dies verspricht dem Anwender – anders als bei den geschlossenen herstellerspezifischen Großrechnersystemen – eine weitgehend freie Wahl seiner Hardware-Basis ohne Portabilitätsprobleme. UNIX ist deshalb eines der zentralen Merkmale einer Workstation geworden.

Der standardisierenden Wirkung von UNIX ist ein wesentlicher Teil des Erfolgs von Workstations zu verdanken. In Kapitel 11 (*"UNIX als Workstation-Standard"*) werden Entstehungsgeschichte, Standardisierungsaktivitäten und Sicherheitsfragen von UNIX behandelt. Kapitel 12 befaßt sich mit *UNIX aus Benutzersicht* (Shells, X Window System). Kapitel 13 (*"UNIX aus Systemsicht"*) gibt einen Einblick in die Systemarchitektur des Betriebssystems. Dabei werden auch kurz die zukunftsträchtigen Entwicklungen der verteilten Betriebssysteme angesprochen.

Was wird nicht behandelt?

Bewußt ausgespart wird die Problematik der Mehrprozessor-Workstations, obwohl hier bereits interessante Produkte auf dem Markt oder in naher Zukunft zu erwarten sind. Die notwendige gründliche Behandlung dieses Themas würde jedoch den Rahmen dieses Buches sprengen. Ebenfalls weitgehend ausgespart bleibt eine Behandlung von Signalverarbeitungs-Eigenschaften, zuerst gezeigt in der NeXT-Workstation, bis hin zu Bildverarbeitungs- und Multi-Media-Workstations. Auf diesem Gebiet dürfen in den nächsten Jahren die kräftigsten Impulse für den Workstation-Einsatz erwartet werden, allerdings ist noch erheblicher Entwicklungsaufwand zu leisten. Das Thema Multi-Media-Workstation bleibt deshalb auf den Ausblick in Abschnitt 9.4 beschränkt.

Literatur

[DATA 89]	Dataquest. Electronics 62 (1989) 4
[DATA 90]	Dataquest. datamation 36 (1990), June
[DEGR 90]	De Groot, Marc: Virtual Reality. UNIX Review 8 (1990) 8, pp. 32-36
[GELS 89]	Gelsinger, P. P.; Gargini, P. A.; Parker, G.H.; Yn, A.Y.C.: Microprocessors circa 2000. IEEE Spectrum (1989) 10, pp 43-47
[HAFE 90]	Hafer, C.; Schallenberger, B.: Konfigurierbare CMOS-RISC-Prozessoren für Steuerungsaufgaben. mikroelektronik 4 (1990) 5, S. 200 - 203
[HENN 90]	Hennessy, J.: Future Directions for RISC Processors. Proc. Hot Chips Symposium, 1990
[NEHM 90]	Nehmer, J.: Einige Thesen zur zukünftigen Entwicklung verteilter Systemarchitekturen. Proc. 11. ITG/GI-Fachtagung "Architektur von Rechensystemen", München, März 1990, S. 327-337
[UPSO 90]	Upson, C.: Tools for Creating Visions. UNIX Review 8 (1990) 8, pp. 38-47
[WRIG 90]	Wright, K.: Auf dem Weg zum globalen Dorf. Spektrum der Wissenschaft, (1990) 5, S. 46-60

2   RISC-Grundlagen

2.1   Complex Instruction Set Computer – ein Rückblick

2.1.1 Der Ausgangspunkt

In den 60er Jahren kam mit dem System IBM/360 der erste moderne Computer auf den Markt. Ein wesentlicher Bestandteil seines Erfolgs war das Familienkonzept: die Anwendersoftware und zu großen Teilen das Betriebssystem wurden von der Hardware entkoppelt, indem man sie auf einer virtuellen Maschine ablaufen ließ, welche wiederum auf die Hardware abgebildet wurde. Eine virtuelle Maschine besteht aus einer Definition der Maschinensprache und der damit verbundenen Register- und I/O - Struktur. Vorteil dieser Entkopplung war es, daß nun die mit großen Aufwänden erstellte Software auf einer Vielzahl von Maschinen unterschiedlicher Implementierung mit sehr unterschiedlichem Preis-/Leistungsverhältnis ablauffähig war.

Ermöglicht wurde dies durch die von M. V. Wilkes [WILK 51] eingeführte Technik der Mikroprogrammierung. Dabei werden die einzelnen Maschinenbefehle als Einsprungstellen in ein Mikroprogramm betrachtet, welches schrittweise die nötigen Mikrooperationen auf Hardware-Ebene anstößt. Die Interpretationsebenen eines mikroprogrammierten Rechners sind im oberen Segment des Schalenmodells (Bild 2-1) dargestellt.

Das Mikroprogramm ist dabei in einem speziellen schnellen Speicher (Control Memory CM) abgelegt. Bild 2-2 zeigt eine mikroprogrammierte Steuereinheit nach Wilkes. Ausführliche Betrachtungen der Mikroprogrammierung finden sich z. B. in [BODE 80] oder [HAYE 88].

Um die Befehlsabarbeitungszeiten kurz zu halten, muß für das CM die Technologie mit den kürzesten Zugriffszeiten verwendet werden. Während der Hauptspeicher als Kernspeicher realisiert wurde (IBM/360: 1964!), befand sich das CM

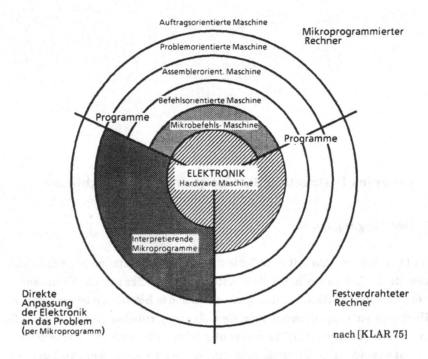

Bild 2-1: Interpretationsebenen unterschiedlicher Rechnerimplementierungen

in einem Halbleiterspeicher. Die Abarbeitung eines Mikroprogramms ist unter diesen Umständen etwa 10 mal schneller als die eines Maschinenprogramms.

Ein Vorteil der Mikroprogrammierung ist ihre große Flexibilität sowie die Möglichkeit, auch komplexere Befehle damit zu realisieren. Mit sinkenden Kosten für Halbleiterspeicher wuchs so die Versuchung, die Befehlssätze zu vergrößern.

2.1.2 Argumente für große Befehlssätze

Die Vergrößerung der Befehlssätze war also möglich geworden durch die Fortschritte der Halbleitertechnologie. Gerechtfertigt wurden die komplexen Befehle durch Architektur-bezogene Argumente. Zur zentralen Glaubensfrage wurde die Entscheidung zwischen einem Register-, einem Stack- und einem Speicher-orientierten Ausführungsmodell.

Bei einer Register-Register-Lösung müssen die benötigten Variablen zunächst vom Speicher in ein Register geladen werden, dann erfolgt die Verarbeitung, und schließlich wird das Ergebnis wieder in den Speicher übertragen (Bild 2-3a).

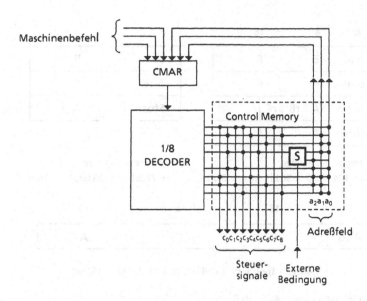

Maschinenbefehl

CMAR

1/8 DECODER

Control Memory

S

$a_2a_1a_0$

$c_0c_1c_2c_3c_4c_5c_6c_7c_8$

Adreßfeld

Steuer-signale

Externe Bedingung

Das CMAR (Control Memory Address Register) enthält entweder die Startadresse oder die Folgeadresse $a_2a_1a_0$. Die Steuersignale c_0 bis c_8 lösen die jeweils nötigen Hardware-Aktionen aus. Im Adreßfeld ist jeweils die Folgeadresse codiert. Bedingte Sprünge werden durch den Schalter S realisiert.

Bild 2-2: Eine mikroprogrammierte Steuereinheit nach Wilkes

Bei einer Speicher-Register-Architektur (Bild 2-3b) wird ein implizit vorgegebenes Register mit der ersten Variablen (B) geladen, die zweite Variable (C) wird direkt aufaddiert, das Ergebnis wird nach A gespeichert.

Bei der Speicher-Speicher-Architektur erledigt ein einziger Befehl die Speicherzugriffe sowie die Ausführung der Operation (Bild 2-3c).

Als Argumente für die komplexen Speicher-Speicher-Befehle wurden aufgeführt:

– "Komplexe Befehle vereinfachen den Compiler.
Begründung: Die optimale Ausnutzung vieler Register ist schwierig; im Falle der Stack- oder Speicher-orientierten Architekturen wird mehr Komplexität unterhalb der Maschinenprogrammebene verborgen."

– "Komplexe Befehle schließen die semantische Lücke zwischen Hochsprache und Maschinensprache. Fernziel war eine Maschine, die direkt Hochsprachen verarbeiten konnte (vgl. Bild 2-1, Segment links unten)."

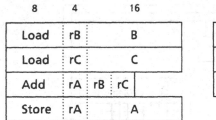

a) **Register–Register:**
I = 104 bit; D = 96 bit; M = 200 bit

b) **Speicher - Register**
I = 72 bit; D = 96 bit; M = 168 bit

c) **Speicher - Speicher:**   I = 56 bit; D = 96 bit; M = 152 bit

Beispiel: Anweisung   A := B+C
I: Befehlsverkehr, D: Datenverkehr, M = I + D: gesamter Speicherverkehr

nach [PATT 85]

Bild 2-3: Vergleich der Ausführungsmodelle

- "Komplexe Befehle verringern den Speicherplatzbedarf. Im Beispiel von Bild 2-3 ist die Code-Länge für den Fall c mit I = 56 bit nur etwa halb so groß wie im Fall a."

- "Je kürzer der Code ist, desto schneller läuft das Programm."

- "Je mehr Funktionalität unterhalb der Maschinensprachebene angesiedelt wird, desto zuverlässiger wird ein Computer, denn: Hardware ist sicher, Software enthält Fehler."

2.1.3 Design-Prinzipien der 70er Jahre

Entsprechend dieser Argumentation wurden die Design-Entscheidungen für die typischen Maschinen der 70er Jahre getroffen:

- Befehlssätze sind groß und mikroprogrammiert, denn die großen Mikroprogrammspeicher kosten "nichts mehr".

- Befehlsformate sind mitunter exotisch unregelmäßig, da oberstes Ziel die gute Ausnutzung des noch teuren Hauptspeichers ist.

- Befehle sind komplex, denn Mikrobefehlsabarbeitung ist schneller als normaler Maschinencode. Die Befehlslänge ist variabel.

Tabelle 2-1: Typische Architekturen der 70er Jahre

	IBM 370/168	VAX 11/780	Dorado	iAPX 432
Jahr	1973	1978	1978	1982
Befehlszahl	208	303	270	222
CM-Größe (Kbit)	420	480	136	64
Befehlslänge (bit)	16-24	16-456	8-24	6-321
Technologie	ECL MSI	TTL MSI	ECL MSI	NMOS VLSI
Ausführungsmodell	Reg-Reg Sp-Sp Reg-Sp	Reg-Reg Sp-Sp Reg-Sp	Stack	Stack Sp-Sp
Cache-Größe (Kbit)	64	64	64	0

- Register sind altmodisch. Auf sie kann ggf. zugunsten von Stack- oder Speicher-Speicher-Architekturen ganz verzichtet werden.

- Caches, wenn überhaupt vorhanden, sind sehr viel kleiner als die Mikroprogrammspeicher.

Beispiele typischer Architekturen der 70er Jahre zeigt Tabelle 2-1.

2.2 Vom CISC zum RISC

2.2.1 Änderung der Randbedingungen

Anfang der 80er Jahre hatte sich die Argumentationsgrundlage infolge technologischer Entwicklungen, aber auch durch neue Erkenntnisse und Erfahrungen verändert.

- Die Verbreitung des Halbleiterspeichers auch als Hauptspeicher verringerte die Differenz bei den Zugriffszeiten zwischen CM und Hauptspeicher. Maschinencode-Zugriffe waren nicht mehr 10 mal langsamer als Mikroprogrammzugriffe.

- Cache-Speicher verringerten die effektive Hauptspeicherzugriffszeit und reduzierten damit die Lücke zwischen CM- und Hauptspeicherzugriff noch weiter.

- Bei einer genauen, quantitativen Betrachtung der Programmausführungszeiten wurde klar, daß nicht nur die Anzahl der Befehle pro Programm, sondern auch die Anzahl der Taktzyklen pro Befehl in die Zeit eingehen. Diese Zahl ist bei mikroprogrammierten Maschinen viel höher als bei festverdrahteten.

- Mit der Verbilligung der Speicherbausteine wurde das Optimierungsziel der Speicherplatzverringerung zweitrangig.

- Die erhoffte höhere Zuverlässigkeit der "Hardware" war nicht realisierbar, denn das unterhalb der Maschinenbefehlsebene liegende Mikroprogramm (die sogenannte Firmware) ist nichts anderes als in Silizium gegossene Software. 400.000 bit Firmware sind nie fehlerfrei, aber schwer zu ändern.

- Die komplexen Befehle, die eigentlich die Compiler vereinfachen sollten, wurden kaum genützt. Compiler verwendeten nur Subsets der großen Befehlssätze.

2.2.2 Die RISC-Ursprünge: Neue Design-Prinzipien

Als Folge der erkannten Unzulänglichkeiten ergab sich vor allem der Wunsch nach einer Verkürzung des Befehlszyklus. Dies setzt, wie weiter unten gezeigt wird, u. a. einen kleinen, einfachen und regelmäßigen Befehlssatz voraus. Aus dieser Eigenschaft wurde der Name Reduced Instruction Set Computer (RISC) geboren. Die neuen, zur Einfachheit tendierenden Designprinzipien lauteten:

- 90-10-Regel:

  - Mehr als 90% der ausgeführten Befehle sind einfach (LOAD, STORE, ALU-Operationen, Verzweigungen).

  - Die Unterstützung der restlichen 10% durch komplexe Maschinenbefehle erhöht wahrscheinlich die Zykluszeit, verlangsamt also die 90%.

  - 10% der Befehle schneller zu machen mit der Folge einer Verlangsamung von 90% ist nicht vertretbar, da dies die Gesamtleistung senkt.

  Folge: Vor Einführung eines neuen komplexen Befehls ist nachzuweisen, daß er im Mittel mehr Zyklen einspart als er an Verlusten verursacht.

- Festverdrahtete Steuerungen erlauben niedrigere Zyklenzahlen pro Befehl als mikroprogrammierte. Voraussetzung dafür sind kleine Befehlssätze und vor allem wenige und regelmäßige Befehlsformate.

- Die effektivste Maßnahme zur Reduktion der Zyklenzahl ist das Pipelining, also die zeitlich überlappte Abarbeitung des Befehlszyklus (siehe Abschnitte 2.5.4 und Kapitel 3, "Pipelining"). Einfache Befehle eignen sich besser für Pipelines.

- Compiler sollten aus komplexen Befehlen (Hochsprache) einfache (Maschinensprache) erzeugen. RISC-Compiler tun genau das. Complex Instruction Set Computer (CISC) - Compiler stehen häufig vor dem Problem, einen komplexen

Befehl in einen anderen ähnlich komplexen, aber nicht genau passenden umzuwandeln.

- RISC-Prozessoren benötigen infolge der einfacheren Maschinenbefehle häu-
figere Zugriffe zum Befehlsspeicher. Um daraus keinen Nachteil entstehen zu
lassen, sind effiziente Speicherhierarchien unter Einsatz von Cache-Speichern
notwendig.

- Der Datenverkehr zwischen Hauptspeicher und Prozessor wird, neben dem
Einsatz von Caches, reduziert durch die Lokalhaltung von Daten in großen On-
chip-Registersätzen.

Die letzte oben aufgeführte Design-Maßnahme, die Einführung großer Registersätze, erfordert eine Neubewertung des Speicherverhaltens (Bild 2-4), jetzt unter
Berücksichtigung des geringeren Datenverkehrs bei längeren zusammenhängenden Befehlssequenzen. Die RISC-Lösung (a) schneidet mit einem gesamten Speicherverkehr von $M = 420$ bit besser ab als die CISC-Lösung (c) mit $M = 456$ bit.
Für den Grenzfall sehr langer Befehlssequenzen, welche immer wieder auf dieselben Register zurückgreifen, gilt Bild 2-4b mit $M = 60$ bit.

Genau betrachtet bedeutet dieses in Bild 2-4 angeführte Beispiel keine Überlegenheit von RISCs hinsichtlich des Speicherverkehrs, sondern allenfalls ein un-
gefähres Gleichziehen: die größeren Werte für den Befehlsverkehr I werden durch
den geringeren Datenverkehr etwa ausgeglichen (in einem wirklichen RISC
wären alle Befehle mit 32 bit Länge anzusetzen, also $I = 9 \cdot 32$ bit $= 288$ bit!).

2.2.3 Befehlssatzvergleich

Die VAX von Digital Equipment Corporation und der Prozessor intel APX 432
gelten als typische Vertreter der CISC-Linie. In Bild 2-5 wird ihr Befehlssatz mit
dem des Berkeley RISC I verglichen. Daraus wird die größere Regularität des
RISC I-Befehlsformats deutlich. Infolge des unregelmäßigen Aufbaus des 432-
Befehlssatzes muß zuerst der Operationscode entschlüsselt werden, um dann
daraus zu schließen, wie der Rest des Befehls zu interpretieren ist. Beim RISC I
sind die Registeradressen immer am gleichen Platz zu finden, so daß gleichzeitig
mit der Dekodierung des Operationscodes bereits mit dem Registerzugriff begonnen werden kann.

Weiter ist die Ausrichtung des RISC I-Befehlsformats auf 32 bit-Wortgrenzen zu
beachten. VAX-Befehle sind Byte-variabel mit einer Länge von 16 bis 456 bit,
432-Befehle sind Bit-variabel mit einer Länge von 6 bis 321 bit.

8	4	16	
LOAD	rB	B	
LOAD	rC	C	
ADD	rA	rB	rC
STORE	rA	A	
ADD	rB	rA	rC
STORE	rB	B	
LOAD	rD	D	
SUB	rD	rD	rB
STORE	rD	D	

a) I = 228 bit; D = 192 bit; M = 420 bit
(Register - Register)

A := B + C
B := A + C
D := D - B

8	4	4	4
ADD	rA	rB	rC
ADD	rB	rA	rC
SUB	rD	rD	rB

b) I = 60 bit; D = 0 bit; M = 60 bit
(Register - Register)

8	16	16	16
ADD	B	C	A
ADD	A	C	B
SUB	B	D	D

c) I = 168 bit; D = 288 bit; M = 456 bit (Speicher - Speicher)

a) RISC-Lösung,
b) "unfaire" RISC-Lösung: Operanden sind und bleiben im Register,
c) CISC-Lösung

Bild 2-4: Neubewertung des Speicherverhaltens bei Mehrfachnutzung von in Registern abgelegten Operanden

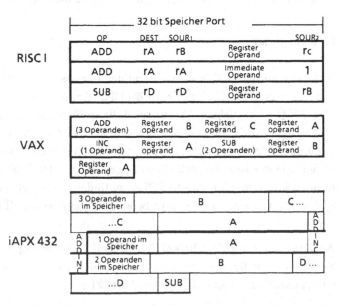

Bild 2-5: Vergleich der Befehlssätze von RISC I, VAX und iAPX 432

2.3 Die RISC-Philosophie

2.3.1 Entwurfsphilosophie

In der (kurzen) Geschichte der Rechnerarchitektur hat sich eine Anzahl von Rechnerfamilien herausgebildet, die jeweils strikten Kompatibilitäts-Anforderungen genügen. Solche Familien sind z. B. die Mainframes der Serien IBM/360, IBM/370, die Mikroprozessoren Intel 8080, 8085, 8086, 80x86 oder Motorola 680x0. Sie sind dadurch gekennzeichnet, daß Maschinencode, welcher für ein bestimmtes Modell erzeugt wurde, auch auf dem Nachfolgemodell ablaufen kann. Dies erfordert, daß ein Nachfolger in der Regel hinsichtlich Befehlssatz und Registerstruktur eine Obermenge des Vorgängers darstellt. Für die Verträglichkeit zwischen weiter entfernten Generationen werden dabei Abstriche in Kauf genommen, so z. B. der Verzicht auf Maschinencodekompatibilität, wodurch u. U. Re-Compilation oder Re-Assemblierung nötig werden. (Aufwärts-)Kompatibilität schützt die meist immensen Investitionen in existierende Software.

Die RISC-Philosopie stellt bei weitem *keine* Grundlage für eine ähnlich rigorose Familienbildung dar! (Allerdings bilden sich innerhalb der Klasse der RISC-Rechner wieder aufwärtskompatible Familien.)

Das alle RISC-Prozessoren verbindende Band ist weitaus lockerer und an keiner Stelle letztgültig festgelegt. Ein RISC-Prozessor sollte *nach unserer Definition* zwei Bedingungen genügen:

1. RISC-Prozessoren sind einfach in dem Sinne, daß nur solche Komponenten (Befehle, Register, Busse etc.) verwendet werden, die nachweisbar die Leistung im Vergleich zur nötigen Komplexitätserhöhung hinreichend vergrößern. Daraus folgt, daß alle Ressourcen zur Unterstützung häufig gebrauchter Funktionen eingesetzt werden, notfalls auf Kosten der selteneren. Daraus folgt auch die Notwendigkeit einer u. U. anwendungsabhängigen Kosten-Nutzen-Analyse.

   Wie neuere RISC-Prozessoren deutlich machen, heißt Einfachheit aber nicht unbedingt, daß die Komplexität niedrig ist; das war nur für die ersten Vertreter der RISC-Prozessoren gültig.

2. RISC-Prozessoren weisen eine Vielzahl von Architekturmerkmalen aus einer Liste typischer RISC-Eigenschaften auf. Zu diesen RISC-Merkmalen gehören:

   - Ein-Zyklus-Operationen
   - LOAD-STORE-Architektur
   - Verzicht auf Mikrocode
   - wenige Befehle

- wenige Adressierungsarten
- einheitliches Befehlsformat
- Aufwandsverlagerung von der Hardware in den Compiler, von der Laufzeit in die Compile-Zeit.

Keines dieser Merkmale ist jedoch zwingend. Das Zustandekommen dieser Liste von Architekturmaßnahmen wird in den Abschnitten 2.4 und 2.5 hergeleitet.

2.3.2 Performance als Optimierungsziel

Bis Mitte der 80er-Jahre wurden Mikroprozessoren kaum nach ihrer Leistung beurteilt. ("Performance" wird gleichbedeutend mit "Leistung" gebraucht.) Der vorwiegende Einsatz lag zunächst im Bereich der Steuerungen, wo es aber mehr auf das Interruptverhalten und schnelle Reaktionen ("Echtzeit-" bzw. "zeitdeterministisches Verhalten") ankam. Mit dem Einsatz von Mikroprozessoren in reprogrammierbaren Allzweckrechnern (Personal Computer und Workstations) rückte die Performance, gemessen als Anzahl pro Zeiteinheit ausgeführter Befehle, in den Vordergrund. RISC-Architekturen verwenden die in MIPS gemessene Leistung als Optimierungskriterium. Bill Joy, Entwicklungschef und Mitbegründer von Sun Microsystems, sagte eine jährliche Leistungsverdopplung voraus ("Joy's Law") und setzte damit die Maßstäbe für die nächsten Jahre (Bild 2-6).

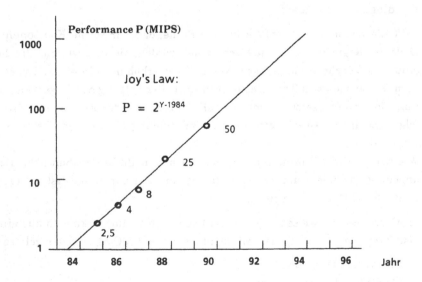

Bild 2-6: Jährliche Leistungsverdopplung von Mikroprozessorsystemen seit 1984 ("Joy's Law")

Wichtiger als die absolute (und oft nur schlecht definierte) Meßgröße MIPS sind jedoch relative Leistungsaussagen geworden: im Sinne einer Aufwands/Nutzen-betrachtung wird der erzielte Nutzen (MIPS) in Relation gesetzt z. B. zur Verlust-leistung, zur Boardfläche oder zum Preis. Bild 2-7a-c zeigt als Beispiel dafür einen Vergleich zwischen Clipper (RISC) und einer Kombination von 68020 bzw. 80386 (CISC) mit einer Weitek-FPU, wie er 1987 in Electronics [ELEC 87] veröffentlicht wurde. Ein anderes Beispiel für die Optimierung des Kosten/Nutzen-Verhältnis-ses ist der ARM-Prozessor (siehe Kapitel 6), der von der Firma Acorn mit dem Ziel eines Preis-Leistungs-Verhältnisses von 1 $/MIPS vermarktet wird.

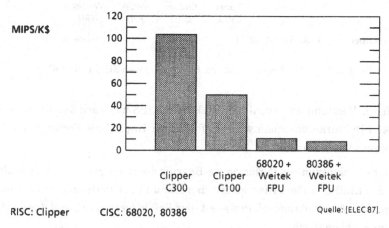

Bild 2-7a: Preis/Leistungsverhältnis: Preisvergleich RISC und CISC

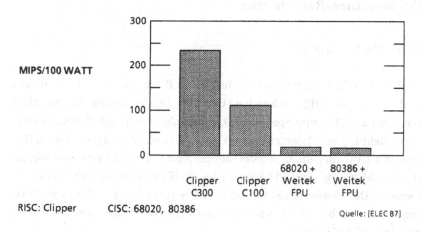

Bild 2-7b: Preis/Leistungsverhältnis: Verlustleistungsvergleich RISC und CISC

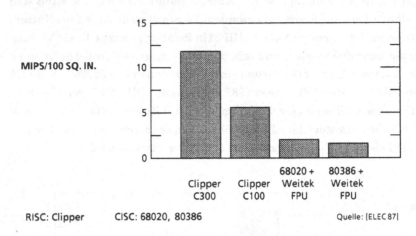

Bild 2-7c: Preis-Leistungs-Verhältnis: Flächenvergleich RISC und CISC

Zum tieferen Verständnis sowohl der Meßgröße MIPS wie auch der sie optimierenden Architekturmaßnahmen wird im folgenden Kapitel die Performance-Berechnung genauer betrachtet.

Die folgende Diskussion des Performance-Begriffs dient der grundsätzlichen Darstellung der Einflußgrößen. Eine exakte Berechnung der Performance ist jedoch u. a. wegen der Anwendungsabhängigkeit der Befehlsverteilung und des Cache-Verhaltens problematisch.

2.4 Performance-Berechnung

2.4.1 Ideale Performance

In einem einfachen Computersystem ist die Central Processing Unit (CPU) direkt mit dem Hauptspeicher (HS) verbunden (Bild 2-8). Das Bussystem transportiert die Adresse von der CPU zum Speicher (A), signalisiert bestimmte Zeitbedingungen und die Richtung des Datentransfers (Control C) und überträgt die Daten (D). Dabei wird die CPU mit einem regelmäßig im Abstand t_c auftretenden Signal versorgt. Alle Aktionen der CPU können im Vielfachen dieser Taktzeit t_c gemessen werden. Der Kehrwert von t_c ist die Taktfrequenz $f_c = 1/t_c$. Typische Taktzeiten liegen bei 20 ns bis 100 ns, typische Taktfrequenzen entsprechend zwischen 10 MHz und 50 MHz (CMOS).

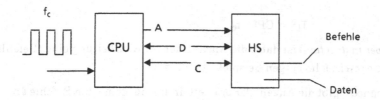

Central Processing Unit CPU, Hauptspeicher HS

A: Adreßbus, D: Datenbus, C: Control Bus

Bild 2-8: Einfaches Computersystem

Ein Beobachter, welcher das Verhalten dieses Systems von außen betrachtet, wird folgenden sich wiederholenden Ablauf erkennen, den man als Befehlszyklus bezeichnet:

1. A ← Befehlsadresse   CPU legt Befehlsadresse auf Bus A
2. D ← Befehl   HS legt adressiertes Datum (= Befehl) auf D
3. Decodierung   CPU decodiert Befehl (nicht von außen beobachtbar)
4. A ← Operandenadresse   CPU legt Operandenadresse auf Bus A
5. D ← Operand   HS legt Operand auf D
6. Ausführung   CPU führt Verarbeitung aus
7. A ← Ergebnisadresse   CPU legt Ergebnisadresse auf Bus A
8. D ← Ergebnis   CPU legt Ergebnis auf D

goto 1.

Innerhalb eines angenommenen Taktschemas mit Taktdauer t_c wird dieser Befehlszyklus entsprechend Bild 2-9 abgearbeitet. Die Gruppierung der Schritte 1 bis 8 kann je nach Implementierung unterschiedlich erfolgen.

Schritt	1 und 2	3	4 und 5	6	7 und 8
Kürzel	BH	BD	OH	BA	ES
Inhalt	Befehl holen	Befehl decodieren	Operand holen	Befehl ausführen	Ergebnis speichern

$\leftarrow t_c \rightarrow \leftarrow t_c \rightarrow \leftarrow t_c \rightarrow \leftarrow t_c \rightarrow \leftarrow t_c \rightarrow$

Bild 2-9: Befehlszyklus

Die Befehlsabarbeitungszeit (auch: Befehlslatenzzeit, vgl. Abschnitt 2.7.1) T_L^0 ergibt sich zu

$$T_L^0 = CPI \cdot t_c .$$

CPI (*cycles per instruction*) ist dabei die Anzahl der zur Abarbeitung eines Befehls nötigen Takte (*cycles*). Im obigen Beispiel ist CPI = 5.

Die Performance P gibt die Anzahl der pro Zeiteinheit ausgeführten Befehle an:

$$P_{ideal} = 1 / T_L^0 = 1/ CPI \cdot t_c = f_c / CPI \qquad (Gl. 2.1)$$

Die obige Definition von CPI gilt exakt nur für eine rein sequentielle Maschine. Im Falle der überlappten Verarbeitung (Pipeline, siehe unten) gibt CPI an, nach wieviel Takten im Mittel eine Befehlsabarbeitung beendet wird. Mit einer voll ausgelasteten N_{PL}-stufigen Pipeline kann pro Takt 1 Befehl beendet werden, d. h. CPI = 1, selbst wenn die Verweilzeit jedes Befehls N_{PL} Takte beträgt. Allgemein gilt für N_{PL}- stufige Pipelines:

$$CPI \geqq CPI_{SEQ} / N_{PL},$$

d. h. mit Hilfe einer Pipeline von N_{PL} Stufen läßt sich eine maximale Beschleunigung um den Faktor N_{PL} erzielen. In der Praxis reduziert sich jedoch der Beschleunigungseffekt infolge einer nicht-optimalen Pipeline-Auslastung.

Viele Prozessoren benötigen für unterschiedliche Befehle auch unterschiedlich viele Takte. In diesem Fall hängt CPI von der dynamischen Befehlshäufigkeit der gewählten Anwendung ab.

Maßeinheit für die Performance ist üblicherweise MIPS (*million instructions per second*) bzw. GIPS (*giga instructions per second*).

Gleichung (2.1) gibt an, wieviele Befehle pro Zeiteinheit eine CPU unter idealen Bedingungen abarbeiten kann. Das Ergebnis wird auch mit der Einheit "native MIPS" bezeichnet. In einer realen Umgebung treten jedoch Performance-mindernde Einflüsse auf, die im folgenden Abschnitt diskutiert werden.

2.4.2 Reale Performance

Abweichungen von der idealen Performance nach Gleichung (2.1) ergeben sich durch

– Verzögerungen beim Speicherzugriff,
– Unterschiede der Befehlssatz-Mächtigkeit,
– externe Parallelität.

Speicherzugriff

Der Zugriff auf einen aus dynamischen RAMs aufgebauten Hauptspeicher dauert etwa 100 ns bis 300 ns, also länger als die übliche Taktzeit t_c. Das bedeutet, daß die CPU zusätzliche Leerzyklen (Wait States) einschieben muß, die als Verlustzeit zu verbuchen sind.

Moderne Prozessoren verwenden schnelle Pufferspeicher (Caches, siehe Kapitel 4, "Speicherarchitektur"), deren Zugriffszeit auf die Taktzeit des Prozessors zugeschnitten ist. Wird das gesuchte Datum im Cache gefunden (Cache-Hit), treten keine Wait States auf. Im Falle eines Cache-Miss muß der (langsame) Hauptspeicherzugriff abgewartet werden.

Ein dem Cache ähnlicher Mechanismus wird zwischen Hauptspeicher und Platte angewandt: hier werden selten benötigte Seiten auf die Platte ausgelagert. Wird auf eine dieser Seiten zugegriffen, entstehen relativ große Wartezeiten (siehe Kapitel 4, "Speicherarchitektur").

Sitzen mehrere aktive Einheiten (CPUs, Direct Memory Access (DMA) Controller) auf einem Speicherbus, dann können Buskonflikte auftreten, die wiederum zu Wartezeiten führen.

Alle aufgezählten Einflüsse, die auf Verzögerungen beim Speicherzugriff zurückzuführen sind, können in der Größe MEMD (*memory delay*) zusammengefaßt werden. Die Verzögerung MEMD, gemessen in Vielfachen von t_c, ist zu CPI zu addieren.

Befehlssatz-Mächtigkeit

In Gleichung (2.1) wird keine Aussage über die Art der abgearbeiteten Befehle gemacht. CISC-Maschinen können jedoch mitunter mit einem einzigen komplexen Maschinenbefehl ebensoviel leisten wie ein RISC mit zwei oder drei einfachen Befehlen: der CISC hat einen mächtigeren Befehlssatz. Um die Vergleichbarkeit unterschiedlicher Befehlssätze zu erreichen, normiert man die Performance auf eine allgemeine bekannte und akzeptierte Architektur, die VAX 11/780. Benötigt ein Prozessor zur Abarbeitung eines Quellprogramms mehr Maschinenbefehle als die VAX 11/780, dann ist ihr Befehlssatz offensichtlich weniger mächtig. Das Verhältnis von VAX-Befehlen zu Befehlen des Vergleichsprozessors, bezogen auf ein bestimmtes Anwenderprogramm, wird als Normierungsfaktor verwendet:

$$n_{VAX} = \text{Anzahl Befehle VAX} / \text{Anzahl Befehle Vergleichsarchitektur}$$

Für einen Befehlssatz, der einfacher ist als der der VAX, ist $n_{VAX} < 1$. Typische Werte für RISC-Prozessoren liegen bei 0,5 bis 0,8. Die auf die VAX bezogenen Performance-Angaben werden zuweilen auch "VAX Units of Performance" (VUP) genannt und über Benchmark-Programme ermittelt.

Externe Parallelität

Diverse Formen der Parallelverarbeitung innerhalb der CPU, z. B. das Pipelining oder der Einsatz mehrerer Ausführungseinheiten, reduzieren die Anzahl der Zyklen pro Instruktion (CPI). Die Vervielfachung von CPUs in Verbindung mit geeigneten Kommunikationsstrukturen und Verteilungsstrategien führt zu Mehrprozessorsystemen. Der Einsatz von p Prozessoren bewirkt wegen der unvermeidlichen Kommunikationsverluste eine effektiven Performance-Steigerung um den Faktor $p_{eff} < p$. Performance-Verbesserung durch externe Parallelität wird in der realen Performance-Formel (Gl. 2.2) nur der Vollständi-keit halber angeführt, ist aber im Rahmen dieses Buches nicht weiter von Interesse, d. h. $p_{eff} = 1$.

Führt man die genannten Korrekturen in Gleichung (2.1) ein, so erhält man die Beziehung für die reale Performance

$$P_{real} = [f_c / (CPI + MEMD)] \cdot n_{VAX} \cdot p_{eff} \qquad \text{(Gl. 2.2)}$$

bzw. mit der Abkürzung CPI' = CPI + MEMD und $p_{eff} = 1$:

$$P_{real} = [f_c / CPI'] \cdot n_{VAX} \qquad \text{(Gl. 2.3)}$$

2.4.3 Beispiele zur Anwendung der Performance-Formel

CISC-RISC-Performance-Vergleich

Die Taktfrequenz f_c ist für einen RISC im Vergleich zum CISC - bei gleicher Technologie - tendenziell eher höher, da der einfachere Aufbau einen kürzeren kritischen Pfad erlaubt. Hier sei aber gleiche Taktfrequenz angenommen.

Der typische CISC-Prozessor Motorola 68020 hat ein CPI' = 6,3, sein Vorgänger 68010 lag noch bei CPI' = 12. Ein guter RISC-Prozessor, z. B. der MIPS R3000, braucht 1,2 CPI', gewinnt also bei gleicher Taktfrequenz den Faktor 5 gegenüber dem 68020.

Nimmt man weiterhin an, daß der RISC im Mittel 25% mehr Befehle abarbeiten muß, erhält man n_{VAX} (RISC) = 0,8 und definitionsgemäß n_{VAX} (CISC) = 1.

Eingesetzt in Gleichung (2.3) ergibt das einen verbleibenden Performance-Vorteil für den RISC um den Faktor 4.

RISC-Entwurf

Angenommen, zu einem bereits bestehenden RISC-Befehlssatz wird ein neuer komplexer Befehl hinzugefügt. Die Anzahl der Zyklen pro Instruktion möge sich dadurch nicht verändern, aber der Zeitbedarf für mindestens einen Schritt, z. B. die Befehlsausführung, steige um 10%. Dies spreizt das gesamte Taktschema mit der Folge, daß f_c um 10% sinkt.

Um diesen Nachteil wenigstens auszugleichen, sollte tunlichst n_{VAX} um 10% steigen, m. a. W. der neue Befehl muß, nachweisbar gemittelt über das gewählte Anwendungsprofil, hinreichend häufig benutzt werden. Ersetzt der Spezialbefehl z. B. drei der einfachen Befehle, dann sollte er mit einer dynamischen Befehlshäufigkeit von 5% vorkommen. Dann erst ist der 10%-Nachteil infolge der niedrigeren Taktfrequenz ausgeglichen. Ein Performance-Vorteil ergibt sich erst bei einer Häufigkeit > 5%. Zu berücksichtigen ist weiter, daß jede derartige Maßnahme die Hardware-Komplexität und damit die Entwurfskosten, die Fertigungskosten sowie die Fehlerwahrscheinlichkeit erhöht.

2.4.4 Performance-Einflußfaktoren

Die Bestimmung von CPI, MEMD und n_{VAX} ist schwierig, eine praktische Anwendung der Performance-Formel deshalb problematisch. Für den Rechnerentwickler zeigt sie aber auf, welche Parameter er mit dem Ziel der Performance-Steigerung wie beeinflussen muß.

Mit den Mitteln der *Halbleitertechnologie* lassen sich die Schaltzeiten verkürzen. Dies trägt zur Erhöhung von f_c und zur Senkung von MEMD bei. Die *Architektur* kann f_c senken durch zusätzliche Pipeline-Stufen und Verringerung der Komplexität jeder einzelnen Stufe. CPI wird wesentlich durch die CPU-Architektur, den Befehlssatz und den Befehlsmix in einer gewählten Anwendung beeinflußt. Auch ein fortschrittlicher Compiler kann, durch Vermeidung von Leeroperationen CPI reduzieren. Auch die Vermeidung oder Verkürzung unproduktiver Aktionen, wie sie z. B. beim Taskwechsel durch das Retten der Register entstehen, senkt CPI. MEMD wird, außer durch die technologisch und schaltungstechnisch bestimmten Speicherzugriffszeiten, wesentlich durch die Speicherarchitektur bestimmt, d. h. durch Registerorganisation, Anzahl und Durchsatz der Busse, Aufbau der Caches und des virtuellen Speichersystems. n_{VAX} schließlich ist abhängig vom Befehlssatz und seiner effizienten Ausnutzung (Bild 2-10).

2.5 RISC - Architektur-Merkmale

Ausgehend von der Performance-Formel lassen sich die RISC-Ziele wie folgt zusammenfassen:

1. Senkung von CPI

2. möglichst geringe Verschlechterung von n_{VAX}

3. MEMD $\longrightarrow 0$

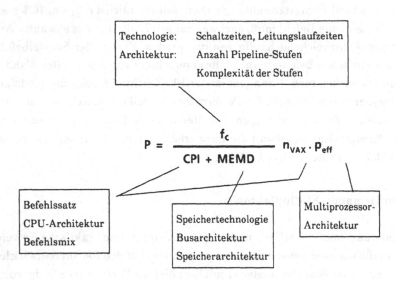

Bild 2-10 : Performance-Einflußfaktoren

2.5.1 Ein-Zyklus - Operationen

Eine Absenkung von CPI auf Werte nahe 1 bedeutet, daß pro Takt 1 Befehl beendet sein muß. Will man t_c nicht übermäßig erhöhen, dann müssen die Befehlszyklen mehrerer Befehle zeitlich überlappt abgearbeitet werden. Im Idealfall kann mit einer solchen Pipeline-Verarbeitung bei einer N_{PL}-stufigen Pipeline eine Beschleunigung um den Faktor N_{PL} erreicht werden (Bild 2-11).

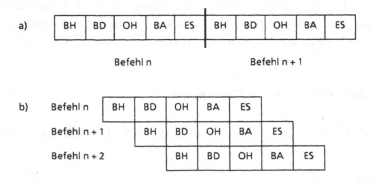

Bild 2-11 : Sequentielle (a) und Pipeline-Verarbeitung (b)

Leider gibt es eine Reihe von Ursachen dafür, daß diese ideale Pipeline-Beschleunigung nicht erreicht wird. Hierzu zählen unvermeidbare Datenabhängigkeiten, Lade- und Sprungverzögerungen (siehe Abschnitt 2.5.4 und Kapitel 3, "Pipelining"). Eine wesentliche Voraussetzung für eine störungsfrei arbeitende Pipeline kann aber beim Entwurf des Befehlssatzes geschaffen werden, nämlich die Regularität des Befehlszyklus und seine Linearität.

Die Auslastung einer Pipeline läßt sich durch ihr Belegungsschema darstellen (Bild 2-12, vgl. [DAVI 75], [TAPP 84]). Ein Belegungsschema ist eine Matrix, welche zu jedem Zeitpunkt, gemessen in Vielfachen der Taktzeit t_c, festlegt, welche Hardware-Einheiten (auch: Segmente) durch einen Befehl belegt werden. Ein Befehl durchläuft bei seiner Abarbeitung N_{PL} Stufen der Dauer t_c. Bei einer verfeinerten Betrachtung (siehe Kapitel 3, "Pipelining") können die Stufen noch in Phasen unterteilt werden. Ein Belegungsschema heißt linear, wenn mit jedem Takt ein neuer Befehl begonnen werden kann, ohne daß es in einer der Stufen zu Doppelbelegungen (Kollisionen) kommt.

Die einfachste Belegung nutzt die Pipeline-Segmente entlang der Diagonalen (Bild 2-12). Kollisionen treten nicht auf.

Stellt man zum Vergleich die klassische von Neumann-Architektur durch ein Belegungsschema dar (Bild 2-13), so wird deutlich, daß die pro Befehl dreimal benutzte Ressource Speicher/Bus, welche für die Schritte BH, OH und ES benötigt wird, den Engpaß darstellt und die Linearität verhindert.

Die Konstruktion linearer Belegungsschemata wird sehr erleichtert, wenn nur wenige unterschiedliche Befehlsformate zugelassen werden. Auch unterschiedliche Adressierungsmodi können dazu führen, daß sich für einen Befehl mehrere unterschiedliche Belegungen ergeben können.

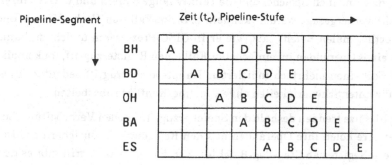

Bild 2-12: Belegungsschema einer 5-stufigen Pipeline

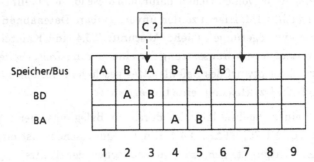

Busbenutzung durch Befehle A und B verzögert den Start von Befehl C um 4 Takte.

Bild 2-13: Belegungsschema der von Neumann-Architektur

Aus der für CPI = 1 nötigen möglichst einfachen Pipeline ergibt sich somit die Forderung nach einem regulären Befehlssatz mit wenigen unterschiedlichen Befehlsformaten und Adressierungsmodi. Dies schließt i. d. R. komplexe Befehle aus. Der "kleine Befehlssatz", welcher dem RISC seinen Namen gegeben hat, ist also nur eine Folge der Forderung nach einer einfachen Pipeline.

Kleine Befehlssätze haben willkommene Nebeneffekte: sie können realisiert werden durch festverdrahtete Steuerungen. Auf Mikroprogrammierung, einen der Auslöser für die CISC-Entwicklung, kann verzichtet werden. Dieser Wegfall einer Interpretationsebene wiederum bewirkt eine schnellere Dekodierung der Befehle.

2.5.2 LOAD-STORE-Architektur

Versucht man, alle Befehle in ein einheitliches Belegungsschema zu pressen, dann machen alle diejenigen Befehle Schwierigkeiten, welche Speicherzugriffe enthalten, da zum einen Speicherzugriffe relativ lange dauern und u. U. in ihrer Dauer nicht vorhergesagt werden können, z. B. im Fall von Cache-Misses. Bei einem ↗ orthogonalen Befehlssatz, wie er in CISC-Prozessoren üblich ist, kann das Holen eines Operanden im einfachsten Fall einen Registerzugriff, im kompliziertesten Fall einen mehrfach indizierten Hauptspeicherzugriff bedeuten. Dies läßt sich nur unter Schwierigkeiten ohne Pipeline-Konflikte abarbeiten.

RISC-Befehlssätze trennen deshalb den Speicherzugriff von den Verarbeitungsbefehlen. Letztere holen ihre Operanden aus den Registern und speichern das Ergebnis in ein Register ab (Reg-Reg-Befehle). Für den Speicherzugriff gibt es nur die beiden Befehle LOAD zum Laden ins Register und STORE zum Abspeichern.

Da Speicherzugriffe immer Zeit kosten, werden sie so weit wie möglich vermieden. Man erreicht dies durch Lokalhaltung und Mehrfachverwendung von Daten.

2.5.3 Lokalhaltung von Daten

Lokalhaltung von Daten bedeutet großen Registerbedarf. Je größer die Register-
zahl, desto geringer ist der dynamische Anteil von Speicherzugriffsbefehlen, wie
der folgende Vergleich zeigt:

Stanford MIPS	16 Register	35% Speicherzugriffe
IBM 801	32 Register	30% Speicherzugriffe
Berkeley RISC	138 Register	15% Speicherzugriffe

Große Registersätze erfordern grundlegende Überlegungen für deren effiziente
Nutzung. Ausgehend von den Berkeley- und Stanford-Arbeiten haben sich dazu
zwei unterschiedliche Meinungen herausgebildet, die im folgenden kurz erläutert
werden sollen.

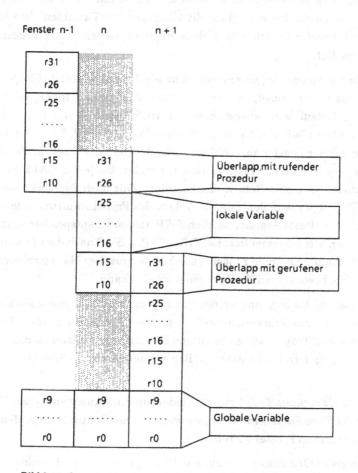

Bild 2-14: Organisation der Registerfenster beim Berkeley-RISC

Register-Windows (Berkeley)

Der Berkeley RISC verwendet seine 138 Register so, daß Prozeduraufrufe beschleunigt werden: jede Prozedur "sieht" einen Ausschnitt von genau 32 Registern (Bild 2-14). Es sind dies:

$r_0 \ldots r_9$	globale Register
$r_{10} \ldots r_{15}$	Ausgabevariable
$r_{16} \ldots r_{25}$	lokale Variable
$r_{26} \ldots r_{31}$	Eingabevariable

Die Register $r_0 \ldots r_9$ sind für alle Prozeduren sichtbar, das Fenster $r_{10} \ldots r_{31}$ ist nur jeweils einer Prozedur zugeordnet. Ruft die Prozedur n-1 die Prozedur n auf, so müssen keine Register gerettet werden, es wird nur das Fenster auf einen neuen freien Registerbereich umgeschaltet. Altes und neues Fenster überlappen dabei um 6 Register; dies ermöglicht die Übergabe von Variablen ohne Umspeichern. Für 8 Fenster zuzüglich 10 globale Register werden damit insgesamt 138 Register benötigt.

Bei ununterbrochenen Sequenzen von mehr als 7 CALLs läuft das Register-File über. Um das zu vermeiden, wird es als Ringregister (Bild 2-15) organisiert. Der dynamische Ablauf wird abgewickelt mit Hilfe zweier Pointer, des Current Window Pointers CWP und des Saved Window Pointers SWP. SWP gibt das Ende des Bereichs freier Fenster an, CWP das Ende des Bereichs besetzter Fenster und damit das jeweils in Benutzung befindlich Fenster. Bei jedem CALL wird CWP inkrementiert, bei jedem Return dekremeniert. Gilt nach dem Inkrementieren CWP = SWP, dann muß der normale Ablauf des Prozeduraufrufs unterbrochen werden, bis das älteste Fenster, nämlich SWP, in den Hauptspeicher ausgelagert und SWP ebenfalls inkrementiert ist. Tritt CWP = SWP nach dem Dekrementieren von CWP auf, dann muß zunächst ein Fenster aus dem Hauptspeicher eingelagert werden, bevor der RETURN beendet werden kann.

Auslagerung und Einlagerung werden von sogenannten Trap-Routinen übernommen, die durch Ausnahmeereignisse (Exceptions wie z. B. Über- oder Unterlauf) aktiviert werden. Trap-Routinen benötigen selbst einige Register, so daß der SWP noch mindestens 1 freies Fenster vor Beginn des besetzten Bereichs vorhalten muß.

Trifft die Auslagerungs-Trap-Routine wieder auf eine Ausnahme - und das darf nur mehr der Page Fault sein - wird eine weitere Trap-Routine aufgerufen; für sie ist ein zweites freies Fenster vorzuhalten.

Die Ringregister-Organisation erlaubt im Prinzip eine unendliche Schachtelungstiefe. Die Dimensionierung der Fensteranzahl hängt hingegen nicht von der maximalen Schachtelungstiefe, sondern von der typischen Schwankungsbreite im

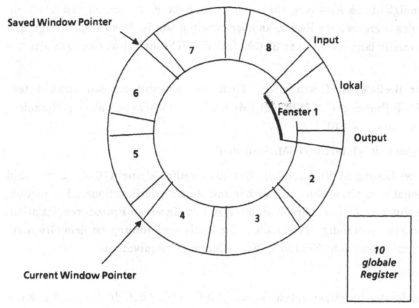

Fenster 1 - 4   :   besetzt
Fenster 5   :   in Benutzung
Fenster 6   :   frei
Fenster 7 - 8   :   Trap-Reserve

Bild 2-15: Ringregister-Organisation

CALL-RETURN-Verhalten ab. In [PATT 85] ist dieses Verhalten für ein typisches Programm angegeben (Bild 2-16): man erhält diesen Graphen, indem man bei jedem CALL oder RETURN um 1 Einheit nach rechts rückt, bei CALL außerdem eine Einheit nach unten, bei RETURN eine nach oben.

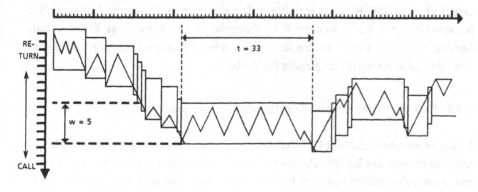

Bild 2-16: CALL/RETURN-Verhalten von C-, Pascal- oder Smalltalk-Programmen

Für die im Beispiel angenommene Fensteranzahl w = 5 ergibt sich immer dann die Notwendigkeit des Aus- bzw. Einlagerns, wenn die Kurve unten bzw. oben die Kante des begrenzenden Rechtecks überschreiten würde. Das Beispiel zeigt, daß für die relativ lange Zeit von t = 33 CALLs/RETURNs die Schwankungsbreite $\leqq 5$ ist.

Für den Berkeley-RISC wurde schließlich w = 8 gewählt, für den Aufruf-intensiven LISP-Prozessor COLIBRI (vgl. [MUEL 88]), welcher ebenfalls das Berkeley-Schema benützt, w = 13.

Homogenes Registerfile (IBM, Stanford)

Bei dieser Lösung ist die Anzahl der Register deutlich kleiner (16 bis 32). Sie sind orthogonal, d. h. alle gleichartig nutzbar und ohne Sonderfunktionen. Für ihre optimale Nutzung, d. h. für ihre Zuordnung zu den einzelnen Prozeduren, ist allein der Compiler zuständig. Das Problem der Registerzuordnung ist dem Graphenfärbungsproblem (siehe Kapitel 5, "RISC-Compiler") äquivalent.

Vergleich

Registerfenster benötigen relativ große Chipflächen. Auch die Taktzeit t_c kann sich infolge der relativ großen kapazitiven Last, die das Registerfile darstellt, verlängern. Einen großen Nachteil stellen die vielen Register dann dar, wenn sie beim Context Switch gerettet werden müssen. Der größere Aufwand ergibt aber eine im Vergleich zur Stanford-Lösung größere Einsparung an LOAD/STORE-Befehlen.

Nimmt man an, daß 40% der Befehle LOAD/STORE-Befehle sind, dann erreicht die IBM/Stanford-Lösung durch intelligente Compiler-Technik eine Reduktion um 20% bis 30% auf verbleibende 28% bis 32% LOAD/STORE-Befehle. Die Berkeley-Lösung reduziert durch die Registerfenstertechnik um 50% bis 75% auf verbleibende 10% bis 20% LOAD/STORE-Befehle.

Das Berkeley-RISC-Konzept erzielt somit, wenn auch mit höherem Aufwand, das bessere Ergebnis. Sollte sich die Ein-/ Ausgabe als der zukünftige Flaschenhals herausstellen - was zu erwarten ist -, dann wäre die Lösung mit der geringeren Ein-/ Ausgabe-Aktivität langfristig im Vorteil.

2.5.4   Befehls-Pipelining und optimierende Compiler

Im Zusammenhang mit der CPI-Reduktion auf 1 wurde bereits die Notwendigkeit und das Prinzip des Befehls-Pipelinings besprochen. Infolge von Abhängigkeiten zwischen aufeinanderfolgenden Befehlen kann es notwendig werden, Wartezyklen oder Leerbefehle einzuschieben, die jedoch CPI-erhöhend wirken. Für RISC-

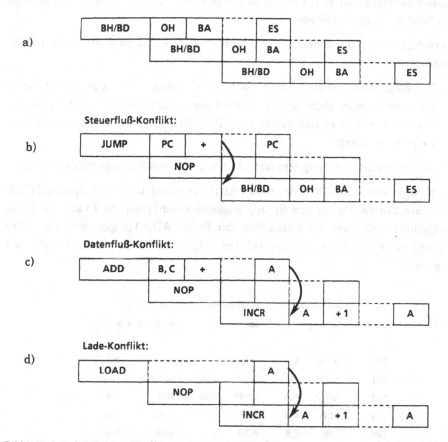

Bild 2-17: 3-stufige Befehls-Pipeline des Berkeley-RISC II-Prozessors und mögliche Komflikte

Prozessoren kommt damit dem Compiler eine wichtige Rolle zur Vermeidung von Pipeline-Konflikten zu. Die 3-stufige Befehls-Pipeline des Berkeley-RISC II-Prozessors ohne Auftreten von Konflikten zeigt Bild 2-17a. Folgende Konfliktsituationen können entstehen:

Steuerfluß-Konflikt: Ein Sprungbefehl besteht im Lesen des Befehlszählers (Program Counter PC), seiner Modifikation und dem Zurückschreiben in das PC-Register (Bild 2-17b). Da der folgende Befehl während der BH-Phase den PC-Inhalt zur Adressierung benützt, müssen zwei Leerbefehle (NOPs) eingeschoben werden. Kann der neue PC-Stand direkt am ALU-Ausgang abgeholt werden (Forwarding, siehe Kapitel 3, "Pipelining"), ist nur 1 NOP nötig.

Datenfluß-Konflikt: Wird das Ergebnis eines Befehls (A in Bild 2-17c) im Folgebefehl benützt, ist ebenfalls ein NOP einzuschieben.

Lade-Konflikt: Benötigt ein Befehl das Ergebnis eines LOAD (Bild 2-17d), muß ein NOP eingeschoben werden.

Derartige Konflikte können z. T. vermieden werden, und zwar durch zwei Maßnahmen:

1. Der Folgebefehl, welcher ein Ergebnis des Vorgängers benötigt, wartet nicht, bis es im Register abgespeichert ist (ES), um es anschließend wieder auszulesen, sondern holt es sich direkt vom ALU-Ausgang über zusätzliche Datenwege (Forwarding).

2. Ein optimierender Compiler ersetzt NOPs durch unabhängige Folgebefehle.

Im Beispiel von Bild 2-18 ist der Befehl ADD 1,A unabhängig vom Sprung JUMP 105 auszuführen. Da der dem Sprung folgende Befehl (hier: NOP) auf alle Fälle ausgeführt wird, kann auf diesen Platz der Befehl ADD 1,A gesetzt werden. Der Sprung wird erst beim zweiten auf ihn folgenden Befehl wirksam (*delayed branch*).

Adr	normaler Sprung		verzögerter Sprung		optimierter verz. Sprung	
100	LOAD	X,A	LOAD	X,A	LOAD	X,A
101	ADD	1,A	ADD	1,A	JUMP	105
102	JUMP	105	JUMP	106	ADD	1,A
103	ADD	A,B	NOP		ADD	A,B
104	SUB	C,B	ADD	A,B	SUB	C,B
105	STORE	A,Z	SUB	C,B	STORE	A,Z
106			STORE	A,Z		

Bild 2-18: Optimierter verzögerter Sprung

2.5.5 Speicherarchitektur

Ein RISC-Prozessor muß in jedem Taktzyklus mit einem Befehl versorgt werden. Zusätzlich erfolgt durch jeden 3. bis 5. Befehl ein Zugriff auf den externen Datenspeicher. Verzögerungen bei diesen Zugriffen würden sich stark auf die Auslastung der Pipeline auswirken. Es ist daher eine notwendige Eigenschaft von RISC-Prozessoren, daß ihre Speicherarchitektur genau auf die CPU - und damit die Pipeline-Architektur abgestimmt ist. Folgende Speicherarchitektur-Merkmale sind für RISC-Prozessoren typisch:

Harvard-Architektur: Befehle und Daten werden durch getrennte und voneinander unabhängige Busse zwischen CPU und Hauptspeicher transportiert. Durch diese Ressourcenverdopplung werden Konflikte vermieden.

Cache: Ein schneller Pufferspeicher enthält häufig gebrauchte Befehle und Daten (siehe Kapitel 4, "Speicherarchitektur). Bei einer Harvard-Architektur gibt es separate Befehls- und Daten-Caches. Typische Cachegrößen liegen bei 64 KByte bis zu einigen MByte.

Primär- und Sekundär-Cache: Dem externen Sekundär-Cache wird ein noch schnellerer On-chip-Primär-Cache vorgeschaltet, der allerdings bei heutiger Technologie noch relativ klein sein muß .

Virtuelle Speicherverwaltung: RISC-Prozessoren, wie auch alle modernen CISC-Prozessoren, enthalten Speicherverwaltungseinheiten (Memory Management Unit MMU), welche die Übersetzung von virtuellen in physikalische Adressen vornehmen und für das Demand Paging zwischen Hauptspeicher und Platte verantwortlich sind (siehe Kapitel 4, "Speicherarchitektur").

2.6 Prozessor-Taxonomie

In diesem Kapitel werden die wichtigsten Kenngrößen der Performance-Formel - die Performance P, die Taktfrequenz f_c und die Anzahl der Zyklen pro Instruktion CPI (bzw. CPI') - in ihrer zeitlichen Entwicklung und in ihren Abhängigkeiten anschaulich dargestellt und Entwicklungstrends daraus abgeleitet.

2.6.1 Die Zyklen-MHz-Landkarte

Die Bestimmung von CPI, MEMD und n_{VAX} ist schwierig und manipulierbar. Werden z. B. sehr kleine Programme zugrundegelegt, die ganz in den Cache passen, so geht MEMD mühelos gegen 0. Handcodierte Programme können, wenn sie in die richtige Richtung optimiert werden und nur Ein-Zyklus-Befehle verwenden, sehr gute CPI-Werte erzielen, die von Compiler-generierten Programmen nicht erreicht werden. Trotz dieser Bestimmungsschwierigkeiten werden von einigen Herstellern bereits Angaben zu CPI gemacht, bei anderen läßt sich zumindest die Größe CPI'/n_{VAX} aus der Integer-Performance und der Taktfrequenz berechnen. Tabelle 2-2 gibt für eine größere Anzahl von Prozessoren neben dem ersten Jahr ihrer Verfügbarkeit jeweils f_c und CPI'/n_{VAX} an.

Betrachtet man die Performance-Formel, so gibt es offensichtlich zwei Möglichkeiten, die Performance zu erhöhen: entweder durch Erhöhung von f_c oder durch

Tabelle 2-2: Prozessoren und ihre Kenngrößen der Performance-Formel

	Jahr	f_c (MHz)	(CPI + MEMD) /n_{VAX}	Typ
8080	75	2	8	CISC
80286	83	6	6	CISC
68010	83	12,5	12	CISC
80286	85	12	6	CISC
68020	85	12	7	CISC
microVax II	85	12	10	RISC
Pyramid 9000	86	10	1,5	RISC
68020	86	25	6,3	CISC
Clipper C 100	86	33	6,7	RISC
80386	86	16	4	CISC
Ridge 3200	86	12	2,5	RISC
80386	87	24	4,5	RISC
T800	87	20	1,8	RISC
Ridge	87	16	1,1	RISC
ARM	87	12	2,0	RISC
MIPS R2000	87	16,7	1,4	RISC
SPARC Fuj.	87	16,7	1,4	RISC
T800	88	30	1,8	RISC
Edge 2000	88	21	1,3	RISC
NSC 32532	88	15	2,4	CISC
68030	88	25	3,7	CISC
MIPS R3000	88	25	1,25	RISC
Am29000	88	25	1,5	RISC
80 960	88	20	2,7	CISC (?)
Edge	89	26	1,3	RISC
SPARC Cypr.	89	33	1,5	RISC
COLIBRI	89	12,5	1,16	RISC
Clipper C 300	89	50	3,6	RISC
88000	89	20	1,25	RISC
NSC 32532	89	33	2,4	CISC
IBM /6000	90	20	0,7	RISC
IBM /6000	90	25	0,7	RISC
80 486	90	25	2,5	CISC
i860	90	33	0,9	RISC
IBM RS/6000	91	30	0,7	RISC

Senkung von CPI'. Deutlich wird dies in einer "Landkarte" mit den Achsen CPI'
und f_c : In dieser Darstellung ergibt sich eine durch den Ursprung gehende Schar
von Geraden jeweils konstanter Performance (Bild 2-19). Eine Erhöhung der im
Beispiel eingezeichneten Performance von 2 MIPS (CPI' = 6, f_c = 12 MHz) auf

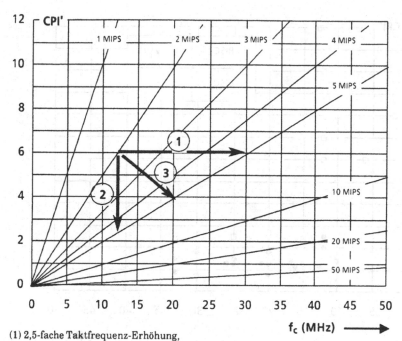

(1) 2,5-fache Taktfrequenz-Erhöhung,

(2) Senkung von CPI' um den Faktor 2,5,

(3) Kombination von (1) und (2)

Bild 2-19: Verschiedene Möglichkeiten zur Performance-Erhöhung um den Faktor 2,5

5 MIPS erreicht man entlang Weg ① (CPI' = 6, f_c = 30 MHz), entlang Weg ②
(CPI' = 2,4, f_c = 12 MHz) oder durch eine Kombination von ① und ②. Weg ①
wird ermöglicht im wesentlichen durch die Fortschritte der Halbleitertechnologie,
Weg ② durch Verbesserungen der Prozessorarchitektur.

Trägt man die Prozessoren der Tabelle 2-2 in die Landkarte ein, erhält man eine
Verteilung gemäß Bild 2-20. Die RISC-Prozessoren befinden sich zum größten Teil
im Bereich von 1 bis 2 Zyklen pro Instruktion, während die CISCs bei CPI' = 12
im Fall des 68010 (1983) beginnen und bis auf etwa CPI' = 2,5 (i80486) absinken.

Auffallend sind die beiden RISC-Positionen bei CPI' = 6,7 und f_c = 33 MHz bzw.
CPI' = 3,6 und f_c = 50 MHz: Bei der ersten handelt es sich z. B. um den Prozessor
Clipper C 100, welcher trotz eines guten Werts für CPI = 1,5 durch eine unaus-
gewogene Speicherarchitektur ein MEMD = 5,2 und somit eine Performance von
nur 5 bis 10 MIPS erreicht. Beim C300 wurde dann eine deutliche Verbesserung
erreicht.

Die Performance-Explosion der 80er Jahre ist zum größeren Teil auf die CPI-Reduktion (um etwa den Faktor 10), zum kleineren Teil auf die Erhöhung der Takt-

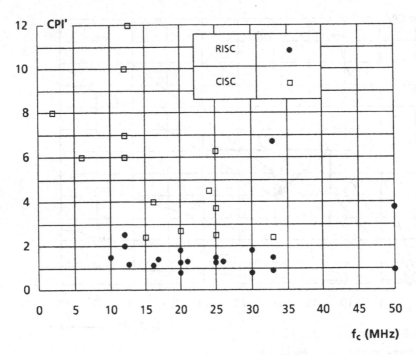

Bild 2-20: Die Zyklen-MHz-Landkarte

frequenz zurückzuführen (Faktor 2 bis 3). Der Geburtsvorteil der RISC-Prozessoren war der Verzicht auf Kompatibilität mit früheren Generationen: Dies ermöglichte ihnen sofort ein CPI' von 2 und weniger.

Natürlich versuchen auch die CISC-Prozessoren, diesem Beispiel zu folgen - mit beachtlichem Erfolg, wie der 80486 mit CPI = 2,5 beweist. Nur fällt es einem Prozessor, welcher einen komplexen Befehlssatz zu realisieren hat, ungleich schwerer, alle CPI-reduzierenden Maßnahmen ähnlich konsequent wie ein RISC zu implementieren.

2.6.2 Trends

Wo liegt die kostengünstigste Performance-Quelle der Zukunft? Wird in den nächsten Jahren nochmals eine Reduktion von CPI' um den Faktor 10 erreichbar? Und werden die CISCs in der Lage sein, den unbestrittenen Performance-Vorteil der RISCs wieder einzuholen?

In Bild 2-21 ist für die Prozessoren von Tabelle 2-2 CPI' über dem Jahr der jeweiligen Prozessorverfügbarkeit aufgetragen. CISCs scheinen sich auf eine CPI-Grenze von 2 oder etwas darunter zuzubewegen. Ihr Endstadium könnte das eines

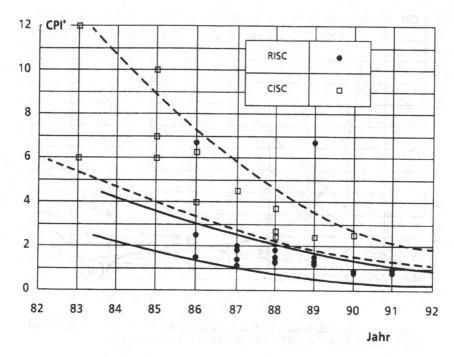

Bild 2-21: Reduktion von CPI' über der Zeit (auf Basis der Prozessoren von Tabelle 2-2)

"kompatiblen RISC" sein: ein Prozessor, welcher alle leistungssteigernden Merkmale eines RISC enthält, aber trotzdem komplexe Befehlssätze verarbeitet. Letztere Eigenschaft wird jedoch immer mit höherer Hardware-Komplexität erkauft werden.

Das Schicksal der RISCs hängt entscheidend davon ab, ob sie die Grenzen von CPI' = 1 wesentlich unterschreiten können. Der Weg dorthin führt über die Superskalarität (siehe Abschnitt 2.7). Wegen der damit verbundenen grundsätzlichen Schwierigkeiten dürfte sich die CPI-Reduktion jedoch deutlich langsamer abspielen als in der Vergangenheit.

Neben den noch zu diskutierenden Problemen der Superskalarität ist zu berücksichtigen, daß mit steigender Taktfrequenz die Größe MEMD immer schwerer auf kleinen Werten nahe Null gehalten werden kann: konstantes MEMD bei Verdoppelung der Taktfrequenz erfordert eine Verdoppelung der effektiven Speicherbandbreite, d. h. halbierte Cache-Zugriffszeit bei erhöhter Hit-Rate. Zusätzlich muß auch die Nachladezeit aus dem Hauptspeicher und von der Platte in den Cache reduziert werden. All das wird zu einer mehrstufigen Pufferung der Daten zwischen Platte, Hauptspeicher und CPU - und damit zu großem Bedarf an schnellen Speicherbausteinen - führen.

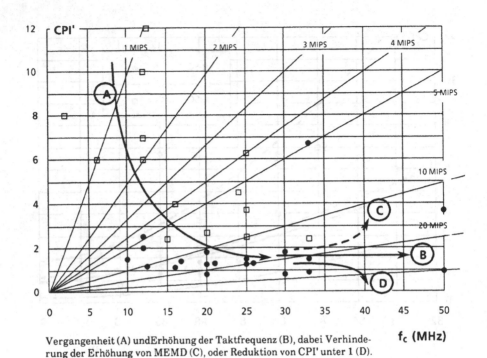

Vergangenheit (A) undErhöhung der Taktfrequenz (B), dabei Verhinde- f_c (MHz)
rung der Erhöhung von MEMD (C), oder Reduktion von CPI' unter 1 (D).

Bild 2-22: Trends für die Weiterentwicklung der Prozessorarchitektur

Bild 2-22 zeigt nochmals den Weg der Prozessorarchitektur anhand der Zyklen-
MHz-Landkarte auf: Die CPI-Reduktion (A) wird zunächst an der "CPI = 1"-Bar-
riere gebremst. Performance-Steigerungen werden durch weitere Erhöhung der
Taktfrequenz erreicht (B). Das Hauptaugenmerk der Systementwickler muß darauf gerichtet sein, daß eine MEMD-Erhöhung nicht die durch f_c-Erhöhung gewonnenen Vorteile zunichte macht (C). Entscheidend wird die Fähigkeit sein, CPI'
deutlich unter 1 zu drücken (D).

2.7 Leistungsreserven

Sieht man von einer Performance-Steigerung infolge kürzerer Schaltzeiten - also
durch Fortschritte der Halbleitertechnologie - einmal ab, so bleiben als Ansatz-
punkte zwei unterschiedliche Architekturmaßnahmen: (1) Eine weitere Vertie-
fung der Pipeline und damit eine Erhöhung der Taktfrequenz (Superpipelining)
und (2) eine gleichzeitig-parallele Verarbeitung mehrerer Befehlsströme (Superskalarität).

2.7.1 Superpipeline-Architektur

Ein Befehl, der zur Abarbeitung auf einer skalaren Maschine (d. h. ohne Pipeline) die Zeit T_L^0 benötigt, wird mittels einer N_{PL}-stufigen Pipeline in N_{PL} Schritten der Dauer $T_L^0 / N_{PL} = t_c$ bearbeitet. Im Falle einer optimal ausgelasteten Pipeline können demgemäß in der Zeit T_L^0 nicht nur ein, sondern N_{PL} Befehle gestartet und beendet werden. Die Taktfrequenz $f_c = N_{PL}/T_L^0$ steigt proportional zu N_{PL} (Bild 2-23).

Denkt man sich den Befehlszyklus aufgebaut aus einer Reihe elementarer, nicht mehr weiter unterteilbarer Primitivoperationen, dann haben die frühen RISCs jeweils mehrere dieser Primitive in einer Stufe zusammengefaßt. Ihre Pipelines waren $N_{PL} = 3$ bis $N_{PL} = 5$ Stufen tief. Man bezeichnet sie auch als *"underpipelined"* [HENN 90]. Wo findet eine Erhöhung von N_{PL} ihre Grenzen?

N_{PL} kann offensichtlich nicht die Anzahl der Primitive überschreiten. Wie klein kann eine Pipeline-Stufe gemacht werden, so daß sie noch eine sinnvolle Funktion erfüllt? Ein Prozessor mit der Taktfrequenz $f_c = 50$ MHz und einer 8-stufigen Pipeline hat eine Befehlslatenzzeit $T_L^0 = 160$ ns, der Durchlauf durch 1 Stufe

a) Zusammenfassung von je 3 Primitiven zu einer Pipeline-Stufe:
"underpipelined", $t_c = T_L^0/4$

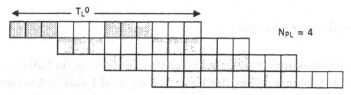

b) Größtmögliche Pipeline-Tiefe: "superpipelined", $t_c = T_L^0/12$

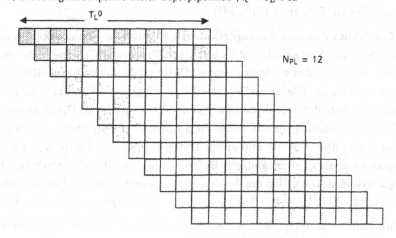

Bild 2-23: Pipeline-Varianten

dauert $t_c = 20$ ns. Bei einer durchschnittlichen Gatterlaufzeit von 1 ns hat eine Pipeline-Stufe eine Tiefe von nur mehr 20 Gattern. Eine drastische Reduktion (d. h. um mehr als den Faktor 10) dürfte hier nicht mehr möglich sein.

Ein anderer Weg zur Erhöhung der Anzahl von Pipeline-Stufen besteht in der Vergrößerung von T_L^0 bei konstantem t_c: hierbei wird die Funktionalität der Pipeline - also die Mächtigkeit der Befehle - vergrößert. Die Möglichkeit dafür bietet sich vor allem bei der Floating Point-Verarbeitung. Tiefe Pipelines mit mächtigen Arithemtikbefehlen findet man in Vektorprozessoren.

Die Erhöhung von N_{PL} stößt jedoch noch an weitere Grenzen. Unregelmäßigkeiten in der Befehlsabarbeitung wie etwa Traps oder Interrupts erzwingen den Abbruch und das spätere Neustarten eines Teils der Befehle, welche sich gerade in der Pipeline befinden. Da zu jedem Zeitpunkt N_{PL} Befehle bearbeitet werden, steigt mit N_{PL} auch die Anzahl der so verursachten Leerzyklen. Weiterhin steigt bei größerem N_{PL} die Anzahl der Leerzyklen infolge von Pipeline-Konflikten.

Längere Pipelines wirken so erhöhend auf CPI. Die in der Erhöhung von N_{PL} liegende Reserve dürfte, ausgehend vom heutigen Stand der Technik (1991: $N_{PL} = 8$), etwa bei einem Faktor 2 bis 5 liegen und wesentlich davon abhängen, welche CPI-Erhöhung man dabei in Kauf nehmen will.

2.7.2 Superskalare Architektur

Superpipeline-Architekturen können hohe Taktfrequenzen und, im Falle optimaler Auslegung (und optimaler Compiler!), ein CPI' nahe bei 1 aber $\geq$ 1 erreichen. Eine Senkung von CPI' unter 1 erfordert den Einsatz mehrerer paralleler Ausführungseinheiten (Execution Units EU).

Bild 2-24 zeigt das Prinzip einer superskalaren Architektur (Ähnlichkeiten zum Motorola 88 000, siehe Kapitel 6, "Aktuelle RISC-Prozessoren"). Eine Instruction Fetch Unit (IFU) holt über die Instruktions-MMU und den Instruktions-Cache die Befehle. Sobald die Quelldaten im Register-File verfügbar sind und auch das Zielregister frei ist, wird der Befehl einer geeigneten EU zugewiesen. Die Data Access Unit (DAU) ist zuständig für das Laden und Abspeichern der Daten. Sie besitzt dazu eine eigene Daten-MMU und einen Daten-Cache. Dabei wird der vorausschauenden und relativ selbständigen Befehls- und Datenholphase erhöhte Bedeutung zukommen. Die voll in die Befehls-Pipeline integrierte IFU ist außerdem zuständig für die Verteilung der Befehle an die Ausführungseinheiten (EUs).

Weiterhin kann man unterscheiden zwischen den superskalaren Architekturen mit dynamischer Befehlsverteilung (*dynamic scheduling*) und solchen, bei denen bereits der Compiler (Trace Scheduler) die Zuordnung zu den EUs statisch vor-

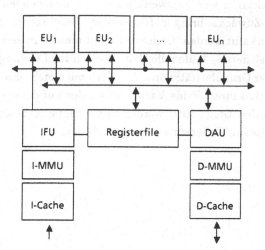

Bild 2-24: Prinzip einer superskalaren Architektur

nimmt. Nach dem zweiten Prinzip arbeiten LIW- bzw. VLIW- (Long Instruction Word- bzw. Very Long Instruction Word-) Architekturen.

Der Prozessor Intel i860 besitzt eine superskalare Architektur (siehe Kapitel 6, "Aktuelle RISC-Prozessoren"): neben einer IU enthält er eine FPU, welche wiederum in eine Addier- und eine Multipliziereinheit unterteilt ist. Nimmt man - unrealistischerweise - an, daß der Compiler immer in der Lage wäre, drei voneinander unabhängige Befehle (einen für die IU, einen FP-ADD, einen FP-MUL-Befehl) zu finden, so müßte ein CPI' = 1/3 erreichbar sein. Dies setzt aber weiter voraus, daß die Speicherzugriffszeit nicht unzulässig ansteigt (MEMD!). Tatsächliche Messungen für den i860 ergeben aber ein CPI' = 0,9 für vorerst noch von Hand optimierte Programme.

Einer Ausnutzung der vollen von der Hardware gebotenen Parallelität stehen - vorerst noch - drei Gründe entgegen:

(1) Superskalare Architekturen stellen hohe Anforderungen an die Compiler-Technik. Verfahren zur Code-Parallelisierung wie das Trace-Scheduling für VLIW-Architekturen befinden sich noch im Forschungsstadium.

(2) In General Purpose-Programmen ist der ausnutzbare Parallelitätsgrad begrenzt. Das "Abrollen" von DO-Schleifen (*loop unrolling*) bringt eine Verbesserung, ist aber eher in Arithmetik-orientierten Programmen von Vorteil.

(3) Unterbrechungen, welche in einer der Ausführungseinheiten auftreten, können nicht nur die in der eigenen Ausführungseinheit befindlichen Befehle stoppen oder verzögern, sondern auch die aller anderen. Die Folge ist eine Zunahme der Leerzyklenzahl.

Superskalare Architekturen werden zweifellos in den kommenden Jahren die größten Performance-Zuwächse bringen. Sie werden allerdings mit erheblichem Hardware-Aufwand erkauft werden. Gleichzeitig mit diesen Anstrengungen zur CPU-internen Parallelisierung laufen die Bemühungen zur Leistungssteigerung auf der Ebene gröberer Granularität: durch das Verbinden mehrerer Prozessoren zu Multiprozessorarchitekturen. Beide Varianten werden auf die ursprünglichen RISC-Ideen zurückgreifen. Gleichzeitig werden sie aber entscheidende, über RISC hinausgehende Impulse zur Weiterentwicklung benötigen.

Literatur

[BODE 80]   Bode, A.; Händler, W.: Rechnerarchitektur, Grundlagen und Verfahren. Berlin: Springer 1980

[DAVI 75]   Davidson, E.S.; Thomas, A.T.; Shar, L.E.; Patel, J.H.: Effective Control for Pipelined Computers. Proc. Spring COMPCON, IEEE No. 75 CH 0920-9C (1975), pp. 181-184

[ELEC 87]   Electronics 60 (1987) 11

[HAYE 88]   Hayes. J. P.: Computer Architecture and Organization. New York: McGraw Hill 1988

[HENN 90]   Hennessy, J.: Future Directions for RISC Prozessors. Proc. Hot Chip Symposium, 1990

[KLAR 75]   Klar, R.; Wichmann, H.: Mikroprogrammierung. Arbeitsberichte des IMMD Univ. Erlangen-Nürnberg, Bd. 8 (1975) Nr. 3

[MUEL 88]   Müller-Schloer, C.; Niedermeier, T.; Rauh, D.: COLIBRI: Ein Testfall für die RISC-Philosophie.   Proc. 10. GI/ITG Fachtagung, "Architektur und Betrieb von Rechensystemen", Paderborn, März 1988, IFB 168, Springer S. 132 - 141

[PATT 85]   Patterson, David A.: Reduced Instruction Set Computers. CACM 28 (1985) 1, pp. 8 - 20

[TAPP 84]   Tappe, J.: Algorithms for Pipeline Control. Parallel Computing (1984) 1, pp. 185-188

[WILK 51]   Wilkes M. V.: The Best Way to Design an Automatic Calculating Machine. Report of Manchester Univ. Computer Inaugural Conference (1951) pp. 16 - 18

3 Pipelining

Die *Befehls-Pipeline* bildet ein wesentliches Merkmal von RISC-Prozessoren. Sie erlaubt eine parallele Bearbeitung mehrerer Befehle im Prozessor, wodurch die Performance eines Prozessors deutlich vergrößert werden kann. Deshalb soll dieses Kapitel der detaillierten Betrachtung von Pipelines dienen.

Aufbauend auf den wichtigsten Prinzipien einer Pipeline werden verschiedene Architektur-Merkmale von RISC-Prozessoren erklärt, die sich durch die Struktur einer Pipeline begründen lassen. Um die Probleme erklären zu können, die die parallele Verarbeitung mehrerer Befehle verursacht, wird eine Beispiel-Pipeline mit einfachem Aufbau eingeführt, die sich stark an Pipelines kommerziell verfügbarer Produkte orientiert.

Um eine weitere Leistungssteigerung erreichen zu können, sind Erweiterungen des Pipeline-Konzeptes möglich. Ihre wichtigsten Grundzüge werden vorgestellt und die Frage der Kompatibilität von unterschiedlichen Pipelines innerhalb eines Familienkonzeptes diskutiert.

3.1 Das Pipeline-Prinzip

Die Einführung einer Pipeline-Verarbeitung verfolgt das Ziel, durch eine überlappte Parallelverarbeitung die Performance eines Prozessors deutlich zu steigern. Im Gegensatz zu einer rein sequentiellen Abarbeitung der Befehle wird bei einer Pipeline der nächste Befehl zur Verarbeitung eingeschleust, sobald es die vorausgehenden zulassen (Bild 3-1). Mit dieser Architekturmaßnahme wird demnach nicht die Bearbeitungszeit (auch: *Latenzzeit*) des einzelnen Befehls verkürzt, sondern tendenziell eher verlängert. Die trotzdem beobachtbare Leistungssteigerung von RISC-Prozessoren resultiert aus einem erhöhten Durchsatz von abgearbeiteten Befehlen pro Zeiteinheit. Dieser Durchsatz wird durch die Zeit bestimmt, die zwischen dem Einschleusen der einzelnen Befehle verstreicht und nicht durch die Latenzzeit der einzelnen Befehle.

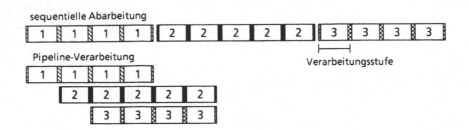

sequentielle Abarbeitung

Pipeline-Verarbeitung

Verarbeitungsstufe

Bild 3-1: Gegenüberstellung von sequentieller Abarbeitung und Pipeline-Verarbeitung

Eine Voraussetzung dafür, daß ein Prozessor mit einer Pipeline betrieben werden kann, ist die Zerlegbarkeit eines Befehls in verschiedene Segmente. Diese Segmente müssen durch Latches oder Register voneinander entkoppelt werden, damit sich die Befehle nicht gegenseitig beeinflussen. Das bedeutet schaltungstechnischen Mehraufwand und eine Verlängerung der Signallaufzeit.

Jedes Segment der Verarbeitung wird im folgenden *Pipeline-Stufe* genannt. Die Zeit, nach der die Bearbeitung eines Befehls um eine Stufe vorrückt, wird als interne *Taktzeit* definiert. Diese Taktzeit muß nicht mit der extern an den Baustein angelegten Taktfrequenz übereinstimmen, da auch ein Mehrphasentaktsystem innerhalb des Prozessors Verwendung finden kann.

Haben die einzelnen Segmente unterschiedliche Verarbeitungszeiten, so wird die maximale theoretische Leistungssteigerung nicht erreicht, da sich die Taktzeit nach der längsten Verarbeitungsdauer einer Stufe bestimmt.

3.2   Prozessorarchitektur und Befehls-Pipeline

Die Grobstruktur der Prozessorarchitektur und die Befehls-Pipeline beeinflussen sich gegenseitig sehr stark. Mit Hilfe einer formalen Beschreibung soll versucht werden, diese Wechselwirkungen zu verdeutlichen.

3.2.1 Hardware-Belegungsschema

Zur Beschreibung einer Pipeline wird das *Hardware-Belegungsschema* aufgestellt, eine Matrix, die für jeden Befehl erstellt wird. Eingetragen wird, welche Einheiten der Hardware in den einzelnen Pipeline-Stufen zur Verarbeitung des Befehls herangezogen werden (Bild 3-2).

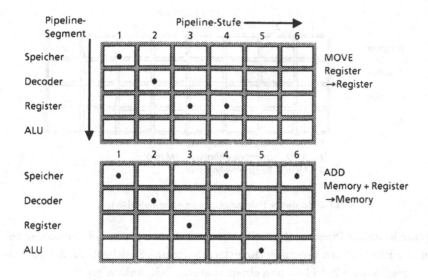

Bild 3-2: Hardware-Belegungsschema einer multifunktionalen, nicht-linearen Pipeline

An Hand dieses Schemas läßt sich eine Klassifizierung verschiedener Pipelines durchführen. Gibt es für verschiedene Befehle unterschiedliche Belegungsschemata, so spricht man von einer *multifunktionalen* Pipeline (Bild 3-2). Können alle Befehle durch genau ein Hardware-Belegungsschema repräsentiert werden, so wird sie *unifunktional* genannt.

Lassen sich alle Befehle in einem Schema vereinbaren, wobei manche Einheiten nicht von allen Befehlen benötigt werden, so ist diese Pipeline im strengen Sinne nicht unifunktional. Da sie aber im Prinzip wie eine solche behandelt werden kann, klassifiziert man sie als *quasi-unifunktional*.

Das nächste Kriterium ist die *Linearität* einer Pipeline. Darunter versteht man, daß eine Hardware-Einheit für einen Befehl nur in einer einzigen Pipeline-Stufe verwendet wird. In Bild 3-2 ist an der mehrfachen Belegung der Speicherschnittstelle ersichtlich, daß eine nicht-lineare Pipeline vorliegt.

Besonderes Interesse gilt bei einer Pipeline der Frage, wie sich eine Abfolge von Befehlen mit möglichst großem Durchsatz realisieren läßt. Mit Hilfe des Hardware-Belegungsschemas läßt sich das graphisch darstellen, indem mehrere Befehle in ihrer Abfolge eingetragen werden (Bild 3-3). Tritt dabei ein Konflikt auf, weil zwei Befehle gleichzeitig dieselbe Verarbeitungseinheit beanspruchen, so muß der später eingeschleuste Befehl so lange verzögert werden, bis die Abarbeitung ohne Konflikte durchgeführt werden kann. Jeder eingeschobene Wartezyklus verschlechtert aber das Verhältnis *Cycles per instruction* (CPI) und damit

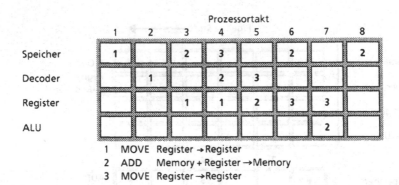

Bild 3-3: Hardware-Belegungsschema einer Befehlsfolge

den Durchsatz der Pipeline. Zusätzlich ist noch zu überprüfen, ob ein später begonnener Befehl Daten verändert (Registerinhalte und Speicher), auf die ein früher eingeschleuster Befehl noch zu einem späteren Zeitpunkt zugreift.

Bei einer multifunktionalen Pipeline kann dabei jede mögliche Kombination von Befehlen auftreten und damit steigt das Potential an Konflikten an, die zu Verzögerungen führen.

Andererseits ist der einfachste Fall einer Pipeline eine *quasi-unifunktionale, lineare Pipeline*, bei der prinzipiell keine strukturellen Konflikte auftreten können. Deshalb wurde die Architektur der RISC-Prozessoren konsequent auf eine lineare und quasi-unifunktionale Pipeline ausgerichtet, um einen weitgehend konfliktfreien Ablauf zu gewährleisten. Sie bedingt auch das strikte Festhalten an der Load-Store-Architektur, da die Erweiterung der Speicherzugriffsmöglichkeiten oder Adreßberechnungsmodi das System der linearen, quasi-unifunktionalen Pipeline durchbricht. Dieselbe Motivation führt zu einer einheitlichen Länge der Befehlsformate. Formatgrößen, die länger als ein Wort sind oder Befehle, die nicht auf Wortgrenzen ausgerichtet sind, verlangen zusätzliche Zugriffe beim Einlesen. Deshalb besitzen alle RISC-Prozessoren Befehlsformate, die genau ein Wort, d. h. 32 bit lang sind und mit der Breite der Speicherschnittstelle übereinstimmen.

3.2.2 Beispiel-Pipeline

Für die folgenden Untersuchungen wird eine Beispiel-Pipeline mit 5 Stufen verwendet, an der alle Probleme, die bei RISC-Prozessoren auftauchen, erörtert werden können. Die 5 Stufen, in denen die Befehle bearbeitet werden, sind wie folgt definiert:

- IF   Instruction Fetch   Befehl holen
- DR   Decode and Read   Dekodieren und Register lesen
- EX   Execute   Ausführen des Befehls
- MA   Memory Access   Speicherzugriff
- WB   Write Back   Register schreiben

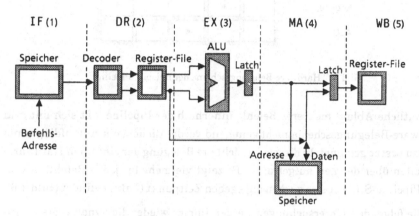

Bild 3-4: Vereinfachte Darstellung der Prozessorarchitektur

Diese Pipeline läßt sich durch eine Architektur realisieren, die in Bild 3-4 vereinfacht dargestellt ist. Bei der Zuordnung der einzelnen Hardware-Einheiten auf die Pipeline-Stufen gilt folgendes:

- Die Zugriffe auf die externen Speicher besitzen die längsten Ausführungszeiten und bilden damit die Grenze für die Taktzeit des Prozessors. Sie werden den Stufen IF und MA zugeordnet.

- Da RISC-Prozessoren meist ein einfaches Befehlsformat besitzen, kann die Dekodierung der Befehle mit dem Auslesen der Operanden aus dem Register-File in der Stufe DR zusammengefaßt werden.

- Die ALU, plaziert in der Stufe EX, dient nicht nur der Berechnung der arithmetischen und logischen Funktionen, sondern sie wird auch für die Berechnung der effektiven Adresse für Speicherzugriffe herangezogen.

- Die Resultate werden zum Schluß (WB) in das Register-File zurückgeschrieben.

Aus dieser Architektur läßt sich das in Bild 3-5 dargestellte Hardware-Belegungsschema herleiten. Um eine quasi-unifunktionale Pipeline zu erhalten, wird bei allen Befehlen, die nicht auf den Speicher zugreifen, die für Speicherzugriffe reservierte Pipeline-Stufe MA überbrückt. Für alle diese Befehle wird die Ausführungszeit länger als es die Funktionalität dieses Befehls erfordert.

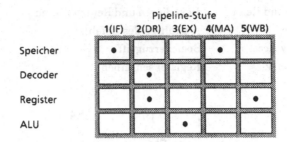

Bild 3-5: Hardware-Belegungsschema der Beispiel-Pipeline

Der zeitliche Ablauf mehrerer Befehle innerhalb der Pipeline läßt sich mit dem Hardware-Belegungsschema nicht genügend verdeutlichen, ein Ablaufdiagramm ist dazu besser geeignet. In diesem ist nicht die Belegung der einzelnen Hardware-Einheiten über der Zeit aufgetragen: Es zeigt vielmehr für jeden Befehl, in welcher Pipeline-Stufe er sich zu dem angegeben Zeitpunkt (Takt) befindet (Bild 3-6).

Für die folgenden Untersuchungen werden immer wieder die dynamischen Häufigkeiten einzelner Befehle benötigt, um die Auswirkungen eventueller Konflikte in der Pipeline quantitativ zu beurteilen (Tabelle 3-1). Diese Daten stammen aus [HENN 90] p. 181. Abgeleitet wurden sie von einer Pipeline mit einer Struktur, die der hier verwendeten ähnlich ist. Die zitierte Untersuchung stützt sich auf eine Mischung von vier verschiedenen Programmen mit unterschiedlicher Charakteristik.

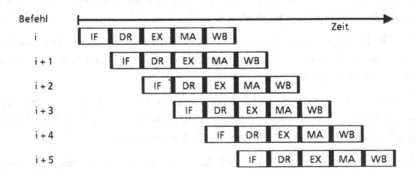

Bild 3-6: Ablaufdiagramm der Beispiel-Pipeline

Tabelle 3-1: Häufigkeit von Befehlsklassen

Befehl	dynamische Häufigkeit p
bedingte Sprünge	11%
unbedingte Sprünge	4%
Load	18%
Store	8%
Arithmetik	39%
Rest	20%

3.3 Strukturelle Konflikte

Bei genauer Betrachtung der Beispiel-Pipeline werden sowohl das Register-File als auch die Speicherschnittstelle in zwei verschiedenen Pipeline-Stufen in Anspruch genommen. Deshalb stellt sich die Frage nach der Linearität dieser Pipeline.

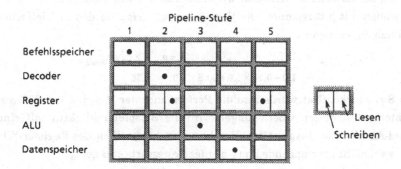

Bild 3-7: Hardware-Belegungsschema der verbesserten Beispiel-Pipeline

Eine Verfeinerung des Hardware-Belegungsschemas zeigt eine Lösung dieses Konflikts. Gelingt es, das Register-File so schnell zu machen, daß für das Auslesen der Operanden nur die halbe Taktzeit benötigt wird, so steht für das Schreiben die andere Hälfte zur Verfügung. Wird das Belegungsschema verfeinert, indem man die einzelnen Phasen statt des gesamten Taktes betrachtet, so läßt sich die Konfliktfreiheit auch graphisch darstellen (Bilder 3-7 und 3-8).

Ähnliches gilt auch für die Speicherschnittstelle. Eine räumliche Trennung zwischen Befehls- und Datenstrom, auch ↗Harvard-Architektur genannt, erlaubt den gleichzeitigen und konfliktfreien Zugriff auf Befehle und Daten. Wird dieser Konflikt an der Speicherschnittstelle nicht derart aufgelöst, so muß bei einem

Prozessortakt

	1	2	3	4	5	6	7
Befehls-Speicher	1	2	3	4	5		
Decoder		1	2	3	4	5	
Register		1	2	3 1	4 2	5	3
ALU			1	2	3	4	5
Daten-Speicher				1		3	4

Bild 3-8: Konfliktfreier Ablauf in einer unifunktionalen linearen Pipeline

Load-Store-Befehl i der Befehl i+3 um einen Takt durch Einschieben eines Wartezyklus verzögert werden (Bild 3-9).

Tabelle 3-1 zeigt, daß der Anteil der Speicheroperationen bei 26% liegt. Die Beeinflussung der Performance durch Speicheroperationen kann durch folgende kurze Rechnung abgeschätzt werden: (Die dynamischen Wahrscheinlichkeiten werden im folgenden mit p bezeichnet. Die Verzögerungen *delay* werden in Vielfachem von Takten angegeben.)

$$\begin{aligned} CPI_{mit\,Konflikt} &= CPI_{ideal} + p_{Load} \times delay_{Load} + p_{Store} \times delay_{Store} \\ &= 1,0 + 0,18 \times 1,0 + 0,08 \times 1,0 = 1,26 \end{aligned}$$

(Gl. 3-1)

Dieser Strukturkonflikt würde also die Performance der Pipeline um 26% verschlechtern. Aus diesen Überlegungen wird die Beispielarchitektur mit einer Harvard-Architektur ausgestattet. Das Lesen und Schreiben des Register-Files wird in zwei nicht überlappende Phasen eines Prozessortaktes gelegt.

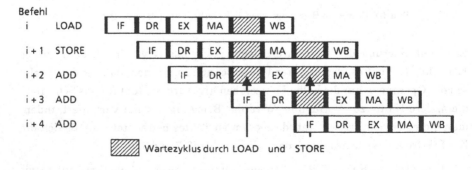

Bild 3-9: Struktureller Konflikt an der Speicherschnittstelle.

Die gewünschte Prozessorgeschwindigkeit läßt sich nur dadurch erreichen, daß durch einen *Cache* die Zugriffszeit auf den Speicher reduziert wird (vgl. Kapitel 4, "Speicherarchitektur"). Für die Fälle, daß der Befehl oder das Datum nicht aus dem Cache gelesen werden können (*cache miss*), muß direkt auf den Hauptspeicher zugegriffen werden. Dieser Zugriff dauert natürlich länger, so daß Wartezyklen eingeschoben werden müssen. Eine einfache Lösung dafür ist das komplette Anhalten der Pipeline, bis der verlängerte Zugriff beendet ist (*pipeline stall*).

3.4 Datenkonflikte

Neben den strukturellen Konflikten innerhalb einer Pipeline tritt noch eine andere Klasse von Konflikten auf: die Verletzung der *Datenkonsistenz*. Zum Beispiel bei der Abfolge der folgenden drei Befehle in der Pipeline (Addition dreier Werte aus R_1, R_2 und R_3 zu einem Ergebnis, das in R_4 abgespeichert wird, und eine davon unabhängige Subtraktion):

$$
\begin{array}{llll}
\text{ADD} & R_1\ R_2\ R_4 & : & R_1 + R_2 \rightarrow R_4 \\
\text{ADD} & R_4\ R_3\ R_4 & : & R_4 + R_3 \rightarrow R_4 \\
\text{SUB} & R_5\ R_0\ R_6 & : & R_5 - R_0 \rightarrow R_6
\end{array}
$$

stellt man fest, daß der Operand R_4 in dem zweiten Befehl noch nicht im Register-File enthalten ist, da der erste Befehl i das Ergebnis erst zu einem späteren Zeitpunkt in das Register-File einträgt, und es erst im Befehl i+3 zur Verfügung steht (Bild 3-10).

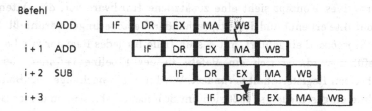

Bild 3-10: Datenkonsistenz-Konflikt durch späte Verfügbarkeit des Ergebnisses

3.4.1 Lösung durch Software

Für diesen Konflikt läßt sich zunächst eine Lösung finden, die dieses Problem auf die Software verlagert und keinen Eingriff in die Hardware erfordert. Dem Compiler wird die Aufgabe übertragen, die Befehle mit Datenabhängigkeiten so weit voneinander zu trennen, bis der Operand aus dem Register gelesen werden kann.

Der Compiler fügt dazu zwischen diesen Befehlen leere Operationen (*no operation*, NOP) ein, die er anschließend durch Umsortieren des Codes durch sinnvolle Befehle ersetzt (*Instruction Scheduling*). Gelingt dies nicht, so bleiben die leeren Operationen in dem Programmstück enthalten, die den Durchsatz an effektiven Befehlen absenken und die Länge des Programms vergrößern. Zusätzlich verringert sich die Hit-Rate des Cache-Speichers (vgl. Kapitel 4, "Speicherarchitektur"), was einen weiteren Verlust an Durchsatz verursacht. Die umgestellte Programmsequenz könnte dann so aussehen:

$$\text{ADD} \quad R_1 \ R_2 \ R_4 \qquad\qquad : \ R_1 + R_2 \rightarrow R_4$$

$$\text{NOP}$$

$$\text{SUB} \quad R_5 \ R_0 \ R_6 \qquad\qquad : \ R_5 - R_0 \rightarrow R_6$$

$$\text{ADD} \quad R_4 \ R_3 \ R_4 \qquad\qquad : \ R_4 + R_3 \rightarrow R_4$$

Hier wird deutlich, daß RISC-Prozessoren neue Anforderungen an die Compiler-Technik stellen, (vgl. Kapitel 5, "RISC-Compiler"). Bei dieser Lösung ist zu beachten, daß der Compiler das Einfügen von NOPs und das Umsortieren des Codes unbedingt durchführen muß, damit die Semantik des Programms erhalten bleibt.

Dieses Konzept, die einzelnen Stufen einer Pipeline ohne gegenseitige Beeinflussung zu gestalten, wurde beim ersten MIPS-Projekt an der Stanford University verfolgt, was sich auch in dessen Namen niederschlug: "Microprocessor Without Interlocked Pipe Stages" [HENN 83].

3.4.2 Scoreboarding

Ein alternatives Konzept sieht eine zusätzliche Hardware vor, die Datenkonsistenzkonflikte erkennt und die entsprechenden Verzögerungen veranlaßt. Dazu wird ein *Scoreboard* eingeführt, mit dessen Hilfe für jedes Register zur Laufzeit Buch geführt wird, ob sich ein Befehl in der Pipeline befindet, der den entsprechenden Registerinhalt verändert. Wird nun ein nachfolgender Befehl in die Pipeline eingeschleust, so läßt sich am Scoreboard ablesen, ob dieser Befehl auf einen noch nicht gültigen Registerinhalt zugreifen will. Zeigt das Scoreboard einen Konflikt an, so wird dieser Befehl so lange verzögert, bis die Markierung im Scoreboard gelöscht ist, die einen ungültigen Registerinhalt anzeigt (Bild 3-11).

Das Scoreboard sorgt also immer für die semantisch richtige Abarbeitung einer Befehlsfolge. Häufig auftretende Datenabhängigkeiten können den Durchsatz allerdings drastisch vermindern. Ein Umsortieren des Codes, wie sie die reine Software-Lösung vornimmt, kann diese Leistungseinbußen reduzieren. Auf das Einfügen der NOP-Befehle kann dabei verzichtet werden, da die Verzögerungen dynamisch durch das Scoreboard eingefügt werden.

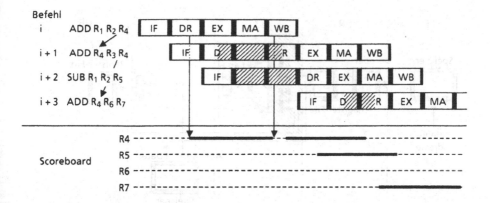

Bild 3-11: Auflösen der Datenkonflikte durch ein Scoreboard (Verzögerung einzelner Befehle)

3.4.3 Forwarding

Das Ablaufdiagramm in Bild 3-12 zeigt, daß das Ergebnis von Register-Register-Operationen nicht erst in der 5. Pipeline-Stufe WB zur Verfügung steht, in der es in das Register-File eingetragen wird. Schon nach der 3. Stufe EX ist die Berechnung abgeschlossen und das Ergebnis liegt im Prozessor vor. Es liegt deshalb nahe, diesen Wert anstelle des ungültigen Registerinhalts der Verarbeitungseinheit für die Befehle i+1 und i+2 zuzuführen.

Für diese Lösung der Datenkonsistenzkonflikte müssen natürlich weitere Datenwege bereitgestellt werden und eine zusätzliche Dekodierlogik, die die Registeradressen der einzelnen Befehle auf Konflikte vergleicht, muß die Auswahl des richtigen Datums steuern (Bild 3-13).

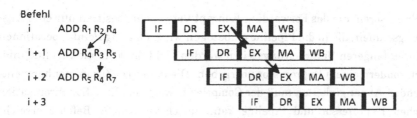

Bild 3-12: Interne Weiterleitung des Ergebnisses von Befehl i

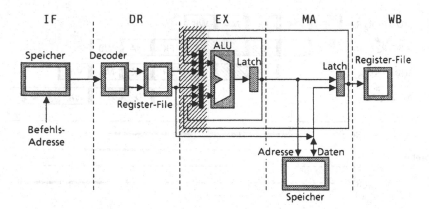

Bild 3-13: Erweiterung der Prozessor-Architektur durch Forwarding

Mit dieser Erweiterung der Architektur - Forwarding genannt - wird die Pipeline aus der Sicht der Software unsichtbar und braucht vom Compiler nicht durch Umsortieren des Codes berücksichtigt zu werden.

3.4.4 Abwägung Scoreboard gegen Forwarding

Kommerziell verfügbare RISC-Prozessoren setzen beide Hardware-Lösungen ein, auf die Software-Lösung wird heute nicht mehr zurückgegriffen. Der Forwarding-Mechanismus wird bei SPARC [CYPR 88], MIPS R2000/R3000 [KANE 89] und AMD 29000 [AMD 88] realisiert, während der Intel i860 [INTE 89a] und Motorola 88000 [MOTO 88] mit einem Scoreboard ausgerüstet sind. (Diese Architekturen werden ausführlich im Kapitel 6, "Aktuelle RISC-Prozessoren", vorgestellt.) Was bewog die verschiedenen Hersteller, sich für eine der beiden Alternativen zu entscheiden?

Die Prozessoren, die das Forwarding-Konzept verwenden, besitzen nur eine Ausführungseinheit, die in die Pipeline einbezogen wird. Floating Point-Operationen mit ihren längeren Verarbeitungszeiten werden nicht direkt in die Pipeline integriert, sondern einem Koprozessor übergeben. Die in diesem Zusammenhang entstehenden Abhängigkeiten muß der Compiler bewältigen. Eine Synchronisation zwischen Koprozessor und Pipeline kann durch zusätzliche Befehle erreicht werden.

Wird ein Scoreboard in einem Prozessor eingesetzt, sind mehrere Ausführungseinheiten (neben der Integer-Verarbeitung auch die Floating Point- und gegebenenfalls die Graphikeinheit) parallel angeordnet, die alle in die Pipeline einbezogen sind. Da diese Einheiten zum Teil unterschiedliche Pipeline-Längen aufweisen können und die Ergebnisse erst spät zur Verfügung stehen, erweist sich das Scoreboarding mit einer zentralen Verwaltung hier als die vorteilhaftere Alternative.

Das Scoreboarding erleichtert die Erweiterung der Architektur mit zusätzlichen Einheiten, wie es zum Beispiel im Konzept des Motorola 88000 explizit enthalten ist. Da an dem Port des Register-Files, der zum Zurückschreiben der Daten dient, alle Datenwege wieder zusammenführen, kann hier leicht ein Forwarding-Pfad installiert werden, der das Register-File überbrückt. Damit wird eine Pipeline-Stufe eingespart, die der Compiler ansonsten zu berücksichtigen hätte.

Beim Motorola 88000 wurden die Speicherzugriffe aus der eigentlichen Pipeline ausgelagert, sodaß die Pipeline für Register-Register-Befehle verkürzt wird. Damit entfällt für diese Befehle der zweite Zyklus zum Überbrücken, also muß für diese Befehle kein Umsortieren des Codes erfolgen, um die optimale Performance zu erreichen.

3.4.5 Ladebefehle

Bisher wurden nur die Datenkonflikte zwischen zwei Register-Register-Operationen betrachtet. Für einen Konflikt zwischen einer Ladeoperation und einer Register-Register-Operation gibt es einige Abweichungen davon. Als Beispiel dient die folgende Kombination, bei der ein Operand der Addition im vorangehenden Befehl aus dem Speicher gelesen wird:

$$\text{LOAD } R_1 \text{ I } R_4 \qquad : \; M[R_1+I] \rightarrow R_4$$
$$\text{ADD } \; R_4 \text{ } R_3 \text{ } R_5 \qquad : \; R_4+R_3 \; \rightarrow R_5$$

Bei dieser Folge tritt wieder ein Datenkonsistenzkonflikt auf. Beim Versuch, diesen auf die gleiche Art zu behandeln, ergeben sich für die reine Software-Lösung und für das Scoreboarding die gleichen Mechanismen, wie sie oben schon beschrieben wurden.

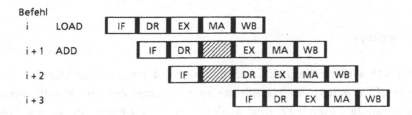

Bild 3-14: Einfügen eines Wartezyklus verursacht durch einen Ladekonflikts

Für das Forwarding hingegen gilt, daß das Ergebnis der Ladeoperation erst nach
Beendigung des Speicherzugriffs innerhalb des Prozessors zur Weiterleitung
verfügbar ist. Es muß also eine Pipeline-Stufe bei einem Konflikt überbrückt
werden (*Delayed Load*). Diese Überbrückung kann auf zwei verschiedene Arten
erfolgen: Bei MIPS R2000/R3000 ist der Code so umzustellen, daß der Konflikt
durch die Software gelöst wird. Die SPARC-Architektur sieht zusätzliche Hardware vor, die mit geringem Aufwand diese Konflikte erkennt und bei Bedarf einen
Wartezyklus einschiebt (Bild 3-14).

3.5   Steuerkonflikte

Bisher wurden nur lineare Programmabläufe betrachtet. Welche Probleme treten
aber bei einem nicht-linearen Programmablauf in Erscheinung, wie ihn bedingte
und unbedingte *Sprünge* darstellen? Dazu gehören übrigens auch die Aufrufe und
das Verlassen von Unterprogrammen.

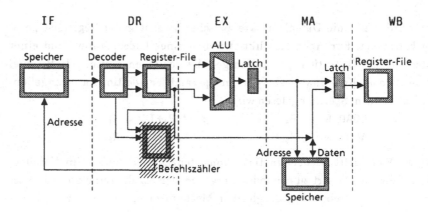

Bild 3-15: Erweiterung der Prozessor-Architektur durch den Befehlszähler

3.5.1   Sprünge

In Bild 3-15 wird die Architektur um den notwendigen Befehlszähler (*Program
Counter* PC) erweitert, der die Adresse enthält, unter der der aktuelle Befehl
abgelegt ist. In linearen Programmteilen wird er um einen konstanten Wert
erhöht. Die bedingten Sprünge sollen in Abhängigkeit von einem Registerinhalt
erfolgen. Dabei werden das Vorzeichen oder die Gleichheit mit Null ausgewertet.

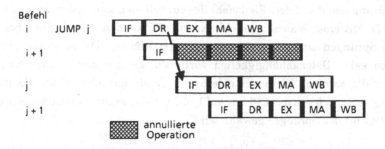

Bild 3-16: Ablaufdiagramm eines Sprungs mit annulliertem Nachfolgebefehl

Aus dieser Abhängigkeit vom Dekoder und vom Register-File ergibt sich die Plazierung des PC am Ende der Pipeline-Stufe DR.

Im Ablaufdiagamm dieser Architektur stellt man fest, daß nach dem Sprungbefehl i bereits der nachfolgende Befehl i+1 eingelesen worden ist. Wird dieser Sprung genommen, so muß der Befehl i+1 abgebrochen werden und die Pipeline mit dem Einlesen des Befehl j fortgesetzt werden (Bild 3-16). Damit erhöht sich das CPI für genommene Sprünge um 1.

Unter der Annahme einer dynamischen Häufigkeit bedingter Sprünge von 11% (Tabelle 3-1), einer Wahrscheinlichkeit von 50%, daß dieser Sprung genommen wird, und einer Häufigkeit unbedingter Sprünge von 4% verschlechtert sich das Verhältnis CPI auf den Wert 1,095:

$$CPI_{annulliert} = CPI_{ideal} + p_{bedingt} \times p_{genommen} \times delay_{bedingt} + p_{unbedingt} \times delay_{unbedingt} \quad \text{(Gl. 3-2)}$$
$$= 1,0 + 0,11 \times 0,5 \times 1 + 0,04 \times 1 = 1,095$$

Anstatt den Befehl i+1 zu annullieren, ist es sinnvoller, in dem Befehl i+1 einen sinnvollen Befehl zu plazieren, der unabhängig davon, ob der Sprung genommen wird, stets ausgeführt wird. Das geschieht wieder durch das Instruction Scheduling bei der Übersetzung durch den Compiler. Ist kein geeigneter Befehl zu finden, so muß nach dem Sprungbefehl ein NOP Befehl eingefügt werden.

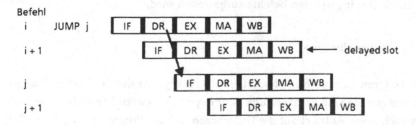

Bild 3-17: Ablaufdiagramm eines delayed branches

Diese Art von Sprüngen nennt man *delayed branches* und die Befehle, die zwischen Sprungbefehl und dem Zielbefehl liegen, befinden sich in den *delayed slots* (Bild3-17). Mit einer Wahrscheinlichkeit von 70% können diese Befehle bei bedingten Sprüngen sinnvoll gefüllt werden [HENN 84]. Da bei unbedingten Sprüngen keine Datenabhängigkeiten vorliegen, kann dieser Delayed Slot zu 100% gefüllt werden. Diese verschlechtern damit das CPI nicht. Folgende Rechnung zeigt, daß sich das CPI nur auf 1,033 erhöht, weshalb meist diese zweite Alternative bei den Sprüngen gewählt wird.

$$CPI_{delayed} = CPI_{ideal} + p_{bedingt} \times (1 - p_{gefüllt}) \times delay_{bedingt}$$
$$= 1,0 + 0,11 \times (1 - 0,7) \times 1 = 1,033$$

(Gl. 3-3)

Für viele Abfragen ist auch der Vergleich zweier Register-Inhalte von Interesse. Diese können bei der gewählten Architektur durch eine Abfolge einer Subtraktion und des eigentlichen bedingten Sprunges realisiert werden. Es stellt sich dabei die Frage, ob der Durchsatz vergrößert werden kann, wenn diese beiden Befehle zu einem einzigen verschmolzen werden. Damit kann für bedingte Sprünge das CPI zu einem Teil um 1 reduziert werden, da die Subtraktion entfällt. Zur Bestimmung, ob der Sprung genommen wird, ist jetzt aber auch die ALU notwendig, sodaß sich die Änderung des PC erst einen Befehl später auswirkt und man zwei Delayed Slots bei Sprüngen erhält. Für diese Alternative kann man annehmen, daß jeder zweite bedingte Sprung durch eine Abfrage auf Null oder auf das Vorzeichen verursacht wird; damit gelten die folgenden Gleichungen für den Fall der annullierten Sprünge:

$$CPI_{annulliert} = CPI_{ideal} + p_{bed.} \times (p_{genommen} \times delay_{bed.} - p_{gesp.} \times 1) + p_{unbed.} \times delay_{unbed.}$$
$$= 1,0 + 0,11 \times (0,5 \times 2,0 - 0,5 \times 1,0) + 0,04 \times 2 = 1,084$$

(Gl. 3-4)

Für die Delayed Branches kann das Füllen des zweiten Delayed Slots nur noch mit der Wahrscheinlichkeit von 25% erfolgen, so daß sich folgender Wert für das CPI ergibt:

$$CPI_{delayed} = CPI_{ideal} + p_{bedingt} \times (1 - p_{gefüllt1} + 1 - p_{gefüllt2} - p_{gespart}) \times delay_{bedingt}$$
$$= 1,0 + 0,11 \times (1 - 0,7 + 1 - 0,25 - 0,5) \times 1 = 1,061$$

(Gl. 3-5)

Diese Alternative ist also schlechter, weil die größere Anzahl von Delayed Slots nicht durch die eingesparten Befehle aufgewogen wird.

3.5.2 Unterbrechungen

Einen weiteren Grad an Komplexität erhält die Pipeline durch *Unterbrechungen*. Sie erzwingen, daß die Verarbeitung des Programms vorläufig abgebrochen wird, damit nach einer Antwort auf die Unterbrechung das Programm gegebenenfalls wieder an der Stelle fortgesetzt werden kann, an der die Unterbrechung aufgetreten ist.

Für die Unterbrechungen gibt es verschiedene Ursachen. Die *asynchronen* (z. B. Timer, Tastatur, Stromausfall) treten zu unvorhersehbaren Zeiten auf. *Synchron* nennt man die Unterbrechungen, die bei gleichen Randbedingungen reproduzierbar auftreten. Sie sind einem Befehl und einer Pipeline-Stufe genau zuzuordnen. Sie können über den gesamten Ablauf des Befehls mit Ausnahme der Stufe WB verteilt auftreten. Beispiele für synchrone Unterbrechungen sind:

- IF und MA   Befehl oder Datum sind nicht im Hauptspeicher enthalten, oder die Zugriffsrechte sind falsch.
- DR   Falscher Opcode
- EX   Überlauf des Additionsergebnisses

Da der Befehl i, der die Unterbrechung auslöst, mit Fehlern behaftet ist und somit die auf ihn folgenden Befehle falsche Voraussetzungen haben können, müssen diese Befehle abgebrochen werden (Ablaufdiagramm Bild 3-18). Die vorangehenden Befehle einschließlich i−1 müssen dagegen vollständig abgearbeitet werden. Dann kann nach der Unterbrechung das Programm wieder richtig fortgesetzt werden, indem der unterbrochene Befehl i und alle Folgebefehle i+1, i+2, ... wiederholt werden. Sind keinerlei Korrekturen nötig, um den Zustand des Prozessors so zu restaurieren, wie er vor der Unterbrechung war, so spricht man von *precise exceptions*.

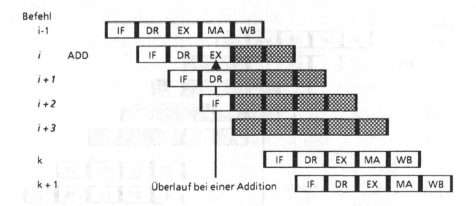

Bild 3-18: Durch Überlauf eines Additionsbefehls verursachte Unterbrechung

Sobald die Unterbrechung erkannt wurde, kann diese beantwortet werden. Dazu wird auf eine im Prozessor gespeicherte, dem Unterbrechungstyp zugeordnete Adresse gesprungen, an der die Unterbrechungsantwort beginnt (Befehl k), und die Pipeline läuft normal an.

Um wieder aufsetzen zu können, muß der Stand des PC zu dem Zeitpunkt, an dem die Unterbrechung aufgetreten ist, gerettet werden. Für den linearen Ablauf eines Programmes ist das ausreichend. Wie verhält sich dagegen die Pipeline, wenn sich der unterbrochene Befehl i im Delayed Slot eines Sprunges befindet? (Der Befehl i‑1 sei in diesem Fall ein Sprung.) Nun lassen sich die Adressen der nachfolgenden Befehle nicht durch einfaches Inkrementieren des PC bestimmen. Im Beispiel ist die Adresse von Befehl i+1 nicht durch Inkrementieren aus i zu bestimmen. Um den Pipeline-Ablauf beim Wiederaufsetzen korrekt fortsetzen zu können, muß auf die Befehlsfolge i, i+1 gesprungen werden. Es muß deshalb auch die Adresse von Befehl i+1 gerettet werden.

Ein einziger Befehl kann auch mehrere Unterbrechungen auslösen, z. B. durch einen *page faults* beim Holen des Befehls und ein Überlauf der Addition. Dieses Problem wird dadurch gelöst, daß zunächst die zeitlich früher auftauchende Unterbrechung berücksichtigt wird. Nach dem Beheben des *page faults* wird der Befehl wiederholt und im zweiten Anlauf erfolgt der Überlauf der Addition, die dann bearbeitet werden kann.

Das richtige Abfangen von Unterbrechungen gestaltet sich dann komplizierter, wenn ein nachfolgender Befehl i+1 zu einem früheren Zeitpunkt eine Unterbrechung verursacht als ein vorangehender Befehl i, wie in Bild 3-19 gezeigt. Es muß sicher gestellt sein, daß zuerst die Unterbrechung des Befehls i und erst anschließend die von i+1 bearbeitet wird. Dazu werden meist die Unterbrechungen zwischengespeichert und erst nach einer Priorisierung bearbeitet.

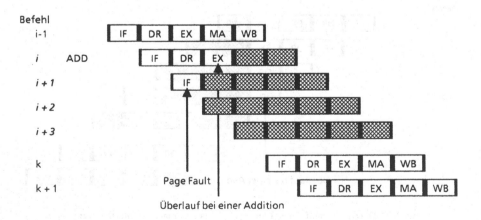

Bild 3-19: Unterbrechungen in verschiedenen Befehlen

3.6 Erweiterungen des Pipeline-Konzeptes

Betrachtet man die Pipeline, wie sie in den vorhergehenden Abschnitten erläutert wurde, so stellt sich die Frage nach der Weiterentwicklung dieses Konzepts. Da die Pipeline ihre Leistungsfähigkeit aus der parallelen Verarbeitung der Befehle erhält, liegt es nahe, den Grad an Parallelität weiter zu erhöhen.

3.6.1 Superpipelining

Die Pipeline bedingt eine Aufteilung der Befehlsabarbeitung in verschiedene Segmente. Bei einer weiteren Verfeinerung dieser Segmente und einer Zuordnung dieser verfeinerten Stufen zu unterschiedlichen Pipeline-Stufen, spricht man von *Superpipelining*. Ein Beispiel für eine Superpipeline-Architektur könnte wie in Bild 3-20 aussehen. Jede Pipeline-Stufe wird in zwei neue Stufen unterteilt. Auch die Cache-Zugriffe erfolgen in zwei aufeinanderfolgenden Pipeline-Stufen. Da in jeder Stufe nur noch die halbe Arbeit zu leisten ist, kann auch eine Verdoppelung der Taktfrequenz und eine Halbierung der Zeit zwischen dem Einschleusen aufeinanderfolgender Befehle erwartet werden. Damit wird der Durchsatz an Befehlen und die Leistungsfähigkeit verdoppelt.

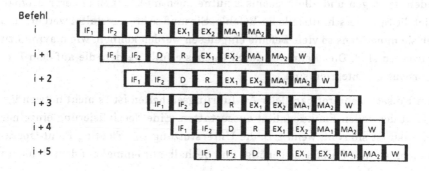

Bild 3-20: Ablaufdiagramm einer Superpipeline

Welche Veränderungen gegenüber der bisher betrachteten Pipeline lassen sich feststellen? Hinter Sprüngen sind für unser Beispiel drei Delayed Slots einzufügen. Für den Compiler verursacht dies erhebliche Schwierigkeiten, da - wie vorher gezeigt - schon der zweite Delayed Slot nach bedingten Sprüngen nur noch in einem Viertel aller Fälle zu füllen ist. Auch die Behandlung unbedingter Sprünge wird komplizerter. Da diese nicht in den Delayed Slots vorhergehender Sprünge plaziert werden dürfen, muß der Compiler zwischen zwei Sprüngen mindestens drei Befehle plazieren, die den Befehlszähler PC nicht beeinflussen.

Auf Ergebnisse von Ladeoperationen muß ebenfalls drei Delayed Slots gewartet werden, bei denen ebenfalls mit zunehmender Anzahl die Wahrscheinlichkeit stark abnimmt, daß sie mit sinnvollen Befehlen gefüllt werden können. Das größte Hindernis dürfte jedoch sein, daß das Ergebnis der Operation, die in den Stufen EX_1 und EX_2 errechnet wird, erst dem übernächsten Befehl zur Verfügung steht.

Eine deutliche Verbesserung dieser Architektur kann dann erzielt werden, wenn die Ausführungsphase EX der Operation auf einen Zyklus verkürzt werden kann. Der Konflikt tritt dann nicht mehr auf und der Compiler hat deutlich weniger Restriktionen für das Instruction Scheduling der Befehle zu beachten.

3.6.2 Superskalar-Architekturen

Das Superpipelining erfordert durch sein Konzept hohe interne Taktfrequenzen, mit denen das Design schneller als bei einfachen Pipelines an die Grenzen der Technologie stößt. Um dieses zu umgehen und die Taktfrequenz in der Größenordnung wie bei einfachen Pipelines zu halten, sieht die *Superskalar*-Architektur die parallele Abarbeitung mehrerer Befehle vor.

Ein Engpaß dieser Architektur ist das Register-File, das alle Einheiten mit Operanden versorgen und alle Ergebnisse aufnehmen muß. Einen anderer Engpaß bildet die Speicherschnittstelle für Befehle. Sie muß so breit gestaltet werden, daß über sie mindestens so viele Befehle eingelesen werden können, wie maximal zu verarbeiten sind. Dies kann nur durch Caches erfüllt werden, die auf dem Prozessorbaustein integriert sind.

Beim Einsatz mehrerer paralleler Ausführungseinheiten ist es nicht notwendig, alle mit der vollen Funktionalität auszustatten. Eine Spezialisierung einzelner Einheiten ist sinnvoll, wenn z. B. die Unterstützung von Floating Point-Operationen eine große Chipfläche benötigt und deshalb nur einmal auf dem Baustein realisiert wird.

Dynamische Superskalar-Architektur

In Bild 3-21 ist der Ablauf in einer superskalaren Architektur skizziert: Es werden bei jedem Zugriff 4 Befehle eingelesen, die dann so weit wie möglich parallel ausgeführt werden. Die richtige Zuweisung der Befehle an die einzelnen Ausführungseinheiten übernimmt ein Scheduler. Die Berücksichtigung sämtlicher Konsistenzkonflikte wird dabei durch ein Scoreboard unterstützt. Bei Bedarf wird dann wieder ein Satz von Befehlen eingelesen, um den Grad der Parallelität so groß wie möglich zu halten.

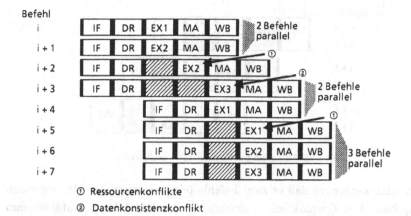

Bild 3-21: Ablaufdiagramm einer Superskalar-Architektur mit drei Ausführungseinheiten

Diese Technik wird im i80960CA von Intel [INTE 89b] realisiert, der eine Mischung von CISC- und RISC-Architektur realisiert. Er besitzt drei getrennte Pipelines für Register-Register-Operationen, Speicherzugriffe und Steuerfunktionen. Eine Vereinfachung der Hardware ergibt sich dabei durch die fehlende Unterstützung der Floating Point-Arithmetik durch Hardware.

Long Instruction Word Architektur

Bei der *Long Instruction Word* Architektur (LIW) – einer statischen Superskalar-Architektur – sind ebenso mehrere Ausführungseinheiten vorhanden. Im Unterschied zur dynamischen Superskalar-Architektur werden aber alle Befehle für die einzelnen Ausführungseinheiten gleichzeitig gestartet, ohne Berücksichtigung eventueller Abhängigkeiten innerhalb des langen Befehlswortes (Bild 3-22). Das bedeutet, daß der Scheduler der Superskalar-Architektur entfällt, aber der Compiler lange Befehlsworte statisch zusammenstellen muß, in denen für jede Einheit ein entsprechender Befehl enthalten ist. Lassen sich keine sinnvollen Aufgaben finden, so müssen leere Operationen (NOP) eingeschoben werden.

Der Spitzenwert der Leistungsfähigkeit kann bei Superskalar- und LIW-Architekturen nur dann erreicht werden, wenn alle Einheiten voll ausgenutzt werden. Betriebssystemroutinen verwenden z. B. keine Floating Point-Arithmetik. Ist nun eine der Ausführungseinheiten auf Floating Point-Arithmetik spezialisiert, so läßt sich das Betriebssystem kaum beschleunigen. Zusätzlich gelten die Bedingungen für die Delayed Slots entsprechend wie für die Superpipeline-Architektur.

Intels i860 [INTE 89a] als Vertreter für die LIW-Architektur kann in zwei verschiedenen Modi arbeiten. Normalerweise arbeitet er die Befehle in einer einfachen Pipeline ab. Durch ein Bit im Statusregister kann er in den LIW-Modus

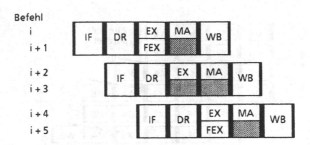

Bild 3-22: Ablaufdiagramm einer LIW-Architektur

umgeschaltet werden, so daß er zwei Befehle (einen Integer-Befehle und einen Floating Point- bzw. Graphikbefehl) gleichzeitig verarbeitet. Im Ablaufdiagramm kann dieser Modus wie in Bild 3-22 charakterisiert werden.

Wird dieses Prinzip noch weiter verfolgt, so erreicht man die *Very Long Instruction Word*-Architektur (VLIW). Hierbei arbeiten bis zu 28 Ausführungseinheiten parallel die Befehlsströme ab [COLW 88]. Diese hohe Anzahl von parallel abzuarbeitenden Befehlen stellt an den Compiler die Anforderung, Programmteile zu finden, die keine Verzweigungen und keine internen Datenabhängigkeiten enthalten, um sie auf ein solch langes Befehlswort abbilden zu können. Dies gelingt meist nur bei numerischen Anwendungen in befriedigendem Maße.

Die Grenzen der möglichen Beschleunigung der Verarbeitung durch alle drei Varianten werden durch die Parallelisierbarkeit des Programm-Codes gesteckt. Eine Beschreibung dieser Grenzen findet sich in [JOUP 89].

3.7 Kompatibilität

Bei den verschiedenen bisher diskutierten Pipeline-Konzepten stellt sich abschließend die Frage, ob und wie sich beim Übergang von einer einfachen Pipeline auf Konzepte mit erhöhter Parallelität eine binäre Kompatibilität herstellen läßt. Diese binäre Kompatibilität spielt eine besondere Rolle, wenn innerhalb eines Familienkonzeptes Workstations mit unterschiedlichen Prozessorgenerationen und unterschiedlicher Leistungsfähigkeit eingesetzt werden sollen.

Um eine Kompatibilität überhaupt zu erreichen, müssen natürlich sowohl das Befehlsformat als auch die Auswirkungen der einzelnen Befehls unverändert bleiben. Beim Einsatz einer Pipeline überlappen sich mehrere Befehle in ihrer Verarbeitung und besitzen somit gegenseitige Abhängigkeiten, die in den vorigen Kapiteln ausführlich erläutert wurde. Die Auswirkungen dieser Abhängigkeiten müssen beim Verändern einer Pipeline so beibehalten werden, daß sich die Semantik eines Programmes nicht ändert.

Betrachtet man zuerst die Datenkonflikte, so werden sie prinzipiell durch den Einsatz eines Scoreboards aufgelöst. Ändert sich die Struktur der Pipeline, so kann es damit nur zu Einbußen in der Performance führen, während die Semantik des Programmes erhalten bleibt. Löst dagegen der Prozessor die Datenkonflikte durch Forwarding, so können damit nur die internen Datenkonflikte beherrscht werden, während die Ergebnisse von Ladebefehlen erst später intern verfügbar sind. Vergrößert sich die Anzahl der Delayed Slots, so müssen bei der Architektur mit der größeren Anzahl die notwendigen Wartezyklen automatisch durch Hardware eingefügt werden.

Für Sprünge ergeben sich ebenfalls Probleme, wenn die Anzahl der Delayed Slots ansteigt. Anhand des Übergangs von einem auf drei Delayed Slots sollen diese beleuchtet werden. Das Problem taucht nur dann auf, wenn der Sprung genommen wird, und die Anzahl der Slots angepaßt werden muß. In diesem Falle wird der Befehl im ersten Delayed Slot noch ausgeführt, während die Befehle in den zwei folgenden Slots annulliert werden müssen, um die gleiche Folge von verarbeiteten Befehlen zu gewährleisten. (Bild 3-23 als Beispiel für Superpipelining)

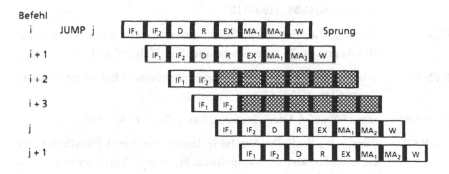

Bild 3-23: Auflaufdiagramm einer kompatiblen Superpipeline-Architektur

Diese Überlegungen gelten sowohl für die Superpipeline- als auch die Superskalar-Architektur. Für die dynamische Superskalar-Architektur gibt es als Beispiel die Prozessor-Familie i80960 von Intel, bei der die Superskalar-Version i80960CA mit den anderen Mitgliedern der Familie voll kompatibel ist.

Anders verhält es sich bei LIW- und VLIW-Architekturen. Hier ist nur dann eine Kompatibilität zu erhalten, wenn die Anzahl und Anordnung der Ausführungseinheiten gleich bleibt. Bei einer Veränderung der Tiefe der einzelnen Pipelines können durchaus dieselben Veränderungen vorgenommen werden, wie sie bei der Superpipeline- und Superskalar-Architektur erlaubt sind, wenn sie durch entsprechende Hardware berücksichtigt werden. Dabei ist es nur eine Frage, in welchem Umfange die Leistungsfähigkeit damit gesteigert werden kann; die Semantik des Programms bleibt erhalten.

Literatur

[AMD 88]   Advanced Micro Devices: Am29000 32-Bit Streamlined Instruction Processor User's Manual. Sunnyvale (CA) 1988

[COLW 88]   Colwell R.; Nix R.; O'Donnell J.; Papworth D.; Rodman P.: A VLIW Architecture for a Trace Scheduling Compiler. IEEE Transactions on Computers, C-37 (1988) 8

[CYPR 88]   Cypress Semiconductor Corporation: RISC 7C600 Family Users Guide. San Jose (CA) 1988

[HENN 83]   Hennessy, J.; Jouppi, N.; Przybylski, S; Rowen, C.; Gross, T: Performance Issues in VLSI Processor Design. International Conference on Computer Design, 1983

[HENN 84]   Hennessy, J.: VLSI Processor Design. IEEE Transactions on Computers, C-33 , (1984) 12

[HENN 90]   Hennessy, J.; Patterson, D.: Computer Architecture: A Quantitative Approach. Morgan Kaufmann, San Mateo (CA) 1990

[INTE 89a]   intel: i 860 64-Bit Microprocessor Programmers Reference Manual, Santa Clara (CA) 1989

[INTE 89b]   intel: 80960CA User's Manual, Santa Clara (CA) 1989

[JOUP 89]   Jouppi N.; Wall D.: Available Instruction-Level Parallelism for Superscalar and Superpipelined Machines. Third International Conference on Architectural Support for Programming Languages and Operating Systems. Boston (MA) 1989

[KANE 89]   Kane G.: MIPS RISC Architecture. (NJ) Prentice Hall, Englewood Cliffs 1989

[MOTO 88]   Motorola: MC88100 RISC Microprocessor User's Manual, 1988

4   Speicherarchitektur

Die Fortschritte in der VLSI-Technologie führen dazu, daß Mikroprozessoren bei
zunehmender Komplexität mit immer höheren Taktraten betrieben werden und
so Mikroprozessorsysteme in neue Leistungsklassen vorstoßen können. Einen
weiteren Leistungssprung konnte man durch die Übernahme der RISC-Entwurfs-
philosophie erzielen. Ungünstigerweise stellen aber besonders RISC-Prozessoren
harte Randbedingungen in Bezug auf die benötigte Speicherbandbreite. Um diese
bereitstellen zu können, muß man auf die bisher nur bei teueren Rechnerklassen –
wie Minicomputer, Mainframes oder Supercomputer – verwendete Technik des
Cache-Speichers zurückzugreifen. Dies wirkt sich jedoch auch auf andere Rechnerkomponenten aus, insbesondere auf den Hauptspeicher, der nun auch Blockzugriffe unterstützen muß. In geringem Umfang kann sogar das Betriebssystem
durch die Cache-Entscheidung betroffen sein, falls der Cache bei einem Prozeßwechsel ungültig gesetzt werden muß. Mikroprozessoren der oberen Leistungsklasse haben den 64 KByte großen Adreßraum längst hinter sich gelassen. Dadurch ist es möglich, Betriebssysteme zu installieren, die früher den bereits erwähnten teueren Rechnerklassen vorbehalten waren. Ein Betriebssystem wie
UNIX stellt aber neue Anforderungen an Prozessor- und Speicherarchitektur, da
z. B. wegen des sehr großen Speicherplatzbedarfs und der Multi-Tasking/Multi-
User-Eigenschaft ein virtueller Speicher eingerichtet werden muß. Dieses Kapitel
versucht, Grundlagen zum Thema "Speicherarchitektur" zu vermitteln. Um die
Realität nicht aus den Augen zu verlieren, wird auf die Konzepte gängiger RISC-
Architekturen eingegangen.

4.1   Speicherhierarchie und RISC-Prozessoren

Die Taktraten, mit der Mikroprozessoren betrieben werden, haben sich in den
letzten 10 Jahren von 5 MHz auf 50 MHz erhöht. Gleichzeitig verringerte sich dadurch die für einen Speicherzugriff zur Verfügung stehende Zeit von 240 ns auf

30 ns und weniger. Die Steigerung der Taktrate wurde durch Fortschritte in der VLSI-Technologie und durch die Übernahme neuer Architekturkonzepte, wie der RISC-Philosophie, ermöglicht. Durch seine Befehls-Pipeline und seinen vereinfachten Befehlssatz erzielt ein RISC-Prozessor einen sehr hohen Befehlsdurchsatz. Beinahe in jedem Taktzyklus erfolgt ein Befehlszugriff, d.h. bei einer Taktrate von 33 MHz alle 30 ns. Die Situation verschärft sich noch, da mit einem zusätzlichen Datenzugriff bei jedem 3. bis 5. Befehl zu rechnen ist. Den Durchsatz der Speicherschnittstelle eines Prozessors kann man durch die *Transferrate (Bandbreite)* beschreiben. Die Transferrate ist das Produkt aus der Breite des Speicherbusses in Bytes und der Übertragungsfrequenz für die einzelnen Datenworte. Für einen 33 MHz RISC-Prozessor mit einem 4 Byte breiten Bus berechnet sich die mittlere Transferrate zu:

$$33 \text{ MHz} \times 4 \text{ Bytes} \times 1{,}3 = 171{,}6 \text{ MByte/s}.$$

Der Term 1,3 berücksichtigt, daß bei jedem 3. Befehl ein Datenzugriff erfolgt. Die Spitzentransferrate mit einem Datenzugriff pro Befehlszugriff liegt bei 264 MByte/s.

Die neuen Technologien kamen nicht nur den Mikroprozessoren zugute, sondern auch den SRAM- (*Static Random Access Memory*) und DRAM- (*Dynamic Random Access Memory*) Speicherbausteinen (vgl. Abschnitt 4.3.1). Deren Zugriffszeiten konnten dennoch in der zweiten Hälfte der achtziger Jahren nicht mehr mit den Zugriffszeiten mithalten, die von den schnellsten Prozessoren gefordert wurden. Heute bieten nur noch sehr schnelle und daher sehr teure SRAMs (*Fast-SRAMs*) eine ausreichende Zugriffszeit. Sind die Speicherbausteine zu langsam, muß der Prozessor leistungsmindernde Wartezyklen (*Wait States)* einschieben. Für bestimmte Anwendungen kann dies jedoch, falls die erzielte Leistung ausreicht, eine kostensparende Lösung sein.

Das Speicherproblem wurde dadurch verschärft, daß der Bedarf an Speicherkapazität stark zunahm. Ein Hauptspeicher mit 1 MByte ist heute die untere Grenze, typischerweise bewegt sich der Ausbau zwischen 4 und 32 MByte. Bei einigen Rechnersystemen liegen die Hauptspeichergrößen weit über diesen Werten. Verwendete man als Speicherbausteine *Fast-SRAMs*, würde der Speicher viel zu teuer werden.

Die Mikroprozessor-Hersteller entwickelten die Speicher- oder Busschnittstellen der Prozessoren weiter, um auch mit langsameren (DRAM-) Bausteinen arbeiten und die neuen Zugriffsarten von DRAM-Bausteinen, wie *Nibble*, *Page* oder *Static Column Mode* (vgl. Abschnitt 4.3.2), verwenden zu können. Weiterhin war das ebenso zur Erhöhung der Bandbreite eingeführte *Interleaving* (vgl. Abschnitt 4.3.2) nach Möglichkeit zu unterstützen. Zu den Neuerungen gehören:

- *Burst mode*: Aus dem Speicher werden nicht nur das benötigte Datum, sondern auch die benachbarten Worte ausgelesen und mit der Frequenz des Busses übertragen.

- *Pipelining*: Die Adreßausgabe und das Einlesen der Befehle und Daten überlappen sich bei aufeinanderfolgenden Zugriffen.

- *Parallelbetrieb*: Befehls- und Datenbus werden getrennt geführt und erlauben damit die Verwendung zweier getrennter Speicher. Dies ist unter dem Namen "*Harvard-Architektur*" bekannt.

Doch mit der weiteren Zunahme der Taktrate war man mehr und mehr gezwungen, eine Technik einzuführen, die aus dem Bereich der Mainframes stammt – den *Cache*. Dies gilt besonders für RISC-Prozessoren. Den Entwicklern von RISC-Prozessoren war klar, daß ein Cache für den angestrebten Leistungsbereich notwendig ist, und sie begannen den Cache von Anfang an in die Architektur einzubeziehen.

Die Funktionsweise eines Caches, der einen wesentlich schnelleren Zugriff als ein Hauptspeicher erlaubt, beruht darauf, daß er die aktuell benötigten Programmteile lädt und lokal für den Prozessor bereit hält. Die Verwaltung dieser zusätzlichen Speicherebene würde jedoch den erzielbaren Gewinn aufheben oder sogar zu einer Verschlechterung des Speicherzugriffsverhaltens führen, wenn Programme nicht die Eigenschaft der Zugriffslokalität (*locality of references*) hätten. Man unterscheidet zwei Formen von Lokalitätsverhalten (Bild 4-1):

- *Zeitliche Lokalität* (*temporal locality*): Es werden Befehle oder Daten verwendet, auf die bereits in der jüngsten Vergangenheit zugegriffen wurde, z. B. bei rekursiven Unterprogrammaufrufen oder bei Schleifendurchläufen.

- *Räumliche Lokalität* (*spatial locality*): Es werden kurz aufeinanderfolgend Befehle und Daten verwendet, die benachbarte Adressen haben, wie Befehlssequenzen ohne Sprung oder Daten in Arrays bzw. Strings.

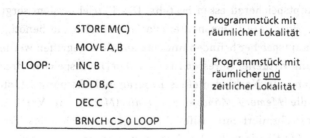

Bild 4-1: Lokalitätsverhalten von Programmen

Die Lokalität eines Programms erstreckt sich auch über größere Einheiten, so daß das folgende Prinzip ebenso auf andere Speicherkomponenten angewendet werden kann:

- Hole die aktuell benötigten Befehle und Daten in den schnelleren Speicher und halte sie dort!

- Schreibe nicht mehr benötigte, aber veränderte Daten in den langsameren Speicher zurück.

Findet man die richtige Abstimmung und Verwaltung der einzelnen Speicherkomponenten, dann liegt das Zugriffsverhalten nahe dem des jeweils schnelleren Speichers, und die Kosten pro Byte oder Bit liegen nahe denen des langsameren Speichers.

Eine ähnliche Funktion wie der Cache übernimmt daher der Hauptspeicher als nächst langsamere Speicherebene. Bereits sehr früh wurde vorausgesagt, daß der Speicherplatzbedarf bei Rechnersystemen ständig steigen wird. Dies zeigte sich auch bei den Mikroprozessoren. Im Laufe der Zeit wurde deshalb der Adreßraum eines Mikroprozessors von 64 KByte auf Gigabytes und Terabytes gesteigert. Aus Kosten-, Geschwindigkeits- und Platzgründen kann der Hauptspeicher nicht mit dem steigenden Speicherplatzbedarf mithalten. Die Software-Entwickler begannen, um die Begrenzung des Hauptspeichers zu umgehen, zunehmend auf die größeren Speicherkapazitäten der dauerhaften Speichermedien, wie einer Floppy Disk, zurückzugreifen. So werden z. B. bestimmte Programmteile vom Programm erst bei Bedarf geladen (*Overlay-Technik*), um mit dem vorhandenen Speicher auszukommen. Diese Lösung ist leider nicht transparent, d.h. sie wirkt sich auf das Programm selbst aus. Weiterhin kann der evtl. erheblich größere Adreßraum des Prozessors nicht ausgenutzt werden.

Um dieses Problem zu umgehen, wurde wieder eine Anleihe bei den "älteren" Rechnerfamilien gemacht und die *virtuelle Adressierung* eingeführt. Grundgedanke einer virtuellen Adressierung oder eines *virtuellen Speichers* ist, daß ein Programm nur mit virtuellen (*logischen*) Adressen arbeitet, für die kein direkter Bezug zu den Hauptspeicheradressen besteht. Das Betriebssystem sorgt zusammen mit einigen Hardware-Komponenten dafür, daß sich die benötigten Programmteile im Hauptspeicher befinden und daß auf sie zugegriffen werden kann. Für die Übersetzung virtueller Adressen in die realen Hauptspeicheradressen und das Erkennen, wann ein Nachladen eines Programmblocks nötig ist, steht eine eigene Einheit, die *Memory Management Unit* (*MMU*) zur Verfügung. Sie übersetzt oder transformiert mit Hilfe eines eigenen Cache, des *Translation Lookaside Buffers* (*TLB*), die virtuellen Adressen in Hauptspeicheradressen. Als Hintergrundspeicher für den Hauptspeicher ist jedoch eine Floppy Disk nicht

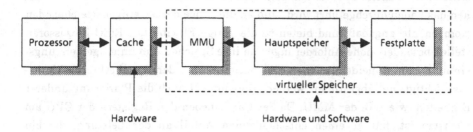

Bild 4-2: Rechnersystem mit Cache und virtuellem Speicher

mehr ausreichend, es muß eine Festplatte bereitstehen (Bild 4-2).

Betrachtet man die einzelnen Speicherebenen, dann erkennt man, daß sich eine Hierarchie von schnellen zu langsamen, von teuren zu kostengünstigeren Speichern ergibt. Auf Prozessorseite dürfen die Register nicht vergessen werden, die die erste Speicherebene bilden. Danach folgt, zumindest bei den kommenden RISC-Prozessorgenerationen, ein *On-chip Cache*. Dieser Cache ist schnell genug, um den Prozessor gemäß seiner Verarbeitungsgeschwindigkeit zu versorgen, und er vermindert die Anforderungen, die an Busschnittstelle und externen Speicher gestellt werden. Die nächste Speichereinheit ist ein *On-board Cache*, mit einer erheblich größeren Speicherkapazität. Danach folgen Hauptspeicher und Festplatte (Bild 4-3). Die Transfergrößen und Zugriffszeiten unterscheiden sich von Stufe zu Stufe. Handelt es sich beim Register noch um ein einzelnes Wort, so sind es beim Cache schon bis zu 32 Worte (Blockgröße). Der Hauptspeicher arbeitet mit sogenannten Seiten (*Kacheln*, *pages*), die heute bis zu 4 KByte groß sind, oder auch mit den noch größeren Segmenten.

Die Lokalitätseigenschaft von Programmen erlaubt ein dynamisches Laden benötigter Programmteile. Dadurch ist es möglich, unterschiedlich große und unter-

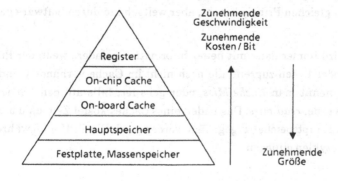

Bild 4-3: Komponenten einer Speicherhierarchie

schiedliche schnelle Speicherkomponenten zu verwenden. Die Einheiten, mit denen das Laden durchgeführt wird, sind an die Größe der jeweiligen speichernden
Komponente angepaßt und bieten so die nötige Flexibilität. RISC-Prozessoren
stellen besonders hohe Anforderungen an ihre Speicher. Um unnötige Leistungseinbußen zu vermeiden, müssen alle Komponenten der Speicherhierarchie berücksichtigt und abgestimmt werden. Dies umfaßt auch die Plazierung anderer
Einheiten, wie z. B. der MMU. Da der Cache neben den Registern der CPU am
nächsten ist, hat er einen entscheidenden Anteil an der Leistung, die ein
Rechensystem (z. B. eine Workstation) erzielen kann.

4.2 Cache-Speicher

Die heute angebotenen RISC-Architekturen lassen durch die Integration der
Cache-Steuerung nur wenige Freiheitsgrade beim Cache-Entwurf zu. Trotzdem
ist eine genaue Kenntnis über die Auswirkungen der verschiedenen Cache-Parameter notwendig [SMIT 82], um die Kompromisse (*Trade-offs*) erkennen zu können, die beim Entwurf der jeweiligen Architektur eingegangen werden mußten.
Mit Hilfe dieses Wissens läßt sich abschätzen, wie gut ein RISC-Prozessor und die
von ihm vorgegebene Cache-Architektur für die vorliegende Anwendung geeignet
ist.

4.2.1 Funktionsweise und Aufbau eines Cache

Die Aufgabe eines Caches besteht, wie in Abschnitt 4.1 erläutert wurde, darin,
den Prozessor gemäß seiner Verarbeitungsgeschwindigkeit mit Befehlen und Daten zu versorgen. Er speichert diese Befehle und Daten dynamisch, d.h. angepaßt
an den augenblicklichen Bedarf. Seine Steuerung erfolgt fast ausschließlich durch
Hardware, im Gegensatz zum *Paging*-Mechanismus (vgl. Abschnitt 4.4.2), der
zwar auf dem gleichen Prinzip beruht, aber weitgehend durch Software gesteuert
wird.

Ein Cache wird immer dann mit neuer Information geladen, wenn der Prozessor
auf Befehle oder Daten zugreift, die noch nicht im Cache vorhanden sind. Solch
ein Ereignis nennt man *Cache Miss*, oder genauer, falls auf den Cache lesend
zugegriffen wurde, *read miss*. Das Laden eines Caches kostet Zeit, da u.a. auf den
langsameren Hauptspeicher zugegriffen werden muß. Die CPU muß während des
Ladens Wartezyklen einlegen.

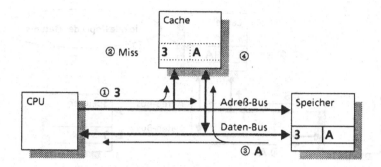

1) Die CPU legt die Adresse 3 auf den Adreß-Bus.
2) Die Cache-Logik stellt fest, daß das Datum der Adresse 3 nicht abgespeichert ist, d.h. ein Cache Miss liegt vor.
3) Vom Hauptspeicher wird das Datum A der Adresse 3 geholt. Die CPU liest das Datum A ein.
4) Die Cache-Logik legt das Datum A zusammen mit dem Tag 3 in einem Cache-Eintrag ab.

Bild 4-4: Lesezugriff mit Cache Miss

Neben der eigenlichen Nutzinformation wird noch die angesprochene Adresse im Cache abgelegt. Dies dient als Markierung (*Tag*) und erlaubt so, im Cache abgespeicherte Daten eindeutig wiederzuerkennen (Bild 4-4).

Greift die CPU in der weiteren Bearbeitung des Programms erneut auf Befehle oder Daten zu (*zeitliche Lokalität*), die bereits im Cache gespeichert sind (Hit-Fall), dann können diese Daten ohne Verzögerung der CPU zur Verfügung gestellt werden (Bild 4-5).

Die Anzahl der Treffer oder Hits bezogen auf die Gesamtanzahl der Zugriffe ergibt die sogenannte *Hit-Rate*. Ihr Pendant ist die *Miss-Rate*, die in den folgenden Ausführungen verwendet werden soll:

$$Hit\text{-}Rate = \text{Anzahl der Hits} \div (\text{Anzahl der Hits} + \text{Anzahl der Misses}) \quad \text{(Gl. 4.1)}$$

und

$$Miss\text{-}Rate = 1 - Hit\text{-}Rate. \quad \text{(Gl. 4.2)}$$

Die Miss-Rate – sie kann meist nur durch Simulation eines Systems ermittelt werden – ist ein Maß dafür, wie gut ein Cache für ein bestimmtes Anwenderprogramm geeignet ist. Sehr gute Miss-Raten liegen bei unter 5%. Die Miss-Rate ist von einer Reihe von Faktoren abhängig, wie Cache-Größe, Cache-Organisation, Anzahl der Bytes beim Laden und Ersetzungsstrategie. Sie ist unterschiedlich für Befehle und Daten, da Befehle i. A. eine bessere Lokalität aufweisen.

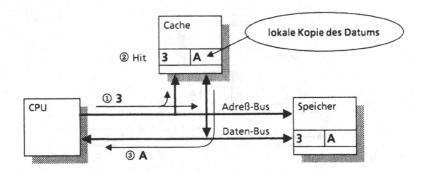

1) Die CPU legt wieder die Adresse 3 auf den Adreß-Bus.

2) Die Cache-Logik stellt fest, daß Adresse 3 vorhanden ist (Cache Hit).

3) Der Cache stellt Datum A auf dem Daten-Bus für die CPU bereit.

Bild 4-5: Lesezugriff mit Cache Hit

Es ist irreführend, ausschließlich die Miss-Rate zur Bewertung einer Cache-Architektur heranzuziehen, da andere Faktoren, wie zusätzliche Verwaltungszyklen des Cache-Controllers, Bandbreite oder Belastung des Speicherbusses und Hauptspeicherzugriffszeit nicht berücksichtigt werden. Aussagekräftiger ist die *mittlere (durchschnittliche) Zugriffszeit* oder auch die *mittlere Speicherverzögerung*:

$$\text{Mittlere Zugriffszeit} = (1 - Miss\text{-}Rate) \times t_{Hit} + Miss\text{-}Rate \times t_{Miss} \qquad \text{(Gl. 4.3)}$$

t_{Hit} und t_{Miss} sind die jeweiligen Zugriffszeiten für einen Cache Hit und einen Cache Miss.

Im folgenden Beispiel 1 soll ein On-chip Cache für ein bestimmtes Programm eine Miss-Rate von 20% aufweisen. Der Cache-Zugriff dauert bei einem Hit 50 ns. Ein Miss benötigt 500 ns. Als mittlere Zugriffszeit ergibt sich dann: $0{,}8 \times 50$ ns $+ 0{,}2 \times 500$ ns $= 140$ ns. Dies bedeutet, daß das Speichersystem nur mit einem Drittel der Geschwindigkeit der CPU arbeitet, falls deren Zykluszeit 50 ns beträgt. Jeder Zugriff wird durchschnittlich um 90 ns abgebremst. Da ein RISC-Prozessor in jedem Zyklus einen Befehl und mindestens in jedem 5. Zyklus ein Datum anfordert, würde dies einen Verlust von ca. 2/3 der Prozessorleistung bedeuten. Reduziert man die Miss-Rate auf 10%, dann verbessert sich die mittlere Zugriffszeit um 32%. Je größer das Verhältnis von Hit- zu Miss-Zugriffszeit ist, desto größer ist der Gewinn, wenn die Miss-Rate gesenkt wird.

Da bei einem Miss dem Cache-Zugriff ein Hauptspeicherzugriff folgt, der jeweils einen ganzen Block lädt, läßt sich, falls die CPU währenddessen nicht weiterarbeitet (vgl. *instruction streaming*, Kapitel 6 "Aktuelle RISC-Prozessoren"), die

Miss-Zugriffszeit auch durch die Summe aus Hit- und Blockzugriffszeit t_{Block} darstellen. Nach einfacher Umformung ergibt sich:

$$Mittlere\ Zugriffszeit = t_{Hit} + Miss\text{-}Rate \times t_{Block}$$

Die Dauer des Blockzugriffs wird in der Literatur oft als *miss penalty* bezeichnet. Bezieht man die *miss penalty* auf die Prozessorzykluszeit, kann man sie auch als Anzahl benötigter Prozessorzyklen wiedergeben. Das Produkt aus Miss-Rate und Blockzugriffszeit, die *mittlere Speicherverzögerung* gibt dann an, um wieviele Zyklen jeder Cachezugriff im Durchschnitt verlangsamt wird. Sie stellt den durch den Cache verursachten Beitrag zu *MEMD* (Kapitel 2 "RISC-Grundlagen") dar:

$$Mittlere\ Speicherverzögerung\ MEMD = Miss\text{-}Rate \times t_{Block} \qquad \text{(Gl. 4.4)}$$

Die Hit-Zugriffszeit muß, damit man sinnvoll mit einem Cache arbeiten kann, der Zykluszeit des Prozessors angepaßt sein und ist damit im Prinzip vorgegeben. Die mittlere Speicherverzögerung kann dagegen durch Variation der Cache-Parameter minimiert werden. Sie ist ebenso als Bewertungsmaßstab für eine Cache-Architektur gut geeignet.

Die Auswirkungen auf MEMD zeigen sich z. B. bei der Festlegung der Blockgröße (siehe unten), d. h. wieviele Daten (Worte, Bytes) bei einem Miss nachgeladen werden sollen. Je mehr Daten nachgeladen werden, desto besser wird die räumliche Lokalität unterstützt und die Miss-Rate sinkt. Gleichzeitig erhöht sich jedoch die Speicherzugriffsdauer und ab einer bestimmten Blockgröße wiederum auch die Miss-Rate. Der Anstieg der Miss-Rate ist dadurch bedingt, daß zunehmend nützliche Information durch nicht benötigte verdrängt wird (Bild 4-6).

Befehlszugriffe und Lesezugriffe führen zu einem Laden des Cache aus dem Hauptspeicher. Wie Schreibzugriffe behandelt werden, wird im nächsten Abschnitt unter der Überschrift "Schreibverfahren" genauer erläutert.

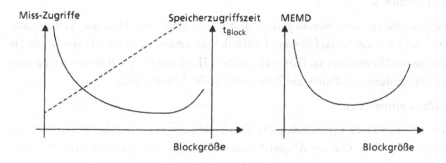

Bild 4-6: Einfluß der Blockgröße auf Miss-Rate, Blockzugriffszeit und mittlere Speicherverzögerung

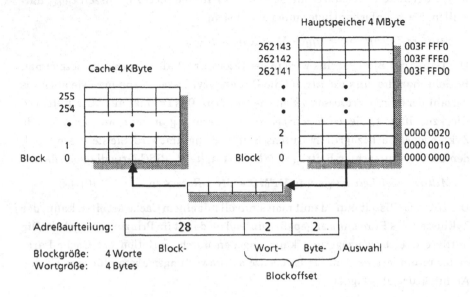

Bild 4-7: Unterteilung von Cache und Hauptspeicher in Blöcke

Der Block als Transporteinheit zwischen Hauptspeicher und Cache

Die zwei unterschiedlich großen Datenfelder von Cache und Hauptspeicher lassen sich in gleichgroße Einheiten unterteilen. Eine solche Einheit nennt man *Block*. Da Daten in diesen Block-Einheiten vom Hauptspeicher in den Cache geholt werden, kennzeichnet ein Block auch die kleinste Datenmenge, die in einem Cache vorhanden ist oder nicht (Bild 4-7). Ein Block wird in den meisten Fällen auch im Cache als Einheit (vgl. jedoch Line-Größe!) behandelt. Jeder Block enthält 2^n Daten, $n = 0, 1, \ldots$. Bei l zur Verfügung stehenden Adreßbits gibt es $k = 2^{l-n}$ Blöcke oder Blockadressen. Die Blockgrenzen sind an den Adressen $m \times 2^n$, $m = 0$, $1, \ldots, k-1$ ausgerichtet. Die Größe eines Blocks (*block size*) wird auch als *block refill size* bezeichnet.

Das Nachladen eines Blocks mit $n > 0$ nach einem Cache-Miss macht nur dann Sinn, falls der Zeitbedarf für das Laden des gesamten Blocks geringer ist als die Summe der Einzelzugriffe. Dies ist bei einem Hauptspeicher mit Interleaving oder bei Verwendung von Page- und Nibble-Mode-DRAMs der Fall.

Aufbau eines Cache

Bild 4-8 zeigt stark vereinfacht, wie ein Cache zwischen CPU und Hauptspeicher eingebettet wird. Für die Abspeicherung von Tag- und Datenanteil verwendet man in vielen Fällen normale, schnelle SRAMs. Die niederwertigen Bits einer Adresse, die den sogenannten *Index* bilden, wählen über den Adreßeingang des

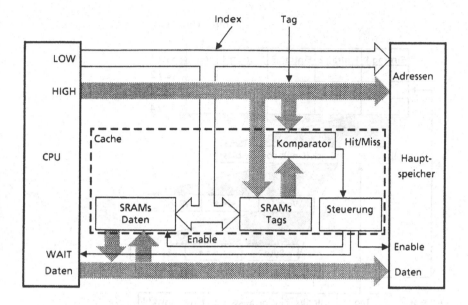

Bild 4-8: Blockschaltbild eines Mikroprozessorsystems mit Cache-Speicher

SRAM-Bausteins eine Cache-Zeile aus (vgl. auch Bild 4-9). Ein Komparator vergleicht das aktuell angelegte mit dem abgespeicherten Tag und meldet der Cache-Steuerung, ob ein Hit oder ein Miss vorliegt. Bei einem Hit legt die Steuerung das gleichzeitig aus den Daten-SRAMs ausgelesene Datum auf den Datenbus, bei einem Miss hält sie dagegen die CPU solange an, bis der Hauptspeicher das Datum bereitgestellt hat.

Falls der SRAM-Lesezugriff zusammen mit dem externen Tag-Vergleich zu lange dauert, muß man auf spezielle Speicherbausteine, die *Tag-RAMs*, übergehen. Diese Bausteine sind mit SRAM-Speicherzellen und einem Vergleicher ausgestattet, so daß die Hit/Miss-Erkennung in sehr kurzer Zeit durchgeführt werden kann. Darüberhinaus erlauben sie noch, daß zumindest ein Bit (*valid bit*, siehe unten) über ein externes Signal gleichzeitig in allen Speicheradressen zurückgesetzt werden kann. Dieser schnelle Cache-Reset ist bei normalen SRAMs nicht möglich, sondern es muß jede einzelne Adresse mit einem zurückgesetzten *valid bit* beschrieben werden. Neben den Tag-RAMs gibt es weitere hochkomplexe Bausteine, die sogar einen kompletten Cache beeinhalten können. Diese Bausteine sind auf die Zusammenarbeit mit einem bestimmten RISC-Prozessor spezialisiert.

Den funktionalen Aufbau eines Cache zeigt Bild 4-9. Auf die einzelnen Komponenten wird in den folgenden Abschnitten näher eingegangen. Neben den Daten und dem Tag-Anteil der Adresse müssen noch weitere Steuerinformationen abgespeichert werden; die wichtigsten zeigt Bild 4-10.

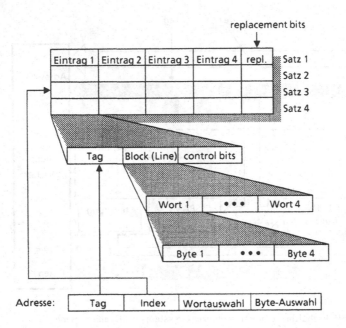

Bild 4-9: Funktionaler Aufbau eines 4-fach satzassoziativen Caches

Das *valid bit* kennzeichnet einen gültigen Cache-Eintrag (*entry*). Nach einem Reset oder *cache flush* (Leeren des Cache) kann man nicht unterscheiden, ob ein Cache-Eintrag einen gültigen Inhalt hat oder nicht. Aus diesem Grund gibt es das *valid bit*. Nach einem Reset müssen alle *valid bits* zurückgesetzt sein. Das *valid bit* wird gesetzt, wenn Daten in den Cache-Eintrag geladen werden. Man verwendet mehrere *valid bits*, wenn die Worte oder Bytes eines Eintrags einzeln als gültig deklariert werden sollen. Das *valid bit* dominiert über die anderen Bits.

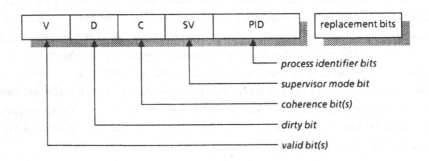

Bild 4-10: Cache-Steuerungsbits

Das *dirty bit* zeigt an, ob ein Eintrag vom Prozessor verändert wurde. Ein solcher Eintrag darf nicht durch einen neuen Block überschrieben werden, sondern er muß zuvor in den Hauptspeicher gerettet werden.

Die *coherence bits* halten zusammen mit dem *valid* und dem *dirty bit* den Kohärenzstatus eines Cache-Eintrags fest.

Das *supervisor bit* sagt aus, ob ein Eintrag zum Supervisor- oder User-Adreßraum gehört. Es wirkt wie eine Erweiterung der Tag-Bits.

Die Adressen unterschiedlicher Prozesse können durch die *process identifier bits* (PID Bits) unterschieden werden. Damit sind Prozeßwechsel ohne Cache Flushes möglich. Sie wirken wie eine Erweiterung der Tag-Bits.

Die *replacement bits* ermöglichen die Implementierung eines Hardware-Ersetzungsalgorithmus. Sie halten Zählerstände fest, die entsprechend dem jeweiligen Algorithmus inkrementiert oder dekrementiert werden. *Replacement bits* sind nur nötig, wenn ein Satz (*set*) mehrere Einträge hat. Sie sind pro Satz einmal vorhanden.

4.2.2 Cache-Parameter

Beim Entwurf eines Cache-Systems legt man fest, wieviele Befehle oder Daten (Worte, Bytes) maximal abgespeichert werden können (*cache size*), in welchen Paketen diese Daten in den Cache geholt (*block size, block refill size*) und im Cache abgelegt werden (*line size*), wie für diese Daten Speicherplätze im Cache ausgewählt werden (*placement/replacement strategy*), wie Schreibzugriffe ablaufen (*write strategy*) und wie sichergestellt wird, daß nur gültige Daten im System verarbeitet werden (*coherency mechanism*). Es können Befehle und Daten gemeinsam oder getrennt gespeichert werden (*instruction/data cache*). Weiterhin ist die Verbindung von CPU und MMU zu beachten, die bestimmt, ob mit virtuellen oder realen Adressen gearbeitet werden kann. Es kann auch eine Cache-Hierarchie entstehen, insbesondere, wenn der CPU-Chip bereits Caches integriert hat. Einige der genannten Parameter hängen voneinander ab oder bedingen sich. Die Kohärenzsteuerung ist z. B. eng mit der Schreibstrategie verknüpft. Ziel eines guten Cache-Designs ist es, den Leistungsgewinn bei gegebenem Aufwand durch Variation einzelner Parameter zu optimieren. Dabei muß beachtet werden, daß die Ergebnisse stark programmabhängig sind. In diesem Abschnitt werden die Parameter und ihre Auswirkungen näher erläutert.

Cache-Größe

Es liegt auf der Hand, daß die Wirkung eines Cache mit seiner Größe zunimmt, da immer größere Teile eines Programms im Cache Platz finden. Die Grundbausteine eines Cache – schnelle SRAMs – sind jedoch sehr teuer und setzen dem Ausbau Grenzen. Bei Systemen mit einem breiten Spektrum von Anwenderprogrammen – dies ist bei Workstations der Fall – findet man Cache-Größen zwischen 32 KByte und 256 KByte. Für die nächsten Generationen erwartet man, vor allem bei Mehrprozessorsystemen, mehrere MByte große Caches. Bei Embedded Control-Anwendungen wie Roboter- oder Laserprinter-Steuerungen ist bereits ein kleinerer Cache von 8-16 KByte ausreichend.

Blockgröße

Wie bereits im Abschnitt zuvor erläutert, erlauben größere Blöcke eine Ausnutzung der räumlichen Lokalität und damit ein Senken der Miss-Rate. Sehr große Blöcke "verschmutzen" jedoch den Cache, da sie zunehmend Befehle oder Daten enthalten können, die von der CPU aktuell nicht verwendet werden. Mit zunehmender Größe wächst zudem der Zeitbedarf für einen Miss! Beide Faktoren bestimmen daher diejenige Blockgröße, bei der die mittlere Speicherverzögerung minimal wird (vgl. Bild 4-7). Da Befehle eine größere Lokalität als Daten aufweisen, sollten sie auch in größeren Blöcken nachgeladen werden. Für Befehle sind Blöcke mit 16 bis 32 Worten typisch, für Daten solche mit 8 bis 16 Worten.

Line-Größe

Im Cache wird jeweils eine feste Anzahl von Daten als Einheit zusammengefaßt. Jedem dieser Datenblöcke oder *Lines* wird im Cache ein Teil der Adresse, das Tag, zugeordnet. Line und Block können in einem beliebigen Größenverhältnis gewählt werden; sind sie gleichgroß, bezeichnet man oft beide gemeinsam als Block. Ist die Line kleiner als ein Block, muß der Cache-Controller einen Block in mehrere Lines laden. Eventuell ist für jede Line eine neue Adresse durch Hochzählen zu generieren (vgl. MIPS R3000). Wenn bei fester Gesamtgröße die Lines eines Cache vergrößert werden, verringert sich die Anzahl der Einträge und damit der für die Abspeicherung der Tags nötige Aufwand. Gleichzeitig nimmt jedoch die Flexibilität, mit der Daten im Cache abgespeichert werden können, ab und damit die Miss-Rate zu, da immer weniger Einträge zur Verfügung stehen.

Cache-Organisation

Alle Blöcke bzw. Blockadressen des Hauptspeichers oder besser des physikalischen Adreßraums, lassen sich den Blöcken (*Lines!*) oder Blockadressen eines Caches so zuordnen, daß

- jeder Block in jedem Cache-Block abgespeichert werden kann (*vollassoziativer Cache, fully associative Cache*),

- jeder Block in ausgewählten Cache-Blöcken abgespeichert werden kann (*n-fach satzassoziativer Cache, n-way set associative Cache*),

– jeweils nur ein bestimmter Cache-Block zur Verfügung steht (*einfach satzassoziativer Cache, direct-mapping (direct-mapped) Cache*).

Vollassoziativer Cache

Bei einem Zugriff auf einen *vollassoziativ* organisierten Cache sind die Tags aller Einträge mit dem Tag-Anteil der aktuellen Adresse zu vergleichen, d.h. es müssen ebensoviele Vergleicher (*Komparatoren*) zur Verfügung stehen. Diese Organisationsform eignet sich daher nur bedingt für eine diskrete Realisierung. Darüberhinaus würden hohe kapazitive Lasten den Zugriff verlangsamen. Nachteilig ist auch, daß sehr große Tags abgespeichert werden müssen (Bild 4-11). Für integrierte Lösungen gibt es jedoch spezielle *CAM*-Zellen (<u>c</u>ontent <u>a</u>ddressable <u>m</u>emory), die einen Vergleicher bereits beinhalten. Da die vollassoziative Organisation bei einer vorgegebenen Größe meistens die beste Miss-Rate bietet (sie ist durch die große Flexibilität beim Abspeichern von Blöcken bedingt) und der Gewinn besonders bei kleineren Caches spürbar ist, eignet sie sich sehr gut für On-chip Caches.

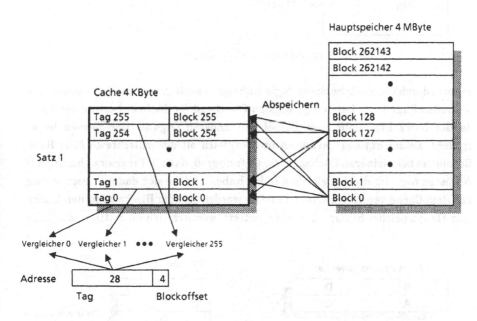

Bild 4-11: Vollassoziativer Cache

Direct-mapping Cache

Der direct-mapping Cache wird oft dem vollassoziativen gegenüber gestellt. Hier wird über die Blockadresse (*Index*) direkt ein einzelner Cache-Eintrag ausgewählt (Bild 4-12). Das Direct-Mapping-Verfahren benötigt nur einen Vergleicher und

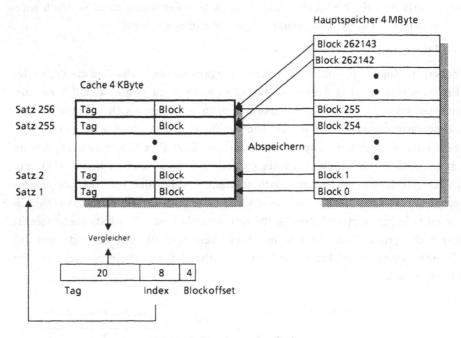

Bild 4-12: Direct-mapping Cache

erlaubt durch die einfache Steuerlogik und durch geringe kapazitive Lasten einen schnellen Zugriff. Es hat den geringsten Overhead für die Speicherung der Tags, da der Index hier mehr Bits als bei den anderen Organisationsformen beansprucht. Leider hat das Verfahren im Vergleich oft die schlechteste Miss-Rate. Besonders bei kleineren Caches ist die Gefahr groß, daß ein Programm häufig auf Adressen zugreift, die den gleichen Index haben und die sich dadurch gegenseitig aus dem Cache verdrängen. Im Grenzfall werden ständig Blöcke zwischen Cache und Hauptspeicher hin und her transportiert, wodurch sich die mittlere Zugriffs-

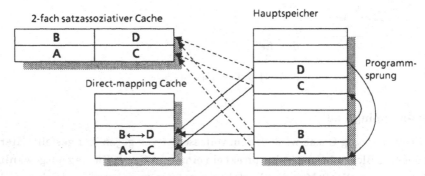

Bild 4-13: *Thrashing* bei einem direct-mapping Cache

zeit der Hauptspeicherzugriffszeit nähert. Diesen Zustand des Speichersystems nennt man *thrashing* (Bild 4-13). Um die Thrashing-Gefahr zu verringern, kann auf höher assoziative Caches übergegangen werden.

N-fach satzassoziativer Cache

Eine Kompromißlösung zwischen vollassoziativ und direct-mapping bildet der *n-fach satzassoziative* Cache (Bild 4-14). Das n-fach satzassoziative Verfahren hat eine Miss-Rate, die annähernd so gut ist wie die des vollassoziativen Cache, da die Thrashing-Gefahr geringer ist (Bild 4-13). Einen qualitativen Vergleich der Organisationsformen zeigt Bild 4-15. (Die Ergebnisse sind jedoch stark programmabhängig!) Ein Satz umfaßt beim n-fach satzassoziativen Cache meist 2 bis 8 Einträge und erfordert deshalb im Gegensatz zum vollassoziativen Cache nur wenige Vergleicher und eine einfachere Logik für den Plazierungs- oder Ersetzungsalgorithmus.

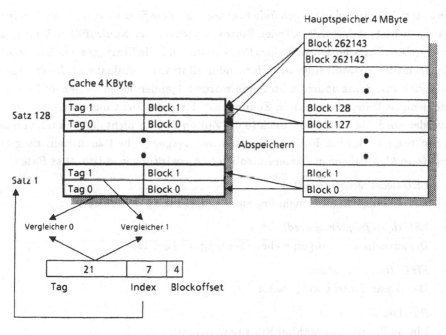

Bild 4-14: 2-fach satzassoziativer Cache

Plazierungs-/Ersetzungsalgorithmus

Während die Auswahl eines Speicherplatzes beim Cache mit direct-mapping allein über den Index gesteuert wird, ist beim vollassoziativen und mehrfach satzassoziativen Cache ein zusätzlicher Mechanismus für die Plazierung eines neuen Datenblocks innerhalb eines Satzes notwendig. Von einem *Plazierungsalgorith-*

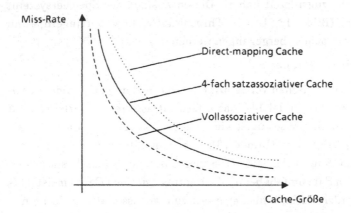

Bild 4-15: Vergleich zwischen direct-mapping, 4-fach satzassoziativ und vollassoziativ.

mus spricht man, solange noch freie Einträge in einem Satz vorhanden sind. Seine Aufgabe besteht darin, diese freien Einträge nach und nach aufzufüllen. Während des größten Teils der Laufzeit eines Programms sind alle Einträge eines Satzes belegt, und die Auswahl eines zu entfernenden Eintrags ist Aufgabe des *Ersetzungsalgorithmus*. Seine optimale Strategie würde folgendermaßen aussehen: Ersetze denjenigen Datenblock, der in Zukunft am längsten nicht mehr angesprochen werden wird. Da ein solcher Blick in die Zukunft leider nicht möglich ist, versuchen reale Verfahren Rückschlüsse aus der Vergangenheit zu ziehen. Es gibt mehrere Algorithmen mit unterschiedlichen Auswirkungen auf die Miss-Rate :

– *LRU (least recently used)*
  Der am längsten nicht mehr angesprochene Eintrag wird ersetzt

– *LFU (least frequently used)*
  Der am seltensten angesprochene Eintrag wird ersetzt

– *FIFO (first in, first out)*
  Der älteste Eintrag wird ersetzt

– *Random*
  Ein per Zufall ausgewählter Eintrag wird ersetzt

Aus Geschwindigkeitsgründen ist das gewählte Verfahren in der Hardware zu implementieren. Bei 2- und 4-fach satzassoziativen Caches findet man sehr häufig das *LRU*-Verfahren, da es meistens das beste Verfahren ist und bei diesem Assoziativitätsgrad noch eine geringe Komplexität aufweist. Bei vollassoziativen Caches wird oft das einfach zu implementierende und kaum schlechter arbeitende *Random*-Verfahren verwendet.

Schreibverfahren

Bisher wurde ausschließlich das Laden eines Cache nach einem *read miss* betrachtet. Was geschieht nun, wenn der Prozessor infolge eines *Store*- oder *Write*-Befehls in den Hauptspeicher zu schreiben versucht?

Ein Cache wird bei den grundsätzlichen Schreibverfahren bei jedem normalen Schreibzugriff aktualisiert (Anmerkung: Bestimmte Adreßbereiche können aus Kohärenzgründen als *non-cacheable* gekennzeichnet sein. Diese Adressen werden beim Lesen und Schreiben am Cache vorbeigeleitet. Damit vermeidet man, daß die CPU bei einem späteren Lesezugriff ungültige Daten vom Cache erhält.). Anhand der Behandlung des Hauptspeichers unterscheidet man zwei Schreibverfahren:

- Aktualisiere bei jedem Schreiben auch den Hauptspeicher. Dieses Verfahren wird als *write through* oder *store through* bezeichnet.

- Aktualisiere den Hauptspeicher nur, wenn nötig. Diese Vorgehensweise ist als *write back*, *copy back* oder *write later* bekannt.

Das *Write Through-Verfahren* ist einfacher zu implementieren. Ungünstigerweise muß aber bei jedem Schreiben auf den Hauptspeicher zugegriffen werden – ein Vorgang, der zusätzlich Zeit kostet und den Speicherbus belegt (Bild 4-16). Durch den Einsatz eines Puffers, der mehrere Daten mit der Schreibgeschwindigkeit der

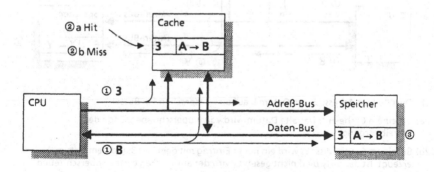

1) Die CPU legt Adresse 3 und Datum B auf die entsprechenden Busse.

2a) Bei einem Cache-Hit: Das alte Datum A wird vom neuen Datum B überschrieben.

2b) Bei einem Cache-Miss: Es wird ein neuer Eintrag mit der Adresse 3 und Datum B erzeugt – ein alter Eintrag kann dabei überschrieben werden.

3) Der Hauptspeicher überschreibt gleichzeitig das alte Datum. Ende des Schreibvorgangs. Die CPU muß u.U. das Ende des Schreibvorgangs abwarten.

Bild 4-16: Write Through-Schreibverfahren

CPU zwischenspeichern und im *FIFO*-Betrieb langsam an den Hauptspeicher abgeben kann, läßt sich das Zeitverhalten von Write Through Caches erheblich verbessern. Man spricht dann von *buffered write through*.

Bei Einprozessorsystemen gibt es keine gravierenden Nachteile, wenn Schreibzugriffe den Speicherbus belegen. Bei busorientierten Mehrprozessorsystemen hingegen bewerben sich mehrere Prozessoren um den Speicherbus. Dieser hat nur eine begrenzte Bandbreite, so daß die Systemleistung durch Zugriffskonflikte reduziert werden kann. Der Bus läßt sich jedoch erheblich entlasten, wenn jedem Prozessor ein eigener Cache zugeordnet wird. Dieser wirkt dann als kleiner lokaler Speicher, mit dem der Prozessor exclusiv arbeiten kann. Nur ein *read miss* erfordert ein Laden aus dem Hauptspeicher, das über den Blocktransfer sehr effektiv abläuft. Schreibzugriffe, die über den Cache hinausgehen, belegen jedoch zusätzlich Speicherbus und Hauptspeicher. Um die Häufigkeit dieser Schreibzugriffe zu verringern, verwenden Mehrprozessorsysteme das *Write Back-Verfahren*. Hier wird versucht, ausschließlich in den Cache zu schreiben.

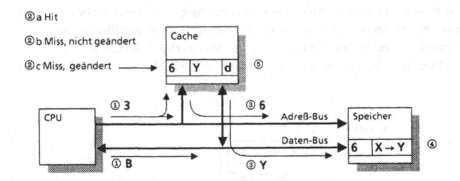

1) Die CPU legt Adresse 3 und Datum B auf die entsprechenden Busse.

2a) Bei einem Cache-Hit: Das alte Datum wird von B überschrieben. Ende des Schreibvorgangs.

2b) Bei einem Cache-Miss: Es wird ein neuer Eintrag mit dem Tag 3 und dem Datum B erzeugt. Ist das *dirty bit* d nicht gesetzt, wird der alte Eintrag einfach überschrieben. Ende des Schreibvorgangs.

2c) Bei einem Cache-Miss und gesetztem *dirty bit* d: Der alte Eintrag wird nicht überschrieben.

3) Die Cache-Logik legt die Adresse 6 und das Datum Y des zu überschreibenden Eintrags auf die entsprechenden Busse.

4) Im Hauptspeicher wird das alte Datum der Adresse 6 überschrieben.

5) Die Cache-Logik überschreibt den alten Eintrag 6 mit der neuen Adresse 3 und dem Datum B. Ende des Schreibvorgangs.

Bild 4-17: Write Back-Schreibverfahren

Dies funktioniert problemlos, solange freie Cache-Einträge bereitstehen oder Information überschrieben wird, die durch lesende Zugriffe in den Cache geholt wurde. Was geschieht jedoch mit den Daten eines früheren Schreibvorgangs? Handelt es sich um den gleichen Adreßbereich, wird die alte Information einfach überschrieben. Bei unterschiedlichen Adressen sind beim Write Back Cache die Daten, die im Augenblick den Cache belegen, vor dem Überschreiben in den Hauptspeicher zu kopieren. Ein spezieller Merker, das *dirty bit*, zeigt an, ob ein Dateneintrag zuvor vom Prozessor geschrieben wurde (Bild 4-17).

Wie bereits beim Parameter Line-Größe erläutert wurde, kann ein Cache-Eintrag mehrere Worte umfassen. Ein Prozessor schreibt jedoch nur einzelne Bytes oder Worte in den Cache, füllt also nicht eine ganze Cache Line auf einmal. Wie läßt sich bei einem späteren Lesezugriff sicherstellen, daß nur gültige Daten aus diesem Cache-Eintrag verarbeitet werden? Für dieses Problem gibt es verschiedene Lösungen:

- *Write through bei einem Miss*: Umfaßt der bereits im Eintrag abgespeicherte Datenblock den gleichen Adreßbereich (die gleiche Blockadresse), so gibt es keine Probleme, und der Cache-Eintrag wird aktualisiert. Andernfalls, bei ungleichen Adressen, geht der Schreibvorgang am Cache vorbei direkt in den Hauptspeicher. Das Verfahren ist leider nicht sehr effektiv, wenn auf Adressen geschrieben wird, die sich noch nicht im Cache befinden.

- *Fetch first bei einem Miss*: Da es keine Probleme gibt, wenn die Daten bereits im Cache vorliegen (*write hit*), wird im Falle eines Fehlens (*write miss*) der komplette Block zuvor aus dem Hauptspeicher geholt und anschließend mit dem neuen Datum aktualisiert. Die Cache-Steuerung ist relativ aufwendig, da beim Write Back-Verfahren u.U. der alte Cache-Eintrag zuvor in den Hauptspeicher kopiert werden muß.

- *Eigenes valid bit*: Pro kleinster Schreibeinheit (Wort, Byte) wird ein eigenes *valid bit* bereitgestellt. Diese *valid bits* kennzeichnen alle Worte oder Bytes, die innerhalb einer Line gültig sind. Bei einem Write Back Cache müssen evtl. zerstückelte Cache-Einträge in den Hauptspeicher gerettet werden.

Eine der wichtigsten Aufgaben des Cache-Entwurfs ist es, sicherzustellen, daß nur gültige Daten verarbeitet werden. Die Aufrechterhaltung der Konsistenz (*coherency problem*) umfaßt viele Aspekte und wird in einem eigenen Abschnitt behandelt.

Befehls-/Daten-Cache

Die verschiedenen Architekturkonzepte setzen sowohl reine Befehls- und Daten-Caches ein, als auch Caches, die Befehle und Daten gemeinsam abspeichern. Getrennte Caches erlauben eine Verdopplung der Zugriffsrate und stellen damit

eine Erweiterung des Harvard-Konzepts mit seiner Auftrennung von Befehls- und
Datenbus dar. Ein Nachteil getrennter Caches liegt darin, daß die Gesamtkapazität der Caches sich nicht flexibel an die augenblicklichen Anforderungen –
mehr Befehle oder mehr Daten – anpassen kann. Reine Befehls-Caches weisen in
der Regel durch die höhere Lokalität der Befehlszugriffe eine bessere Miss-Rate
als gleichgroße Daten-Caches auf. Um die Miss-Rate des Daten-Cache abzu-
senken, kann man ihn größer auslegen. Bezogen auf die Leistung des Gesamtsystems läßt sich aber mehr Gewinn aus einem größeren Befehls-Cache ziehen.
Die Miss-Rate des Befehls-Caches muß möglichst niedrig gehalten werden, da
Befehlszugriffe wesentlich häufiger sind als Datenzugriffe.

Virtuelle oder reale Adressierung?

Eine weitere Entscheidung liegt darin, ob der Cache mit *virtuellen* (*logischen*)
Adressen, wie sie die CPU intern verwendet, oder mit *realen* (*physikalischen*)
Adressen angesprochen werden soll (Bild 4-18). Ein virtuell adressierter Cache
umgeht den Zeitaufwand der Adreßübersetzung. Dies macht ihn für
Architekturen interessant, die – aus Platzgründen – eine externe MMU verwenden und daher die Adreßübersetzung nicht innerhalb der Befehlspipeline durchführen können. Sind Cache und MMU auf dem CPU Chip integriert, können Zeit-
und Ressourcenkonflikte (z. B. steht eventuell nur ein TLB für Befehls- und
Datenzugriffe zur Verfügung) ebenso die Verwendung virtueller Adressen erfordern.

Ein *virtuell adressierter Cache* bringt immer dann Probleme mit sich, wenn über
den Speicherbus, der mit realen Adressen betrieben wird, Inhalte des virtuellen
Adreßraums verändert werden: Dies passiert z. B. bei einer externen Eingabe und
beim Verändern von Daten innerhalb von Mehrprozessorsystemen. In diesen

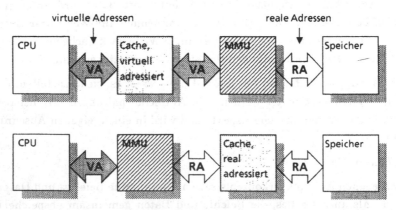

Bild 4-18: Plazierung eines Cache

Fällen benötigt man entweder einen eigenen Bus für virtuelle Adressen oder eine umgekehrte Adreßübersetzung. Seitenwechsel infolge von *Paging* haben keine Auswirkung, ein Prozeßwechsel dagegen läßt den Cache-Inhalt veralten, falls alle Prozesse den gleichen Adreßraum benützen. Man stattet deshalb die Tags eines virtuellen Cache oft mit zusätzlichen PID-Bits aus, die wie eine Vergrößerung des virtuellen Adreßraums wirken und die Einträge eindeutig den verschiedenen Prozessen zuordnen. Ein weiteres Problem stellt das *aliasing* dar. Verschiedene Prozesse können der gemeinsamen realen (Kommunikations-) Adresse unterschiedliche virtuelle Adressen zugeordnet haben. Der PID kann z. B. der Verursacher einer solchen Situation sein! Wenn die Prozesse ihre jeweiligen virtuellen Adressen gleichzeitig in den Cache geladen haben, sind diese von Inhaltsänderungen durch andere Prozesse nicht betroffen. Eine solche Situation kann auf mehreren Wegen vermieden werden, so z. B. dadurch, daß derartige Adressen auf die gleichen Cache-Einträge abgebildet werden oder ganz für den Cache gesperrt werden. Virtuelle Caches findet man bei der SPARC-Architektur und bei den On-chip Caches des Intel i860.

Die Probleme der Kohärenzerhaltung sind beim *real adressierten Cache* einfacher zu lösen (vgl. Abschnitt 4.2.3 Cache-Kohärenz). Leider erschwert der Zeitbedarf der Adreßübersetzung die Verwendung eines separaten MMU-Bausteins. Kombinierte Cache-MMU-Bausteine führen Adreßübersetzung und Cache-Zugriff zugleich aus. Sie bieten weiterhin durch den integrierten Cache eine sehr kompakte Lösung. Ein Beispiel für solch eine Architektur ist die Motorola 88000-Familie (siehe Abschnitt 4.2.6).

Es gibt auch Mischformen mit virtuellen Indexadressen und realen Tags, sowie realen Indexadressen und virtuellen Tags (MIPS R6000). Sie sind wegen der spezifischen Architektur des Prozessors notwendig und werden deshalb nicht näher erläutert.

Cache-Hierarchie

Die Hauptaufgabe eines Cache ist die Anpassung des langsameren Hauptspeichers an den schnellen Prozessor. Obwohl beide durch die neuen Technologien in ihrer Geschwindigkeit gewinnen, erfordert der Trend zu immer größeren Hauptspeichern – bei gleichbleibenden oder sogar fallenden Kosten – einen Kompromiß. Die Einführung einer Speicherhierarchie mit einem oder sogar mehreren Caches erlaubt den Einsatz langsamerer und daher billigerer DRAM-Bausteine ohne gravierenden Leistungsverlust. Eine Hierarchie von Caches, wie sie bereits heute bei den neuesten CISC- und RISC-Prozessoren beobachtet werden kann, ist dann notwendig, wenn der Geschwindigkeitsunterschied zwischen CPU und DRAMs sehr groß wird. Der ersten Cache-Stufe, die meist durch einen On-chip Cache gebildet werden wird, fällt die Aufgabe zu, den Prozessor gemäß seiner Verarbeitungsgeschwindigkeit mit Befehlen oder Daten zu versorgen. Die nächste Cache-Stufe arbeitet für die erste als schneller Hintergrundspeicher und hält so den Miss-Overhead klein.

Um die lokale Miss-Rate ($\nearrow$ lokale/globale Miss-Rate) eines Caches der zweiten Stufe klein zu halten, sollte er erheblich größer als ein Cache der ersten Stufe sein (Anmerkung: Der äußere Cache enthält dann alle Daten des inneren, wenn sein Assoziativitätsgrad größer oder gleich dem des inneren Cache ist (*multilevel inclusion property*). Dies ist für eine leichtere Kohärenzerhaltung wünschenswert. Der Tag-Bereich des äußeren Cache läßt sich in diesem Fall für den Adreß-vergleich beim Bus Snooping verwenden). Die Hit-Zugriffszeit ist typischerweise 2 bis 10-fach so hoch wie des ersten Cache. Die Blockgröße kann der des ersten entsprechen (jeder Miss im zweiten Cache ist Folge eines Miss im ersten) oder größer sein (typ. 32 bis 256 KByte). Unterschiedliche Blockgrößen erhöhen jedoch den Aufwand für die Steuerung.

Beispiel 2 soll der Vorteil einer Cache-Hierarchie veranschaulichen. Der Cache vom Beispiel 1 mit der mittleren Zugriffszeit von 140 ns wird um einen weiteren Cache ergänzt. Dieser Cache hat eine Miss-Rate von 1%. Ein Hit-Zugriff dauert $t_{Hit2} = 100$ ns, ein Miss $t_{Miss2} = 500$ ns. Als mittlere Zugriffszeit für Cache 2 ergibt sich:

Mittlere Zugriffszeit $= 0,99 \times 100$ ns $+ 0,01 \times 500$ ns $= 104$ ns.

Verwendet man beide Caches in einer Hierarchie, berechnet sich die mittlere Zugriffszeit zu:

$$Mittlere\ Zugriffszeit = (1 - Miss\text{-}Rate1) \times t_{Hit1} +$$
$$(Miss\text{-}Rate1 - Miss\text{-}Rate2) \times t_{Hit2} +$$
$$Miss\text{-}Rate2 \times t_{Miss2}.$$

Mittlere Zugriffszeit $= 0,8 \times 50$ ns $+ 0,19 \times 100$ ns $+ 0.01 \times 500$ ns $= 64$ ns.

Diese Zeit liegt jetzt wenig über der Hit-Zugriffszeit des Caches von Beispiel 1!

4.2.3 Cache-Kohärenz

Mit dem Begriff *Kohärenz* kennzeichnet man den Zustand einer Speicherkomponente, die nur gültige (*kohärente*) Daten enthält. Ein Rechnersystem ist *konsistent*, wenn alle speichernden Medien, wie Cache, Haupt- oder Hintergrundspeicher (z.B Festplatte) kohärente Daten enthalten. Während des Betriebs eines Rechensystems sind jedoch nur bestimmte Teile konsistent zu halten. Geeignete Maßnahmen verhindern das Verarbeiten veralteter und daher falscher Daten (*stale data*). Kohärenzprobleme treten bei I/O-Vorgängen und Multi-Cache-Systemen auf (Bild 4-19).

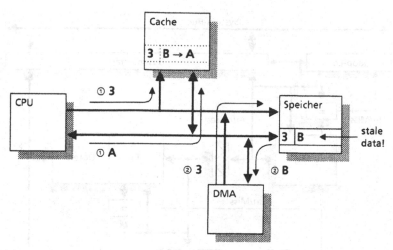

1) Die CPU überschreibt im Cache (Write Back-Schreibverfahren) das Datum B der Adresse 3 mit dem Datum A.

2) Es wird ein DMA-Auftrag angestoßen, der das Datum der Adresse 3 z.B. auf die Festplatte schreiben soll. Falls nur der inkohärente Hauptspeicher auf die I/O-Anforderung reagiert, wird jedoch das veraltete Datum B (*stale data*) gelesen, wodurch das System in einen fehlerhaften Zustand gerät.

Bild 4-19: I/O-Kohärenzproblem

Aus Sicht des Cache führen das Write Back-Verfahren oder ein nicht geleerter Schreibpuffer (*buffered write through*) zu einem nicht aktuellen und daher inkohärenten Hauptspeicher. Vom Hauptspeicher her gesehen führt ein I/O-Schreibvorgang (z. B. Seitenwechsel oder externe Dateneingabe) zu einem inkohärenten Cache.

Eine prinzipielle Lösung läßt den Cache bei allen I/O-Vorgängen am Speicherbusverkehr teilnehmen (*I/O through Cache*). So übernimmt bei einem I/O-Schreibvorgang der Cache das am Bus anliegende Datum, falls er die gleiche Adresse enthält (Anmerkung: Ein einfacheres Verfahren schreibt alle Adressen in den Cache, ohne Berücksichtigung des aktuellen Inhalts. Der Cache-Inhalt kann erheblich "verschmutzen", wenn viele dieser Daten in der nächsten Zeit nicht verwendet werden.). Bei einem I/O-Lesezugriff hingegen stellt der Cache, falls er einen Hit erkennt, anstelle des Hauptspeichers das angeforderte Datum bereit. Da die CPU bei allen I/O-Aktionen angehalten werden muß, führt dies zu einer spürbaren Leistungseinbuße.

Um diesen Engpaß zu umgehen, kann man Prozessor- und Speicherbus entkoppeln und den Cache mit einem zusätzlichen identischen Tag-Feld und erweiterter Steuerlogik ausstatten. Der Prozessor kann nun relativ ungestört mit seinem

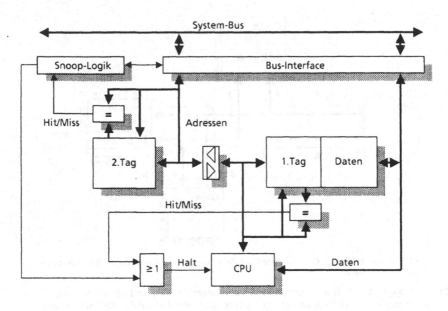

Bild 4-20: Blockdiagramm eines Snoopy-Cache

Cache arbeiten, während die sogenannte Snoop-Logik (*snoop* = schnüffeln, spionieren) mit dem zweiten Tag-Feld den Speicherbus überwacht. Ein Konflikt mit der CPU tritt erst auf, wenn ein Cache-Eintrag aktualisiert oder ausgelesen werden muß (Bild 4-20). Die Snoop-Logik überwacht die Adressen, die am Speicher- oder Systembus anliegen und vergleicht sie mit den Adressen, die sie aus einem zweiten Tag-Bereich liest. Liegt eine Übereinstimmung vor, dann hält die Snoop-Logik die CPU an und der Cache-Controller setzt, im Falle eines Schreibzugriffs, den entsprechenden Cache-Eintrag anhand der festgehaltenen Adresse entweder ungültig oder er aktualisiert ihn. Bei einem Lesezugriff liest er den Cache-Eintrag aus und legt das zugehörige Datum auf den Bus. Der Tag-Bereich kann eine ausschließlich für den Vergleich verwendete Kopie der Tags des eigentlichen Cache sein oder auch das Tag-Feld eines Second Level Cache.

Die einfachste Lösung des Kohärenzproblems besteht darin, den Cache vor einem I/O-Vorgang durch Zurücksetzen der *valid bits* ungültig zu setzen. Bei einem Write Back Cache müssen zuvor alle veränderten (*dirty*) Einträge in den Hauptspeicher kopiert werden. Dieser sogenannte *cache flush* kostet dann viel Zeit, wenn viele Einträge kopiert werden müssen. Nach dem Ungültigsetzen muß ein Cache erst wieder gefüllt werden, bevor die zeitliche Lokalität wieder zum Tragen kommt. Während dieser sogenannten *Kaltstartphase* ist die Hit-Rate sehr niedrig.

Bestimmte Adreßbereiche lassen sich auch für den Cache sperren. Hier handelt es sich meistens um Einlesepuffer, Kommunikationsbereiche zwischen Prozessen oder I/O-Register. Das Sperren erfolgt entweder über das *non-cacheable bit* im TLB – man sperrt immer eine ganze Speicherseite – oder über feste Adreßbereiche (MIPS R2000/R3000). Bei jedem Zugriff auf diese Bereiche muß jedoch ein Hauptspeicherzyklus in Kauf genommen werden!

Das Kohärenzproblem erfordert bei *busorientierten Mehrprozessorsystemen* mit lokalen Caches eine aufwendigere Steuerung als die I/O-Vorgänge eines Einprozessorsystems, da zum einen mehrere Kopien eines Datums verwaltet werden müssen und zum anderen der nötige Kommunikationsaufwand möglichst gering gehalten werden soll. Eine Ausbreitung von Datenkopien über die verschiedenen Caches entsteht entweder dadurch, daß ein Prozeß infolge von Task-Wechseln durch unterschiedliche Prozessoren abgearbeitet wird (*process migration*), oder auch durch gemeinsame Daten unterschiedlicher Prozesse, die auf verschiedenen Prozessoren ablaufen.

Die Verfahren, die der Erhaltung der Cache-Kohärenz dienen (*coherency protocols*), lassen sich einteilen in:

- *Verzeichnisverfahren* (*directory methods*) – die Information über die Position und evtl. den Zustand aller Kopien eines Datenblocks wird an einer zentralen Stelle gespeichert.

- *Snoop-Verfahren* (*snoopy cache protocols*) – mit Hilfe einer Snoop-Einrichtung und Zustandsinformationen steuern sich die einzelnen Caches selbst.

Ziel der Kohärenzverfahren ist es, beim Lesen nur gültige Information zur Verfügung zu stellen und beim Schreiben einen exklusiven Zugriff zu gewährleisten. Dies erfordert, daß die Verfahren die Position aller Kopien eines Datenblocks bestimmen und seinen Zustand und Inhalt verändern können. Lesezugriffe stellen prinzipiell keine Störung der Konsistenz dar, sie erzeugen nur eine oder mehrere Kopien eines Datums – Schreibzugriffe hingegen können zur Inkonsistenz führen (Bild 4-21). Die Prozessoren P1 und P2 lesen Adresse 3 in ihre Caches. Es besteht weiterhin Konsistenz, da alle Daten der Adresse 3 übereinstimmen. Prozessor P2 schreibt nun das Datum B nach Adresse 3. Solange sich diese Änderung nicht im Cache von Prozessor P1 wiederspiegelt, wird dieser das veraltete Datum A (*stale data*) lesen: Es tritt ein Fehler im System auf.

Nach einem Schreibzugriff läßt sich Konsistenz wieder erzeugen durch:

- *Write invalidate* – setzte alle anderen Kopien nach einem Schreibzugriff ungültig.

- *Write update, write broadcast* – aktualisiere auch alle anderen Kopien nach dem Schreiben.

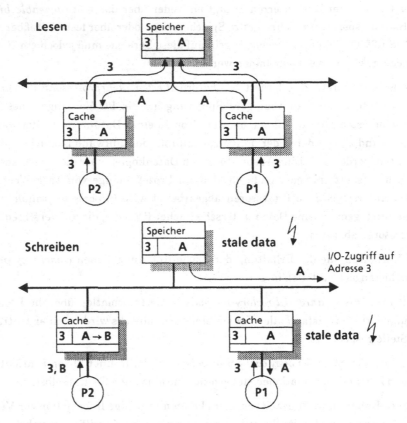

Bild 4-21: Inkonsistenz infolge eines Schreibzugriffs

Beide Verfahren (Bild 4-22) haben je nach Anwenderprogramm unterschiedliche Effizienz, d. h. unterschiedlichen Kommunikationsbedarf. Bei *write invalidate* führt nur der erste Schreibzugriff zu einer Invalidate-Aufforderung. Alle weiteren Schreibzugriffe beziehen sich ausschließlich auf den lokalen Cache. Das Write Up-

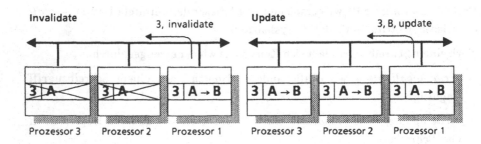

Bild 4-22: Write invalidate, write update

date-Verfahren dagegen sendet bei jedem Schreibzugriff eine Update-Information über den Bus. Je nach Anwendungsfall ist der Aufwand für die Kohärenzerhaltung unterschiedlich. Verändert z.B. ein Prozeß, der auf Prozessor 1 läuft, innerhalb einer Schleife ständig eine Variable, die wiederum nach jeder Änderung von einem Prozeß auf Prozessor 3 gelesen wird, dann erzeugt das Write Invalidate-Verfahren bei jedem Durchgang einen Invalidate- und einen Read-Miss-Vorgang. Das Update-Verfahren benötigt jedoch nur einen Update-Vorgang. Arbeitet dagegen jeder Prozeß länger mit dieser Variable, ist Invalidate günstiger, da update bei jedem Schreiben unnötigerweise einen Update-Vorgang anstößt.

Für jeden Cache-Eintrag wird eine Information über seinen Kohärenzstatus gehalten. Der Kohärenzstatus zeigt u.a. an, ob ein Datum oder Datenblock in einem (*private, exclusive*) oder in mehreren (*shared*) Caches vorhanden ist. Damit läßt sich z.B. die Häufigkeit von Updates herabsetzen. Der Kohärenzstatus steuert auch, ob ein Prozessor seinen Block verändern darf, d.h. ob er das Schreibrecht hat. Dieses darf nur exclusiv vergeben werden, um Überkreuzungen von Schreibzugriffen zu vermeiden. Der Kohärenzstatus kennzeichnet auch, ob ein Block von einem Prozessor verändert wurde und damit "*dirty*" ist. Der *dirty*-Status ist meist mit dem Schreibrecht verbunden. Durch das bei Mehrprozessorsystemen übliche Write Back-Verfahren besitzt der Hauptspeicher nicht immer das gültige Datum. Bei Leseanfragen stellt deshalb der Cache, der im Augenblick das gültige Datum gespeichert hat, dieses am Bus bereit. Der Hauptspeicher aktualisiert sich entweder in einem eigenen Zyklus vor der Beantwortung des Lesezugriffs oder besser zur gleichen Zeit (*reflective memory*). Bei einigen Verfahren wandert das Besitzverhältnis (*ownership*) zwischen den einzelnen Caches, und der Hauptspeicher wird erst dann aktualisiert, wenn der entsprechende Datenblock aus dem Cache des augenblicklichen Besitzers verdrängt wird.

Bei Snoopy Cache-Protokollen werden die Anweisungen zur Kohärenzerhaltung über den Bus an alle Caches geschickt, während beim Verzeichnisverfahren nur die betroffenen Caches aktiviert werden. Deshalb ist das Verzeichnisverfahren an keinen gemeinsamen Bus gebunden und läßt sich z.B. leichter in stärker parallelen Systemen mit spezieller Verbindungsstruktur einsetzen. Nachteilig ist der höhere Implementierungsaufwand, die geringere Modularität und die Tatsache, daß für jeden Hauptspeicherblock ein Informationsfeld bereitgestellt werden muß.

Bei busorientierten Mehrprozessorsystemen wird überwiegend das Snoop-Verfahren eingesetzt. Es gibt eine Reihe von Protokollen, wie *Write Once* [GOOD 87], *Synapse* [FRAN 84], *Berkeley* [KATZ 85], *Illinois* [PAPA 84], *Firefly* [YEN 82] oder *Dragon* [McCRE 84], die zudem auch in modifizierten Versionen eingesetzt werden. Das *Firefly*-Protokoll zeigt Bild 4-23. Dieses Protokoll für Snoopy Caches arbeitet mit *write update*. Der Zustand Valid-exclusiv kennzeichnet, daß es

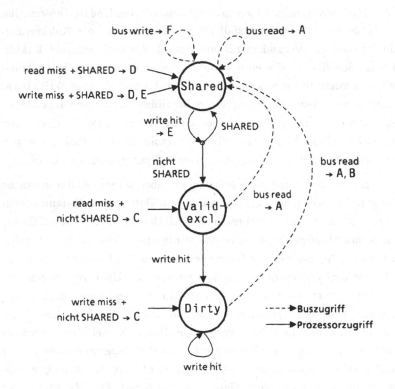

A: Der angeforderte Block wird an den Bus übergeben und das Signal "SHARED" gesetzt.

B: Der Hauptspeicher übernimmt den Block vom Bus.

C: Der angeforderte Block wird vom Hauptspeicher bereitgestellt.

D: Der angeforderte Block, wird von den Caches, die Kopien besitzen, bereitgestellt.

E: Das zu schreibende Wort wird auf den Bus gelegt und in den Hauptspeicher geschrieben.

F: Das am Bus anliegende Wort wird in den Cache-Block übernommen (*update*) und SHARED wird gesetzt.

Bild 4-23: *Firefly*-Protokoll

keine weitere Kopie dieses Blocks gibt und daß er nicht verändert wurde, also identisch zu dem Block im Hauptspeicher ist. Shared sagt aus, daß weitere Kopien existieren und der Block konsistent zum Hauptspeicher ist. Bei Dirty gibt es keine weitere Kopie, und der Block wurde verändert. Es existiert ein eigenes Signal SHARED, das mitteilt, ob weitere Kopien existieren.

4.2.4 Optimierung von Rechnersystemen mit Cache-Speichern

Abschnitt 4.2.2 stellte eine Reihe von Cache-Parametern vor und diskutierte kurz ihre Auswirkungen. Jeder dieser Parameter beeinflußt die erzielbare Leistung, wenn auch mit unterschiedlich großem Beitrag. Bei einigen Parametern, wie der Cache-Größe, gibt es eine direkte Beziehung zwischen Leistungs- und Kosten-zuwachs, bei anderen, wie der Blockgröße, wird zusätzliche Leistung durch ein aufwendigeres Design des Speicherpfads erzielt (in zweiter Linie wirkt sich das natürlich auch auf die Kosten aus). Da der Kostenfaktor bei fast allen Entwicklungen ein Rolle spielen dürfte, könnte man das Ziel eines Cache-Entwurfs folgendermaßen definieren: Variiere die einzelnen Parameter eines Cache-Speichers solange, bis die gewünschte Leistung bei möglichst niedrigen Kosten erreicht ist! Will man ein optimal ausgelegtes System erhalten, darf man aber nicht nur den Cache betrachten: Es muß vielmehr das Zusammenspiel aller Komponenten des Weges CPU-Cache-Bus-Hauptspeicher abgestimmt werden. Wird in diese Abstimmung auch noch die ablaufende Software einbezogen, spricht man von einem *balancierten System.*

Bei Einsatz eines Standard-RISC ist leider eine Einflußnahme auf die CPU-Archi-tektur nicht mehr möglich, d. h. man muß mit der gegebenen Speicherschnitt-stelle leben. Die Prozessorentwickler werden durch unterschiedliche Randbedin-gungen, wie maximale Pinzahl, maximale Chip-Größe oder Transistorzahl, Kom-patibilität, Entwicklungszeit oder Produktstrategie in ihrer Entwurfsfreiheit be-grenzt und sind daher gezwungen, eine Reihe von Kompromissen einzugehen. Lei-der führen einige dieser Kompromisse gerade beim RISC-Prozessor mit seiner sehr hohen Speicherzugriffsrate dazu, daß die Speicherschnittstelle oft eine Schwachstelle (*bottleneck*) der Architektur ist oder zumindest dem Systement-wickler erhebliches Kopfzerbrechen bereitet. Es sollte daher zu einem frühen Zeit-punkt untersucht werden, wie gut die anvisierte Architektur für den gegebenen Anwendungsfall geeignet und wie groß der Aufwand für die nötigen Speicherkom-ponenten ist.

Der erste Schritt einer Leistungsabschätzung besteht darin, die Miss-Rate ver-schiedener Cache-Konfigurationen für eine Auswahl typischer Anwendungspro-gramme festzustellen. Man benötigt dazu die Reihenfolge der Adressen aller Spei-cherzugriffe eines Programms, den sogenannten *address trace.* Um einen Multi-Tasking-Betrieb zu modellieren, kann man die *traces* verschiedener Programme in gleichlange Sequenzen aufteilen und diese anschließend zu einem neuen langen *trace* zusammenfügen, wobei die jeweils nächste Sequenz abwechselnd von einem anderen Programm genommen wird. Die größte Schwierigkeit besteht darin, die Adreßzugriffe eines Programms zu ermitteln. Am besten ist dazu ein sehr schneller Architektursimulator geeignet, der eine größere Anzahl von Befehlen (ca. 1 Million) in akzeptabler Zeit verarbeiten kann. Eine andere Möglichkeit sind Verfahren, die auf die Hardware aufsetzen, wie *bus monitoring* oder *breakpoints*.

Der *trace* dient dann als Input für einen *Cache-Simulator*, der im einfachsten Fall nur die Miss-Rate ermittelt. Ausgefeiltere Simulatoren können unter Berücksichtigung unterschiedlicher Architekturparameter (Speicherzugriffszeit, Interleaving, Transferrate) die Systemebene simulieren und direkt die Systemleistung berechnen. Darüberhinaus liegen bereits umfangreiche Untersuchungsergebnisse für unterschiedliche Cache-Konfigurationen vor [SMIT 82, HILL 87, PNEV 90]. Diese können mit entsprechender Vorsicht auf die eigene Applikation bezogen werden.

Sofern es die Freiheitsgrade der jeweiligen RISC-Architektur zulassen, sollte man unterschiedliche Parameter bei der Optimierung der Miss-Rate verändern. Es ergäben sich aber unzumutbar lange Simulationszeiten, untersuchte man alle sich ergebenden Kombinationen zusammen mit einem sehr langen *address trace*. Durch eine analytische Betrachtungsweise läßt sich jedoch der nötige Aufwand erheblich senken [STON 87].

Mit Hilfe eines *analytischen Modells* und gegebener Miss-Raten läßt sich die erzielbare Systemleistung auch ausreichend genau abschätzen. Das analytische Modell besteht aus einem Satz von Formeln, die die Eigenschaften des Prozessors (z. B. Befehlspipeline) und des Speicherzugriffspfads beschreiben. Die Systemleistung kann über CPI' (Kapitel 2 "RISC-Grundlagen") für eine bestimmte Frequenz berechnet werden (vergleicht man verschiedene Prozessoren, so benötigt man jedoch eine Normierung auf einen Referenzprozessor):

$$\text{Systemleistung (MIPS)} = \text{Frequenz } f_c \div CPI', \qquad \text{(Gl. 4.5)}$$

mit

$$CPI' = CPI + MEMD. \qquad \text{(Gl. 4.6)}$$

CPI gibt an, wieviele Zyklen im Mittel ein Befehl architekturbedingt benötigt. Als Berechnungsgrundlage dient eine angenommene Standardverteilung der Befehlstypen (vgl. [HENN 90], ab Seite 36). CPI wird durch den Prozessor bestimmt und läßt sich daher nicht optimieren. Die mittlere Speicherverzögerung MEMD kann zu diesem Wert unter der Voraussetzung, daß die Befehls-Pipeline bei jedem Miss angehalten wird, einfach addiert werden. Sie ist von der Miss-Rate und der Blockzugriffszeit abhängig. Die Blockzugriffszeit t_{Block} berechnet sich im einfachsten Fall zu:

$$t_{Block} = Erstzugriffszeit + Blockgröße \div (Transferrate \times Wortbreite). \qquad \text{(Gl. 4.7)}$$

Die angegeben Formeln müssen an eine reale Prozessorarchitektur erst angepaßt werden, um auch die Einflüsse von getrennten Befehls- und Daten-Caches, *instruction streaming*, Buskollisionen, Cache-Hierarchie etc. zu beschreiben. Den Abschluß dieses Abschnitts bildet ein kleines Beispiel, das anhand eines Muster-prozessors die Systemleistung für vier verschiedene Cache-Konfigurationen und zwei CPU-Taktraten (25 und 33 MHz) ermittelt (siehe Tabelle 4-1). CPI habe den Wert 1,13. Der Erstzugriff auf den Hauptspeicher benötigt 240 ns (t_{HS}). Die Daten werden über den 4 Byte breiten Bus mit einer Transferrate f_T von 25 MHz über-tragen. Die Systemleistung berechnet sich mit einer Normierung auf Prozessor-zyklen T_c zu:

$$Systemleistung = f_c \div (CPI + Miss\text{-}Rate \times 1/T_c \times (t_{HS} + Blockgröße \div (4 \times f_T)).$$

Diese Ergebnisse der Tabelle 4-1 zeigen, daß ein zu großer Block einen Einbruch in der Systemleistung erzeugen kann (Cache1 → Cache2), obwohl die Miss-Rate beim größeren Block kleiner ist. Eine Verdopplung der Cache-Größe (Cache3 → Cache1) führt u.U. nur zu einer geringen Steigerung der Systemleistung. Ein höherer Grad an Assoziativität (Cache3 → Cache4) hat evtl. einen größeren Gewinn als eine Verdopplung der Cache-Größe (Cache 4 → Cache1). Ein lang-sames Speichersystem kann die Performance eines Prozessors um eine ganze Lei-stungsklasse drücken (Cache4/33 MHz → Cache3/33 MHz).

Tabelle 4-1: Systemleistung für verschiedene Cache-Konfigurationen. Die Miss-Raten sind [PNEV 90] entnommen. Die Werte wurden mit einem GNU C Compiler ermittelt

	Cache1	Cache2	Cache3	Cache4
Größe	64 KByte	64 KByte	32 KByte	32 KByte
Organisation	direct mapped	direct mapped	direct mapped	4-fach satzasso.
Blockgröße	16 Byte	64 Byte	16 Byte	16 Byte
Miss-Rate	0,0218	0,0142	0,033	0,015
25 MHz	18,5 MIPS	17,3 MIPS	17,1 MIPS	19,5 MIPS
33 MHz	21,9 MIPS	21,4 MIPS	21,0 MIPS	24,8 MIPS

4.2.5 On-chip Caches

Integer-Einheit und Befehls-Pipeline benötigen bei RISC-Prozessoren durch ihre verringerte Komplexität erheblich weniger Transistoren als bei vergleichbaren CISC-Prozessoren. Heutige Technologien erlauben es darüberhinaus, Prozessoren mit einer Million Transistoren und mehr wirtschaftlich zu produzieren. Diese hohe Transistorzahl bedeutet besonders für RISC-Prozessoren, daß zusätzliche transistorintensive Funktionseinheiten auf den Chip gepackt werden können. An erster Stelle steht hier die Integration einer MMU, einer FPU und eines oder zweier On-chip Caches.

On-chip Caches werden mit dem gleichen Prozeß wie der Prozessor hergestellt, sie benötigen keine zeitraubenden Off-chip-Verbindungen und Pegelanpassungen, und sie können enger an die Befehlsausführung angepaßt werden. Dadurch ist es möglich, daß die Cache-Zugriffszeit mit den immer kürzeren Pipeline-Stufen Schritt hält.

On-chip Caches lassen sich durch die VLSI-Realisierung leichter mit einer komplexeren Steuerung ausstatten. Diese "intelligenteren" Caches können eine höhere Leistung als ihre traditionell orientierten Vorgänger erbringen, da sie spezifisch an "ihren" Prozessor angepaßt sind. In einer Studie der Universität Berkeley [PATT 83] wurde deshalb ein für den RISC II konzipierter Baustein mit einem *remote program counter* und einer Logik für die Kompaktierung von Befehlen ausgestattet. Der *remote program counter*, der mit einer vereinfachten Befehlsdekodierlogik ausgestattet ist, versucht die Adresse des nächsten Befehls im voraus zu berechnen. Diese berechnete Adresse gibt er direkt an den Cache und reduziert dadurch die Zugriffszeit aus der Sicht des Prozessors um 42.2%. Die Befehlskompaktierung vergrössert dagegen die effektive Cache-Größe. Der Cache speichert Befehle in einem kompakteren Format ab und expandiert sie erst auf die volle Größe, bevor sie dem Prozessor zur Verarbeitung übergeben werden. Im Fall des RISC II verbesserte sich die Miss-Rate um 27%.

Ein weiterer wichtiger Vorteil eines On-chip Cache besteht darin, daß er den Off-chip-Busverkehr erheblich verringern kann. Solange der Prozessor Befehle verarbeitet, die in seinem On-chip Cache vorhanden sind, ist der Bus frei für gleichzeitige Datenzugriffe, eventuelle *Prefetch*- (Befehle oder Daten werden im voraus geholt) oder *DMA*-Vorgänge. RISC-Prozessoren arbeiten mit einer sehr großen Befehlszugriffsrate, weshalb Buskonflikte durch gleichzeitige Datenzugriffe zu spürbaren Leistungseinbußen führen würden. Einen derartigen Buskonflikt vermeidet z. B. der MIPS R3000, der keinen On-chip Cache besitzt, indem er Befehle und Daten im Zeitmultiplex auf seinem Bus überträgt. Dies hat den Nachteil, daß das Einhalten des *bus timings* eine echte Herausforderung für den Entwickler ist. Eine Alternative bietet der Motorola 88100 mit seiner Harvard-Architektur, die Befehls- und Datenbus getrennt vom Chip führt. Diese Lösung erhöht leider erheblich die Anzahl der nötigen Pins und führt zu teueren Gehäusen. Die frühere Zurückhaltung gegenüber Gehäusen mit hohen Pin-Zahlen scheint man jedoch mehr und mehr aufzugeben, dies aber weniger zugunsten einer Harvard-Architektur, als für einen gemeinsamen und nun doppelt so breiten Bus (64 Bit). Breitere Busse erhöhen die verfügbare Bandbreite und ermöglichen es so, einen

Cache im gleichen Zeitraum mit größeren Blöcken zu laden. On-chip Caches wiederum reduzieren die Gefahr von Buskonflikten auf dem gemeinsamen Bus.

Für RISC-Prozessoren stellen On-chip Caches die ideale Ablösung eines *instruction buffers* oder einer *instruction prefetch queue* dar. Ein *instruction buffer* holt mehrere Befehle im voraus und speist sie bei Bedarf in die Befehls-Pipeline ein. Er kann seiner Aufgabe nur nachkommen, wenn die Befehlsausführung genügend Zeit läßt, um zumindest den nächsten Befehl vom Speicher zu holen. Ein RISC-Prozessor benötigt jedoch in jedem Zyklus einen Befehl, wobei die Zykluszeit sehr, sehr kurz und damit für einen Hauptspeicherzugriff nicht ausreichend sein kann. *Instruction buffer* benötigen nur eine geringe Tiefe (ca. 8 Byte), bei einer Verzweigung (*branch*) werden die geholten Befehle ungültig und der Befehlsstrom muß neu aufgesetzt werden. Dies hat zur Folge, daß ein *instruction buffer* den Busverkehr nicht verringert, sondern im Gegenteil sogar erhöht.

Einen besonderen On-chip Cache stellt der branch target cache (*BTC*) dar. Es handelt sich hier um einen spezialisierten Befehls-Cache. Wie bereits erläutert, werden die im *instruction buffer* bereitstehenden Befehle ungültig, sobald ein Sprung auftritt. Die Befehlssequenz muß bei der Adresse des Sprungziels wieder aufgesetzt werden. Um die Kosten eines wiederholten Aufsetzens bei einem mehrfachen Schleifendurchlauf zu sparen, speichert der BTC den Befehl des Sprungziels und ein paar der darauffolgenden Befehle. Der BTC übernimmt bei einem wiederholten Sprung die Versorgung des Prozessors, bis der *instruction buffer* die weiteren Befehle wieder bereit hält. Der BTC wirkt sich bereits bei relativ geringer Speicherkapazität leistungssteigernd aus. Ist die verfügbare Chip-Fläche sehr begrenzt, ist der BTC dann eine gute Wahl, wenn er zudem mit den anderen Komponenten, wie z. B. dem *instruction buffer* gut abgestimmt wird. Kann ein größerer Cache implementiert werden, ist jedoch ein normaler Befehls-Cache vorzuziehen.

Beim Entwurf eines On-chip Cache sind etwas andere Randbedingungen zu beachten als bei einem On-board Cache. Entweder muß die benötigte Chip-Fläche möglichst klein gehalten werden, um die Ausbeute hoch und die Chip-Kosten niedrig zu halten oder es ist die Fläche in Form und Größe bereits vorgegeben. Bereits die Floorplanning-Phase (↗Floorplanning) spielt daher beim Cache-Entwurf eine Rolle. Sehr wichtig ist auch, welche Zellen als Bauelemente zur Verfügung stehen. Gibt es z. B. *CAM*-Zellen, die bei gleichem Flächenbedarf und kürzerer Zugriffszeit einen höher assoziativen Cache erlauben als separate Komparatoren? Wieviele Transistoren benötigt die SRAM-Zelle, 4 oder 6? Eine kleinere Zelle kann die erzielbare Cache-Kapazität wesentlich erhöhen.

Die wichtigsten Bewertungskriterien für einen On-chip Cache sind die Miss-Rate und die Busverkehrsrate (*traffic ratio*). Die Busverkehrsrate gibt das Verhältnis zwischen dem Busverkehr bei Einsatz eines Caches und bei Fehlen eines Caches an. Wie wichtig es ist, den Busverkehr zu begrenzen, wurde bereits weiter oben gezeigt. Das Ziel ist, zwischen bestmöglicher Miss-Rate und bestmöglicher Busverkehrsrate einen Kompromiß derart zu finden, daß die Prozessorleistung maximal wird. So verbessern z. B. größere Blöcke zwar die Miss-Rate, erhöhen gleichzeitig aber auch die Busverkehrsrate, da zunehmend unbenötigte Information zwischen Hauptspeicher und CPU transportiert wird.

Es gibt eine Reihe von Untersuchungen, die sich mit der Optimierung von Cache-Systemen befaßt haben [GOOD 83, HILL 84]. Ein Schwerpunkt dieser Untersuchungen war es, die Auswirkungen unterschiedlich hoher Zusatzkosten für die Abspeicherung von Tag- und Verwaltungsbits auf die Leistung eines Cache zu beziehen. Durch Veränderung der Line-Größe (in den genannten Artikeln findet man unterschiedliche Bezeichnungen für die Parameter) verändert sich das Verhältnis von Nutz- zu Gesamtgröße. Die Nutzgröße bezeichnet dabei den für die Abspeicherung der Daten verwendbaren Speicherplatz. Die Gesamtgröße ergibt sich aus der Summe der Nutzgröße mit den Zusatzkosten. Diese Werte können z. B. durch die Anzahl benötigter Transistoren gemessen werden. Wenn sich bei gleichbleibender Nutzgröße die Breite einer Line verdoppelt, dann halbiert sich die Anzahl der Cache-Einträge und damit halbieren sich die Zusatzkosten. Dies kann für eine Verringerung der Fläche eines Caches oder für eine Erhöhung der Anzahl der Cache-Einträge verwendet werden. Sehr große Gewinne lassen sich bei kleinen Lines feststellen. Bei gleichbleibendem Flächenbedarf verdoppelt ein Übergang von einer 4-Byte-auf eine 16-Byte-Line ungefähr die Nutzgröße. Wächst die Blockgröße mit der Line-Größe, kommt dies zwar der Miss-Rate zugute, aber es erhöht sich gleichzeitig auch die Busverkehrsrate. Je nach Prozessor kann es daher günstiger sein, einen Block so zu wählen, daß er weniger Bytes als eine Line umfaßt. Zusätzliche *valid bits* kennzeichnen die jeweils gültigen Bytes einer Line. Man spricht hier von einem *Sektor-Cache*.

4.2.6 Cache-Architekturen bei RISC-Prozessoren

Anhand von vier Beispielen soll nun gezeigt werden, wie Cache-Architekturen bei heutigen RISC-Prozessoren realisiert werden. Beim R3000 von MIPS sind die externen Caches eng mit dem Prozessor gekoppelt, und die Control-Logik ist bereits integriert. Die SPARC-Architektur von Sun arbeitet mit einem virtuell adressierten Cache zusammen, das 88000-Konzept von Motorola basiert mit dem 88200 auf einer Kombination von Cache und MMU, und der i860 von Intel verfügt bereits über zwei On-chip Caches.

MIPS R3000

Der R3000 arbeitet mit je einem externen Befehls- und Daten-Cache zusammen. Das Design ist dahingehend optimiert, daß die nötige Steuerungslogik bereits auf dem Chip vorhanden und nahtlos an die Operationen der CPU gekoppelt ist. Der für die Erkennung eines Hits notwendige Tag-Vergleich findet auf dem Chip statt. Das im Cache abgespeicherte Tag muß deshalb zuerst eingelesen werden. Aus Pingründen arbeiten die Caches daher mit *direct-mapping*. 3 Busse, der AdrLo, Tag und Data Bus verbinden den Prozessor mit den Caches. Über diese Busse werden im Zeitmultiplex Befehls- und Datenzugriffe abgewickelt. Zusätzliche Register sorgen für stabile Adressen während eines Zyklus (Bild 4-24).

Die Caches sind real adressiert – die Adreßübersetzung ist bereits ein Teil der Befehls-Pipeline. Der 18 Bit breite AdrLo Bus enthält die Indexadressen, die beiden niederwertigsten Bits werden für die Cache-Adressierung nicht verwendet, da nur auf Worte zugegriffen wird. Der bidirektionale 20 Bit breite Tag Bus überträgt den Tag-Anteil der 32 Bit Adresse von und zum Cache. Die 6 Bits, die mit AdrLo überlappen, erlauben, den Cache zwischen 4 und 256 KByte auszulegen. Ein *valid bit* (TagV) zeigt an, ob das eingelesene Tag gültig ist. Tag und Data Bus sind parity-gesichert. In der Summe ergibt sich ein 60 Bit breiter Cache-Eintrag

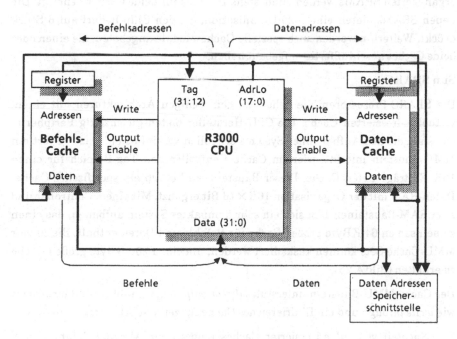

Bild 4-24: R3000 mit externen Caches

Der Prozessor verwendet das Write-Through-Verfahren, das zusammen mit *direct-mapping* und 1-Wort-Lines ein sehr einfaches und schnelles Schreiben innerhalb einer Pipeline-Stufe ermöglicht. Beide Caches lassen sich mit unterschiedlicher zwischen 4 und 32 Worten einstellbarer Blockgröße laden. Da die Line nur ein Wort umfaßt, erhöht der Prozessor beim Laden automatisch die Cache-Adressen. Das Laden kann mit einer gegenüber dem Prozessor reduzierten Frequenz erfolgen, jedoch ist dann kein *instruction streaming* möglich.

Die Caches lassen sich mit Standard SRAMs aufbauen. Mit steigender Frequenz stellt der Prozessor jedoch erhebliche Anforderungen an die Zugriffszeit: Sind es bei 20 MHz noch 25 ns, benötigt man bei 25 MHz schon 20 ns SRAMs und bei 33 MHz 15 ns. Für die zu erwartenden 40 MHz-Versionen sind 12 ns gerade schnell genug.

Um die geringen Zugriffszeiten heutiger Prozessoren besser beherrschen zu können, bieten SRAM-Hersteller auf die jeweilige CPU zugeschnittene Produkte an. Für den R3000 gibt es Bausteine, die das nötige Adreßregister bereits integriert haben und dadurch den Zeitbedarf für Off-chip-Verbindungen verringern.

Eine weitere Forderung besteht darin, ein System mit möglichst wenigen Bausteinen aufzubauen. Für den R3000 bedeutet dies, daß Bausteine angeboten werden, die einen breiteren Datenbus als $\times 8$ haben. Bei Verwendung von $\times 8$ organisierten SRAMs werden mindestens 16 Stück für beide Caches benötigt. Die neuen SRAMs bieten eine $\times 20$ Organisation, die den Chip-Bedarf auf 6 Stück drückt. Weiterhin werden auch spezielle Cache-Module angeboten, die einen oder beide Caches anschlußfertig aufgebaut haben.

Sun SPARC

Die SPARC-Prozessorenlinie gehört zu den wenigen Architekturen mit einem virtuell adressierten Cache. Die CPU-Hersteller bieten gleichzeitig Peripheriechips an, die den Aufbau eines Systems erheblich vereinfachen. Dazu gehört ein MMU-Baustein mit integriertem Cache Controller und Tag-Bereich für einen 16K Einträge tiefen Cache. Dieser Baustein wird durch ein spezifisches Cache-Daten-RAM mit der Organisation $16K \times 16$ Bit ergänzt. Mit einem Controller und zwei RAM-Bausteinen läßt sich ein sehr kompaktes System aufbauen, das einen gemeinsamen 64 KByte großen Cache für Befehle und Daten enthält. Bis zu vier MMU-Cache-Sets können kaskadiert werden, um einen 256 KByte großen Cache zu erhalten (Bild 4-25).

Der Cache-MMU-Baustein unterstützt *direct mapping*, erlaubt sowohl *write back* wie *write through* und ein Einfrieren des Cache für zeitkritische Programmteile.

Ein Nachteil virtuell adressierter Caches liegt in der Aliasing-Gefahr – zwei Prozesse verwenden unterschiedliche virtuelle Adressen für die gleiche physika-

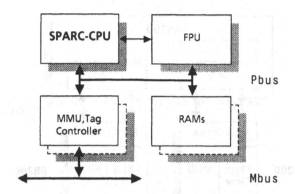

Bild 4-25: SPARC-System

lische Adresse – und im erhöhten Aufwand für eine Snoop-Steuerung. Busorientierte Mehrprozessorsysteme verwenden deshalb meist physikalisch adressierte Caches. Als Ergänzung wird daher ein Cache-MMU-Baustein angeboten, der für Mehrprozessorsysteme geeignet ist. Dieser enthält einen zusätzlichen Tag-Bereich für die korrespondierenden physikalischen Adressen. Das Tag-Feld erlaubt nicht nur *bus snooping*, sondern entkoppelt dies zudem vom eigentlichen Cache und verringert somit Zugriffskonflikte mit der CPU. Darüberhinaus wird es zur Erkennung und Beseitigung des Aliasing-Problems eingesetzt. Der Chip verwendet das *Futurebus +* -Kohärenzprotokoll.

Motorola 88000-Familie

Beim Entwurf der 88K-Familie wurde auf kleine On-chip Caches zugunsten eines speziellen Cache-MMU-Bausteins (88200), verzichtet. Bis zu vier dieser Bausteine können parallel am separaten Daten- und Adreß-Bus angeschlossen werden (Bild 4-26).

Der 88200 beinhaltet neben der MMU noch einen 16 KByte großen physikalisch adressierten Cache. Dieser hat eine 4-fach satzassoziative Organisation. Jeder Cache-Eintrag umfaßt vier Worte.

Um den Zeitbedarf einer Adreßübersetzung zu umgehen, werden Cache und TLB gleichzeitig ausgelesen. Da zum Zeitpunkt des Cache-Zugriffs erst die virtuelle Adresse bereitsteht, kann nur der bei der Übersetzung invariante Teil als Cache-Index verwendet werden. Bei einer Seitengröße von 4 KByte bedeutet dies, daß für Caches größer als 4 KByte eine satzassoziative Organisation nötig ist. Diese umfaßt beim 88200 vier Einträge pro Satz (4×4 KByte = 16 KByte). Durch die Wahl einer satzassoziativen Organisation erhöht sich zudem die Hit-Rate. Schaltet man weitere Bausteine parallel, vergrößert sich nicht die Cache-Tiefe, sondern der Grad der Assoziativität. Am Ende der Adreßübersetzung stehen die

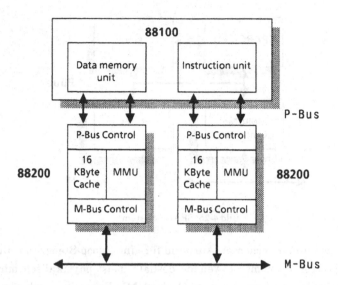

Bild 4-26: Motorola 88000-Familie

physikalische Adresse und die 4 Tags aus dem Cache gleichzeitig für den Hit-Vergleich zur Verfügung. Im Hit-Fall findet anschließend die Wort- und Byte-Auswahl statt (Bild 4-27).

Der Cache wird bei einem Miss mit 16 Byte großen Blöcken geladen. Die CPU muß warten, bis der Block vollständig in den Cache geladen ist.

Sowohl *write through* als auch *write back* können als Schreibverfahren verwendet werden. Ihre Auswahl steuert ein Bit im Seitentabelleneintrag.

Der für Mehrprozessorsysteme geeignete 88200 verwendet eine Snoop-Logik zur Kohärenzerhaltung. Ein Bit im Seiten- oder Segmenttabelleneintrag kennzeichnet globale Adressen, also jene, die von mehreren Prozessen verwendet werden. Diese Information wird bei Hauptspeicherzugriffen auf den gemeinsamen Speicherbus (M-Bus) gelegt. Sie veranlaßt, daß die Snoop-Einrichtungen der anderen Caches aktiv werden.

Der erste Schreibzugriff betrifft immer den Hauptspeicher, unabhängig davon, ob *write through* oder *write back* verwendet wird. Dabei überprüfen alle anderen Caches, ob sie die entsprechende Adresse abgespeichert haben und setzen den jeweiligen Cache-Eintrag ungültig. Tritt bei einem Lesezugriff auf eine globale Adresse ein Miss auf, überprüfen die anderen Caches wieder ihre Tags. Stellt ein Cache dabei fest, daß er allein das gültige Datum enthält (*dirty bit!*), dann signalisiert er dies dem anfordernden Cache. Dieser bricht seinen Lesezugriff ab und gibt den Speicherbus frei. Währenddessen wird der Hauptspeicher vom Cache

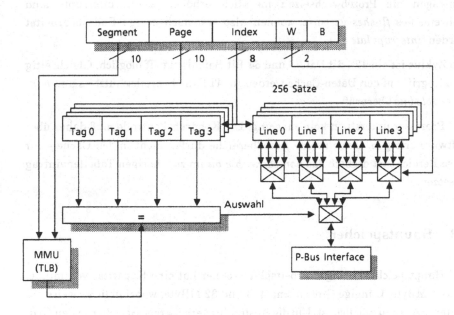

Bild 4-27: Cache-Zugriff beim Motorola 88200

mit dem gültigen Datum aktualisiert. Nachdem der Speicherbus wieder freigegeben ist, kann der erste Cache seinen Lesezugriff wiederholen und erhält diesmal das gültige Datum vom Hauptspeicher.

Durch das Fehlen eines zweiten Tag-Bereichs kann es während der Snoop-Vorgänge zu Zugriffskonflikten mit der CPU kommen, die die Systemleistung etwas verringern.

Intel i860

Dieser Prozessor ist als erste RISC-Architektur mit zwei On-chip Caches ausgestattet. Beide besitzen eine 2-fach satzassoziative Organisation und werden mit 32 Byte großen Blöcken nachgeladen. Der Daten-Cache verwendet *write back* und ist mit 8 KByte doppelt so groß wie der Befehls-Cache. Damit soll anscheinend die schlechtere Hit-Rate des Daten-Cache verbessert werden. Simulationen zeigen aber, daß es meist vorteilhafter ist, den Befehls-Cache größer auszulegen. Um die Verzögerungen durch eine MMU zu umgehen, arbeiten beide Caches mit virtuellen Adressen. Aliasing muß durch die Software vermieden werden.

Bei Prozeßwechsel (*context switch*) wird der Befehls-Cache ungültig gesetzt und ein *flush* des Daten-Cache durchgeführt. Es sind keine Prozeß-Tags vorhanden, da angenommen wird, daß wegen der geringen Größe beider Caches nur wenige Befehle und Daten einen Prozeßwechsel überleben würden. Der *flush* muß über eine Software-Schleife durchgeführt werden, die bei vielen modifizierten Cache-

Einträgen die Prozeßwechselzeit merklich erhöhen kann. Interrupts sind während des *flushes* gesperrt, können also erst nach dessen Ende bearbeitet werden (*interrupt latency*).

Pro Zyklus ist ein 128 Bit Daten- und 64 Bit Befehlszugriff möglich. Gleichzeitig zum Zugriff auf den Daten-Cache werden im TLB die Schreibschutzbits und *noncacheable bits* überprüft.

Der Prozessor unterstützt kein *snooping*. Die Kohärenzkontrolle muß daher über Software erfolgen. Gemeinsame Adreßbereiche dürfen nicht in den Cache – für diese Bereiche ist deshalb das *non-cacheable bit* im zugehörigen Tabelleneintrag zu setzen.

4.3   Hauptspeicher

Der Hauptspeicher heutiger Arbeitsplatzrechner hat eine Kapazität von mindestens 1 MByte. Gängige Größen sind 4, 8 und 32 MByte, wobei üblicherweise ein weiterer Ausbau möglich ist. Um die Kosten für derart große Speicher in den Griff zu bekommen, können nur relativ preisgünstige Speicherbausteine hoher Kapazität, aber unzureichender Zugriffsgeschwindigkeit verwendet werden, die sog. dynamischen RAM-Bausteine (DRAM).

In modernen Speichersystemen wird durch den Zwang zu hohen Bandbreiten, die durch die Taktraten der Prozessoren bedingt sind, der Aufbau des Hauptspeichers immer bedeutender und muß daher in die Entwicklung mit einbezogen werden. Das Ziel muß dabei sein, die mittlere Zugriffszeit (vgl. Abschnitt 4.2) durch eine optimale Abstimmung der verschiedenen Ebenen der Speicherhierarchie zu minimieren.

Die Geschwindigkeit des Speichersystems kann durch die Zeit, die zwischen dem Beginn einer Operation und ihrer Vollendung (*memory access time*) bzw. der minimalen Zeit, die zwischen dem Beginn zweier aufeinanderfolgender unabhängiger Zugriffe liegen muß (*memory cycle time*) gemessen werden. Eine andere Meßgröße ist die Zeit, die für die Übertragung eines Cache-Blocks benötigt wird. Die Reduzierung dieser Übertragungszeit muß beim Entwurf der Speicherarchitektur ein Hauptziel sein, da ein wesentlicher Teil der Hauptspeicherzugriffe durch Cache-Misses verursacht wird und es sich damit um Blockzugriffe handelt.

Eine Reduzierung der Blockzugriffszeit kann durch geeignete Anordnung der DRAM-Bausteine (*Interleaving*) oder durch Verwendung von DRAM-Bausteinen mit speziellen Eigenschaften (*page, static column*, oder *nibble mode*) erreicht werden. Eine weitere Steigerung der Bandbreite erhält man durch eine Vergrößerung der Wortbreite des Speichersystems und des Datenbusses gegenüber der Wortbreite des Prozessors.

4.3.1 DRAM-Bausteine

Bei DRAM-Bausteinen [WIEG 82] werden die Speicherzellen üblicherweise matrixförmig angeordnet (Bild 4-28). Die Adressen werden in eine Row- und eine Column-Adresse aufgeteilt, um Pins zu sparen. Mit dem RAS-Signal (*row address strobe*) wird die Row-Adresse in dem Register RA abgespeichert und anschließend die entsprechende Reihe ausgelesen. Für den Begriff Reihe kann gleichbedeutend auch Wort oder Page verwendet werden. Durch das darauffolgnde CAS-Signal (*column address strobe*) wird der Spaltenanteil der Adresse in das Register CA eingelesen. Die Spaltenadresse legt fest, auf welche Bits innerhalb einer Reihe zugegriffen wird. Bei einem Lesezugriff wird die Information auf den Ausgang gelegt, bei einem Schreibvorgang wird die neue Information an der entsprechenden Stelle im ausgelesenen Wort eingeschoben und beim Zurückschreiben abgespeichert.

Die *Speicherzugriffszeit* (*memory access time*, t_{RAC}) (Bild 4-29) beträgt üblicherweise zwischen 70 ns und 100 ns, die *Speicherzykluszeit* (*memory cycle time*, t_C) zwischen 130 ns und 200 ns. Der Unterschied zwischen Zugriffs- und Zykluszeit

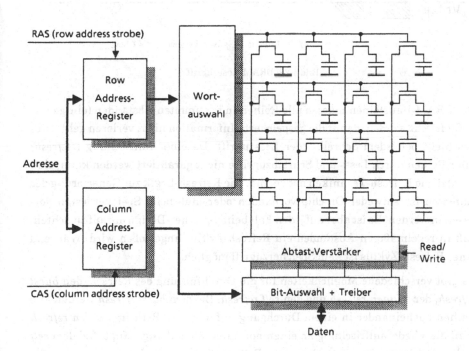

Bild 4-28: Aufbau eines DRAM-Speicherbausteins

ergibt sich aus der Zeit $t_{Precharge}$, die wegen interner Umladevorgänge abgewartet werden muß, bevor der nächste Zugriff gestartet werden kann. Bei der Zugriffs- und der Zykluszeit handelt es sich um minimale Zeiten, die von einem normalen Speicherdesign üblicherweise nicht erreicht werden, da das Bereitstellen der benötigten Signale (RAS, CAS, Adresse, Write) nur in einem festen Taktraster erfolgen kann. Realistische Zugriffszeiten liegen bei etwa 100 - 150 ns, realistische Zykluszeiten bei etwa 160 - 220 ns.

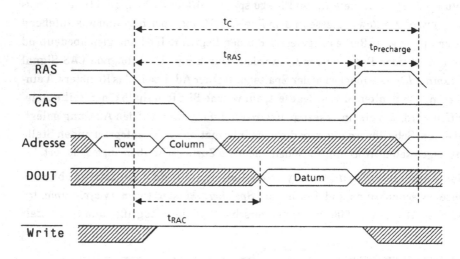

Zykluszeit $t_C = t_{RAS} + t_{Precharge} \approx 2 \times t_{RAC}$

Bild 4-29: DRAM-Lesezugriff

Bei DRAM-Bausteinen müssen alle Reihen in bestimmten Abständen (einige ms) aufgefrischt werden, damit die gespeicherte Information nicht verloren geht. Dies geschieht bei jedem Schreib- oder Lesezugriff. Da eine Auffrischung (*Refresh*) aller Reihen durch Lese- und Schreibzugriffe nicht garantiert werden kann, sind zusätzliche Refresh-Techniken notwendig. Die Refresh-Logik zur Generierung der Adressen ist entweder On-chip vorhanden oder muß beim Speicherdesign vorgesehen werden. Es ist aber auf jeden Fall beim Speicher-Design darauf zu achten, daß in regelmäßigen Abständen ein Refresh-Zyklus angestoßen wird. Während eines Refresh-Zyklus ist kein Speicherzugriff möglich.

Es gibt verschiedene Möglichkeiten für die Durchführung des Refresh: den *burst refresh*, den *hidden refresh* und den *self refresh*. Bei dem *burst refresh* werden alle Reihen nacheinander in einem Durchgang aufgefrischt. Bei dem *hidden refresh* wird die Wiederauffrischung an einen normalen Zugriff angehängt. Bei dem *self* stellt der Baustein einen internen Refresh-Zähler zur Verfügung, der die

Adressen für die Ansteuerung der Matrixreihen erzeugt. Es wird in einem Refresh-Zyklus jeweils die Zeile, auf die dieser Zähler zeigt, aufgefrischt.

4.3.2 Beschleunigung von Blockzugriffen

Moderne DRAM-Bausteine verfügen über spezielle Zugriffsmechanismen, die einen beschleunigten Zugriff auf Daten innerhalb einer Reihe ermöglichen. Der grundlegende Mechanismus ist dabei der, daß die Row-Adresse nur einmal angelegt werden muß und sich anschließend verkürzte Zugriffe mit reinen Column Adressen durchführen lassen. Es lassen sich damit Verkürzungen der Zykluszeit von z. B. 150 ns auf 45 ns erreichen. Diese Zeiten sind allerdings wiederum minimale Zeiten. Realistische Zykluszeiten für verkürzte Blockzugriffe liegen bei etwa 50 - 90 ns pro Wort. An einem Beispiel soll erläutert werden, wie sich verkürzte Blockzugriffe auf die Blockzugriffszeiten auswirken.

Beispiel:

Die Taktfrequenz eines Prozessors sei 25 MHz. Ein Taktzyklus dauert damit 40 ns. Vom Beginn eines Speicherzugriffs bis zum Bereitstellen des Datums vergehen 3 Taktzyklen, d. h. die Zugriffszeit beträgt 120 ns. Bevor der nächste Speicherzugriff gestartet werden kann, müssen weitere 2 Taktzyklen (*Precharge Time*) abgewartet werden, d. h. die Speicherzykluszeit beträgt 5 Taktzyklen und damit 200 ns. Blockzugriffe können jedoch beschleunigt durchgeführt werden. Die Zugriffszeit für das erste Wort eines Blocks beträgt wiederum 3 Taktzyklen, danach steht aber im Abstand von je 2 Taktzyklen das nächste Wort zur Verfügung. Zur Gesamtzeit eines Blockzugriffs muß man noch 2 weitere Taktzyklen addieren, da vor Beginn eines Folgezugriffs noch die Precharge-Zeit abgewartet werden muß. Ein Blockzugriff auf 8 Worte innerhalb einer Reihe dauert damit (3 + 7×2 + 2) Taktzyklen und damit 760 ns. Wären 8 Einzelzugriffe durchgeführt worden, hätte man 8×5 Taktzyklen oder 1600 ns benötigt.

Es gibt drei verschiedene Varianten für verkürzte Blockzugriffe, den *page*, den *static column* und den *nibble mode* (Bild 4-30). Beim *page mode* erfolgt die Steuerung der Folgezugriffe über eine neue Column-Adresse und das CAS-Signal. Das RAS-Signal und damit die Row-Adresse bleibt während des ganzen Blockzugriffs gesetzt. Durch das Setzen des CAS-Signals beginnt jeweils der Zugriff auf das nächste Wort. Beim *static column mode* wird der nächste Zugriff ausschließlich durch Angabe einer neuen Column-Adresse angestoßen. RAS und CAS bleiben während des gesamten Blockzugriffs aktiv. Beim *nibble mode* kann auf weitere sequentiell angeordnete Daten (üblicherweise max. 3) durch ausschließliches Setzen des CAS-Signals zugegriffen werden. Die Adresse wird von einem internen Modulo-Zähler erzeugt.

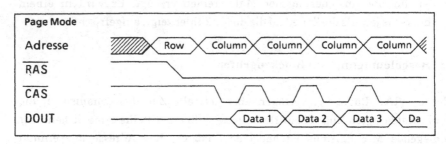

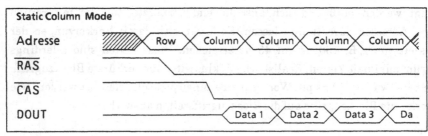

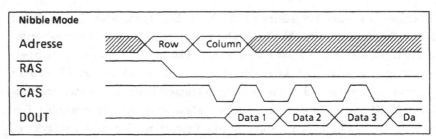

Bild 4-30: DRAM-Betriebsarten

Eine andere Möglichkeit zur Beschleunigung von Blockzugriffen ist das *Interleaving*. Hierbei wird das Speichersystem in 2^k unabhängige Module, sogenannte Speicherbänke unterteilt. Die Daten werden dabei so auf die Bänke verteilt, daß aufeinanderfolgende Worte im Adreßraum in aufeinanderfolgenden Bänken abgespeichert werden. Dies erreicht man durch eine Auswahl der Speicherbank über die niedrigwertigen k Bits der Adresse. (Bild 4-31).

Die Speicherbänke sind so ausgelegt, daß sie vollständig unabhängig voneinander arbeiten können. Es können deshalb Folgeadressen bereits ausgeben werden, bevor der aktuelle Zugriff abgeschlossen ist. Durch diese zeitliche Verzahnung (Pipelining) erhält man bei 2^k unabhängigen Bänken eine Beschleunigung um einen Faktor $\leq 2^k$ (Bild 4-32, k = 2).

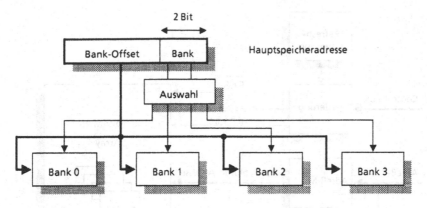

Bild 4-31: 4-fach Interleaving

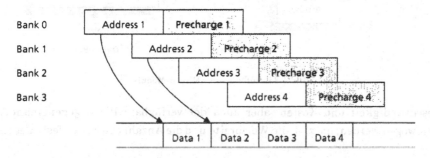

Bild 4-32: Verschränkter Zugriff bei Interleaving

4.3.3 Aufbau eines DRAM-Moduls

In Bild 4-33 sieht man den prinzipiellen Aufbau eines DRAM-Moduls. Die Steuerung sorgt für die zeitlich richtige Versorgung des DRAM-Arrays mit Row- und
Column-Adresse und den zugehörigen Signalen RAS, CAS und Write. Der Adreß-
Decoder, der benötigt wird, falls Interleaving eingesetzt wird, entscheidet anhand
der Adresse, ob der entsprechende DRAM-Modul angesprochen wird, und setzt die
Select-Signale. Die Refresh-Steuerung gewährleistet, daß die Speicherzellen in
regelmäßigen Abständen aufgefrischt werden. Bei Interleaving arbeiten mehrere
solcher DRAM-Module parallel nebeneinander, wodurch bei gleichbleibender
Wortbreite und gleichen RAM-Bausteinen die Mindestgröße des Hauptspeichers
und damit der benötigte Platz und die Kosten zwangsläufig erhöht werden. Beim
Entwurf einer Speicherbaugruppe müssen deshalb verschiedene Faktoren wie

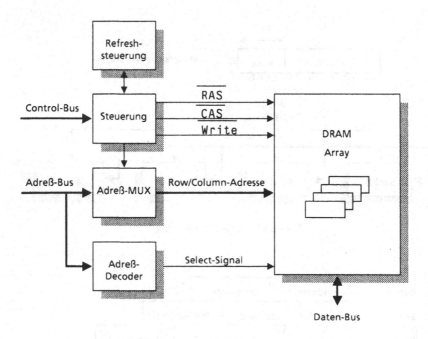

Bild 4-33: Aufbau eines DRAM-Moduls

Geschwindigkeit und Kosten, aber auch der verfügbare Platz, gegeneinander abgewogen werden, um z. B. die Wortbreite und die Anzahl der Bänke festzulegen.

4.4 Virtueller Speicher

In modernen Multi-Tasking- und Multi-User-Systemen ist die Einführung eines *virtuellen Speichers* [DENN 70, MILE 90] notwendig. Die Verwaltung des virtuellen Speichers hat u. a. die Aufgabe, den Ablauf von Programmen zu unterstützen, die die Größe des physikalischen Hauptspeichers überschreiten. Um dies zu gewährleisten, stellt sie einen virtuellen Adreßraum zur Verfügung, der nur durch die Breite der virtuellen Adressen begrenzt ist, und bildet diesen dynamisch auf den physikalischen Hauptspeicher ab. Sie muß dafür sorgen, daß die jeweils benötigten Programm- bzw. Datenbereiche von einem Hintergrundspeicher in den Hauptspeicher geladen werden. Für den Programmierer, der damit nicht mehr durch die Größe des Hauptspeichers eingeschränkt wird, sollte die gesamte Speicherverwaltung *transparent*, d. h. unsichtbar sein.

Eine weitere Aufgabe der Speicherverwaltung ist es *Schutzmechanismen* wie z. B. die Trennung der Adreßräume verschiedener Tasks zu realisieren, d. h. es muß gewährleistet sein, daß eine Task nicht Teile eines anderen Adreßraums überschreibt. Andererseits sollte eine Überlappung verschiedener Adreßräume und damit der Zugriff auf gemeinsame Code- bzw. Datenbereiche durch verschiedene Tasks möglich sein. Ein Teil der Aufgaben wie z. B. die Adreßübersetzung und die Überprüfung von Zugriffsrechten wird dabei aus Performance-Gründen in Hardware realisiert. Die übrigen Aufgaben werden vom Betriebssystem übernommen.

4.4.1 Adreßraum

Der virtuelle Adreßraum einer Task kann entweder *linear* oder *segmentiert* sein. Bei einem *linearen Adreßraum* handelt es sich um einen einheitlichen, unstrukturierten Adreßraum, dessen Aufteilung meist durch das Betriebssystem im Rahmen des Bindens von Programmen erfolgt. Ein Schutz der verschiedenen Bereiche gegeneinander ist aus der Struktur heraus nicht gegeben, sondern muß vom Betriebssystem in Zusammenarbeit mit der MMU (vgl. unten) realisiert werden. Bei der *Segmentierung* wird der Adreßraum in logisch zusammenhängende Bereiche unterschiedlicher Länge (Segmente), z. B. Code-, Daten- oder Stack-Segmente, aufgeteilt. Die Zuweisung von Daten bzw. Code zu einem Segment wird vom Compiler oder auch vom Benutzer durchgeführt. Die Segmentnamen können implizit oder explizit im Befehl angegeben werden. Es ist damit z. B. unmöglich durch einen Stack-Zugriff Daten in einem Datensegment zu überschreiben. Auf diese Weise wird ein hoher Schutz der verschiedenen Segmente erreicht und eine gemeinsame Benutzung von Programm- bzw. Datenbereichen durch verschiedene Tasks durch Verwendung gemeinsamer Segmente auf einfache Weise ermöglicht. Bei einem linearen Adreßraum ist dies nur auf Seitenbasis (vgl. unten) möglich.

4.4.2 Adreßabbildung

Während der Laufzeit ist eine Abbildung (*mapping*) der Menge der virtuellen auf die Menge der physikalischen (realen) Adressen notwendig. Die Abbildung liefert entweder die physikalische Adresse des Objekts, wenn es sich im Hauptspeicher befindet, oder, falls dies nicht der Fall ist, einen Fehler (*Page Fault*). Bei einem Page Fault muß die Speicherverwaltung das fehlende Objekt in den Hauptspeicher laden. Die Abbildung erfolgt über Tabellen. Die Abbildungsfunktion kann auf zwei verschiedene Weisen realisiert werden, entweder über die *Segment-abbildung* oder über das *Paging*.

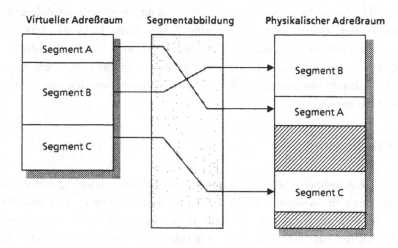

Bild 4-34: Speicherverwaltung durch Segmentabbildung

Die Segmentabbildung wird nur für segmentierte Adreßräume eingesetzt. Hierbei werden die einzelnen Segmente direkt auf den Hauptspeicher abgebildet (Bild 4-34). Probleme dieses Verfahrens sind, daß zum einen der Segmentwechsel bei

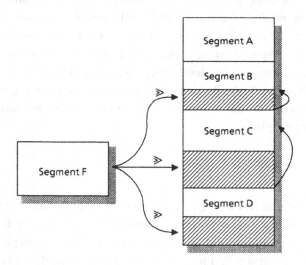

Für das Segment F wird erst durch Verschieben der Segmente C und D ein zusammen-hängender und ausreichend großer Speicherbereich frei.

Bild 4-35: Fragmentierung des Hauptspeichers bei der Segmentabbildung

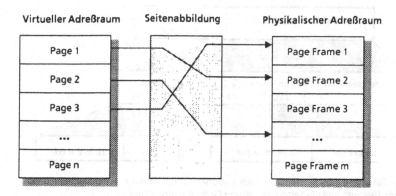

Bild 4-36: Speicherverwaltung durch Paging

großen Segmenten sehr zeitaufwendig ist und zum anderen, daß im Hauptspeicher ein Bereich gefunden werden muß, der groß genug für das neu benötigte Segment ist. Es kommt im Laufe der Zeit zu einer *Fragmentierung* des Hauptspeichers (Bild 4-35), d. h. zwischen den einzelnen Segmenten entstehen Zwischenräume, die zu klein sind, um neue Segmente aufzunehmen.

Es muß deshalb im Bedarfsfall ein Zusammenschieben von Speicherbereichen durchgeführt werden, um wieder freie Speicherbereiche ausreichender Größe zu erhalten. Da diese Kompaktierung sehr zeitaufwendig ist, wird in heutigen Systemen vorwiegend das *Paging* realisiert. Hierbei werden sowohl der virtuelle als auch der physikalische Adressraum in Seiten fester Größe aufgeteilt (Bild 4-36). Die Seitengröße liegt dabei üblicherweise zwischen 512 Byte und 4 KByte. Eine Fragmentierung des Adreßraums wird durch die Abbildung von Bereichen gleicher Größe vermieden. Paging kann sowohl für segmentierte als auch für lineare Adreßräume eingesetzt werden. Nachteile des Paging gegenüber der Segmentabbildung sind der erheblich größere Umfang der Adreßübersetzungstabellen, geringere Schutzmechanismen und ein komplizierterer Zugriff auf gemeinsame Programm- bzw. Datenbereiche durch verschiedene Tasks.

4.4.3 Adreßübersetzung

Die Adreßübersetzungstabellen (Bild 4-37) enthalten alle Informationen die für die Adreßabbildung, den Zugriffsschutz und die Seiten- bzw. Segmentverwaltung notwendig sind. Über Verwaltungsbits wird angegeben, ob sich die Seite/ Segment im Hauptspeicher befindet, welche Zugriffsrechte vergeben sind und ob auf die Seite/Segment zugegriffen, bzw. ob sie verändert wurde. Die letzten beiden Angaben werden bei einem Seiten/Segmentwechsel für die Ersetzungsstrategie

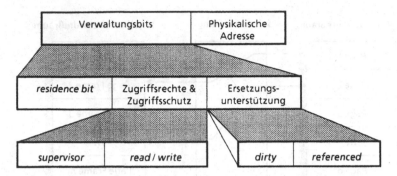

Der Tabelleneintrag enthält alle Informationen für die Adreßtransformation, den
Zugriffsschutz und die Seitenverwaltung (Segmentverwaltung)

- *residence bit*:   Zeigt an, ob die Seite/Segment im Hauptspeicher vorhanden ist

- *supervisor bit*:   Sperrt die Seite/Segment für den normalen Benutzer

- *read/write bit*:   Sperrt die Seite/Segment für Schreibzugriffe

- *dirty bit*:   Markiert eine durch CPU veränderte Seite/Segment

- *referenced bit*:   Zeigt einen erfolgten Zugriff auf die Seite/Segment an

- Phys. Adresse: Gibt die Seiten/Segment-Adresse im Hauptspeicher an

Bild 4-37: Beispiel für einen Seiten-, Segment-Tabelleneintrag

benötigt, bzw. legen fest, ob eine verdrängte Seite auf den Sekundärspeicher
zurückkopiert werden muß.

Bei modernen Mikroprozessoren wird die Segmentierung nur noch von den Pro-
zessoren 80386/486 der Firma Intel eingesetzt. Bei diesen Prozessoren werden die
Segmentdeskriptoren der im Hauptspeicher residenten Segmente in Registern
gehalten. Dies ist wegen der geringen Anzahl von aktiven Segmenten möglich.
Bei den Prozessoren 80386/486 gibt es maximal 6 aktive Segmente, das Code-, das
Stack- und 4 Datensegmente.

Bei allen anderen Mikroprozessoren wird Paging eingesetzt. Dabei wird die
Tabellengröße aus der Größe des virtuellen Adreßraums und der Seitengröße
bestimmt. Bei großen Seitengrößen erhält man kleinere Seitentabellen, und das
Nachladen von Seiten ist, vor allem im Fall einer Übertragung über ein Netz
ökonomischer. Kleinere Seiten nützen dafür den vorhandenen Hauptspeicher
besser aus.

Bei einer *einstufigen Adreßübersetzung* wird die virtuelle Adresse in zwei Teile
zerlegt, einen *Seiten-Offset* und eine Seitennummer, die gleichzeitig ein Zeiger auf
den entsprechenden Eintrag in der Seitentabelle ist. Um die Adreßumsetzung
durchführen zu können, muß der entsprechende Seitentabelleneintrag, der normalerweise 32 Bit breit ist, und damit die ganze Seitentabelle im Hauptspeicher

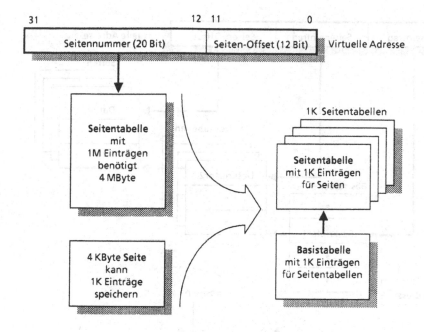

Bild 4-38: Aufteilung der Abbildungstabelle

resident sein. Bei einem virtuellen Adreßraum von 4 GByte (32 Bit) und einer Seitengröße von 4 KByte umfaßt diese Tabelle bereits 1M Einträge und damit eine Große von 4 MByte (Bild 4-38).

Es ist daher notwendig, zumindest Teile dieser Tabelle auszulagern. Dies erreicht man durch eine *mehrstufige Adreßübersetzung*. Es wird eine *Basistabelle* eingeführt, die immer hauptspeicherresident sein muß. Sie verweist auf einzelne Seitentabellen, die jetzt aber ausgelagert werden können. Die Basistabelle für das obige Beispiel enthält bei einer zweistufigen Adreßübersetzung 1K Einträge, wobei jeder Eintrag auf eine Seitentabelle mit wiederum 1K Einträgen verweist. Der Teil der Adreßübersetzungstabellen, der hauptspeicherresident sein muß, ist daher von 4 MByte auf 4 KByte reduziert worden. Je nach Stufenanzahl n bei der Adreßübersetzung enthalten die Seitentabellen bereits die bei der Adreßübersetzung gewünschten physikalischen Adressen (n = 2) oder wiederum Verweise auf Seitentabellen.

Für die Adreßübersetzung wird die virtuelle Adresse in n + 1 Teile aufgeteilt, die jeweils als Zeiger für die entsprechenden Seitentabellen verwendet werden. Bild 4-39 enthält ein Beispiel für n = 2. Für den obigen Fall einer 32-Bit-Adresse und einer Seitengröße von 4 KByte wird die Adresse in 3 Teile aufgeteilt: einen 10 Bit breiten Basiseintrag, einen 10 Bit breiten Seiteneintrag und einen 12 Bit breiten

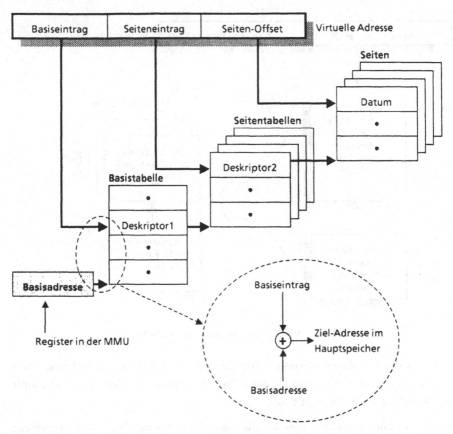

Bild 4-39: 2-stufige Adreßübersetzung durch *table walk*

Offset. Der Unterschied in der Bit-Anzahl kommt daher, daß der Offset eine Byte-Adresse darstellt, der Basis- und der Seiteneintrag dagegen eine Wortadresse enthalten. Der Basiseintrag markiert die Stelle in der Basistabelle, an der der Deskriptor1 für die zugehörige Seite der Seitentabelle enthalten ist. Die Basistabelle muß hauptspeicherresident sein. Die Basisadresse dieser Tabelle wird sinnvollerweise in einem Register gehalten. Aus der Basisadresse und dem Basiseintrag wird die Hauptspeicheradresse des Deskriptor1 gebildet, und anschließend auf den Hauptspeicher zugegriffen. Entsprechend wird mit der im Deskriptor1 enthaltenen Seitenadresse und dem Seiteneintrag die Hauptspeicheradresse für den Deskriptor2 gebildet, der die Information für die Seite enthält, die das gewünschte Datum beinhaltet. Diesen Deskriptor2 erhält man durch einen weiteren Hauptspeicherzugriff. Aus der in Deskriptor2 enthaltenen Seitenadresse und dem Offset wird nun die Hauptspeicheradresse des gewünschten Datums gebildet. Die gewünschte physikalische Adresse erhält man damit durch einen *table walk* durch die verschiedenen Tabellen. Das heißt aber auch, daß man pro Stufe bei der Adreßübersetzung einen Hauptspeicherzugriff benötigt, um die physikalische Adresse eines Datums zu ermitteln. Um auf ein Datum zuzugreifen, werden damit n + 1 Hauptspeicherzugriffe notwendig. Um deutliche Performance-Einbußen durch die hohe Zahl von Speicherzugriffen zu vermeiden, ist deshalb eine Hardware-Unterstützung für die Speicherverwaltung unumgänglich.

4.4.4 Hardware-Unterstützung für die Speicherverwaltung

Die Aufgaben einer *MMU* sind die schnelle *Adreßübersetzung* mit Hilfe eines TLB, die Überprüfung von *Zugriffsrechten* und das Erkennen von Page Faults. Ein Page Fault tritt auf, wenn eine benötigte Seite sich nicht im Hauptspeicher befindet. Ein Page Fault wird im Rahmen der Adreßübersetzung anhand eines *valid bits* in dem entsprechenden Deskriptor erkannt. Er kann sowohl beim Zugriff auf die zugehörige Seite der Seitentabelle als auch beim Zugriff auf die Seite, die das Datum enthält, auftreten. Bei Erkennen eines Page Faults wird eine Unterbrechung hervorgerufen, und das Betriebssystem muß dafür sorgen, daß die benötigte Seite in den Hauptspeicher geholt wird. Es wird dafür ein Seiten-verdrängungsalgorithmus benötigt, der festlegt, welche Seite aus dem Hauptspeicher verdrängt wird, um der neuen Seite Platz zu machen. Die MMU kann das Betriebssystem dabei durch Setzen eines Verwaltungsbits im TLB unterstützten. Dieses Bit (*referenced bit*) wird im Rahmen der Adreßübersetzung gesetzt und gibt an, ob auf eine Seite zugegriffen wurde. Das Betriebssystem fragt in regelmäßigen Abständen dieses Bit ab und setzt das Bit dabei wieder zurück. Es kann über diesen Mechanismus Statistiken über Zugriffshäufigkeiten führen, die die Grundlage für einen Seitenverdrängungsalgorithmus bilden. Die Überprüfung der Zugriffsrechte führt die MMU mit Hilfe der im Seitentabelleneintrag vorhandenen Verwaltungsbits durch.

Die Adreßübersetzung wird von einem TLB beschleunigt. Dabei handelt es sich um einen Cache, der als Einträge Seitendeskriptoren enthält (Bild 4-40). Die virtuelle Adresse dient dabei als Adreß-Tag. Vor einem Table Walk wird auf den TLB zugegriffen (Bild 4-41). Bei einem Hit erhält man die physikalische Seiten-adresse und kann so direkt die Speicheradresse bilden. Die Verwaltungs-Bits dienen der Überprüfung von Zugriffsrechten, geben an, ob die Daten einer Seite in den Daten- oder Befehls-Cache übernommen werden dürfen, oder werden für

Tag = Virtuelle Seitenadresse	Physikalische Seitenadresse	Verwaltungsbits

Bild 4-40: TLB-Eintrag

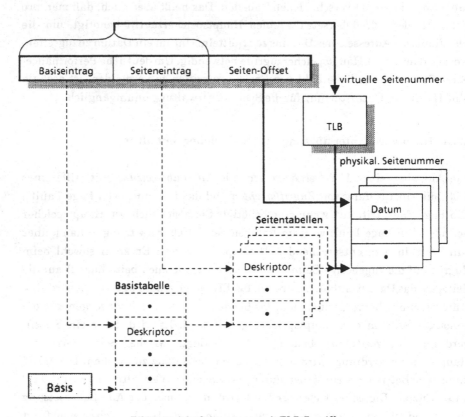

Bild 4-41: Adreßübersetzung mit TLB-Zugriff

Verwaltungszwecke wie z. B. das *referenced bit* benötigt. Die Verwaltungsbits sind im wesentlichen mit den Bits im Seitendeskriptor identisch.

Bei einem Miss erfolgt die übliche Adreßübersetzung mit Tabellen, jedoch wird der dabei erhaltene Seitendeskriptor im TLB abgespeichert. Ein TLB ist üblicherweise als vollassoziativer Cache (vgl. Abschnitt 4.2) realisiert und enthält 16 - 128 Einträge. Die Hitrate ist recht hoch (>90%). Als Ersetzungsstrategien bieten sich für den TLB die bereits in Abschnitt 4.2 erläuterten Verfahren, d. h. LRU, FIFO und Random an. Um den *flush*, d. h. das Leeren des TLB, bei einem Task-Wechsel zu vermeiden, kann man jedem Eintrag eine Prozeß-ID hinzufügen. Auf diese Weise kann ein TLB gleichzeitig Einträge verschiedener Prozesse enthalten, ohne daß es zu Konsistenzproblemen kommt.

4.4.5 Zugriff auf gemeinsame Programm- bzw. Datenbereiche

Der Zugriff auf Programm- bzw. Datenbereiche durch verschiedene Tasks ist z. B. notwendig, um das gemeinsame Benutzen von Programmen – wie Betriebssystemroutinen – oder Datenbereichen zur Prozeßkommunikation zu ermöglichen.

Bei der Segmentierung ist der Zugriff auf gemeinsame Programm- bzw. Datenbereiche durch verschiedene Tasks kein Problem, da die relevanten Daten in einem Segment untergebracht werden können, auf das beide Tasks zugreifen können (*sharing*). Dabei können für die einzelnen Tasks unterschiedliche Zugriffsrechte vergeben werden.

Beim Paging ist der Zugriff auf gemeinsame Programm- bzw. Datenbereiche auf Seitenbasis möglich. In diesem Fall müssen die Seitentabellen beider Tasks Einträge enthalten, die auf die gleiche physikalische Seite verweisen. Die Tasks können dabei unterschiedliche Zugriffsrechte erhalten. Ein Konsistenzproblem tritt aber auf, sobald die gemeinsame physikalische Seite aus dem Hauptspeicher verdrängt wird, da sämtliche Seitentabellen, die einen Verweis auf die verdrängte Seite enthalten, aktualisiert werden müssen. Dieses Konsistenzproblem muß vom Betriebssystem gelöst werden.

Verschärft tritt dieses Konsistenzproblem in Multiprozessorsystemen auf, da nicht nur die betroffenen Seitentabellen aktualisiert, sondern evtl. auch TLB-Einträge in verschiedenen Rechnerknoten gelöscht werden müssen.

Gegenstand der Forschung ist die virtuelle Speicherverwaltung in Multiprozessorsystemen mit verteilten Hauptspeichern. In diesen Systemen verfügt jeder Rechnerknoten über einen eigenen Hauptspeicher. Für den Benutzer soll diese Aufteilung des Hauptspeichers allerdings völlig transparent sein. Aufgabe der Speicherverwaltung ist es damit die Konsistenzprobleme zu loesn und die virtuellen Adreßräume der einzelnen Tasks auf die verschiedenen Hauptspeicher so abzubilden, daß die Busbelastung und damit die Zugriffszeiten möglichst gering werden – d. h. die von einer Task benötigten Daten werden möglichst im lokalen Hauptspeicher abgelegt.

4.4.6 Virtuelle Speicherverwaltung am Beispiel des MIPS R3000

Anhand eines ganz konkreten Beispiels, des R3000 der Firma MIPS [KANE89], soll das Konzept der virtuellen Speicherverwaltung noch einmal verdeutlicht werden. Der virtuelle Adreßraum des R3000 umfaßt 4 GByte, d. h. die virtuellen Adressen sind 32 Bit breit. Die Bits 31..12 geben die virtuelle Seitennummer, die

Bits 11..0 den Seiten-Offset an, d. h. die Seitengröße beträgt 4 KByte. Der Adreßraum ist in 4 Segmente unterteilt, das kuseg, das kseg0, das kseg1 und das
kseg2. Im privilegierten Modus kann auf alle Segmente, im *user mode* nur auf
das Segment kuseg zugegriffen werden. Die Unterscheidung zwischen den einzelnen Segmenten wird anhand der Bits 31..29 der virtuellen Adresse getroffen (Bild
4-42). Das Segment kuseg (Bild 4-43) hat damit eine Größe von 2 GByte, kseg0
und kseg1 von 512 MByte und kseg2 von 1 GByte. kseg0 und kseg1 werden
unter Umgehung des TLB direkt auf die ersten 512 MByte des Hauptspeichers
abgebildet. Für kuseg und kseg2 erfolgt mit Hilfe des TLB eine Adreßabbildung
auf beliebige Hauptspeicheradressen. Daten aus kseg1 werden nicht in den
Cache übernommen. kseg0 wird üblicherweise für Programm- und Datenbereiche des privilegierten Modus, kseg1 für I/O-Register und ROM-Code und
kseg2 für Stacks und Prozeßdaten verwendet.

Der R3000 führt die Adreßübersetzung On-chip durch. Der *system control
coprocessor CP0* enthält dafür einen TLB mit 64 Einträgen und 4 Register. Die
ersten 8 Einträge des TLB sind für das Betriebssystem vorgesehen und werden
nicht aus dem TLB verdrängt. Ein TLB-Eintrag umfaßt 64 Bit und hat das in Bild
4-44 gezeigte Format.

Bei der Adreßabbildung werden die Prozeß-ID (PID) und die höchstwertigen Bits
der virtuellen Adresse (VPN) mit dem Inhalt des TLB verglichen. Durch die PID
wird gewährleistet, daß der TLB Einträge von maximal 64 verschiedenen
Prozessen enthalten kann. Ein *flush* (vgl. Abschnitt 4.2) des TLB bei einem
Prozeßwechsel ist damit nicht notwendig. Ein TLB-Hit liegt vor, wenn ein TLB-
Eintrag VPN und PID oder VPN und ein gesetztes *global bit* enthält. Bei einem
Hit werden die Verwaltungs-Bits überprüft und entweder eine Ausnahmebehandlung (z. B. *valid bit* nicht gesetzt), ein Hauptspeicherzugriff (*non-cacheable
bit* gesetzt) oder ein Cache-Zugriff angestoßen. Bei einem TLB-Miss wird
grundsätzlich eine Ausnahmebehandlung durchgeführt, d. h. anders als bei
üblichen MMUs wird die TLB-Miss-Behandlung nicht von der Hardware sondern
vom Betriebssystem durchgeführt. Die Anzahl der Stufen im Rahmen der
Adreßübersetzung ist damit nicht in der Hardware festgelegt. Die Ersetzungsstrategie *random* wird durch das Register Random von der Hardware unterstützt.

Für TLB-Zugriffe stehen dem Betriebssystem die Befehle TLBProbe, TLBRead,
TLBWrite und TLBWriteRandom und die Register EntryHi, EntryLo, Index
und Random zur Verfügung. Bei einem TLBRead enthalten EntryHi und
EntryLo den TLB-Eintrag auf den das 6 Bit-Register Index zeigt. Bei
TLBWrite/TLBWriteRandom wird der Inhalt von EntryHi und EntryLo an die
Stelle, auf die Index/Random zeigt, in den TLB übernommen. Mit TLBProbe
kann der TLB auf die VPN, die in EntryHi eingetragen ist, durchsucht werden.

31	30	29		12	11	0
			virtual page number (VPN)		Seiten-Offset	

```
0   x   x   kuseg
1   0   0   kseg0
1   0   1   kseg1
1   1   x   kseg2
```

Bild 4-42: Virtuelle Adresse des R3000

Das Register Index enthält bei einem Hit die entsprechende TLB-Adresse. Ähnliche Befehle sind in allen gängigen MMUs zur Unterstützung des Betriebssystems bei einem Seitenwechsel implementiert, da dabei ein TLB-Eintrag, der die aus dem Hauptspeicher verdrängte Seite betrifft, aus dem TLB gelöscht werden muß.

Durch die Verlagerung eines Teils der Aufgaben, die üblicherweise von einer MMU durchgeführt werden, in das Betriebssystem wird im R3000 die virtuelle Speicherverwaltung mit einem minimalen Hardware-Aufwand realisiert. und bzgl. der Adreßabbildung volle Flexibilität erreicht, da sie nicht in Hardware

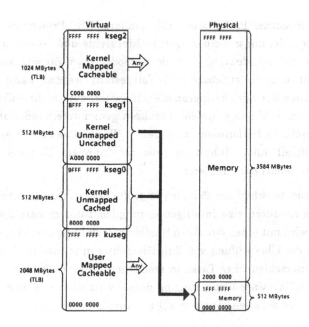

Bild 4-43: Aufteilung des R3000-Adreßraums

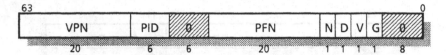

VPN: *virtual page number* (Bits 31..12 der virtuellen Adresse)

PID: *process identification*

PFN: *page frame number* (Bits 31..12 der physikalischen Adresse)

N: *non-cacheable bit* (Daten aus dieser Seite werden, falls dieses Bit gesetzt ist, nicht in den Cache übernommen)

D: *dirty bit* (Eine Seite kann nur verändert werden, wenn dieses Bit gesetzt ist. Ein Schreibauftrag auf eine Seite mit D = 0 löst eine Ausnahmebehandlung aus)

V: *valid bit* (Gibt an, ob der TLB-Eintrag gültig ist)

G: *global bit* (Wenn dieses Bit gesetzt ist, wird bei der Adreßumsetzung die PID ignoriert)

Bild 4-44: Format eines R3000 TLB-Eintrags

abgebildet ist. Der Performance-Verlust ist aber relativ gering, da ein TLB üblicherweise sehr geringe Miss-Raten aufweist.

4.5 Zusammenfassung

Die Taktraten moderner Prozessoren, insbesondere RISC-Prozessoren erfordern eine Transferrate, die nur mit einer Speicherhierarchie und einem aufwendigen Speicherdesign mit Interleaving-Technik und/oder dem Einsatz von DRAM-Bausteinen mit neuen Betriebsarten bereitgestellt werden kann. Die verschiedenen Ebenen der Speicherhierarchie, (Register, evtl. mehrstufige Caches, Hauptspeicher und sekundäre Speicher) müssen genau aufeinander abgestimmt sein, um eine optimale Performance zu erzielen. Wichtigstes Ziel ist es dabei, die mittlere Zugriffszeit unter Einhaltung gewisser Rahmenbedingungen wie z. B. Kosten und Platzbedarf zu minimieren.

Die Unterschiede zwischen der Adreßraumgröße eines Prozessors und der des Hauptspeichers erfordern eine intelligente, möglichst unsichtbare Speicherverwaltung. Dies wird mit einer virtuellen Speicherverwaltung erreicht, die gleichzeitig auch für die Überprüfung von Zugriffsrechten und für die Trennung der Adreßräume unterschiedlicher Tasks in modernen Multi-Tasking-Systemen zuständig ist. Eine Hardware-Unterstützung dieser virtuellen Speicherverwaltung durch eine MMU ist bei allen gängigen Mikroprozessoren gegeben.

Literatur

[ABDE 81]   Abdel-Hamid, R.; Madnik, S.: A Study of the Multicache Consistency Problem in Multiprocessor Computer Systems. MIT Technical Report 16, Center for Information Research, September, 1981.

[ALEX 85]   Alexander, C.; Keshlear, W.; Briggs, F.: Translation Buffer Performance in a UNIX Environment. Computer Architecture News 13 (1985) 3, pp. 2-14.

[ALPE 83]   Alpert, D.: Performance Tradeoffs for Microprocessor Cache Memories. Technical Note No. 83-239, Stanford University, Department of Electrical Engineering und Computer Science, December 1983.

[ARCH 86]   Archibald, J.; Baer, J.: Cache Coherence Protocols: Evaluation Using a Multiprocessor Simulation Model. ACM Transactions on Computer Sytems 4 (1986) 4, pp. 273-298.

[BERE 89]   Beresford, R.: Partitioning Memory Control for RISC Machines. High Performance Systems, April 1989.

[BITA 85]   Bitar, P.: Fast Synchronisation for Shared-Memory Multiprocessors. Technical Report TR 85.11, Research Institute for Advanced Computer Science, NASA Ames Research Center, December, 1985.

[BITA 86]   Bitar, P; Despain A. M.: Multiprocessor Cache Synchronization. Proc. 13th Ann. Int. Symp. on Computer Architecture, Tokyo, Japan, June, 1986, pp. 424-433.

[BORR 85]   Borriello, G.; Eggers, S.; Katz, R.; McKinley, H; Perkins, C.; Scott, W.; Sheldon, R.; Whalen, S.; Wodd, D.: Design and Implementation of an Integrated Snooping Data Cache. UC Berkeley CS Technical Report UCB/CSD 85/199, January, 1985.

[BREN 84]   Brenza, J.: Cross-Interrogate Directory for a Real, Virtual or Combined Real/Virtual Cache. IBM Technical Disclosure Bulletin, 26 (1984) 4, pp. 6069-6070.

[BRIG 83]   Briggs, F; Dubois, M.: Effectiveness of Private Caches in Multiprocessor Systems with Parallel-Pipelined Memories. IEEE Transactions on Computers, C-32 (1983) 1, pp. 48-59.

[CENS 78]   Censier, L.; Feautrier, P.: A New Solution to Coherence Problems
              in Multicache Systems. IEEE Transactions on Computers, C-27
              (1978) 12, pp. 1112-1118.

[CRIS 88]   Crisp, R.; et. al.: Designing a Cache for a fast Processor. Electronic
              Design, 36 (1988) 20.

[DENN 70]   Denning, P.: Virtual Memory. ACM Computing Surveys, II
              (1970) 5.

[DUBO 82]   Dubois, M.; Briggs, F.: Effects of Cache Coherency in
              Multiprocessors. IEEE Transactions on Computers, C-31 (1982) 11,
              pp.1083-1099.

[DUBO 85]   Dubois, M.: A Cache Based Multiprocessor with High Efficiency.
              IEEE Transactions on Computers, C-34 (1985) 10, pp.968-97.

[FLET 84]   Fletcher, R.; Stein, D.; Wladawsky-Berger, I.: Three Level Memory
              Hierarchy Using Write and Share Flags, US: Patent, 4,442,487,
              April 10, 1984.

[FRAN 84]   Frank, S.: Tightly Coupled Multiprocessor Systems Speeds
              Memory Access Times. Electronics 57 (1984) 1, pp. 164-169.

[FREE 85]   Freeman, C.: Read-Modify-Write Data Integrity. IBM Technical
              Disclosure Bulletin, 27 (1985) 1, pp. 5019-5020.

[FURT 87]   Furth, B.; Milutinovic, V.: A Survey of Multiprocessor
              Architectures for Memory Mangement. IEEE Computer 20
              (1987) 3, pp. 498-67.

[GOOD 83]   Goodman, J.: Using Cache Memory to Reduce Processor - Memory
              Traffic. Proc. 10th Ann. Int. Symp. on Computer Architecture,
              Stockholm, Sweden, June 1983, pp. 124-131.

[GOOD 87]   Goodman, J.: Cache Memory Optimization to Reduce Processor /
              Memory Traffic. Journal of VLSI and Computer Systems. 2 (1987)
              1 - 2, pp. 51-86.

[HAMA 84]   von Hamacher, C.; et. al.: Computer Organization, New York:
              Mc Graw Hill, 1984, pp. 288-329.

[HANS 86]   Hansen, C.; et. al.: A RISC Microprocessor with integral MMU and
              Cache Interface. Proceedings ICCD, IEEE, October 1986.

[HAYE 88]   Hayes, J.: Computer Architecture and Organization. Mc Graw
              Hill, 1988, pp. 404-457.

[HENN 90]   Hennessy, J.; Patterson, D.: Computer Architecture, a
            Quantitative Approach, Morgan Kaufmann Publishers, 1990.

[HILL 84]   Hill, M.; Smith, A.: Experimental Evalution of On-Chip
            Microprocessor Cache Memories. 11th Ann. Int. Symp. on
            Computer Architecture, 1984, S. 158ff.

[HILL 87]   Hill, M.: Aspects of Cache Memory and Instruction Buffer
            Performance. UC Berkeley CS Technical Report UCB/CSD 87/381,
            November, 1987

[HWAN 85]   Hwang; Briggs: Computer Architecture and Parallel Processing:
            Memory and Input-Output Subsystems. New York: Mc Graw Hill,
            1985, pp.52-144.

[IBM 84]   IBM Technical Disclosure Bulletin, 26 (1984) 3.

[IBM 85]   IBM Technical Disclosure Bulletin, 27 (1985) 4.

[IBM 85a]   IBM Technical Disclosure Bulletin, 27 (1985) 5.

[ISCA 83]   Proc. 10th Ann. Int. Symp. on Computer Architecture, Stockholm,
            Sweden, June 1983.

[ISCA 84]   Proc. 11th Ann. Int. Symp. on Computer Architecture, Ann Arbor,
            MI, USA, June 1984.

[ISCA 85]   Proc. 12th Ann. Int. Symp. on Computer Architecture, Boston, MA,
            USA, June 1985.

[ISCA 86]   Proc. 13th Ann. Int. Symp. on Computer Architecture, Tokyo,
            Japan, June 1986.

[JONE 77]   Jones, J.; Junod, D.: Cache Address Directory Invalidation Scheme
            for Multiprocessing System. IBM Technical Disclosure Bulletin, 20
            (1977) 6, pp. 295-296.

[KANE 89]   Kane, G.: MIPS RISC Architecture, Englewood Cliffs (NJ):
            Prentice Hall, 1989.

[KATZ 85]   Katz, R. ; Eggers, S.; Wodd, D.; Perkins, C.; Sheldon. R.:
            Implementing a Cache Consistency Protocol. Proc. 12th Ann.
            Symp. on Comp. Arch., Boston, MA, June, 1985, pp. 276-283.

[KATZ 85a] Katz, R.; Eggers, S.; Gibson, G.; Hanson, P.; Hill, M.; Pendleton, J.;
            Ritchie, S.; Taylor, G.; Wood, D.; Patterson, D.: Memory Hierarchy
            Aspects of a Multiprocessor RISC: Cache and Bus Analyses. Report
            No. UCB/CSD 85/221, Comp. Science Division, University of
            California, Berkeley, CA 94720, January, 1985.

[KNAP 85]   Knapp, V.; Baer, J.: Virtually Addressed Caches for Multipro-
gramming and Multiprocessing Environments. Proc. of the 18th
Ann. Hawaii Int. Conf. on System Sciences, 1985, pp. 477-486.

[LAWE 89]   Lawell, T; et. al.: Die Schnittstelle des RISC-Chipsatzes 88000.
Design&Elektronik, (1984) 4.

[LEE 80]   Lee, J.; Weinberger, A.: A Solution to the Synonym Problem. IBM
Technical Disclosure Bulletin, 22 (1980) 1, pp. 3331-3333.

[MANO 82]   Mano, M.: Computer System Architecture, Englewood Cliffs (NJ):
Prentice-Hall Inc., 1982.

[MATT 82]   Mattos, P.; Frenzel, D.: Nibble Mode beschleunigt Speicherzugriff.
Elektronik 31 (1982) 15.

[McCRE 84] McCreight, E.: The Dragon computer system: An early overview.
Tech. Rep., Xerox Corp., September, 1984

[MEKH 89]   Mekhiel, N.: Speed System Memory by Interleaving DRAM
Accesses. Electronic Design, 37 (1989) 20.

[MEYE 88]   Meyer, A.: MMU Requires tailoring to meet needs of demand-
paging UNIX. Computer Design, 27 (1988) 17.

[MILE 90]   Milenkovic, M.: Microprocessor Memory Management Units. IEEE
Micro, 10 (1990) 4, pp. 70-85.

[MOTO 88]   32-Bit Cache mit integrierter MMU für den 88100. Design&
Elektronik, (1988) 9.

[NORT82]   Norton, R.; Abraham, J.: Using Write Back Cache to Improve
Performance of Multiuser Mulitprocessors. Proc. 1982 Int. Conf. on
Parallel Processing, August, 1982, pp. 326-331.

[PAPA 84]   Papamarcos, M.: A Low Overhead Coherence Solution for Bus-
Organized Multiprocessors with Private Cache Memories. Report
CSG-29, Coordinated Science Laboratory , Computer Systems
Group, University of Illinois at Urbana- Champaign, May, 1984.

[PASZ 88]   Paszcza, M.: Speicherverwaltungstechniken. mc 7 (1988) 9.

[PATE 81]   Patel, J.: A Performance Model for Multiprocessors with Private
Cache Memories. Int. Conf. on Parallel Processing, August, 1981,
pp. 314-317.

[PATE 82]   Patel, J.: Analysis of Multiprocessors with Private Cache
Memories.IEEE Transactions on Computers, C-31(1982) 4,
pp. 296-304.

[PATT 83]   Patterson, D.; Garrison P.; Hill M.; Lioupis D.; Nyberg C.; Sippel
             T.; Van Dyke K.: Architecture of VLSI Instruction Cache for a
             RISC. Proc. 10th Ann. Int. Symp. on Computer Architecture,
             Stockholm, Sweden, June, 1983.

[PNEV 90]   Pnevmatikatos D. N.; Hill M.: Cache Performance of the Integer
             SPEC Benchmarks on a RISC. Computer Architecture News 18
             (1990) 2.

[SCHE 87]   Scheurich, C.; Dubois, M.: Correct memory Operation of Cache-
             Based Multiprocessors. Proc. of the Ann. Int. Symp. on Computer
             Architecture, 1987, pp. 234-243.

[SMIT 82]   Smith, A.: Cache Memories. Computing Surveys14 (1982) 3,
             pp. 473-530.

[SMIT 83]   Smith, J. E.; Goodman J. R.: A Study of Instruction Cache
             Organizations and Replacement Policies. ACM Computer
             Architecture News, 3, 1983, pp. 132-137

[SMIT 85]   Smith, A.: Problems, Directions and Issues in Memory
             Hierarchies. Proc. 18th Ann. Hawaii Int. Conf. on Systems Science,
             Honolulu, Hawai, January 2-4, 1985, pp. 468-476, Also Avaiable as
             UC Berkeley CS Report UCB/CSD84/220.

[SMIT 85a]   Smith, A.: CPU Cache Consistency with Software Support and
             Using 'One Time Identifiers'. Proc. Pacific Computer
             Communications Symposium, Seoul, Republic of Korea, October,
             1985, pp. 142-150.

[STON 87]   Stone, H.: High Performance Computer Architecture. Reading:
             Addison Wesley 1987, pp. 21-94.

[SWEA 86]   Sweazey, P.: Cache Coherence on the Futurebus. Proceedings:
             Configuring Buses into Systems. BUSCON/86, January, 1986, pp.
             122-127.

[TRAT 86]   Trattnig, W.: Virtuelle Speicherverwaltung in mc-Systemen.
             Elektronik 35 (1986) 2, S. 67-74.

[WIEG 82]   Wiegmann, A.: Dynamische 64-k-RAMs. Elektronik 31 (1982) 25.

[WYLA 87]   Wyland, D.: Cache tag RAM chips boost speed and simplify design,
             November 1, 1987.

[YEN 82]   Yen, W.; Fu, K.: Coherence Problem in a Multi-Cache System.
             Proc. 1982 Int. Conf. on Parallel Processing, August, 1982, pp. 332-
             339.

[YEN 85]   Yen, W.; Yen, D.; FU, K.: Data Coherence Problem in Multicache System. IEEE Transactions on Computers, C-34 (1985) 1, pp. 56-65.

5 RISC – Compiler

5.1 Übersicht

Nach den RISC-Prinzipien entworfene Prozessoren sind nicht durch eine einzelne "RISC-Eigenschaft" gekennzeichnet. Das typische Erscheinungsbild eines RISC wird vielmehr durch das Vorhandensein einer Reihe möglicher Eigenschaften geprägt. Die zum Erzielen dieser Eigenschaften notwendigen Maßnahmen sind nicht auf Hardware *oder* Software beschränkt. Die hohe Leistung von RISC-Systemen läßt sich vielmehr nur durch ein enges Zusammenspiel von Hardware *und* Software erreichen. Dieses Zusammenspiel beginnt bereits in frühen Entwurfsphasen und führt zu einer ausgeprägten gegenseitigen Beeinflussung. Im integrierten Entwurf sind aus Software-Sicht insbesondere drei Bereiche interessant:

- Betriebssystem,
- Abbildbarkeit von Programmiersprachen und
- Compiler.

Diese Bereiche liegen an der Schnittstelle zwischen Hardware und Software. Für eine Betrachtung des gegenseitigen Einflusses, den Compiler und Prozessoren aufeinander haben, ist auch die Einbeziehung des Betriebssystems notwendig. An dieser Stelle werden, was das Beachten von Hardware-Abhängigkeiten betrifft, an den Compiler vielleicht die härtesten Anforderungen gestellt. Im nachfolgenden Teil werden daher auch durch Betriebssysteme bedingte Anforderungen aufgezeigt.

Im Rahmen von RISC ist eine Hinwendung zu höheren Programmiersprachen zu beobachten; die Assembler-Programmierung, eingesetzt als Mittel um bessere Leistungsdaten zu erreichen, verliert angesichts der mit Pipelines und verzögerten Sprüngen verbundenen Probleme an Bedeutung.

Die nachfolgenden Abschnitte zeigen für die drei Aspekte Betriebssystem, Programmiersprachen und Compiler die Nahtstellen zur Hardware-Architektur auf. Besonderer Wert wird auf den Compiler, der für die Abbildung von Programmen auf die Maschine zuständig ist, gelegt. Die grundlegenden Techniken der für RISC typischen Optimierungen werden vorgestellt und an Beispielen erläutert.

5.2 Betriebssystemaspekte

Moderne RISC-Prozessoren sind meistens Hochleistungsprozessoren, die für den Einsatz in Workstations und Servern konzipiert sind. In diesem Einsatzbereich, der durch ein weites Spektrum von auf diesen Maschinen laufenden Anwendungen gekennzeichnet ist, wird üblicherweise UNIX als Betriebssystem verwendet. Der zweite Einsatzbereich für derartige Prozessoren liegt auf dem Sektor der Embedded Control-Hochleistungssteuerungen. Dazu zählen Robotersteuerungen, automatische Flugkontrollsysteme oder Kommunikationsrechner. Diese Anwendungen weisen ein breites Anforderungsspektrum auf. Dazu gehören Anforderungen wie kurze Interrupt-Reaktionszeiten, z.T. sehr hoher Anteil an Fließkomma-Arithmetik oder die Verarbeitung großer Datenmengen. Gemeinsam ist diesen Anwendungen, daß die anstehenden Einzelaufgaben von einem Echtzeitbetriebssystem verwaltet werden.

Die nachstehend aufgeführten typischen Eigenschaften von Betriebssystemen und die daraus resultierenden Anforderungen gelten in ähnlicher Form auch für CISC-Bausteine. Die hohe Taktfrequenz der RISC-Prozessoren führt jedoch zu aufwendigeren Speichersystemen. So gehören etwa Caches und MMU zur Grundausstattung fast jedes mit RISC bestückten General Purpose-Systems. Da der Speicheranschluß zeitkritisch ist, führen Fehlanpassungen bei RISC eher zu spürbaren Leistungseinbußen als bei CISC. Damit gewinnen die nachfolgenden Aspekte an Bedeutung.

Jedes Betriebssystem (und sein typischer Einsatzbereich) hat spezielle Charakteristika. General Purpose- (UNIX) und Embedded Control-Anwendungen haben u. a. folgende Eigenschaften:

– *UNIX*
  General Purpose
  Multi-User
  Multi-Tasking
  häufige Task-Wechsel

– *Embedded Control*
  spezielle Aufgaben
  hohe Interrupt-Häufigkeiten

Verarbeitung großer Datenmengen

je nach Anwendung entweder sehr viel oder keine Fließkomma-Arithmetik

häufige Task-Wechsel

Diese Eigenschaften haben großen Einfluß auf die Gestaltung der Nahtstellen zwischen Hardware und Software und damit auch auf den Compiler. Eine Vernachlässigung oder Nichtbeachtung kann erhebliche Performance-Einbußen des laufenden Systems gegenüber der projektierten Leistung bedeuten. Für jeden der Aspekte

- MMU (TLB): Mit Prozeßidentifikatoren

                 Ohne Prozeßidentifikatoren

- Caches: Virtuelle Adressierung

                 Physikalische Adressierung

- Register: Großer Registersatz mit Fenstern

                 Großer linearer Registersatz ($>$ 32 Register)

                 Kleiner Registersatz (16-32 Register)

wird der Zusammenhang mit dem Betriebssystem aufgezeigt und der Einfluß auf UNIX bzw. Echtzeitverarbeitung abgeschätzt. Dabei werden IU und MMU zusammen als Prozessor betrachtet.

MMU (TLB-Organisation)

Durch eine geeignete TLB-Organisation läßt sich der Durchsatz stark beeinflussen. Enthalten die TLB-Einträge Prozeßidentifikatoren (PIDs), so wird ein häufiger Prozeßwechsel gut unterstützt. In einem System wie UNIX haben alle Benutzerprozesse den gleichen virtuellen Adreßraum. Der TLB muß, wenn ein Prozeßwechsel erfolgt ist, die virtuellen Adressen des neuen Benutzerprozesses übersetzen. Bei TLBs ohne PID wird damit das Ungültigsetzen des TLB bei jedem Prozeßwechsel notwendig. Ist ein PID im Eintrag mit enthalten, können die Einträge beibehalten werden; bei Bedarf werden sie einzeln ausgetauscht.

Für UNIX ergeben sich durch die PIDs bessere Leistungsdaten. Für Echtzeitsysteme (besser: zeitdeterministische Systeme) kann der notwendige Neuaufbau der Einträge bereits eine zu große Verzögerung bedeuten. Diese Verzögerung kann für die (Nicht-) Eignung des Prozessors für die spezielle Anwendung entscheidend sein.

Cache-Adressierung

Hier stehen neben den "reinen" Modi virtuelle und physikalische Cacheadressierung auch die Mischformen "physikalisch adressiert/virtuelle Tags" und "virtuell adressiert/physikalische Tags" als Alternativen zur Verfügung (siehe

Kapitel 4 "Speicher-Architektur"). Diese Adressierungsmodi haben die nachfolgenden Eigenschaften:

- Bei *physikalischer* Cache-Adressierung wird der Zugriff auf die Cache-Inhalte langsamer, da zuvor eine Adreßumsetzung in der MMU stattfinden muß. Dieser Nachteil kann teilweise durch eine geschickte Einbindung der Zugriffe in die Pipeline kompensiert werden.

  Bei *virtueller* Adressierung liegt der Cache vor der MMU; die Zugriffe werden somit nicht durch eine Adreßübersetzung gebremst.

- Der Vorteil *physikalisch* adressierter Caches liegt darin, daß bei einem Task-Wechsel kein *cache flush* (d.h. zurückschreiben und ungültig setzen) notwendig wird. Da die MMU für eine geeignete Adreßumsetzung sorgt, können die Einträge stehen bleiben, bis der Platz für andere Einträge benötigt wird.

  Virtuelle Caches erfordern bei jedem Task-Wechsel einen *cache flush*; damit wird u.U. mehr aus dem Cache entfernt als nötig wäre.

Die Mischsysteme kombinieren Vorteile der reinen Adressierungsarten. Dabei sind jedoch in der Regel einige Einschränkungen zu beachten. So verbinden virtuell adressierte Caches mit physikalischen Tags den Vorteil der kleinen Zugriffszeit (keine Adressübersetzung) mit der Eindeutigkeit des Eintrags (physikalische Tags). Hierbei ist aber zu beachten, daß entweder die Cache-Größe höchstens der Seitengröße entsprechen darf (da sonst die virtuellen Adressen nicht mehr eindeutig sind) oder die Eindeutigkeit über die Software sicherzustellen ist. Für den Compiler bedeutet dies (falls Cache-Größe > Seitengröße), eine Seitenanordnung zu finden, die derartige Konflikte ausschließt. Dies kann etwa durch Zuordnung von Attributen zu einzelnen Seiten des Adreßraums und der Cache-Einheiten sein (z.B. Farben). Mit dieser Zusatzinformation wird der Zugriff auf den Cache wieder eindeutig (Beispiel: Zugriffe auf "grüne" Seiten des Adreßraumes können nur über "grüne" Bereiche des Caches laufen), sodaß die Vorteile dieser Mischform auch bei größeren Caches erhalten bleiben.

Für Systeme mit häufigen Task-Wechseln (z. B. bei UNIX, siehe Kapitel 13 "UNIX aus Systemsicht") stellen Caches mit physikalischer Adressierung sicher die bessere Lösung dar. Ein *cache flush*, bei dem u. U. noch modifizierte Werte in den Speicher zurückgeschrieben werden müssen, sowie das Neuladen des Caches können den Systemdurchsatz erheblich drücken. Für Embedded Control und Realtime-Anwendungen ist die Einsetzbarkeit von Caches zu sehr von der speziellen Problemstellung abhängig, um allgemeine Aussagen treffen zu können. Falls ein Cache Verwendung findet, wird in der Regel ein physikalisch adressierter Cache die günstigere Entscheidung sein.

Registersatz

Große Registersätze können evtl. den Durchsatz erhöhen, solange nur ein Programm läuft. Die Prozeßwechselzeiten steigen jedoch linear mit der Anzahl der zu sichernden Register, so daß hier ein günstiger Kompromiß zwischen der für die Anwendung benötigten Zahl der Register (siehe Abschnitt 5.3) und den Kosten für einen Prozeßwechsel zu finden ist. Aus Software-Sicht ist ein Satz von 16 bis 32 Allzweckregistern in der Regel ausreichend, um alle häufig verwendeten Werte abzulegen. Für Aufgaben aus dem Embedded Control-Bereich kann u. U. (feste Anzahl von Prozessen, jeder nur mit kleinen Anforderungen an den Registersatz) ein großer unstrukturierter Registersatz von Vorteil sein. Für den allgemeinen Fall wird man für diese Anwendungen jedoch eher kleine Registersätze (≤ 16 Register) bevorzugen, da die Interrupt-Reaktionszeiten von der Anzahl der zu sichernden Register abhängen.

Die frühzeitige Einbeziehung von Anforderungen seitens der Betriebssysteme kann, ohne den Prozessor zu speziell werden zu lassen, die Systemleistung deutlich steigern. Dieser Ansatz folgt den Ideen, die zur Entwicklung der ersten RISC-Prozessoren geführt haben: In die Hardware werden nur die Eigenschaften integriert, die notwendig sind, um die Zielanwendungen schnell ablaufen zu lassen. Der integrierte Entwurf kann somit zu einer deutlichen Leistungssteigerung bei gleichem Hardware-Aufwand führen.

5.3 Abbildung von Programmiersprachen auf Prozessoren

Eines der Ziele beim Entwurf eines General Purpose Prozessors ist die Unterstützung eines breiten Bereiches von Programmiersprachen. Hierzu gibt es prinzipiell zwei Ansätze:

- Als Hardware/Software-Schnittstelle wird die Vereinigungsmenge der für die einzelnen Sprachen typischen Hardware/Software-Schnittstellen verwendet. Dies bedeutet den Einschluß von sehr komplexen und aufwendig zu implementierenden Befehlen.

- Als Hardware/Software-Schnittstelle wird die Schnittmenge der wichtigsten Sprachkonstrukte ausgewählt, evtl. erweitert um Spezialbefehle, deren Einsatz die Abarbeitung der jeweils zugehörigen Sprache erheblich beschleunigt. Letzteres gilt nur, falls diese Konstrukte so implementierbar sind, daß die Performance bei der Verwendung anderer Sprachen durch diese Maßnahmen nicht sinkt.

Jede Programmiersprache hat eine Reihe von typischen Eigenschaften, etwa:

- C   Funktionsaufrufe, Integer-Arithmetik (Stack-Operationen), Zeiger-
              manipulationen

- PASCAL   Funktionsaufrufe, statische Schachtelung von Funktionsdefini-
              tionen, Integer-Arithmetik (Stack-Operationen)

- LISP   Funktionsaufrufe, statische Schachtelung von Funktionsdefini-
              tionen, Zeigermanipulationenen (Listenverarbeitung), dynamische
              Typisierung

Zur Unterstützung dieser Eigenschaften stehen bei der Implementierung neben
eigenen Befehlen eine Reihe von Architekturmaßnahmen zur Auswahl, so etwa:

- Registerfenster
- großer linearer Registersatz ($\geqslant$ 32 Register)
- kleiner linearer Registersatz (16-32 Register)
- Speicherzugriffe mit unterschiedlichen Adressierungsmodi

Beim Entwurf der Prozessorarchitektur muß abgewogen werden, welche Sprach-
eigenschaften wesentlich sind (90-10-Regel, s. Kapitel 2). So sind etwa Registerfenster eine gute Unterstützung für Funktionsaufrufe in C; sobald jedoch eine
Sprache verwendet werden soll, die geschachtelte Funktionsdefinitionen erlaubt,
haben linear adressierbare Registersätze ohne Fenster Vorteile. Soll der Prozessor
mit Registerfenstern ausgestattet werden, so sind einerseits die höhere Hardware-Komplexität und die dadurch u. U. niedriger liegenden Taktfrequenzen,
andererseits die im Compiler-Bau zur Verfügung stehenden Optimierungs-
algorithmen - deren Verwendung in fensterorientierten Architekturen nur eingeschränkt möglich ist (keine Optimierung über Fenstergrenzen hinweg) - zu
berücksichtigen.

Zusätzlichen Einfluß auf die Hardware/Software-Schnittstelle hat die Art der
verwendeten Programmiersprachen sowie die Effizienz der zur Verfügung
stehenden Compiler. Für frühere Prozessoren standen in der Regel keine
hochoptimierenden Compiler zur Verfügung; der erzeugte Code lief relativ
langsam. Dieses Problem versuchte man auf zwei Arten zu umgehen:

- Zum einen wurde viel in Assembler programmiert. Der hohe Anteil an
  Assembler-Programmen führte zu dem Wunsch, möglichst mächtige Befehle
  zur Verfügung zu haben. Damit wird einerseits die Arbeit des Programmierers
  erleichtert, andererseits sollte die Abarbeitung der Programme durch Implementierung möglichst mächtiger Befehle in der Hardware beschleunigt werden. Diese Implementierung wurde in der Regel durch *Mikroprogrammierung*
  vorgenommen.

- Die Bedeutung eines Befehls einer Hochsprache ist in der Regel umfassender
  als in Assembler. Diese "semantische Lücke" zwischen Hochsprache und

Assembler galt als Ursache für den langsamen Code, wie er von vielen Compilern produziert wurde. Um dieses Problem zu umgehen, wurde versucht, die Maschinenbefehle möglichst an Konstrukte aus Hochsprachen anzunähern. Damit sollte der Übergang zur Maschinensprache vereinfacht werden.

Dieser Ansatz führte zur Entwicklung der CISC-Prozessoren. In den frühen 80er Jahren wurden dann Messungen zur Häufigkeit des Auftretens der Befehle während der Abarbeitung von Programmen durchgeführt. Diese zeigten, daß Compiler nur einen Teil des zur Verfügung stehenden Befehlssatzes ausnutzen. Aus diesen Messungen heraus entstand die Idee, RISC-Prozessoren zu bauen. Aufbauend auf den Messungen war das Ziel, einen Prozessor zu bauen, dessen Befehlssatz

- sehr effizient in Hardware implementiert werden kann,
- nur die häufig verwendeten Befehle unterstützt und
- vom Compiler gut eingesetzt werden kann.

Im Rahmen der RISC-Ideen haben Simulation und Leistungsmessung eine neue Bedeutung erhalten [WEIC 88]. Da in einem RISC-Prozessor lediglich die wichtigsten Befehle implementiert sind, ist es notwendig, das Laufzeitprofil möglichst realistischer Anwendungen zu erstellen und zu analysieren. Hieraus läßt sich ein "Basisbefehlssatz" ([CHOW 88], [HORS 87], [KATE 86], [PATT 85], [UNGA 87]) ableiten, der die Grundlage für die weitere Entwicklung bildet. Um einen für das Anwendungsfeld optimierten Befehlssatz zu finden, wird der Compiler modifiziert, um Code für eine Maschine mit leicht verändertem Befehlssatz zu erzeugen. Mit Hilfe von Simulationen werden diese Programme abgearbeitet und analysiert. Die Hardware/Software-Schnittstelle wird nur dann bleibend modifiziert, wenn die Aufnahme eines Befehls in den Befehlssatz für die Gesamtheit aller Testprogramme eine Performance-Verbesserung um mindestens 1% erbringt.

5.4   Compiler für RISC

Die Systemleistung eines Rechners hängt neben der prinzipiellen Eignung für die Aufgabe von der tatsächlichen Abbildung der Programme auf die Maschine ab. Es ist Aufgabe des Compilers, eine möglichst gute Abbildung von dem in einer (höheren) Programmiersprache formulierten Algorithmus auf seine Realisierung auf Prozessorebene zu finden.

Dieses Kapitel zeigt nach einem kurzen Überblick über den Grundaufbau von Compilern die speziellen Aspekte des Compiler-Baus für RISC-Maschinen. Ausgehend von den Unterschieden zwischen CISC und RISC werden mögliche Optimierungen dargestellt, um dann zwei für RISC-Compiler typische und wesentliche Unterpunkte näher zu erläutern. In diesen Abschnitten werden sowohl die typische Problematik während der Synthesephase des Compilers als auch die daraus entstehenden Möglichkeiten vorgestellt.

5.4.1 Einführung

Compiler haben, unabhängig von Quellsprache und Zielmaschine, sowohl die gleichen Aufgaben als auch die gleiche Grobstruktur [AHO 86]. Die Aufgabe (Bild 5-1) besteht darin, eine bedeutungserhaltende Transformation des Quellprogrammes in ein Programm der Zielsprache vorzunehmen, d.h. der Prozessor muß bei der Abarbeitung des Maschinenprogrammes genau das tun, was in der höheren Programmiersprache beschrieben wurde. Während der Transformation wird eine Fehlerbehandlung durchgeführt. So wird sowohl dafür gesorgt, daß das eingegebene Quellprogramm auf Fehler untersucht wird als auch dafür, daß das erzeugte Zielprogramm Code für während der Laufzeit durchzuführende Prüfungen (z. B. auf Einhaltung von Array-Grenzen) enthält.

Die während einer Übersetzung ablaufenden Funktionen lassen sich zwei großen Phasen zuordnen (Bild 5-2):

- Analyse:
  Dieser Teil ist prozessorunabhängig.

- Synthese:
  In diesem Teil werden die prozessorspezifischen Aufgaben erledigt.

Die Gewichtung dieser Phasen hängt von der zu übersetzenden Programmiersprache, dem Zielprozessor sowie der angestrebten Optimierung ab. Eine vollständige Optimierung wird man in der Regel nur dann starten, wenn das Programm bereits ausgetest ist und zudem häufig verwendet wird. Während bei Sprachen wie C oder PASCAL der Analyseanteil relativ hoch liegt ([LOEC 86],

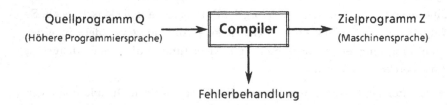

Bild 5-1: Aufgaben eines Compilers

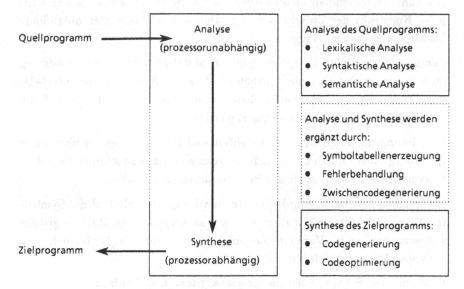

Bild 5-2: Aufbau von Compilern

[ZIMA 82]), ist der Umfang dieser Phase bei LISP erheblich kleiner [ABEL 85]. Der für den Analyseteil notwendige Aufwand hängt stark von der Komplexität der Sprachsyntax ab. Der Syntheseteil ist relativ sprachunabhängig. Er führt die Umwandlung der Zwischensprache in die Zielsprache durch. Dabei kann der Synthesevorgang durch eine Reihe von Optimierungen ergänzt werden.

Um den Übersetzungsprozeß besser modularisieren zu können, verwenden viele Compiler während der Übersetzung eine oder mehrere *Zwischensprachen*. Diese sind jeweils das Ziel von Teiltransformationen. Ein Programm wird bei diesem Ansatz also nicht direkt, sondern auf dem Weg über solche Zwischensprachen übersetzt. Damit wird erreicht, daß die Aufgaben der einzelnen Teilphasen überschaubar bleiben und die nachfolgenden Phasen auf für sie geeignete Datenstrukturen aufsetzen können. Zusätzlich wird die Fehlerbehandlung einfacher, und die Portabilität des Compilers erhöht sich. Bei einer Umstellung auf eine neue Zielmaschine muß lediglich ein Teil der Synthese neu implementiert werden (↗ Cross-Compiler).

Die innerhalb der Synthese angesiedelte Codegenerierung hat, vereinfacht betrachtet, die Aufgabe, Anweisungen des Zwischencodes in semantisch äquivalente Anweisungen der Zielsprache (Maschinensprache) zu transformieren. Diese Aufgabe setzt sich wieder aus mehreren Teilaufgaben zusammen. Die wichtigsten sind:

- Auswahl von Maschinenbefehlen bzw. Sequenzen von Maschinenbefehlen für jedes Konstrukt der Zwischensprache. Damit wird das später ablaufende Maschinenprogramm erzeugt.

- Zuordnung von Daten zu Speicherplätzen bzw. Registern. Diese Zuordnung enthält ein großes Optimierungspotential (siehe Abschnitt "Registerbelegung"). Ziel ist, die Daten so in Register und Speicher abzulegen, daß die Zugriffszeiten auf die Werte minimiert werden.

- Berechnung der Adreßlage von Befehlen und Daten, um die symbolischen Adressen (Labels) durch tatsächliche Adressen ersetzen zu können. Betroffen hiervon sind i. w. Sprungziele und Speicheradressen für Daten.

- Einbeziehen von Debugging-Hilfen. In den Programmcode und die Symboltabelle werden dazu Informationen über das ursprüngliche Quellprogramm aufgenommen (z. B. Variablennamen). Damit wird die Fehlersuche im laufenden Programm erleichtert.

- Beachten der Schnittstellen zu Betriebssystem und Laufzeitsystem. Vom System werden in der Regel eine Reihe von Routinen zur Verfügung gestellt. Die Verwendung ist an bestimmte Konventionen gebunden, deren Beachtung dem Compiler obliegt.

Die Codeoptimierung ist oft nur schwer von der Generierung zu trennen. Ein großer Teil der Optimierungen findet bereits auf einer Zwischensprache statt (siehe Abschnitt "Optimierungen"), sodaß die Optimierung und Codegenerierung verzahnt ablaufen. Die speziellen Eigenheiten der Codeoptimierung und Codegenerierung für RISC werden in den folgenden Abschnitten näher betrachtet.

In der Optimierungsphase sind oft weitreichende Analysen notwendig, um Informationen über das zu erwartende Verhalten von Codestücken und Daten zu bekommen (Zugriffshäufigkeiten, Weiterverwendung von Daten, durchlaufene Pfade im Code). Diese Informationen können zum Teil aus dem Quellcode extrahiert und in späteren Phasen verwendet werden. Mögliche Operationen zur Unterstützung sind:

- Einbau von aus dem Quellprogramm extrahierten Informationen in den Zwischencode.
  Beispiel: Informationen über Schleifenkonstrukte

- Transformation des Quellcodes.
  Beispiel: verschachtelte if-then-else-Konstrukte, logische Operationen

- Erzeugung von Statistiken über Häufigkeit des Vorkommens von Variablen.
  Beispiel: Verwendung als Input zur Registervergabe

- Höherer Aufwand in semantischer Analyse.
  Beispiel: Berechnung von Informationen über Weiterverwendung von Werten

5.4.2 RISC aus Compilersicht

Aus den verschiedenen Verarbeitungsprinzipien bei RISC und CISC ergeben sich für den Compiler verschiedene Sichten der zugrundeliegenden Maschine ([BODE 90, [GRAH 88]):

- CISC: Ziel ist eine virtuelle Maschine, die durch Mikroprogramme auf der Basis festverdrahteter Hardware emuliert wird.

- RISC: Der Compiler bildet direkt auf reale Maschinenprogramme ab. Die einzelnen Befehle des Prozessors sind fest verdrahtet; es sind keine Mikroprogramme mehr notwendig. Durch die Einschränkung auf die wesentlichen Befehle werden die Implementierung in Hardware und der Verzicht auf Mikrocode ermöglicht.

Die von einem Compiler für RISC produzierten *Maschinen*programme dürfen hierbei nicht mit den *Mikro*programmen einer CISC-Maschine verwechselt werden. Der Befehlssatz einer RISC-Maschine umfaßt vielmehr eine Minimalmenge üblicher Maschinenbefehle, die sich auch in herkömmlichen Rechnern durch ihre Einfachheit und die Häufigkeit ihrer Verwendung auszeichnen.

Die unterschiedlichen Ziele der Abbildung führen bei beiden Architekturprinzipien zu unterschiedlichen Aufgabenprofilen für den Compiler. Typische Eigenheiten der jeweiligen Compiler sind (Bild 5-3):

- RISC-Prozessoren haben in der Regel einen relativ kleinen Vorrat von einfachen Befehlen. Damit muß der Compiler bei der Codeerzeugung nur aus einer kleinen Menge von möglichen Befehlen auswählen. Unterstützt durch das feste Befehlsformat bei RISC ist die Befehlsauswahl und Befehlsparametrisierung somit wesentlich einfacher als bei CISC.

- CISC-Prozessoren verfügen oft über eine große Anzahl an Adressierungsmodi.

- Die LOAD/STORE-Architektur von RISC vereinfacht die Operandenbehandlung.

- Die meisten RISC-Prozessoren verfügen über einen ausreichend großen Satz Allzweckregister. Ihr Verarbeitungsmodell ist somit das einer reinen Registermaschine. Der Compiler muß, um maximale Performance zu erreichen, dieses Modell bei der Codegenerierung unterstützen.

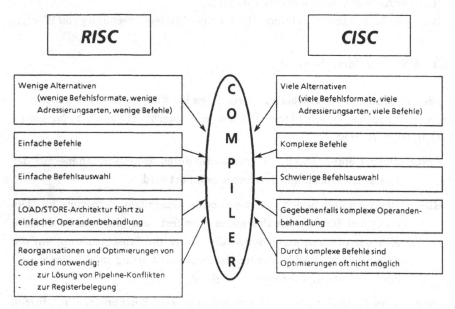

Bild 5-3: RISC- und CISC-Architekturen aus Compilersicht

- Koprozessoroperationen passen aufgrund ihrer Komplexität meist nicht in das
  "1-Befehl-pro-Zyklus" Schema moderner RISC-Prozessoren. Die nahtlose Einbindung dieser Prozessoren muß unterstützt werden.

- Die geringere Informationsdichte pro Befehl bewirkt bei RISC zunächst um-
  fangreichere Maschinenprogramme. Um die möglichen Performance-Vorteile
  gegenüber CISC nicht durch stärkeres Paging und erhöhte Cache Miss-Raten
  zu verlieren, ist eine Codeoptimierung (*code compaction*) notwendig. Das erreichte Verhältnis von RISC-Code zu CISC-Code liegt bei 1,5 : 1 (SPARC :
  Motorola [DESI 88a]).

- Die meisten der existierenden RISC-Prozessoren sind als General Purpose-Pro-
  zessoren entwickelt worden. Typisches Einsatzgebiet sind UNIX-Maschinen;
  die hierauf vorherrschende Programmiersprache ist C. Untersuchungen
  [FURH 88] haben gezeigt, daß für dieses Einsatzgebiet die Parameteranzahl
  pro Funktionsaufruf kleiner oder gleich 6 ist. Diese Tatsache sowie weitere
  Eigenschaften von C führten zu zwei Formen der Registeranordnung, die
  jeweils vom Compiler unterstützt werden müssen:

  a) ein großer Registersatz mit Fenstertechnik zur Unterstützung von
  Funktionsaufrufen (Berkeley-Entwicklung) oder

  b) ein kleinerer Registersatz ohne Fenster (Stanford-Entwicklungen).

- Die Verwendung von Registern als Zwischenspeicher und die On-chip-Registerverarbeitung machen, unabhängig von der Struktur des Registersatzes, eine Optimierung der Registerbelegung notwendig.

- Der Einsatz von Pipelines bei Mikroprozessoren führt zu Anforderungen, die entweder bei der Codeerzeugung oder in der Hardware berücksichtigt werden müssen. Um maximale Performance zu erreichen, ist jedoch in jedem Fall eine pipeline-gerechte Generierung von Code notwendig.

Die nachfolgenden Abschnitte befassen sich vertieft mit dem Thema "Optimierung" und hier wiederum mit den Gesichtspunkten "Registerzuordnung" sowie "Pipeline-Restriktionen".

Die beiden zuletzt angeführten Aspekte, Pipeline-Behandlung und Registeroptimierung, haben für die Erzeugung von gutem RISC-Code hohe Bedeutung. Die Betonung dieser beiden Phasen hat zu den ursprünglich oft verbreiteten, aber dennoch falschen Meinungen "Compiler für RISC sind schwieriger zu entwickeln als für CISC" und "RISC bedeutet nur eine Verlagerung der Probleme von Hardware (Mikrocode) in Software (Compiler)" geführt.

Die Entwicklung eines Compilers für RISC ist zunächst einfacher als diejenige eines Compilers für CISC. Wie aus der obigen Aufstellung hervorgeht, sind die notwendigen Übersetzungsphasen "Befehlsauswahl" und "Codegenerierung" mit Operandenadressierung für RISC-Befehlssätze einfacher zu implementieren. Die Regularität der Befehlssätze und das Vorhandensein eines einfachen, für alle Befehle passenden Pipeline-Schemas ermöglichen darüberhinaus den Einsatz von Optimierungen mit vertretbarem Aufwand.

Zusammenfassend läßt sich feststellen, daß Compiler für RISC und CISC verschiedene Aufgabenschwerpunkte haben; der Entwicklungsaufwand für gute Compiler für RISC und CISC ist in etwa als gleich anzusetzen.

Die Regularität der RISC-Befehlssätze ist für N. Wirth [WIRT 87] der wichtigste sich in den Compilern widerspiegelnde Aspekt von RISC. Er schlägt daher vor, RISC nicht als "Reduced Instruction Set Computer" sondern als "Regular Instruction Set Computer" zu interpretieren.

Obwohl Compiler für RISC und CISC verschiedene Schwerpunkte haben, ist ihre Grobstruktur gleich. Der Übersetzungsprozeß zerfällt jeweils in eine Analyse- und eine Synthesephase. Während die Analyse von der Art der Zielmaschine unabhängig bleibt, enthält die Schnittstelle zwischen Analyse und Synthese (interne Zwischensprache) bereits Eigenschaften der Zielmaschine (z.B. "ist eine Registermaschine"). Die konkreten Eigenschaften des Zielprozessors werden in der Synthesephase berücksichtigt; hierzu gehören u.a. Art und Struktur des Registersatzes, des Adreßraumes und der Maschinenworte. Läßt man die

Synthesephase mit der Generierung linearen Assemblercodes (nicht Binärcode!) enden, dann finden die

- Optimierung der Registerzuordnung während der Synthese und die

- Codeumorganisation zur Berücksichtigung von Pipeline-Restriktionen nach der Synthese

statt. Die Umorganisation des Codes zur Berücksichtigung von Pipeline-Restriktionen hat dabei zwei Aspekte, die eng miteinander verwoben sind, begrifflich jedoch strikt getrennt werden sollten. Neben der Optimierung der Codelaufzeit ist das wichtigste Ziel die Gewährleistung der semantischen Korrektheit des Zielprogrammes. Prozessoren, die nicht über Scoreboarding (siehe Kapitel 3 "Pipelining") verfügen, dürfen nicht mit dem vom Compiler erzeugten linearen Code gespeist werden; das Ergebnis der Berechnungen wäre wegen der Pipeline-Restriktionen nicht das gewünschte. Die Umordnung von Code unter Beachtung von Datenabhängigkeiten (*instruction scheduling*) ist hier notwendig, um eine korrekte Abbildung des linearen Codes auf die Pipeline zu erzielen.

Weitere, bis heute ungelöste Aufgaben in der Compiler-Technik sind:

- *Optimale Ausnutzung von Caches*
  Hierzu muß der Compiler weitere Daten der Zielarchitektur (etwa Größe und Zugriffszeiten von On-chip- und Off-chip-Caches) kennen. Diese Kenntnis kann z.B. dazu führen, daß das Abwickeln einer Schleife (siehe Optimierungen, "Loop Unrolling") unterlassen wird, weil dadurch die Größe der On-chip-Caches gesprengt würde.

- *Verbesserung des Paging-Verhaltens*
  Durch eine Analyse der Durchlaufhäufigkeiten der Pfade eines Programmes könnte der Compiler erkennen, welche Codestücke auf einer Speicherseite zusammengefaßt werden. Dadurch kann überflüssiges Paging vermieden werden kann. Damit steigt die Wahrscheinlichkeit, daß die Seite mit den wichtigsten (= am häufigsten durchlaufenen) Teilen des Programmes im Speicher bzw. Cache liegt. Die hierbei einzusetzenden Methoden sind den in VLIW-Compilern [ELLI 86] verwendeten sehr ähnlich.

Diese Punkte sind bis heute noch nicht in Compilern realisiert worden. Bei einer Weiterentwicklung von Architektur und Technologie können diese Aspekte jedoch große Bedeutung erlangen, da mit der steigenden Differenz von Zugriffszeiten auf On-chip- und Off-chip-Ressourcen die Ausnutzung der On-chip-Ressourcen die Gesamt-Performance bestimmt.

Zusammenfassend ergibt sich, daß bei RISC-Compilern eine sehr detaillierte Kenntnis der Zielarchitektur notwendig ist, um optimalen Code zu erzeugen. Damit wird der Einsatz von Optimierungstechniken innerhalb zukünftiger

Compiler nicht nur von der Architektur und dem Befehlssatz des Prozessors abhängen. Zusätzlich werden weitere Systemeigenschaften, wie etwa die aktuelle Taktfrequenz, als Parameter in den Übersetzungsprozeß mit eingehen.

5.4.3 Optimierungen

Die mit RISC-Systemen erzielbaren hohen Leistungen basieren auf einem ausgefeilten Zusammenspiel von Software und Hardware. Die Software, in diesem Fall der Compiler, muß die Eigenschaften der Hardware kennen, um möglichst guten (d.h. schnell ablaufenden) Code erzeugen zu können. Zu diesem Zweck wird, wie bereits geschildert, der Übersetzungsprozeß in mehrere Teile untergliedert. Zwischen der Erzeugung linearen Codes für eine abstrakte Maschine und der Generierung des Maschinencodes für den Zielprozessor wird die Codeoptimierung durchgeführt. Diese Phase hat mit der Verwendung von RISC-Prozessoren erheblich an Bedeutung gewonnen.

Wesentliches Ziel der Codeoptimierung ist die Überführung von Codesequenzen in "schnellere" Codestücke. Dabei müssen zwei Nebenbedingungen eingehalten werden:

- Die Semantik des Ausgangsprogrammes darf nicht verändert werden.
- Der Umfang des Codes sollte reduziert oder zumindest nicht erweitert werden.

Die Forderung nach Reduzierung des Codeumfangs steht dabei im Widerspruch zu einigen Methoden der Optimierung; in diesen Fällen müssen die Laufzeitvorteile gegen die Nachteile durch höheren Speicherbedarf, erhöhtes Paging und eine größere Zahl von Cache Misses abgewogen werden.

Die verschiedenen Arten der Codeoptimierung lassen sich nach dem Zeitpunkt ihrer Durchführung, ihrem Ansatzpunkt (maschinenabhängig, maschinenunabhängig) sowie ihrer Art (global, lokal) klassifizieren [AHO 86]. Die maschinenunabhängigen Verfahren werden in der Analysephase durchgeführt, die maschinenabhängigen erst zu einem späten Zeitpunkt in der Synthesephase.

- *Zeitpunkt der Durchführung*

  Die Optimierung kann *vor bzw. während der Registervergabe* oder *im Anschluß an die Registervergabe* durchgeführt werden. Eine gemeinsame Durchführung von Optimierung und Registervergabe kann wegen des gleichzeitigen Einbeziehens aller Faktoren zu einem besseren Ergebnis führen. Durch die Verzahnung der verschiedenen Aufgaben (wie z.B. Codegenerierung, Beachtung der Pipeline-Restriktionen, Zuordnung von Registern) steigt jedoch auch die Komplexität des Verfahrens deutlich an.

– *Ansatzpunkt*
Je nach dem Ausgangspunkt der Optimierung (vom Quellprogramm / vom
Prozessor) kann eine Abhängigkeit der Optimierung von der aktuellen Zielsprache bestehen. Optimierungen werden daher in *maschinenabhängige* und
maschinenunabhängige unterteilt. Für RISC versprechen insbesondere einige
der maschinenabhängigen Verfahren zusätzliche Gewinne. Vertreter beider
Arten werden nachfolgend vorgestellt.

– *Art der Optimierung*
Hier wird nach dem "Einzugsbereich" des jeweiligen Verfahrens unterschieden. *Globale Verfahren* zeichnen sich in der Regel durch eine Bearbeitung
des Codes über Prozedurgrenzen hinweg aus. Voraussetzung hierfür sind
Daten- und Kontrollflußanalysen, die frühere Compiler-Phasen durchführen
müssen. *Lokale Verfahren* (↗ *peephole optimizations*) versuchen bei Betrachtung kleiner Codestücke überflüssigen Code zu finden, bessere (schnellere)
Befehle oder günstigere Befehlsfolgen. Wesentlich für die Klassifikation ist,
daß jeweils nur kleine Abschnitte eines Programmes betrachtet und
modifiziert werden. Bei lokalen Optimierungen ist zu beachten, daß durch
Verbesserungen an einer Stelle ein noch höherer Gewinn durch eine dann
nicht mehr mögliche Optimierung an anderer Stelle verhindert wird. Dieser
Nachteil läßt sich nur durch das Einbeziehen globaler Informationen in die
Optimierung vermeiden. Die Art der Optimierung ist dabei nicht an einen
bestimmten Zeitpunkt im Übersetzungsprozeß gebunden.

Maschinenunabhängige Verfahren

1) *Constant Folding*
   Ausdrücke, deren Operanden ausschließlich aus zur Laufzeit unveränder-
   baren Werten bestehen, werden zur Übersetzungszeit berechnet und ihr Wert
   als Konstante in den Code eingesetzt.

2) *Constant Propagation*
   Ausdrücke, deren Elemente aus zur Übersetzungszeit berechenbaren Werten
   bestehen, werden ausgewertet und als Konstante in den Code eingesetzt.

3) *Common Subexpression Elimination*
   Ausdrücke, die mehrfach berechnet werden, ohne ihren Wert zwischen zwei
   Berechnungen zu ändern, werden (bis auf die erste Berechnung) entfernt und
   durch ein Laden des Ergebnisses der ersten Berechnung ersetzt.

4) *Dead Store Elimination*
   Der Speicherplatz nicht mehr erreichbarer Variablen wird freigegeben.

5) *Interprocedural Constant Propagation*
   Die Constant Propagation wird über Prozedurgrenzen hinweg durchgeführt.

6) *Code Inlining*
   Prozeduren werden nicht als eigenständige Prozeduren übersetzt, sondern expandiert. Der expandierte Code wird in den Rumpf der aufrufenden Prozedur hineinkopiert.

7) *Invariant Code Motion*
   Im Rumpf einer Schleife befindlicher konstanter Code (d.h. Code, der unabhängig vom Schleifenindex ist) wird vor die Schleife gezogen und somit nur einmal und nicht bei jedem Schleifendurchlauf ausgewertet.

8) *Loop Unrolling*
   Schleifen werden durch Kopieren des Codes (teilweise) linearisiert.

9) *Loop Jamming*
   Zwei oder mehr Schleifen gleicher Struktur werden zusammengefaßt.

10) *Strength Reduction*
   Arithmetische Operationen werden durch einfachere Operationen ersetzt. (Bsp.: In Schleifen können schleifenabhängige Indizes in der Regel mit Additionen statt mit Multiplikationen berechnet werden.)

11) *Tail Recursion Elimination*
   Prozeduren, die als end-rekursiv (d.h. die letzte Operation in einer Prozedur P ist ein rekursiver Aufruf dieser Prozedur P) erkannt wurden, können in Iterationen umgewandelt werden.

Maschinenabhängige Verfahren

Diese Verfahren sind, wie die vorstehend aufgeführten, z.T. schon seit längerer Zeit bekannt. Die unregelmäßige Struktur von CISC-Prozessoren erschwert den Einsatz dieser Verfahren jedoch erheblich. Die regelmäßige Struktur von RISC-Befehlssätzen und ihre Ausstattung mit General Purpose-Registern (keine Unterteilung in Adreß-, Daten-, Segment- oder sonstige Spezialregister) in ausreichender Anzahl ermöglicht den Einsatz der nachfolgend aufgeführten Verfahren. Der letzte Punkt, Instruction Scheduling, ist mit dem Einsatz von Pipelines in Mikroprozessoren in wesentlich stärkerem Ausmaß zum Gegenstand der Forschung geworden. Die Optimierungen 1), 4), 5) und 6) sind als typisch für RISC-Prozessoren zu betrachten. Die unter 1) und 6) aufgeführten Verfahren haben dabei besondere Bedeutung; sie werden nachfolgend näher vorgestellt.

1) *Register Allocation Optimization*
   Die Zuordnung von Variablen und Werten zu Registern und Speichern wird so getroffen, daß die für Zugriffe auf die Variablen notwendige Zeit minimiert wird.

2) *Elimination of Jumps to Jumps*
   Durch den Compiler bei der Codeerzeugung generierte "Sprungketten" (Sprünge auf Sprünge) werden durch direkte Sprünge ersetzt.

3) *Deletion of unreachable Code*
   Durch globale Analyse der Programme lassen sich oft Codestücke finden, die während eines Programmlaufes nie erreicht werden können. Diese Stücke können entfernt werden.

4) *LOAD / STORE Motion*
   LOAD- und STORE-Befehle werden umsortiert und gegebenenfalls aus Schleifen entfernt.

5) *Operand Permutation*
   Durch Umordnen von Code kann u. U. die Anzahl der benötigten Register verringert werden. Dieser Effekt entsteht z. B. dadurch, daß nach einem Umsortieren das Sichern von Registern nicht mehr notwendig ist.

6) *Instruction Scheduling*
   Bei dieser Optimierung wird Code so umgeordnet, daß die Pipeline möglichst ohne Unterbrechungen (Bubbles, NOPs) ausgelastet wird.

5.4.4 Registerbelegung

Eine der Methoden, um mit RISC-Prozessoren hohe Rechenleistungen zu erzielen, ist die Ausnutzung der On-chip-Register. Bedingt durch in der Regel hohe Taktfrequenzen dauern Zugriffe auf Off-chip-Ressourcen zwei oder mehr Zyklen. Um die Register optimal zu nutzen, muß der Compiler entscheiden können, wie wichtig die Ablage einer Variablen in einem Register ist. Der hierzu verwendete Algorithmus (Register Allocation via Coloring ([CHAI 81], [CHAI 82]) wurde von G. J. Chaitin ab 1981 im Rahmen des IBM-801 RISC-Projektes entwickelt. Der Algorithmus findet in zwei Modifikationen Anwendung. Beide werden nachfolgend vorgestellt, die von Chaitin entwickelte Version wird zusätzlich an einem Beispiel demonstriert.

Bezüglich des Aufbaus des Registersatzes gibt es zwei Hauptströmungen. Die von der Universität Berkeley favorisierte Architektur mit einem großen Registersatz und Registerfenstern konkurriert mit der von der Universität Stanford propagierten Anordnung, die einen kleinen Registersatz ohne weitere Struktur vorsieht. Von diesen Anordnungen existieren jeweils noch verschiedene Varianten. Derzeit gebräuchlich sind:

- Großer Registersatz mit überlappenden Registerfenstern
  (Berkeley-RISC-Philosophie; SPARC). Entspricht einem kleinen Register-File
  mit endlichem Laufzeitkeller.

- Großer Registersatz ohne überlappende Registerfenster
  mit verschiedenen Registerbänken (i80960).

- Großer linearer Registersatz
  Entspricht einem "Top-of-the-Stack-Cache" (AMD29000)

- Kleiner linearer Registersatz
  (Stanford-RISC-Philosophie; MIPS R2000, R3000, ARM, Motorola 88000)

Mit einem kleinen Registersatz wird die Hardware einfacher, was u. U. höhere
Taktraten erlaubt. Tabelle 5-1 zeigt die Strukturen der Registersätze einiger
RISC-Prozessoren ([DESI 88a], [DESI 88b], [MAYE 88]). Geht man von auf dem
Markt erhältlichen Prozessoren und deren Leistungsdaten aus, so scheint für
General Purpose-Anwendungen das von Stanford vertretene Konzept das vorteil-
hafter zu sein. Beide Konzepte haben Vor- und Nachteile; Argumente für und
gegen Registerfenster sind in Bild 5-4 aufgeführt.

Die bisher implementierten Fensterkonzepte sind statisch, d. h. die Bereiche für
Eingabe-, Ausgabe- und lokale Parameter haben feste Größen. Dies bedeutet u.a.,
daß beim Ein- und Auslagern von Registerfenstern auch unbenutzte Register mit
in den Speicher übertragen bzw. aus diesem gelesen werden. Die Verwendung
flexibler Fenster [FURH 88] würde zu einer besseren Ausnutzung der Register
führen, erforderte jedoch neben einem erhöhten Aufwand sowohl zur Übersetzungszeit als auch zur Laufzeit auch höhere Hardware-Komplexität. Messungen haben gezeigt, daß der Performance-Vorteil dynamisch konfigurierbarer
Fenster maximal im Bereich von 1% bis 2% liegt.

Tabelle 5-1: Beispiele für Registerstrukturen

Architektur	SPARC Fujitsu	SPARC Cypress	88000	R3000	Intel i960
Anzahl der Allzweckregister	120	136	32	32	80
Registerfenster	ja	ja	nein	nein	ja
globale Register	8	8	32	32	16
Anzahl der Fenster	7	8	-	-	4
Ins, Locals, Outs	8,8,8	8,8,8	-	-	-

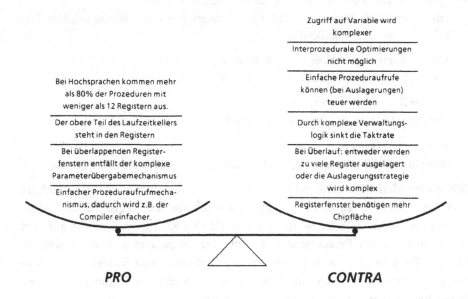

Bild 5-4: Pro und Contra Registerfenster

Die Aufgabenstellung für die Registeroptimierung läßt sich in zwei Hauptaufgaben unterteilen. Diese sind:

- Die Abbildung von (lokalen) Variablen und Compiler-erzeugten Hilfsvariablen auf endlich viele Register.

- Falls nicht ausreichend Register zur Verfügung stehen, müssen Werte in den Speicher ausgelagert werden. Dabei ist wichtig, daß diese Auslagerung nach Zugriffshäufigkeiten optimiert erfolgt, um eine möglichst hohe Performance sicherzustellen.

Die graphentheoretische Formulierung des Problems, die zur Lösung der Optimierungsaufgabe führt, ist in Bild 5-5 zusammengefaßt.

Basierend auf einer Datenflußanalyse des zu betrachtenden Codes wird zunächst ein Graph, der Konfliktgraph, konstruiert. Die Knoten des Graphen entsprechen den im Code auftretenden Variablen. Sind zwei Variable innerhalb des betrachteten Blockes zu mindestens einem Zeitpunkt gleichzeitig lebendig (d.h. sie werden im weiteren Verlauf der Berechnung noch benötigt), wird eine Kante zwischen diesen beiden Variablen bzw. den zugehörigen Knoten eingetragen. Aus dem entstehenden Graphen wird mit Hilfe des Färbungsalgorithmus eine Registerbelegung bestimmt; dabei wird jedem Register eine Farbe zugeordnet.

Im günstigsten Fall ist die Anzahl der Farben (Register) so groß, daß der Graph vollständig eingefärbt werden kann. Sollte jedoch die Anzahl der zur Verfügung

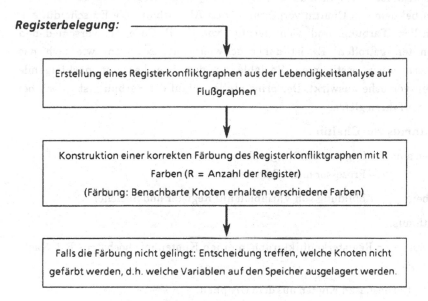

Bild 5-5: Problemstellung bei der Registerbelegung

stehenden Register kleiner sein als die chromatische Zahl des Graphen (das ist die Zahl der zur Färbung notwendigen Farben), wird es notwendig, Variable in den Speicher auszulagern. Der für die Auslagerung benötige Code trägt die Bezeichnung *Spill Code*. Um in den Speicher ausgelagerte Werte für beliebige Operationen nutzen zu können, müssen bei einer 3-Adreß-Maschine mindestens zwei Register (Spill-Register) freigehalten werden.

Gängige Verfahren zur Färbung von Graphen sind die von Chaitin [CHAI 81, CHAI 82] und Chow [CHOW 84] beschriebenen. Beiden Verfahren ist eigen, daß die Notwendigkeit von Variablenauslagerungen erst zur Laufzeit festgestellt wird. Wird während des Ablaufs des Algorithmus festgestellt, daß Variable ausgelagert werden müssen, so muß entschieden werden, welche der Variablen ausgelagert wird. In diesem Punkt unterscheiden sich die beiden Algorithmen von Chaitin und Chow wesentlich voneinander. Während das Verfahren von Chaitin davon ausgeht, daß ausreichend Register zur Verfügung stehen, und eventuell notwendige Entscheidungen zur Auslagerung auf der Basis lokaler Daten trifft, geht der Algorithmus von Chow davon aus, daß zunächst alle Variablen im Speicher liegen. Mit Hilfe einer Bewertungsfunktion wird für jede Variable berechnet, welche Verbesserung eine Verlagerung in ein Register bedeuten würde. Anschließend an diese Bewertung wird der Code so modifiziert, daß die "besten" Variablen in Registern gehalten werden. Dieser Algorithmus ist somit für Prozessoren mit kleinen Registersätzen besser geeignet als der ursprüngliche von Chaitin, ist jedoch auch aufwendiger zu implementieren. Im Gegensatz dazu werden bei dem von Chaitin vorgeschlagenen Algorithmus die Entscheidungen hinsichtlich Färbung und Generierung von Spill Code zu verschiedenen Zeitpunkten getroffen. Es ist daher schwierig abzuschätzen, wie sich das Auslagern einer bestimmten Variable in den Speicher auf nachfolgende Färbungsversuche auswirkt. Der prinzipielle Ablauf der Färbung ist jedoch bei beiden Verfahren gleich.

Algorithmus von Chaitin

Gegeben sind: – Registerkonfliktgraph
                – Prozessor mit R Registern

Aufgabe: Abbildung von Variablen auf Register und Speicher

Algorithmus:

1)   Suche im Registerkonfliktgraphen einen Knoten mit höchstens R-1 Nachbarn

2)   Entferne diesen Knoten aus dem Graphen.

3)   Setze diesen Prozeß fort, bis
     – entweder keine Knoten mehr übrig sind: weiter mit 4).
     – oder alle verbleibenden Knoten mindestens R Nachbarn haben: Erzeuge Spill Code für die Variable mit den geschätzten minimalen Kosten für den hinzugefügten Spill Code. Entferne anschließend diesen Knoten aus dem Graphen und setze den Färbungsprozeß mit 1) fort.

4)   Färbe die Knoten in der umgekehrten Reihenfolge ihres Entfernens aus dem Graphen. Dabei bekommt jeder Knoten eine Farbe, die keiner seiner Nachbarn hat.

Einbindung der Färbung in den Übersetzungsprozeß

Mit dem Einsatz der Färbung ist eine Reihe von Problemen verbunden. Beispiele hierfür sind:

–   Wie sieht die optimale Färbungstrategie aus?

–   Wie sieht die optimale Auslagerung auf den Speicher aus?

–   Wo wird die Färbung in den Übersetzungsprozeß eingebunden (Compiler / Linker)?

Diese Fragestellungen lassen sich in der Regel nur aus dem Umfeld der Anwendung heraus beantworten. So hängt beispielsweise der mögliche Zeitpunkt der Registerzuordnung von der verwendeten Programmiersprache ab. Programme in C oder PASCAL werden komplett übersetzt und gebunden, haben also diesbezüglich statischen Charakter. Hier kann die Registerzuordnung zu einem späten Zeitpunkt (etwa während des Bindens) erfolgen [WALL 86]. Damit werden interprozedurale Zuordnungen möglich; dies erfordert einen höheren Aufwand bei der Berechnung, liefert jedoch auch bessere Ergebnisse (globale Optimierung). Sprachen wie etwa LISP bieten dem Benutzer eine interaktive Arbeitsumgebung, in der er direkt auf alle definierten Prozeduren und Funktionen zugreifen kann. Funktionen stehen sofort nach der Übersetzung zur Verfügung; sie werden in die existierende Umgebung mit eingebunden. Durch das Übersetzen und Einbinden verändert also der Benutzer ständig seine Arbeitsumgebung und damit auch die Laufzeitumgebung der Programme. Durch diese inkrementelle Vorgehensweise ist in LISP eine interprozedurale Optimierung nicht möglich; stattdessen wird die Registerzuordnung nur innerhalb einer Funktion durchgeführt. Es gibt jedoch Untersuchungen über die Einsetzbarkeit von Heuristiken für die inter- prozedurale Registeroptimierung bei interaktiven Sprachen wie LISP [STEE 88]. Darüber hinaus geht die Tendenz dahin, sowohl Entwicklungs- als auch Laufzeitsysteme für LISP anzubieten. Letztere erlauben keine interaktive Veränderung der Umgebung, so daß für diese Systeme die gleichen Techniken wie für C oder PASCAL verwendet werden können.

Das nachfolgende Beispiel verdeutlicht den Ablauf der Registerzuordnung (Bild 5-6, Tabelle 5-2 und Bild 5-7):

Der berechnete Registerkonfliktgraph wird jetzt, dem Algorithmus von Chaitin folgend, gefärbt. Dazu stehen im Beispiel 4 Farben (Register) zur Verfügung. So- mit können jeweils alle Knoten, die weniger als 4 verbleibende Nachbarn haben, aus dem Graph gelöscht werden. Die Reihenfolge der Löschung und die jeweils verbleibenden Knoten und die Anzahl ihrer Kanten sind in Tabelle 5-2 enthalten. Die gelöschten Knoten werden von oben nach unten aufgetragen.

Nach zwei Löschungen (Knoten m und n) hat jeder der verbleibenden Knoten mindestens vier Kanten, so daß es notwendig wird, einen Knoten zu entfernen (d.h. die zugehörige Variable in den Speicher auszulagern). Da über keinen der Knoten weitere Informationen vorliegen, wird zunächst versuchsweise der Kno- ten gelöscht, dessen zugehörige Variable (r) nach dem Ende des betrachteten Codestückes nicht mehr lebendig ist (mit "X..X" gekennzeichnete Zeile). Im verbleibenden Graphen hat weiterhin jeder Knoten mindestens 4 Kanten (Zeile "X..X"), sodaß auch nach dem Entfernen des Knotens "r" keine Möglichkeit besteht, den Algorithmus normal (d. h. ohne weiteres Auslagern von Variablen) weiterlaufen zu lassen. Dieses Verhalten ist dem Ansatz von Chaitin zuzuschrei- ben, da hier Entscheidungen über die Auslagerung von Variablen erst zu einem Zeitpunkt getroffen werden, zu dem keine weitere Information über die Ver- wendung von Werten mehr zur Verfügung steht. Wird im Beispiel an der kri- tischen Stelle die Variable "t" anstelle von "r" ausgelagert, treten diese Probleme

Beispiel: Registerzuordnung - Erzeugen des Konfliktgraphen

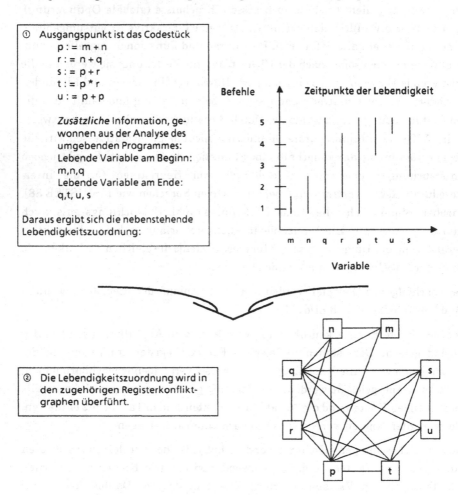

Bild 5-6: Lebendigkeitszuordnung und Registerkonfliktgraph

nicht auf. Aus Tabelle 5-2 ist ersichtlich, daß der Algorithmus dann für den Rest der Knoten durchläuft. Die Reihenfolge der Löschungen (ausgelagerte Werte werden nicht berücksichtigt) ist dann im Beispiel m,n,r,p,u,s,q.

Aus der umgekehrten Reihenfolge der Löschungen wird dann die Färbung (Registerzuordnung) unter Beachtung des Registerkonfliktgraphen bestimmt. Die Variable "t" wird hier nicht mehr betrachtet, da sie in den Speicher ausgelagert wurde. Die vier zur Verfügung stehenden Register sind den Farben rot, gelb, grün und blau zugeordnet. Eine daraus bestimmte Zuordnung zeigt Bild 5-7.

Tabelle 5-2: Gelöschte Knoten / Verbleibende Kanten

	Knoten und die Zahl ihrer Kanten							
gelöschte Knoten	m	n	q	r	p	t	u	s
	3	4	7	5	7	5	4	5
m	-	3	6	5	6	5	4	5
n	-	-	5	4	5	5	4	5
r	-	-	4	spill	4	4	4	4
t	-	-	4	3	4	spill	3	4
r	-	-	3	-	3	-	3	3
p	-	-	2	-	-	-	2	2
u	-	-	1	-	-	-	-	1
s	-	-	0	-	-	-	-	-
q	-	-	-	-	-	-	-	-

Beispiel: Registerzuordnung - Berechnen der Färbung

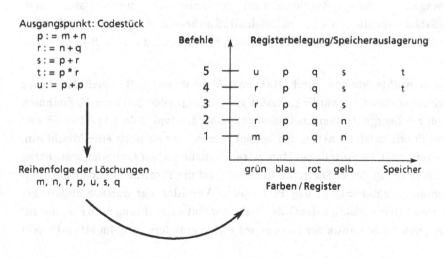

Ausgangspunkt: Codestück
```
p := m + n
r := n + q
s := p + r
t := p * r
u := p + p
```

Reihenfolge der Löschungen
m, n, r, p, u, s, q

Bild 5-7: Registerbelegung durch Färbung von Graphen

5.4.5 Pipeline-Aspekte

Um den Durchsatz zu erhöhen, haben RISC-Prozessoren in der Regel eine Befehls-Pipeline. Pipeline-Verarbeitung kann zu Ziel-Quelle- bzw. Ziel-Ziel-Konflikten führen (Bild 5-8). Ziel-Ziel-Konflikte können auftreten, wenn ein Register

Ziel-Quelle-Konflikte:

Ein Quellregister einer Instruktion steht noch
nicht zur Verfügung, weil es Zielregister
einer in der Pipeline noch vorher
abzuarbeitenden Instruktion ist.

Lösung:

Zum Erreichen der vollen Leistung:
Gekoppelte Hardware / Software-
Maßnahmen!
(Compiler, in der Pipeline:
Forwarding / Scoreboarding)

Ziel-Ziel-Konflikte:

Ein Register ist Zielregister zweier gleichzeitig in der Pipeline stehenden
Instruktionen.

Lösung:

Organisation der Pipeline so, daß nur in
einer Stufe Register geschrieben werden
können. Software-Maßnahmen sind nicht
erforderlich!

Bild 5-8: Konfliktarten in Pipelines

gleichzeitig Zielregister zweier in der Pipeline stehenden Instruktionen ist. Diese
Situation kann durch konstruktive Maßnahmen sehr leicht verhindert werden
und tritt bei den bekannten RISC-Prozessoren nicht auf. Ziel-Quelle-Konflikte
dagegen spielen bei RISC eine sehr große Rolle (Bild 5-9). Die beiden
Ausprägungen dieser Konflikte sind gekennzeichnet durch Daten- bzw.
Adreßabhängigkeiten, wie sie im Befehlsfluß auftreten. Ausgehend von der Beispiel-Pipeline (siehe Kapitel 3 "Pipelining", Bild 3-6) wird dies in Bild 5-10 dargestellt.

Diese Konflikte können durch Hardware-Maßnahmen (z.B. durch Hardware
Interlocking, Load Forwarding, Result Forwarding) oder Software-Maßnahmen
(z.B. durch Reorganisation des Codes) gelöst werden (vgl. Bild 5-11) [CHOW 88].
In der Praxis existiert neben den beiden reinen Formen auch eine Mischform.
Diese verbindet die Vorteile der Hardware-Maßnahmen (der Compiler braucht bei
der Generierung des Codes keine Rücksicht auf die Pipeline-Struktur der Zielmaschine zu nehmen) mit den Performance-Vorteilen der durch Software ge-
steuerten Umorganisation des Codes. Bei einer Software-Lösung muß man darauf
achten, daß die Semantik der Programme nicht verändert wird. Im MIPS-Projekt

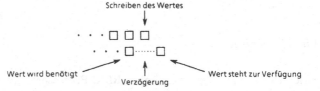

Behandlung von
Ziel-Quelle Konflikten
durch den
Compiler
und in der
Pipeline-Architektur

Bild 5-9 : Ziel- Quelle-Konflikte in Pipelines

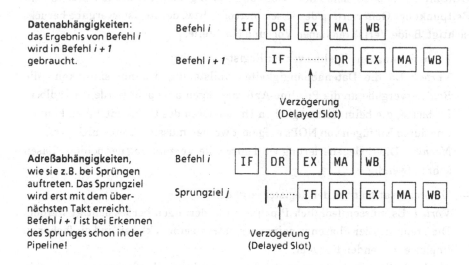

Datenabhängigkeiten:
das Ergebnis von Befehl i
wird in Befehl $i + 1$
gebraucht.

Befehl i

Befehl $i + 1$

Verzögerung
(Delayed Slot)

Adreßabhängigkeiten,
wie sie z.B. bei Sprüngen
auftreten. Das Sprungziel
wird erst mit dem über-
nächsten Takt erreicht.
Befehl $i + 1$ ist bei Erkennen
des Sprunges schon in der
Pipeline!

Befehl i

Sprungziel j

Verzögerung
(Delayed Slot)

Bild 5-10: Daten- und Adreßabhängigkeiten in der Pipeline

wurde ein Verfahren zur Reorganisation des Codes entwickelt [HENN 83, POET 88], das nachfolgend kurz beschrieben wird. Dieses Verfahren dient auch als Grundlage für einige der bei VLIW eingesetzten Scheduling-Algorithmen.

Die Software-Lösung zur Beseitigung der Pipeline-Konflikte sieht eine Umorganisation des Codes vor. Dabei wird entweder aus dem vom Compiler erzeugten linearen Assemblercode der für den speziellen Zielprozessor angepaßte Maschinencode generiert (*postpass optimization*), oder die Eigenschaften der Pipeline

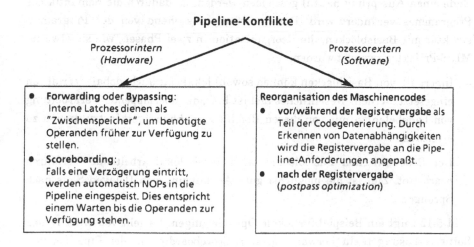

Pipeline-Konflikte

Prozessorintern
(Hardware)

Prozessorextern
(Software)

- **Forwarding oder Bypassing:**
  Interne Latches dienen als
  "Zwischenspeicher", um benötigte
  Operanden früher zur Verfügung zu
  stellen.
- **Scoreboarding:**
  Falls eine Verzögerung eintritt,
  werden automatisch NOPs in die
  Pipeline eingespeist. Dies entspricht
  einem Warten bis die Operanden zur
  Verfügung stehen.

Reorganisation des Maschinencodes
- **vor/während der Registervergabe** als
  Teil der Codegenerierung. Durch
  Erkennen von Datenabhängigkeiten
  wird die Registervergabe an die Pipeline-Anforderungen angepaßt.
- **nach der Registervergabe**
  (*postpass optimization*)

Bild 5-11: Auflösung von Pipeline-Konflikten

(Anzahl der delayed slots nach Lade- und Sprungbefehlen) werden bereits zum Zeitpunkt der Generierung des Assemblercodes bzw. der Registervergabe berücksichtigt. Beide Verfahren haben Vor- und Nachteile:

- Einbeziehung der Pipeline vor der Registervergabe:
  Vorteil: Da die Datenabhängigkeiten vollständig bekannt sind, kann die Registervergabe an die Pipeline-Anforderungen angepaßt werden. Deadlock-Probleme, die beim nachträglichen Umsortieren des Codes entstehen können und durch Einfügen von NOPs aufgelöst werden müssten, treten nicht auf.
  Nachteil: Die Codegenerierung wird durch die Verzahnung der beiden Phasen sehr aufwendig.

- Umorganisation nach der Registervergabe:
  Vorteil: Es müssen lediglich Pipeline-Anforderungen berücksichtigt werden. Die Trennung der Phasen voneinander führt zu einem klaren und einfacher zu implementierenden Konzept.
  Nachteil: Die bereits zugeordneten Register führen u.U. zu weiteren Datenabhängigkeiten, so daß NOPs eingefügt werden müssen, um die Pipeline-Restriktionen einzuhalten.

Welcher der beiden Ansätze zu den besseren Ergebnissen führt, ist umstritten. So ergaben Untersuchungen im MIPS-Projekt der Universität Stanford [HENN 83], daß die nachträgliche Umorganisation (*postpass code optimization*) vorzuziehen ist. Dieses Ergebnis wird von anderer Seite angezweifelt [POET 88].

Die Reorganisation muß beim Umstellen des Codes die Struktur des Programmes beachten. So dürfen Codeteile nicht beliebig über die Grenzen von Basisblöcken (streng sequentielle Codestücke, die am Anfang eine Einsprungstelle und am Ende einen Aussprung haben) geschoben werden, da dadurch die Semantik des Programmes verändert wird. Damit zerfällt, ausgehend von der Programmstruktur mit Basisblöcken, die Reorganisation in zwei Phasen, wie sie etwa im MIPS-Projekt verwendet wurden.

- Innerhalb von Basisblöcken können sowohl lokale als auch globale Verfahren eingesetzt werden. Wesentliches Ziel ist hier, die überlappende Verarbeitung von Ladebefehlen mit von diesen Befehlen unabhängigen Instruktionen zu erreichen.

- Der Code zwischen Basisblöcken wird durch lokal arbeitende Verfahren bearbeitet. Ziel ist die möglichst gute Ausnutzung von Delayed Slots nach Sprüngen.

Bild 5-12 zeigt ein Beispiel für lokale Optimierungen. Es geht von einer reinen Software-Lösung (kein Forwarding, kein Scoreboarding in der Pipeline; verwendet wird die Beispiel-Pipeline aus Kapitel 3 "Pipelining") aus.

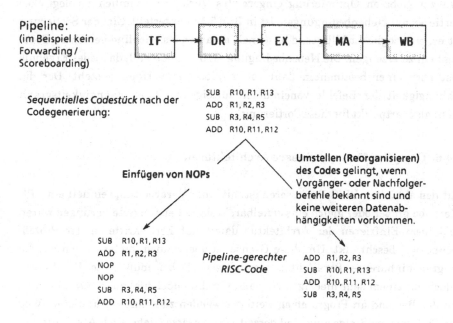

Pipeline:
(im Beispiel kein
Forwarding /
Scoreboarding)

IF → DR → EX → MA → WB

Sequentielles Codestück nach der
Codegenerierung:

```
SUB   R10, R1, R13
ADD   R1, R2, R3
SUB   R3, R4, R5
ADD   R10, R11, R12
```

Einfügen von NOPs

**Umstellen (Reorganisieren)
des Codes** gelingt, wenn
Vorgänger- oder Nachfolger-
befehle bekannt sind und
keine weiteren Datenab-
hängigkeiten vorkommen.

```
SUB   R10, R1, R13
ADD   R1, R2, R3
NOP
NOP
SUB   R3, R4, R5
ADD   R10, R11, R12
```

*Pipeline-gerechter
RISC-Code*

```
ADD   R1, R2, R3
SUB   R10, R1, R13
ADD   R10, R11, R12
SUB   R3, R4, R5
```

Bild 5-12: Beispiel für lokale Optimierung (Datenabhängigkeit, nur SW)

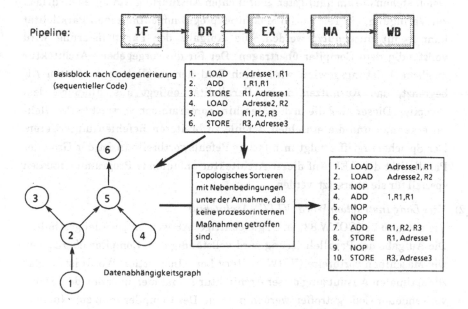

Pipeline:

IF → DR → EX → MA → WB

Basisblock nach Codegenerierung
(sequentieller Code)

```
1.  LOAD    Adresse1, R1
2.  ADD     1, R1, R1
3.  STORE   R1, Adresse1
4.  LOAD    Adresse2, R2
5.  ADD     R1, R2, R3
6.  STORE   R3, Adresse3
```

Topologisches Sortieren
mit Nebenbedingungen
unter der Annahme, daß
keine prozessorinternen
Maßnahmen getroffen
sind.

```
1.   LOAD    Adresse1, R1
2.   LOAD    Adresse2, R2
3.   NOP
4.   ADD     1, R1, R1
5.   NOP
6.   NOP
7.   ADD     R1, R2, R3
8.   STORE   R1, Adresse1
9.   NOP
10.  STORE   R3, Adresse3
```

Datenabhängigkeitsgraph

Bild 5-13: Beispiel für globales Reorganisationsverfahren

Ein zur globalen Optimierung eingesetztes Verfahren, nämlich topologisches Sortieren mit Nebenbedingungen, ist in Bild 5-13 dargestellt. Ziel der Sortierung ist es, ein möglichst billiges, d.h. schnell ablaufendes, pipeline-gerechtes Codesegment zu erzeugen. Die Nebenbedingung ist in diesem Fall, daß jedes Ergebnis erst nach einer bestimmten Zahl von Zyklen zur Verfügung steht. Der die Abhängigkeit der Befehle voneinander aufzeigende Datenabhängigkeitsgraph dient als Startpunkt für diese Sortierung.

5.4.6 Compiler für superlineare Architekturen

Mit den aktuellen RISC-Prozessoren ist mit einer Verarbeitungseinheit ein CPI-Wert von größer oder gleich eins erzielbar. Weitere Leistungssteigerungen wären bei einem Einfrieren der Architektur damit auf Fortschritte in der Prozeßtechnologie beschränkt. Um diese Grenze zu überwinden, bietet es sich an, die programminhärente Parallelität auszunutzen. Dabei muß diese Parallelität jedoch auf einem sehr niedrigen Niveau (Maschinenbefehle) ausgenutzt werden, um den Bestand an Programmen weiterverwenden zu können. Auf diesem Weg zur Performance-Steigerung sind derzeit vier Ansätze (siehe auch Abschnitt 3.6) erkennbar:

1) *Long Instruction Word (LIW)-Architektur*
   Mehrere Ausführungseinheiten (AE) werden auf einem Chip angeordnet. Damit stehen die am häufigsten gebrauchten Ausführungseinheiten mehrfach zur Verfügung; ein Teil der im Maschinenprogramm enthaltenen Parallelität kann somit ausgenutzt werden. Die Aufgabe der Parallelisierung wird vollständig dem Compiler übertragen. Der für die vorgegebene Architektur mögliche Leistungsgewinn wird durch Zahl der parallel angeordneten AE begrenzt, das Ausnutzen dieser Parallelität obliegt ausschließlich dem Compiler. Dieser muß die in den Maschinenprogrammen versteckte Parallelität erkennen und die einzelnen Befehle zu breiteren Befehlen umsortieren. Der Speicherzugriff erfolgt in n-facher Befehlswortbreite (n ist der Grad der Parallelität der AE). Auf dieser Architektur ablaufende Programme müssen speziell für sie übersetzt werden.

2) *Very Long Instruction Word (VLIW)-Architektur*
   Viele (bis zu 28 [COLW 88], u. U. gleichartige) AE werden parallel geschaltet. Die Aufgabe der Parallelisierung wird vollständig dem Compiler übertragen. Die Maschinenwortbreite (VLIW = Very Long Instruction Word) ist so, daß zur optimalen Ausnutzung dieser Architektur Annahmen über den demnächst verwendeten Code getroffen werden müssen. Der Compiler muß zur Nutzung der Architektur möglichst lange Pfade (*Traces*) im Code finden, die nach einer

Umsortierung von der Maschine mit maximaler Parallelität abgearbeitet werden können. Bedingt durch die neue Anordnung von Befehlen und das neue Befehlsformat, müssen die Programme für VLIW-Rechner speziell übersetzt werden.

3) *Superskalare Architektur*

Mehrere AE werden auf einem Chip integriert. Zusätzlich wird ein Steuerwerk implementiert, das für die Verteilung der einkommenden Befehle auf die einzelnen AE sorgt. Auch hier wird mit der n-fachen Wortbreite auf den Speicher zugegriffen. Dieser Ansatz ist nicht unbedingt auf einen parallelisierenden Compiler angewiesen. Durch die Hardware-gesteuerte Verteilung der Befehle sind auch mit dem bisherigen Compiler übersetzte Programme ablauffähig und werden schneller abgearbeitet. Die volle Performance wird jedoch nur mit einem angepaßten Compiler erreicht, der die speziellen Eigenschaften der Architektur kennt und eine Befehlsumsortierung, ähnlich wie bei LIW und VLIW, vornimmt.

4) *Superpipelined Architektur*

Die Abarbeitung von Befehlen läßt sich in (nicht mehr teilbare) Primitivoperationen unterteilen. Bisherige RISCs haben jeweils mehrere dieser Operationen zu einer Pipeline-Stufe zusammengefaßt; sie heißen daher auch *underpipelined* (siehe Kapitel 2 ″RISC-Grundlagen″). Eine Erhöhung der Zahl der Pipeline-Stufen auf die Zahl der unteilbaren Basisoperationen führt zu deutlich längeren Pipelines (*superpipelined*). Mit der Zahl der Pipeline-Stufen steigt die Zahl der Delayed Slots nach Sprüngen und Ladeoperationen. Hier werden höhere Anforderungen an den Compiler gestellt, um die Delayed Slots auszufüllen. Prozessoren mit einer derartigen Pipeline können, bei geschickter Implementierung, binärkompatibel zu ansonsten gleichen Prozessoren mit kürzerer Pipeline sein.

Die speziellen Eigenschaften der für den vierten Ansatz notwendigen Compiler unterscheiden sich im Prinzip nicht von den weiter vorne beschriebenen. Der Analyseaufwand steigt jedoch durch die schärferen Randbedingungen an. Für die Ansätze 1) bis 3) kommt als neue Aufgabe das Erkennen von Parallelität hinzu. Der Vergleich dieser Aufgabe mit der Codereorganisation zur Pipeline-Ausnutzung zeigt jedoch, daß beide Aufgaben sehr eng miteinander verwandt sind. Im Rest dieses Abschnittes wird das notwendige Verfahren erläutert und den bisher genannten Methoden gegenübergestellt. Dabei werden die Verfahren am Beispiel eines VLIW-Rechners aufgezeigt; die für die Ansätze 1) und 3) eingesetzten Verfahren ergeben sich durch das Weglassen einzelner Module.

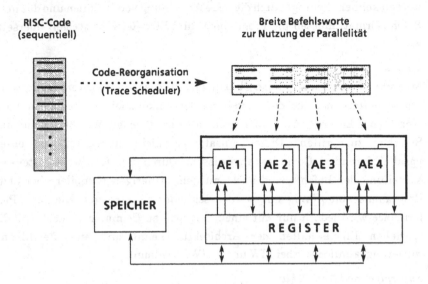

AE = Ausführungseinheit

Bild 5-14: Maschinenmodell eines Rechners mit breiten Befehlsworten

Bild 5-14 zeigt ein stark vereinfachtes Maschinenmodell. Gleichzeitig wird der Übergang vom sequentiellen RISC-Code zu einem für VLIW-Maschinen aufbereiteten Code angegeben.

Die wesentliche Aufgabe besteht darin, mit einem Codereorganisator (*Trace-Scheduler*) den vom Compiler erzeugten sequentiellen Code in Code mit dem Parallelitätsgrad n (n = Zahl der Ausführungseinheiten) zu wandeln. Der Codereorganisator benötigt, um diese Umordnung vornehmen zu können, Kenntnisse über das Maschinenmodell sowie das statische und dynamische Verhalten der einzelnen Ausführungseinheiten (z.B. Ablaufzeiten der einzelnen Befehle).

Der Reorganisator muß vor der Umordnung des Codes (topologisches Sortieren mit Nebenbedingungen) die Abhängigkeiten der Befehle untereinander erkennen. Dabei werden die in einem Basisblock vorhandenen Parallelitäten zur Modifikation des Codes ausgenutzt. Für die Varianten 1) und 2) können schon mit diesem Ansatz die vorhandenen AE ausgelastet werden. Bei einer höheren Zahl von AE und damit potentiell höherer Parallelität sind weitere Schritte notwendig.

Die Länge der bisher betrachteten Basisblöcke hängt von der Anwendung und der eingesetzten Programmiersprache ab. Sie liegt z.B. für eine Reihe untersuchter C-Programme bei etwa 4 Instruktionen; für Fortran-Anwendungen sind die Blöcke oft wesentlich länger (bis zu 80 Instruktionen). Diese Zahlen beziehen sich auf

Messungen, die während des Ablaufes von Programmen der SPEC-Benchmark-Suite (siehe. Kapitel 6 "Aktuelle RISC-Prozessoren") vorgenommen wurden.

Um eine höhere Parallelität als die durch die Länge der Basisblöcke begrenzte zu erreichen, muß die von den Basisblöcken gesetzte Grenze überwunden werden. Diese Aufgabe wird vom *Trace Scheduler* übernommen.

Der Trace Scheduler übernimmt den Flußgraphen aus der Flußanalyse des Compilers. Auf der Basis dieses Flußgraphen wird ein Pfad (*trace*) im Maschinencode ausgewählt. Um diesen Pfad errechnen zu können, wird zuvor jeder Operation im Flußgraphen ein Gewicht zugeordnet, das ihre Ausführungshäufigkeit repräsentiert. Weiterhin wird für jede Kante einer Verzweigung die Wahrscheinlichkeit ihrer Ausführung eingetragen. Das grundlegende Verfahren zur Berechnung eines Pfades aus diesem gewichteten Flußgraphen ist in 1) bis 3) nachfolgend dargestellt.

1) Bestimme im Flußgraphen den Knoten mit dem höchsten Gewicht.

2) Vorwärtserweiterung des Pfades:
   Wähle den letzten Knoten des derzeitigen Pfades aus. Suche zu diesem Knoten den Nachfolger mit dem höchsten Gewicht und füge ihn dem Pfad hinzu. Erweitere den Pfad, bis
   - kein Knoten mehr zu finden ist oder
   - der ausgewählte Knoten schon zu einem anderen Pfad gehört oder
   - die Kante zum Nachfolgeknoten eine Rückwärtskante ist (Schleife!).

3) Rückwärtserweiterung des Pfades:
   Verfahre wie bei der Vorwärtserweiterung des Pfades. Statt Nachfolgern werden Vorgänger gesucht; für die Abbruchbedingung ist auf endende Rückwärtskanten zu achten.

Der Algorithmus endet an Schleifengrenzen. Dadurch wird der Trace Scheduler deutlich einfacher; eine Erweiterung des Verfahrens über Schleifengrenzen hinweg ist jedoch möglich.

Die für die Gewichtung des Flußgraphen notwendigen Informationen (Ausführungshäufigkeiten, Sprungwahrscheinlichkeiten) können aus verschiedenen Quellen kommen. Beispiele sind etwa:

- Extraktion der Daten aus dem Ablaufprofil.

- Angaben des Programmierers (z.B. die Sprungwahrscheinlichkeiten bei if..then..else Verzweigungen)

- Berechnungen durch den Compiler aufgrund statischer Codeanalyse.

Nach dem Erzeugen der Pfade wird jeder einzelne Pfad als Einheit aufgefaßt (vergleichbar einem Basisblock) und unter Beachtung von Maschinenrestriktionen und Datenabhängigkeiten zum VLIW-Code gewandelt. Die bis zu diesem Zeitpunkt generierten Befehle sind unter der Annahme erzeugt worden, daß das Programm einen bestimmten Zweig durchläuft. Werden jedoch andere Pfade durchlaufen, so ist der Code für diese Pfade nicht korrekt; es wurden im "Hauptpfad" u. U. überflüssige oder sogar falsche Berechnungen durchgeführt. Um dieses Problem zu lösen, wird der Code in einer weiteren Übersetzungsphase um zusätzliche Operationen (Kompensationscode) ergänzt. Dieser Kompensationscode wird an den Nahtstellen zwischen Pfaden eingesetzt. Er sorgt dafür, daß beim Übergang zwischen Pfaden der an dieser Stelle korrekte Programmstatus wiederhergestellt wird.

Besondere Beachtung verdient noch die Berücksichtigung von Datenabhängigkeiten während der Generierung breiter Maschinenbefehle. So wird versucht, Speicherzugriffe möglichst parallel durchzuführen. Allerdings weiß man bei Zugriffen auf Felder oft nicht, ob zwei Referenzen auf die gleiche Speicherzelle zeigen oder nicht. Wenn z.B. zwei Zugriffe auf Feldelemente v[i] und v[j] erfolgen sollen, so dürfen diese beim Umordnen des Codes nur dann ihre Reihenfolge vertauschen, wenn sie nicht auf die gleichen Speicherplätze zeigen.

Die mit diesem Ansatz erreichbare Parallelität hängt von der jeweils betrachteten Anwendung ab. Für VLIW-Maschinen wird für technisch-wissenschaftliche Anwendungen (i. d. R. in Fortran geschriebene Programme) ein möglicher Parallelisierungsgrad von bis zu 70 angegeben. Für in anderen Sprachen (C, LISP, PASCAL) geschriebene Anwendungen liegt der erreichbare Parallelitätsgrad deutlich niedriger. Für superskalare Architekturen ($\leq$ 4 VE parallel) liegt, da hier kein Trace Scheduling benötigt wird, der im Compiler notwendige Aufwand deutlich niedriger als für VLIW-Maschinen. Hier werden für C-Programme Parallelitätsgrade von etwa 2 bis 3 berichtet.

5.5   Ausblick

Die Weiterentwicklung von RISC wird sowohl auf dem Architektur- als auch auf dem Technologiesektor stattfinden (Bild 5-15). Dabei werden sich diese Bereiche gegenseitig beeinflussen. Insgesamt ist auch ein deutlicher Einfluß auf die Software zu erwarten.

Die Weiterentwicklung auf dem Architektursektor folgt verschiedenen Zielrichtungen:

- Sehr breite Maschinenworte (bis zu etwa 20-30 Worten). Die auf Maschinenebene erfolgende Parallelisierung von Programmen ist Aufgabe der Compiler ([FISH 88, COLW 88]). Berechnungen deuten darauf hin, daß für technisch-

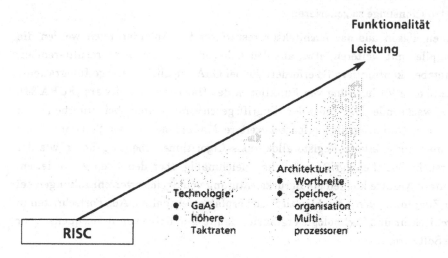

Bild 5-15: Zukünftige Entwicklungen

wissenschaftliche Anwendungen ein Parallelisierungsgrad von etwa 20 erreichbar ist.

- Breite Maschinenworte (2-4 Befehle parallel); Parallelität wird hier durch die Hardware erreicht, die bei jedem Zugriff überprüft, welche der Befehle parallel ausgeführt werden können (superskalare Prozessoren). Mit diesem Verfahren ist (ohne weitere Unterstützung) ein Parallelisierungsgrad von etwa 2 (d.h. CPI = 0.5) erreichbar. Der Vorteil gegenüber VLIW liegt in der Weiterverwendbarkeit alten Binärcodes.

- Weiterentwicklung der bisherigen Architekturen. So ist bei höherer Integrationsdichte damit zu rechnen, daß Cache Controller, Caches, MMU und FPU mit auf dem Prozessorchip integriert werden.

Mit den beiden zuerst aufgeführten Ideen ergeben sich deutliche Konsequenzen für die Software. Die Leistung von VLIW-Architekturen basiert vollständig auf der guten Ausnutzung des Hardware-Potentials durch den Compiler, dem hier die Aufgabe zufällt, parallel abarbeitbare Programmstücke zu erkennen. Zu diesem Thema laufen Forschungsarbeiten; insbesondere das Verarbeitungsmodell und das Verfahren zur Berechnung der Parallelität (Scheduler) sind Gegenstand der Untersuchungen.

Für superskalare Prozessoren gilt ähnliches wie für Prozessoren mit Scoreboarding für die Pipeline: Das System läuft auch ohne Software-Unterstützung fehlerfrei, die Verwendung geeigneten Codes kann die Abarbeitung jedoch beschleunigen. Für den Compiler bedeutet dies, daß er genaue Kenntnis der Hardware-Strukturen haben muß, um eine für die Parallelabarbeitung geeignete Instruktionsfolge zu generieren.

Neben diesen aus der Architektur resultierenden Anforderungen werden die Compiler mit weiteren, etwa aus den höheren Taktfrequenzen resultierenden, Aufgaben konfrontiert. So erfordert die bei GaAs mögliche geringe Integrations- dichte eine Verlagerung von Funktionen der Hardware in Software [FURA 88]. Die wachsende Differenz der Zugriffsgeschwindigkeiten bei internen und externen Datenzugriffen erfordert weitere Maßnahmen in der Software. Dazu können ausgefeiltere Registerallokations-Algorithmen ebenso gehören wie der Versuch, Speicherzugriffe möglichst gleichmäßig über den Code zu verteilen. Weitere Ansätze können die Berücksichtigung von Speicherverschränkungen bei der Zuordnung von Variablen zu Speicherplätzen enthalten. Aus Fortschritten in Architektur und Technologie ergibt sich damit eine Reihe von Konsequenzen für die Software:

- Der Compiler enthält ein Modell der Architektur. Dabei werden auch Caches und Hauptspeicher einbezogen.

- Im Compiler werden die höheren Taktraten berücksichtigt (z.B. durch regu- läre Befehlsfolgen, Speicherzugriffe nur noch in festen Abständen).

- Bei superskalaren Prozessoren werden "Zweidimensionale" Optimierung zum wesentlichen Bestandteil:
  - vertikal: RISC-Optimierung (Pipeline, Instruction Scheduling)
  - horizontal: Für jede Verarbeitungseinheit soll der maximale Paralleli- tätsgrad erreicht werden.

Zusammenfassend läßt sich sagen, daß durch die Weiterentwicklungen ein weites Feld verschiedenartiger RISC-Architekturen entstehen wird. Damit einhergehen wird eine Weiterentwicklung der Compiler-Technik, die in immer stärkerem Maß die Hardware-Ressourcen berücksichtigen muß, um die maximale Performance der jeweiligen Systeme zu erreichen.

Literatur

[ABEL 85]   Abelson, H.; Sussman, G. J.: Structure and Interpretation of Computer Programs. Cambridge, MA: The MIT Press 1985

[AHO 86]   Aho, A. V.; Sethi, R.; Ullman, J. D.: Compilers - Principles, Techniques, and Tools. Reading, MA: Addison-Wesley Publishing Company 1986

[BODE 90]   Bode, A.: Architektur von RISC-Rechner. In: RISC-Architekturen
              (Bode, A. (Hrsg.)). Mannheim: BI-Wissenschaftsverlag 1990

[CHAI 81]   Chaitin, G. J.; Auslander, M. A.; Chandra, A. K.; Cocke, M. E.;
              Hopkins, M. E.; Markstein, P. W.: Register Allocation via
              Coloring. Journal for Computer Languages 6 (1981), pp. 47-57

[CHAI 82]   Chaitin, G. J.: Register Allocation & Spilling via Graph Coloring.
              Proc. SIGPLAN '82 Symp. on Computer Construction, SIGPLAN
              Notices, 17 (1982) 6, pp. 98-105

[CHOW 84]   Chow, F.; Hennessy, J.: Register Allocation by Priority-based
              Coloring. Proc. SIGPLAN '84 Symposium on Compiler Construc-
              tion, SIGPLAN Notices 19 (1984) 6, pp. 222-232

[CHOW 88]   Chow, P.; Hennessy, J.: Reduced Instruction Set Computer
              Architectures. In: Computer Architecture (Milutivovic, V. M.
              (ed.)). New York: North-Holland 1988

[COLW 88]   Colwell, R. P.; Nix, R. P.; O'Donnell, J. J.; Papworth, D. B.;
              Rodman, P. K.: A VLIW Architecture for a Trace Scheduling
              Compiler. IEEE Transactions on Computers, C-37 (1988) 8, pp.
              967-979

[DESI 88a]   SPARC-Interna, Teil 1,2,3. Design&Elektronik (1988) 13, S.148-
              151; (1988) 14, S.97-101; (1988) 16, S.62-66

[DESI 88b]   Die RISC-Spirale dreht sich - die 88000-Familie ist angekündigt.
              Design&Elektronik (1988) 9, S.8-21

[ELLI 86]   Ellis, J. R.: Bulldog, A Compiler for VLIW Architectures.
              Cambridge, MA.: The MIT Press 1986

[FISH 88]   Fisher, J. A.: Microprogramming, Microprocessing and
              Supercomputing. Microprocessing and Microprogramming 24
              (1988), pp. 17-20

[FURA 88]   Fura, D. A.; Milutinovic, V. M.: Computer Design for Gallium
              Arsenide Technology. In: Computer Architecture. New York:
              North-Holland 1988

[FURH 88]   Furht, B.: A RISC Architecture with Two-Size, Overlapping
              Register Windows. IEEE Micro 8 (1988) 2, pp. 67-80

[GRAH 88]   Graham, S. L.: Code Generation and RISC Architectures. In: Proc.
              Architektur und Betrieb von Rechensystemen, IFB 168, Berlin:
              Springer 1988

[HENN 83]   Hennessy, J. L.; Gross, T.: Postpass Code Optimization of Pipeline Constraints. ACM Transactions on Programming Languages and Systems 5 (1983) 3, pp. 422-448

[HORS 87]   Horster, P.; Manstetten, D.; Pelzer, H.: RISC-Reduced Instruction Set Computer - Konzepte und Realisierungen. Heidelberg: Huethig 1987

[KATE 86]   Katevenis, G. H.: Reduced Instruction Set Computer Architecture for VLSI. Cambridge, MA: The MIT Press 1986

[LOEC 86]   Loeckx, J.; Mehlhorn, K.; Wilhelm, R.: Grundlagen der Programmiersprachen. Stuttgart: Teubner 1987

[MAYE 88]   Mayer, U.; Reuveni, D.: RISC-MIPS von MIPS. Design&Elektronik (1988) 14, S.90-96

[PATT 85]   Patterson, D. A.: Reduced Instruction Set Computers. Communications of the ACM 28 (1985) 1, pp. 76-89

[POET 88]   Poetzsch-Heffter, A.: Reorganisieren von Basisblöcken für Pipeline-Prozessoren. In: Proc. Architektur und Betrieb von Rechensystemen, IFB 168, Berlin: Springer 1988

[STEE 88]   Steenkiste, P.; Hennessy, J. L.: LISP on a Reduced-Instruction-Set Processor: Characterization and Optimization. IEEE Computer 21 (1988) 7, pp. 34-45

[UNGA 87]   Ungar, D. M.: The Design and Evaluation of a High Performance Smalltalk System. Cambridge, MA: The MIT Press 1987

[WALL 86]   Wall, D. W.: Global Register Allocation at Link Time. Proc. SIGPLAN '86 Symposium on Compiler Construction, SIGPLAN Notices 21 (1986) 7, pp.264-275

[WEIC 90]   Weicker, R.: Leistungsmessung für RISC's. In: RISC-Architekturen (Bode, A. (Hrsg.)). Mannheim: BI-Wissenschaftsverlag 1990

[WIRT 87]   Wirth, N.: Hardware Architectures for Programming Languages and Programming Languages for Hardware-Architectures. Proceedings ASPLOS II, Computer Architecture News 15 (1987) 5, pp. 2-7

[ZIMA 82]   Zima, H.: Compilerbau Bd. I/II. Mannheim: BI-Wissenschaftsverlag 1982/1983

6 Aktuelle RISC-Prozessoren

In den vorangegangenen Kapiteln wurden die Konzeption und wichtige Einzelkomponenten von RISC-Prozessoren behandelt. Dieses Kapitel stellt eine Reihe von RISC-Prozessoren vor, die heute für Workstations eingesetzt werden. Dabei wird zum einen ein Augenmerk gelegt auf Besonderheiten der Prozessorarchitektur, zum andern auf Aspekte der Integration in eine Workstation.

Im ersten Teil dieses Kapitels werden Kriterien erarbeitet, unter denen die Prozessoren untersucht, eingeordnet und beurteilt werden können. Die folgenden Abschnitte stellen – in alphabetischer Reihenfolge – zehn der RISC-Prozessoren vor, die heute am häufigsten für Workstations verwendet werden. Dabei werden die Blöcke CPU, FPU, MMU und sonstige Komponenten vorgestellt; anschließend werden Multiprozessorfähigkeit und Software-Aspekte betrachtet.

6.1 Kriterien zur Beurteilung

Der wichtigste Grund, sich für einen RISC-Prozessor zu entscheiden, liegt wohl in der sehr hohen Performance dieser Bausteine; die hier vorgestellten Chips weisen durchwegs Leistungswerte von über 30 000 Dhrystones auf. So stellen sich umgekehrt die Fragen, warum RISC-Prozessoren eine so lange Anlaufphase hatten und warum auch heute noch nicht alle OEM-Hersteller in ihren Produkten die CISC-Prozessoren durch RISC-Bausteine ersetzen.

6.1.1 Software

Einer der wichtigsten Gründe dafür ist, daß für traditionelle CISC-Prozessoren wie Intel 80x86 und Motorola 680x0 große Mengen an Anwendungs-Software vorhanden sind, die sich nicht so einfach auf die neuen RISC-Prozessoren übertragen läßt. Die meisten Hersteller von RISCs wissen um diese Problematik und versuchen mit unterschiedlichen Methoden, diese Lücken aufzufüllen:

- *Intel* plant, den C-Compiler für den i860 Sourcecode-kompatibel zu ihrer 80x86-Linie zu halten.
- *Motorola* versucht, mit der Gründung der "88open Group" einen offenen Standard zu schaffen, der unabhängig ist von einer bestimmten Prozessorrealisierung, der Software-Kompatibilität zu späteren Versionen garantiert und der dadurch für unabhängige Firmen eine lohnende Grundlage für die Erstellung von Anwendungs-Software darstellt.
- *MIPS* hat eine Firma (Synthesis) damit beauftragt, Standard-Software auf die MIPS-Rechner zu portieren und neue Anwender-Software zu schreiben.
- *Sun* gewährleistet, daß C-Code, der auf ihren SPARC-Maschinen übersetzt wird, Sourcecode-kompatibel ist zu ihren 680x0-Maschinen.
- Allgemein läßt sich eine Tendenz hin zu firmenunabhängigen Standards ausmachen; die Definition eines *Application Binary Interface* (↗*ABI*) für eine Reihe von Prozessoren weist eindeutig in diese Richtung.

Die Software-Problematik reicht aber noch weit über diese Überlegungen hinaus (es gibt sogar das Dictum, die RISC-Technologie sei weniger ein Hardware- als ein Software-Problem); will man einen bestimmten Prozessor einsetzen, so sind mindestens noch folgende Fragen zu bedenken:

- Welche *Compiler* (bzw. Programmiersprachen) sind für einen bestimmten RISC erhältlich? Wie gut sind sie, d. h. wie gut ist der optimierte Code im Verhältnis zu handcodiertem Code, wie schnell sind ihre Laufzeitroutinen?
- Gibt es *Mathematikbibliotheken*?
- Ist es möglich, den Objectcode verschiedener Sprachen zu *binden (link)*?
- Welche *Betriebssysteme* werden angeboten, z. B. ein Echtzeitbetriebssystem (Real-Time Operating System)?
- Wie gut ist die *"Over-all-Performance"* eines Programms (d. h. mit Compiler-Optimierungen, Betriebssystem, Laufzeitumgebung und Hardware-Umgebung), das auf diesem Prozessor implementiert werden soll?
- Welche *Programme* sind auf diesen Rechnern verfügbar? Beispielsweise Software- und Hardware-Entwicklungs-, Emulations- oder Simulations-Tools, und schließlich: Anwendungsprogramme.

6.1.2 Performance-Messung

Es war bereits davon die Rede, daß Performance eines der wichtigsten Verkaufsargumente für RISCs ist; gerade deshalb soll hier auf einige Probleme und Fallstricke bei der Performance-Messung hingewiesen werden.

Aussagen über die *reale Performance* eines Prozessors zu machen, ist nämlich eine ziemlich problematische Angelegenheit. Man muß sich in jedem Fall darüber im klaren sein, daß alle heute verbreiteten Programme zur Performance-Messung (↗*Benchmarks*) immer nur einen *Teilaspekt* der Prozessor-Performance berücksichtigen. Bei der Beurteilung eines Prozessors sollte mindestens auf folgende Aspekte geachtet werden:

- *Integer-Performance:* Gemessen wird die Geschwindigkeit der Integer-Arithmetik, von Speicherzugriffen (Load und Store), von Sprüngen und von Unterprogrammaufrufen; auch die Qualität von Compiler-Optimierungen spielt hier eine Rolle. Typische Integer-Benchmarks sind der *Dhrystone*-Benchmark, ein synthetischer Benchmark mit einer typischen Befehlsverteilung, und die *Stanford Integer Suite*, eine Sammlung von kurzen realen Programmen.

- *Gleitkomma-Performance:* Bei naturwissenschaftlichen Anwendungen ist die Gleitkomma- (Floating Point) Performance von großer Bedeutung. Standard-Benchmarks dafür sind der *Linpack* oder der *Whetstone*. Für beide Benchmarks werden jeweils die Single-Precision- und die Double-Precision-Leistung angegeben.

- *Performance großer Programme:* Übliche Benchmark-Programme haben den Nachteil, daß sie ziemlich klein sind; dadurch kann das gesamte Programm im Cache untergebracht sein, was zu unrealistisch schnellen Speicherzugriffen (Load und Store) führt. Gelegentlich werden Benchmarks sogar in Assembler handcodiert. Es ist daher nicht ohne weiteres möglich, von einer hohen Integer-Performance auf eine hohe reale Performance zu schließen. Als eine Art Benchmark für große Programme – der aus den genannten Gründen erforderlich ist – wird häufig das Simulationsprogramm *SPICE* verwendet.

- *Task-Wechsel:* Typische Betriebssystem für Workstations (wie UNIX) sind für Multi-User- und Multi-Tasking-Betrieb ausgelegt; in die reale Prozessor-Performance geht also auch die Zeit ein, die für die Task-Wechsel benötigt wird. Auf einen Benchmark, der diesen Aspekt berücksichtigt, konnte man sich bisher noch nicht einigen.

- *Interrupt Response Time:* Für Controller-Anwendungen ist die Reaktionszeit auf Interrupts von entscheidender Bedeutung; die Reaktionszeit setzt sich zusammen aus der Interrupt Response Time und zusätzlich aus der Zeit, die für das Wiederaufsetzen des Prozessors benötigt wird. Auch hierfür existiert kein Standard-Benchmark.

- *I/O-Benchmarks:* Diese Benchmarks messen die Geschwindigkeit der Peripherie, vor allem des File-Systems. Sie sind ein Indiz für die Leistungsfähigkeit des Gesamtsystems. Ein Beispiel ist der *IOB* (*I/O-Benchmark*). Es gibt auch Benchmarks für Datenbanken.

- *Compiler:* Die Programmiersprache ist bei Performance-Messungen von eher untergeordneter Bedeutung. Wesentlich wichtiger ist die Qualität der Compiler-Optimierungen. Wichtig ist außerdem, ob für eine Performance-Messung überhaupt eine Hochsprache verwendet wurde oder ob der Benchmark in Assembler codiert wurde.

- *Hardware-Ausstattung:* Welche Cache- und Speicherkonfiguration wurde für die Performance-Messung gewählt? Gibt es diese Konfiguration nur für die Performance-Messung, oder wird ein System mit dieser Ausstattung tatsächlich auf dem Markt angeboten?

Um die Performance-Werte aussagekräftiger zu machen, wurde von *SPEC (Standard Performance Evaluation Corporation)*, einem zu diesem Zweck gegründeten Komitee, eine verbesserte Meßmethode entwickelt: Bei den SPEC-Messungen müssen die Systeme eine festgelegte Reihe von Benchmarks absolvieren. Deren Ausführungszeit wird in Bruchteilen der Ausführungszeit einer VAX 11/780 (*SPEC Reference Time*) ausgedrückt. Der geometrische Mittelwert dieser Quotienten wird *SPECmark* genannt und soll einen "objektivierten" MIPS-Wert ausdrücken. Die SPEC-Angaben geben gut das Leistungsprofil der untersuchten Rechner wieder (siehe [SPEC 89]); doch werden auch bei den SPEC-Messungen *nicht alle* Performance-Aspekte berücksichtigt.

6.1.3 Koprozessorkonzept

Ein interessantes Merkmal, das neuere Prozessoren aufweisen, ist das sogenannte *Koprozessorkonzept*: Mit diesem Konzept ist es möglich, sehr einfach und modular zusätzliche Hardware – z. B. eine FPU – eng (*tightly coupled*) an den Prozessor anzuschließen. Ist die Zusatz-Hardware vorhanden (bzw. angeschlossen), so kann sie bestimmte Funktionen erheblich beschleunigen; ist diese Hardware jedoch nicht vorhanden (z. B. bei Low Cost-Versionen), wird ein Trap ausgelöst, und die fehlende Funktion kann emuliert werden. Bei der Beispiel-Workstation BWS '91 werden die Koprozessoren EEU (Expansion Execution Unit) genannt.

6.1.4 Multiprozessoranwendungen

Eine zunehmende Rolle spielt die Konfigurierbarkeit des Prozessors zu einem Multiprozessorsystem. Die wichtigsten Kriterien dabei sind:

- Gibt es Mechanismen zum Informationsaustausch und zur Synchronisation zwischen den Prozessoren? Dazu muß es Möglichkeiten zum exklusiven Zugriff eines Prozessors auf den gemeinsamen Speicher geben; sie sind häufig durch sogenannte *atomare Befehle* realisiert, die einen unteilbaren Lese- und nach-folgenden Schreibzugriff gewähren. Nützlich sind außerdem Koprozessor-mechanismen, die für einen konsistenten Anschluß sorgen.

– Durch welche Maßnahmen wird die Cache-Kohärenz gewährleistet? Besonders gut dafür geeignet ist das sogenannte *Snooping*, d. h. die Überwachung des Speicherbusses, ob auf gemeinsam verwendete Daten (*shared data*) schreibend zugegriffen wird. Cache Snooping ist mit vernünfigem Aufwand nur bei phy-sikalischen Caches möglich, weil bei virtuellen Caches eine inverse Adreß-umsetzungstabelle unterhalten werden müßte.

6.1.5 Register

Bei den Prozessoren, die im folgenden vorgestellt werden, sind zwei unterschied-liche Registerkonzepte realisiert: entweder ein kleiner linearer Registersatz (meist 32 Register), oder viele Register (mehr als 100), die nicht zusammen-hängend verwendet werden (Tabelle 6-1).

Tabelle 6-1: Großer vs. kleiner Registersatz

Kriterium	positiv	negativ
Viele Register	schnelle Zugriffe auf benötigte Variablen weniger Load/Store nötig	bei jedem Context Switch zu retten (dauert lange) teuer, weil sie viel Platz auf dem Chip verbrauchen, der sinnvoller zu nutzen wäre (zB. durch FPU, MMU)
Register-Fenster	Unterprogrammaufrufe werden billiger; sehr effektive Parameter-übergabe reduziert Load/Store bei Unterprogrammen vereinfacht Compiler, weil die Registerallokation leichter wird	bei jedem Task Switch sind viele Register zu retten Window Overflow zu berücksich-tigen (effizient bei geringen Aufruftiefen, problematisch bei stark rekursiven Programmen) Verbesserung im Mittel nur 3..4% (50% aller Variablen sind Arrays oder Records) verbrauchen viel Platz auf dem Chip

Viele Register zielen darauf ab, Loads und Stores – die meist einen Performance-Engpaß darstellen – möglichst zu vermeiden und auf diese Weise die Anwendung zu beschleunigen; große Registersätze weisen allerdings den Nachteil auf, daß bei einem Context Switch wesentlich mehr Load- und Store-Operationen nötig sind als bei einem kleinen Registersatz. Ein großer Registersatz bringt offenbar nur dann Vorteile, wenn ein Context Switch relativ selten stattfindet. Bei einigen Architekturen (z. B. beim SPARC) wurde versucht, eine große Registeranzahl in

Fenster aufzuteilen: Durch dieses Konzept werden Unterprogrammaufrufe billiger, weil bei Calls nur noch ein Umschalten des Fensters nötig ist; außerdem wird die Parameterübergabe deutlich schneller, weil keine Register mehr umgeladen werden und die Parameter nicht mehr im Stack des Hauptspeichers abgelegt werden müssen. Dem stehen nicht nur die Nachteile entgegen, die ein großer Registersatz eben hat (s. o.), sondern es hat sich bei genaueren Untersuchungen auch herausgestellt, daß sich mit dieser Maßnahme in der Praxis nur eine mittlere Beschleunigung von 3 bis 4% erreichen läßt, vor allem deshalb, weil die meisten Variablen Arrays oder Records sind. Ein weiterer Ansatz ist, die Fenstergröße durch ein "Stack-Konzept" variabel zu halten, oder aber, jedem Prozeß einen eigenen Registersatz zuzuweisen (z. B. beim *Register-Banking* des Am29000). Daneben ist ein Trend festzustellen, diese Probleme vom Compiler lösen zu lassen: Verbesserungen, wie Inline Expansion, Prozedur-übergreifende Registervergabe etc. können die Zahl der nötigen Loads und Stores drastisch senken. (Details werden in Kapitel 5, "RISC-Compiler", erörtert.)

6.1.6 Wortformat

Ein weiteres Merkmal, in dem sich Prozessoren unterscheiden können, ist ihr *Wortformat*; es gibt zwei Möglichkeiten, die Bytes (8 bit) oder Halbworte (16 bit) innerhalb eines Wortes zu adressieren: Little Endian oder Big Endian (Bild 6-1).

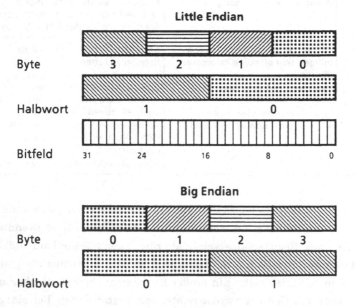

Bild 6-1: Wortformate Little Endian und Big Endian

Bei der *Little Endian*-Anordnung befindet sich das Byte oder Halbwort mit der höheren Adresse links im Wort, bei *Big Endian* rechts. Das Little Endian-Format wird beispielsweise von DEC (VAX) und Intel (80x86) verwendet, Big Endian dagegen von IBM (/370) und Motorola (680x0); Bitfelder sind meistens im Little Endian-Format abgespeichert. Generell läßt sich sagen, daß das Little Endian-Format eher von Wort-orientierten Maschinen verwendet wird, das Big Endian eher von Byte-Maschinen. Dieser Unterschied kommt vor allem dann zum Tragen, wenn mehrere Prozessoren auf einem gemeinsamen Systembus arbeiten sollen: Es ist nahezu unmöglich, zwei Prozessoren mit unterschiedlichem Wortformat auf gemeinsame Speicher zugreifen zu lassen. Aus diesem Grund ist es überaus nützlich, wenn Prozessoren zwischen diesen Formaten umschalten können, wie das mittlerweile bei vielen RISCs der Fall ist. (Vgl. dazu [JAME 90] und [COHE 81]).

6.2 Acorn ARM (VTI VL86C010)

Der ARM (Acorn RISC Machine) ist mit 25 000 Transistoren der kleinste der hier vorgestellten Prozessoren. Er wurde ursprünglich für Desk Top Computer gebaut, fand aber vor allem Anwendung im Controller-Bereich. Besonders interessant ist es, daß er auch als Standardzelle für ASICs angeboten wird. Die Leistung des ursprünglichen ARM, der 1985 mit nur 6 Mannjahren Aufwand entwickelt wurde, wird mit etwa 3 VAX-MIPS bei 8 MHz angegeben.

Der ARM wird jetzt von VLSI Technology Inc. (VTI) unter dem Namen VL86C10 vermarktet und weiterentwickelt ([VLSI 89]). Von VLSI wurden Anfang 1989 auch einige Weiterentwicklungen vorgestellt: Die Taktrate wurde auf 12 MHz angehoben, so daß die Leistung jetzt etwa 6 VAX-MIPS beträgt. Der ARM wird als Chip-Satz angeboten, mit der CPU VL86C010 und Peripheriebausteinen zum direkten Anschluß von DRAMS (Memory Controller VL86C110), sowie einem I/O-Controller (VL86C310) und einem Video-Controller (VL86C210), so daß mit wenigen Bausteinen ein kompletter Rechner aufgebaut werden kann. Der ARM hat einen 32 bit breiten Datenpfad und eine Adreßbreite von 26 bit (entsprechend einem Adreßraum von 64 MByte). Auf dem Chip befinden sich neben der ALU noch ein Barrel Shifter und ein Integer-Multiplizierer. Floating Point-Operationen werden als Software-Routine ausgeführt. Auf dem Chip befinden sich 27 Register, davon sind 15 als General Purpose-Register verwendbar, R15 wird als Program Counter und Status-Register verwendet; die anderen Register sind nur für Interrupt-Routinen oder im Supervisor-Mode sichtbar (16 sind jeweils zu einem Zeitpunkt adressierbar). Es gibt 8 Interrupt-Ebenen und 2 Interrupt-Modi; der Interrupt-Modus FIRQ (Fast Interrupt Request) kommt ohne Context Switch aus.

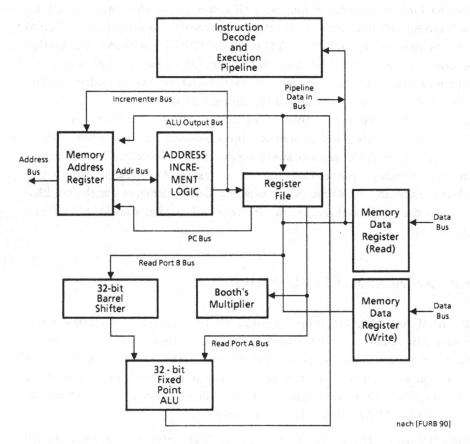

nach [FURB 90]

Bild 6-2: Blockschaltbild des Acorn ARM

Eine Besonderheit ist der *Befehlssatz* (Tabelle 6-2): Er umfaßt 25 Instruktionen,
die alle *bedingt* ausgeführt werden können. Der ARM unterstützt auch *Blocktransfers*, die sehr gut auf dem Memory Controller VL86C110 abgestimmt sind:
Sie werden im Nibble- oder Column-Mode ausgeführt, so daß spezielle Zugriffspro-
tokolle von DRAMs optimal genutzt werden können.

Die neueste Acorn-CPU ist der ARM3 ([FURB 90]). Als wichtigste Neuerung
weist er einen 4 KByte großen Cache auf – eine Größe, die auch bei einem 1,6 μm-
Prozeß noch auf dem Chip Platz fand. Der Cache ist 64-Wege assoziativ und hat
einen Random-Ersetzungsalgorithmus. Weiterhin wurden beim ARM3 Vorkeh-
rungen für Multiprozessorkonfigurationen getroffen: So gibt es einen SWAP-Be-
fehl, der einen atomaren LOAD/STORE ermöglicht, außerdem gibt es ein Koprozessor-Interface, an das ein Snooper angeschlossen werden kann. Besonderer Wert
wurde beim ARM3 auf Kompatibilität zum Vorgängermodell gelegt: So können

Tabelle 6-2: Befehlssatz des Acorn ARM

FUNCTION	MNENOMIC	OPERATION	PROCESS CYCLES
Data Processing			
Add with Carry	ADC	Rd: = Rn + Shift(Rm) + C	1S
Add	ADD	Rd: = Rn + Shift(Rm)	1S
And	AND	Rd: = Rn•Shift(Rm	1S
Bit Clear	BIC	Rd: = Rn•Not Shift(Rm)	1S
Compare Negative	CMN	Shift(Rm) + Rn	1S
Compare	CMP	Rn-Shift(Rm)	1S
Exclusive-OR	EOR	Rd: = Rn XOR Shift(Rm)	1S
Multiply with Accumulate	MLA	Rn: = Rm*Rs + Rd	16Smax
Move	MOV	Rn: = Shift(Rm)	1S
Multiply	MUL	Rn: = Rm*Rs	16Smax
Move Negative	MVN	Rd: = NOT Shift(Rm)	1S
Inclusive-OR	ORR	Rd: = Rn OR Shift(Rm)	1S
Reverse Subtract	RSB	Rd: = Shift(Rm)-Rn	1S
Reverse Subtract with Carry	RSC	Rd: = Shift(Rm)-Rn-1 + C	1S
Subtract with Carry	SBC	Rd: = Rn-Shift(Rm)-1 + C	1S
Subtract	SUB	Rd: = Rn-Shift(Rm)	1S
Test for Equality	TEQ	Rn XOR Shift(Rm)	1S
Test Masked	TST	Rn.Shift(Rm)	1S
Data Transfer			
Load Register	LDR	Rd: = Effective address	2S + 1N
Store Register	STR	Effective address: = Rd	2N
Multiple Data Transfer			
Load Multiple	LDM	Rlist: = Effective Address	(n** + 1)S + 1N
Store Multiple	STM	Effective Address: = Rlist	(n** + 1)S + 2N
Jump			
Branch	B	PC: = PC + Offset	2S + 1N
Branch and Link	BL	R14: = PC, PC: = PC + Offset	2S + 1N
Software Interrupt	SWI	R14: = PC, PC: = Vector#	2S + 1N

*Shift() denotes the output of the 32-bit barrel-shifter. One operand can be shifted in several manners on every data processing instruction without requiring any additional cycles.

**-n ist the number of registers in the transfer list.

N denotes a non-sequential memory cycle and S a sequential cycle.   nach [FURB 90]

nicht nur sämtliche Peripheriebausteine des ARM2 verwendet werden, sondern der ARM3 ist sogar voll pin-kompatibel zu seinem Vorgänger.

Compiler sind für die Sprachen ANSI-C, Basic, Fortran77, Prolog und Cambridge LISP verfügbar. Es gibt auch eine Workstation, die auf dem ARM basiert: die Acorn Archimedes; außerdem wird ein Entwicklungssystem für den ARM als PC-Karte angeboten. Das wichtigste Einsatzgebiet des ARM dürften aber Controller-Aufgaben sein.

6.3   AMD 29000

Der Am29000 wird von *AMD (Advanced Micro Devices)* als preisgünstiger Baustein für Embedded Control-Anwendungen und für Low Cost-Workstations klassifiziert ([AMD 88a]). Um nicht durch eine Prozessorhistorie eingeschränkt zu werden, verzichtete AMD bewußt auf irgendwelche Objectcode-Kompatibilitäten zu anderen Prozessoren. Der Am29000 zielt eher auf Controller-Anwendungen, bei denen der Kunde ein fertiges System ausgeliefert bekommt und kaum eigene Modifikationen vornehmen muß, beispielsweise für Laserdrucker, für Graphik- und FDDI-Karten. Bei einem Chip, der auf diesen Markt abzielt, sind ein günstiger Preis bei zufriedenstellender Leistung wichtiger. AMD stellt in [AMD 88b] an einer Reihe von Anwendungsbeispielen dar, daß auch eine preiswerte Systemrealisierung ohne Cache noch gute Performance-Ergebnisse erzielt. Aus diesem Grund wurde der projektierte Cache Controller Am29062 auch aus der Planung gestrichen.

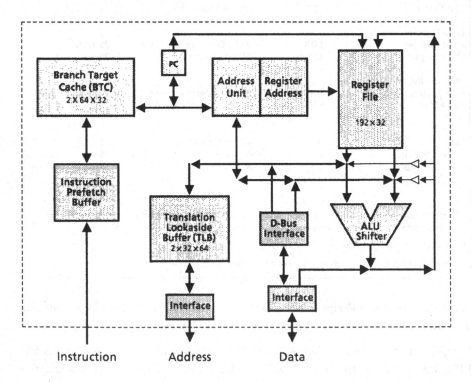

Bild 6-3: Blockschaltbild des Am29000

6.3.1 Architekturübersicht

Das Blockschaltbild (Bild 6-3) zeigt die wichtigsten Komponenten des Am29000: Die Instruktionen werden durch einen *Instruction Prefetch Buffer* geholt, der an einen *Branch Target Cache* (↗BTC) gekoppelt ist. Weiterhin kann man den TLB und das Register-File mit 192 Registern erkennen.

Die Architektur des Prozessors wurde so angelegt, daß auch ohne Cache die Zugriffe zum Hauptspeicher nicht zum System-Bottleneck werden. Um auch ohne Caches genügend Performance zur Verfügung zu stellen, wurden im wesentlichen zwei Strategien verfolgt: Zum einen sollten durch ein großes Register-File die Zugriffe auf den Hauptspeicher überhaupt begrenzt werden; zum andern wird versucht vorherzusehen, welche Befehle als nächstes benötigt werden (BTC und Instruction Prefetch), so daß das Laden dieser Befehle erfolgen kann, bevor sie benötigt werden und dadurch keine Wartezyklen entstehen.

Das *Register-File* besteht aus 192 Registern, die auf zwei verschiedene Weisen organisiert werden können: als *Stack-Cache* (Bild 6-4) oder als *Registerbänke*. Im ersten Fall stehen dem Benutzer 64 globale Register zur Verfügung (#64 bis #127), die mit ihren absoluten Adressen angesprochen werden können; sie sind

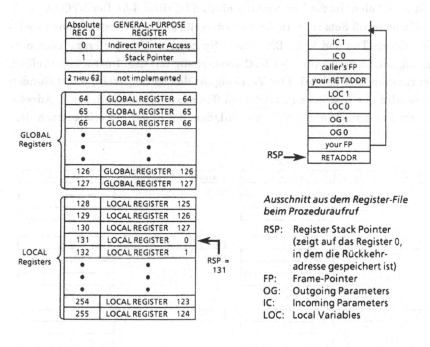

Bild 6-4: Stack-Cache: (links) Zuordnung der Register, (rechts) Prozeduraufruf

von jeder Prozedur aus verfügbar und können statisch allokiert werden. Die anderen Register (#128 bis #255) werden relativ zu einem Stack Pointer RSP angesprochen. Der Stack Pointer wird bei jedem Proceduraufruf um die Anzahl der Register erhöht, die von der aufrufenden Prozedur benötigt werden; die neue Prozedur kann nun ihre Register wieder relativ zu einem Stack Pointer ansprechen, außerdem können "überlappende" Register für die Parameterübergabe genutzt werden. Es wird gewissermaßen ein Abbild des Prozeduren-Stacks in die Register geladen. Im Stack Cache-Modus wirkt das Register-File des Am29000 wie Registerfenster variabler Größe. Ein Nachteil dieser Organisation ist aber – wie oben erwähnt –, daß Task-Wechsel viel Zeit in Anspruch nehmen (etwa 8 μs), weil dafür sämtliche Register in den Hauptspeicher gerettet werden müssen und die neue Umgebung wieder geladen werden muß. Für eine Anwendung, bei der Task-Wechsel häufig stattfinden, bietet der Am29000 eine andere Organisationsform an: das *Register Banking*. In diesem Fall sind alle verfügbaren Register (#64 bis #255) in 12 Bänke zu je 16 Register eingeteilt. Bei dieser Organisationsform hat also jede Task 16 Register zur Verfügung, 12 Tasks können gleichzeitig in Registern gehalten werden, und jede weitere Task erfordert nur das Auslagern von 16 Registern; das Retten der Register beim Task-Wechsel dauert so nur noch 700 ns.

Eine weitere Methode, um auch ohne I-Cache eine hohe Verarbeitungsgeschwindigkeit zu erzielen, ist die Verwendung eines *BTC* (Bild 6-5). Der BTC ist ein 2-Wege-Cache mit 2 Sets zu je 16 Zeilen; jede Zeile enthält 4 Instruktionen und – neben Address Tag und Valid Bit – einen Space Identifier, der Prozeduren oder Tasks zugeordnet sein kann. Der BTC arbeitet eng mit dem Instruction Prefetch Buffer zusammen. Wenn bei einer Verzweigung das Sprungziel im BTC gefunden wird, so wird der Instruction Prefetch Buffer angewiesen, die 5. bis 8. Adresse nach dem Sprungziel in den BTC nachzuladen; die Ersetzung erfolgt nach dem

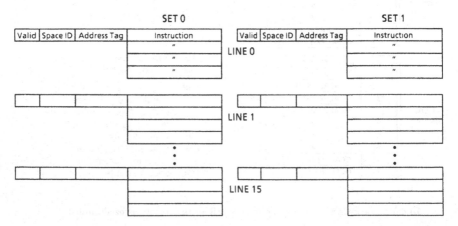

Bild 6-5: Branch Target Cache (BTC) beim Am29000

Random-Verfahren. Weil das Nachladen der Befehle aus dem Hauptspeicher im Page Mode durchgeführt werden kann, kann es in etwa der Zeit geschehen, in der die ersten vier Befehle (aus dem BTC) abgearbeitet werden; in diesem Fall wird durch das Nachladen die Verarbeitungsgeschwindigkeit nicht eingeschränkt. Die Hit-Rate des 512 Byte großen BTC wird von AMD mit etwa 60% angegeben.

Der Am29000 verfügt über eine 4-stufige *Pipeline* (Fetch, Decode, Execute, Write); steht ein Datum noch nicht bereit (z. B. bei noch nicht beendetem Load), so wird die Pipeline angehalten. Um die Pipeline gut auszunützen, sind zwei *Forwarding*-Maßnahmen eingebaut (Bild 6-6): *Load Forwarding*, das Daten zur ALU durchschaltet, bevor sie in ein Register eingetragen werden, und *Result Forwarding*, das Ergebnisse der ALU bei Bedarf wieder am ALU-Eingang bereitstellt und gleichzeitig in einem Register ablegt.

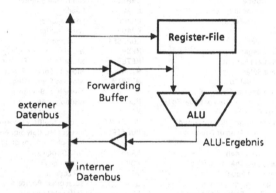

Bild 6-6: Load und Result Forwarding beim Am29000

Der *Befehlssatz* des Am29000 (Tabelle 6-3) ist mit 115 Befehlen ziemlich umfangreich für einen RISC (was z. T. auch daher kommt, daß verschiedene Formate eines Befehls als eigenständige Befehle angesehen werden). Als Besonderheiten sind zu vermerken, daß der Am29000 auch Befehle für Blocktransfer vorsieht.

6.3.2 AAU Am29027

Als FPU zum Am29000 bietet AMD den Baustein Am29027 an (AAU, Arithmetik Acceleration Unit); er wird als eng gekoppelter Koprozessor angeschlossen. Der Am29027 kann Integer- und Floating Point-Zahlen verarbeiten; er ist programmierbar auf die Normen IEEE 754, IBM, DEC 'D', DEC 'F' und DEC 'G'. Der Am29027 wird über spezielle Koprozessorbefehle angesprochen. Weil für die Übertragung von Daten an die FPU der Adreß- *und* der Datenbus genutzt werden, kann ein 64-Bit-Wort in einem Zyklus übertragen werden. Eine Division X/Y ist

Tabelle 6-3: Befehlssatz des Am29000

ADD	Add	FEQ	Floating Point Equal To Single-P.
ADDC	Add with Carry	FGE	Floating Point Greater Than Or Equal
ADDCS	Add with Carry Signed		To Single-Precision
ADDCU	Add with Carry Unsigned	FGT	Floating Point Greater Than Single-P.
ADDS	Add Signed	FMUL	Floating Point Multiply Single-P.
ADDU	Add Unsigned	FSLB	Floating Point Subtract Single-P.
AND	AND Logical	HALT	Enter Half-Mode
ANDN	AND-NOT Logical	INBYTE	Insert Byte
ASEO	Assert Equal To	INHW	Insert Half-Word
ASGE	Assert Greater Than or Equal To	INV	Invalidate
ASGEU	Assert Greater Than or Equal To Uns.	IRET	Interrupt Return
ASGT	Assert Greater Than	IRETINV	Interrupt Return and Invalidate
ASGTU	Assert Greater Than Unsigned	JMP	Jump
ASLE	Assert Less Than or Equal To	JMPF	Jump False
ASLEU	Assert Less Than or Equal To Unsigned	JMPFDEC	Jump False and Decrement
ASLT	Assert Less Than	JMPFI	Jump False and Indirect
ASLTU	Assert Less Than Unsigned	JMPI	Jump Indirect
ASNEO	Assert Not Equal To	JMPT	Jump True
CALL	Call Subroutine	JMPTI	Jump True Indirect
CALLI	Call Subroutine Indirect	LOAD	Load
CLZ	Count Leading Zercs	LOADL	Load and Lock
CONST	Constant	LOADM	Load Multiple
CONSTH	Constant High	LOADSET	Load and Set
CONSTN	Constant Negative	MFSR	Move from Special Register
Convert	Convert Cata Format	MFTLB	Move from TLB-Register
CPBYTE	Compare Bytes	MTSR	Move to Special Register
CPEQ	Compare Equal To	MTSRIM	Move to Special Register Immediate
CPGE	Compare Greater Than or Equal To	MTTLB	Move to TLB-Register
CPGEU	Compare Greater Than or Equal To U.	MUL	Multiply Step
CPGT	Compare Greater Than	MULL	Multiply Last Step
CPGTU	Compare Greater Than Unsigned	MULTIPLU	Integer Multiply Unsigned
CPLE	Compare Less Than or Equal To	MULTIPLY	Integer Multiply Signed
CPLEU	Compare Less Than or Equal To U.	MULU	Multiply Step Unsigned
CPLT	Compare Less Than	NAND	NAND Logical
CPLTU	Compare Less Than Unsigned	NOR	NOR Logical
CPNEO	Compare Not Equal To	OR	OR Logical
DADD	Floating Point Add Double-P.	SETIP	Set Indirect Pointers
DDIV	Floating Point Divide Double-P.	SLL	Shift Left Logical
DEQ	Floating Point Equal To Double-P.	SRA	Shift Right Arithmetic
DGE	Floating Point Greater Than Or Equal	SRL	Shift Right Logical
	To Double-Precision	STORE	Store
DGT	Floating-Point Greater Than Double	STOREL	Store and Lock
DIV	Divide Step	STOREM	Store Multiple
DIVO	Divide Initialize	SUB	Subtract
DIVIDE	Integer Divide Signed	SUBC	Subtract with Carry
DIVIDU	Integer Divide Unsigned	SUBCS	Subtract with Carry, Signed
DIVL	Divide Last Step	SUBCU	Subtract with Carry, Unsigned
DIVREM	Divide Remainder	SUBR	Subtract Reverse
DMUL	Floating Point Multiply Double-P.	SUBRC	Subtract Reverse with Carry
DSUB	Floating Point Subtract Double-P.	SUBRCS	Subtract Reverse with Carry, Signed
EMULATE	Trap to Software Emulation Routine	SUBRCU	Subtract Reverse with Carry, Unsigned
EXBYTE	Extract Byte	SUBRS	Subtract Reverse, Signed
EXHW	Extract Half-Word	SUBRU	Subtract Reverse, Unsigned
EXHWS	Extract Half-Word Sign-Extended	SUBS	Subtract Signed
EXTRACT	Extract Word Bit-Aigned	SUBU	Subtract Unsigned
FADD	Floating Point Add Single-P.	XNOR	Exclusive-NOR Logical
FDIV	Floating Point Divide Single-P.	XOR	Exclusive-OR Logical

nicht vorhanden, sondern sie wird als Multiplikation X*(1/Y) durchgeführt; für die Berechnung des Reziprokwerts gibt der Am29027 einen Anfangswert vor. Alle Werte für Floating Point-Berechnungen werden in IU-Registern gehalten.

6.3.3 MMU

Die MMU des Am29000 befindet sich auf dem Chip; der *Translation Lookaside Buffer* (↗ *TLB*) ist 2-Weg-assoziativ mit 64 Einträgen organisiert. Bei einem TLB-Miss wird das Nachladen durch Software gesteuert; von Hardware-Seite wird das Nachladen durch Task Identifier Bits und durch Kennzeichnung des LRU-Eintrags unterstützt. Weiterhin gibt es im TLB zwei General Purpose-Bits, die beispielsweise im Multiprozessorbetrieb zur Kennzeichnung von Semaphoren genutzt werden können.

Das *Buskonzept* des Am29000 basiert – wie das der meisten anderen RISC-Prozessoren – auf der Harvard-Architektur; er weist jedoch einen gemeinsamen Adreßbus für Instruktionen und Daten auf, um das Pinout auf 169 Pins zu begrenzen. Um trotz des gemeinsamen *Adreß*busses und ohne Cache eine hohe Performance zu erzielen, sind drei verschiedene *Speicherzugriffsarten* vorgesehen: Simple, Pipelined und Burst (Bild 6-7). Während im *Simple Mode* die Adresse anliegen muß, bis ein Datum (oder eine Instruktion) eingelesen ist, wird im *Pipelined Mode* die Adresse in einem Latch zwischengespeichert, so daß die nächste Adresse bereits wieder angelegt werden kann, während ein Datum noch eingelesen (oder geschrieben) wird; es ist jeweils nur *ein* Pipelined-Zugriff erlaubt. Im *Burst Mode* muß nur die erste Adresse eines Blocks angelegt werden; auf die Daten wird dann solange zugegriffen, bis ein Signal "BurstEnd" angelegt wird. Diese Modi müssen

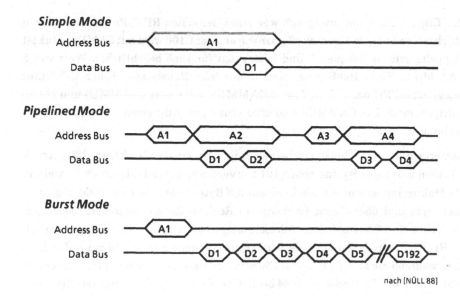

nach [NÜLL 88]

Bild 6-7: Speicherzugriffsarten beim Am29000

jedoch sowohl vom Compiler als auch von der Prozessorperipherie unterstützt werden.

6.3.4 Multiprozessoren

Für Multiprozessoren sind außer den oben erwähnten 2 Bits im TLB noch drei *atomare Load/Store-Operationen* zum Zugriff auf den Hauptspeicher vorgesehen: LOADL, STOREL und LOADSET; außerdem kann im CPSR-Register (Current Processor Status) ein LOCK-Bit gesetzt werden, das den Speicherbus ebenfalls sperrt.

6.3.5 Software

Für die Programmiersprachen C, Pascal, FORTRAN und Ada werden Compiler angeboten; es handelt sich dabei um Cross-Compiler, die auf IBM-PCs, VAX, Sun und Apollo ablaufen. Für PCs ist auch eine Koprozessorkarte mit dem Am29000 verfügbar. Eine In-Circuit Emulation (ADAPT 29K) ist ebenso verfügbar. Auf Anwendungsprogramme wird offenbar weniger Wert gelegt, vermutlich, weil Workstations auf Basis des Am29000 sehr selten sind.

6.4   Clipper

Der Clipper C100 von Intergraph war einer der ersten RISC-Prozessoren, die in Stückzahlen auf dem Markt verfügbar waren. Der C100 wird mit 33 MHz getaktet (doppelte externe Frequenz!) und leistet den für 1985 beachtlichen Wert von 5 VAX-MIPS. Ein C100-System besteht aus vier Bausteinen: Einer CPU (mit integrierter FPU nach IEEE 754), 2 CAMMUs (mit Cache und MMU) und einem Taktgenerator. Die CAMMUs sind über einen gemultiplexten Bus mit der CPU verbunden.

Bemerkenswert am Clipper erscheinen einige Merkmale, die sich an CISC-Architekturen anlehnen: So sind neben 101 festverdrahteten Befehlen noch 67 weitere als Makros implementiert, die in einem 2 KByte großen On-chip ROM abgespeichert sind und über eigene (verborgene) Register für Zwischenwerte verfügen; weiterhin sind 9 verschiedene Adressierungsarten möglich. Der Clipper enthält 32 Register, von denen normale Benutzerprogramme nur auf 16 zugreifen können, während die andern 16 nur im Supervisor Mode ansprechbar sind; außerdem gibt es noch 8 FPU-Register mit 64 bit Breite. Er verfügt über eine 3-stufige Pipeline (Fetch, Decode, Execute) mit Forwarding (*bypass*).

Jede der beiden erforderlichen *CAMMUs* enthält 4 KByte Cache, der in 128 Sets organisiert ist; jeder Set enthält 2 Zeilen zu je 16 Byte. Das Nachladen kann in einem 4-Wort-Burst Mode geschehen. Der D-Cache weist eine durchschnittliche Hit-Rate von 90% auf, der I-Cache 93%, mit Instruction Prefetch 96%. Die MMU verwaltet einen linearen Adreßraum von 4 GByte; die Adreßumsetzung geschieht 2-stufig (Page Table Directory mit 1024 Zeigern auf Page Tables). Daneben ist ein TLB mit 128 Einträgen implementiert. Als Besonderheit weist der Clipper 3 *Adreßräume* auf: neben dem Main Memory Space auch einen Boot ROM Space und den I/O-Space.

Der 1988 vorgestellte C300 ([IAPD 89a] und [IAPD 89b], Bild 6-8) weist bei 50 MHz eine Leistung von etwa 14 VAX-MIPS auf. Die wesentlichsten Veränderungen gegenüber dem C100 waren: Bei der Pipeline wurde Scoreboarding (*Hardware Resource Manager*) eingeführt; für Multiprocessing wurde eine Test-and-Set-Operation und ein Snooping-Mechanismus (*bus watch*) eingebaut. Der Clipper unterstützt Little und Big Endian; das Wortformat wird beim Reset eingestellt.

Ende 1990 wurde der *Clipper C4* vorgestellt ([ASP 91]). Der Chipsatz besteht aus der CPU und einer FPU. Der C4 ist zu seinen Vorgängern C100 und C300 binärkompatibel. Die CPU enthält eine superskalare *und* eine superlineare Pipeline. Es gibt eine 40 MHz- und eine 50 MHz-Version des C4. Die FPU erfüllt das IEEE 754-Format; sie ist mit der CPU über einen 64 bit breiten Datenpfad verbunden.

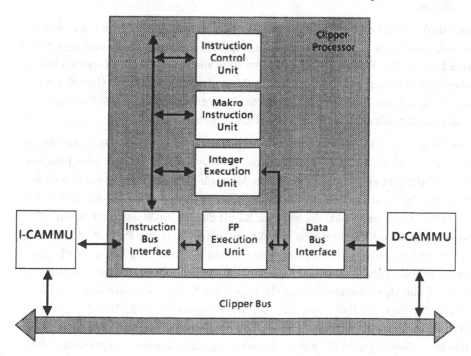

Bild 6-8: Blockschaltbild des Clipper C300

Intergraph gibt für die 50 MHz-Version eine Integer-Leistung von 40 VAX-MIPS und eine Floating Point-Leistung von 20 MFlops an.

6.5   Intel 80860

Der Intel 80860 (i860) wird heute häufig für Graphik-Controller verwendet, z. B. bei SPEA oder bei Sun. Außerdem wird er von Alliant in dem Projekt PAX Parallel Architecture Extended verwendet, bei dem ein hochparalleler Rechner aufgebaut werden soll. Für General Purpose-Anwendungen scheint er weniger geeignet zu sein, weil er sehr lange Zeit für Context Switch und Interrupts benötigt.

6.5.1 Architekturüberblick

Der i860 vertritt den Anspruch, in Konzeption und Leistung in Mainframe-Bereiche vorzudringen. Die Rahmendaten des Prozessors sind ([KOHN 89]):
– 1 Million Transistoren, 10×15 mm Chipfläche (bei 1μm-Technologie).
– Starke Parallelität, mit Konzepten von Mainframes und Supercomputern.
– Auf dem Chip sind integriert: Ein Integer RISC Core (Integer Unit, IU), eine MMU, FPU, 3D-Graphikeinheit, Cache und Ansteuerung des On-board-Busses.

Der i860 verfügt über einen 4 GByte großen virtuellen Adreßraum, der über 29 Adreß- und 8 Byte-Enable-Leitungen angesprochen wird; die Adressierung erfolgt in 8 Byte großen Worten, von denen jedes Byte einzeln angesteuert werden kann. Dieses 64-Bit-Format, das auch nach außen geführt ist, bildet die Grundlage für die starke interne Parallelisierung, die zu einem erheblichen Teil für die hohe Leistung des Prozessors verantwortlich ist ([INTE 89b]).

Die *Parallelität* beginnt mit dem Instruction Fetch (Bild 6-9): Neben dem *Single Instruction Mode*, bei dem der Prozessor eine Operation (Integer oder Floating Point) holt, gibt es den *Dual Instruction Mode* (der ↗LIW-Modus), der den 64 bit breiten I-Cache und den Datenbus voll ausnutzt; dabei wird eine 32-Bit-Befehl zur IU (*RISC Core*) geschickt, die anderen 32 bit des 64-Bit-Worts werden zur FPU übertragen. Die FPU ihrerseits besteht aus einem Floating Point-Addierer und einem Floating Point-Multiplizierer und macht es damit möglich, zwei Floating Point-Befehle parallel ablaufen zu lassen. Der Dual Instruction Mode wird durch das D-Bit im Operationscode eines Floating Point-Befehls eingeschaltet. Darüberhinaus verfügt der i860 über eine 4-stufige *Pipeline* (Fetch, Decode, Execute, Write); Datenkonflikte werden durch Scoreboarding überprüft. Bemerkenswert scheint allerdings, daß keine Forwarding-Maßnahmen vorgesehen sind, vermutlich weil für die Forwarding-Einheit kein Platz mehr auf dem Chip war.

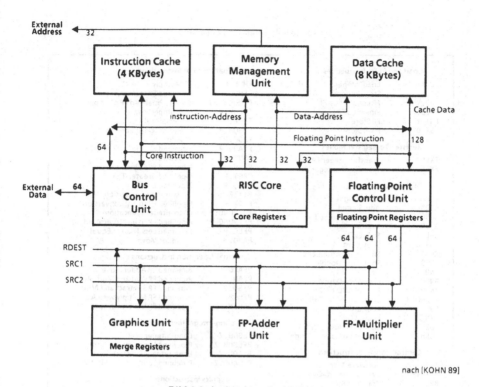

Bild 6-9: Architektur des i 80860

Der *Befehlssatz* des i860 ist in Tabelle 6-4 dargestellt: Neben den üblichen RISC-Befehlen wie LOAD/STORE, ALU-Befehlen, Sprüngen, Calls und Traps sind auch noch Floating Point-Befehle und spezielle 3D-Graphikbefehle vorgesehen.

Ein interessantes Merkmal sind die verschiedenen *Sprungbefehle* des 80860: Es sind sowohl die "traditionellen" Branches implementiert, als auch ein Delayed Branch (unconditioned), ein Befehl BLA als Schleifenprimitiv und ein Compare-and-Branch. Bemerkenswert ist weiterhin, daß die Sprünge durch einen *1-Bit Condition Code* (im Processor State Register PSR) gesteuert werden.

Merkwürdig scheint auf den ersten Blick, daß der i860 über keine Compare-Operationen verfügt; sie werden realisiert durch ADD oder SUB (beide ändern den Condition Code) auf Register 0; R0 ist beim Lesen immer Null, beim Schreiben ist es ein Dummy-Register. Für den Befehl MOV wird ein Shift mit 0 bit verwendet.

6.5.2 FPU auf dem Chip

Die Architektur der FPU wird bei den *Floating Point-Befehlen* sichtbar: Die FPU besteht aus einem FP-Addierer und einem Floating Point-Multiplizierer, die beide

Tabelle 6-4: Befehlssatz des i860

Load and Store Instructions		Floating Point Instructions	
LD.X	Load Integer	FMUL.P	FP Multiply
ST.X	Store Integer	PFMUL.P	Pipelined FP Multiply
FLD.Y	FP Load	PFMUL3.DD	3-stage Pipelined FP Multiply
PFLD.Z	Pipelined FP Load	FMLOW.P	FP Multiply Low
FST.Y	FP Store	FRCP.P	FP Reziprocal
PST.D	Pixel Store	FRSQR.P	FP Reziprocal Square Root
		FADD.P	FP Add
Register-To-Register Moves		PFADD.P	Pipelined FP Add
		FSUB.P	FP Subtract
IXFR	Transfer Integer-FP Reg.	PFSUB.P	Pipelined FP Subtract
FXFR	Transfer FP-Integer Reg.	PFGT.P	Pipelined Greater-Than
		PFEQ.P	Pipelined Equal
ALU Instructions		FIX.P	FP to Integer Conversion
		PFIX.P	Pipelined FP to Int. Conversion
ADDU	Add Unsigned	FRTRUNC.P	FP to Integer Truncation
ADDS	Add Signed	PFTRUNC.P	Pipelined FP to Int. Truncation
SUBU	Subtract Unsigned	PFLE.P	Pipelined Less Than or Equal
SUBS	Subtract Signed	PAMOV	FP Adder Move
SHL	Shift Left		
SHR	Shift Right	**Dual-Operation Instructions**	
SHRA	Shift Right Arithmetic		
SHRD	Shift Right Double	PFAMOV	Pipelined FP Adder Move
AND	Logical AND	PFAM.P	Pipelined FP Add and Multiply
ANDH	Logical AND High	PFSM.P	Pipelined FP Subtract and Mult.
ANDNOT	Logical AND NOT	PFMAM	Pipelined FP Multiply with Add
ANDNOTH	Logical AND NOT High	PFMSM	Pipelined FP Mult. with Subtract
OR	Logical OR		
ORH	Logical OR High	**Long-Integer Instructions**	
XOR	Logical Exclusive OR		
XORH	Logical Exclusive OR High	FLSUB.Z	Long-Integer Add
		PFLSUB.Z	Pipelined Long-Integer Add
Control Transfer Instructions		FLADD.Z	Long-Integer Subtract
		PFLADD.Z	Pipelined Long-Integer Subtract
TRAP	Software Trap		
INTOVR	SW-Trap on Int.-Overflow	**Graphics Instructions**	
BR	Branch Direct		
BRI	Branch Indirect	FZCHKS	16-Bit z-Buffer Check
BC	Branch on CC	PFZCHKS	Pipelined 16-Bit z-Buffer Check
BC.T	Branch on CC taken	FZCHLD	32-Bit z-Buffer Check
BNC	Branch on Not CC	PFZCHLD	Pipelined 32-Bit z-Buffer Check
BNC.T	Branch on Not CC taken	FADDP	Add with Pixel Merge
BTE	Branch if Equal	PFADDP	Pipelined Add with Pixel Merge
BTNE	Branch if Not Equal	FADDZ	Add with z Merge
BLA	Branch on LCC and Add	PFADDZ	Pipelined Add with z Merge
CALL	Subroutine Call	FORM	OR with Merge Register
CALLI	Indirect Subroutine Call	PFORM	Pipelined OR with Merge Reg.
System Control Instructions		**Assembler Pseudo-Operations**	
FLUSH	Cache Flush	MOV	Integer Register-Register Move
LD.C	Load from Control Register	FMOV.Q	FP Register-Register Move
ST.C	Store to Control Register	PFMOV.Q	Pipelined FP Reg.-Reg. Move
LOCK	Begin Interlocked Sequence	NOP	Core No-Operation
UNLOCK	End Interlocked Sequence	FNOP	FP No-Operation

über eine 3-stufige Pipeline verfügen. Dementsprechend gibt es Multiplikations-
und Additionsbefehle und zwar sowohl im "normalen" (seriellen) Modus als auch
im Pipeline-Modus.

Als weitere Besonderheit sind *Dual Operationen* vorgesehen, mit denen der
Floating-Point-Addierer und der -Multiplizierer *gleichzeitig* angesprochen werden
können, um die volle implizite Parallelität des Prozessors zu nutzen. Die Division
X/Y ist als Multiplikation X*(1/Y) realisiert, wobei die Bildung des Reziprokwerts
per Software geschieht; die FPU gibt dabei einen 7 bit genauen Reziprokwert vor

und verbessert die Genauigkeit durch Iteration. Ähnlich wird die reziproke Quadratwurzel berechnet. Ferner gibt es Konversions- und Abfragebefehle.

Die Floating Point-Befehle können im Scalar Mode und im Pipelined Mode abgearbeitet werden: Der *Scalar Mode* läßt dabei immer nur einen Befehl in der FPU-Pipeline zu, der *Pipelined Mode* dagegen kann mehrere Befehle überlappend ausführen; der Befehl, der sich gerade am Anfang der Pipeline befindet, muß dabei den Befehl am Ende der Pipeline mit der Adresse seines Ergebnisregisters versorgen.

Interessant sind noch die *Long-Integer-Befehle*, die auch in der FPU ausgeführt werden: Mit ihnen lassen sich 64-Bit-Additionen und -Subtraktionen durchführen. Ein Carry-Bit (z. B. im Condition Code), mit dessen Hilfe es möglich wäre, auch noch längere Operanden zu verarbeiten, fehlt allerdings.

6.5.3 3D-Graphik

Eine weitere Klasse von implementierten Befehlen sind die 3D-Graphikinstruktionen; sie unterstützen Berechnungen, die speziell für die 3D-Graphik nötig sind; die Graphikbefehle können auf 8, 16 und 32 bit breiten Pixel-Darstellungen arbeiten. Beispielsweise unterstützen die Befehle (P)FZCHKS und (P)FZCHLD den *z-Buffer-Algorithmus* für Hidden Line-Berechnungen, die bei 3D-Graphik ziemlich häufig stattfinden: Es werden zwei Register miteinander verglichen, und der kleinste z-Wert jedes Pixel in ein Zielregister eingetragen. Die Graphikbefehle unterstützen ferner die *Interpolation von Integer-Werten*, wie sie z. B. beim Gouraud-Shading benötigt werden (siehe dazu Kapitel 9, "Graphik"). Weil diese 3D-Graphikoperationen immer auf 64 bit breiten Operanden ausgeführt werden, werden die Ausführungszeiten von inneren Schleifen bei Graphik deutlich reduziert.

6.5.4 MMU

Die MMU befindet sich auf dem Chip. Die Adreßumsetzung geschieht normalerweise zweistufig: Die "Directory Table Base" (DTB; auf sie zeigt das Register Dirbase) enthält Einträge auf 1024 Page Directories; von diesen enthält jedes einen Eintrag pro 4 KByte-Page. Außerdem ist ein TLB mit 64 Einträgen implementiert. Mit einem Steuerbefehl läßt sich ein Flush des D-Cache auslösen; weil der Cache mit dem Copy Back-Verfahren arbeitet, werden vor dem Löschen die veränderten Cache-Inhalte in den Hauptspeicher zurückgeschrieben. Der *Cache Flush* wird durch eine Software-Schleife durchgeführt, die 32 Byte pro Iteration ungültig setzt; währenddessen sind keine Traps erlaubt. Weil der Cache virtuell

organisiert ist, muß bei jedem Context Switch ein Cache Flush ausgelöst werden.
Die MMU ist mit der des Intel 80386 und 80486 identisch; das ermöglicht es, den
i860 als Attached Prozessor für High End-PCs zu verwenden.

6.5.5 Multiprozessoren

Die LOCK-Befehle dienen zum Aufbau eines Multiprozessorsystems: Mit ihnen ist
es möglich, bis zu 32 Zyklen lang exklusiv auf gemeinsame Datenbereiche im
Hauptspeicher zuzugreifen; wegen des Copy Back Caches müssen diese Speicher-
bereiche natürlich im TLB als "non-cacheable" markiert sein. Ein Problem beim
LOCK ist übrigens, daß *Traps* während einer Transaktion auftreten können; diese
Situation muß durch Software-Maßnahmen abgefangen werden.

6.5.6 Software

Beim i860 stellt sich die Frage nach der angebotenen Software: Es wird zwar ein
C- und ein FORTRAN-Compiler angeboten, es gibt aber keine Aussagen über die
Qualität des erzeugten Codes und über das Laufzeitsystem. Bei der Komplexität
der Prozessorarchitektur scheint es aber unwahrscheinlich, daß der erforderliche
sehr gute Compiler (mit Eigenschaften wie hoher Codeoptimierung und Kompatibilität zu 80x86-C) früher als vielleicht 1992 verfügbar sein wird.

Die *Leistung* des Prozessors wird von Intel mit 69 000 Dhrystones für die 33 MHz-
Version angegeben (noch höhere Leistungsangaben beziehen sich sich auf einen
angekündigten 40 MHz-Chip mit einem stark optimierenden Compiler; beides ist
noch nicht verfügbar). Dieser Vorsprung gegenüber den anderen hier vorgestellten Prozessoren schwindet aber erheblich (z. B. auf $\approx 25\%$ gegenüber einem MIPS
R3000), wenn ein Satz von Anwendungsprogrammen (Stanford Integer Suite) betrachtet wird (vgl. [INTE 89a], p. 14). Laufzeitangaben für längere Programme
wie SPICE liegen nicht vor, und die Vermutung liegt nahe, daß dabei die Performance noch weiter sinken würde: Sowohl der 4 KByte große I-Cache als auch
der 8 KByte D-Cache, zusammen mit der 64-Bit-Architektur, wirken bei größeren
(und nicht ausgesprochen lokalen) Programmen etwas unterdimensioniert (Intel
gibt eine Hit-Rate von 90% "für viele Anwendungen" an). Eine nennenswerte Vergrößerung des On-chip Cache ist vermutlich auch in nächster Zeit nicht möglich,
weil bereits der jetzige kleine Cache etwa ein Drittel der Chip-Fläche des i860
einnimmt. Außerdem sind Eigenschaften wie der "Dual Instruction Mode" für
Betriebssystemroutinen und Laufzeitsysteme nicht nutzbar. Aus diesen Gründen
hat sich der i860 heute gut etabliert für eher kleinere Programme, die evtl. auch
handcodiert werden können, wie Hochleistungsgraphik oder Hochleistungs-Con-
troller. Weniger verwendet wird der i860 für General Purpose-Rechner.

6.6   Hewlett-Packard Precision-Architecture

Die Precision-Architecture (PA) wurde von Hewlett-Packard (HP) in den Jahren 1982-1986 ins Leben gerufen, um alle bis dahin in der Firma existierenden Insellösungen von Rechensystemen unter einen Hut zu bringen und auch kommenden Anforderungen vorzugreifen. Besonderer Wert wurde daher auf die *Skalierbarkeit* der Architektur gelegt, für ein Anwendungsspektrum von Low Cost-Systemen bis hin zu Hochleistungsmaschinen und damit auch für die Unabhängigkeit von der verwendeten Technologie. Die Firmen Hitachi und Samsung planen, noch in diesem Jahr eigene Systeme auf Basis der Precision-Architecture herauszubringen.

Der Befehlssatz der Precision-Prozessoren umfaßt 53 generische Befehle, die eine Gesamtzahl von etwa 140 Anweisungen ergeben, wenn alle Möglichkeiten und Formate der Befehle gezählt werden. Als Besonderheit enthält der Befehlssatz kombinierte Befehle, die zwei Operationen in einer Anweisung kombinieren. Die Precision-Architecture unterstützt bis zu 16 Koprozessoren und Special Function Units (SFUs). Als SFUs können beliebige Hardware-Beschleuniger eng-gekoppelt angeschlossen werden.

Wie Bild 6-10 zeigt, kommuniziert das Rechenwerk über einen zentralen Bus mit den übrigen Rechnerbausteinen, wie Hauptspeicher oder I/O-Schnittstellen. Über

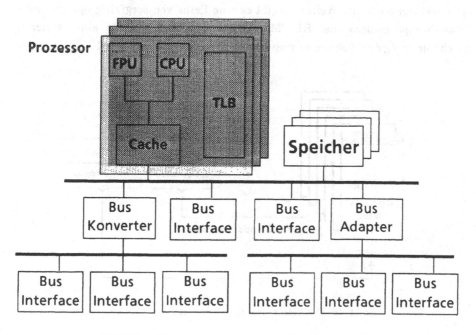

Bild 6-10: Architektur eines Precision-Architecture-Systems

diesen zentralen Bus können auch mehrere Rechenwerke gekoppelt werden (bei Multiprozessorsystemen), oder es können spezielle Prozessoren (wie I/O-Prozessor oder Vektorprozessor angeschlossen werden. Die Anzahl der Busebenen ist je nach System-Aufwand unterschiedlich:

Eine weitere Besonderheit ist der 48 oder 64 bit breite Adreßraum. Wie Bild 6-11 zeigt, besteht er aus einer 32 bit breiten *Physical Address* und einer 16 oder 32 bit breiten *Space-Address*. Es gibt also bis zu 2^{32} Adreßräume, die jeweils 4 GByte groß sind. Die obersten 256 MByte jedes Adreßraums sind für I/O-Adressen vorgesehen; jedes I/O-Gerät hat einen 4 KByte großen Adreßraum zur Verfügung, über den es direkt angesprochen werden kann. Die *Physical Address* ist in 4 KByte große Pages aufgeteilt, die in der bekannten Weise von einem TLB verwaltet werden. Die große Anzahl von Andreßräumen beschleunigt den Context Switch, weil jedem Prozeß ein eigener Prozeßraum zugewiesen werden kann. Das Betriebssystem kann auf *alle* Adreßräume zugreifen.

Eine wichtige Forderung war, daß bei HP existierende Software auf die Precision-Rechner übertragbar sein sollte. Ein weiteres Augenmerk wurde auf optimierende Compiler gelegt und darauf, daß verschiedene Sprachen gebunden werden können. Dieses Problem wurde dadurch gelöst, daß es zwar unterschiedliche Frontends gibt für die Sprachen C, Pascal, Fortran und Cobol, daß aber alle auf einen gemeinsamen Zwischencode übersetzt werden, der seinerseits aufwendig optimiert werden kann. Weiterhin gibt es eine Reihe von sorgfältig optimierten Bibliotheksprozeduren (bei HP "Milli-Code" genannt), die für eine weitere Beschleunigung der Programme sorgen.

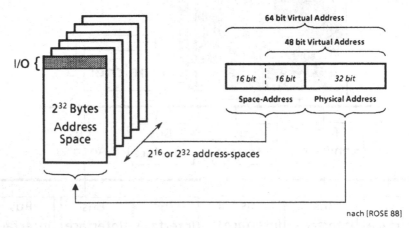

nach [ROSE 88]

Bild 6-11: Adreßumsetzung bei der HP Precision-Architecture

6.7 Motorola 88000

Motorola bietet seit April 1988 neben ihrer recht erfolgreichen CISC-Linie 680x0
das RISC-System 88000 an. Ein 88000-System besteht mindestens aus einer CPU
MC88100 und zwei CMMUs MC88200, je eine für Instruktions- und Daten-Bus;
die CMMU verbindet den Prozessorbus (P bus) mit dem Speicherbus (M bus). Wie
in Bild 6-12 zu sehen ist, kann ein 88000-System auf bis zu 8 CMMUs erweitert
werden; außerdem kann es als fehlertolerantes System oder für Multiprozessoranwendungen ausgebaut werden.

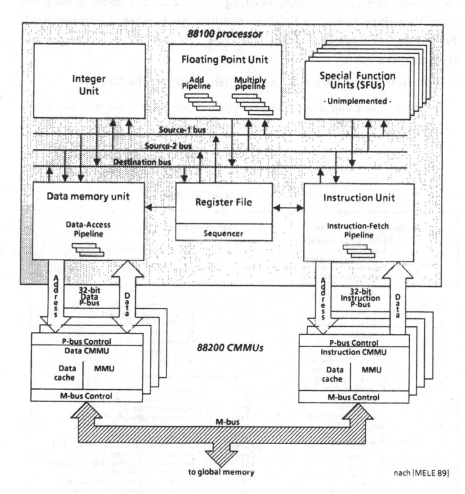

nach [MELE 89]

Bild 6-12: Blockschaltbild eines M88000-Systems

6.7.1 Architekturübersicht

Der Baustein MC88100 enthält eine IU und eine FPU mit Addierer und 32-Bit-Multiplizierer. Weiterhin ist der Anschluß von bis zu 8 sogenannten SFUs (Special Function Unit) möglich; SFU #1 ist dabei von IU-Steuerregistern, SFU #2 von der FPU belegt. Das Konzept der SFUs wurde geschaffen, um zukünftige (und optionale) Koprozessoren problemlos und modular anschließen zu können. Existiert eine angesprochene SFU nicht, so wird eine "Precise Exception" für diese SFU ausgelöst. Die CPU MC88100 wird über 51 Befehle angesprochen, die sich grob in Load/Store-Befehle, ALU-, Floating Point- und Steuerbefehle aufteilen lassen. Die geringe Anzahl an Befehlen resultiert auch daher, daß unterschiedliche Befehle, wie "Lade Byte" und "Lade Wort", als Formate eines einzigen Befehls gerechnet werden.

Der *Befehlssatz* weist dabei einige Besonderheiten auf (Tabelle 6-5):

-   Die Befehle *Load und Store* sind generische Operationen: sie erlauben nicht nur den Zugriff auf ein (32-Bit-) Wort, sondern ebenso auf Byte, Halbwort und

Tabelle 6-5: Befehlssatz des MC 88000

Load/Store/Exchange Instructions		Logical Instructions	
ld	Load Register from Memory	and	AND
lda	Load Address	mask	Logical Mask Immediate
ldcr	Load from Control Register	or	OR
st	Store Register to Memory	xor	Exclusive OR
stcr	Store to Control Register	**Bit Field Instructions**	
xcr	Exchange Control Register		
xmem	Exchange Register with memory	clr	Clear Bit Field
Flow Control Instructions		ext	Extract Signed Bit Field
		extu	Extract Unsigned Bit Field
bb0	Branch on Bit Clear	ff0	Find First Bit Clear
bb1	Branch on Bit Set	ff1	Find First Bit Set
bcnd	Conditional Branch	mak	Make Bit Field
br	Unconditional Branch	rot	Rotate Register
bsr	Branch to Subroutine	set	Set Bit Field
jmp	Unconditional Jump		
jsr	Jump to Subroutine	**Floating Point Instructions**	
rte	Return from Exception	fadd	Floating Point Add
tb0	Trap on Bit Clear	fcmp	Floating Point Compare
tb1	Trap on Bit Set	fdiv	Floating Point Divide
tbnd	Trap on Bounds Check	fldcr	Load from Floating Point Control Register
tcnd	Conditional Trap	flt	Convert Integer to Floating Point
		fmul	Floating Point Multiply
Integer Arithmetic Instructions		fstcr	Store to Floating Point control Register
add	Add Signed	fsub	Floating Point Subtract
addu	Add Unsigned	xcr	Exchange Floating Point Control Register
cmp	Compare	fint	Round Floating Point to Integer
div	Divide	nint	Round Floating Point to Nearest Integer
divu	Divide Unsigned	trnc	Truncate Floating Point to Integer
mul	Multiply		
sub	Subtract		
subu	Subtract Unsigned		

Doppelwort. Realisiert wird der Zugriff auf unterschiedliche Breiten durch Byte-Enable-Leitungen.

- Bei *Floating Point-Operationen* kann jeder einzelne Operand Single oder Double Precision sein. f add . s s d z. B. führt eine Addition durch, bei der das Ergebnis und der 1. Summand Single Precision sind, der 2. Summand Double.

- Eine Besonderheit sind die *Bitfeldbefehle*; sie sind bei Steuerungs- und Graphikanwendungen vorteilhaft einzusetzen.

- *Shift-Befehle* fehlen; sie werden realisiert durch Multiplikation oder Division; diese Operationen benötigen – falls der zweite Operand eine Zweierpotenz ist – einen Zyklus.

Der 88100 weist ein Register-File mit 32 Registern auf; zwei davon dienen für Sonderfunktionen (R0 ist immer Null, R1 enthält bei Calls die Return-Adresse), für die restlichen 30 Register gibt es keine Hardware-Konventionen. Zur Vermeidung von Datenkonflikten in der Pipeline wurde ein Scoreboard-Register vorgesehen, das die Pipeline anhält, bis das angeforderte Ergebnis zur Verfügung steht. Um die entstehende Wartezeit möglichst gering zu halten, ist außerdem ein Forwarding-Mechanismus (*Feed Forward*) implementiert, durch den ein Datum in der Pipeline zum selben Zeitpunkt empfangen werden kann, wie das Register verändert wird.

6.7.2 FPU auf dem 88100

Die On-chip-FPU ist als *Special Function Unit* (SFU #1) angeschlossen; sie ist kompatibel zum Standard IEEE 754. Die FPU übernimmt neben den Floating Point-Befehlen auch Integer-Multiplikation und -Division; sie besteht aus zwei Rechenwerken mit mehreren Pipeline-Stufen (Bild 6-13): Eine *Multiply Pipeline* für Integer- (3-stufig) und Floating Point-Multiplikation (5-stufig), und eine *Arithmetic Pipeline* für die restlichen Floating Point-Operationen und die Integer-Division (4-stufig). Die Ergebnisse der FPU werden über den *Destination-Bus* an die Register der IU zurückgegeben. Die FPU besitzt keine eigenen Register, sondern verwendet die Register der IU mit; der Scoreboarding-Mechanismus ist deshalb auch für Floating Point-Ergebnisse wirksam.

6.7.3 MC 88200

Der Instruktions- und der Datenbus des Prozessors (P bus) werden über je eine CMMU 88200 an den lokalen On-board-Bus (Speicherbus, M bus) angeschlossen; der 88200 übernimmt dabei die Ansteuerung beider Busse. Die Adreßumsetzung

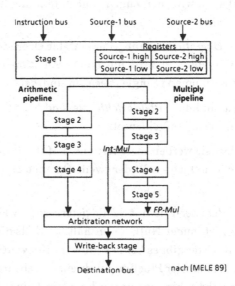

Bild 6-13: Pipelines der 88100-FPU

für den virtuellen 4 GByte-Adreßraum geschieht in zwei Stufen: Je ein Zeiger für User und Supervisor zeigt auf eine "Segment-Table", die 1024 Pointer (einer pro 4 MByte-Segment) enthält; jeder Pointer zeigt auf eine Page Table mit 1024 Einträgen, von denen jeder eine 4 KByte-Page verwaltet. Ein Page-Eintrag enthält außer der physikalischen Seitenadresse (obere 20 bit) noch Informationen über Zugriffsberechtigung, Caching-Strategie usw.. Die MMU verfügt über zwei Adreßumsetzungs-Caches, die diese Umsetzung verkürzen (Bild 6-14): den PATC (Page Address Translation Cache) und den BATC (Block ATC); üblicherweise werden diese Caches TLB genannt.

Der *PATC* ist ein Subset der Adreßumsetzungstabellen im Hauptspeicher; er enthält 56 Einträge und wird vollständig von der Hardware des 88200 verwaltet, d. h. bei einem TLB-Miss geschieht die Ersetzung transparent für den Benutzer ausschließlich durch Hardware. Neben dem PATC gibt es den *BATC* (10 Einträge), mit dem sich 512 KByte-Blöcke adressieren lassen; diese Tabelle wird ausschließlich durch Software gesteuert und dient dazu, größere Bereiche anzusprechen, wie sie z. B. bei Betriebssystemroutinen, Bitmap-Graphik etc. vorkommen. Sind für eine bestimmte Seite sowohl im PATC als auch im BATC Einträge vorhanden, so wird der BATC-Eintrag verwendet.

Zusätzlich zur MMU ist im 88200 ein 16 KByte großer *Cache* untergebracht (der 88200 enthält deshalb etwa 750 000 Transistoren). Der Cache ist in 256 Sätzen mit 4 Zeilen zu je 4 Worte organisiert; die Zeilen werden mit einem 4-Wort-Blocktransfer nachgeladen. Das Ersetzen der Einträge geschieht durch Software; die

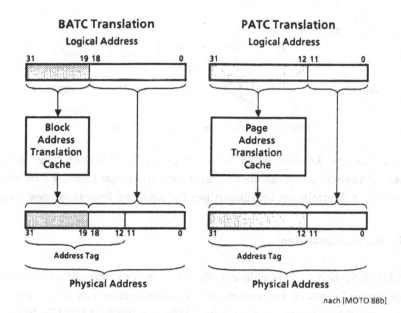

Bild 6-14: PATC (Page Address Translation Cache) und BATC (Block ATC)

MMU unterstützt jedoch die LRU-Strategie durch entsprechende Einträge im Cache. Die Zurückschreibestrategie der Caches ist über das "WT"-Bit in PATC und BATC zwischen Write Through und Copy Back umschaltbar. Die CMMU läßt sich durch ein Signal (SRAMMODE) in den Diagnosemodus umschalten, um z. B. die Datenintegrität der Caches zu testen.

6.7.4 Fehlertoleranz

Der MC88100 ermöglicht es, sehr einfach fehlertolerante Systeme aufzubauen: Wird die Leitung PCE (P Bus Checker Enable) aktiviert, so zieht der "Checker-Prozessor" alle seine Ausgänge auf hochohmig; der Checker führt nun dieselben Operationen durch wie der Master und vergleicht seine internen Ergebnisse mit denen des Masters, die an seinen hochohmigen Ausgängen anliegen. Stellt der Checker einen Unterschied fest zwischen seinen Ergebnissen und denen des Masters, so aktiviert er die Leitung ERR (Error); über das weitere Vorgehen kann dann der Benutzer (über eine externe Logik) bestimmen.

Derselbe Mechanismus überwacht ständig die Ein- und Ausgangsseite der internen Signaltreiber des 88100; wird ein Unterschied zwischen den beiden Seiten festgestellt (verursacht z. B. durch Buskurzschlüsse), so wird ebenfalls die ERR-Leitung aktiviert. Eine ähnliche Funktion überwacht im 88200 den M bus. Durch die Buskonzeption des 88100 ist der Anschluß mehrerer Checker möglich. Fehler-

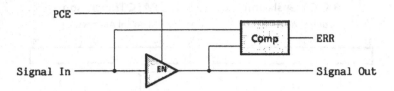

Bild 6-15: Fehlertoleranz beim M 88000-System

toleranz spielt bei kommerziellen Systemen gegenwärtig keine große Rolle; für spezielle Anwendungen kann sie aber durchaus interessant sein. Es ist abzusehen, daß die Fehlertoleranz bei zukünftigen Systemen an Bedeutung gewinnt.

6.7.5　Multiprozessoren

Beim 88000-System sind verschiedene Maßnahmen zur Unterstützung einer Multiprozessorkonfiguration vorgesehen. Zur Synchronisation und Kommunikation mit anderen 88000-Prozessoren ist beim 88100 der Befehl XMEM (Exchange Register With Memory) vorgesehen: Er führt einen atomaren Load und Store durch und sperrt zu diesem Zweck während der Übertragungszeit den gemeinsamen Bus (Signal DLOCK). Die CMMU unterstützt den Multiprozessorbetrieb zum einen dadurch, daß Speicherbereiche mit gemeinsamen Daten auf Write Through geschaltet werden; außerdem ist es möglich, ein G-Bit in den Adreßumsetzungstabellen zu setzen: Der 88200 führt dann auf dem M bus das Snooping für diese Adressen durch und setzt bei Auftreten einer dieser Adressen den eigenen Cache-Eintrag ungültig (Valid Bit auf Null).

6.7.6　Software

Um Software für das 88000-System anbieten zu können, versucht Motorola mit der BCS-Spezifikation (*Binary Compatibility Standard*) einen gemeinsamen Standard festzuschreiben, der es erlaubt, gemeinsame Applikationen für Betriebssysteme (v. a. UNIX) zu erstellen und auf unterschiedliche Hardware zu portieren. BCS hat Gültigkeit sowohl für die 88000-Familie als auch für die eingeführten Prozessoren der 680x0-Familie. Weiterhin wurde die Objectcode-Kompatibilität zu späteren Versionen des 88000-Systems garantiert, und es wurde die Gründung einer offenen Anwendergruppe *88open* forciert, die sich zum Ziel gesetzt hat, Software-Standards zu erarbeiten und auch die Architektur von künftigen Chip-Versionen zu beeinflussen.

6.8   MIPS R3000

Die MIPS-Linie wurde nicht von einem Halbleiterhersteller entwickelt, sondern entstand (im Rahmen einer Architekturstudie) an der Universität von Stanford; sie wird jetzt in einer eigens dafür gegründeten Firma (*MIPS Computer Systems*) vermarktet und weiterentwickelt. Die Prozessoren von MIPS waren lange Zeit verhältnismäßig unbekannt, weil sie zunächst auf den High End-Markt abzielten und vor allem für Hochleistungsgraphik verwendet wurden (z.B. *Silicon Graphics*). Mittlerweile sind eine ganze Reihe von Workstations mit MIPS-Prozessoren aufgebaut, beispielsweise die von DEC, PCS und Sony.

6.8.1   Architekturübersicht

Die wichtigsten Architekturkonzepte der MIPS-Linie standen bereits recht früh fest; die Komponenten wurden konsequent verfeinert und auf Leistung optimiert. Diese Konzepte, die sich auch beim R3000 wiederfinden, lauten (Bild 6-16):

-   Kleines homogenes Register-File,
-   orthogonaler Befehlssatz,
-   sehr schnelle Load-/Store- und Branch-Befehle,
-   möglichst einfache Hardware, dafür stark optimierende Compiler.

Um die Hardware klein zu halten, wird auf Register-Windows verzichtet; statt dessen besteht das Register-File aus 32 General Purpose-Registern; R0 ist dabei fest auf Null verdrahtet, R31 ist das Link-Register für die Branch-and-Link-Befehle, außerdem gibt es zwei Register (HI und LO) für Multiplikation und Division. Die effiziente Verwendung dieser Register wird dem Compiler übertragen; MIPS geht dabei soweit zu behaupten, daß durch geschickte Compiler-Optimierungen (u. a. interprozedurale Registervergabe) Registerfenster obsolet würden. Ergänzt wird dieses Konzept durch sehr schnelle Loads, Stores und Branches: Der R3000 führt diese Operationen – als schnellster der hier vorgestellten RISCs – in nur einem Zyklus aus. Um diese Geschwindigkeit zu erreichen, war die Verwendung von Caches unabdingbar; um handelsübliche SRAMs zum (relativ preiswerten) Aufbau von Caches verwenden zu können, wurde auf dem R3000 die gesamte Logik zur Ansteuerung von bis zu 256 KByte D-Cache und eines ebenso großen I-Cache implementiert; zusätzliche "Glue-Logic" entfällt. Der R3000 unterstützt physikalische Caches. Das Nachladen kann in Blöcken zu 4, 8, 16 und 32 Worten geschehen. Hinzu kam die Abstimmung mit den anderen Architekturteilen: Nicht nur die MMU und die Pipeline wurde in das Load-/Store-Konzept einbezogen, sondern es ist außerdem ein *Write Buffer* (R3020) gegen mögliche Verzögerungen beim Store vorgesehen; der R3020 enthält auch einen "Conflict Checking"-

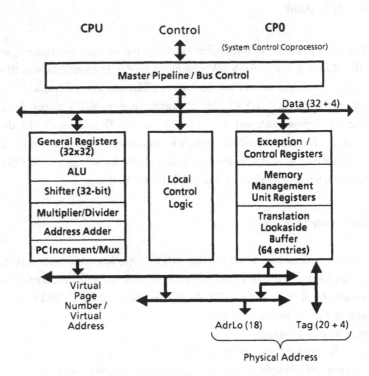

Bild 6-16: Blockschaltbild des MIPS R3000

Mechanismus, der verhindert, daß auf Daten zugegriffen wird, die von der CPU verändert, aber noch nicht in den Hauptspeicher zurückgeschrieben wurden.

Ein weiteres Performance-relevantes Merkmal ist die *Pipeline*. Beim R3000 ist sie 5-stufig (Instruction fetch, Register fetch, ALU-Op, Memory access, Write back) und enthält einen Forwarding-Mechanismus (*internal bypassing*). Die Pipeline muß nur bei Cache Miss und vollem Write Buffer angehalten werden; es kann aber mit der Befehlsausführung bereits wieder fortgefahren werden, wenn sich das erste Wort im Cache befindet (*Instruction Streaming*). Nicht angehalten wird die Pipeline, wenn ein Datum einen Zyklus nach dem Load benötigt wird (auf dieses Architekturmerkmal ist übrigens der Name MIPS zurückzuführen: "Microprocessor Without Interlocked Pipeline Stages"). Das Einfügen von NOPs, bzw. die Umordnung von Code für beste Ausnützung der Pipeline wird dabei vollständig dem Compiler übertragen.

Beim *Befehlssatz* des R3000 (Tabelle 6-6) fallen zunächst die Koprozessorbefehle auf: Es können bis zu 4 Koprozessoren angeschlossen werden, wobei #0 und #1 bereits durch die MMU und die FPU belegt sind. Integer-Division und -Multiplikation sind in Hardware implementiert und mit 12 resp. 19 Zyklen auch ziemlich schnell. Es gibt drei Arten von Branches: Ein 16 bit Immediate Signed Offset,

Tabelle 6-6: Befehlssatz des R3000

Load/Store Instructions		Multiply/Divide Instructions	
LB	Load Byte	MULT	Multiply
LBU	Load Byte Unsigned	MULTU	Multiply Unsigned
LH	Load Halfword	DIV	Divide
LHU	Load Halfword Unsigned	DIVU	Divide Unsigned
LW	Load Word	MFHI	Move From HI
LWL	Load Word Left	MTHI	Move To HI
LWR	Load Word Right	MFLO	Move From LO
SB	Store Byte	MTLO	Move To LO
SH	Store Halfword		
SW	Store Word	**Jump and Branch Instructions**	
SWL	Store Word Left	J	Jump
SWR	Store Word Right	JAL	Jump And Link
		JR	Jump Register
Arithmetic Instructions (I-Type)		JALR	Jump And Link Register
ADDI	Add Immediate	BEQ	Branch on Equal
ADDIU	Add Immediate Unsigned	BNE	Branch on Not Equal
SLTI	Set on Less Than Immediate	BLEZ	Branch on Less than or
SLTIU	Set on Less Than Immediate		Equal to Zero
	Unsigned	BGTZ	Branch on Greater Than Zero
ANDI	And Immediate	BLTZ	Branch on Less Than Zero
ORI	Or Immediate	BGEZ	Branch on Greater or Equal to Zero
XORI	Exclusive Or Immediate	BLTZAL	Branch on Less Than Zero And Link
LUI	Load Upper Immediate	BGEZAL	Branch on Greater or
			Equal to Zero And Link
Arithmetic Instructions (R-Type)		**Coprocessor Instructions**	
ADD	Add		
ADDU	Add Unsigned	LWCz	Load Word from Coprocessor
SUB	Subtract	SWCz	Store Word to Coprocessor
SUBU	Subtract Unsigned	MTCz	Move To Coprocessor
SLT	Set on Less Than	MFCz	Move From Coprocessor
SLTU	Set on Less Than Unsigned	CTCz	Move Control To Coprocessor
AND	And	CFCz	Move Control From Coprocessor
OR	Or	COPz	Coprocessor Operation
XOR	Exclusive Or	BCzT	Branch on Coprocessor z True
NOR	NOR	BCzF	Branch on Coprocessor z False
Shift Instructions		**System Control Coprocessor Instructions**	
SLL	Shift Left Logical	MTC0	Move To CP0
SRL	Shift Right Logical	MFC0	Move From CP0
SRA	Shift Right Arithmetic	TLBR	Read indexed TLB entry
SLLV	Shift Left Logical Variable	TLBWI	Write Indexed TLB entry
SRLV	Shift Right Logical Variable	TLBWR	Write Random TLB entry
SRAV	Shift Right Arithmetic Variable	TLBP	Probe TLB for matching entry
		RFE	Restore From Exception
Special Instructions			
SYSCALL	System Call		
BREAK	Breakpoint		

ein 26 bit Offset und (als einziger Sprung über den gesamten Adreßbereich) ein Jump to Register; alle Sprünge sind als Delayed Branches implementiert und benötigen – ebenso wie die Loads und Stores – nur einen Zyklus Ausführungszeit. Der R3000 kann beim Reset zwischen den Wortformaten Little und Big Endian wählen; beim R3000A ist das Wortformat zur Laufzeit umschaltbar.

6.8.2   MMU auf dem Chip

Durch das kompakte Design des IU-Kerns wurde es möglich, zusätzlich eine MMU auf dem Chip unterzubringen. Um eine saubere, modulare Schnittstelle zur MMU zu erhalten, wird die MMU als Koprozessor #0 (System Control Coprocessor) an die IU angeschlossen. Die MMU besteht aus Steuerregistern und einem TLB mit 64 Einträgen, die jeweils auf 4 KByte große Seiten zeigen. Die Ersetzung der TLB-Einträge geschieht durch Software; die Random-Ersetzung wird allerdings durch Hardware (Befehl TLBWR) unterstützt. MIPS garantiert die Aufwärtskompatibilität ihrer MMU für künftige Versionen. Es werden zwei verschiedene Schutzstufen (Kernel- und User-Mode) unterstützt. Die MMU arbeitet eng mit dem Cache zusammen; die Adreßübersetzung bleibt so der Pipeline verborgen, und es entsteht kein Zeitverlust beim Zugriff auf den Cache (dadurch werden die 1-Zyklus Loads und Stores möglich). Eine Besonderheit des R3000 ist die (in Bild 6-17 dargestellte) Aufteilung des verfügbaren virtuellen Adreßraums von 4 GByte in 4 *Segmente*:

– kseg0: Umfang 512 MByte, Zugriff nur für Supervisor, abgebildet auf die unteren 512 MByte des physikalischen Adreßraums, Caching möglich.
– kseg1: Umfang 512 MByte, Zugriff nur für Supervisor, ebenfalls abgebildet auf die unteren 512 MByte des physikalischen Adreßraums, not-cacheable.
– kseg2: Umfang 1 GByte, Zugriff nur für Supervisor, abgebildet auf beliebige physikalische Adressen, Caching möglich.
– kuseg: Umfang 2 GByte, der für den User verfügbare Adreßraum; er wird auf beliebige physikalische Adressen abgebildet, Caching ist möglich.

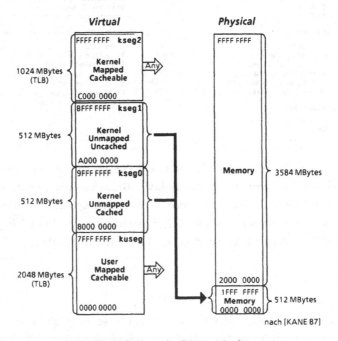

Bild 6-17: Aufteilung des R3000-Adreßraums

6.8.3 FPA R3010

Der Floating Point Acelerator R3010 (Bild 6-18) ist als Koprozessor #1 angeschlossen und kann mit den Koprozessorbefehlen angesteuert werden. Daten von Floating Point-Instruktionen müssen nicht an den FPA übertragen werden, sondern der FPA startet die Ausführung eines Befehls, sobald sich dieser in der CPU-Pipeline befindet; der FPA hat so keinen Übertragungs-Overhead und verhält sich, als sei er auf dem Chip integriert. Auf Bedingungsabfragen kann von der IU aus mit den Befehlen BC1F bzw. BC1T reagiert werden. Als FPU-Operationen sind die Grundrechenarten, Formatumwandlungen, Betrag und Negation vorgesehen.

Der R3010 besitzt 16 Floating Point-Register mit 64 bit Breite; die Floating Point-Register können wahlweise als 32 Single- oder als 16 Double-Precision-Register verwendet werden. Er besteht aus drei unabhängigen Rechenwerken: einem Floating Point-Addierer, einem Multiplizierer und einem Dividierer. Die Rechenwerke werden von einer gemeinsamen Steuereinheit (*Control Unit*) angesteuert und überwacht. Die Abarbeitung der Floating Point-Befehle geschieht in einer 6-stufigen Pipeline, die bei Ressourcenkonflikten angehalten werden muß.

Die Floating Point Performance des MIPS ist beachtlich: Addition und Subtraktion benötigen 2 Zyklen (Single- und Double-Precision); Multiplikation 4 Zyklen

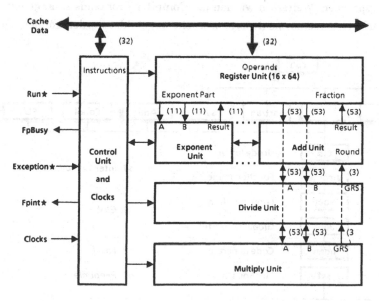

Signale mit ★ sind low-active   nach [SIEM 90b]

Bild 6-18: Blockdiagramm des FPA R3010

Single, 5 Double; Division 12 Single, 19 Double. Die Leistung liegt bei 1,3 MWhetstones für Single- und bei 13,6 für Double-Precision.

6.8.4 Multiprozessoren

Der R3000 hat keine speziellen Befehle für Multiprozessoranwendungen; bei Bedarf müßten sie durch Aktivieren einer Systemadresse realisiert werden. Es ist auch kein Snooper vorgesehen, aber er läßt sich mit wenigen Bauelementen realisieren und kann über über die Koprozessorleitungen eng gekoppelt werden. Eine gute Voraussetzung für den einfachen Aufbau eines Snoopers bietet weiterhin der physikalische Cache. Es sind sehr leistungsfähige MIPS-Multiprozessoren auf dem Markt (z. B. von Silicon Graphics).

6.8.5 Software

Für MIPS bildet die Software-Unterstützung den Dreh- und Angelpunkt ihrer Gesamtkonzeption; aus diesem Grund lassen sich einige recht interessante Merkmale in ihrer Software-Struktur erkennen (Bild 6-19):

Zum einen wurde sehr viel Wert gelegt auf die Unterstützung aller gängigen Programmiersprachen. Weiterhin wurden die Compiler Frontends so angelegt, daß sie alle auf eine gemeinsame Zwischensprache abgebildet werden können. Dieses

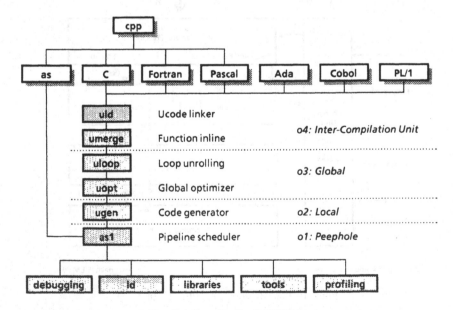

Bild 6-19: Compiler für die MIPS-Linie

Konzept bietet den Vorteil, daß Module von unterschiedlichen Quellsprachen zusammengebunden (link) werden können; deshalb ist es auch möglich, von mehreren Sprachen aus auf in FORTRAN geschriebene mathematische Bibliotheken zuzugreifen; ferner können die Sprachen C, FORTRAN, Pascal und Assembler einen gemeinsamen Preprozessor (Makroprozessor cpp) verwenden. Ein weiterer Effekt dieser Konzeption ist, daß sehr aufwendige Codeoptimierungsverfahren wirtschaftlich sinnvoll eingesetzt werden können; MIPS-Compiler gelten als die besten heute verfügbaren optimierenden Compiler. Weiterhin wird von MIPS die Aufwärts- und Querkompatibilität des Objectcodes garantiert.

6.8.6 Support

Weiterhin scheint interessant, daß der R3000 von fünf verschiedenen Firmen (Integrated Device, LSI Logic, NEC, Performance Semiconductor, Siemens) bezogen werden kann; MIPS garantiert dabei, daß alle Herstellerfirmen pin-kompatible Versionen der MIPS-Chips zur Verfügung stellen. Außerdem sind verschiedene MIPS-Derivate von diesen Firmen zu erwarten (z. B. höher integrierte Chips oder Low Cost-Varianten für Embedded Control).

6.9 PRISM

Die PRISM-Architektur (Parallel Reduced Instruction Set Multiprocessor) wurde von Apollo entworfen und zwar speziell für stark graphikgestutzte, rechenintensive Anwendungen, wie CAD-Aufgaben, Animation und Image Processing. Ein Rechnersystem kann bis zu vier PRISM-Prozessoren enthalten und ist über einen schnellen Bus (X bus) mit dem Hauptspeicher, dem Graphiksystem und – über ein Interface – mit der Peripherie verbunden (Bild 6-20).

6.9.1 Architekturüberblick

Der PRISM besteht aus einer IU, einer FPU, einer MMU mit einem 128 KByte großen I-Cache und einem 64 KByte großen D-Cache (Bild 6-21). Die IU übernimmt neben den Integer-ALU-Operationen alle Load- und Store-Befehle; die FPU, die aus einer ALU und einem Multiplizierer besteht, führt auch Integer-Multiplikation und -Division durch. Sämtliche Datenpfade sind 64 Bit breit; auf diese Weise kann mit jedem Zyklus je eine Integer- und eine Floating Point-Operation eingelesen und ausgeführt werden. Außerdem gibt es für die FPU die *compound instructions*, das sind 5-Adreß-Befehle (3 Quellen, 2 Ziele), die eine

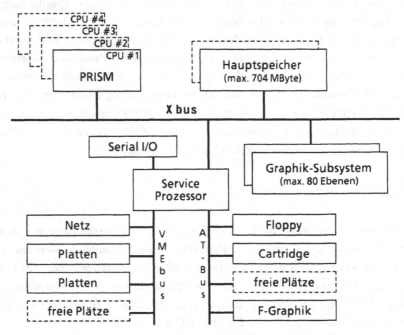

Bild 6-20: Systemarchitektur des PRISM nach [APOL 89]

Floating Point-Multiplikation und Addition gleichzeitig ausführen. Die FPU ist aus Geschwindigkeitsgründen als Full-Custom ECL-Chip aufgebaut.

6.9.2 MMU

Der PRISM hat einen 2-Ebenen-TLB: Die erste Ebene, die als ASIC implementiert ist, besteht aus einem 2-Wege-Cache mit 32 Einträgen. Die zweite TLB-Ebene ist direct mapped und hat 8 K Einträge. Für die Adreßumsetzung wird zunächst der TLB der ersten Ebene durchsucht, dann die zweite Ebene; wurde auch hier nichts gefunden, so wird per Hardware die TLB-Ersetzung durchgeführt.

Da bis zu 4 Prozsssoren in einem PRISM-System arbeiten können, muß ein Snooping-Mechanismus (*bus watching*) vorgesehen sein, um die Cache-Kohärenz zu gewährleisten. Diese Bus-Watcher sind spezielle ASICs, die über die Tag-Einträge der Caches verfügen und den X bus ständig beobachten; wird eine Adreß-Kollision festgestellt, so werden die Cache Lines als *invalid* markiert.

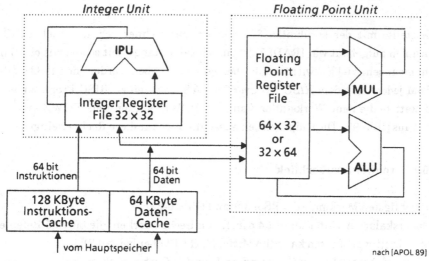

Bild 6-21: Aufbau des PRISM-Prozessors

6.9.3 Graphik

Eine weitere wichtige Systemkomponente ist der Graphikbeschleuniger, der über
den X bus angekoppelt ist (Bild 6-20). Die hohe Graphikleistung wird vom Prozessor durch spezielle Graphikbefehle und durch eine hohe Floating Point-Leistung
unterstützt; aus diesem Grund muß das Graphiksystem auch keine hohe Rechenleistung aufbringen, sondern es muß die Bilder vor allem in hoher Qualität und
flimmerfrei darstellen. Dazu hat es 40 bzw. 80 Ebenen mit 1536×1024 Pixel, von
denen jeweils 1280×1024 dargestellt werden. Jedes Pixel besteht also aus 5 resp.
10 8-Bit-Komponenten, die Farbe, z-Werte, Textur etc. enthalten. Spezielle Rechenleistung wird noch für einige Rendering-Techniken zur Verfügung gestellt:
Nämlich Alpha-Buffering, Subpixel Addressing, Quadratic Shading, Texture
Mapping und Dithering (siehe dazu Kapitel 9, "Graphik").

6.9.4 Software

Die PRISM-Maschinen sind object-kompatibel zu der übrigen Workstation-Linie
von Apollo, die auf den Motorola-Prozessoren 680x0 basieren: Der Maschinencode
für beide Prozessortypen kann unter einem File-Namen zusammengefaßt werden;
der dynamische Lader wählt dann für jeden Prozessor den richtigen Code aus.
Compiler sind verfügbar für die Sprachen C, C++, Pascal, Fortran77, Ada und
CommonLISP.

6.10   RISC System/6000 (IBM POWER)

IBM stellte mit der berühmten 801 den ersten Rechner vor, der nach RISC-Prinzipien aufgebaut war [RADI 83]. Danach sah es lange Zeit so aus, als ob IBM nicht mehr sehr viel Entwicklung diesbezüglich betreiben würde. Ende 1989 stellte IBM jedoch mit dem *RISC System/6000 (RS/6000)* einen RISC-Prozessor vor und stattete die neue Workstation-Familien POWERstation und POWERserver damit aus [IBM 90]. Die Chips werden ausschließlich für diese Rechner eingesetzt.

6.10.1 Architekturüberblick

Die wichtigsten Merkmale des RS/6000 sind (Bild 6-22):
- superskalare Architektur mit 4 parallelen Rechenwerken, die bis zu 5 Befehle gleichzeitig ausführen kann (im Mittel liegt CPI aber bei >0.7);
- Harvard-Architektur, mit getrennten I- und D-Caches und sogar mit getrennten I- und D-TLBs;
- spezielle Branch-Architektur, die in gewissen Fällen einen *zero-cycle branch* erlaubt;
- der Prozessor besteht aus mehreren Semicustom-Chips: einer ICU (Instruction Cache Unit), einer FXU (Fixed Point Unit), einer FPU (Floating Point Unit), vier DCUs (Data Cache Unit), einer SCU (Storage Control Unit), einem Clock-Chip (CLK) und einer Input/Output-Interface Unit (C); hinzu kommen noch die Speicherkarten.
- 184 Befehle, die zur Laufzeit den verschiedenen funktionalen Einheiten zugeordnet werden.

6.10.2 ICU

Zum einen besteht die ICU (*Instruction-Cache und Branch-Processor*) aus einem 8 KByte großen 2-Wege I-Cache mit 64 Byte Zeilenlänge. Außerdem hat noch der I-TLB (2-Wege) mit 32 Einträgen Platz.

Eine weitere Aufgabe der ICU ist es, die Maschinenbefehle an die funktionalen Einheiten des RS/6000 weiterzuleiten (Dispatcher); zwei davon (Branches und Condition-Register-Befehle) werden innerhalb der ICU abgearbeitet, weitere zwei in den Rechenwerken der FXU und FPU. Auf diese Weise bleiben FXU und FPU von Sprüngen völlig verschont, und bei einem *zero-cycle branch* bekommen sie sogar einen ununterbrochenen Strom von Instruktionen. Die ICU ist so organisiert, daß für unbedingte Sprünge und für Sprünge, die nicht ausgeführt werden, die Pipeline nicht angehalten werden muß. Bedingte Sprünge führen im

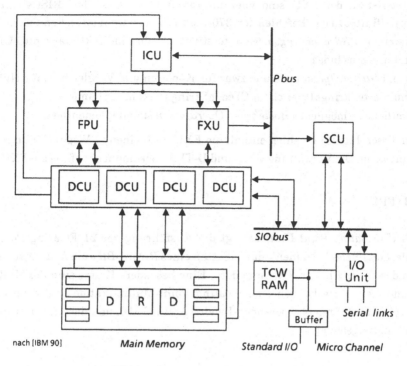

Bild 6-22: Systemarchitektur des RS/6000

Prinzip zu einer Verzögerung von drei Zyklen; kann der Wert der Sprungbe-ding-
ung aber vorher berechnet werden, so führt das zu einer geringeren Verzögerung.
(Der Compiler versucht also, die *Code-Settling Instruction* möglichst weit vor den
Sprung zu ziehen.) Diese Entzerrung von der Berechnung des Condition Code CC
bis zum Sprung wird dadurch begünstigt, daß 8 CC-Register (CCR) mit einer
Breite von je 4 Bit in der ICU vorhanden sind; implementiert sind diese 8 CC-
Register durch ein 32 Bit breites *Condition-Register*. Darüberhinaus gibt es noch
einen zero-cycle Branch-and-Count-Befehl (z. B. für FOR-Schleifen in Pascal).

6.10.3 FXU

Die FXU (*Fixed Point Unit*) verarbeitet (d. h. dekodiert und führt aus) alle 79
Integer-Befehle und außerdem Floating Point Loads und Floating Point Stores.
Die FXU hat 32 Integer-Register; sie enthält neben der ALU noch einen Barrel
Shifter und weiterhin einen Integer-Multiplizierer und -Dividierer, der für eine
Operation 3 bis 5 resp. 19 bis 20 Zyklen benötigt. Sämtliche 16 möglichen
Boole'schen Operationen sind implementiert. Durch Setzen eines *Record Bit*
können die ALU-Instruktionen das CCR#0 in der ICU verändern. Einige weitere

Charakteristika der FXU sind eher untypisch für "klassische" RISCs (eine gewisse Affinität zu den Befehlen der /370-Maschinen ist wohl unverkennbar):

- Es werden 4 *Adressierungsarten* unterstützt: absolut, indirekt, Basis plus Offset, Basis plus Index.
- Es gibt *String-Operationen* und zwar für Kopieren und Vergleichen, für Nullterminierte Strings (typisch für C) oder Strings bekannter Länge.
- Sämtliche 16 möglichen *Boole'schen Operationen* sind implementiert.

Neben diesen Integer-Befehlen enthält die FXU noch einen (2-Wege) D-TLB mit 128 Einträgen. Die Verwaltung von I- und D-TLB übernimmt ebenfalls die FXU.

6.10.3 FPU

Die FPU (*Floating Point Unit*) besorgt die Ausführung der 21 Floating Point-Befehle; diese Befehle können – durch Setzen eines *Record-Bit* – die ALU-Instruktionen das CCR#1 in der ICU verändern. Eine besondere Klasse sind die Multiply-Add-Befehle: Sie können eine Floating Point-Multiplikation und Addition gleichzeitig ausführen (4-Operanden-Befehl: $A*B + C \rightarrow D$), und das alles mit nur *einem* Rundungsfehler.

6.10.4 DCU

Der D-Cache des RS/6000 besteht üblicherweise aus 4 DCU (*Data Cache Unit*)-Chips mit je 16 KByte Cache. Der gesamte D-Cache ist 4-Wege-assoziativ, eine Cache Line enthält 128 Byte. Als Konsistenzstrategie verwendet man Copy Back (Store Back). Die DCUs enthalten nicht nur einen Store Back Buffer (128 Byte), sondern auch einen Cache Reload Buffer; es muß dadurch nicht gewartet werden, bis die gesamte Cache Line nachgeladen ist.

Die DCU besorgt auch recht aufwendige Fehlererkennungsmaßnahmen: Es können 2-Bit Fehler entdeckt und 1-Bit Fehler (duch ECC) korrigiert werden. Ferner ist ein *Memory Scrubbing*-Mechanismus implementiert, der den Speicher periodisch auf Fehler untersucht und sie gegebenenfalls korrigiert. Schließlich gibt es noch das *Bit Steering*: Wurde ein Fehler als harter Defekt erkannt, so kann diese Speicherzelle umgangen und durch eine andere ersetzt werden.

6.10.5 SCU und Speichermodule

Die SCU (*Storage Control Unit*) ist der Master auf dem SIO-Bus. Dementsprechend steuert sie das Interface zwischen D-Cache und Hauptspeicher und besorgt DMA-Operationen zwischen dem Hauptspeicher und den I/O-Geräten. Zudem ist sie der Arbiter für die Kommunikation zwischen ICU, FXU und den DCUs. Auch das *Memory Scrubbing* wird von der SCU gesteuert.

Die *Speichermodule* enthalten 8, 16 oder 32 MByte RAM. Sie werden auf ziemlich hoher Ebene angesprochen (*Generic Read/Write Instructions*) und erzeugen dann auf der Karte die erforderlichen Signale zur Ansteuerung und zum Refresh einer Reihe von DRAM-Typen.

6.10.6 I/O-Unit

Die I/O-Unit unterstützt zwei schnelle serielle Verbindungen, die zum Anschluß von optischen LANs vorgesehen sind. Weiterhin bildet sie das Interface zum Micro Channel, über den die (schnelle) Peripherie angeschlossen werden kann.

6.10.7 Hardware-Aufwand und Performance

Wie aus Tabelle 6-7 zu sehen ist, wurde beim RS/6000 ein erheblicher Hardware-Aufwand getrieben: Der gesamte Prozessor besteht aus 9 ASICs, die zusammen über 6 Millionen Transistoren enthalten.

Die Performance-Zahlen zeigen die Licht- und Schattenseiten einer superskalaren Architektur: Das Spitzenmodell POWERserver 540 mit 30 MHz hat die beachtliche Leistung von 72 200 Dhrystones, 41,1 VAX-MIPS ([IBM 90], p. 21) und einen SPECmark von 34,7 ([GROV 90], p. 365). Das theoretische Maximum bei vier parallelen Einheiten liegt aber bei 4*30 = 120 MIPS; das heißt nichts anderes, als daß bei einem Dhrystone-Programm durchschnittlich 41,1/30 = 1,4 Rechenwerke arbeiten. Hinzu kommen noch die Zeiten für den Context Switch und für Interrupts, die für superskalare Architekturen immer etwas länger sind als für konventionelle. Positiv ist, daß alle Interrupts *precise* sind, was das Problem des Wiederaufsetzens nach einem Trap deutlich vereinfacht.

Tabelle 6-7: Hardware-Aufwand beim RS/6000

Chip	Transistorzahl		Substrat-Größe	Pinzahl
	Logik	*Speicher*	*(mm × mm)*	
ICU	200.000	550.000	12.7 × 12.7	252
FXU	250.000	250.000	12.7 × 12.7	256
FPU	360.000	60.000	12.7 × 12.7	224
DCU × 4	700.000	3.800.000	11.3 × 11.3	184
SCU	230.000	–	11.3 × 11.3	255
I/O-Unit	300.000	200.000	12.7 × 12.7	293
Summe	2.040.000	4.860.000	1284 mm²	

6.11 SPARC

Die SPARC-Architektur wurde zwischen 1984 und 1987 bei Sun definiert; sie baut auf den Erkenntnissen auf, die 1980 bis 1982 bei Architekturstudien an der Universität von Berkeley erbracht wurden. Die Firma Sun rüstet mit dem SPARC ihre Workstations Sun 4 und die SPARCstation aus. Der SPARC hat – wie auch sein Name "Scalable Processor Architekture" ausdrückt – den Anspruch, eine offene Architektur zu definieren, von der konkrete Realisierungen (z. B. High-Performance oder Low Cost) abgeleitet werden können. Die SPARC-Architektur ist in [SUN 87] beschrieben. Eine CPU darf sich SPARC-kompatibel nennen, wenn sie die "SPARC Compliance Definition" (Version 1.0 von Anfang 1990) erfüllt; dasselbe gilt für ein System oder ein Programmpaket. Eine Organisation namens SPARC International überwacht die Erfüllung der Compliance Definition und kann einer SPARC-kompatiblen Komponente das SPARC-Warenzeichen verleihen.

SPARC-Prozessoren sind von den Firmen Fujitsu, Cypress, Texas Instruments, LSI Logic, Philips und BIT (Bipolar Integrated Technology) verfügbar.

Bild 6-23 zeigt einen Überblick über die Architektur der SPARC-Integer Unit.

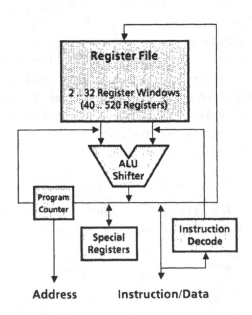

Bild 6-23: Architektur des SPARC

6.11.1 Architekturübersicht

Die "Berkeley-Konzeption" des SPARC basiert auf einer *Registerfensterarchitektur* (siehe Kapitel 2, "RISC-Grundlagen"). Die SPARC-Integer-Einheit kann 40 bis 520 32 bit breite Universalregister enthalten, entsprechend 2 bis 32 überlappenden Registerfenstern. Der Cypress-Chip weist 8 Registerfenster auf, der Fujitsu-Chip 7; der Standard läßt 2 bis 32 Fenster zu. Die Fensteranzahl der jeweiligen Realisierung ist für Anwendungsprogramme nicht sichtbar. Die aktuelle Anzahl der Fenster läßt sich aus dem WIM-Register (*Window Invalid Mask*, Bild 6-24) ablesen.

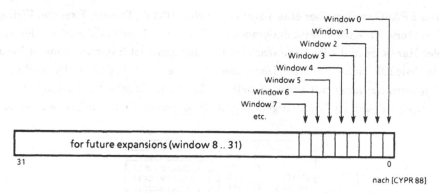

nach [CYPR 88]

Bild 6-24: Window Invalid Mask Register (WIM)

Wegen des WIM-Registers ist es auch möglich, die Anordung der Registerfenster anders zu organisieren: So kann man nicht nur einem Task alle Fenster zuordnen, sondern es können auch jedem Task z. B. nur zwei Registerfenster zugewiesen werden; auf diese Weise können mehrere Tasks gleichzeitig in den Registern gehalten werden. Bei einer solchen Registerorganisation werden Task-Wechsel deutlich schneller: Wenn zwischen zwei Tasks umgeschaltet wird, deren Register sich gleichzeitig im Register-File befinden, dann müssen die Register überhaupt nicht ausgelagert werden, sondern es genügt, den Registersatz einfach umzuschalten. Oder es müssen nur noch zwei Registerfenster ausgelagert werden, was natürlich bedeutend schneller ist als die Register von allen Fenstern auszulagern.

Wie Bild 6-25 zeigt, sind die in jeder Prozedur sichtbaren 32 Register (r0..r31) aufgeteilt in:

- 8 *Input-Register* i0..i7, die von der aufrufenden Prozedur übergeben werden.
- 8 *lokale Register* l0..l7, die nur für eine Prozedur sichtbar sind.
- 8 *Output-Register* o0..o7, die an eine Unterprozedur übergeben werden.

- 8 *globale Register* g0..g8, auf die von jeder Prozedur aus zugegriffen werden kann; Register 0 ist dabei immer Null.

- Hinzu kommen die *Floating Point-Register* f0..f31, auf die ebenfalls jede Prozedur zugreifen kann; diese Register können organisiert sein als 32 Single-, 16 Double- oder als 8 Extended-Precision Register.

Diese Registerfensterarchitektur beschleunigt die Prozeduraufrufe beträchtlich, weil nur wenige Prozeduraufrufe mehr als sechs Parameter übergeben; damit können alle aufrufenden Parameter in Registern gehalten werden. Bei einem Überlauf müssen nicht sämtliche Registerfenster gerettet werden, sondern es genügt oft, ein oder nur wenige Fenster zu retten.

Der SPARC verfügt über eine 4-stufige *Pipeline* (Fetch, Decode, Execute, Write). Bei länger als einen Zyklus dauernden Befehlen (z. B. Load und Store) werden von der Hardware in die Pipeline Wartezyklen eingeschleust (intern gebildeter Pseudo-Code IOP, siehe Bild 6-26). Diese Lösung hat den Vorteil, daß künftige SPARC-Implementierungen mit einem schnelleren Load und Store vollständig objectcode-kompatibel sind zu den heutigen SPARC-Prozessoren. Tritt ein Cache Miss auf,

	r31	(i7)	return address
	r30	(FP)	frame pointer
	r29	(i5)	incoming param reg 5
input	r28	(i4)	incoming param reg 4
registers	r27	(i3)	incoming param reg 3
	r26	(i2)	incoming param reg 2
	r25	(i1)	incoming param reg 1
	r24	(i0)	incoming param reg 0
	r23	(l7)	local 7
	r22	(l6)	local 6
	r21	(l5)	local 5
local	r20	(l4)	local 4
registers	r19	(l3)	local 3
	r18	(l2)	local 2
	r17	(l1)	local 1
	r16	(l0)	local 0
	r15	(o7)	temp
	r14	(SP)	stack pointer
output	r13	(o5)	outgoing param reg 5
	r12	(o4)	outgoing param reg 4
registers	r11	(o3)	outgoing param reg 3
	r10	(o2)	outgoing param reg 2
	r9	(o1)	outgoing param reg 1
	r8	(o0)	outgoing param reg 0
	r7	(g7)	global 7
	r6	(g6)	global 6
global	r5	(g5)	global 5
registers	r4	(g4)	global 4
	r3	(g3)	global 3
	r2	(g2)	global 2
	r1	(g1)	global 1
	r0	(g0)	0
floating	f31		floating point value
point	.		.
registers	.		
	f0		floating point value

nach [CYPR 88]

Bild 6-25: Registeraufteilung beim SPARC

dann wird der Prozessor mit dem Signal MHOLD angehalten, und die Instruktion (oder das Datum) wird in den Cache eingelesen; daraufhin muß das Signal MDS aktiviert werden, damit der Prozessor das vorher eingelesene Datum ignoriert und mit dem neuen die Pipeline wieder aufsetzt.

Die Registerfensterarchitektur des SPARC spiegelt sich auch in seinem *Befehls-satz* (Tabelle 6-8) wider: Neben den üblichen RISC-Befehlen wie Load, Store und ALU-Operationen gibt es einige Befehle zur Verwaltung der Registerfenster, wie SAVE, RESTORE und die WIM-Befehle.

Eine Besonderheit sind die *Tagged-Befehle* ("AI-Befehle"): Sie unterstützen zur Laufzeit die Überprüfung der Datentypen. Eine solche Überprüfung ist bei AI-Sprachen wie LISP, Prolog und Smalltalk nützlich. Bei den Tagged-Befehlen des SPARC (TADD und TSUB) werden die Werte in den Bits 2 .. 31 dargestellt, die unteren beiden Bits werden als Tag-Bits verwendet. Diese Befehle arbeiten folgendermaßen: Bei einer Rechenoperation wird zunächst angenommen, daß zwei Integer-Befehle zu verknüpfen sind. Gleichzeitig mit der Rechenoperation werden anhand der Tag-Bits die Datentypen der Operanden überprüft. Wird nun festgestellt, daß die bei Operanden andere Datentypen als Integer enthalten, wird ein Trap ausgelöst und die erforderliche Operation (z. B. ein Floating Point Add) ausgeführt.

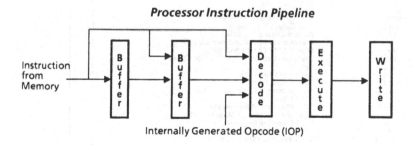

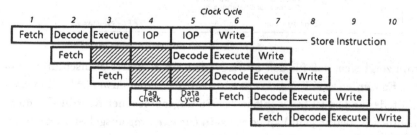

nach [CYPR 88]

Bild 6-26: Einfügen von Pipeline-NOPs: (oben) Erzeugung, (unten) Beispiel Store

Tabelle 6-8: Befehlssatz des SPARC (nach [CYPR 88])

LDSB (LDSBA*)	Load Signed Byte (from Alternate Space)	2
LDSH (LDSHA*)	Load Signed Halfword (from Alternate Space)	2
LDUB (LDUBA*)	Load Unsigned Byte (from Alternate Space)	2
LDUH (LDUHA*)	Load Unsigned Halfword (from Alternate Space)	2
LD (LDA*)	Load Word (from Alternate Space)	2
LDD (LDDA*)	Load Doubleword (from Alternate Space)	3
LDF	Load Floating Point	2
LDDF	Load Double Floating Point	3
LDFSR	Load Floating Point State Register	2
LDC	Load Coprocessor	2
LDDC	Load Double Coprocessor	3
LDCSR	Load Coprocessor State Register	2
STB (STBA*)	Store Byte (into Alternate Space)	3
STH (STHA*)	Store Halfword (into Alternate Space)	3
ST (STA*)	Store Word (into Alternate Space)	3
STD (STDA*)	Store Doubleword (into Alternate Space)	4
STF	Store Floating Point	3
STDF	Store Double Floating Point	4
STFSR	Store Floating Point State Register	3
STFQ*	Store Double Floating Point Queue	3
STC	Store Coprocessor	3
STDC	Store Double Coprocessor	4
STCSR	Store Coprocessor State Register	3
STDCQ*	Store Double Coprocessor Queue	4
LDSTUB (LDSTUBA*)	Atomic Load/Store Unsigned Byte (into Alternate Space)	4
SWAP (SWAPA*)	Swap r Register with Memory	4
ADD (ADDcc)	Add (and Modify icc)	1
ADDX (TADDXcc)	Add with Carry (and Modify icc)	1
TADD (TADDccTV)	Tagged Add and Modify icc (and Trap on Overflow)	1
SUB (SUBcc)	Subtract	1
SUBX (SUBXcc)	Subtract with Carry (and Modify icc)	1
TSUB (TSUBccTV)	Tagged Subtract and Modify icc (and Trap on Overflow)	1
MULScc	Multiply Step and Modify icc	1
AND (ANDcc)	AND (and Modify icc)	1
ANDN (ANDNcc)	AND NOT (and Modify icc)	1
OR (ORcc)	OR	1
ORN (ORNcc)	OR NOT	1
XOR (XORcc)	Exclusive OR (and Modify icc)	1
XNOR (XNORcc)	Exclusive NOR (and Modify icc)	1
SLL	Shift Left Logical	1
SRL	Shift Right Logical	1
SRA	Shift Right Arithmetic	1
SETHI	Set High 22 Bits of r Register	1
SAVE	Save Caller's Window	1
RESTORE	Restore Caller's Window	1
Bicc	Branch on Integer Condition Codes	1
FBicc	Branch on FP Condition Codes	1
CBccc	Branch on Coprocessor Condition Codes	1
CALL	Call	1
JMPL	Jump and Link	1
RETT	Return from Trap	1
Ticc	Trap on Integer Condition Codes	1
RDY	Read Y Register	1
RDPSR	Read Processor State Register	1
RDWIM	Read Window Invalid Mask (WIM)	1
RDTBR	Read Trap Base Register	1
WRY	Write Y Register	1
WRPSR*	Write Processor State Register	1
WRWIM*	Write Window Invalid Mask (WIM)	1
WRTBR*	Write Trap Base Register	1
UNIMP	Unimplemented Instruction	1
IFLUSH	Instruction Cache Flush	1
FPop	Floating Point-Unit Operations	1
CPop	Coprocessor Operations	1

* privileged instruction   # Processor Cycles

Weiterhin zeigt sich, daß für den SPARC auch ein *Koprozessor*anschluß vorgesehen ist. Es werden zwei Koprozessoren unterstützt; einer davon ist die Floating Point Unit, der andere ist frei wählbar. Ist ein angesprochener Koprozessor nicht implementiert (P-Leitung auf V_{cc}), so wird ein *Disable Trap* ausgelöst, und die Koprozessoroperation kann per Software emuliert werden.

6.11.2 FPU

Wie bereits oben erwähnt, können an den SPARC zwei Koprozessoren angeschlossen werden; einer davon ist die FPU. Durch das Koprozessorkonzept kann
die FPU optional angeschlossen werden. Der SPARC-Standard definiert nur die
Schnittstelle zur FPU. Bei der Cypress-Lösung besteht die FPU aus zwei Chips
(FP-Controller CY7C608 und FP-Prozessor SN74ACT8847); diese derzeitige
Lösung bietet keine sehr große Floating Point Performance. Es sind aber schnellere FPUs zu erwarten, die durch die einheitliche Koprozessorschnittstelle zur IU
rasch und ohne Änderungen des Objectcodes genutzt werden können.

Die FPU besitzt 32 Single-Precision Register, die je 32 bit breit sind; die Register
können aber auch als 16 Double- oder 8 Extended-Precision Register organisiert
sein. Register, mit denen gerade gerechnet wird, sind über einen Scoreboard-Me-
chanismus vor unzulässigem Zugriff geschützt. Die FPU erfüllt auf Anwender-
ebene die Norm IEEE 754-1985. Einige Aspekte der Norm, wie z. B. langsame Be-
reichsunterschreitung, werden durch Software abgehandelt.

Das dem Anwender zugängliche FSR (Floating Point State Register) kann nach
jeder Operation der Zustand der FPU abgefragt werden. Es enthält Informationen
über Betriebsart und Status der FPU, insbesondere die Kontroll- und Status-Bits
für IEEE 754-1985. Die FPU kann bei der CPU *precise traps* auslösen.

6.11.3 MMU

Die Referenz-MMU des SPARC, die von Fujitsu und Cypress angeboten wird,
definiert einen 64 GByte-Adreßraum mit 3-stufiger Adreßumsetzung. Weiterhin
ist ein TLB mit 64 Einträgen vorgesehen; bei der Ersetzung wird der LRU-
Algorithmus unterstützt; außerdem ist selektives Flushing möglich.

6.11.4 Multiprozessoren

Die Realisierung von Multiprozessorsystemen unterstützt der SPARC durch die
atomaren Kommunikations-Primitive SWAP (Lesen eines Wortes und ersetzen
durch den Registerinhalt) und LDSTUB (*Load and Store Unsigned Byte*, Lesen
eines Byte und Ersetzen durch den Wert FF_H). Seit kurzem wird bei Cypress eine
MCU angeboten, die das Cache Snooping unterstützt.

6.11.5 Software

Für SPARC gibt es optimierende Compiler für die Sprachen Pascal, Modula 2, C, C++, Fortran, Ada, Cobol, CommonLISP. Weiterhin wurde ein *Application Binary Interface* (↗ABI) definiert, das eine Basis für Anwendungs-Software definiert.

Einer der wichtigsten Gründe, für Workstations den SPARC einzusetzen, liegt wohl darin, daß Sun ihre neue Workstation-Familie auf diesem Prozessor aufbaut. Dadurch scheint zum einen gesichert, daß neue Workstation-Konzepte sich auch auf SPARC-Maschinen wiederfinden lassen, zum andern steht – nicht zuletzt wegen der Verbreitung von Sun-Workstations – SPARC-Entwicklungswerkzeuge und viel Anwendungs-Software zur Verfügung. Ende 1990 waren 2200 Applikationen auf den SPARC portiert. Eine Liste mit verfügbarer SPARC-Software findet sich in dem Sun-Katalog *Catalyst* ([SUN 89]).

6.11.6 Support

SPARC-Prozessoren werden von verschiedenen Firmen angeboten; es ist dabei allerdings zu beachten, daß gegenwärtig zwei Linien des SPARC vertrieben werden: Die Fujitsu-Linie und die Cypress-Linie. *Fujitsu* bietet die Chips CPU MB86900, 16,67 MHz (Gate Array) und FP-Controller MB86910 für Weitek 1164/65 an. Von *Cypress* ist ein Chipsatz lieferbar, mit den Bausteinen CY7C601 (IU), CY7C603 (MMU), CY7C608 (FP-Controller), SN74ACT8847 (FP-Prozessor, von TI), CY7C181 (Cache Tag RAM), CY7C153 (Cache Data RAM).

Für den Cypress-Chipsatz gibt es als Second Source die Firmen Texas Instruments (TI) und Philips. LSI Logic bietet zu jeder Linie pin-kompatible Eigenentwicklungen auf der Basis der SPARC-Definition an. Weiterhin gibt es von BIT (Bipolar Integrated Technology) eine ECL-Version, die mit 80 MHz betrieben wird.

Literatur

[AMD 88a]   Advanced Micro Devices: Am29000 32-Bit Streamlined Instruction
            Processor User's Manual. Sunnyvale (CA) 1988

[AMD 88b]   Advanced Micro Devices: Am29000 32-Bit Streamlined Instruction
            Processor Memory Design Handbook. Sunnyvale (CA) 1988

[APOL 89]   Apollo Computer Inc.: Series 10000VS Graphics Superwork-
            station. February 1989

[BODE 90]   Bode, A. (Hrsg.): RISC-Architekturen. Mannheim: BI-Wissen-
            schaftsverlag, 1990 (2. Auflage)

[CASE 87]   Case, B.; Chu, P.; Johnson, M.; Baror, G.; Olson, T.; Gupta, S.: 32-
            Bit-Prozessor unterstützt optimierende Compiler. Elektronik 36
            (1987) 6, S. 77-82

[CASE 89]   Case, B.: Intel's i860 Sets New Performance Standard. Unusual
            optimization for floating-point and 3-D graphics. Microprocessor
            Report, March 1989; und Evaluating the i860's Graphics Unit.
            Microprocessor Report, April 1989

[COHE 81]   Cohen, D.: On Holy Wars and a Plea for Peace. IEEE Computer, 14
            (1981) 10, pp. 48-54

[CYPR 88]   Cypress: CY7C600 RISC Family Users Guide. San Jose (CA) 1988

[DEWA 90]   Dewar, R. B. K.; Smosna, M.: Microprocessors, A Programmer's
            View. New York 1990

[FAIR 86]   Fairchild: 32-Bit-Mikroprozessor mit On-Chip Fließkomma-Verar-
            beitung. Design&Elektronik (1986) 17, S. 8-14

[FOTL 87]   Fotland, D. A.; Shelton, J. F.; Bryg, W. R.; La Fetra, R. V.;
            Boschma, S. I.; Yeh, A. S.; Jacobs, E. M.: Hardware Design of the
            First HP Precision Architecture Computers. Hewlett-Packard
            Journal, March 1987, pp. 4-17

[FURB 90]   Furber, S. B,; Thomas, A. R. P.: ARM3 – a study in design for
            compatibility. Microprocessors and Microsystems 14 (1990) 6,
            pp. 407-415

[GARN 89]   Garner, R. B.; Pöll, G.: SPARC – die offene RISC-Architektur. In:
            [HUTT 89], S. 257-270

[GROV 90]   Groves, R. D.; Oehler, R.: RISC System/6000 processor architec-
            ture. Microprocessors and Microsystems 14 (1990) 6, pp. 357-366

[GUNN 89]   Gunn, L.: The RISC-Processor Wars Intensify. Electronic Design
              37 (1989) 6, pp. 33-41

[HEAT 90]   Heath, S.: Performance improvement techniques for the M88000
              RISC architecture. Microprocessors and Microsystems 14 (1990) 6,
              pp. 377-384

[HUNT 87]   Hunter, C. B.: Introducing the Clipper Architecture. IEEE Micro 7
              (1987) 8, pp. 6-25

[HUTT 89]   Huttenloher, R.; Fey, J. (Hrsg.): "CISC oder RISC oder ...", Vor-
              träge und Begleittexte zum 1. Entwicklerforum. München 1989

[IAPD 89a]   Intergraph Advanced Processor Division: Clipper C300, 32-Bit
              Compute Engine. Palo Alto 1989

[IAPD 89b]   Intergraph Advanced Processor Division: Clipper C300, 32-Bit
              Microprocessor Family. Palo Alto 1989

[IBM 90]   International Business Machines: The IBM RISC System/6000 pro-
              cessor. IBM Journal of Research and Development 34 (1990) 1

[INTE 89a]   intel: i 860 Processor Performance, Release 1.0, March 1989

[INTE 89b]   intel: i 860 64-Bit Microprocessor Programmers Reference Manual.
              Santa Clara (CA) 1989

[JAME 90]   James, D. V.: Multiplexed Buses: The Endian Wars Continue.
              IEEE Micro 10 (1990) 6, pp. 9-21

[JOHN 87]   Johnson, M.: System Considerations in the Design of the
              Am29000. IEEE Micro 7 (1987) 8, pp. 28-41

[KANE 87]   Kane, G.: mips RISC Architecture. Englewood Cliffs (NJ): Prentice
              Hall, 1987

[KHAN 90]   Khan, A.: CMOS and ECL implementations of MIPS RISC archi-
              tecture. Microprocessors and Microsystems 14 (1990) 6

[KOHN 89]   Kohn, L.; Margulis, N.: Introducing the Intel i860 64-Bit Micro-
              processor. IEEE Micro 9 (1989) 8, pp. 15-30

[MAYE 89]   Mayer, U.; Reuveni, D.: RISC-MIPS von MIPS. In: [HUTT 89],
              S. 187-191

[MCLE 89]   McLeod, J.: Tough Choices Ahead. Electronics, 62 (1989) 5, pp. 70-
              78

[MELE 89]   Melear, Ch.: The Design of the 88000 RISC Family. IEEE Micro 9
              (1989) 4, pp. 26-38

[MOTO 88a] Motorola, Inc.: MC88100 RISC Microprocessor User's Manual. 1988

[MOTO 88b] Motorola, Inc.: MC88200 Cache / Memory Management Unit User's Manual. 1988

[NÜLL 88] Nülle, U.: Am29000, eine RISC-Familie für Embedded Controller. In: [BODE 90], S. 184-214

[PIEP 89] Piepho, R. S.; Wu, W. S.: A Comparison of RISC Architectures. IEEE Micro 9 (1989) 2, pp. 51-62

[POUN 86] Pountain, D.: The Acorn RISC Machine. Byte 11 (1986) 1, pp. 387-393

[RADI 83] Radin, G.: The 801 Minicomputer. IBM Journal of Research and Development 27 (1983) 1, pp. 237-246

[ROGE 85] Rogers, D. F.: Procedural Elements for Computer Graphics. New York 1985

[ROSE 88] Rosenbladt, P.: Hewlett-Packard Precision Architecture. In: [BODE 90], S. 307-324

[SCHM 88] Schmidberger, R.: Die M88000-Familie, eine leistungsstarke Alternative zur CISC-Technologie. In: [BODE 90], S. 325-349

[SIEM 90a] Siemens AG, Bereich Halbleiter: SAB-R3000 High Performance 32-bit RISC Microcomputer. Data Sheet 02.90. Munchen 1990

[SIEM 90b] Siemens AG, Bereich Halbleiter: SAB-R3010 High Performance Floating Point Coprocessor. Data Sheet 02.90. München 1990

[SPEC 89] System Performance Evaluation Cooperative (SPEC): spec Newsletter, Benchmark Results, Vol. 1, Issue 1, Fall 1989

[STEL 89] Stelbrink, J.: Der Am29000 RISC Prozessor in Controller Applikationen. In: [HUTT 89], S. 13-17

[SUN 87] Sun Microsystems, Inc.: The SPARC Architecture Manual. Mountain View (CA) 1987

[SUN 89] Sun Microsystems, Inc.: Catalyst, A catalog of third-party software and hardware Mountain View (CA) 1989

[THUR 90] Thurner, E.: Die MIPS Prozessor-Familie. In: [BODE 90], S. 379-401

[VLSI 89] VLSI Technology, Inc.: VL86C010 32-Bit RISC MPU an Peripherals User Manual Englewood Cliffs (NJ): Prentice Hall 1989

[WEIC 90]   Weicker, R.: Leistungsmessungen für RISCs. In: [BODE 90], S. 145-183

[WILS 88]   Wilson, I.: Reduced Instructions. Systems International, October 1988, pp. 23-33

7 Busse

Die Struktur der Kommunikationspfade innerhalb eines Rechners ist ein wesentliches Merkmal der Rechnerarchitektur. Busse sind das am häufigsten verwendete Mittel, um diese Kommunikationspfade zu realisieren und die unterschiedlichen Komponenten und Subsysteme eines Rechners – wie CPU, FPU, Caches, Speicher, Graphiksystem etc. – zu verbinden. Dieses Kapitel gibt eine Einführung in die grundlegenden Funktionen eines Busses. Dazu diskutiert es mögliche Realisierungsalternativen, erklärt die Einzelkomponenten und Protokolle von Bussen und stellt die heute gebräuchlichsten Standard-Bussysteme für Workstations vor.

7.1 Charakteristika von Bussen

7.1.1 Topologie von Kommunikationspfaden

Die Verbindung zwischen den einzelnen Komponenten eines Rechners kann jedoch nicht nur durch einen Bus, sondern auf sehr unterschiedliche Weise realisiert sein; Bild 7-1 zeigt die gebräuchlichsten Varianten von Kommunikationspfaden bei Monoprozessorrechnern.

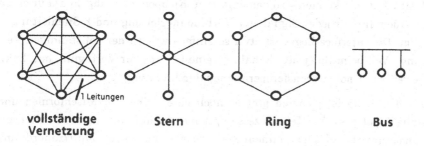

Bild 7-1: Gebräuchliche Topologien von Kommunikationspfaden

Das einfachste Verbindungskonzept stellt die *vollständige Vernetzung* dar; dabei ist jede Komponente mit jeder anderen Komponente über jeweils l Leitungen verbunden. Die Schwierigkeit, die sich bei dieser Topologie ergibt, ist offensichtlich: Bei k Komponenten sind $k*(k+1)/2$ Verbindungen nötig. Da für Transfers mit hoher Geschwindigkeit üblicherweise mehrere Leitungen $(l = 10..100)$ verwendet werden, sind bei der vollständigen Vernetzung also ungefähr $v \approx l*k^2/2$ Verbindungsleitungen nötig. Eine solche Verdrahtung erfordert aber sehr viel Fläche auf der Leiterplatte und verteuert damit das System erheblich. Wirtschaftlich sinnvoll kann die vollständige Vernetzung sein für Hochgeschwindigkeitsanforderungen oder auch bei einem niedrigen l und einem sehr kleinen k.

Eine mögliche Alternative ist die *Sternstruktur*, bei der alle Komponenten an einen speziellen zentralen Knoten angeschlossen sind, der eine Verteiler-Funktion erfüllen muß. Für diese Realisierung sind lediglich $v = l*k$ Leitungen erforderlich (der zentrale Verteiler wird nicht gezählt). Bei der Sternstruktur können – je nach Komplexität des zentralen Verteilers – bis zu $k/2$ Knoten gleichzeitig Transferoperationen durchführen.

Die *Ringstruktur* benötigt nur k Verbindungen; jede Komponente hat aber nur einen linken und einen rechten Nachbarn, mit der sie kommunizieren kann. Jeder Knoten muß Nachrichten, die nicht für ihn bestimmt sind, *weiterreichen* können; jede Komponente ist also *zugleich* Verteiler *und* Empfänger bzw. Sender. Da bei dieser Lösung die Interface-Logik der Komponenten ziemlich kompliziert wird, dient diese Struktur vor allem zum Verbinden von größeren Komponenten oder wird für LANs verwendet. Zur Verbindung von Workstations wird häufig das *Token Ring*-Prinzip eingesetzt. Ein erheblicher Nachteil dieser Topologie ist die mangelhafte Ausfallsicherheit: Durch den Ausfall einer einzigen Komponente wird das gesamte System funktionsunfähig.

Der bei Rechnern am häufigsten verwendete Verbindungsstruktur ist der *Bus*: Es handelt sich dabei um ein Bündel von Leitungen, von dem Stichleitungen – die auch steckbar sein können – zu den einzelnen Komponenten abgehen. Für einen Bus werden also für jedes Signal *eine* Verbindungsleitung und k Stichleitungen benötigt. Die Interface-Logik ist etwa so einfach wie bei der vollständigen Vernetzung. Weil beim Bus jedes Signal nur eine Leitung zur Verfügung hat, kann nur jeweils *ein* Knoten Transferoperationen durchführen.

Neben diesen Basistopologien gibt es noch eine Reihe von Mischformen und spezielle Topologien für Mehrprozessorsysteme, die auf bestimmte Architekturformen optimiert sind; die prominentesten Beispiele dürften die *Matrix*anordnung oder der *Hypercube* sein. Eine sehr gute Beschreibung von Multiprozessornetzwerken gibt [HWAN 86], Abschnitt 7.2.

Von den hier vorgestellten Topologien ist die vollständige Vernetzung wohl die aufwendigste und schnellste, der Bus hingegen ist die preiswerteste; er ist für großen Kommunikationsbedarf zwischen vielen Knoten aber nur bedingt geeignet. Für extreme Anforderungen ist es sicher sinnvoll, auch andere Topologien in Betracht zu ziehen.

7.1.2 Busstrukturen

Bei einem Bus sind sämtliche Komponenten durch Signalbündel verbunden. Jede Komponente hat eine eindeutige Adresse bzw. einen genau abgegrenzten Adreßbereich. Jeder Busteilnehmer muß zu jeder Zeit alle Informationen auf dem Bus *empfangen*; das Bus-Interface jedes Teilnehmers kann dann entscheiden, ob es diese Informationen weiterverwendet. Zu einer bestimmten Zeit darf aber *höchstens ein* Teilnehmer Informationen auf den Bus *senden*. Es ist auch möglich, eine Nachricht an *alle* Busteilnehmer zu schicken (*Broadcast*), indem eine bestehende Adresse als "Broadcast-Adresse" des Systems definiert wird. Ein empfangender Teilnehmer wird *Slave* (oder *Listener*) genannt; der Teilnehmer, der gerade die Sendeberechtigung hat, heißt *Master* (oder *Talker*). Busteilnehmer, die in der Lage sind zu senden, aber die Sendeberechtigung nicht besitzen, werden als *potentielle Master* bezeichnet.

Damit wird ein prinzipieller *Nachteil* der Busstruktur sofort deutlich: Wollen mehrere Master zur gleichen Zeit den Bus benutzen, so wird einer davon ausgewählt und alle anderen müssen warten. Der Bus wird damit zu einer knappen Ressource und bei fehlerhafter Auslegung zu einem *Systemengpaß*, der die Gesamt-Performance eines Rechners erheblich reduzieren kann.

Dem stehen jedoch einige wichtige *Vorteile* gegenüber: Ohne Modifikationen am Bus kann die Zahl der Teilnehmer in weiten Grenzen variiert werden; bei manchen Bussen ist das sogar zur Laufzeit möglich. Wird ein *Standardbus* verwendet, dann ist es sogar möglich, sich preiswert – unter Verwendung von Standardkomponenten "von der Stange" – ein maßgeschneidertes System zusammenzustellen. Dies ist eine Eigenschaft, die bei Embedded Control-Anwendungen ebenso wichtig ist wie bei Workstations.

Ein weiteres Kriterium bei der Beurteilung und der Auswahl von Bussen sind die *Kosten*. Als Faustregel läßt sich sagen, daß sie umso höher sind,
- je mehr Möglichkeiten der Bus anbietet, d. h. je flexibler er ist,
- je höher die Übertragungsbandbreite ist,
- je mehr Teilnehmer erlaubt sind,
- je mehr Aufwand für die Datensicherheit nötig ist.

7.1.3 Bushierarchie

Um einerseits die Leistungsfähigkeit aller Rechnerkomponenten optimal nützen zu können und um andererseits logisch getrennte Komponenten auch schaltungs-mäßig zu trennen, existiert in Rechnersystemen eine *Bushierarchie* (Bild 7-2). In Anlehnung an [FÄRB 87] lassen sich dabei folgende *Klassen von Bussen* unter-scheiden:

- Der *Prozessorbus* (auch *integrierter Bus* genannt), der für den Datentransport innerhalb eines Prozessors sorgt, so z.B. für die Verbindung zwischen dem Register-File und der ALU. Er ist in aller Regel der schnellste Bus eines Rechners, und er ist stark auf die Prozessorkomponenten optimiert.

- Der *On-board-Bus* (oder *Leiterkartenbus*) verbindet die Bausteine auf dem Pro-zessor-Board, beispielsweise die CPU und den Hauptspeicher. Auch die schnellsten Peripheriekomponenten wie Graphikkarte und Platten-Interface sind über diesen Bus angekoppelt.

- Der *Backplane-Bus* (oder *Systembus*) verbindet verschiedene Boards (alias Flachbaugruppen, "Karten") in einem Rechner miteinander. Als Systembus wird sehr häufig ein Standardbus verwendet, um auf diese Weise eine breite Palette von Buskarten schnell und modular anschließen zu können. Typische Buskarten sind z.B. Meßmodule, Hardware-Beschleuniger, Controller und in zunehmendem Maße Module, die über eigene Intelligenz verfügen.

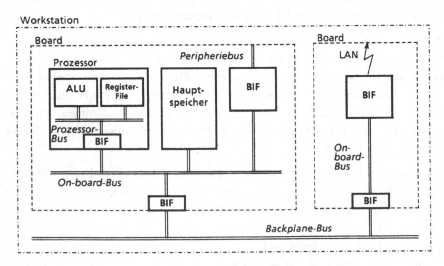

Bild 7-2: Bushierarchie in einer Workstation

- Ein *Peripheriebus* wird traditionell zum Anschluß von Massenspeichern – wie Floppy Disk, Harddisk, Bänder etc. – genutzt. Laptops verfügen häufig nur über einen Peripheriebus als einzigen Anschluß zur "Außenwelt" und verwenden ihn daher auch für den Datentransport und für die Kommunikation mit anderen Rechnern.

- Häufig wird auch ein *Local Area Network (LAN)* als Bus bezeichnet, weil es eine Reihe von strukturellen Ähnlichkeiten mit Bussen aufweist. (LANs u. ä. werden in Kapitel 8, "Vernetzung", behandelt.)

Die unterschiedlichen Busse in einem Rechner werden durch eine sogenanntes Bus-Interface (BIF) getrennt; es ist für die Anpassung der verschiedenen Busse verantwortlich und enthält häufig Puffer, um zwei Busse unterschiedlicher Geschwindigkeit miteinander zu koppeln. Um die häufig ziemlich aufwendigen BIFs zu vermeiden, werden, wenn es die Auslastung der Busse zuläßt, in vielen Systemen zwei oder gar drei Hierarchieebenen zusammengefaßt: So kann z. B. der Prozessorbus auf die Leiterplatte herausgeführt sein (z. B. bei den Intel-Prozessoren), oder es kann derselbe Bus für die Ansteuerung von Speicher und schneller Peripherie verwendet werden (wie z. B. der SBus bei Sun).

Generell läßt sich sagen, daß wie bei den meisten Rechnerkomponenten auch bei Bussen der Trend zu *Standards* geht, um so den modularen Aufbau einer maßgeschneiderten und dennoch preiswerten Workstation zu ermöglichen. Standardbusse haben jedoch zum einen den Nachteil, daß sie *teurer* sind als private Busse, weil sie mehr Möglichkeiten berücksichtigen müssen. (Dies wurde in 7.1.2 als wichtiger Kostenfaktor bezeichnet.) Zum andern sind sie prinzipiell *langsamer*, weil sie eben nicht auf einen bestehenden Prozessor, Speicher etc. optimiert sein können. Diesen Nachteilen stehen allerdings die höhere Design-Sicherheit, ein geringerer Entwicklungsaufwand und häufig auch die Verfügbarkeit von hochintegrierten Protokollbausteinen gegenüber. Außerdem wird es möglich, ein System aus Standardkomponenten zusammenzustellen, so daß durch die Verwendung von Standardbussen die Systemkosten insgesamt niedriger werden.

7.1.4 Busprotokolle

Busse ermöglichen die Kommunikation zwischen recht unterschiedlichen Modulen, die voneinander nur ihre Systemadresse wissen müssen. Damit das möglich ist, muß der Ablauf jeder Übertragungsoperation exakt spezifiziert sein. Die Summe dieser Spezifikationen wird *Busprotokoll* genannt.

Es gibt eine Reihe unterschiedlicher *Darstellungsmöglichkeiten für das Bus-protokoll*. Die wichtigsten davon sind in Bild 7-3 am Beispiel eines einfachen Bus-protokolls dargestellt.

Darstellung als Zeitdiagramm

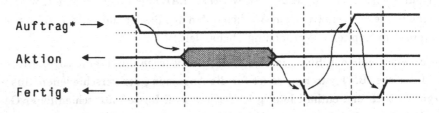

Zustandsübergangsdiagramm (Finite State Machine)

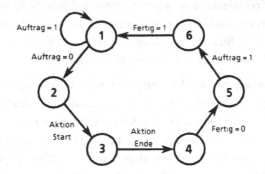

Busprotokoll als Petri-Netz

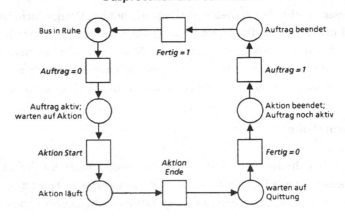

Bild 7-3: Darstellungsmöglichkeiten für Busprotokolle

– Am häufigsten geschieht die Beschreibung des Protokolls *verbal* oder *in Tabellenform*. Dabei wird die Bedeutung der Signale und der grobe Ablauf der Busoperationen verbal beschrieben; die elektrischen Kenngrößen und die Zeitbedingungen sind meist in Tabellen dargestellt.

– *Zeitdiagramme (Impulsdiagramme)* sind die häufigste Möglichkeit zur exakten Beschreibung des Zeitverlaufs einer Busoperation; sie ähneln sehr den Zeitverläufen von Signalen auf einem Logic Analyzer. Das Zeitdiagramm erlaubt es, sowohl einzelne Buszustände als auch Zeitbedingungen und Kausalzusammenhänge zwischen Signalen zu erkennen. Auch die Polarität der Signale ist aus dem Zeitdiagramm ersichtlich. Kausalzusammenhänge werden dabei durch Pfeile markiert; einzelne Phasen der Operationen und Abhängigkeiten werden häufig noch textuell beschrieben. Low-aktive Signale, wie z. B. Auftrag in Bild 7-3, werden gewöhnlich mit einem * gekennzeichnet. Die Darstellung von aktiven Signalbündeln, wie z. B. Aktion, geschieht durch "Spreizen" des Signals.

Das Beispiel zeigt ein einfaches Busprotokoll: Durch das low-aktive Signal Auftrag* teilt der Bus-Master seine Anforderung mit. Der Slave aktiviert daraufhin das Signalbündel Aktion; das Ende von Aktion wird durch das Aktivieren des low-aktiven Signals Fertig* gemeldet. Daraufhin wird das Signal Auftrag* wieder deaktiviert und Fertig* zurückgenommen.

– In neueren Datenbüchern findet man in zunehmenden Maße *Zustandsübergangsdiagramme*, die den Bus und seine Protokolle als *Finite State Machine (FSM)* beschreiben. Diese Darstellung hat den Vorteil, daß Phasenübergänge der Busoperationen deutlicher werden, so daß deren Verlauf eindeutiger sichtbar wird. Bei FSMs zeigen die Knoten die Zustände des Systems an, die Kanten sind die Übergänge; neben den Kanten stehen die Bedingungen für die Zustandswechsel. Zeitbedingungen sind aus einer FSM *nicht* abzulesen. Seit einiger Zeit werden Programme angeboten, die in der Lage sind, FSMs auf Korrektheit zu überprüfen und die anschließend diese FSM-Darstellung in Boole'sche Gleichungen oder PAL-Assembler umwandeln. Damit lassen sich programmierbare Bausteine wie PALs auf sehr hoher Ebene, sehr einfach und sehr effizient programmieren.

Das Beispiel beginnt mit Zustand 1, entsprechend dem Ruhezustand des Busses; solange Auftrag = 1 ist, verharrt das System in diesem Zustand. Wird Auftrag = 0, so gelangt das System in den Zustand 2, von dem aus Aktion gestartet werden kann.

– Eine Darstellungsform, die sich allmählich stärker verbreitet, sind *Petri-Netze*. Sie haben den Vorteil, daß manche Aussagen über die Funktion des Systems (z. B. Freiheit von Deadlocks etc.) bereits in der Entwurfsphase und analytisch getroffen werden können. Eine Einführung in Petri-Netze gibt [REIS 86]; ein Tutorial für die Anwendung von Petri-Netzen enthält [REIS 85]. Durch Techniken wie Verfeinerung sind sogar komplexe Bussysteme in den Griff zu bekommen. Auch für Petri-Netze werden in zunehmendem Maße CAD-Tools angeboten, die eine eindeutige Darstellung fördern und sogar Performance-Analysen erlauben. Dafür sind insbesondere *zeitbehaftete Petri-Netze* geeignet; siehe z. B. [ZUBE 80] und [LEPO 90].

Das Beispiel (Bild 7-3) beginnt mit der *Stelle* (O) "Bus in Ruhe"; die Startstelle wird durch ein Token (●) markiert. Wenn Auftrag = 0 ist, feuert die *Transition* (☐) und bringt das System zur Stelle "Auftrag aktiv; warten auf Aktion". Eine Transition kann unter bestimmten Bedingungen feuern und damit ein Token zur nächsten Stelle führen.

– Weitere Darstellungsmöglichkeiten, die aber eher für Netze als für Busse verwendet werden, sind das *Ablaufdiagramm*, eine *Bild-Text-Kombination*, ein *Programmablaufplan* oder eine *Ablaufübersicht* (vgl. z. B. [FÄRB 87], S. 24 ff).

Üblicherweise werden mehrere von diesen Darstellungsmöglichkeiten in einer Busspezifikation verwendet.

7.2　Busmechanik

Aus Sicht der Mechanik ist ein Bus nur ein Bündel von Leitungen. Erst durch die elektrische und die logische Spezifikation erhält ein Bus seine Funktionalität. Doch bereits die mechanische Auslegung muß berücksichtigen, daß die Arbeitsfrequenz eines Busses gewöhlich bei einigen MHz liegt und damit Hochfrequenzanforderungen stellt. Bei Backplane-Bussen kommt noch das Problem der Stecker hinzu: Sie müssen den Belastungen des Ziehens und Hineinsteckens gewachsen sein und dabei auch bei häufigerer Benutzung zuverlässig elektrischen Kontakt geben.

Das Material, aus dem die Busse bestehen, und das Aussehen von Busleitungen ist also je nach Ebene der Bushierarchie unterschiedlich (Bild 7-4):

– Vorwiegend für serielle Busse und LANs werden je nach Geschwindigkeitsanforderung *verdrillte Zweidrahtleitungen*, *Koaxialkabel* oder *Glasfaserkabel* verwendet.

– Zur Verbindung von Rechnermodulen innerhalb einer Workstation, beispielsweise zum Anschluß der Harddisk, finden meist *Flachbandkabel* Verwendung.

– Die verschiedenen Flachbaugruppen in einem Rechner werden in der Regel durch eine *Backplane* verbunden: Die Backplane ist eine Rückwandplatine, die

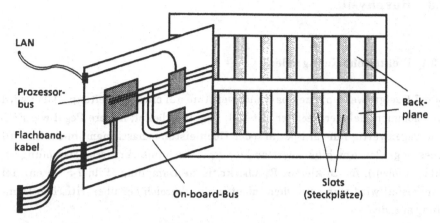

Bild 7-4: Busmechanik

mit fest montierten Buchsen – sogenannten *Slots* – versehen ist; die passenden Stecker sind auf der Flachbaugruppe montiert. Die Slots sind auf der Backplane durch geätzte Leitungen verbunden.

– Die Komponenten auf dem Board werden durch einen *On-board-Bus (Leiterkartenbus)* verbunden; er besteht – wie die weitaus meisten Leitungen auf einem Board – aus geätzten Leitungen.

– Der *Prozessorbus* befindet sich auf dem Prozessor-Chip. Er wird mit den Mitteln der Technologie integrierter Schaltungen hergestellt.

Normalerweise sind *Standardbusse* für *Backplanes* definiert; Backplanes weisen eine hohe mechanische Festigkeit, stabile elektrische Verhältnisse und auf Grund der Stecker eine hohe Kontaktsicherheit auf, so daß die Module problemlos ergänzt oder entfernt werden können. Als *Stecker* werden häufig 96-polige Europa-Stecker (3 Reihen mit je 32 Kontakten) verwendet, oder auch Stecker mit mehr Pins oder schmälere Spezialstecker, an die z. B. die Flachbandkabel angeschlossen werden. Vor allem ältere Systeme verwenden sogenannte "Direktstecker"; das sind Kontaktzungen auf der Platine, die in eine Federleiste auf der Backplane geschoben werden. Hat ein Modul mehr als eine Steckerleiste zum Anschluß an die Backplane, so werden die Steckerleisten als P1, P2 usw. bezeichnet.

Auch die *Formate von Flachbaugruppen* sind häufig genormt. Übliche Formate sind das sogenannte Europa-Format (Europakarte, 100×160 mm), Doppel-Europa (233×160 mm) oder Dreifach-Europa (366×160 mm), geeignet für ein, zwei oder drei Europa-Stecker. Andere Formate für Standardbusse sind aus der Übersicht in Tabelle 7-1 ersichtlich.

7.3   Busphysik

7.3.1 Elektrische Kenngrößen

Bild 7-5 zeigt zwei typische Spannungsverläufe auf einer Busleitung. Dabei wird angenommen, daß der Rechner mit TTL-Pegeln arbeitet; andere Pegel wie ECL sind gegenwärtig nur für Spezial- oder Hochleistungsmaschinen üblich. Im Fall eines zu großen Abschlußwiderstand R_T ergibt sich unterkritische Dämpfung (in Bild 7-5 oben), für zu kleines R_T überkritische Dämpfung (Bild 7-5 unten). Im Zweifelsfall wird man versuchen, nicht in den Bereich der überkritischen Dämpfung abzudriften.

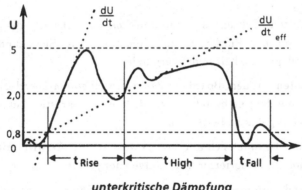

unterkritische Dämpfung

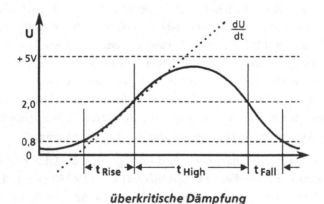

überkritische Dämpfung

Bild 7-5: Typische Spannungsverläufe an einer Busleitung

Die Zeit, die nötig ist, damit ein Bustreiber einmal eine 1 und einmal eine 0 empfangen kann, nennen wir t_{Toggle}, weil der Kehrwert die maximal mögliche Toggle-Frequenz ist, mit der dieser Bus betrieben werden kann. Aus welchen Teilen setzt sich nun diese Zeit t_{Toggle} zusammen, d. h. wo kann man noch – falls nötig – optimieren?

- t_{Rise} und t_{Fall}: Diese beiden Zeiten können recht unterschiedlich sein (z. B. bei Verwendung einer Open Collector-Schaltung); damit es nicht zu einem Fehler kommt, wenn die eine Busleitung nach High gezogen wird und die andere nach Low, muß man die längere von beiden Zeiten abwarten, bis die Information ausgewertet werden kann. Diese Zeiten liegen für gut angepaßte Backplane-Busse in der Gegend von 5 bis 10 Nanosekunden.

- t_{High} und t_{Low}: Das Signal muß eine gewisse Zeit stabil bleiben, damit es vom Slave sauber übernommen werden kann. Diese Zeiten sind abhängig vom Bustreiber und liegen für TTL-Treiber im Bereich von einigen Nanosekunden.

- $t_{Leitung}$: Bei dieser Zeit handelt es sich um die Gruppenlaufzeit, die das Signal braucht, um vom Sender über einige Zentimeter Busleitung zum Empfänger zu kommen. Sie spielt bei üblichen Parallelbussen mit einer Maximallänge von weit unter einem Meter keine sonderlich große Rolle. Die Laufzeit für übliche Leitungstypen liegt in der Größenordnung von 3 bis 10 ns/m. Der Skew, d. h. das unterschiedliche Eintreffen von gleichzeitig gesendeten Signalen, die durch unterschiedliche parasitäre Belastungen der einzelnen Busleitungen verursacht wird, ist in der Regel kleiner als der Skew durch die Toleranzen bei den Bustreibern. Logischerweise muß die Laufzeit für die maximale Entfernung – die gesamte Buslänge also – angenommen werden.

Damit ist klar, daß die *minimal erreichbare Toggle-Zeit*

$$t_{Toggle\,min} \approx 2 * MAX\,(t_{Rise}, t_{Fall}) + 2 * MAX\,(t_{High}, t_{Low}) + t_{Leitung\,max}$$

ist; hinzu kommen noch Verzögerungen durch die Bustreiber. Der maximal mögliche Bustakt f_{Bus} wird also bei etwa $1\,/\,t_{Toggle\,min}$ liegen, abzüglich einer Sicherheitsreserve (z. B. für Bauteiletoleranzen, wenn der Bus in einer größeren Serie aufgelegt werden soll). Die höchste Übertragungsrate, die sich nach dieser Rechnung auf einem Backplane-Bus unter Verwendung von Standardbausteinen überhaupt erreichen läßt, liegt damit in der Gegend von 50 MHz, bei einem 32-Bit-Bus also etwa bei 200 MByte/s.

Die maximale Anstiegsgeschwindigkeit der Spannung $(dU/dt)_{eff}$, die ein Bustreiber erreichen kann, spielt also eine wesentliche Rolle für die Übertragungsrate. Sie hängt stark von den elektrischen Eigenschaften der einzelnen Buskomponenten ab, wie ein vereinfachtes Ersatzschaltbild (Bild 7-6) zeigt:

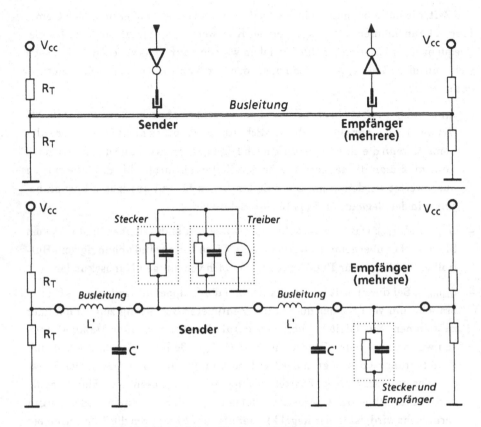

Bild 7-6: Vereinfachtes Ersatzschaltbild einer Busleitung

- Die *Busleitung* bzw. *Backplane*: Wichtig sind hier die Induktivitäten und Kapazitäten der Leitung; der ohmsche Widerstand und die Leitfähigkeit sind dagegen zu vernachlässigen. L' und C' spielen eine umso größere Rolle, je höher der Bustakt ist; als Richtwert kann gelten, daß bei 100 MHz eine Leitung nicht länger als 10 Zentimeter sein darf. Der Induktivitätsbelag L' für 0,5 bis 1 mm breite Leiterbahnen liegt in der Größenordnung von 10 nH/cm, der Kapazitätsbelag C' bei etwa 1 pF/cm.

- Die *Anpassung*: Der Abschlußwiderstand R_T sollte gleich dem Wellenwiderstand der Leitung sein. Generell gilt, daß bei einer Fehlanpassung Reflexionen entstehen, die das $(dU/dt)_{eff}$ stark reduzieren.

- Eigenschaften des *Senders*: Kräftigere Treiber weisen ein höheres dU/dt auf, aber neigen auch stärker zum Überschwingen, was $(dU/dt)_{eff}$ deutlich vermindert.

- Eigenschaften der *Empfänger*: Sie sind besonders kritisch, weil sie bei b maximal möglichen Busteilnehmern b-fach zu Buche schlagen. Besonders wichtig sind hier die Eingangswiderstände und Eingangskapazitäten des Treibers. Bei Backplanes kommt noch die Impedanz des Steckers hinzu.

– *Übersprechen* zwischen den Leitungen: Die Signale sollten sich so wenig wie möglich gegenseitig beeinflussen. Eine häufig verwendete Strategie ist, möglichst viele Masse- und Versorgungsleitungen vorzusehen, um die Signalleitungen gegeneinander abzuschirmen.

7.3.2 Aspekte der elektrischen Realisierung

Aus den obigen Überlegungen wird klar, daß zur Ansteuerung von Bussen nicht die üblichen TTL-Bausteine verwendet werden können, sondern eher solche mit erhöhter Ausgangsleistung und reduziertem Eingangsleckstrom. Dabei stellt sich die Frage, welches *Schaltprinzip* verwendet werden kann. Zur Auswahl stehen Totem Pole, Open Collector oder Tristate. In Bild 7-7 werden nur die *Ausgänge* (y) näher betrachtet und von den Eingangsschaltungen (x) abstrahiert. (Für weiterführende Informationen siehe z. B. [TIET 83], S. 199 ff)

Die *Totem Pole*-Schaltung ist für die Ansteuerung von Bussen in der Regel *nicht* brauchbar, da ein Bus in der Regel mehrere Sender (potentielle Master) besitzt. Verläßt einer dieser Sender seinen Ruhepegel, so fließen die Ströme aller anderen Sender über diesen Treiber (Bild 7-8), was zur Zerstörung des Treibers führt. Diese Lösung ist also nur dann brauchbar, wenn garantiert ist, daß sich auf dieser Busleitung nur *ein* Sender befindet.

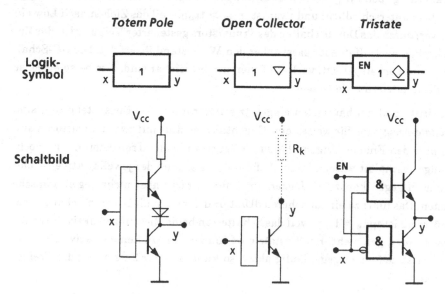

Bild 7-7: Schaltprinzipien von TTL-Gattern

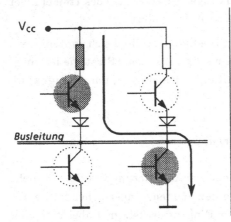

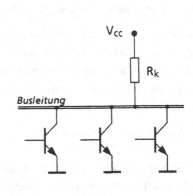

Bild 7-8: Buskollision bei Totem-Pole   Bild 7-9: Open Collector als Wired AND

Eine Alternative ist das *Open Collector (OC)* Prinzip: Die Sender führen den Kollektor ihrer Ausgangstransistoren direkt auf den Bus. Damit das Ganze funktioniert, muß ein externer Kollektorwiderstand R_k den Pegel der Busleitung im Ruhezustand auf High ziehen. Wird nun einer der Ausgangstransistoren aktiviert, so wird der Pegel der Busleitung Low; dasselbe passiert, wenn *mehrere* Sender aktiv sind (NOR-Verknüpfung). Hier kommt es zu keinen Kollisionen, sondern es ergibt sich auf der Busleitung nur ein "Wired AND" der Transistorausgangsspannungen (am Kollektor der Transistoren; Bild 7-9). Die OC-Schaltung ist allerdings beim High-Pegel störanfälliger als bei Low. Außerdem ist hier t_{Rise} und t_{Fall} unterschiedlich; und zwar ist $t_{Rise} > t_{Fall}$, weil das Ziehen nach Low ein aktiver, durch das Durchschalten des Transistors gesteuerter Vorgang ist, das Zurückgehen nach High aber passiv über den Widerstand R_k erfolgt. Die OC-Schaltung wird dort eingesetzt, wo Kollisionen unvermeidbar sind, also beispielsweise für die Arbitrierungsleitungen.

Die dritte und am häufigsten eingesetzte Alternative der Busansteuerung sind *Tristate*-Ausgänge. Sie weisen eine Gegentaktendstufe mit zwei Transistoren auf, die über den Enable-Eingang EN durch Sperrren beider Transistoren auf "hochohmig" geschaltet werden kann. Auf diese Weise muß der jeweils aktive Sender nur noch gegen kapazitive Lasten ankommen, nicht aber mehr gegen ohmsche Lasten. Das führt zu einem höheren dU/dt und damit zu niedrigeren Schaltzeiten. Außerdem ist $t_{Rise} \approx t_{Fall}$, weil das Schalten in beide Richtungen aktiv durch die Transistoren geschieht. Bei Tristate darf immer nur *ein* Sender aktiv sein; sind zwei Tristate-Sender gegenläufig aktiv, so kann dies zur Zerstörung der Treiber führen.

Gatter mit erhöhter Ausgangsleistung in OC- oder Tristate-Schaltungen ("Bus-treiber") sind häufig verwendete Standardbauteile. Für bidirektionale Signale werden sogenannte *Transceiver* verwendet, die Sender *und* Empfänger enthalten. Auch bei Treibern gibt es einen Trend zu höherer Integration: Sie können neben der Treiberschaltung z. B. noch Latches oder einen Parity-Generator enthalten.

7.4   Basisfunktionen eines Busses

Nachdem die mechanischen und elektrischen Rahmenbedingungen eines Busses skizziert wurden, soll im folgenden näher auf die *Busprotokolle* eingegangen wer-den. Beispiel sei eine einfache Busarchitektur mit zwei potentiellen Bus-Mastern und zwei Slaves (Bild 7-10). In diesem Fall möchte Master1 an Slave1 Daten übertragen.

Zur Datenübetragung stellt der Bus Adreß- und Datenleitungen (ADDR und DATA) sowie Steuerleitungen (WR, VAL und ACK) bereit; außerdem noch die Signale REQ, GR und BUSY, die den Zugriff auf den Busregeln. Damit die Daten übertragen wer-den können, müssen sich die Busteilnehmer an das *Protokoll* halten. Ein typisches Transferprotokoll eines Busses besteht aus folgenden Abschnitten (Bild 7-11):

- *Arbitrierung:* Der Datentransfer kann nicht sofort stattfinden, sondern es muß erst geprüft werden, welcher Busteilnehmer als nächster auf den Bus zugrei-fen und einen Transfer auslösen darf, d. h. wer als nächster Bus-Master ist. Dieser Prozeß, den nächsten Master herauszufinden, wird *Arbitrierung* ge-nannt und vom *Arbiter* durchgeführt. Für Busse, die nur für *einen* Master aus-gelegt sind, entfällt die Arbitrierung. Für die Arbitrierung sind – wie später im Detail diskutiert wird – eine Reihe von Strategien möglich; im Protokoll

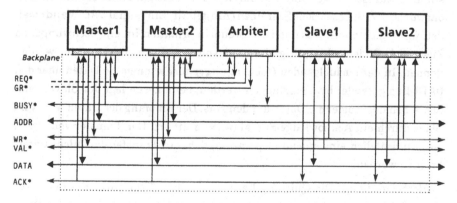

Bild 7-10: Beispiel für eine einfache Busarchitektur

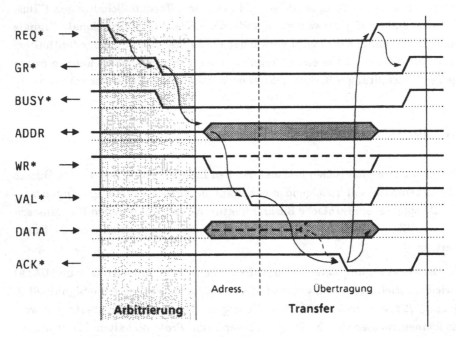

Bild 7-11: Beispiel eines Transferprotokolls für Busse (Write; Read gestrichelt)

taucht aber immer nur die Anforderung (Request REQ) vom Sender auf und –
sobald der potentielle Master den Bus besitzt – die Bestätigung (Grant GR) vom
Arbiter. Weiterhin wird ein BUSY-Signal verwendet, um anzuzeigen, daß auf
dem Bus gerade ein Transfer stattfindet und daher weitere Requests nicht
erlaubt sind.

- *Transfer:* Er besteht aus der Adressierungs- und der eigentlichen Übertragungsphase. In der *Adressierungsphase* wird über den ADDR-Bus eine bestimmte Adresse ausgewählt und durch die Steuersignale der Kommunikati-
  onswunsch (z. B. Lesen oder Schreiben) mitgeteilt. Ein Signal VAL (Valid) meldet, wann sich die Adresse und die Steuerinformation im eingeschwungenen
  Zustand befinden, also gültig sind und von den Slaves ausgewertet werden
  können. In der nachfolgenden *Übertragungsphase* können die Daten über den
  DATA-Bus gesendet bzw. empfangen werden; beim Lesen legt der Slave, beim
  Schreiben der Master die Daten auf den Bus. Der Empfang der Daten wird vom
  Slave durch ein Acknowledge-Signal (ACK) quittiert. Der Transfer von Daten
  ist grundsätzlich eine *atomare* Operation, d. h. ein Transfer darf nicht unter-
  brochen werden.

- *Fehlerbehandlung:* Die Quittung kann ausbleiben (Timeout), oder der Slave
  einen Fehler bei der Übertragung feststellen und das durch ein Fehlersignal
  melden. Nach einem Fehler versuchen modernere Busse, den Schaden zu be-

grenzen und nach einer bestimmten Strategie den Betrieb wieder aufzunehmen (Error Recovery).

● *Interrupt:* Mit diesen Signalen kann der normale Ablauf eines Prozesses unterbrochen werden. Interrupts werden typischerweise von Bus-*Slaves* ausgelöst. Es wird dann die sogenannte *Interrupt-Behandlung* gestartet, ein kurzes Programm, das die Anforderung der Slaves erfüllt und anschließend das Interrupt-Signal löscht.

● *Sonstige Signale:* Weiterhin werden noch einige Signale benötigt, um das System gezielt rücksetzen und neu starten zu können (RESET). Ferner gibt es Signale, die eine Unterbrechung der Stromversorgung melden (Powerfail); weiterhin gibt es Signale, die für spezielle Protokolle benötigt werden.

Im folgenden werden diese Basisfunktionen eines Busses im Detail beschrieben und diskutiert.

7.4.1 Arbitrierung

Wenn mehrere Master gleichzeitig den Bus benutzen, ist der Zustand des Busses logisch undefiniert; elektrisch kann es sogar – wie oben beschrieben – zu einer Buskollision kommen. Aus diesem Grund muß gewährleistet werden, daß immer nur höchstens *ein* Master den Bus benutzt. Die Instanz *Arbiter* entscheidet, welcher Busteilnehmer gerade Bus-Master sein darf.

Dieser Vorgang der Arbitrierung muß folgende *Kriterien* erfüllen:
- Zu jedem Zeitpunkt darf höchstens *ein* Modul Master auf dem Bus sein.
- Alle Anforderungen sollten in vernünftiger Zeit abgearbeitet werden. Das bedeutet, daß entweder die *mittlere* Antwortzeit jedes Moduls minimal sein muß oder (bei Echtzeitsystemen) daß die *maximalen* Antwortzeiten jedes Moduls einen bestimmten Wert nicht überschreiten dürfen.
- Die Arbitrierung sollte *schnell* zu einer richtigen Entscheidung kommen,
- Darüberhinaus ist eine gewisse *Flexibilität* wünschenswert. So sollten z. B. beliebig viele Bus-Master möglich sein; deren Priorität sollte bei Bedarf verändert werden können.
- Schließlich sollte der Arbiter auch noch *kostengünstig* zu realisieren sein.

Strukturell ähnliche Probleme stellen sich übrigens für ein *Betriebssystem*, das die nächste aktive Task auswählen soll; auf diesem Gebiet lassen sich durchaus Ideen für eine gute Arbitrierungsstrategie finden.

Im Prinzip haben alle Arbiter dieselben logischen Schnittstellen: Möchte ein Modul auf den Bus zugreifen, so sendet es ein REQUEST-Signal. Ist der Bus frei und darf dieses Modul den Bus benutzen, bekommt es ein GRANT-Signal vom Arbiter.

Betrachtet man heute verwendete Busse, so gibt es eine Reihe unterschiedlicher *Arbitrierungsstrategien*, die auf verschiedene Kriterien optimiert sind, beispielsweise auf Hardware-Kosten, Schnelligkeit, Einfachheit, Flexibilität oder Robustheit. Die Arbitrierungsstrategien sind umso kritischer, je mehr potentielle Master sich auf einem Bus befinden. Sie lassen sich einteilen in:

- *Zentral oder dezentral:* Ein *zentraler* Arbiter bekommt die REQUEST-Anforderungen von allen Modulen und teilt einem davon das GRANT-Signal zu. *Dezentrale* Arbiter sind auf den Buskarten der potentiellen Master installiert und finden aus den Eingangssignalen und der eigenen Priorität heraus, ob sie den Bus als nächste benützen dürfen.

- *Rein prior oder fair:* Der gebräuchlichste Ansatz ist, jedem potentiellen Master eine bestimmte Priorität zuzuweisen und den Bus dem gerade höchst-prioren anfordernden Modul zuzuteilen. Ein Problem bei dieser *rein prioritätsgesteuerten* Arbitrierung ist die Starvation (das "Verhungern") von nieder-prioren Modulen, d. h. es können sich bei starkem Verkehr auf dem Bus für niederpriore Module sehr lange Antwortzeiten ergeben. Aus diesem Grund bevorzugen neuere Busse die sogenannte *faire* Arbitrierungsstrategie: Dabei werden alle REQUEST-Anforderungen gesammelt, die in einem bestimmten Zeitintervall eintreffen. Die Module bekommen dann entsprechend ihrer Priorität das GRANT-Signal zugeteilt. Neue REQUESTs werden nicht mehr angenommen, bis alle anstehenden REQUESTs abgearbeitet sind. Auf diese Weise kann für den Bus eine obere Schranke für die Antwortzeit eines jeden Moduls angegeben werden. Dadurch wird das Bussystem einsetzbar für Echtzeitanwendungen. Es sind auch Mischformen denkbar: Beim FutureBus z. B. ist die Arbitrierungsstrategie umschaltbar; beim Multibus II können sich sehr hoch-priore Module "dazwischendrängen".

- *Anforderungs- oder Zeitscheibenverfahren:* Die häufigste Art, eine Zuteilung zu bekommen, ist auf Grund einer Anforderung durch ein REQUEST-Signal. Es gibt aber auch andere Busse, die ein GRANT-Signal herumreichen, das dann bei Bedarf genutzt werden kann. Diese Strategie ist nur sinnvoll, wenn alle potentiellen Master eines Busses eine sehr ähnliche Priorität haben.

- *Bus-Parken:* Bus-Parken ist eine effiziente Methode, um die mittlere Arbitrierungszeit zu verkürzen: Nachdem ein Master den Bus benutzt hat, behält er das Zugriffsrecht auf den Bus und spart sich so einen Arbitrierungszyklus. Es ist auch möglich, daß der höchst-priore potentielle Master auf dem Bus parkt. Das Bus-Parken kann Zeit sparen, weil es relativ wahrscheinlich ist, daß der letzte oder der höchst-priore Master als nächster auf den Bus zugreifen will.

Zur Veranschaulichung der Arbitrierung zeigt Bild 7-12 einige *Realisierungsmöglichkeiten für einen Bus-Arbiter:*

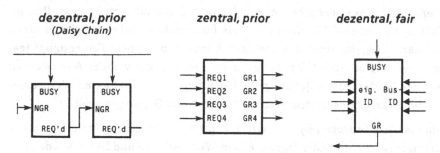

Bild 7-12: Realisierungsmöglichkeiten für einen Bus-Arbiter

- *Dezentraler, rein priorer Arbiter (Daisy Chain):* Am Eingang jedes Moduls gibt es das Arbitrierungssignal Not-Grant (NGR), das anzeigt, ob der Bus von einem höher-prioren Modul angefordert wurde. Am Ausgang zeigt ein Signal Requested (REQ'd) an, wenn das eigene oder ein höher-priores Modul um den Bus arbitriert hat. Bei der Daisy Chain gilt die sogenannte "geographische Priorität", d. h. ein Modul hat eine umso höhere Priorität, je weiter links es angeordnet ist. Damit dieser Mechanismus funktionieren kann, muß es zusätzlich ein Signal BUSY geben, das anzeigt, wann der Bus belegt ist und nicht arbitriert werden darf. So wird verhindert, daß sich ein Modul in den gerade laufenden (atomaren!) Datentransfer eines anderen hineindrängt.

- *Zentraler prioritätsgesteuerter Arbiter:* Der Arbiter empfängt ein REQUEST-Signal und sendet GRANT aus. In der Regel gewährleistet der Arbiter, daß auch bei einem höher-prioren REQUEST die gerade laufende Transaktion beendet werden kann, bevor der nächste (auch höher-priore) REQUEST bearbeitet wird.

- *Dezentraler fairer Arbiter:* Aus dem Vergleich der anliegenden Signale mit der eigenen Priorität kann der Arbiter ermitteln, ob er die höchste aktuelle Priorität besitzt. Auch hier ist ein BUSY-Signal nötig: zum einen als Mitteilung, wann ein Transfer abgeschlossen ist und wieder arbitriert werden darf, zum andern, um das faire Arbitrierungsschema zu realisieren. Solange der Bus BUSY ist, darf keine neue Arbitrierung erfolgen.

7.4.2 Transferoperationen

Die Transferoperationen werden nach der Arbitirierung durchgeführt; sie sind die eigentliche "Nutzlast", die ein Bus überträgt. Eine Transferoperation besteht aus der Adressierungs- und der Übertragungsphase.

In der *Adressierungsphase* wird ein "Adreß-Broadcast" über den Bus gesendet, den jeder Slave empfängt. Die Slaves, für die diese Adresse gilt, werten nun die

Steuersignale des Masters aus und schalten sich – entsprechend der Master-An-forderung – auf lese- oder schreibbereit. Ist die Adresse auf dem gesamten Bus un-gültig, so gibt es zwei Möglichkeiten, das festzustellen: Entweder gibt es einen speziellen Slave, der auf alle ungültigen Adressen mit einem Fehlersignal rea-giert, oder es gibt einen ''Watchdog Timer'', der die Zeit von der Adressierung durch den Master bis zur Quittung durch den Slave mißt. Gibt es innerhalb einer bestimmten Zeit keine Quittung, so wird ein *Timeout*-Signal gesendet.

Während der *Übertragungsphase* wird ein Datenwort zwischen Master und Slave übertragen, d. h. der Master legt bei einem Write Adresse und Daten auf den Bus und wartet, bis das Datum ''abgeholt'' wird, oder legt bei einem Read nur die Adresse auf den Bus und wartet auf das Datum. Der Slave sendet ein Ack-nowledge-Signal ACK, sobald er bei einem Write die Daten vom Bus übernommen hat bzw. wenn er bei einem Read die Daten an den Bus angelegt hat.

Bei *asynchronen* Bussen wird jeder Transfer durch eine solche Quittung beendet. Bei *synchronen* Bussen – d. h. alle Busteilnehmer sind durch einen zentralen Takt synchronisiert – ist es möglich, auf das ACK zu verzichten, wenn die Anzahl der erforderlichen Buszyklen bekannt ist. Oder es gibt (bei synchronen Bussen) die Möglichkeit, ein ''negatives ACK'' (Signal WAIT) zu verwenden, d. h. es wird ange-nommen, daß ein Transfer in *einem* Buszyklus beendet ist. Dauert der Transfer länger, so wird die Anzahl der Buszyklen durch das Signal WAIT gestreckt. Das WAIT wird einen Zyklus weniger angelegt als der Transfer dauert (Bild 7-13). Bei synchronen Bussen kann die mögliche Zeitersparnis durch das WAIT zum Teil wieder durch die *Clock Latency* zunichte gemacht werden: Paßt die Transferzeit nicht genau in das Raster des Bustakts, so geht die Zeit bis zum Ende des Zyklus

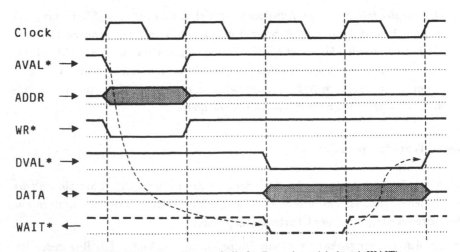

Bild 7-13: Sychrone Transferprotokolle für Busse (gestrichelt: mit WAIT)

verloren. Beispiel: Ein Taktzyklus dauere 100 ns (10 MHz-Takt), die Ansteuerung eines DRAM dauere 210 ns; in diesem Fall muß der anfordernde Busteilnehmer bis zur nächsten steigenden Flanke des Takts bei 300 ns warten, verliert also 90 ns. Im Mittel geht wegen der Clock Latency also ein halber Buszyklus verloren.

Adressen und Daten liegen prinzipiell zu unterschiedichen Zeiten auf dem Bus an. Diese Tatsache läßt sich nutzen, um Leitungen zu sparen: Adressen und Daten können dann dieselben Leitungen benutzen, und ein zusätzliches Signal zeigt an, in welcher Phase sich der Bus gerade befindet. Adreß- und Datenleitungen sind in dieser Konstellation *gemultiplext*.

Sind die Adreß- und Datenleitungen *nicht* gemultiplext, so läßt sich auf diesem Bus ein sogenannter *Pipelined Transfer* realisieren: Während noch die Übertragung eines Datenworts läuft, wird die Adresse des nächsten schon angelegt (Bild 7-14). Es können auch Arbitrierung und Transfer überlappend durchgeführt werden, oder es kann die Übertragungsphase überlappend mit Arbitrierung und Adressierung durchgeführt werden. Bei dieser Strategie benötigt die Adressierungsphase keine zusätzliche Zeit mehr (außer beim ersten Mal), und der Transfer wird deutlich beschleunigt.

Will man vermeiden, daß für jedes einzelne Datenwort der Bus arbitriert und eine Adresse übertragen werden muß, so kann die Übertragung als *Blocktransfer* realisiert werden: Dabei zählen nach jeder Übertragung der Master und der Slave die Adresse hoch. Weil bei einem Blocktransfer nur *einmal* arbitriert und adressiert werden muß, wird der Transfer erheblich beschleunigt. Es ist jedoch ein höherer Hardware-Aufwand erforderlich. Außerdem wird das Problem der maximalen Antwortzeiten merklich verschärft: Jede Bustransaktion gilt als atomar; deshalb müssen sogar hoch-priore Anforderungen bis zum Ende eines Transfer-

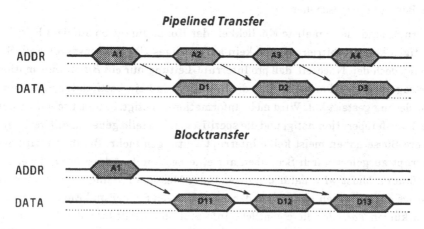

Bild 7-14: Pipelined Transfer und Blocktransfer

zyklus warten. Diesem Problem kann mit sogenannten *Split Transactions* begegnet werden, d. h. ein Datenpaket wird nicht als ganzes übertragen, sondern in kleinere Pakete aufgeteilt, die der Empfänger wieder zusammenfaßt. Je kritischer die Antwortzeit des Systems ist, desto kleiner müssen diese Datenpakete sein und desto höher ist der Verwaltungs-Overhead, um sie wieder zusammenzufassen. Häufig verwendete Blockgrößen sind 4 bis 256 Byte bei On-board-Bussen (abgestimmt auf die Eigenheiten von DRAMs, wie Page Mode und Nibble Mode) und 256 Byte bis 16 MByte bei Backplane-Bussen.

7.4.3 Interrupts

Ein Interrupt ist formal gesehen ein degenerierter Transfer. Im Gegensatz zum Transfer weist er jedoch folgende Merkmale auf:
- Es ist keine Arbitrierung nötig vor dem Senden des Interrupts.
- Die Empfangsadresse ist fest, die Sendeadresse läßt sich sehr leicht ermitteln.
- Sender von Interrupts sind in der Regel *Slaves* (beispielsweise, um den Master zu einer Read-Operation aufzufordern).

Interrupts werden *realisiert* durch eine Reihe von Leitungen. Ein Interrupt wird ausgelöst, indem eine der Leitungen aktiviert wird. Gewöhnlich löst ein Interrupt bei dem angesprochenen Prozessor einen *Trap* aus, durch den der normale Programmablauf unterbrochen und die Interrupt-Anforderung abgearbeitet wird. Anschließend deaktiviert der Slave die Leitung.

Bei vielen Bussen kann nach dem Interrupt-Signal ein *Interrupt-Vektor* aus einem Slave-Register ausgelesen werden. Ein Interrupt-Vektor enthält in der Regel eine Adresse, an der ein Unterprogramm zur Abarbeitung dieses Interrupts beginnt. Das Abholen des Interrupt-Vektors kann z. B. im ersten Teil der Interrupt-Behandlung geschehen.

Interrupts sind die schnellste Möglichkeit der Kommunikation auf dem Bus: Sie benötigen keine Arbitrierung und kein aufwendiges Übertragungsprotokoll. Sie haben jedoch den Nachteil, daß pro Interrupt-Leitung nur *ein Bit* an Information übertragen werden kann, nämlich die Tatsache, daß ein bestimmter Slave eine Anforderung gestellt hat. Wird mehr Information benötigt, dann ist schon wieder eine Transferoperation nötig, und die spezifischen Vorteile gehen damit verloren. Neuere Busse haben meist keine Interrupt-Leitungen mehr. Bei ihnen wird ein Interrupt ausgelöst durch Schreiben auf eine bestimmte Adresse bzw. in einen Adreßraum. Meist wird dafür das sogenannte Message Passing verwendet; eine Message enthält einen *Header* mit den Adressen von Sender und Empfänger und einen kurzen *Tail*, der die eigentliche Information enthält bzw. den "Soft-Interrupt" näher spezifiziert. Sorgt man nun dafür, daß diese Operation eine hohe Priorität besitzt, dann gibt es nahezu keine Nachteile mehr gegenüber einem Interrupt. Darüberhinaus ist diese Lösung modernen Systemen mit mehreren CPU-Karten besser angepaßt als die traditionelle Lösung mit dem (zwischen Master und Slave) unsymmetrischen Interrupt-Protokoll, die von einer Rechnerarchitektur mit einer CPU und mehreren Slaves ausgeht.

7.4.4 Spezielle Protokolle

Zunehmende Anforderungen an die Rechnersysteme – wie Multiprozessorfähigkeit, Fehlertoleranz, höhere Flexibilität – führten natürlich auch zu zusätzlichen Anforderungen an die Busse. Diese konnten zum großen Teil mit traditionellen Protokollen bewältigt werden, einige Maßnahmen erwiesen sich aber als so nützlich, daß sie als spezielle Protokolle in die Busspezifikation aufgenommen wurden. Im folgenden werden einige spezielle Protokolle vorgestellt:

- *Lock:* Für Multiprozessorsysteme sind atomare, d. h. nicht unterbrechbare, Transaktionen erforderlich, um die Zugriffe von mehreren Prozessoren auf einen Speicher zu regeln. Eine solche Transaktion umfaßt mindestens eine Read- mit einer anschließenden Write-Operation. Mit dem Signal "Lock", das für zwei oder mehrere Transferoperationen aktiviert wird, können im Prinzip beliebig viele Transferoperationen zu einer atomaren Transaktion verbunden werden.

- *Try Again Later:* Es kann sein, daß ein Slave für kurze Zeit nicht für Transferoperationen verfügbar ist. Damit der Bus in einem solchen Fall nicht durch Warten blockiert wird, kann der angesprochene Slave dem Master mitteilen, er solle die Anfrage später wieder versuchen. Diese Erweiterung wurde für den NuBus spezifiziert; hier wird das Try Again Later am Ende einer Übertragung zusammen mit dem Ack gesendet.

7.4.5 Sonstige Signale und Leitungen

- *Reset:* Beim Systemstart und bei groben Systemfehlern müssen sämtliche Komponenten eines Rechners, d. h. sämtliche Module eines Busses, definiert rückgesetzt und neu gestartet werden können. Üblicherweise geschieht das mit einem Signal RESET, das einige Millisekunden anliegen muß, damit auch komplexere Rücksetz- und Anlaufmechanismen des Systems wirksam durchgeführt werden können.

- *Powerfail:* Die Zeit zwischen dem Ausfall der Stromversorgung und dem endgültigen Versagen des Netzteils liegt wegen der großen Netzteil-Elkos bei einigen Millisekunden. Diese Zeit kann genutzt werden, um die Module definiert abzuschalten.

● *Versorgungs- und Masseleitungen:* Die Stromversorgung der einzelnen Module geschieht über den Bus. Häufig sind neben +5 V noch +12 V und −12 V vorgesehen; gelegentlich auch +3 V. Aus Gründen der Stromversorgung sind auch Ground-Leitungen (GND) erforderlich. Üblicherweise gibt es mehr GND-Leitungen als allein für die Stromversorgung der Module nötig wäre; sie werden benötigt, um das Übersprechen zwischen den Signalleitungen gering zu halten.

7.4.6 Fehlerbehandlung

Eine Busoperation läuft oft nicht so problemlos ab, wie das bis hierhin geschildert wurde. Es kann je nach Sorgfalt der Hardware-Auslegung und je nach Einflüssen durch die Systemumgebung zu einer Reihe von Fehlern kommen. Häufige *Busfehler* sind:

− *Parity Error (bzw. ECC-Fehler, Error Correcting Code):* Bei der Speicherung oder Übertragung wurde die Information verfälscht. Je nach Kodierungsaufwand (genauer: Hamming-Distanz) können Ein- oder Mehr-Bit-Fehler erkannt oder korrigiert werden.

− *Timeout:* Eine Anforderung konnte von einem Slave z. B. auf Grund eines Hardware-Fehlers nicht in angemessener Zeit beantwortet werden (≈ 1 ms), oder es kam zu einem Deadlock im Übertragungsprotokoll, d. h. zwei Kommunikationspartner warten aufeinander. Die Deadlock-Freiheit eines Protokolls kann sehr gut mit Petri-Netzen überprüft werden.

− *Address Error:* Für eine bestimmte Adresse, die angesprochen wird, gibt es im System keinen Adressaten bzw. Slave. Häufig wird der Address Error durch einen Software-Fehler verursacht. In manchen Systemen gibt es einen speziellen Slave, der die Aufgabe hat, das Signal "Address Error" auszulösen, wenn Adressen angesprochen werden, die in der aktuellen Konfiguration nicht spezifiziert sind. Bei üblichen Benutzerprogrammen wird diese Art Fehler meist schon durch die Memory Management Unit (MMU) abgefangen.

− *Protocol Violation:* Das spezifizierte Busprotokoll wurde nicht eingehalten; es wurde entweder eine unmögliche – d. h. nicht spezifizierte – Anforderung gestellt, oder die spezifizierten Timing-Bedingungen wurden auf Grund eines Fehlers in der Hardware nicht eingehalten.

Während derartige Fehler von älteren Systemen entweder ignoriert wurden oder das System zum Absturz brachten, wird bei neueren Bussen versucht, die Fehlerursache möglichst genau festzustellen, sie zu melden und dann adäquat abzufangen. Durch diese Maßnahmen steigen die Sicherheit, Zuverlässigkeit und Verfügbarkeit des Systems, gleichzeitig aber auch die Kosten.

Übliche *Recovery-Strategien* nach einem Busfehler sind:
- den Transfer noch einige Male (Richtwert: 10 mal) wiederholen;
- wenn möglich, verlorene Daten retten oder rekonstruieren;
- das System definiert neu starten;
- als letzte Maßnahme: das System rücksetzen (RESET).

7.4.7 Serieller Zusatzbus

Einige Standardbusse haben zusätzlich zum parallelen Systembus einen *seriellen Bus* vorgesehen, der zwei Pins der Backplane belegt und der auch geeignet ist – beispielsweise über eine verdrillte Zweidrahtleitung – mehrere Meter weit Nachrichten zu übermitteln. Aufgabe eines seriellen Zusatzbus ist es, den parallelen Bus, z. B. bei Multiprozessor- oder fehlertoleranten Systemen, von Nachrichten zu entlasten. Außerdem bietet ein solcher Bus eine preiswerte Möglichkeit zum Austausch von Nachrichten zwischen zwei lose gekoppelten Systemen.

Serielle Busse verwenden häufig ein *CSMA/CD-Protokoll* (Carrier Sense Multiple Access with Collision Detection): Vor einer Datenübertragung gibt es zunächst keine Arbitrierung, sondern alle Geräte gehen sofort auf den Bus, wenn er frei ist. Kommt es zu einer Kollision, dann versuchen es die Module nach einer zufällig gewählten Wartezeit wieder; Sieger ist dann das Modul mit der aktuell geringsten Wartezeit. CSMA/CD ist für Echtzeitanwendungen *nicht* geeignet, weil sich keine obere Schranke für die Antwortzeit eines Moduls angeben läßt. Vorteil dieser Arbitrierungsstrategie ist jedoch, daß sie sehr einfach zu implementieren ist, daß sie sehr schnell arbeitet, wenn der Bus frei ist, und daß zusätzliche Geräte problemlos hinzugefügt und abgekoppelt werden können.

7.5 Beispiel: Der Multibus I

Der Multibus I ist ein älterer, aber sehr verbreiteter Systembus mit einem relativ einfachen Protokoll, das deshalb beispielhaft näher betrachtet wird. Er ist asynchron, hat eine Datenbreite von 16 bit und eine Adreßbreite von 24 bit. Der Multibus I wurde von einem firmenunabhängigen Gremium als Standard IEEE-P 796 spezifiziert; er ist in [INTE 83] detailliert beschrieben.

Arbitrierung

Die Arbitrierung beim Multibus I (Bild 7-15) ist rein prior; er bietet wahlweise *zentrale* Arbitrierung an (*Parallel Priority Technique*), die von einem Arbiter mit BREQ-Eingängen und BPRN-Ausgängen gesteuert wird. Alternativ ist eine *dezentrale* Arbitrierung (*Serial Priority Technique*) möglich, die durch eine Daisy Chain

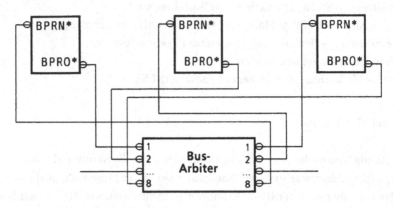

zentrale Arbitrierung (Parallel Priority Technique)

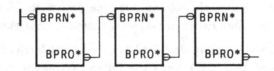

Arbitrierung durch Daisy Chain (Serial Priority Technique)

Bild 7-15: Arbitrierung beim Multibus I: zentral oder durch Daisy Chain

implementiert ist. Die serielle Arbitrierung muß in einem Buszyklus (100 ns) beendet sein. Die maximale Durchlaufzeit des Arbitrierungssignals durch ein Modul darf bis zu 30 ns betragen, so daß bei Daisy Chain höchstens 3 potentielle Master erlaubt sind.

Transfer

Der Multibus I unterstützt zwei Adreßräume, einen 64 KByte großen I/O-Space und einen 16 MByte großen Memory Space. Die Datenbreite ist zwischen 8 und 16 bit wählbar. Der Multibus I ist ein asychroner Bus; er löst Transfers durch die Signale MRDC, MWTC, IORC, IOWC aus, je nachdem ob eine Lese- oder Schreiboperation auf dem Memory- oder I/O-Adreßraum durchgeführt werden soll.

Bild 7-16 zeigt eine Read-Operation (mit MRDC auf den Memory- und mit IORC auf den I/O-Adreßraum): Zunächst muß die Adresse ADR stabil am Bus anliegen. Anschließend kann der Transfer durch eines der Steuersignale ausgelöst werden ①. Als Reaktion legt der Slave das angeforderte Datum auf den Bus ② und meldet durch ein XACK-Signal, daß das Datum abgeholt werden kann. (Läßt das XACK länger als 8 μs auf sich warten, wird ein Timeout ausgelöst.) Nach dem XACK kann der Master das Steuersignal ③ und die Adresse ④ zurücknehmen, und der Slave

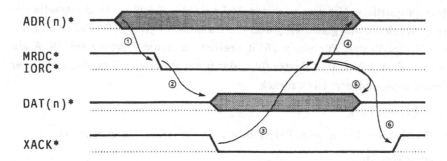

Bild 7-16: Transferoperation beim Multibus I (Read auf Memory- bzw. I/O-Adreßraum)

kann die Datenleitungen ⑤ und das XACK-Signal ⑥ deaktivieren. Der Multibus I kennt keinen Blocktransfer.

Interrupts

Der Multibus I stellt 8 Interrupt-Ebenen INT0..INT7 zur Verfügung. Es ist ein Non Bus-Vectored Interrupt (NBV) und ein Bus-Vectored Interrupt (BV) möglich.

Bei einem *NBV* wird als erster Schritt von einem Slave eine der Interrupt-Leitungen aktiviert. Auf dieses Signal reagiert der Interrupt Controller auf dem Master Board und löst bei der CPU einen Trap aus. In dieser Trap-Routine wird nun die Interrupt-Anforderung abgearbeitet (der Slave ist durch die Nummer der Interrupt-Leitung eindeutig zu identifizieren). Schließlich setzt der Master, z. B. durch Schreiben auf eine I/O-Adresse, den Interrupt Request des Slaves zurück.

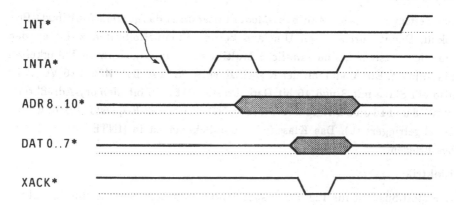

Bild 7-17: Bus-Vectored (BV) Interrupt beim Multibus I

Bei einem *BV* (Bus-Vectored Interrupt, Bild 7-17) wird zunächst mit INTA der Interrupt quittiert. Mit dem nächsten INTA wird auf ADR 8..10 die Quelle des Interrupt gelesen und gleichzeitig über die Datenleitungen DAT0..7 ein 8 bit breiter *Interrupt-Vektor*. Für einen 16 bit breiten Interrupt-Vektor wird INTA ein drittes Mal aktiviert. Der Master führt dann ein Programm aus, das auf dieser Adresse steht, und setzt INTx zurück.

Fehlerbehandlung

Für den Multibus I sind weder Parity-Bits noch Fehlersignale spezifiziert.

Sonstige Signale

Zum *Rücksetzen* dient das Signal INIT, das mindestens 5 ms aktiv sein muß. Mit den *Inhibit*-Signalen INH1 und INH2 können bestimmte Speicheradressen, die doppelt vergeben sind, ausgeblendet werden. Eine typische Anwendung ist das Lesen vom Boot-ROM, das nur in der Initialisierungsphase des Systems erfolgen kann. Nach der Initialisierung kann diese Adresse zur Ansteuerung des Hauptspeicher-RAM verwendet werden.

Von dem Stecker P2 werden für die gegenwärtige Version des Busses nur 4 Leitungen benötigt. Die anderen Leitungen von P2 sind reserviert für künftige Erweiterungen. Es gibt zwei Klassen von reservierten Leitungen: Die "*Reserved, Bussed*" werden zwar in dieser Ausbaustufe nicht benötigt, sie müssen auf der Backplane aber durchkontaktiert sein; "*Reserved, Not Bussed*"-Leitungen sind nicht kontaktiert.

Versorgungsleitungen

Es sind 8 GND-Leitungen, acht +5V, zwei −12V und zwei +12V vorgesehen. Diese Leitungen sind am Rand des P1-Steckers angeordnet.

Klassifizierung der Module

Bei weitem nicht jedes Multibus I-Modul unterstützt das *gesamte* Multibus I-Protokoll. Damit durch diesen Umstand keine Inkompatibilitäten zwischen den Modulen entstehen, sind sämtliche Multibus I-Module nach ihren Fähigkeiten klassifiziert. Ein Modul mit der Klassifizierung "Slave D16 M20 I16 V0 L" ist also ein Slave mit 8 und 16 bit Datenbreite (D16), 20 bit Memory-Adreßbreite (M20), 8 und 16 bit I/O-Adreßbreite (I16), NBV Interrupt-Requests (V0), und er ist Level-getriggert (L). Das Klassifizierungs-Schema ist in [INTE 83], p. 5-2 ff, beschrieben.

Elektrik

Der Multibus I ist für TTL-Pegel spezifiziert; sämtliche Signale sind low-aktiv. Für die meisten Signale sind *Tristate*-Treiber vorgeschrieben, außer für die Signale INH1..2*, BUSY*, CBRQ* und INTO..7* (Open Collector), und für BCLK*, BREQ*, BPRO*, BPRN* und CCLK* (Totem Pole).

Mechanik

Eine Multibus I-Platine hat die Abmessungen 12,00×6,75 Zoll (305×171 mm, also etwa DIN A4). Sie hat zwei Direktstecker P1 und P2 mit 86 resp. 60 Leitungen (von P1 sind alle, von P2 nur 4 Leitungen aktiv). Die Slots sind 0,6 Zoll voneinander entfernt. Die maximale Länge der Backplane beträgt 18 Zoll und ist damit an ein industrie-typisches 19-Zoll-Gehäuse angepaßt. Der Multibus I wird typischerweise in Desk Side-Rechnern verwendet.

7.6 Trends bei Bussystemen

Busse, die traditionell das "Rückgrat" von Rechensystemen bilden, unterliegen denselben Anforderungen wie die Rechner selbst:

- höhere Übertragungsleistung;
- größere Datensicherheit;
- stärkere Modularität;
- mehr Flexibilität;
- Zwang zu Standards.

7.6.1 Höhere Übertragungsrate

Es gibt – wie in Abschnitt 7.3 beschrieben – prinzipiell zwei Möglichkeiten, den Datendurchsatz eines Busses zu erhöhen: die maximal mögliche Frequenz f_{Toggle} hochzusetzen oder mehr Datenleitungen zu verwenden. Beide Wege werden heute beschritten:

- Durch die Verwendung von *BTL-Treibern* (BTL: Backplane Transceiver Logic) werden t_{Rise} und t_{Fall} reduziert: zum einen, weil eine geringere Spannungsdifferenz zwischen High und Low zu überwinden ist als bei TTL-Pegel, zum andern, weil eine Gauß-Kurve als Einschwingverhalten angenähert wird. Siehe dazu [BALA 84].

- Die andere Möglichkeit ist, den *Datenbus zu verbreitern*: Der FutureBus beispielsweise erlaubt die schrittweise Erweiterung auf bis zu 256 bit.

7.6.2 Datensicherheit

Bei modernen Bussen gehören Parity-Leitungen, Fehlersignale und Error Recovery zur Spezifikation. Problematisch dabei ist allerdings, daß man sich dadurch zwangsläufig höhere Kosten für den Busses einhandelt! Manche Busse lösen dieses Problem, indem sie die Auswertung des Parity-Signals, je nach Wunsch des Modulentwicklers, abschaltbar machen. Als Trend ist die Forderung nach höherer Datensicherheit unübersehbar. Es ist zu erwarten, daß sich diese Anforderung in nächster Zeit mit stetiger Erhöhung der Taktfrequenz und stärkerer Integration und Verkleinerung der Rechnerkomponenten sogar noch verstärken wird.

7.6.3 Modularität und Flexibilität

Die Prinzipien Modularität und Flexibilität sind beim Software Engineering auf Grund ihres Erfolges mittlerweile allgemein anerkannt. Eine Übertragung auf die Hardware und hier speziell auf Busse ist sicher ein richtiger Ansatz.

– Durch *Message Passing* werden die Module stärker gegeneinander abgeschottet, d. h. es ist entsprechend dem Prinzip des "Information Hiding" nicht mehr möglich, die lokalen Daten eines Moduls zu sehen. Der Informationsaustausch ist nur noch über *eine* definierte Schnittstelle möglich. Message Passing ersetzt zusehends die Interrupts bei traditionellen Systemen.

– Ein *Interconnect Space* ermöglicht es, Module in der Initialisierungsphase des Systems zu identifizieren und das System dementsprechend ohne manuelle Eingriffe automatisch zu konfigurieren.

– *Life Insertion* ist die Möglichkeit, zur Wartung oder zur Rekonfigurierung des Systems *während der Laufzeit* ein Modul aus dem Bus zu entfernen, eines hinzuzufügen oder auszutauschen. Das Prinzip ist einfach: Es gibt einen oder mehrere Stifte, die etwas länger resp. etwas kürzer sind als die anderen Stifte der Backplane; beim Herausziehen ergibt sich dadurch ein definiertes Abschalten, beim Hineinschieben ein definiertes Einschalten des Moduls.

7.6.4 Standards

Der zunehmende Wunsch vieler Anwender, unabhängig zu sein vom Marktgebahren einzelner Herstellerfirmen, war der Motor zur Entwicklung und Forcierung von firmenunabhängigen Standards auf vielen Gebieten der Rechnerarchitektur. Die Unterstützung von Standardbussen wie der PC-AT-Bus oder der VMEbus sind Verkaufsargumente für einen Rechner, weil dem Anwender damit garantiert wird, daß für seine Anforderungen Module auf dem Markt angeboten werden. Dem prinzipiellen Nachteil, daß diese Busse immer etwas langsamer und teurer sind als entsprechende "private" Busse, steht die höhere Design-Sicherheit, der geringere Entwicklungsaufwand und häufig auch die Verfügbarkeit von hochintegrierten Protokollbausteinen gegenüber (z. B. von Intel für den Multibus II oder von National Semiconductor für den FutureBus).

7.7 Übersicht: Standardbusse

Nachdem die wichtigsten Elemente von Busarchitekturen angesprochen wurden, werden einige Merkmale von verbreiteten Standardbussen näher betrachtet. Nach einer kurzen Einführung in die Spezifika der Busse sind die charakteristischen Merkmale in der Tabelle 7-1 aufgelistet.

7.7.1 AT-Bus

Der AT-Bus wurde 1981 als Speicher- und Peripheriebus für den IBM PC eingeführt. Dieser Bus wurde mit einigen Erweiterungen für den PC XT und den PC AT übernommen. Durch die große Verbreitung von PCs und durch das Aufkommen von (mehr oder weniger) kompatiblen Clones wurde die Produktion von Buskarten auf Basis des AT-Bus für alle möglichen Anwendungen von der Speichererweiterung über das Meßgerät bis zur Graphikkarte forciert. Der AT-Bus wurde damit – obwohl er von IBM niemals veröffentlicht oder gar freigegeben wurde – zu einem de-facto-Industriestandard. Er wurde von einer Gruppe von PC-Herstellern als ISA-Bus (Industrie-Standard Architektur) spezifiziert.

Der AT-Bus ist ein relativ einfacher Bus mit einem synchronen Protokoll, das gut an den Intel-Prozessor 8088 angepaßt ist; die Taktfrequenz betrug ursprünglich 4,77 MHz und wurde schritthaltend mit den höheren Taktfrequenzen der verwendeten Prozessoren ebenfalls erhöht. Der ursprüngliche PC-Bus hat einen Direktstecker mit 62 Kontakten, beim AT-Bus kam noch der P2-Stecker mit 36 Kontakten hinzu, um den Bus an den 80286 mit 16 bit Datenbreite und 24 bit Adreßbreite anzupassen.

7.7.2 EISA

Der EISA (Erweiterte Industrie-Standard Architektur) wurde von einer Gruppe von PC Clone-Produzenten als offener Standard entwickelt. Er stellt die Erweiterung des AT-Bus auf 32 bit dar und ist voll kompatibel zu ihm. Auch die Karten besitzen die selben Abmessungen wie AT-Karten; die Kontakte liegen zwischen

den Kontaktzungen der AT-Karten. Die Zahl der Karten, die für den EISA angeboten werden, wächst erst langsam, weil sich IBM mit dem Micro Channel auf
einen anderen AT-Bus-Nachfolger festgelegt hat.

7.7.3 FutureBus

Der FutureBus ist wohl der gegenwärtig modernste Standardbus. Er wurde von
einem Kommitee, dem über 100 Firmen angehören, als IEEE-Standard 896
definiert.

Der FutureBus weist eine Reihe von interessanten Neuerungen auf. Bemerkenswert sind vor allem die BTL-Treiber, ein spezielles, sehr schnelles Transferprotokoll, Message Passing, Interconnect Space und variable Datenbreite (bis 256 bit).
Es gibt zwei Definitionen, die 896.1 und die 896.2. Sie unterscheiden sich vor
allem durch die Extended Commands, die mögliche Datenbreite und durch den
Stecker. Der FutureBus+ wird zunehmend als Ergänzung und Erweiterung zu
anderen Standardbussen wie VMEbus oder Multibus II verwendet (siehe dazu
z. B. [ANDR 90]). Interface-Bausteine werden von National angeboten.

7.7.4 Micro Channel

Die Micro Channel Architecture (MCA) wurde von IBM als Nachfolger des popu-
lären AT-Bus entwickelt, nachdem sich dessen Grenzen immer deutlicher ab-
zeichneten. Ähnlich wie beim AT-Bus gibt es je nach Steckerbreite eine 8-Bit-
(2 * 45 Kontakte), eine 16-Bit- (2 * 58) und eine 32-Bit-Version (2 * 89). Zusätzlich
gibt es einen Stecker mit 20 Kontakten, der speziell für Video-Signale ausgelegt
ist. Eine Besonderheit des MCA ist die Unterstützung von analogen Audio-Sig-
nalen auf der Backplane.

7.7.5 Multibus I

Der Multibus I ist der älteste der hier vorgestellten Busse; trotzdem ist er auch
heute – vor allem bei Rechnern der mittleren Leistungsklasse – noch sehr verbreitet. Der Multibus I wurde definiert, um beliebige Peripheriekarten an Intel-Prozessoren anschließen zu können, wurde dann aber zunehmend als Standardbus
akzeptiert. (Siehe Abschnitt 7.5)

7.7.6 Multibus II

Der Multibus II wurde speziell für Systeme mit verteilter Intelligenz und hohem
Kommunikationsaufwand konzipiert. Es sollte damit aber auch der Aufbau von
Low Cost-Systemen mit 8 bit Datenbreite möglich sein. Deshalb hat der Multi-
bus II wie der Multibus I Memory- und I/O-Adreßraum. Er hat aber auch einen
Interconnect Space, mit dem das System per Software konfiguriert werden kann,
und einen Adreßraum für Message Passing. Der MPC (Message Passing Copro-
cessor 82389, [INTE 90]) von Intel, ein ASIC mit 70 000 Transistoren und 149
Pins, unterstützt Transfers im Interconnect und im Message Passing Space.

Der Multibus II ist ein synchroner Bus, bei dem sehr viel Wert auf Zuverlässigkeit
gelegt wurde: So sind sämtliche Transferoperationen als FSMs spezifiziert, alle
D/A- und Steuerleitungen sind durch Parity-Bits gesichert, jeder Transfer wird
mit einem Fehlercode abgeschlossen, und es ist das Systemverhalten bei Error
Recovery definiert.

7.7.7 NuBus

Der NuBus ist heute relativ bekannt, weil er für den Apple Macintosh und den TI
Explorer eingesetzt wird. Er brachte bei seinem Erscheinen (1983) einige interessante Neuerungen mit, die sich heute in vielen modernen Standardbussen
wiederfinden.

Der NuBus ist ein synchroner Bus, mit einer Taktfrequenz von 10 MHz. Er verzichtete als erster Standardbus auf Interrupt-Leitungen; Interrupts werden durch
eine Art Message Passing realisiert, nämlich durch einen Transfer auf den sogenannten *Slot Space*, einen Teil des Memory-Adreßraums (der NuBus besitzt nur
diesen einen Adreßraum). Dieser Slot Space wird auch als I/O-Adreßraum genutzt. Der Slot Space belegt die oberen 256 MByte des Adreßraums und kann über
die Adresse F{id} XX XX XX$_H$ angesprochen werden. Die 4 bit breite id
bezeichnet jedes der insgesamt 16 anschließbaren Geräte eindeutig.

Neben dem Einzeltransfer ist auch Blocktransfer möglich, und zwar mit 2, 4, 8
oder 16 Worten. Eine Besonderheit ist, daß nach jedem Transfer zusammen mit
dem ACK über die Leitungen TM0 und TM1 der Erfolg der Operation gemeldet wird.
Die Antworten Transfer ok, Error, Timeout, und Try Again Later sind spezifiziert. Das letztere Signal wird gemeldet, wenn ein Slave temporär nicht senden
kann. Für sämtliche Datenleitungen gibt es eine Parity-Leitung SP und ein
Signal SPV, über das der Parity Checker ausgeschaltet werden kann. Interface
Chips für den NuBus werden von Texas Instruments angeboten.

7.7.8 SBus

Der SBus wurde von Sun als Speicherbus und für schnelle I/O-Karten für die
SPARCstation entworfen. Er wird von Sun zur lizenzfreien Nutzung zur Verfügung gestellt. Die SBus-Karten haben Europa-Format (oder Doppel-Europa) und
können in eine kleine Backplane eingesteckt werden, die sich direkt auf dem
Motherboard der SPARCstation befindet (ähnlich wie der AT-Bus). Der SBus
findet heute seine Anwendung zum Anschluß der Graphikkarten, die speziell für
die SPARCstation entwickelt wurden; Sun erwartet aber in naher Zukunft das
Aufkommen einer Reihe von Clones dieser Maschine und rechnet daher mit einer
größeren Verbreitung des SBus und der Verfügbarkeit weiterer Karten.

Der SBus hat ein synchrones Protokoll, jedoch mit einer Taktfrequenz, die von
16,66 bis zu 25,0 MHz variiert werden kann. Als Kuriosität besitzt er Adreßleitungen sowohl für physikalische als auch für virtuelle Adressen, was nach Aus-
kunft von Sun daher kommt, daß die SPARC-MMU erst relativ spät zur Verfügung stand. Ein interessantes Merkmal ist sein Interconnect-Space: Er enthält
nicht nur den Identifizierungscode, sondern auch ein in Forth geschriebenes Ini-
tialisierungs- und Konfigurierungsprogramm. Der Interconnect Space beginnt an
der jedem Modul zugeordneten "physikalischen Adresse". Als Fehlersignal wird
LateError verwendet. Der Name rührt daher, daß es erst zwei Zyklen nach dem
Ack angelegt wird. Nach einem LateError muß der letzte Transfer für ungültig
erkärt werden.

7.7.9 SCSI

Der SCSI (Small Computers System Interface) ist heute der gebräuchlichste Bus
zum Anschluß von Peripheriegeräten wie Harddisk oder Floppy Disk. Laptops
haben häufig keinen anderen Ausgang als den SCSI-Bus und verwenden ihn daher auch, um Daten auf andere Geräte zu überspielen oder zum Netzanschluß. Für
den SCSI ist keine Backplane definiert, sondern nur ein 50-poliger Stecker, bei
dem jeder zweite Kontakt auf GND liegt. Der SCSI kann synchron oder asynchron
betrieben werden. Es besteht die Möglichkeit, ihn nicht nur low-activ zu betreiben, sondern auch differentiell; dabei sind doppelt soviele Leitungen aktiv.

Der SCSI-Bus hat neben einigen Steuersignalen einen 8 bit breiten Datenbus.
Diese 8 Leitungen übernehmen auch die Arbitrierung, so daß maximal 8 Geräte
angeschlossen werden können. Diese Leitungen übertragen auch die SCSI-Kom-
mandos, mit denen die Geräte auf einer ziemlich hohen Ebene angesprochen wer-

den können (außer Read und Write z. B. auch Verify oder das "Interconnect-Kommando" Inquiry).

7.7.10 VMEbus

Der VMEbus (Versa Module Europe) ist Marktführer unter den 32-Bit Standard-bussen. Das hat den großen Vorteil, daß VMEbus-Module für eine breite Palette von Anwendungsmöglichkeiten angeboten werden, hatte aber auch zur Folge, daß auf die ursprüngliche Konzeption noch eine Reihe von Möglichkeiten, Protokolle und Erweiterungen aufgestülpt wurde, so daß praktisch kein VMEbus-Modul, das heute verkauft wird, das gesamte spezifizierte Protokoll unterstützt. In jüngster Zeit gibt es eine Entwicklung, ihn mit dem FutureBus zu verbinden (siehe dazu z. B. [ANDR 90]).

Der VMEbus hat im Prinzip ein traditionelles Konzept mit 16 bit Datenbreite, 24 bit Adreßbreite (nicht gemultiplext) und 7 Interrupt-Leitungen. Mit wachsenden Anforderungen wurde der VMEbus auf 32 bit Adreß- und Datenbreite erweitert. Diese Erweiterung belegt die mittlere Reihe eines zweiten Europa-Steckers. Es gibt auch neuere Protokolle, z. B. Message Passing oder eine 64-Bit-Übertragung (dabei sind die 32 Adreßleitungen gemultiplext).

Tabelle 7-1: Kennwerte von Standardbussen

	AT-Bus	EISA	FutureBus (IEEE 896)	Micro Channel	Multibus I (iPSB)
Kategorie	Desk Top	Desk Top	Desk Side	Desk Top	Desk Side
Firma	IBM	–	–	IBM	Intel
Einführungsjahr	1981	1989	1984	1987	1977
Abmessungen	122 × 337mm	122 × 337mm	367 × 280mm		305 × 171mm
Leitungen – gesamt – Adressen – Daten – Interrupts – Life Insertion	P1:62, P2:36 20 8 11 (P1:6) nein	198 32 32 11 nein	96 32 + 1 Parity (32 + 1 Parity) – ja	188 (P1:116) 32 (P1:24) 32 (P1:16) 16 nein	P1:86, P2:60 24 (P1:20) 8, 16 8 nein
Protokoll – synchron? – Bustakt – Adreßbreite – Datenbreite – A/D mux? – Pipelined – Block-Transf. – Message Pass. – Interconnect	synchron 4,77 MHz 24 8, 16 A/D getrennt nein ja (DMA) nein nein	synchron 4,77 MHz 32 8, 16, 32 A/D getrennt nein ja nein nein	asynchron 32 8 .. 256 A/D mux nein ja ja ja	asynchron 8, 16, 32 A/D getrennt ja ja	asynchron (10 MHz) 24 (P1:20) 8, 16 A/D getrennt nein nein nein nein
Arbitrierung – Strategie – Dauer	zentral, rein prior –	zentral, rein prior und Zeitscheibe N/A	dezentral, rein prior oder fair 250 ns	dezentral, rein prior 300 ns	zentral oder dezentral, rein prior 100 ns
Transfer – Single-Mode $T_{acc} = 0ns$ $T_{acc} = 100ns$ – Block-Mode $T_{acc} = 0ns$ $T_{acc} = 100ns$	9,54 MByte/s	33 MByte/s	37,0 MByte/s 19,2 MByte/s 95,2 MByte/s 28,2 MByte/s	20 MByte/s	10,0 MByte/s 6,66 MByte/s – –
Serieller Bus	nein	nein	ja	nein	nein
Besonderheiten	angepaßt an Intel-Chips 8088, 80286	kompatibel zum AT-Bus	BTL-Treiber, alle Signale Wired OR	Video- und analoge Audio-Sig.	Bus Vectored Interrupt; Direktstecker
Literatur- hinweise	[IBM 85] [DRUM 87]	[GLAS 89] [BARA 89]	[ANDR 90]	[SHIE 87] [KUHN 87]	[INTE 83]

Tabelle 7-1: Kennwerte von Standardbussen

	Multibus II (iPSB II)	NuBus	SBus	SCSI	VMEbus
Kategorie	Desk Side	Desk Top	Desk Top	Peripherie	Desk Side
Firma	Intel	Texas Instr.	Sun	Shugart	Motorola
Einführungsjahr	1984	1983	1989	1979	1981
Abmessungen	233 × 220mm	367 × 280mm	147 × 84mm	kein Format	233 × 160mm
Leitungen – gesamt – Adressen – Daten – Interrupts – Life Insertion	96 32 + 4 Parity (32 + 4 Parity) – nein	96 32 + 1 Parity (32 + 1 Parity) – nein	96 phy28, virt32 32 7 nein	50 (19 log.) (8 + 1 Parity) 8 + 1 Parity 1 nein	P1:96,P2:32 32 (P1:16) 32 (P1:24) 7 nein
Protokoll – synchron? – Bustakt – Adreßbreite – Datenbreite – A/D mux? – Pipelined – Block-Transf. – Message Pass. – Interconnect	synchron 10 MHz 32 8, 16, 24, 32 A/D mux Arbit/Trans ja ja ja	synchron 10 MHz 32 8, 16, 32 A/D mux ja möglich möglich	synchron 16.7..25 MHz phy28, virt32 8, 16, 32 virt. Adr / Dat ja (≤ 64 Byte) möglich ja	sync. / async. – 8 8 + 1 Parity Arbit/D mux nein ja ja ja	asynchron 32 8, 16, 32 A/D getrennt Adr./Übertr. ja möglich nein
Arbitrierung – Strategie – Dauer	dezentral, fair 300 ns	dezentral, fair 200 ns	zentral, fair N/A	dezentral, prior 	prior (zentral und dezen.), Zeitscheibe, Parken (ROR) 200 .. 400 ns
Transfer – Single-Mode $T_{acc} = 0$ns $T_{acc} = 100$ns – Block-Mode $T_{acc} = 0$ns $T_{acc} = 100$ns	 20.0 MByte/s 13.3 MByte/s 40.0 MByte/s 20.0 MByte/s	 20.0 MByte/s 13.3 MByte/s 40.0 MByte/s 20.0 MByte/s	 100 MByte/s	 4/1.5 MByte/s	 25.0 MByte/s 15.4 MByte/s 25.9 MByte/s 16.5 MByte/s
Serieller Bus	ja (iSSB)	nein	nein	nein	ja (VMS)
Besonderheiten	für verteilte Systeme	nur *ein* Adreßraum	Booten der Module sehr flexibel	High-Level Steuer-Kommandos	verschiedene neuere Protokolle
Literatur-hinweise	[INTE 84] [GEYE 83]	[TI 83]	[SUN 89] [SIEV 90]	[ANSI 131] [BARR 84]	[MOTO 85]

Literatur

[ANDR 90]   Andrews, W.: Bridging today's buses to Futurebus. Computer Design 29 (1990) 3, pp. 72-84

[ANSI 131]   American National Standard for Information Systems: Small Computer System Interface (SCSI). ANSI X3.131-1986

[BALA 84]   Balakrishnan, R. V.: A Solution to the Bus Driving Problem. IEEE Micro 4 (1984) 8, pp. 23-27

[BARA 89]   Baran, N.: EISA arrives. Byte 14 (1989) 11, pp. 93-98

[BARR 84]   Barret, R.: SCSI bus solves peripheral interface problems. Mini-Micro Systems 18 (1985) 5, pp. 241-246

[BEIM 85]   Beims, B.; LaViolette, P.: SCSI protocol and controller ease bus arbitration. EDN, 30 (1983) March, pp. 227-230

[BULL 90]   Bullacher, J.: Futurebus+: Der Weg in die Zukunft. Elektronik 39 (1990) 20, S. 50-65

[BORR 86]   Borrill, P. L.: Objective Comparison of 32-Bit-Buses. Microprocessors and Microsystems 10 (1986), pp. 94-100

[BORR ??]   Borrill, P. L.: What is Futurebus+? In: ???, pp. 303-315

[DEC 90]   Digital Equipment Corporation, Workstation Base Product Marketing: TURBOchannel Overview. Palo Alto (CA), April 1990

[DRUM 87]   Drummond, J. R.: Three Bus Interface Designs for the PC. Byte, Extra Edition "Inside the IBM PCs", 1987, pp. 225-245

[FÄRB 87]   Färber, G. (Hrsg.): Bussysteme. Parallele und serielle Bussysteme, lokale Netze. München: Oldenburg 1987

[GALL 90]   Gallant, J. A.: Futurebus+. EDN Special Report. EDN, 35 (1990) October, pp. 87-98

[GEYE 83]   Geyer, J.: Multibus II: 32-Bit-Bus für leistungsfähige offene Systeme. Elektronik 32 (1983) 26, S. 32-37 *und* Elektronik 33 (1984) 1, S. 52-55

[GLAS 89]   Glass, L. B.: EISA intern. Der neue Industriestandard ist keine Geheimsache mehr. c't, (1989) 12, S. 152-162

[GLAS 89]   Gustavson, D. B.: Computer Buses – A Tutorial. IEEE Micro 4 (1984) 8, pp. 7-22

[HWAN 86]   Hwang, K.; Briggs, F. A.: Computer Architecture and Parallel Processing. New York: McGraw Hill (2. Auflage) 1986

[IBM 85]   International Business Machines Corp.: IBM Personal Computer AT, Technical Reference Manual. September 1985

[IEEE 896] IEEE P896.1: Futurebus+ Draft 8.2. IEEE Computer Society: Washington (DC)

[INTE 83]   intel: Multibus I Architecture Reference Book. Santa Clara (CA) 1983

[INTE 84]   intel: Multibus II Bus Architecture Specification Handbook. Santa Clara (CA) 1984

[INTE 90]   intel: MPC User's Manual. Santa Clara (CA) 1990

[KUHN 87]   Kuhn, P.: Das ist der IBM-Mikro-Kanal-Bus. mc 6 (1987) 7, S. 70-75 *und* mc 6 (1987) 8, S. 42-48

[LEIL 90]   Leilich, H.-O.; Knaak, U.: Zeitverhalten synchroner Schaltwerke. Heidelberg: Springer 1990

[LEPO 90]   Lepold, R.; Klas, G.: Generierung und analytische Auswertung stochastischer Petri-Netz-Modelle zur Bewertung komplexer Rechensysteme. In: Müller-Stoy, P. (Hrsg.): Proc. 11. ITG/GI-Fachtagung Architektur von Rechensystemen. München, März 1990. Berlin: VDE-Verlag 1990, S. 219-229

[MOTO 85]   Lohmeyer, J.: Use SCSI devices for multiprocessor, smart-I/O systems. EDN, 30 (1985) January, pp. 183-188

[MOTO 85]   Motorola: The VME-Bus Spezification. Phoenix (Ariz.) 1985

[OHR 84]   Ohr, S.: Three 32-bit-wide buses will give 32-bit µCs mainframe performance. Electronic Design, 32 (1984) 1, pp. 63-66

[REIS 85]   Reisig, W.: Petri-Netze. Eine Einführung. Berlin: Springer 1985

[REIS 86]   Reisig, W.: Systementwurf mit Netzen. Berlin: Springer 1986

[SHIE 87]   Shiell, J.: The 32-bit Micro Channel. Byte, Extra Edition "Inside the IBM PCs", 1987, pp. 59-64

[SIEV 90]   Sieverding, H.: Der SBus. Ein Bussystem für Desktop-Workstations. Elektronik 39 (1990) 20, S. 58-61

[SUN 89]   Sun Microsystems, Inc. (Frank, E. H.; Bradley, W. M.): The SBus Specification, Revision A. Mountain View (CA) September 1989

[TAUB 84]   Taub, D. M.: Arbitration and Control Acquisition in the Proposed
              IEEE 896 FutureBus. IEEE Micro 4 (1984) 8, pp. 28-41

[TI 83]   Texas Instruments: NuBUS Specification. Irvine (CA) 1983

[TI 90]   Texas Instruments: Bus Interface Circuits, Application and Data
              Book. Irvine (CA) 1990

[TIET 83]   Tietze, U.; Schenk, Ch.: Halbleiter-Schaltungstechnik.
              Berlin: Springer (6. Auflage) 1983

[TITU 85]   Titus, J.: Two Buses Vie For 32-Bit System Supremacy. EDN 30,
              1985, pp. 143-156

[THEU 84]   Theus, J.; Borrill, P. L.: An Advanced Communication Protocol for
              the Proposed IEEE 896 FutureBus. IEEE Micro 4 (1984) 8, pp. 42-
              56

[WRIG 90]   Wright, M.: Bus-interface ICs. EDN Special Report. EDN, 35
              (1990) October, pp. 87-98

[ZUBE 80]   Zuberek, W. M.: Timed Petri Nets and Preliminary Performance
              Evaluation. Proc. of the 7th Ann. Symp. on Computer Architec-
              ture, La Baule (France) 1980

8 Vernetzung

8.1 Einführung

8.1.1 Entwicklung vernetzter Rechnerumgebungen

Computer-Netzwerke spielen seit den 70er Jahren eine wesentliche Rolle in der Architektur von Rechensystemen. Zunächst setzte man *Großrechner* oder *Minicomputer* auf Firmen- oder Abteilungsebene ein, an die über serielle Verbindungen Terminals mit alphanumerischer Ausgabe angeschlossen wurden. Die Rechenleistung war nur zentral angeordnet. In Zeiten der Spitzenbelastung traten Verarbeitungsengpässe und lange Wartezeiten auf.

Als Ergänzung zu den Großrechnern entstanden die *Personal Computer*. Sie waren Einplatzsysteme ohne Netzwerkfähigkeit und besaßen selbst alle notwendigen Ressourcen (wie Speicher, Drucker usw.). Die Ressourcen waren also dezentral verteilt. Für die Verarbeitung größerer Programme benutzte man weiterhin die Großrechner mit Terminalanschluß.

Heute bildet sich ein Synthese zwischen beiden Architekturen heraus. Mit dem Preisverfall bei Halbleiterspeicherbausteinen und der Steigerung der Leistungsfähigkeit der Prozessoren stehen heute *Workstations* zur Verfügung, die für viele Anwendungen ausreichende Rechenleistung bieten. Über das Netzwerk wird auf zentrale, teure Ressourcen zugegriffen (Bild 8-1).

Netzwerke waren fast von Anfang an ein fester und wesentlicher Bestandteil von Rechensystemen. Parallel zu ihrer steigenden Leistungsfähigkeit – von der 50 Baud-Telex-Verbindung über das 10 MBit/s-Ethernet bis zu den 100 MBit/s-Glasfasernetzwerken – änderte sich auch die Rolle, die sie in Rechensystemen spielten: von der einfachen Verbindung alphanumerischer Terminals mit dem Großrechner über LAN-vernetzte Workstations bis hin zu den künftigen, unter der Verwaltung *verteilter Betriebssysteme* stehenden Verbundsystemen von Workstations und spezialisierten Servern.

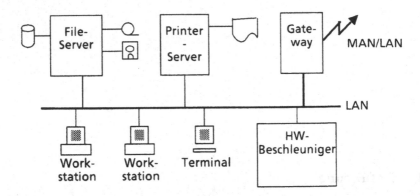

Bild 8-1: Dezentrale vernetzte Systeme der 90er Jahre

8.1.2 Workstations und Vernetzung

Während an Personal Computern vorrangig lokal gearbeitet wird, spielt bei der
Arbeit mit Workstations die Kommunikation mit anderen Rechnern eine größere
Rolle. Mit ihrer Hilfe werden z. B. häufig teure zentrale Ressourcen (z. B.
Vektorprozessor, Farbdrucker, teure Software u. ä.) einer beliebigen Anzahl von
Anwendern zur Verfügung gestellt.

Der Benutzer hat vor Ort seine lokale Arbeitsumgebung mit Betriebssystem,
einer Basisausrüstung an Rechenleistung, Speicher, einem Bildschirm und häufig
verwendeten Programmen. Über das Netzwerk kann er zusätzlich die Leistungen
anderer Rechner nutzen.

Beispiele für Netzwerkdienste auf Workstations sind die elektronische Post
("Mail") und das "Network File System" (NFS). Mit *Mail-Systemen* können Nachrichten an Rechnerbenutzer auf der ganzen Welt geschickt werden. Anders als bei
Briefen dauert der Transport nur Minuten oder Stunden. *NFS* erlaubt es, auf ein
verteiltes Dateisystem zuzugreifen. Die Organisation dieses Dateisystems ist
transparent für den Benutzer, d. h. bei einem Zugriff auf eine Datei bemerkt er
nicht, ob diese auf seinem Rechner oder auf einem anderen Rechner des Netzwerkes abgelegt ist (siehe auch Abschnitt 13.1, "Die Architektur von UNIX").

Eine andere Anwendung ist der Zugriff auf Rechenleistung und Programme, die
nicht im Rechner des Benutzers, sondern auf anderen Rechnern des Netzwerkes
verfügbar sind. So kann der Benutzer von seiner Workstation aus z. B. Daten an
einen Simulationsbeschleuniger schicken und kurze Zeit später die Simulationsergebnisse auf seinem Bildschirm auswerten. Der Zugriff auf teure Software über

das Netzwerk erlaubt es, derartige Programme nur einmal im Rechnerverbund zu installieren, sie jedoch vielen Benutzern zugänglich zu machen.

Die Anzahl netzwerkintensiver Anwendungen steigt ständig. Es kündigen sich zahlreiche *Multimedia-Anwendungen* an, die vor allem große Datenmengen (Bild und Sprache) über das Netzwerk transferieren. Für die Übertragung von Bewegtbildern reicht jedoch die Leistung heutiger Netzwerkkonfigurationen mit einer typischen Spitzenübertragungsrate von 10 MBit/s bei weitem nicht aus [SCHO 90]. Aus diesem Grund werden augenblicklich Glasfasernetzwerke mit einer höheren Bandbreite (z. B. FDDI mit 100 Mbit/s) eingeführt.

8.1.3 Klassifikation von Netzwerktypen

Netzwerke lassen sich in drei Klassen einteilen: LAN, MAN und WAN. Ein *Local Area Network* (*LAN*) dient der Kommunikation zwischen unabhängigen Systemen über Entfernungen bis zu 10 Kilometern. Es wird vor allem zur Vernetzung innerhalb von Gebäuden verwendet.

Für die Vernetzung von Rechnern, die bis zu 50 km voneinander entfernt sind, werden *MANs* (*Metropolitan Area Network*) eingesetzt. Ein MAN wird z. B. ver-

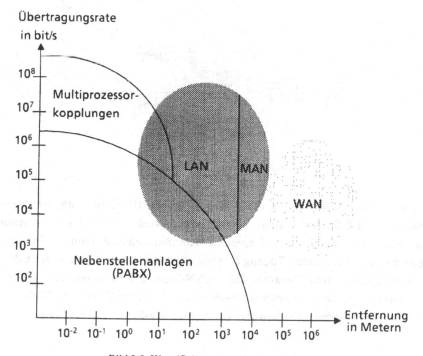

Bild 8-2: Klassifizierung von Netzwerken

wendet, um unterschiedliche Standorte einer Firma innnerhalb einer Stadt miteinander zu verbinden.

Alle Entfernungen über 50 km können durch *WANs* (*Wide Area Network*) überbrückt werden. Hier bilden das öffentliche Telefonnetz oder Satellitennetzwerke
die Basis. Bild 8-2 gibt einen Überblick über Übertragungsraten und Entfer-
nungsbereiche. Um einen Vergleich mit anderen Anwendungsgebieten der Kommunikation zu haben, sind hier zusätzlich exemplarisch die Multiprozessor-
kopplungen und die Telefonverbindungen (PABX) dargestellt.

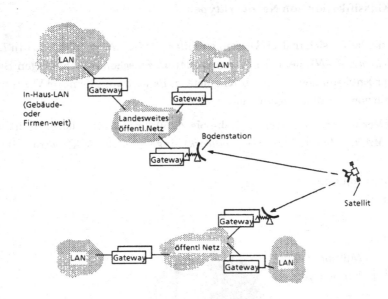

Bild 8-3: Netzwerklandschaft

Man kann also insgesamt von einer hierarchischen Gliederung der Netzwerke
sprechen (Bild 8-3). Auf kleinen Entfernungen wird das Local Area Network
eingesetzt. Über das LAN und spezielle Kommunikationsrechner (*Gateways*)
haben die LAN-Teilnehmer Zugang zu anderen Netzwerken. Die nächst Stufe ist
das Metropolitan Area Network. Jede LAN-Insel besitzt einen oder mehrere
Anschlüsse an Netzwerke größerer Reichweite. Der Zugriff auf das Wide Area
Network kann entweder über ein MAN erfolgen oder direkt vom LAN aus.

8.2 Netzwerkarchitektur

Durch die zunehmende Vernetzung von Rechnern entstehen *heterogene Rechner-landschaften*. Applikationen, die zum Teil auf unterschiedlichen Rechnertypen laufen, müssen dabei in der Lage sein, untereinander Daten oder Befehle auszu-tauschen. Nicht nur Anwenderprogramme, sondern in zunehmendem Maße Teile von Betriebssystemen bilden heute miteinander kommunizierende Applikatio-nen.

Bild 8-4 zeigt zwei Rechner, die durch ein Netzwerk miteinander verbunden sind. Auf jedem Rechner läuft eine Applikation. Beide tauschen über das Netzwerk mit-einander Daten oder Befehle aus. Dazu greifen sie aber nicht selbst auf das phy-sikalische Medium zu, sondern benutzen die Dienste eines *Kommunikations-systems*. Auf jedem der Rechner befindet sich ein solches Kommunikationssystem. Die Rechner selbst können unterschiedlich sein und müssen nicht einmal das glei-che Betriebssystem verwenden. Um einen Informationsaustausch untereinander zu ermöglichen, haben sich die Kommunikationssysteme der beiden Rechner nur an eine Vorgabe zu halten: Beide müssen das gleiche *Kommunikationsprotokoll* verwenden.

Das Netzwerk bildet die Basis für die Kommunikation zwischen den Rechnern und beeinflußt die Arbeitsweise des Kommunikationssystems wesentlich. Ent-scheidend ist hierbei der *Aufbau* des Netzwerks (Topologie), d. h. wieviele Rechner oder Netzwerkknoten es gibt und wie sie miteinander verbunden sind. In den folgenden Abschnitten wird zunächst auf die unterschiedlichen Topologien und anschließend auf Kommunikationssysteme eingegangen.

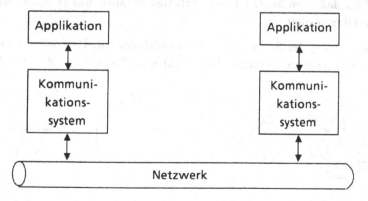

Bild 8-4: Netzwerk und Kommunikationssystem

8.2.1 Topologien von Netzen

Im Kapitel 7, "Busse", wurden die rechnerinternen Verbindungen zwischen
einzelnen Workstation-Komponenten beschrieben. Die Rechnernetzwerke bilden
die externen Verbindungen zwischen mehreren Rechnern. In beiden Fällen können prinzipiell die gleichen Netzwerktopologien eingesetzt werden. Die unterschiedlichen Kommunikationsbedürfnisse bilden die Kriterien für die Wahl einer
Netzwerktopologie. Im Falle der internen Netzwerke findet man deswegen z. B.
vorwiegend die Bustopologie. Bei den externen Netzwerken hingegen werden alle
Arten von Netzwerktopologien eingesetzt. Im folgenden werden exemplarisch
einige der vielen Kriterien aufgezählt, durch die sich die einzelnen Topologien
voneinander unterscheiden und durch die Entscheidung für den Einsatz einer
bestimmten Topologie beeinflußt wird.

– Bei der Vernetzung von Rechnern untereinander ist die Länge des benötigten
   Kabels wegen der größeren Entfernungen ein wesentlicher Kostenfaktor.

– Die *Abhörsicherheit* einer Verbindung spielt bei der Vernetzung von Rechnern
   eine erheblich größere Rolle als bei den internen Verbindungen.

– Die *erreichbare Übertragungsgeschwindigkeit* und die Steuermechanismen
   sind sowohl bei den internen als auch bei den externen Netzwerken wichtige
   Kriterien.

Die *Sternform* ist wohl die bekannteste Topologie. Sie wird z. B. beim Telefonnetz
verwendet. Ein großer Vorteil eines Sterns sind die geringen Kosten beim Anschluß neuer Teilnehmer. Die Verbindungen zwischen den einzelnen Netzwerk-
teilnehmern werden durch einen zentralen Steuerungsrechner verwaltet. Ein
Nachteil ist, daß beim Ausfall dieses zentralen Rechners das gesamte Netzwerk
seine Funktion verliert.

Eine Abwandlung des Sterns stellt die *Schneeflocke* dar. Hier werden mehrere
Sterne zu einem neuen, hierarchisch strukturierten Stern verbunden. Die Anzahl

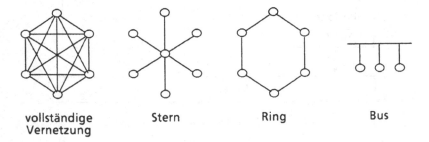

vollständige   Stern   Ring   Bus
Vernetzung

Bild 8-5: Gebräuchliche Netzwerktopologien

zentraler Steuerungsrechner und der Vermittlungsaufwand für eine Verbindung zwischen zwei Teilnehmern erhöht sich entsprechend. Diese Topologie ermöglicht es, einzelne, in sich abgeschlossene Subbereiche zu definieren.

In einer *Bustopologie* sind alle Teilnehmer über einen gemeinsamen Kommunikationspfad miteinander verbunden. Eine auf dem Bus verschickte Nachricht gelangt zu jedem Busteilnehmer, von denen ein jeder selbst anhand der Nachrichtenadressierung zu entscheiden hat, ob die Nachricht für ihn bestimmt ist. Da es allen Busteilnehmern zu jeder Zeit möglich ist, auf den Bus zuzugreifen, und dadurch Kollisionen auf dem Übertragungsmedium entstehen können, ist die Ansteuerung eines Busses relativ komplex. Nachteilig wirkt sich außerdem aus, daß Netzwerke mit einer Bustopologie kaum abhörsicher gestaltet werden können, da der Anschluß eines zusätzlich Teilnehmers den Kommunikationsablauf auf dem Bus nicht stört. Bei einer gewollten Erweiterung des Busses erweist sich dies allerdings auch als Vorteil. Angewendet wird die Bustopologie z. B. beim Ethernet. Eine komplexere Form der Bustopologie ist die Baumtopologie, bei der der Kommunikationspfad eine verzweigte Struktur aufweist.

Die dritte für Rechnernetzwerke wesentliche Struktur stellt die *Ringtopologie* dar. Hier sind alle Rechner über einen geschlossenen Ring verbunden. Nachrichten werden von Teilnehmer zu Teilnehmer weitergereicht. Diese müssen jeweils selbst feststellen, ob eine ankommende Nachricht verarbeitet und damit vom Ring entfernt oder an den nachfolgenden Ringteilnehmer weitergeleitet werden soll. Im Gegensatz zu der Bustopologie muß der Ring für Erweiterungen aufgetrennt werden und verliert währenddessen seine Funktion. Dadurch wird allerdings eine wesentlich höhere Abhörsicherheit gewährleistet. Diese Topologie läßt sich erweitern, indem mehrere Ringe miteinander verbunden werden. Die Ringtopologie wird häufig für eine Vernetzung innerhalb eines Gebäudebereiches eingesetzt (siehe Apollo-Domain-Ring Kapitel 8.3.1).

8.2.2 Das ISO/OSI-Referenzmodell

Ein Kommunikationsprotokoll ist eine Menge von Regeln, nach denen Kommunikationspartner Verbindungen auf- und abbauen und Nachrichten austauschen. Um dem Anwender mächtige und komfortable Kommunikationsmöglichkeiten anbieten zu können, werden immer komplexere Kommunikationsprotokolle entworfen. Damit steigt aber auch die Komplexität der Kommunikationssysteme, die diese Protokolle realisieren. Um zu gewährleisten, daß Rechner unterschiedlicher Hersteller über ihre Kommunikationssysteme in Verbindung treten können, müssen einheitliche Kommunikationsprotokolle festgelegt werden. Dazu müssen *Normen* existieren, an die sich die Hersteller halten können.

Aus diesem Grund wurde 1979 von der *ISO* (International Standardisation Organisation) das *OSI-Referenzmodell* (Open Systems Interconnection) entwickelt. Dieses Modell beschreibt selbst kein spezielles Kommunikationsprotokoll. Es bildet aber eine Grundlage, mit deren Hilfe Standards für Kommunikationsprotokolle entwickelt werden können.

Das Modell legt fest, daß ein Kommunikationssystem aus sieben funktionellen Teilen besteht, die alle aufeinander aufbauen. Diese Teile liegen wie *Schichten* übereinander, wobei eine Schicht nur die Funktionen der darunterliegenden Schicht benutzt. Die oberste Schicht bietet die Dienste an, die der Anwender benutzt. Die unterste Schicht bildet den Zugang zum physikalischen Transportmedium.

Bild 8-6 zeigt am Beispiel einer Datenübertragung von einer Applikation zu einer anderen den Weg, den die Daten bis zu ihrem Ziel nehmen. Die sendende Applikation übergibt die Daten mit einem Auftrag (z. B. zur Initialisierung der Verbindung) an Schicht 7 des Kommunikationssystems ihres Rechners. Schicht 7 bildet aus den Daten entsprechend dem erteilten Auftrag ein oder mehrere *Protokolldaten-Einheiten (protocol data unit, PDU)*, indem sie den Daten Protokollinformationen hinzufügt. Anschließend hat sie für den Transport dieser PDUs zur Schicht 7 des Kommunikationssystems beim Empfänger zu sorgen. Dazu nutzt sie ausschließlich die Dienste der darunterliegenden Schicht, d. h. sie übergibt die PDUs mit entsprechenden Aufträgen an Schicht 6. Dieser Vorgang – Bilden von

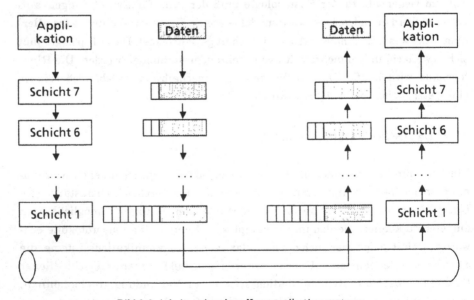

Bild 8-6: Arbeitsweise eines Kommunikationssystems

schichtspezifischen PDUs und deren Weitergabe an die darunterliegende Schicht – wiederholt sich in jeder Schicht, bis die Daten von Schicht 1 über das Netzwerk an den zweiten Rechner übermittelt werden. Schicht 1 des Kommunikationssystems auf dem Empfangsrechner nimmt die Daten entgegen. Diese durchwandern die Schichten nun von unten nach oben, bis sie von Schicht 7 an die empfangende Applikation geliefert werden. Jede Schicht entnimmt den PDUs die Protokollinformationen, die die entsprechende Schicht auf dem sendenden Rechner hinzugefügt hat. Die Informationen, die auf diese Weise zwischen korrespondierenden Schichten ausgetauscht werden, nennt man *Schichtprotokoll* (auch horizontales Protokoll). Für jede Schicht gibt es ein solches Schichtprotokoll. Der zweite Protokolltyp im OSI-Modell ist das *Dienstprotokoll* (auch vertikales Protokoll), das ebenfalls für jede Schicht existiert. Es gibt an, welche Dienste eine Schicht ihrer darüberliegenden Instanz anbieten muß und welche Informationen sie zur Ausführung dieser Dienste erhält.

Um aufzuzeigen, in welche funktionellen Schichten das OSI-Modell ein Kommunikationssystem gliedert, wird im folgenden Abschnitt auf die Aufgaben der einzelnen Schichten eingegangen.

Schicht 1 – Bitübertragungsschicht (physical layer)

Diese Schicht dient der *ungesicherten Übertragung* von binären Informationen über das physikalische Transportmedium. Sie legt die elektrischen (z. B. Signalverläufe) und mechanischen Eigenschaften (z. B. Stecker, Kabel) des Transportmediums fest. Außerdem bestimmt sie die Übertragungsart (synchron/asynchron, duplex/halbduplex).

Schicht 2 – Sicherungsschicht (data link layer)

Ihre Aufgabe ist die *Sicherung der Bitübertragung* in Schicht 1. Dazu muß sie Übertragungsfehler erkennen und beheben oder weitermelden. Sie setzt dabei Mechanismen wie das Paritybit oder die Prüfsumme zur Blocksicherung ein. Außerdem führt sie eine *Flußkontrolle* durch. Darunter versteht man z. B. das Senden von Quittungen oder Fehlermeldungen nach einer Übertragung. In den LAN-Kommunikationssystemen übernimmt Schicht 2 eine weitere Aufgabe, die Zugriffskontrolle (*MAC – media access control*). Auf dieses Thema wird in Abschnitt 8.2.3 eingegangen.

Schicht 3 – Netzwerkschicht (network layer)

Sie ist für die *Vermittlung von Datenwegen* zwischen dem Sender und dem Empfänger notwendig. Dabei stellt sie eine *virtuelle Verbindung* zur Verfügung. Die Verbindung wird virtuell genannt, da die höheren Instanzen nur ihren Anfang und ihr Ende, nicht aber den Weg durch das Netzwerk sehen. Der Weg kann von der Netzwerktopologie, dem Netzwerkzustand (Ausfall von Verbindungen), von Wegauswahl- oder Lastverteilungsverfahren bestimmt sein.

Schicht 4 – Transportschicht (transport layer)

Die Aufgabe dieser Schicht ist der *Aufbau*, die *Überwachung* und der *Abbau von Transportverbindungen*. Die Transportverbindung stellt nur die logische Verbindung dar. Realisiert wird sie durch die virtuellen Verbindungen der Schicht 3. Eine Transportverbindung kann dabei mehrere virtuelle Verbindungen nutzen, wodurch z. B. der Duchsatz erhöht werden kann. Umgekehrt können mehrere Transportverbindungen auf die gleiche virtuelle Verbindung zugreifen. Dadurch erreicht man Kosteneinsparungen in teuren Netzwerken. Eine weitere Aufgabe dieser Schicht ist die Einteilung der zu sendenden Daten in Datenpakete, die für den Transport geeignet sind.

Die bisher betrachteten 4 Schichten werden als Netzwerkschichten bezeichnet. Die jetzt noch folgenden 3 Schichten sind die anwendernahen Schichten.

Schicht 5 – Sitzungsschicht (session layer)

Die Sitzungsschicht erlaubt Benutzern auf unterschiedlichen Rechnern, *Sitzungen untereinander einzurichten*. Eine Sitzung ermöglicht den normalen Datentransport, wie ihn bereits die Transportschicht anbietet. Zusätzlich gibt es einige nützliche Dienste, die den Dialog zwischen den Kommunikationspartnern regeln. Dies sind z. B. Dienste für Synchronisationsaufgaben oder für die Verteilung von Sendeberechtigungen.

Schicht 6 – Darstellungsschicht (presentation layer)

Die Hauptaufgabe dieser Schicht ist es, einen *Datenaustausch* zwischen Anwendungen in unterschiedlichen Systemen zu ermöglichen. Auf unterschiedlichen Systemen sind Daten im allgemeinen unterschiedlich dargestellt. Damit ein Datenaustausch möglich wird, müssen Daten in einer einheitlichen Darstellungsform übertragen werden. Diese Darstellungsform nennt man *Transfersyntax*. Außer der Codierung von Daten in der Transfersyntax werden von der Darstellungsschicht noch Datenkompressions- und Verschlüsselungsaufgaben erledigt.

Schicht 7 – Anwendungsschicht (application layer)

Die Anwendungsschicht ist die oberste Schicht im OSI-Modell. Sie stellt die *Schnittstelle zum Benutzer* dar. In dieser Schicht können die unterschiedlichsten Dienste angeboten werden. Einige Beispiele sind Message Handling Systems (MHS), File Transfer Access Management (FTAM) oder Manufacturing Message Specification (MMS). Eine Standardisierung der Protokolle, die die Dienste dieser Schicht realisieren, bereitet wegen der vielfältigen Möglichkeiten und Anforderungen die größten Schwierigkeiten.

8.2.3 Zugriffssteuerung

Die Steuerung des Zugriffs der einzelnen Teilnehmer auf das Übertragungsmedium ist ein wesentlicher Bestandteil des Kommunikationsprotokolls. Durch
seine optimale Auslegung kann der Netzwerkdurchsatz erheblich verbessert und
somit die Leistungsfähigkeit des Netzwerkes maßgeblich beeinflußt werden. In
unterschiedlichen Topologien muß der Zugriff der einzelnen Teilnehmer auf das
Kommunikationsmedium in angepaßter Art und Weise organisiert werden. Den
einzelnen Topologien lassen sich verschiedene Zugriffsmechanismen zuordnen.
Sie werden in diesem Abschnitt diskutiert.

Zugriffsmechanismen können in drei Kategorien eingeteilt werden: *Wahlfreier
Zugriff*, *zentrale Steuerung* und *dezentrale Steuerung*. Für jede Kategorie sollen
im folgenden zwei wichtige Beispiele vorgestellt werden.

Wahlfreier Zugriff

CSMA/CD steht für *Carrier Sense Multiple Access with Collision Detection* (Bild 8-
7). Der Mechanismus eignet sich für ein Netzwerk mit Bus- oder Baumtopologie.
Ein Teilnehmer, der eine Nachricht versenden will, lauscht solange am Medium,
bis dieses frei ist. Dann sendet er seine Nachricht, die zu allen Netzwerkteil-
nehmern gelangt. Jeder von diesen entscheidet selbst, ob die Nachricht an ihn
adressiert ist. Bei dieser Methode ist ein Kollision der Nachrichten mehrerer
gleichzeitig sendender Teilnehmer möglich. Nachdem eine Nachricht verschickt
wurde, lauscht jeder Teilnehmer – auch der Sender –, ob eine Kollision erfolgt ist.

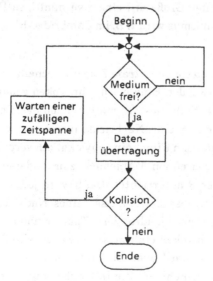

Bild 8-7: CSMA/CD

Ist dies der Fall, so dürfen die sendenden Teilnehmer nicht sofort versuchen, ihre Nachrichtenübertragung zu wiederholen. Sie müssen eine durch Zufallsgeneratoren ermittelte Zeit abwarten, bevor sie den Sendevorgang erneut beginnen können.

Der Vorteil dieses Verfahrens liegt im schnellen Zugriff jedes Teilnehmers auf das Medium und im geringen Kommunikationsaufwand. Nachteilig wirkt sich aus, daß bei starker Last der Durchsatz sinkt oder sogar das Netzwerk zusammenbrechen kann, weil mit steigender Zahl an Sendeversuchen zwangsläufig die Anzahl der Kollisionen und damit die Anzahl der Sendewiederholungen zunimmt. Eingesetzt wird das CSMA/CD Verfahren z. B. beim Ethernet.

Beim *Slotted Ring-Verfahren* findet ebenfalls ein wahlfreier Zugriff auf das Medium statt. Es werden Nachrichten definierter Länge, sogenannte Slots, zwischen den ringförmig verbundenen Teilnehmern verschickt. Ein Slot enthält eine Markierung, die angibt, ob er leer oder belegt ist. Will ein Teilnehmer eine Nachricht versenden, so wartet er auf einen leeren Slot. Zum Belegen des Slots verändert er die Markierung, füllt ihn mit Daten und der Empfängeradresse und sendet den Slot zum nächsten Teilnehmer im Ring. Empfängt ein Teilnehmer einen belegten Slot, so prüft er die Adresse, verarbeitet gegebenenfalls die Nachricht und sendet sie anschließend an den nächsten Teilnehmer. Wenn eine Nachricht wieder beim Sender ankommt, so nimmt dieser die Daten vom Netzwerk und gibt den Slot frei, bevor er ihn weitersendet. Vorteile des Verfahrens liegen im geringen Verwaltungsaufwand, da eine Kollision beim Zugriff auf das Medium nicht erfolgen kann. Da die Slots eine begrenzte Länge besitzen, können allerdings nur Nachrichten bis zu einer bestimmten Größe mit einem vernünftigen Durchsatz übertragen werden. Dieser Mechanismus wird z. B. im Cambridge-Ring angewendet.

Dezentrale Steuerung

Token Passing ist der bekannteste dezentrale Zugriffsmechanismus. Er wird für Ring- und Bustopologien verwendet. Eine Nachricht, Token genannt, kreist permanent auf dem Ring. Sie enthält die Informationen, ob das Übertragungsmedium momentan frei oder durch eine Nachrichtenübertragung belegt ist. Bei einem Bus hat man anders als beim Ring keine physikalisch vorgegebene Reihenfolge, nach der das Token von einem Teilnehmer zum anderen gereicht wird. Deswegen wird ein logischer Ring errichtet. Dafür wird jedem Busteilnehmer während der Initialisierungsphase die Adresse seines Nachfolgers mitgeteilt. Wenn nun ein Teilnehmer das an ihn adressierte Token empfängt, so setzt er die Adresse seines Nachfolgers im Token ein und schickt es anschließend wieder auf den Bus. Auf diese Weise wird das Token im Kreis von einem Teilnehmer zum anderen geschickt. Will ein Teilnehmer eine Datenübertragung durchführen, so

wartet er, bis das Token bei ihm angelangt ist. Nun kann er seine Nachricht verschicken und zum Schluß das Token an den Nachfolger weiterreichen.

In Bild 8-8 wird der Token-Mechanismus am Beispiel eines Ringnetzwerkes
verdeutlicht. In 8-8 (a) kreist ein freies Token auf dem Netzwerk. Teilnehmer ①
möchte eine Nachricht an Teilnehmer ③ senden. Er nimmt das Token vom Netzwerk und markiert es als belegt (8-8 (b)). Nun kann er die Nachricht und anschließend das Belegt-Token senden (8-8 (c)). Ist die Nachricht bei Teilnehmer 3
angekommen, kopiert dieser sie, markiert im Token, daß die Nachricht empfangen wurde und schickt Nachricht und Token weiter (8-9 (d)). Wenn die Nachricht
wieder bei Teilnehmer 1 angekommen ist, nimmt sie dieser vom Netzwerk und
markiert den Token als frei (8-8 (e)). Der Token kreist nun erneut auf dem Netzwerk bis der nächste Teilnehmer das Netzwerk für eine Nachrichtenübertragung
benötigt (8-8 (f)).

Ein Vorteil dieses Mechanismus ist die bessere Kontrolle und der geringere Verwaltungsaufwand bei der Vergabe der Sendeberechtigung und die Möglichkeit,
Prioritäten für die einzelnen Teilnehmer zu definieren. Nachteilig wirkt sich aus,

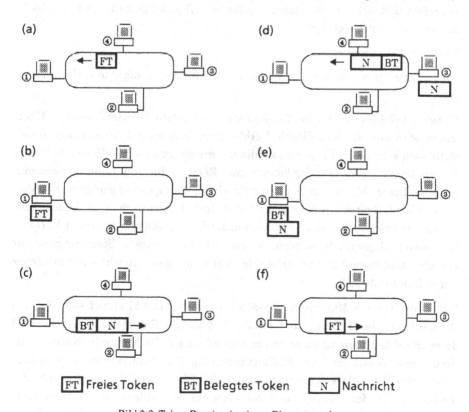

Bild 8-8: Token Passing in einem Ringnetzwerk

daß bei der Inbetriebnahme des Netzwerkes oder beim Auftreten eines Fehlers (z. B. Verlust des Token) ein zentraler Teilnehmer definiert sein muß, der Initialisierungsvorgänge einleitet. Ein weiterer Nachteil ist die geringe Ausfallsicherheit des Netzwerkes, da wie im Slotted Ring bei Ausfall eines Teilnehmers bereits das ganze Netzwerk seine Funktion verliert. Angewendet wird der Token-Ring im Apollo Domain Ring und bei FDDI.

Beim *Carrier Sense Multiple Access with Collision Avoidance (CSMA/CA)* lauscht jeder Teilnehmer am Medium, während eine Übertragung läuft. Nach Beendigung der Übertragung warten die Teilnehmer eine bestimmte Zeit, die anhand der Priorität des Teilnehmers im Netzwerk festgelegt ist. Hat bis dahin kein anderer Teilnehmer eine Übertragung begonnen, so darf der betreffende Teilnehmer seine Nachricht senden. Will kein Teilnehmer auf das Netzwerk zugreifen, so muß ein definierter Rechner eine "Dummy-Nachricht" übertragen, damit ein neuer Zugriffszyklus beginnt.

Prioritäten werden durch die festgelegten Wartezeiten vergeben, die auch variiert werden können. Der Verwaltungsaufwand dieses Verfahrens ist relativ gering, außerdem läßt sich die Prioritätenvergabe sehr flexibel gestalten. CSMA/CA ist für eine Bustopologie geeignet.

Zentralisierte Steuerung

Die zentrale Steuerung wird vorwiegend in WANs und weniger in LANs verwendet.

Circuit Switching ist die im Telefonnetz verwendete Übertragungsart. Übertragen wird nur über eine direkte Verbindung. Eine zentrale Steuerungseinheit stellt nach erfolgter Anfrage eines Teilnehmers die gewünschte Verbindung her. Für die Dauer der Verbindung können zwei Rechner direkt miteinander kommunizieren. Dieser Mechanismus ist nur für eine Sterntopologie geeignet. Ein Vorteil des Ciruit Switching ist die Möglichkeit, technisch einfach ausgestattete Teilnehmer zu integrieren, da alle Steuerungsaufgaben von der zentralen Vermittlungsstelle abgewickelt werden. Dafür ist die zentrale Steuerungseinheit komplex, und beim Auf- und Abbau der Verbindungen entsteht ein erheblicher Verwaltungsaufwand.

Der *Time Division Multiple Access-Mechanismus (TDMA)* eignet sich für eine Bustopologie. Jeder Teilnehmer erhält Zeit-Slots definierter Länge, während derer er auf das Übertragungsmedium zugreifen darf. Ein Master im Netzwerk ist für die Synchronisierung der Zeit-Slots zuständig. Eine Priorisierung ist durch die Länge und Häufigkeit der zugewiesenen Zeit-Slots möglich. Ein Nachteil des Verfahrens ist, daß das Netzwerk zeitweise im wesentlichen durch leere Slots belegt ist, während ein Teilnehmer u. U. große Datenmengen versenden möchte.

8.3 Netzwerke

In diesem Abschnitt werden einige Beispiele für Netzwerke beschrieben. Dabei handelt es sich zum einen um Produkte im Bereich der lokalen Netzwerke – *Ethernet, Apollo Domain-Ring* und *FDDI*. Zum anderen werden als Vertreter der Weitverkehrsnetzwerke das *öffentliche Telefonnetz, ISDN* und *Satellitennetzwerke* vorgestellt. Weitere Beispiele, vor allem im Bereich der anwendernahen Protokolle, finden sich im Kapitel 13, "UNIX aus Systemsicht".

8.3.1 Lokale Netzwerke

Ethernet

Ethernet ist ein Local Area Network, das heute sehr weit verbreitet ist. Es eignet sich sehr gut für die Vernetzung unterschiedlicher Systemkomponenten. An einem Ethernet können PCs, Workstations, Mainframes, Terminals, Drucker, Plattenserver, Gateways usw. angeschlossen sein.

Der Grundstein für Ethernet wurde bereits 1972 bei *PARC Xerox* gelegt. Damals wurde ein Netzwerk mit einer Übertragungsgeschwindigkeit von 2,94 Mbit/s aufgebaut. Der Erfolg dieses Systems veranlaßte Xerox, Digital Equipment und Intel, einen Standard für ein Ethernet mit 10 Mbit/s zu entwickeln. Dieser Standard bildete die Basis für das *IEEE-Dokument 802.3*, das eine ganze Familie von *CSMA/CD-Systemen* mit Übertragungsraten von 1 bis 10 Mbit/s beschreibt. Zu dieser Familie gehört auch Ethernet. Die Dokumente IEEE 802.2 und 802.3 bilden zusammen einen Standard, der eine Realisierung der Schichten 1, 2 und 3 des OSI-Referenzmodells darstellt.

Ethernet besitzt eine Bustopologie mit einem Random-Access-Zugriffsmechanismus. Der Zugriff erfolgt nach dem CSMA/CD-Verfahren. Diese Eigenschaften machen Ethernet zu einem besonders flexiblen Netzwerk. Es ist sehr einfach aufzubauen. Den Bus bildet ein Koaxialkabel, das meistens innerhalb von Gebäuden verlegt ist. Die einzelnen Netzwerkstationen werden über Transceiver an den Bus angeschlossen, ohne diesen dafür auftrennen zu müssen. Der Anschluß neuer Geräte ist daher problemlos. Kosten für eine neue Busverlegung fallen nicht an. Ein Ausfall einer Netzwerkstation beeinträchtigt die Funktionsfähigkeit des Busses nicht. Durch den *Random-Access-Zugriff* ist eine faire Verteilung der Sendeberechtigung gegeben, da jede Netzwerkstation bei Bedarf sofort auf den freien Bus zugreifen darf. Allerdings führt dieses Verfahren bei hohen Netzwerkbelastungen zu einer Durchsatzverminderung. Die Existenz eines Ethernet-Standards ermöglicht für den Anwender den Einsatz von Ethernet-Komponenten unterschiedlicher Hersteller. Außerdem hat sie zu einer breiten Palette von Kommunikationssystemen und Anwendungen geführt, die alle auf Ethernet gründen.

In den folgenden Absätzen sind die Komponenten dargestellt, aus denen ein Ethernet-System aufgebaut ist (Bild 8-9).

Netzwerkstation: Sie ist ein Gerät, das über Ethernet mit anderen Geräten kommunizieren will. Eine solche Station kann z. B. ein Computer, ein Drucker oder ein Terminal sein. In dem Gerät muß ein Ethernet Controller eingebaut sein. In einem Computer kann er z. B. am Systembus angeschlossen sein.

Ethernet Controller: Er bietet die Dienste, die für den Zugang zum Bus nötig sind. Diese Dienste sind im wesentlichen Datencodierung und -decodierung, Fehlererkennung, Paketbildung, Adressierung, das CSMA/CD-Zugriffsverfahren und die Bitübertragung. Realisiert ist ein solcher Controller häufig als eigenes Board, das in die Netzwerkstation integriert wird.

Transceiver und Transceiver-Kabel: Sie stellen die Verbindung zwischen dem Controller und dem Buskabel her. Die Länge des Transceiverkabels kann bis zu 55 m betragen. Außer der physikalischen Ankopplung an den Bus erfüllt der Transceiver mit Hilfe eingebauter Elektronik noch Aufgaben wie das Erkennen von Buszugriffen und Buskollisionen. Wird eine Kollision erkannt, so erzeugt der Transceiver ein Kollisionssignals auf dem Bus.

Buskabel: Für den Bus wird ein 50 Ohm-Koaxialkabel eingesetzt. Die Länge dieses Kabels kann maximal 500 m betragen. An einem Kabel können bis zu 100 Transceiver angeschlossen sein. Dabei muß ein Mindestabstand von 2,5 m zwischen ihnen eingehalten werden, um die Entstehung stehender Wellen auf dem Kabel zu vermeiden. An den Enden ist das Kabel mit Abschlußwiderständen zu versehen.

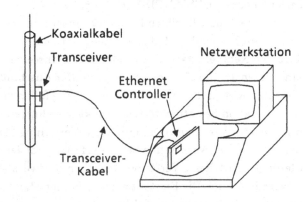

Bild 8-9: Ethernet-System

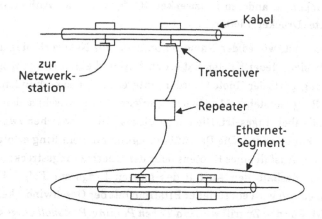

Bild 8-10: Repeater zur Kopplung von Ethernet-Segmenten

Repeater: Ein Koaxialkabel im Ethernet-System nennt man auch Segment. Man kann einen Ethernet-Bus, wie in Bild 8-10 dargestellt, aus mehreren Segmenten zusammenbauen. Der Übergang von einem Segment zum nächsten geschieht durch einen Repeater. Er wiederholt die Vorgänge, die er auf dem einen Kabel feststellt, auf dem zweiten und umgekehrt. Man kann ihn als eine Kopplung auf der physikalischen Ebene (Schicht 1) bezeichnen. Er arbeitet mit einer hohen Datenübertragungsrate, um die zeitliche Verzögerung der Signale beim Übergang von einem Segment zum anderen gering zu halten. In einem Ethernet-Bus können maximal 4 Repeater vorhanden sein, woraus sich eine maximale Buslänge von 2,5 km ergibt.

Cheapernet: Da das bei Ethernet verwendete Koaxialkabel relativ teuer ist, kann man als Übertragungsmedium auch ein dünneres Koaxialkabel einsetzen. Es ist billiger und biegsamer und erleichtert dadurch die Installationsarbeiten. Allerdings hat es schlechtere Abschirmungseigenschaften und kann daher nur für kürzere Entfernungen eingesetzt werden. Man erreicht mit Cheapernet zwar die gleiche Übertragungsgeschwindigkeit wie bei Ethernet, die Segmentlänge allerdings liegt bei maximal 185 m. Außerdem können nur 30 Transceiver pro Segment angeschlossen werden.

Apollo Domain-Ring

Als zweites Beispiel für ein lokales Netzwerk wird hier ein Produkt der Firma Apollo, der Domain-Ring, vorgestellt. Dieses Netzwerk dient der Vernetzung von Benutzer- und Server-Knoten. Mit Benutzerknoten sind die verschiedenen Typen von Workstations bezeichnet, die Apollo anbietet. Unter den Begriff Server-Knoten fallen z. B. Rechner mit großer Rechenleistung oder Datenspeicherkapazität, Verbindungen zu anderen Netzwerken (Gateways) oder Anbindungen für Peripheriegeräte (Drucker, Plotter, ...).

Der Domain-Ring ist, wie es der Name schon sagt, ein Netzwerk, das auf einer *Ringtopologie* basiert. Jeder Knoten hat einen Ein- und einen Ausgangsport. Die Ein- und Ausgangsports der Knoten werden untereinander so verbunden, daß ein geschlossener Ring entsteht. Als Übertragungsmedium zwischen den Knoten wird ein Koaxialkabel eingesetzt. Die Länge dieses Kabels zwischen zwei Knoten darf maximal 1 km betragen. Die Datenübertragung auf dem Ring erfolgt nur in eine Richtung; der Ausfall eines Knotens oder der Übertragungsstrecke zwischen zwei Knoten hat deshalb den Ausfall des ganzen Rings zur Folge. Über das Übertragungsmedium wird ein serieller Bitstrom mit der Geschwindigkeit von 12 Mbit/s geschickt. Für den Zugriff wird ein *Token Passing-Protokoll* eingesetzt, wie es im Abschnitt 8.2.3, "Zugriffssteuerung", erläutert wurde.

Es wurde bereits erwähnt, daß eine Ringstruktur beim Ausfall einzelner Einheiten nicht mehr betriebsfähig ist. Im Domain-Ring gibt es deshalb zwei Einrichtungen, die die Ausfallsicherheit erhöhen:

– Eine dieser Einrichtungen enthält der *Network Transceiver*, der die Netzwerk-Interface-Hardware eines jeden Netzwerkknotens bildet. Ist der Netzwerkknoten aktiv, d. h. der Knoten ist eingeschaltet und Betriebs- und Kommunikationssystem arbeiten, so wird vom *Network Transceiver* entschieden, ob eine ankommende Nachricht für den Knoten bestimmt ist und somit in den Speicher geladen werden muß oder ob die Nachricht sofort weitergegeben wird. Ist

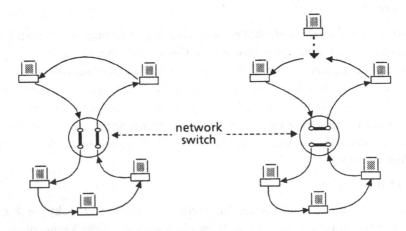

Bild 8-11: Ausblenden eines Ringabschnittes mit dem *network switch*

der Knoten inaktiv, d. h. er ist ausgeschaltet oder defekt, so sorgt ein *Bypass-Relais* dafür, daß der Ring an dieser Stelle nicht unterbrochen wird. Das Relais schaltet dabei den Eingangs- auf den Ausgangsport durch.

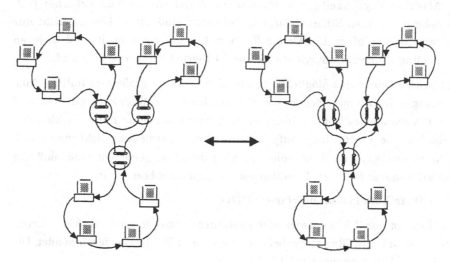

Bild 8-12: Ausblenden von Ringen mit dem *network switch*

- Die zweite Einrichtung, mit der der Ring störungsunempfindlicher gemacht wird, ist der *Network Switch*. Er stellt eine Weiche dar, mit der ein Ringabschnitt ausgeblendet werden kann, ohne daß der restliche Ring seine Funktion verliert. Bild 8-11 zeigt ein Beispiel, in dem ein Ringabschnitt ausgeblendet wird, um ihn auftrennen und einen neuen Knoten einsetzen zu können. Der *Network Switch* wird auch für den Aufbau von sogenannten *Multi Loop*-Ringen verwendet. Bild 8-12 zeigt ein Beispiel, in dem drei Ringe entweder jeder für sich allein, oder durch einfaches Umschalten in einem einzigen großen Ring arbeiten.

Mit den bisher gezeigten Mitteln lassen sich Domain-Ringe mit einer Ausdehnung von einigen Kilometern errichten. Apollo bietet eine Möglichkeit an, zwei solche Ringe, die weit voneinander entfernt sind, zu koppeln. Dies geschieht mit Hilfe einer Brücke zwischen den beiden Ringen. In jeden Ring wird dazu ein sogenannter *Routing*-Knoten integriert. Werden in einem Ring Nachrichten erzeugt, die für einen Knoten im zweiten Ring bestimmt sind, so sendet der *Routing*-Knoten des einen Rings die Nachricht zum *Routing*-Knoten des anderen. Es gibt drei Typen von *Routing*-Knoten, die sich vor allem im Übertragungsmedium, mit dem sie untereinander verbunden sind, unterscheiden:

- Eine Möglichkeit ist es, die beiden Ringe durch eine *Telefonverbindung* mit Hilfe von Modems miteinander zu koppeln. Der räumliche Abstand zwischen den beiden Ringen kann damit beliebig groß sein.

- Die Verbindung zwischen den beiden Ringen kann ein *Koaxialkabel* sein, das bis zu 1,3 km lang sein darf.

– Als dritte Möglichkeit gibt es *Routing-Knoten*, die als normale Ethernet-Teil-
nehmer an einen Ethernet-Bus angeschlossen sind. Dabei können nicht nur
zwei, sondern bis zu 15 DOmain-Ringe miteinander gekoppelt werden, deren
Routing-Knoten alle durch den gleichen Ethernet-Bus verbunden sind.

Mit den letzten beiden Möglichkeiten wird zwar keine größere räumliche Ausdehnung erzielt als mit einem reinen Domain-Ring, allerdings kann ein eventuell
bereits vorhandenes Kabel genutzt werden. Es müssen dann nur noch kleinere,
meist lokal begrenzte Ringe aufgebaut werden. Außerdem erreicht man durch
mehrere unabhängige Ringe, die nur über Brücken gekoppelt sind, daß der
Ausfall einzelner Ringe die Funktion der anderen nicht beeinflußt.

Fiber Distributed Data Interface (FDDI)

FDDI ist ein von ANSI entwickelter moderner Netzwerkstandard. Als Übertragungsmedium wird Glasfaserkabel in einer Token Ring-Topologie verwendet. Die
erreichbare Übertragungsrate ist 100 Mbit/s.

Der FDDI-Standard umfaßt die physikalische und die MAC-Schicht des ISO/OSI-
Modells (siehe Abschnitt 8.2.2). Darüber hinaus wird die Logical Link Control-
Schicht (LLC) des Protokoll-Standards IEEE 802 verwendet.

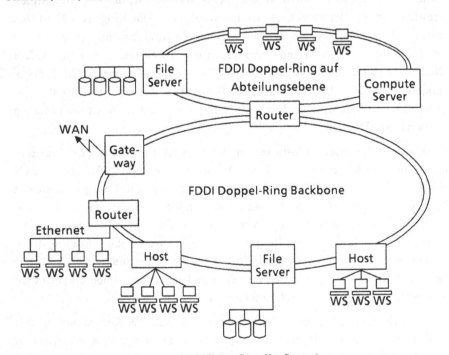

Bild 8-13: FDDI Token Ring-Konfiguration

Das Netzwerk besteht aus zwei Leitungen. Die eine dient zur Übertragung von Nachrichten, die zweite als Sicherungsleitung zur Fehlerbehandlung. Die Erteilung der Zugriffsberechtigung für das Übertragungsmedium wird nicht durch ein Prioritätsschema gesteuert, sondern durch den Zeitraum, den ein Paket benötigt, um den Ring einmal zu durchlaufen und seinen Sender wieder zu erreichen. Diese Zeit ist durch die *Target Token Rotation Time (TTRT)* festgelegt und definiert den Zeitraum, den eine Nachricht maximaler Länge benötigt, um den Ring einmal zu umkreisen. Wird nun eine Nachricht mit einer kleineren als der maximalen Länge verschickt, so kann die verbleibende Zeit für das Versenden von sogenannten asynchronen Paketen genutzt werden, solange die TTRT nach Abschluß des Vorgangs noch nicht überschritten ist. Mit diesen asynchronen Nachrichten kann ein Multipaket-Dialog durchgeführt werden. Ist asynchrone Übertragungskapazität frei, so kann ein Teilnehmer, der einen solchen Dialog starten möchte, eine asynchrone Nachricht und anschließend ein beschränktes Token versenden. Nur der Teilnehmer, an den die Nachricht gerichtet ist, darf dieses Token verwenden, um dem Dialoginitiator eine Antwort zu senden. Die beteiligten Rechner können nun mit Hilfe der asynchronen Pakete miteinander kommunizieren, während andere Teilnehmer gleichzeitig synchrone Nachrichten austauschen.

Das FDDI-Protokoll legt die Techniken zur Fehlerbehandlung, im speziellen beim Auftreten von Problemen mit dem Token fest. Alle Teilnehmer im Netzwerk sind für das Funktionieren des Token Passing-Protokolls (Abschnitt 8.2.3) und die Initialisierung des Rings nach Auftreten eines unzulässigen Zustands verantwortlich.

Zwei Klassen von Teilnehmern sind für den Anschluß an FDDI spezifiziert: Ein *Klasse A-Teilnehmer* ist sowohl an den Nachrichten- als auch an den Sicherungsring angeschlossen. Er kann das Netzwerk nach einem Ausfall rekonfigurieren. Ein *Klasse B-Teilnehmer* wird nur an das Nachrichtennetzwerk angeschlossen. Er ist nach einem Netzwerkausfall isoliert.

In Bild 8-13 ist eine Beispielkonfiguration mit zwei FDDI-Ringen dargestellt. Der große Ring stellt z. B. das Backbone-Netzwerk einer Firma dar. An diesen Ring sind einzelne Subbereiche angeschlossen, wie z. B. ein FDDI-Ring auf Abteilungsebene, ein Ethernet und ein Gateway zu einem Weitverkehrsnetzwerk.

Zur Zeit wird bereits ein Nachfolgestandard für FDDI entwickelt (FDDI-2). Hierbei handelt es sich um ein Glasfasernetzwerk mit höherer Übertragungsrate, (140 Mbit/s), um die Übertragung von Sprache und Bewegtbildern in Echtzeit zu ermöglichen.

In Tabelle 8-1 sind die beschriebenen LANs mit ihren Eigenschaften noch einmal aufgelistet und gegenübergestellt.

Tabelle 8-1: Vergleich der vorgestellten LANs

	Ethernet	Domain-Ring	FDDI
Übertragungs- geschwindigkeit	10 Mbit/s	12 Mbit/s	100 Mbit/s
Max. Entfernung	2,5 km	1 km zwischen 2 Stationen	100 km
Verbreitung	+ + +	+ +	+
Kosten Medium	niedrig	niedrig	hoch
Kosten Interface	niedrig	niedrig	hoch
Verfügbare Anwendungen	+ + +	+ +	+

8.3.3 Weitverkehrsnetzwerke

Zur Verbindung von Rechnern auf größere Entfernungen (WAN) ist für viele Anwendungen das *öffentliche Telefonnetz* sehr gut geeignet. Die Verbindung ist billig
und die notwendige Infrastruktur existiert bereits und ist weltweit verfügbar.
Allerdings erweist sich wegen der niedrigen Übertragungskapazität (einige
Kbit/s) die Übertragung von größeren Datenmengen als problematisch. Deshalb
werden nun neue Netzwerke wie ISDN (64 Kbit/s) und BISDN (140 Mbit/s) mit
höheren Datenraten entwickelt und standardisiert.

Das öffentliche Telefonnetz weist eine Schneeflocken-Topologie auf. An einen
zentralen Vermittlungsrechner sind weitere Vermittlungsrechner und Nebenstellenanlagen angeschlossen. Soll zwischen zwei Kommunikationsteilnehmern eine
Verbindung aufgebaut werden, so wird diese beim zentralen Vermittlungsrechner
angefordert. Wenn möglich stellt dieser eine Leitung zur Verfügung, die für die
Dauer der Verbindung ausschließlich den beiden Kommunikationspartnern zur
Verfügung steht *(Circuit Switching)*.

Das Telefonnetz wurde ursprünglich nur für die Übertragung analoger Sprach-
signale konzipiert. Die Übertragung digitaler Daten geschieht mit Hilfe eines
Modem, welches die Signale in die jeweils benötigte Form umwandelt (Bild 8-14).
In zukünftigen öffentlichen Netzwerken erfolgt die Informationsübertragung in
digitaler Form. Bei der Datenübertragung zwischen zwei Rechnern mit Hilfe eines solchen Netzwerkes wird die Umwandlung der digitalen Daten in ein ana-
loges Signal überflüssig.

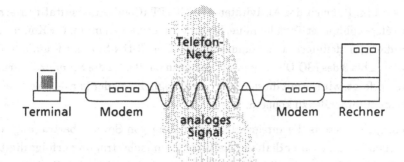

Bild 8-14: Übertragung von Daten im öffentlichen Telefonnetz

Wie oben bereits erwähnt, können über das analoge Telefonnetz auch digitale Daten übertragen werden. Dafür werden zwei Dienste angeboten. Mit dem einen, *Datex-L* genannt, kann man zwischen zwei Kommunikationspartnern eine permanente Leitung errichten. Über größere Entfernungen stellt dies jedoch eine Fernverbindung dar und wird teuer. Wird nun z. B. über eine solche Leitung ein Terminal, das interaktiv bedient wird, an einen weit entfernten Rechner angeschlossen, so ist die Übertragungskapazität der Leitung sicher nicht vollständig genutzt, muß aber voll bezahlt werden. Für solche Anwendungsfälle gibt es den Dienst *Datex-P*, bei dem es sich um einen Paketvermittlungsdienst handelt. Will ein Teilnehmer eine längere Verbindung zu einem entfernten Partner in Anspruch nehmen, so läßt er sich mit der örtlichen Paket-Vermittlungsstelle verbinden (billiger Ortstarif). Die zu übermittelnden Daten werden in Form von Paketen bei der Vermittlungsstelle abgegeben, die die Übertragung zur örtlichen Vermittlungsstelle des Partners durchführt. Die Gebühren für die Fernleitung muß nur für die Dauer der Paketübertragung bezahlt werden. Einige Hersteller bieten bereits Verbindungen zwischen dem Telefonnetz und Netzwerken mit CSMA/CD oder Token Passing-Protokoll an.

Das heutige Telefonnetz ermöglicht eine billige und universelle Verbindung von Rechnern auf größere Entfernungen. Zur Verbesserung der Datenübertragungsraten werden augenblicklich neue öffentliche Netzwerke mit höheren Übertragungsraten erprobt.

ISDN

Das erste öffentliche Netzwerk mit digitaler Informationsübertragung ist das *Integrated Services Digital Network (ISDN)*. Es ermöglicht eine weitaus höhere Datenübertragungsrate (bis zu 1920 Kbit/s) als das herkömmliche Telefonnetz. Zur Zeit werden bereits die ersten ISDN-Systeme installiert.

ISDN wird im Rahmen der Aktivitäten von CCITT (Comité Consultatif International Télégraphique et Téléphonique, Standardisierungsgremium für Kommunikationsdienste) definiert und standardisiert. Der ISDN-Standard umfaßt die Schichten 1 bis 3 des ISO/OSI-Kommunikationsmodells. Da die Standardisierung weltweit erfolgt, wird es mit diesem Netzwerk möglich, auf der ganzen Welt Rechner direkt miteinander zu koppeln.

Im Konzept ist bereits die integrierte Verbindung von Sprachübertragung und Rechnerkommunikation enthalten. Die Informationsübertragung erfolgt digital, so daß für einen Rechneranschluß kein Modem mehr benötigt wird. Sprache wird zunächst mit dem *PCM*-Verfahren (Pulse Code Modulation) digitalisiert, codiert und digital übertragen.

Die Informationsübertragung erfolgt als serieller Bit-Strom, wovon mehrere auf einer Leitung möglich sind. Jeder dieser Bit-Ströme wird Kanal genannt. Folgende *Kanalarten* sind definiert:

    A: 4 KHz analoger Telefonkanal

    B: 64 Kbit/s digitaler PCM Kanal

    C: 8 oder 16 Kbit/s digitaler Kanal

    D: 16 oder 64 Kbit/s digitaler Kanal für Steuerinformationen

    E: 64 Kbit/s digitaler Kanal für ISDN-Übertragung

    H: 384, 1536 oder 1920 Kbit/s digitaler Kanal

Um die 1920 KBit/s auszufüllen, werden mehrere Kanäle auf einer Leitung kombiniert. Dabei sind 3 Kombinationen erlaubt:

1. Basisrate: $2*B + 1*D \Rightarrow$ Privater Haushalt (standardisiert)

2. Primary Rate: $23*B + 1*D \Rightarrow$ (USA und Japan) oder $30\,B + 1\,D$ (Europa)

3. Hybrid: $1*A + 1*C \Rightarrow$ Verbesserung des normalen Telefons

Der Anschluß eines Teilnehmers erfolgt durch ein *Network Terminating Device (NT1)*. Ein NT1 ist für die Netzwerkadministration, die lokale Adreßvergabe, die Busarbitrierung sowie für Tests, Leistungsmessungen und Wartung zuständig. Nebenstellenanlagen können an ein NT1 angeschlossen werden. Am Punkt "T" kann ein Teilnehmer mit einem normalen Telefon- oder Glasfaserkabel angeschlossen werden (Bild 8-15).

Über *Terminal-Adapter (TA)* und Gateways kann ein Benutzer eigene Rechner und Terminals an ISDN anschließen. CCITT hat 4 Referenzpunkte definiert: R, S, T und U. U stellt die Verbindung zwischen dem zentralen Vermittlungsrechner und einem NT1 dar, T ist der Anschluß des Kunden an ein NT1, S die Verbindung

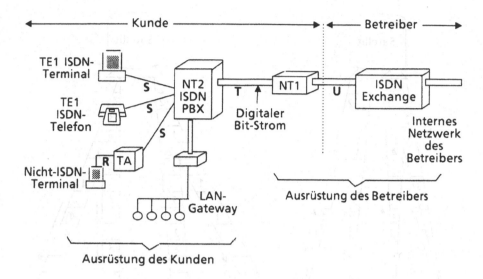

Bild 8-15: Netzkonfiguration mit ISDN

zwischen dem öffentlichen Netzwerk und ISDN-Terminals und R die Verbindung zwischen Terminalanschlüssen und nicht ISDN-fähigen Terminals. Einige Hersteller arbeiten bereits an einer direkte Anbindung von Standard-Netzwerken und -Schnittstellen.

Zusammenfassend ist zu sagen, daß ISDN wegen seiner weltweiten Standardisierung große Verbreitung finden wird. Erstmalig wird dann die Möglichkeit bestehen, mit fast jedem Teilnehmer auf der Welt per Rechner oder einer der anderen ISDN-Kommunikationsformen in Verbindung zu treten. Allerdings erscheint der Einsatz von ISDN nur im WAN-Bereich sinnvoll, da bei den LANs heute bereits schnellere Netzwerke bekannt sind (z. B. FDDI).

Für ISDN ist bereits ein Nachfolger in Sicht, nämlich *BISDN*, die Breitbandvariante von ISDN. Mit einer Übertragungsgeschwindigkeit von 140 MBit/s wird BISDN in der Lage sein, Videobilder in Echzeit zu übertragen. Ferner wird es die Übertragung von Fernseh- und Rundfunkdaten, sowie andere Dienste mit hohem Bandbreitebedarf zur Verfügung stellen.

Satellitennetzwerke

Ein weiteres Beispiel für ein Netzwerk größerer Reichweite (WAN) sind Satellitennetzwerke.

Satellitennetzwerke verlangen andere Zugriffsmechanismen als terrestrische Netzwerke, da eine Übertragung zwischen Rechner und Satellit 270 ms benötigt. Durch diese Verzögerung können Collision Detection-Mechanismen nicht ange-

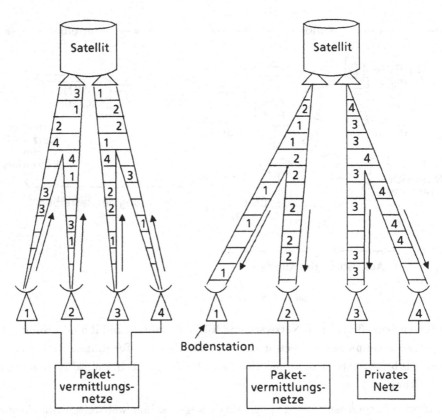

Bild 8-15: Satellitennetzwerk

wandt werden, da die Abfrage des augenblicklichen Zustands des Netzwerkes unmöglich ist. Auch eine Token Passing-Technik ist nicht möglich, da bei einer Übertragungsdauer von 270 ms und 100 Teilnehmern der Token 27 s (!) benötigen würde, um einmal den Ring zu umrunden, selbst wenn keine Daten übertragen würden. Aus diesem Grund werden in Satellitennetzwerken *Zeitmultiplex- oder Frequenzmultiplex-Verfahren* (TDMA, FDMA) verwendet. Einer Station, die eine Nachricht verschicken möchte, wird entweder ein Frequen-Slot oder ein Zeit-Slot von der Zentralstation zugewiesen. Dieser Vorgang wird in Bild 8-15 dargestellt: Jede Station, die einen Nachricht versenden möchte, erhält Zeit-Slots definierter Länge. Der empfangende Satellit sortiert die ankommen Nachrichten und sendet sie an die adressierten Empfänger.

Satellitennetzwerke sind für Anwendungen, bei denen große Datenmengen über große Distanz übertragen werden sollen, weitaus attraktiver als ISDN, weil eine Übertragungsrate von 12 MBit/s zur Verfügung steht. Auf ein Satellitennetzwerk wird über die paketvermittelten öffentlichen Netzwerke zugegriffen.

Tabelle 8-2: Vergleich der vorgestellten WANs

	Telefon	*Satellit*	*ISDN*
Übertragungs-geschwindigkeit	2,4 KBit/s	1 MBit/s	64 KBit/s
Verbreitung	+ + +	+ +	+
Kosten Medium	niedrig	sehr hoch	hoch
Kosten Interface	niedrig	niedrig	hoch

In Tabelle 8-2 werden die Eigenschaften der vorgestellten WANs zusammengefaßt.

8.4 Ausblick

In den letzten zwanzig Jahren hat sich das Bild der existierenden Rechnerlandschaften stark verändert. Zuerst waren die zentralen Rechner mit mehreren angeschlossenen Terminals sehr verbreitet. An einem solchen Rechner arbeiteten gleichzeitig mehrere Benutzer. In der nächsten Entwicklungsphase, die durch die sinkenden Hardware-Kosten ausgelöst wurde, waren die Rechnerlandschaften so ausgelegt, daß ein Benutzer mit einem Rechner arbeitete. Heute hat sich das Bild folgendermaßen weiterentwickelt. Ein Benutzer sitzt zwar weiterhin nur an einem Rechner, kann aber über diesen auf mehrere andere Rechner zugreifen und damit deren Ressourcen für seine Arbeit nutzen. Dazu müssen die Rechner aber untereinander durch ein Netzwerk verbunden sein. Parallel zu dieser Entwicklung stieg auch die Bedeutung der Rechnernetzwerke. Vor allem der letzte Entwicklungsschritt, der heute noch nicht abgeschlossen ist, birgt in sich stark veränderte Anforderungen an die Netzwerke: Die Rechnerlandschaften werden immer größer, d. h. die Anzahl der Netzwerkteilnehmer steigt. Mit dem damit steigenden Verkehrsaufkommen auf dem Netzwerk muß auch die Kapazität und Betriebssicherheit zunehmen. Neue Techniken, wie z. B. die Multimedia-Anwendungen mit ihren Echzeitanforderungen, oder die zunehmende Verbreitung der Rechner in den privaten Haushalten werden die Datenmengen und die dafür benötigten Übertragungsraten in der Zukunft stark wachsen lassen. Dies alles zeigt, welche großen Veränderungen in den nächsten Jahren auf dem Bereich der Kommunikationsnetzwerke erwartet werden.

Literatur

[APOL 86] Apollo Computer Inc.: Apollo Domain. Planning and Preparing a Domain System Site. Order No 004171, Chelmsford, 1986

[GEE 83]   Gee, K. C. E.: Introduction to Local Area Networks, London Macmillan Press, 1983

[HALS 88] Halsall, F.: Data Communications, Computer Networks and OSI, Wokingham, England: Addison-Wesley 1988

[HAUB 90] Hauber, R. F.: ISDN-Anwendungen für PC's und Workstations: Darstellungen und Perspektiven aus internationaler Sicht, ONLINE 90, Konferenzband, Hamburg 5.-9.2.90

[HAUG 90] Haugdahl, J. S.; Manson, C.R.: FDDI Fiber Distributed Data Interface, Netz der nächsten Generation, PC-Magazin Nr. 12, 3/90

[HOPP 86] Hopper, A.; Temple, S.; Williamson, R.: Local Area Network Design, Wokingham, England: Addison Wesley 1986

[HUTC 85] Hutchinson, D.; Mariani, J.; Shepherd, D.: Local Area Networks: An Advanced Course, Berlin: Springer 1985

[KELL 86] Kellermayr, K. H.: Lokale Computernetze – LAN –, Berlin: Springer 1986

[KERN 81] Kerner, H.; Bruckner, G.: Rechnernetzwerke,Berlin: Springer 1981

[SCHO 90] Schömacker, G.: Workstation-Vernetzung: Ist die Ethernet-Kopplung noch ausreichend?, ONLINE '90, Konferenzband, Hamburg, 5.-9.2.1990

[SHAN 90] Shandle, J.: Computers and PBX's: Dialing a New Destiny, Electronics 63 (1990) 7

[TANE 88] Tannenbaum, A. S.: Computer Networks, Englewood Cliffs (NJ): Prentice Hall 1988

9 Graphik

9.1 Einführung

"Ein Bild sagt mehr als tausend Worte." Wer hat diese Erfahrung noch nicht gemacht? Selbst lange Beschreibungen und Erklärungen können nicht die Sachverhalte und Eindrücke vermitteln wie ein Bild in Bruchteilen einer Sekunde. Dies liegt an der weitaus höheren Aufnahmefähigkeit der menschlichen Sinne für bildliche als für gesprochene oder geschriebene Information. Man schätzt die Informationskapazität der Ohren auf $4*10^4$ bit/s, die der Augen dagegen auf $3*10^6$ bit/s. Mit steigender Leistungsfähigkeit von Computer-Systemen lassen sich die Vorteile bildlicher Darstellung nutzen: Daten erscheinen nicht als Zahlenkolonnen auf dem Bildschirm, sondern graphisch in schnell verständlicher Form.

Um dieses Phänomen noch stärker zu nutzen, werden heute Informationen nicht mehr nur mit stehenden Bildern präsentiert, sondern auch in Bewegtbildern und Sprache. Solche ↗Multimedia Systeme beeinflußen zunehmend die Architektur von Graphik-Hardware und -Software. Diese Entwicklung hat zur Folge, daß sich Graphiksubsysteme zukünftig nicht nur auf reine Bilderzeugung beschränken, sondern auch Bildverarbeitungsaufgaben die das Komprimieren und Dekomprimieren von Bilddaten erledigen müssen.

9.1.1 Historische Entwicklung

Die graphische Datenverarbeitung begann mit der Einführung von Computern durch die Darstellung von Bildern auf ↗Kathodenstrahlröhren und "Bildschirmabzugsgeräten" (hardcopy plotter). Dazu kam dann die Berechnung, Speicherung und Veränderung von Modellen und Bildobjekten aus den verschiedensten Themengebieten: Physik, Mathematik, Ingenieurwissenschaften, Chemie, Biologie, Architektur, usw.

Heute sind Graphikanwendungen vor allem interaktiv: Der Benutzer steuert den Inhalt, die Struktur und die Erscheinung von Objekten und ihren Darstellungen mit Hilfe von Eingabegeräten wie Tastatur, Maus, "touch screen" usw. Wegen der engen Beziehung zwischen den Eingabegeräten und dem Bildschirminhalt zählt die Verwaltung dieser Geräte mit zu der graphischen Datenverarbeitung.

Bis in die frühen 80er Jahre war die graphische Datenverarbeitung eine Nischen-anwendung, da die Hardware extrem teuer war. Preiswerte, einfach zu nutzende Applikationen waren rar. Mit den Personal Computer und den dazugehörigen Rasterbildschirmen änderte sich diese Situation schlagartig, da mit dem Raster-bildschirm auch die *Bitmap-Graphik* eingeführt wurde und sich schnell verbreite-te. Unter Bitmap-Graphik versteht man die binär-codierte Darstellung von Bild-punkten auf dem Bildschirm. Bis dahin wurde nur mit Vektorgraphik gearbeitet, wo alle Bilder durch eine Linienrepräsentation dargestellt und diese Linien vom Kathodenstrahl nachgezeichnet wurden. Bitmap-Graphikbildschirme erreichten schnell ein kostengünstiges Preisniveau. Es kamen eine Fülle von Anwendungs-programmen mit einfach zu bedienenden Benutzeroberflächen und zu niedrigen Preisen auf den Markt.

Im folgenden wurde die Organisation eines Schreibtisches zum bestimmenden Element, um Bildschirminhalte zu gestalten (Bild 9-1): Der Benutzer kann mit Hilfe eines *Window Managers* sogenannte Fenster auf dem Bildschirm neu kre-ieren, verschieben, vergrößern oder verkleinern, wobei in jedem Fenster eine an-dere Applikation läuft, und so parallel mehrere Aktivitäten verfolgen und bear-beiten. Die Eingabe von Befehlsfolgen wird ersetzt durch einfache Maus-Operatio-nen. In Menüs können Befehle durch einfaches Anwählen mit der Maus ausge-führt werden, *Icons* stellen symbolisch Elemente aus der Büroumgebung dar (z. B. Dokument, Ordner, Papierkorb, Posteingangskorb usw.), die ebenfalls mit der Maus aktiviert werden.

Die Vereinfachung der Mensch-Maschine-Schnittstelle hat zur Folge, daß sich der Kreis der Anwender ständig erheblich erweitert. Um dieser Entwicklung gerecht zu werden, muß die Benutzerschnittstelle verstärkt durch leistungsfähige Gra-phikprozessoren beschleuniget werden.

9.1.2 Anwendungen und ihre Anforderungen

In diesem Abschnitt wird auf verschiedene Anwendungsbereiche der graphischen Datenverarbeitung und die Anforderungen eingegangen, die sie an das Rechen-system stellen. Zuvor werden noch Anforderungen einer leistungsfähigen Be-nutzerschnittstelle beschrieben, da sie Voraussetzung für jede Applikation ist.

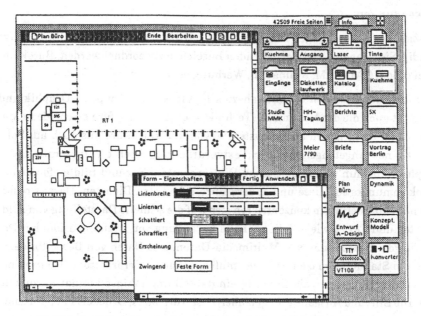

Bild 9-1: Ein Beispiel für eine Benutzerschnittstelle mit Schreibtischkonzept

Benutzerschnittstelle

Für die Leistungsfähigkeit eines graphischen Subsystems spielen die Geschwindigkeit und die Handhabbarkeit entscheidende Rollen. Die Bedienerfreundlichkeit wird durch die einfache Ausführung von komplexen Vorgängen und die anschauliche Darstellung der Ergebnisse und möglichen Aktionen geprägt. Allgemeines Ziel von Benutzeroberflächen ist die einfache Bedienung auch durch Nicht-Experten. Dies wird durch die Verwendung der Fenstertechnik, Icons und die einheitliche Darstellung unterschiedlicher Vorgänge erreicht (Bild 9-1). Eine standardisierte, einheitliche Benutzeroberfläche erlaubt es dem Benutzer, ohne Umstellung auf verschiedenen Systemen zu arbeiten.

Die Geschwindigkeit, mit der Fenster auf dem Bildschirm verschoben werden können und der Hintergrund des aufgedeckten Teils rekonstruiert wird, ist ein bestimmender Faktor in der Leistungsfähigkeit des Systems. Deshalb müssen, diese Operationen effizient durch Hardware und Software unterstützt werden. Außerdem geht die Reaktionszeit bei der Umsetzung von Eingabe-Events auf den Bildschirm wesentlich in die Geschwindigkeit eines Rechensystems ein. Die System-Software hat daher eine schnelle Reaktion des Systems sicherzustellen; weiter können Veränderungen auf dem Bildschirm, wie z.B. das Verwandeln eines bearbeiteten Objektes in ein Icon oder das Darstellen eines bewegten Cursors; durch Hardware unterstützt werden.

Anwendungen

Die Zahl der Anwendungen mit graphischen Hilfsmitteln zur Darstellung steigt ständig. Sie können vor allem folgenden Bereichen zugeordnet werden: Bürokommunikation, CAD/CAM, Animation, Werbung oder Kunst.

Die *Bürokommunikation* vereint nahezu alle Aspekte der Computer-Graphik und verstärkt auch die der Multimedia-Technik, die Anschlüsse für verschiedene Medien bietet, integriert in einem System sowohl auf Hardware- als auch auf Software-Ebene. Angefangen bei der Textverarbeitung über die Integration von Graphiken bis hin zu automatischen Diktiergeräten, Fax und Bildtelefon erfaßt Bürokommunikation diese und andere Büro-relevanten Diensten. Daraus resultierende Anforderungen konzentrieren sich auf die schnelle Darstellung von Bildpunkten und Text sowie auf die schnelle Erzeugung von zweidimensionalen Daten. Für die Bearbeitung von Multimedia-Daten, also Daten von Bewegtbildern, codierten Standbildern oder Sprache, muß zusätzliche Verarbeitungsleistung bereitgestellt werden, um die Daten in ein darstellungsfähiges Format umzuwandeln. Die Ein- und Ausgabe erfolgen über Tastatur, Maus, Drucker, Faxgerät usw.

Wichtig ist zunächst die Textdarstellung, für die oft fest gespeicherte abrufbereite Fonts (Zeichensätze) bereitgestellt werden. Daneben ist die Liniengraphik von großer Bedeutung, da häufig Graphiken mit Liniendarstellung im Text integriert erscheinen. Ein langsamer Bildaufbau kann da die Akzeptanz beim Benutzer erheblich reduzieren. Deshalb müssen die benötigten Algorithmen so effizient wie möglich realisiert werden; dies kann u. U. durch eine Implementierung in Hardware erfolgen. Für die Multimedia-Anschlüsse wie z. B. Bildtelefon, Telefax oder automatisches Diktiergerät ist entsprechende Verarbeitungsleistung für die Codierung oder Decodierung der Bild- oder Sprachinformation bereitzustellen.

Im Bereich *CAD/CAM* spielt die Leistung des Graphik Subsystems eine weitaus größere Rolle als in der Bürokommunikation. Dabei muß man zwischen 2D- und 3D-Anwendungen unterscheiden.

Im 2D-Bereich sind *elektronisches CAD (Computer Aided Design)* und *Computer Aided Software Engineering* (CASE) für die Programmentwicklung die Hauptanwendungen. Es handelt sich um reine Vektorgraphik, bei der äußerst viele Linien zu *einem* Zeitpunkt dargestellt werden müssen. Der Schwerpunkt liegt also bei der Liniendarstellung, dem Verschieben und Skalieren von Bildern und dem Abschneiden von Bildteilen an den Begrenzungslinien des Darstellungsfensters.

Die komplexere Anwendungsklasse ist *3D-CAD*, das z. B. beim Design von Gebrauchsgegenständen (z. B. Autos) und in der Architektur beim Entwurf von Gebäuden Anwendung findet. Die erste Stufe von 3D-CAD ist die Darstellung von Drahtmodellen, wo Objekte nur durch sie begrenzende Gitter dargestellt werden.

Diese Darstellungsform erfordert ein sehr schnelles Zeichnen von Linien, wobei zudem entschieden werden muß, welche Linien für den Betrachter sichtbar sind. Drehungen, Verschiebungen und Skalierungen von Objekten müssen ebenfalls schnell durchgeführt werden können.

Die realistische Darstellung von Objekten erfolgt mit *Solid Modelling*. Diese Technik erzeugt Objekte mit ihren Oberflächen. Aus den Drahtmodellen werden Darstellungen von räumlichen Objekten berechnet und die Farben der Oberflächen mit Schattierungsalgorithmen ermittelt. Dies benötigt ein hohes Maß an Rechenleistung.

In der *Werbung* oder für Anwendungen in der *Kunst* sind realistische Bilder höchster Auflösung gefordert; dies umfaßt auch eine möglichst exakte Wiedergabe der Farben. Bei den verwendeten Algorithmen handelt es sich um komplexe Modellierungs- und Beleuchtungsalgorithmen, die sehr hohe Anforderungen an Rechenleistung und Speicherkapazität stellen. Weitere Komponenten für diese Klasse von Anwendungen sind neben einem leistungsfähigen Graphikmodul ein Videorekorder zur Ergebnisspeicherung sowie ein hochauflösender Farbdrucker. Obwohl heute in diesem Bereich äußerst teure und leistungsfähige Systeme eingesetzt werden, können nicht alle Ansprüche im notwendigen Maße erfüllt werden.

9.2 Von einer abstrakten Datenmenge zum Bild

Nach der Beschreibung verschiedener Anwendungsbereiche und ihrer Bedürfnisse wird nun auf die notwendigen Schritte im Darstellungsprozeß von Computer-Bildern eingegangen. Daraus wird eine allgemeingültige Architektursicht für die Bildgenerierung hergeleitet. Es schließt sich ein Abschnitt über verfügbare Systeme und ihre Einsatzgebiete an.

9.2.1 Erfassung und Darstellung von Objekten

Je nach Anwendung liegen die graphisch darzustellenden Daten in unterschiedlicher Form vor. 3D-Objekte stellen den komplexesten Fall dar; von ihnen können alle anderen Objektarten als Sonderfall abgeleitet werden. Eine komplexe 3D-Oberfläche wird anhand von gemessenen oder vorgegebenen Stützpunkten durch eine analytische Funktion angenähert (siehe auch [SORG 88]).

Zur Berechnung dieser Funktion verwendet man den *Spline-* oder den *Bézier-Algorithmus*. Beide Algorithmen approximieren den Verlauf der Linie zwischen einzelnen Stützpunkten. Die Punkte werden so gewählt, daß die Funktionen die genäherte Objektoberfläche mit einem Gitter überspannen. Die sich ergebenden

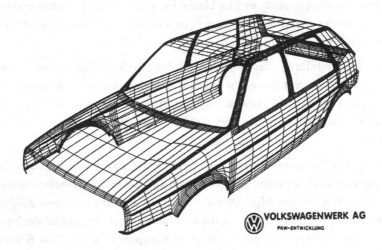

Bild 9-2: Zerlegung einer Objektoberfläche

Flächen werden durch die sie begrenzende Umrandung beschrieben. Man erhält also eine Folge von Linien, von denen in der Regel vier eine Fläche begrenzen. Diese Vorgehensweise zur Zerlegung einer Objektoberfläche ist in Bild 9-2 anhand eines Beispiels dargestellt. Um diese Flächen auf einen Bildschirm zu projizieren, müssen sie durch ebene Polygone (drei- oder vierseitig) approximiert werden. Die resultierenden Polygone sind die Eingabedaten für die folgenden Berechnungsschritte.

Geometrisch beschreibbare 2D-Objekte können auch durch ihre Zerlegung in Primitiva dargestellt werden. Primitiva sind Elemente, die entweder in Hardware implementiert oder in einer Bibliothek abgespeichert sind. Beispiele für graphische Basisprimitiva sind Kreis, Linie und Rechteck. Die Zerlegung eines Objektes

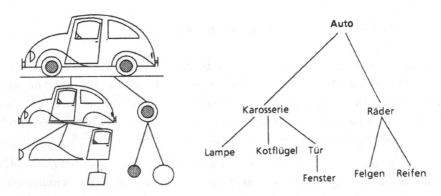

Bild 9-3: Zerlegung eines Objektes in graphische Basisprimitiva

wird hierarchisch durchgeführt (Bild 9-3), so daß jedes Objekt in Form eines Baums aufgeteilt werden kann, wo die Primitiva die Blätter und das ganze Objekt die Wurzel sind. Solche Bäume werden im Rechner in Form sogenannter *Display Lists* dargestellt. Diese Listen speichern die Primitiva und ihren Bezug untereinander. Außerdem werden in einer Display List Attribute wie Farbe und Größe usw. den Primitiva zugeordnet. 3D-Objekte werden durch 2D-Primitiva, meistens Polygone dargestellt.

9.2.2 Koordinatensysteme und Koodinatentransformationen

Jedem Primitivum muß der Ort auf dem Bildschirm, seine Größe und seine Orientierung zugeordnet werden. Für die richtige Positionierung und Bildschirmdarstellung eines Objektes sind eine Reihe von Koordinatensystemen notwendig.

Alle in einem System unterstützten Primitiva werden im sogenannten *Objektspeicher* abgelegt. Sie sind in einem Koordinatensystem, sogenannte *Hauptkoordinaten*, dargestellt; es ist fest mit den einzelen Primitiva verbunden (Bild 9-4). Die einzelnen Primitiva werden zu einem Bild im *Weltkoordinatensystem* zusammengefügt. Relativ zueinander besitzen die Primitiva nun die richtige Größe und Position. Weltkoordinaten berücksichtigen aber weder die Größe des Bildausschnitts (Viewport), in dem das Bild dargestellt wird, noch die Größe des Inhalts, der gezeigt werden soll. Deshalb wird im nächsten Schritt das Bild auf seine endgültige Größe, seine absolute Position auf dem Bildschirm und seinen gewünschten Ausschnitt transformiert. Das mit dem Bildschirm verbundene Koordinatensystem ist das *Schirmkoordinatensystem*. Es ist abhängig von der Bildschirmauflösung und -größe und von der Viewport-Größe. Dieser letzte Schritt beinhaltet Translationen und die endgültige Skalierung.

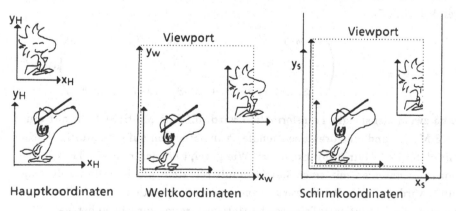

Bild 9-4: Verschiedene Koordinatensysteme während der Bildgenerierung

Für die Berechnung der Koordinatentransformationen gelten die Gleichungen:

Translation: $x' = x + T_X$

$\qquad\qquad y' = y + T_y$ $\qquad\qquad\qquad\qquad\qquad\qquad\qquad$ (Gl. 9.1)

Skalierung: $x' = x * S_X$ $\qquad\qquad \leftrightarrow (x'\,y') = (x\ \ y) * \begin{pmatrix} S_X & 0 \\ 0 & S_y \end{pmatrix}$ (Gl. 9.2)

$\qquad\qquad y' = y * S_y$

Rotation: $\quad x' = x * \cos\theta - y * \sin\theta$ $\quad \leftrightarrow (x'\,y') = (x\ \ y) * \begin{pmatrix} \cos\theta\ \sin\theta \\ -\sin\theta\ \cos\theta \end{pmatrix}$ (Gl. 9.3)

$\qquad\qquad\quad y' = x * \sin\theta + y * \cos\theta$

Es wird deutlich, daß die Rotation und die Skalierung als Matrizenmultiplikationen realisierbar sind. Das hat den Vorteil, daß man die beiden Matrizen miteinander multiplizieren und so Skalierung und Rotation der einzelnen Objekte in einem Schritt durchführen kann. Bei Durchführung der gleichen Transformationen an verschiedenen Objekten können so pro Objekt einige Matrizenmultiplikationen gespart werden (z. B. Beschreibung einer Linie durch Anfangs- und Endpunkt). Erstrebenswert ist es, auch die Translation mit einer Matrizenoperation durchführen zu können. Dies erreicht man, indem man der Koordinatendarstellung und der Transformationsmatrix eine Hilfsdimension hinzufügt. Die Transformationen werden dann in sogenannten *homogenen Koordinaten* durchgeführt (Gl. 9.4):

$$(x'\,y'\ 1) = (x\ \ y\ \ 1) * \begin{pmatrix} 1 & 0 & 0 \\ 0 & 1 & 0 \\ T_X & T_y & 1 \end{pmatrix} \qquad\qquad \text{(Gl. 9.4)}$$

Sämtliche Transformationen können nun durch Matrizenmultiplikationen realisiert werden. Um die Translation, Skalierung und Rotation gemeinsam in einem Schritt durchzuführen, werden die drei Transformationsmatrizen miteinander multipliziert und somit die Transformation von Koordinaten pro Koordinate ausgeführt (Gl. 9.5):

$$(x'\,y'\ 1) = (x\ \ y\ \ 1) * \begin{pmatrix} S_X * \cos\theta & S_X * \sin\theta & 0 \\ -S_y * \sin\theta & S_y * \sin\theta & 0 \\ T_X * S_X * \cos\theta - T_y * S_y * \sin\theta & T_X * S_X * \sin\theta + T_y * S_y * \cos\theta & 1 \end{pmatrix} \text{(Gl. 9.5)}$$

Eine zweidimensionale Transformation wird auf eine Multiplikation mit einer 3×3-Matrix und eine dreidimensionale Transformation auf eine Multiplikation mit einer 4×4-Matrix zurückgeführt. Wie gezeigt können nun *alle* Transformationsberechnungen mit *einer* Matrizenmultiplikation pro Koordinate durchgeführt werden. In der Praxis werden auch weitere Operationen wie z. B. die perspektivische Projektion auf eine solche Matrixoperation zurückgeführt.

Hardware-Anforderungen: Matrizenmultiplikationen sind rechenintensive Fließ-kommaoperationen, die für jede Koordinate eines Objektes durchgeführt werden müssen. Da diese Operationen häufig wiederkehren und es nur einen Algorithmus gibt, eignen sich Transformationen gut zur Implementierung in einem ASIC.

Ein weiteres Problem der Bilddarstellung ist das Abschneiden von Linien an den aktuellen Fenstergrenzen (Viewport), das *Clipping*. Dafür gibt es verschiedene Algorithmen, die je nach Architektur und Datenformaten unterschiedlich geeignet sind. Clipping kann anhand der Koordinaten für ganze Objekte oder pixelweise durchgeführt werden. Auch die Art der Begrenzung des Viewports spielt eine Rolle, weil sie entweder eine rechteckige (2D-Darstellung), eine kubusförmige (3D-Darstellung) oder eine beliebige Form im Zwei- oder Dreidimensionalen besitzen kann.

Ein Beispiel für einen Clipping-Algorithmus ist der Cohen-Sutherland-Algorithmus, der für die Liniendarstellung eingesetzt wird. Der Bereich, in dem sich die Linien befinden, wird in neun Sektoren aufgeteilt (Bild 9-6): Jeder Teilbereich ist mit 4 Bit codiert. Der sichtbare Bereich wird mit 0000 bezeichnet, er entspricht dem Viewport. Liegt der Bereich links vom sichtbaren Fenster, so wird Bit 1 gesetzt, liegt er rechts, so wird Bit 2 gesetzt. Bit 3 zeigt eine Lage unter dem sichtbaren Bereich an und Bit 4 eine darüber. Wenn Anfangs-und Endpunkt im Bereich 0000 liegen, so ist die gesamte Linie innerhalb des Viewports (Linie A). Ergibt die UND-Verknüpfung des Codes von Anfangs- und Endpunkt einen Wert ungleich 0, so liegt die gesamte Linie außerhalb des sichtbaren Bereichs (Linie B). Für die restlichen Fälle muß die Linie so lange unterteilt werden, bis die Schnittpunkte mit den Begrenzungslinien des sichtbaren Bereiches gefunden sind oder die Teillinien verworfen werden können (Linie C, D).

Hardware-Anforderungen: Clipping-Algorithmen benutzen Floating Point-Funktionen. Da unterschiedliche Algorithmen verwendet werden, sollte die Clipping-Funktion programmierbar sein.

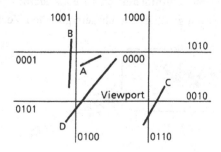

Bild 9-6: Endpunkt-Codes für die neun Bildsektoren

9.2.3 Entfernung verdeckter Kanten und Flächen

Bis jetzt liegt das Bild nur in einem Drahtmodell vor, d. h. jedes Objekt ist nur durch seine begrenzenden Kanten beschrieben. Der Betrachter sieht in diesem Stadium sowohl die sichtbaren als auch die verdeckten Kanten. Eine Darstellung aller Linien kann aber zu mißverständlichen Ergebnissen führen (Bild 9-7). Das Objekt in a) kann entweder einen Kubus wie in b) oder wie in c) bedeuten. Dieses Problem wird mit dem "Hidden-Line - Hidden Surface Removal" (HLHSR) behoben. Dabei werden alle Kanten und Oberflächen entfernt, die für den Betrachter verdeckt sind. Auch für HLHSR existieren verschiedene Algorithmen. Die am häufigsten verwendete Methode arbeitet mit dem *Z-Puffer*. Der Z-Puffer ist ein Speicherbereich, wo jedem Pixel eine Z-Koordinate (in der Regel mit 24 bit codiert) zugeordnet wird. Der Z-Wert stellt die Tiefeninformation eines Bildpunktes dar. Bei jedem Pixel, das zur Darstellung in den Bildspeicher geschrieben werden soll, überprüft das System, ob die Z-Koordinate sich näher oder weiter vom Benutzer entfernt befindet als ein bereits an dieser Stelle gespeichertes Pixel. Ist der Punkt näher zum Benutzer, wird das alte Pixel überschrieben, andernfalls wird es ignoriert. Die Z-Puffer-Methode kann jedoch erst am Ende der Berechnungen angewendet werden, wenn die Daten in Pixelform vorliegen.

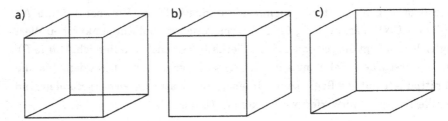

Bild 9-7: Entfernung verdeckter Kanten und Flächen

Der Z-Puffer wird hauptsächlich für Fenstersysteme verwendet, um Verdeckungen und Aufdeckungen von Bildinformation zu behandeln. Die Entfernung verdeckter Flächen und Kanten geschieht nach dem gleichen Verfahren: Die Daten

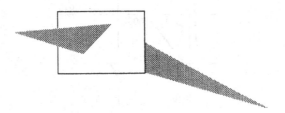

Bild 9-8: Durchdringung zweier Flächen

liegen zunächst nur als Objektbeschreibung vor. Für jede Kante oder Fläche muß nun festgelegt werden, ob eine andere kleinere oder größere Z-Werte besitzt. Dabei können sich Flächen und Kanten gegenseitig durchdringen (Bild 9-8).

Hardware-Anforderungen: Bei den Berechnungen zur Beseitigung verdeckter Kanten und Flächen ist Floating Point-Leistung notwendig, da Durchdringungspunkte sehr exakt berechnet werden müssen.

9.2.4 Rendering

Nachdem die für den Betrachter sichtbaren Flächen und Kanten festgestellt wurden, können die Farbberechnungen, auch *Rendering* genannt, durchgeführt werden. In dieser Berechnungsstufe steht eine große Anzahl von Algorithmen zur Auswahl. Sie unterscheiden sich in Qualität und Aufwand erheblich. Angefangen von der einfarbigen Darstellung über *Flat Shading, Gouraud Shading, Phong Shading* bis zum *Ray Tracing* sind alle Qualitätsstufen von Bildern möglich.

Zunächst wird eine Auswahl verschiedener Schattierungsalgorithmen vorgestellt, die sich in Aufwand, Komplexität und Darstellungsqualität unterscheiden. Die Schattierungsalgorithmen können in zwei Kategorien eingeteilt werden: Algorithmen für Polygonbeschreibungen und Algorithmen für reale Objekte. Es wird aber nicht nur nach der Objektbeschreibung unterschieden, sondern auch nach den angewendeten Beleuchtungsmodellen. Die Algorithmen für Polygonbeschreibungen verwenden lokale Beleuchtungsmodelle, d. h. Modelle, die nur direkte Lichtanteile berechnen. Indirektes Licht (Reflexionen, ambientes Licht) wird nicht berechnet, sondern als gleichmäßig im gesamten Raum angenommen. Algorithmen für Objektbeschreibungen verwenden globale Beleuchtungsalgorithmen. Für die Beleuchtunginformation werden sowohl Anteile von direktem Licht, z. B. Punktlichtquellen, als auch von indirektem Licht berechnet.

Beleuchtungsmodell

Einem Schattierungsalgorithmus liegt ein Beleuchtungsmodell zugrunde, das sowohl die Anzahl und Positionen der Punktlichtquellen als auch die Stärke des ambienten Lichtes angibt. Bei ambientem Licht wird in allen Punkten eines Raumes die gleiche Lichtintensität angenommen. Diese Art Licht entsteht z. B. an einem wolkigen Tag. Die Gleichung zur Berechnung der Farbe eines Punktes lautet:

$$I = I_a * k_a \qquad \text{(Gl. 9.6)}$$

I ist die resultierende Lichtintensität eines Punktes, k_a der ambiente Reflexionskoeffizient des betreffenden Objektes (abhängig von der Oberflächenbeschaffenheit und der Farbe). k_a liegt zwischen 0 und 1. I_a ist die Intensität des ambienten Lichtes.

Diffuses Licht entsteht durch Punktlichtquellen. Die Farbe eines Bildpunktes bei Vorhandensein einer Punktlichtquelle ist abhängig vom Winkel θ zwischen der Einfallsrichtung des Lichtes und der Flächennormalen (Einheitsvektor senkrecht zur Objektoberfläche; Bild 9-9). Der aus diffusem Licht entstehende Lichtanteil berechnet sich zu:

$$I = I_p * k_d * cos\ \theta \qquad\qquad (Gl.\ 9.7)$$

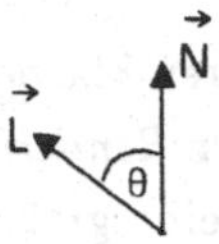

Bild 9-9: Flächennormale N und Lichteinfallsrichtung L

I_p ist die Intensität der Lichtquelle und k_d der diffuse Reflexionskoeffizient. Die resultierende Intensität an einem Punkt auf einer Objektoberfläche ergibt sich aus der Überlagerung des ambienten und des diffusen Anteils.:

$$I = I_a * k_a + I_p * k_d * cos\ \theta \qquad\qquad (Gl.\ 9.8)$$

Bekannte Größen für die Bildberechnung sind die jeweiligen Intensitäten der Lichtquellen und die Reflexionskonstanten der Objektoberflächen. Für jeden Bildpunkt müssen also die Richtung der Flächennormalen und der Winkel zwischen Lichteinfallsrichtung und der Flächennormalen ermittelt werden.

Das geschilderte Beleuchtungsmodell ist relativ einfach. Weitere Parameter wie z. B. Lichtanteile von Reflexionen zwischen Objekten können zusätzlich noch berücksichtigt werden. Die vorgestellten Lichtanteile sollen jedoch für die folgenden Ausführungen reichen.

Schattierungsalgorithmen für Polygondarstellung

Für jeden Bildpunkt den Normalenvektor zu berechnen, stellt einen unverhältnismäßig hohen Aufwand dar, bei dem die Darstellung von Bildern in Echtzeit nicht möglich ist. Deshalb wurden einige Algorithmen zur Näherung dieser Farbwerte entwickelt. Drei bekannte Algorithmen wurden bereits erwähnt: *Flat Shading*, *Gouraud Shading* und *Phong Shading*. Bei allen drei Verfahren werden die Farbwerte für die die Objektoberfläche beschreibenden Polygone berechnet.

Beim *Flat Shading* wird für jedes der die Objekte beschreibenden Polygone ein konstanter Farbwert angenommen. Jeweils in der Mitte eines Polygons muß der Flächennormalenvektor und dann der Farbwert des Polygons ermittelt werden. Alle innerhalb des Polygons liegenden Pixel erhalten den gleichen Farbwert. Die

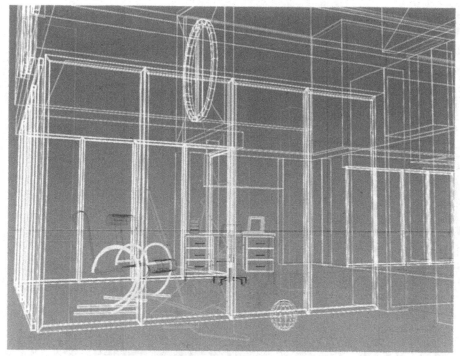

Farbtafel I: Wire-Frame-Darstellung einer Architekturszene. Diese Szene wird in den Farbtafeln I–VI mit verschiedenen Darstellungs- und Beleuchtungsverfahren abgebildet, um die Unterschiede der einzelnen Berechnungsverfahren deutlich zu machen (die Farbtafeln mit freundlicher Genehmigung der Fraunhofer-Arbeitsgruppe für Graphische Datenverarbeitung Darmstadt)

Farbtafel II: Farbig gefüllte Flächen (color fill)

Farbtafel III: Flat Shading

Farbtafel IV: Gouraud Shading

Farbtafel V: Phong Shading mit Farbtexturen

Farbtafel VI: Bump und Reflection Mapping

Farbtafel VII: Raytracing an der komplexen Oberfläche „Teekessel" (mit freundlicher Genehmigung der Fraunhofer-Arbeitsgruppe für Graphische Datenverarbeitung Darmstadt)

Farbtafel VIII: Beispiel für die industrielle Anwendung von Hochleistungsgraphik: Design des VW Corrado (mit freundlicher Genehmigung der Volkswagen AG)

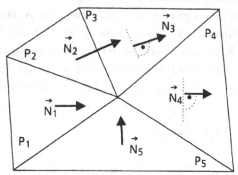

Farbe (P_i) = Farbe am Mittelpunkt von P_i

Bild 9-10: Polygone und ihre Normalenvektoren

Polygone P_i mit ihren Normalenvektoren N_i sind in Bild 9-10 dargestellt. An den Polygonbegrenzungslinien ergeben sich aber Unstetigkeiten im Farbverlauf, die vom Auge wahrgenommen werden. Die Begrenzungslinien der Polygone werden deutlich sichtbar.

Beim *Gouraud Shading* verschwinden diese Kanten. Die Farbwerte werden zwar wie beim Flat Shading nur für einzelne Punkte des Polygons berechnet, man interpoliert jedoch jeweils die Farbwerte von einer Ecke eines Polygons zur nächsten. Die Kanten werden somit verwischt.

In Bild 9-11 ist die Vorgehensweise beim Gouraud Shading veranschaulicht. Die exakten Farbwerte, also auch die Normalenvektoren, werden in allen Eckpunkten der Polygone mit Gleichung (9.8) berechnet. Die Intensitätswerte der einzelnen Bildpunkte werden dann zwischen denen der Polygoneckpunkte interpoliert. Dies geschieht für jede *Scan Line*. Stellt man sich den Bildschirm als eine Matrix von Bildpunkten vor, so sind die Scan Lines die Reihen der Matrix.

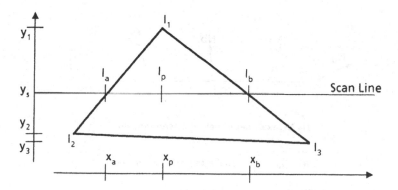

Bild 9-11: Interpolation zwischen Polygonkanten und Scan Lines beim Gouraud Shading

Zunächst werden die Intensitätswerte auf den Begrenzungslinien des Polygons interpoliert. Die Interpolation geht von einem Eckwert als Anfangswert (z. B. I_1) aus und subtrahiert davon die Differenz seiner Intensität und der des benachbarten Eckpunktes (z. B. I_2), gewichtet mit der Entfernung auf der y-Achse vom Anfangspunkt (y_1) (Gl. 9.9, Gl. 9.10). Die Intensitätswerte der Bildpunkte innerhalb eines Polygons werden entlang der Scan Line zwischen den Begrenzungslinien interpoliert (Gl. 9.11).

$$I_a = I_1 - (I_1 - I_2) * \frac{y_1 - y_s}{y_1 - y_2} \qquad \text{(Gl. 9.9)}$$

$$I_b = I_1 - (I_1 - I_3) * \frac{y_1 - y_s}{y_1 - y_3} \qquad \text{(Gl. 9.10)}$$

$$I_p = I_b - (I_b - I_a) * \frac{x_b - x_p}{x_b - x_a} \qquad \text{(Gl. 9.11)}$$

Beim *Phong Shading* wird für jeden Bildpunkt innerhalb eines Polygons der Normalenvektor interpoliert. Zunächst wird dazu die exakte Orientierung der Normalenvektoren auf dem ursprünglichen Objekt an den Eckpunkten eines Polygons ermittelt. Anschließend interpoliert man die Orientierung der Normalenvektoren an den Polygonkanten und schließlich auf den Scan Lines (Bild 9-12). Die Farbwerte können dann mit Gleichung (9.8) berechnet werden. Man erreicht mit diesem Algorithmus die Darstellung von Highlights und Glanz. Bilder, die mit dem Gouraud-Algorithmus schattiert wurden, erscheinen matt im Vergleich. Der Phong-Algorithmus ist aber erheblich rechenintensiver als der von Gouraud.

Hardware-Anforderungen: Die Schattierungsalgorithmen stellen hohe Anforderungen an die Hardware. Floating Point-Fähigkeit ist in begrenztem Maße für diese Algorithmen erforderlich. Es empfiehlt sich, programmierbare Hardware einzusetzen, um je nach Bedarf zwischen den hier vorgestellten Algorithmen und weiteren wählen zu können.

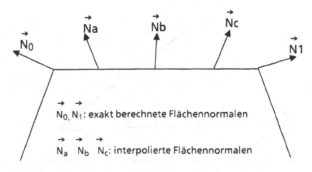

Bild 9-12: Interpolation von Flächennormalen

Globale Beleuchtungsalgorithmen

Die qualitativ besten Algorithmen sind die *globalen Beleuchtungsalgorithmen*. Sie berechnen die Farbe eines Punktes einmal unter Berücksichtigung des Lichtes, das den Punkt direkt von Lichtquellen aus erreicht; zum anderen wird das Licht berücksichtigt, das den Punkt erst erreicht, nachdem es an anderen Objekten reflektiert wurde.

In den "lokalen" Algorithmen wird das reflektierte Licht nur durch die Berücksichtigung von ambientem Licht eingebracht. Durch die Einführung von Schatten, Transparenz und Reflexionsmustern wird bei diesen Algorithmen bereits ein hohes Maß an Realismus in den Bildern erreicht. Die globalen Beleuchtungsmodelle erlauben eine exakte Darstellung dieser Effekte und liefern deshalb sehr realistische Bilder.

Beim *Ray Tracing* werden Strahlen, die auf das Auge des Betrachters treffen, bis zu ihrer Lichtquelle zurückverfolgt. In Abhängigkeit von Art und Anzahl der Reflexionen und der Intensität der Lichtquelle kann die Farbe des gesehenen Punktes ermittelt werden. Dieses Vorgehen verdeutlicht Bild 9-13: Ein Lichtstrahl wird vom Blickpunkt des Betrachters aus zurückverfolgt. Zunächst trifft der Strahl auf Objekt 1, bei dem es sich um ein transparentes Objekt handelt. Der Strahl durchdringt dieses Objekt teilweise (T_1) und wird teilweise reflektiert (R_1). Zu jedem Objektpunkt, auf den ein Strahl trifft, wird von den Lichtquellen aus ein Schattenstrahl gesendet (L_1), um festzustellen, ob zwischen Lichtquelle und Objektpunkt ein anderes Objekt liegt, welches einen Schatten verursachen könnte. Die einzelnen Strahlen werden nun so lange verfolgt, bis sie auf eine Lichtquelle treffen oder im Unendlichen verschwinden.

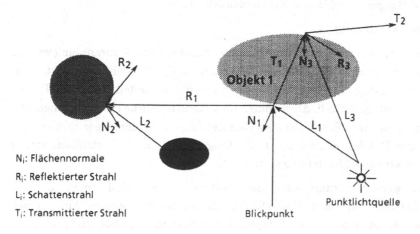

N_i: Flächennormale
R_i: Reflektierter Strahl
L_i: Schattenstrahl
T_i: Transmittierter Strahl

Bild 9-13: Vorgehen beim Ray Tracing

Mit der Information über die Lichtquellen und Flächennormalen können nun die Farbwerte anhand eines Beleuchtungsmodells berechnet werden. Die beim Ray Tracing verwendete Beleuchtungsalgorithmen sind weitaus komplexer als die lokalen Beleuchtungsmodelle, da sie u. a. weitere Eigenschaften wie Reflexionen, Transparenz usw. berücksichtigen. Eine Diskussion dieser Modelle würde den Rahmen dieser Übersicht sprengen (weiterführende Literatur siehe [FOLE 90]).

Beim *Radiosity-Algorithmus* werden nicht die einzelnen Strahlen, sondern alle Oberflächen als eine Lichtquelle mit endlicher Ausdehnung betrachtet. Zunächst werden die Oberflächen in sogenannte "Bicubic Patches" zerlegt, d. h. in kleine, nicht ebene Teilflächen. Bei jeder Teilfläche wird angenommen, daß die ganze Fläche Licht einheitlich abstrahlt und reflektiert. Mit dieser Information kann das gesamte Bild berechnet werden.

Der Ray Tracing-Algorithmus berücksichtigt den Blickpunkt des Betrachters, wogegen bei der Radiosity-Methode das Bild ohne Berücksichtung des Betrachtungsortes berechnet wird. Betrachtungsort-abhängige Algorithmen sind gut geeignet, um Spiegelungen und Highlights darzustellen. Die Radiosity-Methode hingegen erlaubt sehr gut, gleichförmige matte Oberflächen darzustellen, da diese von allen Betrachtungsorten aus gleich erscheinen. (Zum Rendering siehe Farbtafel I-VIII.)

Hardware-Anforderungen: Die globalen Beleuchtungsalgorithmen benötigen große Floating Point-Leistung und viel Speicher. Es handelt sich um gut parallelisierbare, relativ einfache Algorithmen. Durch die große Anzahl von Berechnungsschritten sind sie allerdings sehr aufwendig zu berechnen.

Heutige Systeme sind meistens für die einfacheren Shading-Algorithmen ausgelegt. Die Berechnung komplexer Bilder mit Ray Tracing dauert selbst mit leistungsfähigen Maschinen noch Stunden oder Tage.

Scan-Konvertierung

Gleichzeitig mit der mit den Shading- Algorithmen wird die Umwandlung von der Objekt- zur Pixeldarstellung (*Scan-Konvertierung*, Bild 9-14) durchgeführt. Hierbei wird jedes Objekt von seiner bisherigen Primitiva-Darstellung in eine Punktdarstellung umgewandelt. Algorithmen untersuchen, welche Pixel von einem Objekt betroffen sind. Ein bekanntes Beispiel hierfür ist der Algorithmus nach Bresenham [NEWM 81], der die Darstellung einer Linie als Verbindung zweier Punkte in eine Pixeldarstellung umwandelt.

Polygone werden in waagerechte *Spans* aufgeteilt. Spans sind Linien auf einer Scan Line, die zu einem einzigen Objekt gehören. Bei den Shading-Algorithmen muß bei jedem untersuchten Bildpunkt das System zunächst nachprüfen, in welchem Polygon er liegt, und anschließend den Farbwert berechnen. In dem dargestellten Beispiel (Bild 9-14) wird deutlich, daß sich hierbei noch einige Proble-

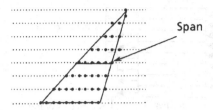

Bild 9-14: Scan-Konvertierung

me ergeben, da die Pixel nicht immer exakt eine Linie oder Polygonumrandung treffen. Das Bild erscheint mit störenden Stufen. Diesen Effekt nennt man *Aliasing*. Durch eine Filterung des Bildes (Verwischung der Kanten) können die störenden Sprünge teilweise beseitigt werden.

9.2.5 Bilddarstellung

Sind die Pixel berechnet, müssen sie zwischengespeichert, anschließend digital-analog gewandelt und dann auf dem Bildschirm dargestellt werden.

Der Bildschirm

Bei der Darstellung auf dem Bildschirm werden Phosphorpartikel angeregt, die für eine gewisse Zeit strahlen. Um ein flimmerfreies Bild zu erhalten, müssen die einzelnen Bildpunkte permanent "aufgefrischt" werden. Für ein normales Bild reicht eine Wiederholrate von 50 bis 60 Hz. Um jedoch ein ruhiges Bild zu erhalten, ist eine Bildwiederholfrequenz von 70 Hz von Vorteil. Dabei wird noch unterschieden zwischen *interlaced-* und *non-interlaced-Betrieb*. Im verschränkten (interlaced) Betrieb wird beim Auffrischen des Bildes zunächst nur jede gerade Zeile neu gezeichnet, im nächsten Zyklus jede ungerade Zeile. Im unverschränkten (non-interlaced) Betrieb werden pro Durchgang alle Zeilen aufgefrischt. Bei gleicher Auffrischrate müssen im unverschränktem Betrieb die Bilddaten doppelt so häufig aus dem Bildspeicher gelesen werden als im verschränkten Betrieb.

Bei High End-Systemen ist also eine Bildwiederholfrequenz von 70 Hz im non-interlaced-Modus notwendig. Bei einer Auflösung von 1024×1280 Pixeln und 24 bit Farbinformation wird eine Datenübertragungsrate von ca. 275 MByte/s benötigt. Diese hohen Transferraten aus dem Bildspeicher erfordern spezielle Speicherbausteine, z. B. sogenannte Video-DRAMs (VDRAM, Bild 9-15). Dies sind Speicher-Chips mit einem parallelen und einem seriellen Port. Die Eingangsdaten – d. h. neu berechnete Pixel – werden über den parallelen Port in den Speicher geschrieben. Am Ausgang besitzt ein VRAM ein Schieberegister, aus dem die Bits einzeln ausgelesen werden. Pro Taktzyklus kann ein Bit aus dem Schieberegister geschoben werden. Durch dieses Ausleseprinzip wird eine hohe Datenrate er-

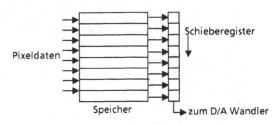

Bild 9-15: Video-DRAM

reicht, da keine Zugriffsverzögerung entsteht. Außerdem kann man ein VRAM gleichzeitig lesen und beschreiben. Es müssen keine Abtastlücken abgewartet werden, um den Bildspeicher mit neuer Information beschreiben zu können.

Digital/Analog-Wandlung und Farbzuordnungen

Die ausgelesene digitale Bildinformation muß in bildschirmkompatible Signale umgewandelt werden. Alle Farben werden durch die drei Grundfarben Rot, Grün und Blau dargestellt. Bildschirme werden mit Intensitätswerten für jede Grundfarbe angesteuert, wobei die Intensitäten durch die Stärke des Elektronenstrahls in analoger Form eingestellt werden.

Für die Digital/Analog (D/A)-Wandlung sind spezielle Komponenten notwendig. Seit einiger Zeit ist man dazu übergegangen, die D/A-Wandler mit größerer Funktionalität auszustatten. Diese Bausteine sind zusätzlich für die Ansteuerung des Bildspeichers und für Farbzuordnungen zuständig (Random Access Memory Digital Analog Converters RAMDAC's). Farbzuordnungen sind notwendig, wenn ein System intern nicht die volle Farbauflösung besitzt, man jedoch Zugriff auf mehr Farben haben möchte, als es die Größe des Bildspeichers erlaubt. Die vom System berechneten Farbwerte stellen dann keine Farben dar, sondern eine Adresse in

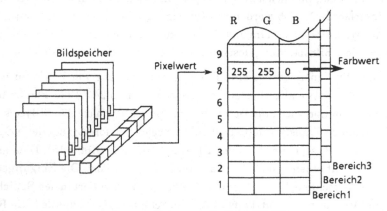

Bild 9-16: Color Look-Up Table (CLUT)

einer Farbtabelle (Bild 9-16). In der Tabelle – Color Look-Up Table (CLUT) genannt – stehen die expandierten Farbwerte. Die Tabelle ist in einzelne Teile aufgeteilt, wo die Anzahl der Einträge eines Tabellenbereichs der Farbauflösung des Systems entspricht. Für eine andere Anwendung oder in einem anderen Fenster kann über von der Applikation eingestellte Steuerungs-Bits auf einen anderen Tabellenbereich umgeschaltet werden. Diese Methode erlaubt eine starke Verkleinerung der Bildspeichergröße.

Die Benutzerschnittstelle

Die Benutzerschnittstelle beinhaltet alles, was der Benutzer sieht und womit er arbeiten muß. Heutige Systeme verwenden meist Motif oder Open Look als Benutzeroberfläche. Motif setzt auf dem X Window System auf. Dies definiert Fenster, Operationen an Fenstern und das Protokoll zur Kommunikation über das Netz (siehe Kapitel 12, "UNIX aus Benutzersicht"). Bei Operationen in einem Fenster operiert das X Window System auf unterster Pixelebene. Es ist also für X-Server notwendig, einen direkten Zugriff auf den Bildspeicher zu haben. Der X-Server selbst und die Implementierung einer Benutzeroberfläche haben einen sehr hohen Bedarf an Rechenleistung und Speicher.

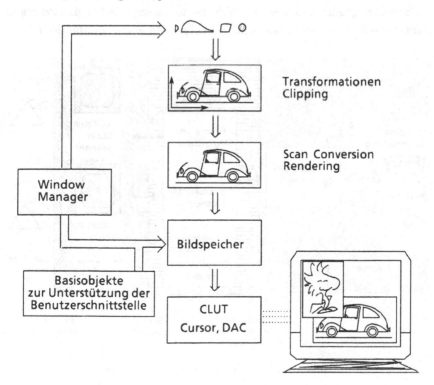

Bild 9-17: Berechnungsschritte zur Bildgenerierung

Eine Möglichkeit, die Bearbeitung der Benutzerschnittstelle zu beschleunigen, ist die feste Abspeicherung fertiger Primitiva direkt auf Hardware-Ebene. Dabei werden Basiselemente für den Aufbau einer Benutzerschnittstelle wie z. B. Cursor-Formen, Icons, Scroll Bars u. ä., als Pixelmuster abgelegt und können bei Bedarf sofort auf dem Bildschirm dargestellt werden.

In Bild 9-17 ist die Reihenfolge der Berechnungsschritte noch einmal aufgezeigt. Das Schema weist eine Pipeline-Struktur auf. High End-Graphiksysteme sind genau in dieser Art in parallelen Pipelines implementiert, wogegen Low End-Systeme die Operationen seriell in einem Prozessor durchführen.

9.2.6 Graphische Standards

Komplexe Graphikanwendungen bestehen aus großen Programmen, wovon ein wesentlicher Teil maschinenabhängig ist; deshalb ist die Portierung dieser Programme auf unterschiedliche Systeme nicht trivial. Um den Portierungsaufwand erheblich zu reduzieren, wurden graphische Standards entwickelt. Ein Standard bietet eine Schnittstelle für den Anwender, die auf jeder Maschine gleich ist, die dem Standard genügt. Graphische Standards stellen somit sicher, daß Programme mit dieser definierten Schnittstelle auf beliebigen Maschinen lauffähig sind.

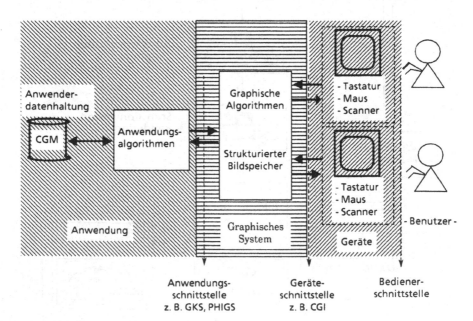

Bild 9-18: Gliederung eines graphischen Systems

Ein System für graphische Anwendungen kann in verschiedene Bereiche unterteilt werden: die Anwendung, das graphische System, die Geräte und der Benutzer (Bild 9-18). Das graphische System liefert Bibliotheken mit Funktionen für graphische Primitiva wie Linie, Dreieck usw. Außerdem beinhaltet es die Schnittstelle zum Bildspeicher des Systems. Die nächste Ebene bilden die graphischen Geräte, wie Bildschirm, Tastatur usw.

Graphische Standards sind auf den Ebenen des graphischen Systems, der Schnittstelle zu den Geräten und für das Abspeichern von graphischen Daten vorhanden. Auf die vorhandenen Standards für Fenstersysteme und Benutzerschnittstellen wird in diesem Kapitel nicht weiter eingegangen. Sie werden in Kapitel 12, "UNIX aus Benutzersicht" teilweise behandelt. Hier wird jedoch ein Überblick über verschiedene Standards für graphische Systeme gegeben; Standards für Geräteschnittstellen und graphische Dateien werden kurz erläutert.

GKS

Das *Graphische-Kern-System* (GKS) war der erste internationale Standard für ein graphisches System. Er unterstützt die graphische Ausgabe an einer Vielzahl von Geräten. Sowohl die Darstellung in Farbe als auch monochrom wird unterstützt. Als Geräte kennt GKS Bildschirm, Drucker, Plotter, Maus, Tastatur und Tabletts. GKS ist ein reiner 2D-Standard: Die Anwendung muß eine 3D-Darstellung selbst in eine zweidimensionale umwandeln. Objekte in GKS werden aus Darstellungselementen mit korrespondierenden Attributen zusammengesetzt. Sprachanbindungen (language bindings) in einem graphischen Standard definieren die Syntax jeder GKS-Funktion in Sprachen wie C, FORTRAN, PASCAL, ADA. Seit einiger Zeit gibt es auch einen 3D-Standard: GKS-3D.

PHIGS

Beim *Programmer's Hierarchical Interactive Graphics System* (PHIGS) handelt es sich um ein Konkurrenzprodukt von GKS. Es ist ein dreidimensionales, funktional sehr mächtiges graphisches System. Das Konzept von PHIGS zeichnet sich dadurch aus, daß es um einen zentralen Strukturspeicher aufgebaut ist. In diesem Strukturspeicher sind die Informationen des aktuellen Bildes hierarchisch abgespeichert. Bei jedem erneuten Aufruf eines Bildes muß die Struktur *traversiert* werden, um so aus einem Baum eine flache Struktur zu erhalten. Sprachanbindungen sind für PHIGS genauso viele vorhanden wie in GKS. Eine Erweiterung von PHIGS stellt *PHIGSPLUS* dar. Es beinhaltet zusätzlich zur PHIGS-Funktionalität auch Beleuchtungs- und Schattierungsalgorithmen.

Da kein Standard für ein graphisches System mehrere Bilder bzw. Fenster gleichzeitig unterstützt, wurde mit dem Industriestandard PEX *(PHIGSPLUS as Extension to X)* die Verbindung eines Fenstersystems und eines 3D-Graphikstandards

geschaffen. PEX stellt, wie der Name schon sagt, die Verbindung von X Window
System und PHIGSPLUS dar.

CGI

Virtuelle Geräteschnittstellen stellen in graphischen Systemen die Verbindung
von Geräte-abhängigen und Geräte-unabhängigen Systemkomponenten dar. Sie
liegen unterhalb der graphischen Systemebene und sind vor allem für Systemprogrammierer und Entwickler interessant, die ein graphisches System implementieren. *Computer Graphics Interface* (CGI) regelt den Datenaustausch zwischen
dem graphischen System und dem Gerät. CGI ist für 2D-Geräte ausgelegt. Es
unterstützt Gerätefunktionen bis zur Schnittstelle zu einem graphischen System
sowie einfache Rasteroperationen.

CGM

Einen weiteren Standardisierungsbereich stellen die Bilddateien dar. Ein Bei-
spiel hierfür ist der *Computer Graphics Metafile* (CGM). Es definiert die Darstel-
lung von 2D-Bildern und das Format, in dem Bilddaten gespeichert werden. Eine
Datei kann mehrere getrennte Bilder enthalten. Die Dateien werden durch CGM-
Interpreter erzeugt. CGM besitzt eine Schnittstelle zu GKS, so daß GKS CGM-
Bilder erzeugen und darstellen kann.

9.2.7 Anforderungen an die Gesamtarchitektur

Bisher wurden die einzelnen Berechnungsstufen, ihre Algorithmen und Anforderungen an die Hardware beschrieben. Jede Stufe und jeder Algorithmus haben
eigene Anforderungen, die unter Umständen denen von anderen Stufen wider-
sprechen. Im folgenden wird nun untersucht, welche Art von Widersprüchen auftreten und wie sie beseitigt oder abgeschwächt werden können.

Eingabedaten einer Graphikeinheit sind einzelne graphische Primitiva. Diese
müssen zuerst in das richtige Koordinatensystem transformiert werden. Die hierfür notwendigen Matrizenmultiplikationen sind wiederkehrende, gut parallelisierbare Operationen. Sie eignen sich ebenso zur Impementierung in einem ASIC,
da immer der gleiche Algorithmus verwendet wird.

Beim Rendering hingegen stehen verschiedene Algorithmen zur Auswahl. Um
nicht auf einen Algorithmus festgelegt zu sein, erscheint eine Implementierung in
einem programmierbaren Baustein sinnvoll. Dieser bietet jedoch nicht die Ge-
schwindigkeitsvorteile, die für Rendering-Operationen dringend erforderlich
sind. Hier gilt es den richtigen Mittelweg zu finden.

Ray Tracing und Radiosity fallen aus dem Rahmen. Sie benutzen als Eingabedaten die Beschreibungen ganzer Objekte und geben die fertigen Pixeldaten aus.

Die herkömmliche Berechnungs-Pipeline kann nur in einer abgewandelten Form verwenden werden. Sie benötigen massive Rechenleistung und Floating Point-Unterstützung. Die Algorithmen sind stark parallelisierbar und deswegen sehr gut geeignet, auf Multiprozessorsystemen abzulaufen.

Von der Rendering-Einheit müssen die Pixeldaten mit hoher Geschwindigkeit in den Bildspeicher geschrieben werden. Dies kann nur durch eine Direktverbindung erreicht werden. Eine solche Forderung steht aber im Widerspruch zu der Notwendigkeit, daß das Fenstersystem und u. U. die Benutzerschnittstellenlogik den Direktzugriff auf den Bildspeicher benötigen. Dieses Problem wird mit *Crossbar Switches* gelöst, programmierbare Verbindungen, die sehr schnell zwischen verschiedenen Quellen umschalten.

Wegen der hohen Geschwindigkeit der Rendering-Einheit bzgl. Bildspeicher (z. B. bei Animation) reicht die Datentransferrate der VRAM's eingangsseitig oft nicht aus. Dann müssen mehrere Speicherbänke parallel implementiert werden, wobei jede Bank für einen festen Bildbereich zuständig ist. Um gleichmäßige Schreibraten auf allen Bänken zu erreichen, wird der Bildbereich nicht in zusammenhängende Teile zerlegt, sondern pixelweise zugewiesen. So ist gewährleistet, daß alle Bänke betroffen sind, wenn in einem Bildteil viel zu berechnen ist. So wird in jeder Bildspeicherbank jedes n-te Pixel gespeichert (n ist die Anzahl der Bänke).

Ein solcher verteilter Bildspeicher ist aber ein Problem für Fensteroperationen. Beim Verschieben muß ein Fenster wieder zusammengefügt und anschließend erneut auf die Bildspeicherbänke verteilt werden. Für solche Operationen muß ein Bildspeicherbereich zur Verfügung stehen, der im Normalfall nicht sichtbar ist, aber in dem das neue Bild nach einer Fensteroperation im Hintergrund rekonstruiert werden kann (*Scratch Pad*), ohne daß der Benutzer die "Umbau-Arbeiten" auf dem Bildschirm wahrnimmt. Nach Rekonstruierung wird für kurze Zeit der Inhalt des Scratch Pads ausgelesen bis der eigentliche Bildspeicher aktualisiert ist. Ein intelligenter *Window Manager* sorgt hierbei für die korrekte Darstellung aller Fenster (siehe Kapitel 12, "UNIX aus Benutzersicht").

Nach der Speicherung des Bildes erfolgt die D/A-Wandlung und die Ansteuerung des Bildschirms. Dabei ist häufig eine erweiterte Funktionalität implementiert, um mehr Darstellungsmöglichkeiten zu haben. Dies verlangt eine äußerst schnelle Logik, die Farb- und Fensteroperationen mit der notwendigen Geschwindigkeit umsetzen kann. Oft implementiert man in dieser Stufe auch Bitmuster, die dem Bild überlagert werden sollen, wie z. B. Cursor und Overlay-Informationen.

Die letzte Stufe in der Bildgenerierungs-Pipeline ist der Bildschirm. Der Trend zu immer größerer Auflösung stellt entsprechende Anforderungen an die Bildgenerierungs-Hardware: Die D/A-Wandler müssen an den Bildschirm angepaßt sein. In den letzten Jahren kamen immer mehr Bildschirme mit den unterschiedlich-

sten Eigenschaften auf den Markt (Bildwiederholfrequenz, interlaced, non-interlaced usw.). Aus diesem Grunde sind inzwischen viele D/A-Wandler in der Bildschirmansteuerung progammierbar.

Aus den Ausführungen wird deutlich, daß man den Anforderungen nur mit spezi-
alisierter und auf verschiedene Stufen verteilter Logik gerecht werden kann. Dies
ist im Low End-Bereich aus Kostengründen nicht möglich, so daß die notwendige
Leistungsfähigkeit für realistische Bildgenerierung nicht erreicht werden kann.

Tabelle 9-1: Eigenschaften der einzelnen Berechnungsschritte

Stufe	Flexibilität notwendig	Floating Point	evtl. Engpaß
Darstellung	+ + +	+ + +	+
Transformationen	0	+ + +	+ + +
Clipping	+	+ + +	0
HLHSR	+	+	0
Rendering	+ +	+	+ + +
Scan Conversion	0	0	0
Farbzuordnung	+	0	+
Fensteroperationen	+ + +	+ + +	+ + +

Tabelle 9-1 faßt die Berechnungsstufen mit ihren Anforderungen noch einmal zusammen. (Anzahl der "+" gibt die Stärke des Einflusses an; bei "0" liegt keine
Beeinflußung vor.)

Für die Bildausgabe mit hohen Qualitätsanforderungen steigen die Kosten sehr
schnell an, so daß ein Hochleistungssystem mehr als 100.000 DM kosten kann.

9.3 Systeme und Klassifizierung

Mittlerweile gibt es eine große Zahl an Graphikprodukten auf dem Markt. In
diesem Abschnitt wird der Versuch gemacht, vorhandene Systeme zu beschreiben
und zu klassifizieren. Es werden dabei drei Bereiche betrachtet: das "Low End"
entsprechend den heutigen Graphikkarten für PC's, die "Middle Range"-Produkte
als gängige Graphikkarten für Workstations und PC´s und das "High End" mit
Hochleistungsgraphikkarten, die die Workstation-Hersteller anbieten.

9.3.1 Marktentwicklung bei Graphikprozessoren

In den 70er Jahren stellte Rechenleistung den größten Kostenfaktor eines Systems dar. Deshalb war es aus Marktgründen nicht sinnvoll, der graphischen Ausgabe eigene Rechenleistung zuzuordnen. Es existierten zunächst nur alphanumerische Terminals. Mit der Weiterentwicklung der Technologie stiegen jedoch die Anforderungen an die graphische Benutzeroberfläche. Zunächst verbesserte man die Bildschirmansteuerung, indem man von der Buchstaben- und Zahlendarstellung auf Pixeldarstellung umstellte. Dies bedeutete einen höheren Logikaufwand in der Ansteuerung des Bildschirms. Hierfür gab es die ersten fest verdrahteten Graphikprozessoren. Ihre Funktionalität reichte nicht über das Ansteuern von Pixeln hinaus. Die nächste Generation von Graphikprozessoren arbeitete bereits auf einer höheren Abstraktionsebene mit Primitiva wie Linien, Polygone usw.

Heutige Graphikprozessoren sind hochkomplexe Chips, die einen großen Teil der Graphikfunktionalität abdecken. Sie sind programmierbar, bearbeiten die gängigen Graphik-Primitiva und unterstützen Fensteroperationen wie Verschieben, Vergrößern, Verkleinern. Zudem beherrschen sie Funktionen wie das Füllen von Polygonen, Darstellung verschiedener Linientypen usw. Für Hochleistungssysteme gibt es auch spezielle Shading- oder Geometriebausteine.

9.3.2 Low End-Graphik

Der erste PC-Graphikstandard wurde definiert durch die *Herkules-Karte*, einen monochromen Graphikadapter. Eine Auflösung von 720 × 348 Pixel wird unterstützt, und der Bildschirmspeicher hat eine Größe von 64 KByte.

Der nächste Standard, der sich in der PC-Welt etablierte, war *EGA (Enhanced Graphics Adapter)*. Er unterstützt Farb- und Schwarzweiß-Monitore, und EGA-Karten besitzen eine Auflösung von 720 x 350 Pixel bei monochromem Monitor, von 640 x 200 Pixel x 2, 4, 16 Farben bei einem normalen Farbmonitor und von 640 x 350 Pixel x 2, 4, 16 Farben aus 64 bei einem hochauflösenden Monitor. Der Bildschirmspeicher besitzt eine Größe von bis zu 256 KByte.

Augenblicklich ist der gängigste Standard in der PC-Welt das *Video Graphics Array (VGA)*. Er wurde mit der IBM PS/2 Serie 1987 eingeführt. Seine Auflösung beträgt 640 × 480 Pixel × 16 Farben oder 320 × 200 Pixel × 256 Farben aus 262.144. Der Bildschirmspeicher besitzt 256 KByte, die in 4 Planes (Farbebenen) organisiert sind. VGA unterstützt 8 Zeichensätze und ist zu all seinen Vorgängern aufwärtskompatibel. Die notwendige Logik ist in einem VLSI SMD-Chip implementiert, so daß die Platine ein kompaktes Format hat.

9.3.3 Middle Range-Graphik

Die Graphiksysteme im mittleren Segment sind für den High End-PC-Markt und
für den Workstation-Bereich mit geringeren Graphikanforderungen geeignet. Als
Hersteller sind hier hauptsächlich die Firmen SPEA, Miro, Matrox und die Workstation-Hersteller selbst aktiv. Diese Klasse von Graphik-Boards verwendet meist
programmierbare Standard-Graphikprozessoren. Als Anbieterfirmen sind hier
Texas Instruments, Intel, Hitachi, Western Digital und National zu nennen. Diese
Prozessoren sind programmierbar und optimiert auf Graphikoperationen.

Häufig können diese Karten PC-Graphikstandards emulieren, um Software-kompatibel zu sein. Die unterstützte Auflösung liegt zwischen 1024x768 Pixel und
2048×1536 Pixel. Die Anzahl der dargestellten Farben reicht bis zu 16,7 Millionen, wobei jedoch 256 und 4096 am gängigsten sind. Der Bildspeicher besitzt im
allgemeinen eine Größe von 1 bis 2 MByte. Die Bildwiederholfrequenz liegt bei 60
bis 80 Hz.

Interessant sind die graphischen Standards, die unterstützt werden. Augenblicklich sind dies zumeist die PC-Industriestandards, weniger X, GKS oder CGI. In
diesem Bereich werden sich in den nächsten Jahren erhebliche Änderungen ergeben müssen mit Hinblick auf die UNIX-Entwicklung (siehe Kapitel 12, "UNIX
aus Benutzersicht"). Die Mittelklasse der Graphikkarten bestimmt sich auch
durch ihre Preise zwischen DM 5000 und DM 10.000 (je nach Leistungsfähigkeit
und Größe des Bildspeichers).

9.3.4 High End-Graphik

Hochleistungsgraphiksysteme finden Anwendung in Bereichen, in denen bis
heute komplexe 3D-Objekte mit viel Zeitaufwand per Hand dargestellt wurden,
z. B. bei Design-Vorgängen. Die Simulation äußerst komplexer Vorgänge, wie das
Verhalten eines Autos im Windkanal oder des Ermüdungsverhaltens mechanisch
beanspruchter Bauteile, war bis jetzt wegen mangelnder Rechenleistung und
graphischer Unterstützung nicht möglich. Mit der steigenden Leistungsfähigkeit
der Systeme können diese Vorgänge numerisch erfaßt und anschließend anschaulich graphisch dargestellt werden. Durch diese Vorgehensweise lassen sich An-
sichten erzeugen, die real nie sichtbar wären.

Um diesen anspruchsvollen Anwendungen gerecht zu werden, muß die Graphik-
Hardware so leistungsfähig sein, daß der Benutzer mit annehmbaren Verzögerungszeiten arbeiten kann. Deswegen bestehen die High End-Graphiklösungen
meist aus Multiprozessorarchitekturen, wobei oft mehrere Full-Custom-Spezial-
prozessoren eingesetzt werden.

Durch einzelne Prozessoren lassen sich die erforderlichen Pixel-Durchsatzraten im Graphiksystem nicht erreichen. Hersteller von Workstations in der oberen Leistungsklasse bieten deshalb Graphikbeschleuniger auf der Basis von Multiprozessoren an, die sich in einer Preisklasse ab DM 50.000,-- bewegen. Bekannte Produkte dieser Klasse sind Beschleuniger von Silicon Graphics, HP, Stardent. Sie werden weiter unten kurz beschrieben.

Leistungsdaten

High End-Systeme werden anhand der Bilddaten klassifiziert, die sie pro Sekunde berechnen und darstellen können. Dabei sind einmal die transformierten und dargestellten Vektoren und zum anderen die schattierten Polygone wichtig. Da es allerdings keine normierten Angaben sind, berechnet jeder Hersteller die Rechenleistung für seine Polygone oder Vektoren verschieden, wobei aus den Unterlagen nicht immer deutlich wird, worauf sich die Leistungsdaten beziehen. Üblich sind Vektoren von 10 Pixel Länge und Polygone mit drei oder vier Kanten, die 100 Pixel einschließen. Unklar ist häufig auch, welche Berechnungsschritte vor der Darstellung auf dem Bildschirm durchgeführt wurden. Zusätzlich zur Transformation werden für Vektoren oft auch Anti-Aliasing (Entfernung von störenden Stufen) und Schattierungen berechnet. Auf die Polygone wird meist der Gouraud-Algorithmus und Anti-Aliasing angewendet.

Silicon Graphics

Silicon Graphics bietet zur Zeit die IRIS GTX Serie mit der sogenannten Power Path-Architektur an. Sie zeichnet sich durch ein modulares, skalierbares Architekturkonzept aus. Die Rechenleistung für die Generierung von Bildern wird separat vom Zentralrechner erbracht. Das graphische Subsystem ist als eine Pipeline mit sechs verschiedenen ASICs aufgebaut. Sie besteht aus 5 Stufen: Geometrie, Scan-Konvertierung, Rasterisierung, Darstellung und Bildschirmausgabe (Bild 9-19). Diese Architektur ist direkt auf Bild 9-17 zurückzuführen. Die Polygone werden von der CPU der Workstation über den Systembus an den Kommandoprozessor geschickt. Dieser verteilt die graphischen Primitiva gleichmäßig auf die *Geometrieprozessoren*, die die Koordinatentransformationen und das Clipping durchführen. Nach einer Umorganisation der Polygonkanten werden in der *Polygon-Engine* die Farbwerte an den Ecken und an der Umrandung der Polygone berechnet. Die *Area Engine* berechnet dann die Farbwerte der Pixel innerhalb der Polygone und führt gleichzeitig die Scan-Konvertierung durch. Die fertigen Pixel werden im Bildspeicher abgelegt. Von dort aus gelangen sie über den *Multi Mode Graphics Processor (MGP)* und einen D/A-Wandler auf den Bildschirm. Der MGP steuert die Farbzuordnungen. Da die Pipeline starr aufgebaut ist und nicht dynamisch geändert werden kann, können die implementierten Algorithmen nur nach einem festen Schema im Beschleuniger berechnet werden, wobei aber eine außer-

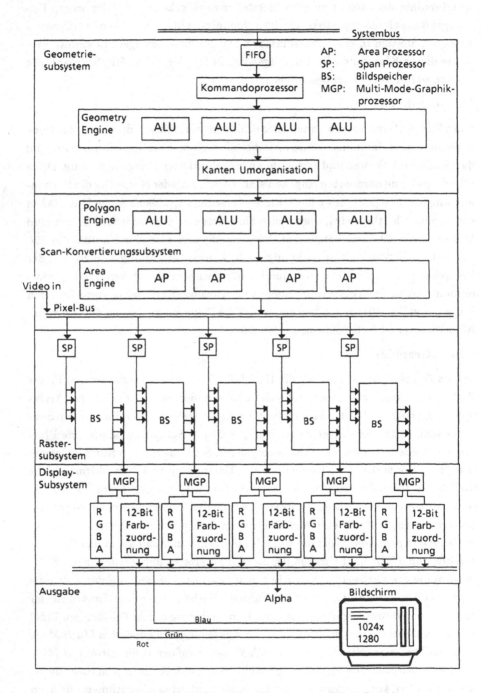

Bild 9-19: Architektur des Graphikbeschleunigers von Silicon Graphics

ordentlich hohe Geschwindigkeit erreicht wird. Eine Besonderheit des Beschleunigers ist der Videoanschluß, der sich in der Mitte der Pipeline befindet. Er erlaubt es, Videobilder direkt in den Bildspeicher einzuspeisen.

Stardent

Die *Stardent 3000* Architektur folgt für das Graphiksubsystem einer anderen Philosophie. Ein großer Teil der Graphikberechnungen wird in den CPU´s der Workstation durchgeführt. Nur die Rasterisierungsstufe der Graphikberechnungen wird in der Spezialeinheit bearbeitet. Die Koordinatentransformationen, Clipping und die Farbberechnungen finden in den Haupt-CPU´s statt (Bild 9-20).

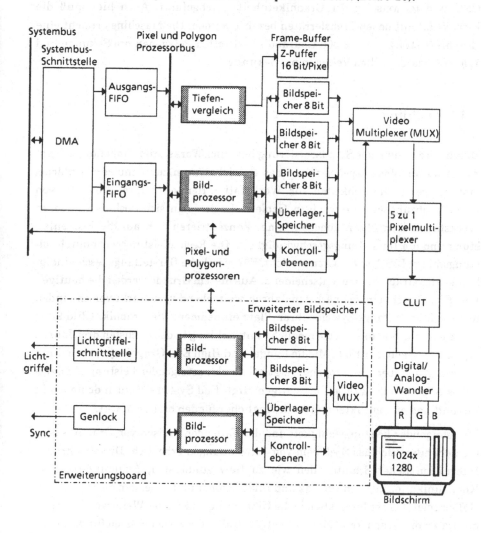

Bild 9-20: Architektur des Graphikbeschleunigers von Stardent

Diese Architektur erlaubt ein hohes Maß an Flexibilität in der Wahl der Algorithmen. In ihr entsteht jedoch Datenverkehr hoher Bandbreite auf dem Systembus zwischen den CPUs und dem Grapikbeschleuniger, da nicht graphische Primitiva, sondern Pixel übertragen werden. Die Leistungsfähigkeit des Gesamtsystems soll durch einen Hochgeschwindigkeitsbus und einen Multiprozessor-Host sichergestellt werden. Die Graphikeinheit verarbeitet bis zu 600.000 Vektoren pro Sekunde und 150.000 Gouraud schattierten Polygone pro Sekunde.

Die *HP-Apollo DN 10.000 VS (SNI WS 30-1000)* verfolgt eine ähnliche Philosophie wie die Stardent 3000. Die Graphikberechnungen werden teilweise auf der CPU und teilweise in der Graphikeinheit durchgeführt. Auch hier muß die Flexibilität mit hohen Transferraten bezahlt werden. Die Maschine erreicht eine Graphikleistung von 108.000 Gouraud schattierten Polygonen pro Sekunde und 1.000.000 dargestellten Vektoren pro Sekunde.

9.4   Ausblick

Durch die zunehmende Standardisierung bei einer Workstation, angefangen beim Anschluß für Massenspeicher über das Betriebssystem zur Benutzeroberfläche, gibt es wenig Möglichkeiten für Workstation-Hersteller ihre Produkte von anderen abzuheben. Die wenigen Gebiete, in der man sich noch von anderen Workstation-Herstellern abheben kann, konzentrieren sich auf die Rechenleistung und die Darstellungsgeschwindigkeit. Die Rechenleistung wird durch leistungsfähige RISC-Prozessoren erreicht. Für eine hohe Darstellungsgeschwindigkeit ist das Graphikmodul entscheidend. Aus diesem Grunde werden die heutigen Low End-Systeme in den nächsten Jahren weitgehend vom Markt verschwinden und die Middle Range-Systeme ihren Platz einnehmen. Die Graphik (Bild 9-21; vgl. auch Bild 1-10 d) stellt die mögliche Entwicklung in den nächsten drei Jahren der Leistung von Low End-, Middle Range- und High End-Graphiksystemen ihren Preisen gegenüber. Die Prognose zeigt bei stark ansteigender Leistung ein deutliches Absinken der Preise Die heutigen High End-Systeme werden demnach in Zukunft immer kompakter und erschwinglicher für den breiten Markt.

Mit steigender Leistungsfähigkeit und den fallenden Preisen von Graphiksystemen erweitert sich das Spektrum von Anwendungen erheblich. Dieses führt zur Integration neuer Schnittstellen wie zu Bewegtbilddaten, Audio-Information, Kommunikationsmedien wie Fax und Bildtelefon. Für die meisten dieser Schnittstellen spielt bei der Integration in die Umgebung und bei der Weiterverarbeitung der Daten die Graphikeinheit eine zentrale Rolle. Deswegen müssen für derartige Multimedia-Systeme neue Architekturen entwickelt werden, um die benötigten

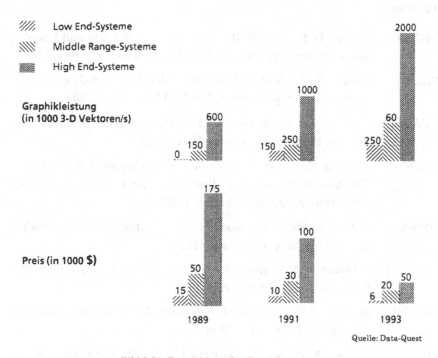

Bild 9-21: Entwicklung des Graphikmarktes

Datenraten unterstützen oder auch um die Übertragung großer Datenmengen an kritischen Stellen im System ganz vermeiden zu können.

Eine weitere wichtige Rolle in der Computer-Graphik wird der kommende Standard für hochauflösendes Fernsehen, *High Definition TeleVision (HDTV)*, spielen. Jedes HDTV-Fernsehgerät wird zur Darstellung der Bilder viel Rechenleistung beinhalten. Diese Rechenleistung dürfte nicht nur für das Empfangen von Bildern mit ihrer Dekodierung verwendet werden, sondern es ist vorstellbar, die interne Hardware eines Fernsehers für Computer-Graphikanwendungen zu verwenden. Außerdem werden die HDTV-Bildschirme auf Dauer eine günstige Alternative zu den heute noch sehr teuren hochauflösenden Bildschirmen sein. Diese Entwicklung wird zur Folge haben, daß der Markt für Computer-Graphik und für Fernsehgeräte immer stärkere Synergien aufweist.

Literatur

[ARNO 88]   Arnold, D. B.; Bono P. R.: CGM und CGI Metafile and Interface
             Standards for Computer Graphics. Berlin Springer Verlag, 1988

[BRAU 90]   Braun, K.: Ein Vergleich aktueller Hochleistungs-Graphiksyste-
             me und zukünftige Trends. CAD/CAM Nr. 3, Juni 1990

[ENCA 81]   Encarñaçao, J.; Straßer, W.: Geräteunabhängige graphische
             Systeme München Oldenbourg Verlag, 1981

[FOLE 90]   Foley, D. F.; van Dam, A.; Feiner, S. K.; Hughes, J. F.: Computer
             Graphics Principles and Practice, second Edition, Reading,
             Massachussets: Addison-Wesley, 1990

[GOME 89]   Göbel, M.; Mehl, M.: Standards der graphischen Datenverarbei-
             tung. Ehningen Expert Verlag, 1989

[NEWM 81]   Newman, W.M.; Sproull, R.F.: Principles of interactive Computer
             Graphics. Japan McGraw Hill, 1986

[ROGE 85]   Rogers, D.F.: Procedural Elements for Computer Graphics,
             Singapore: McGraw Hill, 1985

[SALM 87]   Salmon, R.; Slater, M.: Computer Graphics Systems and Concepts.
             Reading, (Mass.) Addison-Wesley, 1987

[SORG 88]   Sorgatz, U.: Das Geometrie Datenerfassungssystem VWSCAN im
             CAE-Konzept. VDI-Z, 7/1988

[STRA 86]   Straßer, W. (ED.): Advances in Computer Graphics Hardware.
             Berlin Springer-Verlag, 1986

10 Massenspeicher

10.1 Massenspeicher und Speicherhierarchie

In dem Kapitel 4, "Speicherarchitektur", war bereits von einer Speicherhierarchie die Rede. Dort wurden vorwiegend die prozessornahen Speicher, wie Register, Cache und Hauptspeicher, behandelt. Ein Rechner braucht aber noch andere Speichermedien

- für das Paging,
- um ein File-System aufzubauen,
- zum Transport von Software,
- und schließlich für die Datensicherung (Backup) und Archivierung.

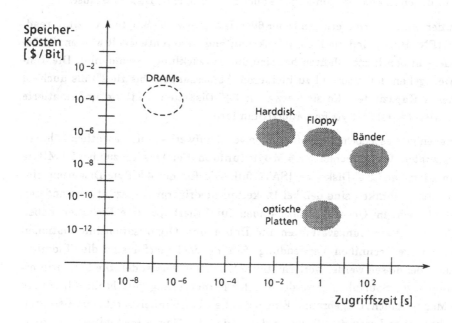

Bild 10-1: Speicherkosten und Zugriffszeiten bei Massenspeichern

Üblicherweise werden für das Paging und für die Files *Harddisks* verwendet, weil sie erheblich billiger sind als Halbleiterspeicher, und das bei einer befriedigenden Zugriffszeit im Bereich von Millisekunden. *Bänder* finden dort Verwendung, wo es auf kurze Zugriffszeit nicht so ankommt, aber große Datenmengen anfallen, beispielsweise bei der Archivierung und bei der Auslieferung von größeren Software-Paketen. Neuere Workstations verfügen über *Floppy Disks*, vor allem für kleinere Backups und zum Transport von Files zwischen nicht vernetzten Geräten. Das wurde möglich, weil Floppy Disks mittlerweile über eine Kapazität von mehr als 1 MByte verfügen. Relativ neu auf dem Markt sind *optische Platten*. Sie sind interessant, weil sie bereits heute Speicherkapazitäten von bis zu einem Tera-Byte (10^{12} Byte) ermöglichen, bei Zugriffszeiten in Sekunden. Typische Einsatzgebiete sind Archivierung und Datenbankanwendungen. Bild 10-1 zeigt Kosten und Zugriffszeiten der wichtigsten Massenspeichermedien im Vergleich zu DRAMs.

10.2 Floppy Disk

Floppy Disks werden im Bereich der PCs und zunehmend auch bei Workstations eingesetzt. Sie dienen dabei sowohl als preiswertes und handliches Medium für Sicherungen in kleinem Umfang wie auch zum einfachen Datenaustausch.

Seit den ersten Vorläufern (Ende der 60er Jahre: etwa 65 KByte Kapazität, read-only [ENGH 81]) sind die Floppy Disks laufend weiterentwickelt worden. Insbesondere in den letzten Jahren hat sich die Entwicklung beschleunigt. Die Tendenzen gehen dabei sowohl zu kleineren Abmessungen (bis zu 2") als auch zu höheren Kapazitäten. So sind etwa für $3\frac{1}{2}$"-Disketten 2 MByte unformatierte Kapazität (= 1,44 MByte formatiert) Standard.

Daneben gibt es jedoch schon eine Reihe von Laufwerken mit wesentlich höheren Kapazitäten. Diese reichen von 4 MByte (unformatiert) bis hin zu über 20 MByte (formatiert) auf $3\frac{1}{2}$"-Disketten [SATC 90]. Die für die 4 MByte-Disketten eingesetzten Techniken sind den bei Disketten niedrigerer Kapazität verwendeten sehr ähnlich. Im Gegensatz dazu finden für höherkapazitive Disketten neben anderen Aufzeichnungsverfahren für Daten und Organisationsinformationen auch andere Techniken Verwendung. Ein Beispiel hierfür sind die "Floptical Disks". Bei diesen werden vorformatierte Disketten verwendet. Die Formatinformationen zur Spurführung werden bei der Formatierung mittels eines Lasers in die Magnetschicht eingebrannt. Eine optische Abtasteinheit sorgt beim Beschreiben bzw. beim Lesen der Disketten dafür, daß der Magnetkopf mit der erforderlichen Präzision über der Spur geführt wird. Mit dieser Technik ist eine deutliche

Erhöhung der Spurdichte erreicht worden. Die Zahl der verwendeten Spuren stieg von 135 Spuren/Inch (3½", 1,44 MByte) auf bis zu 1250 Spuren/Inch (3½", über 20 MByte).

Zunehmend finden bei Floppy Disks auch aus dem Bau von Festplatten entlehnte Techniken Verwendung. Dies gilt auch für die Schnittstelle der Laufwerke zum System. Floppy Disk-Laufwerke haben oft nicht mehr den einfachen Laufwerks-anschluß, sondern wie Festplatten einen integrierten Controller, der über einen Bus (typisch: SCSI, Small Computer Systems Interface) angesprochen wird.

10.2.1 Funktionsprinzipien

Mechanischer Aufbau

Floppy Disks bestehen aus einem sehr dünnen Träger, auf den beidseitig eine magnetisierbare Schicht aufgetragen ist. Diese Scheibe ist, um die notwendige mechanische Stabilität zu gewährleisten, von einer festen Hülle umgeben. Diese ist innen speziell beschichtet, um den Abrieb zu minimieren und damit für gleichbleibende mechanische Qualität zu sorgen (Bild 10-2).

Die Schutzhüllen unterscheiden sich für die verschiedenen Floppy-Größen. Während 8"- und 5¼"-Disketten in flexiblen Hüllen stecken, haben 3½"- und kleinere Floppies ein stabiles Kunststoffgehäuse. Darüber hinaus ist das Gehäuse der kleineren Disketten im Ruhezustand vollkommen geschlossen. Die Öffnung für

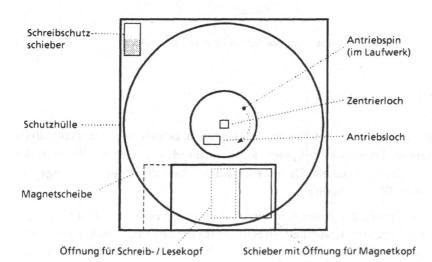

Bild 10-2: Mechanischer Aufbau von 3 1/2"-Disketten

den Magnetkopf wird von einem Schieber verschlossen, der beim Einlegen der Disks in das Laufwerk automatisch zurückgeschoben wird.

Alle Disketten verfügen über einen mechanischen Schreibschutz. Weiterhin haben die Disketten eine Kennung, die das Erreichen der Null-Position (Anfang der einzelnen Spuren) angibt. Bei 5 ¼"- und 8"-Disketten wird das Erreichen der Nullposition durch ein Loch in der Magnetschicht und einen optischen Sensor erkannt. Bei 3 ½"-Disketten ist, bedingt durch eine andere Antriebsmechanik, ein Indexloch in der Magnetschicht nicht mehr notwendig.

Aufteilung der Disketten

Der auf einer Diskette zur Verfügung stehende Speicherplatz ist in kleinere Einheiten unterteilt. Die gröbste Teilung ist die Einteilung in Seiten (bei zweiseitigen Disketten). Jede Seite ist wiederum in konzentrische Spuren unterteilt, die ihrerseits in Sektoren aufgeteilt sind (Bild 10-3). Die Unterteilungen auf der Diskette sind in der Regel nicht ab Werk vorhanden; sie müssen vom Anwender in einem Formatierlauf aufgebracht werden.

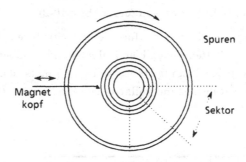

Bild 10-3: Interne Aufteilung von Floppy Disks

10.2.2 Datenaufzeichnung

Bei der Aufzeichnung auf Floppy Disks handelt es sich um eine sequentielle Speicherung. Dabei wird mit jedem aufzuzeichnendem Impuls die Polarität des Schreibstromes gewechselt. Damit wird ein Wechsel der Magnetisierungsrichtung auf der Diskette bewirkt.

Zur Aufzeichnung der Daten sind zwei Verfahren gebräuchlich. Das ältere, FM (Frequenzmodulation), zeichnet den Schreibtakt explizit auf. Zwischen zwei Taktsignalen ist jeweils die Nutzinformation enthalten. Höhere Kapazitäten ohne höhere Anforderungen an Schreib-Lese-Köpfe und Magnetmaterial lassen sich mit dem MFM-Format (Modifizierte Frequenzmodulation) erzielen. Bei diesem

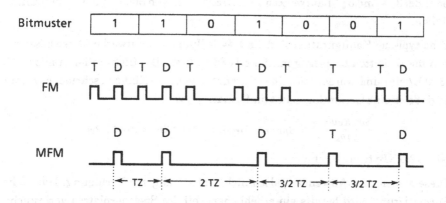

TZ = Taktzyklus

Für jedes Bit steht ein Zeitfenster zur Verfügung. Taktsignale werden jeweils zu Beginn des Zeitfensters geschrieben, Daten in der Mitte des Zeitfensters.

Beide Aufzeichnungsverfahren arbeiten mit dem gleichen minimalen Impulsabstand. MFM bietet damit Platz für die doppelte Zahl von Impulsen. In der Abbildung ist die Darstellung der MFM-Aufzeichnung gestreckt, um die Vergleichbarkeit der Verfahren zu erleichtern.

Bild 10-4: Aufzeichnung von Daten

Verfahren wird der Takt nicht explizit aufgezeichnet, sondern aus der aufge-zeichneten Nutzinformation zurückgewonnen (Bild 10-4). Dabei werden für "1"-Bits nur die Daten aufgezeichnet. Ein Taktsignal wird nicht geschrieben. Für "0"-Bits wird kein Datensignal aufgezeichnet. Statt dessen wird, falls in der vorher-gehenden Zelle keine "1" aufgezeichnet wurde, ein Taktsignal geschrieben. Beim Lesen wird die unterschiedliche Phasenlage von Takt- und Datensignalen dazu benutzt, die Daten aus dem Strom von Signalen zurückzugewinnen. Da die maximale Kapazität von der Zahl der Flußwechsel in der Magnetschicht abhängt, lassen sich mit MFM doppelt so viele Daten wie mit FM aufzeichnen, ohne die Schreibdichte zu erhöhen.

Neben diesen Verfahren gibt es weitere wie M^2FM und GCR, die jedoch von den gebräuchlichen Floppy Controllern (noch) nicht unterstützt werden. Das GCR-Verfahren (Group Code Recording) findet bei der Aufzeichnung auf Magnetbänder Verwendung.

Die Datenrate bei Aufzeichnung und Wiedergabe hängt von den jeweiligen Lauf-werken ab. Die Positionierung der Schreib- und Leseköpfe nimmt dabei in der Regel den größten Teil der notwendigen Zeit in Anspruch. Die Übertragungsraten liegen in der Regel zwischen 250 Kbit/s und 500 Kbit/s. Dabei werden bei den verschiedenen Laufwerken die Disketten mit verschiedenen Drehzahlen betrieben. Bei 3½"- und 5¼"-Laufwerken sind Drehzahlen von 300 U/min und 360 U/min üblich.

Eine typische Konfiguration sind die 1,44 MByte-3½"-Laufwerke. Diese beschreiben die Disketten beidseitig mit jeweils 80 Spuren. Die Disks rotieren mit 5 U/s (300 U/min) und werden mit einer Datenrate von 500 Kbit/s beschrieben. Damit ergibt sich eine Gesamtkapazität (unformatiert) von

$$\frac{500\ Kbit/s}{5\ U/s} * 80\ Spuren * 2\ Seiten = 16\,000\ Kbit = 2\,000\ KByte$$

oder 12,5 KByte pro Spur.

Diese stehen dem Anwender jedoch nicht vollständig zur Verfügung. Durch die Formatierung wird bereits ein erheblicher Teil des Speicherplatzes verbraucht. Für Nutzinformationen verbleiben lediglich 9 KByte je Spur oder 1,44 MByte pro Diskette.

Formatierung

Der für die Formatierung verwendete Platz auf der Diskette ist im wesentlichen drei Bereichen zuzuordnen: Positionsinformation, Datensicherung und Lücken.

Am Anfang jedes Sektors ist vermerkt, auf welcher Seite der Diskette er steht und in welcher Spur der Sektor liegt. Des weiteren steht dort seine Nummer innerhalb der Spur.

Am Ende der Sektorinformation und am Ende jedes Datenblockes werden Sicherungsinformationen aufgezeichnet. Über jeden Teil wird mittels CRC (Cyclic Redundance Check) eine Prüfsumme gebildet, die mit aufgezeichnet wird. Damit kann pro Sektor bzw. Sektorinformationsfeld ein 1-Bit-Fehler erkannt werden. Für den CRC wird das von der CCITT empfohlene Polynom $x^{16}+x^{12}+x^5+1$ verwendet.

Die Lücken sind aus technischen Gründen notwendig. Die Controller müssen, um die Daten von der Floppy lesen zu können, genau auf das einkommende Signal synchronisiert sein. Zu diesem Zweck werden in den Lücken Signale aufgezeichnet, deren Bitmuster eindeutig sind und die somit eine Synchronisation ermöglichen.

Datensicherheit

Mittels der CRC-Prüfsumme können Fehler beim Lesen / Schreiben abgefangen und durch wiederholte Ausführung der Kommandos korrigiert werden. Typische Fehlerraten bei Floppy Disks sind:

– Ein *Positionierfehler* pro 10^6 Positionswechsel. Diese Fehler werden durch die pro Sektor aufgezeichneten Informationen (Spurnummer, Seitennummer) erkannt. Sie können in der Regel durch eine nochmalige Ausführung des Kommandos korrigiert werden.

– Ein *Soft Error* pro 10^9 gelesenen Bits. Soft Errors sind durch nochmaliges Lesen der Nutzinformationen oder der Sektorinformation korrigierbar.

– Ein *Hard Error* pro 10^{12} gelesenen Bits. Hard Errors sind nicht mehr korrigierbar.

Für hochkapazitive Disketten werden teilweise andere Verfahren eingesetzt. So ist etwa die "Floptical Disk" in der Lage, "Fehler-Bursts" bis zu einer Länge von 80 Bit zu korrigieren. Diese Korrektur wird durch den Einsatz von ECC (Error Correction Code) möglich. Um sicherzustellen, daß bei der Korrektur keine zusätzlichen Fehler entstehen, wird zusätzlich eine Prüfsumme (CRC) gebildet. Damit bieten die hochkapazitiven Floppy Disks deutlich bessere Fehlerkorrekturen als die bisher üblichen.

10.3 Magnetische Festplatten

Magnetische Platten – auch *Harddisk* oder *Winchester* genannt – sind seit Jahren das am weitesten verbreitete Massenspeichermedium, und zwar für Workstations ebenso wie für PCs und für Mainframes. Gründe für diese hervorragende Stellung sind die relativ großen Speicherkapazitäten von magnetischen Platten (20 MByte bis mehrere GByte) bei einer befriedigenden Zugriffszeit von etwa 10 bis 40 Millisekunden.

Funktionsprinzip

Vom Prinzip her sind die Harddisks den Floppy Disks ziemlich ähnlich: Auch hier liest und schreibt ein Magnetkopf auf ein sich drehendes magnetisches Medium. Im Gegensatz zu Floppy Disks ist dieses Aufzeichnungsmedium aber starr. Eine typische Harddisk besteht aus einem Stapel von mehreren Platten, die über eine gemeinsame Achse fest verbunden sind. Die Platten werden ein- oder doppelseitig beschrieben, und es ist für jede beschreibbare Seite ein Magnetkopf (Schreib/Lesekopf) vorgesehen (Bild 10-5).

Die Köpfe berühren das magnetische Medium nicht, sondern sie schweben auf einem Luftpolster in einer Höhe von weniger als 0,5 µm über der Magnetplatte (ein Haar hat etwa 50 µm Durchmesser). Aus diesem Grund muß die Platte vor Verunreinigungen sorgfältig geschützt werden, was dazu führt, daß Winchester grundsätzlich geschlossen sind und nur im Reinraum geöffnet werden dürfen (zur Reparatur beispielsweise). Kommen die Köpfe durch einen Fehler dennoch mit der Platte in Berührung, so spricht man von einem *Head Crash*. In diesem Fall

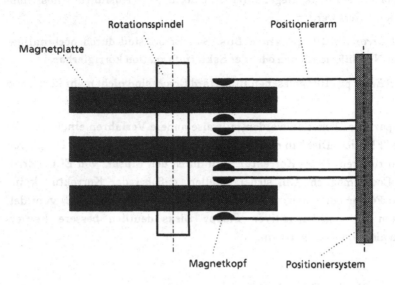

Bild 10-5: Aufbau von magnetischen Festplatten

wird (durch die Hitzeentwicklung) nicht nur der Kopf zerstört, sondern auch die darunterliegende Spur, und durch die entstehenden Grate wird meist die gesamte Platte unbrauchbar.

Der Plattenstapel dreht sich mit etwa 3600 Umdrehungen pro Minute. Ein Positioniersystem sorgt dafür, daß die Köpfe über den angeforderten Sektor geschwenkt werden und der Sektorinhalt gelesen werden kann. Die *Zugriffszeit* setzt sich also zusammen aus:

- der *Positionierungszeit* des Kopfes,
- der *Rotation Latency*, die im Mittel der Hälfte einer Umdrehungsdauer der Platte entspricht, bei 3600 U/min also ungefähr 8,3 Millisekunden;
- und aus der *Übertragungszeit* von der Platte zum Disk Controller.

Aus der Summe dieser Zeiten ergibt sich eine typische Zugriffszeit von 10 bis 40 Millisekunden. Die reale Zugriffszeit hängt außerdem noch davon ab, wie "aufgeräumt" eine Platte ist, d. h. wie sehr ein bestimmtes File über die Platte verteilt ist. Besteht ein größeres File aus benachbarten Sektoren, so kommt man auf wesentlich kürzere Zugriffszeiten als bei einem stark zerstückelten File. Es gibt spezielle Programme, die eine Disk unter diesem Aspekt kompaktifizieren.

Die maximale *Kapazität* hängt ab von der Anzahl der Magnetplatten, vom Plattendurchmesser und von der Spurdichte. Bei vielen Harddisks ist die Anzahl der Sektoren pro Spur für jede Spur gleich; das nützt zwar die Platte schlechter aus, ein Kompensationsmechanismus ist aber ziemlich aufwendig und bei manchen Systemem sogar unmöglich. Statt dessen wird an der konstanten Erhöhung der

Spurdichte gearbeitet, was – als erwünschter Nebeneffekt bei preiswerteren Systemen – auch zu einer Verkleinerung der Plattendurchmesser führt: die ersten kommerziell genutzten Harddisks hatten noch 14" Durchmesser, der allmählich reduziert wurde auf 8", auf $5\frac{1}{4}$", auf $3\frac{1}{2}$", und neuerdings sogar auf $2\frac{1}{2}$". Die Spurdichte kann umso höher sein, je näher der Kopf der Platte ist und je feiner der Magnetkopf positioniert werden kann. Eine Erhöhung der Kapazität um 50% kann durch ein anderes *Codierungsverfahren* als die übliche MFM, die RLL-Codierung, erreicht werden (siehe dazu [DANI 87], S. 17 ff). Das RLL-Verfahren (RLL: Run Length Limited) versucht, redundante Informationen durch eine variable Codelänge für ein bestimmtes Zeichen zu komprimieren. Weil im Gegensatz zu MFM bis zu 7 Nullen zwischen zwei Einsen auftreten können, wird die Zahl der magnetischen Flußwechsel auf der Platte reduziert. Dieser Umstand kann für eine um 50% erhöhte Informationsdichte genutzt werden.

Positioniersystem

Das Positioniersystem für die Köpfe bestimmt in hohem Maße die Kapazität der Platte; ein solches System muß daher umso genauer sein, je größer die Kapazität einer Harddisk ist.

Üblicherweise werden für kleinere Platten (unter etwa 30 MByte) *Schrittmotore* zur Positionierung der Köpfe verwendet. Ein solcher Schrittmotor hat einen typischen Schrittwinkel von unter einem Grad, was zu einer Dichte von etwa 400 tpi (tracks per inch) führt. Wird eine Spur nicht genau getroffen, so muß der Positionierungsvorgang wiederholt werden.

Bei höheren Genauigkeitsanforderungen werden *Linearmotore* verwendet, die über eine Regelschleife die Positionierung verbessern (*closed loop servo system*). Eine solche Regelschleife braucht natürlich einen *Bezugspunkt*; hier gibt es zwei Realisierungen:

- Bei *Dedicated Servo* enthält eine ganze Plattenoberfläche die Positionierungs-Information. Diese Lösung ist recht schnell, weil die zu erkennende Information sehr einfach ist. Problematisch ist jedoch, daß nicht erkannt werden kann, wenn sich die relative Lage der anderen Spuren verändert hat, beispielsweise durch eine Unwucht im Plattenstapel oder bei Temperaturänderungen.

- Die Alternative dazu ist, in jede Spur Positionierungsinformation einzutragen; dieses Verfahren wird als *Embedded Servo* bezeichnet. Die Platte wird dabei vom Hersteller vorformatiert, d. h. die Information wird zwischen die einzelnen Sektoren geschrieben; auf diese Weise hat jeder Kopf seinen eigenen Bezugspunkt, was die Positionierung natürlich verbessert. Nachteile dieses Verfahrens sind die kompliziertere Positionierung, und weiterhin, daß durch die notwendige Vorformatierung der Platte die Sektorgrößen fest sind.

Es gibt auch Systeme, die Mischformen verwenden; dabei dient Dedicated Servo zur Grob- und Embedded Servo zur Feinpositionierung des Kopfes.

Zukünftige Entwicklungen

Wie alle Teile eines Rechnersystems werden auch Winchester immer kleiner; forciert wird diese Entwicklung durch erhöhte Verkaufszahlen für Laptops, für die kleine Platten mit niedrigem Stromverbrauch unabdingabar sind. Das erzwingt natürlich auch eine *Erhöhung der Spurdichte*. Was sich allerdings nach allgemeiner Einschätzung wohl kaum mehr verbessern wird sind die *Zugriffszeiten*, die prinzip-bedingt wohl im Bereich der Millisekunden bleiben werden.

10.4　Optische Platten

Optische Platten erreichen wesentlich höhere Spurdichten – und damit höhere Kapazitäten – als magnetische Platten. Leider sind aber auch ihre Zugriffszeiten mit 100 Millisekunden etwa 5 Mal so lang wie bei diesen. Das liegt so sehr im Prinzip dieses Speichermediums begründet, daß sich zumindest mittelfristig keine wesentliche Änderung dieses Zustands erhoffen läßt. Ein weiterer Vorteil von optischen Platten ist, daß sie ziemlich unempfindlich sind, und zwar sowohl gegen Störungen (wie Magnetfelder oder Stöße) als auch gegen Verunreinigungen. Der Lesekopf ist wesentlich weiter vom Speichermedium entfernt als bei magnetischen Platten; dadurch sind nicht nur Head Crashes so gut wie ausgeschlossen, sondern die Platten sind auch auswechselbar, was bei den sogenannten Juke Boxes (automatische Plattenwechsler) ausgenützt wird.

Üblicherweise werden drei *Kategorien von optischen Platten* unterschieden:

- Die *CD-ROM*: Sie können – wie die "akustischen" CDs – nur gelesen werden.

- Die *WORM* (Write Once Read Many): Wie der Name schon sagt, können diese Platten zwar beliebig oft gelesen, aber nur einmal beschrieben werden.

- *Erasable Optical Disk*: Bei dieser Technologie ist sowohl Lesen als auch Schreiben möglich, und zwar beides beliebig oft.

Alle diese Formen von optischen Platten haben jedoch den Nachteil der langen Zugriffszeit gemeinsam; Hauptursache dafür ist, daß die Köpfe sehr schwer sind (etwa 100 Gramm), so daß die Positionierung einige Zeit in Anspruch nimmt.

CD-ROM

Die CD-ROM (Compact Disk Read Only Memory) ist bisher das einzige genormte optische Speichermedium, was vor allem mit der großen Verbreitung der "akustischen" CDs zu tun hat: deren Protokoll wurde von Philips und Sony definiert und auch heute von sämtlichen Herstellern von CD-ROMs verwendet.

Eine CD-ROM ist eine flache Scheibe aus Polykarbonat mit einem Durchmesser von 120 mm (4,724"). Diese Scheibe ist einfach auswechselbar. Eine CD (Compact Disk) besitzt eine Kapazität von etwa 1 GByte, die Zugriffszeiten liegen in der Gegend von 100 Millisekunden. Die Informationen werden nicht wie bei den anderen Speichermedien in getrennten Spuren abgespeichert, sondern in einer Spur, die sich spiralförmig von innen nach außen zieht und die überall eine gleichmäßige Schreibdichte aufweist; aus diesem Grund ist die Umdrehungsgeschwindigkeit variabel; sie liegt zwischen 200 und 500 U/min.

WORM

WORMs (Write Once Read Many) sind in Durchmessern von $5\frac{1}{4}$", 8", 12" und 14" verbreitet. Die Kapazitäten reichen von etwa 500 MByte pro Seite bei $5\frac{1}{4}$" bis hin zu 3 GByte pro Seite bei 14"; es sind "Juke Boxes" mit mehreren Scheiben erhältlich, die bis zu 1 TeraByte Daten speichern können, bei Zugriffszeiten von weniger als 10 Sekunden.

Die WORMs werden leer geliefert; das Schreiben einer 1 geschieht dadurch, daß das Substrat (Polymere oder semimetallisches Tellur) durch einen stärkeren Laser-Impuls an einer winzigen Stelle verdampft resp. geschmolzen wird. Dieser Schreibvorgang ist irreversibel, Lesen ist jedoch beliebig oft möglich. Das Löschen von WORMs kann sehr einfach durch Überschreiben mit 1 geschehen. Aus diesem Grund sind WORMs ein ideales Medium für Backups oder auch, um größere Informationsmengen in kleineren Auflagen zu verbreiten, wobei (für kleine Stückzahlen) die Herstellung deutlich billiger ist als das Pressen von CD-ROMs.

Erasable Optical Disk (Magneto-Optical Disk)

Die einzigen Erasable Optical Disks, die heute verfügbar sind, beruhen auf einem magneto-optischen Speicherungsprinzip; sie werden daher auch *MO-Disk (Magneto-Optical Disk)* genannt. MO-Disks werden in der Regel mit einem Durchmesser von $5\frac{1}{4}$" angeboten, mit einer Kapazität von etwa 650 MByte pro Laufwerk; es gibt Juke Boxes mit bis zu 50 GByte.

MO-Disks nutzen den sogenannten *Kerr-Effekt* aus: Licht, das von einer magnetischen Schicht reflektiert wird, ändert seine Polarisationsebene abhängig von der Richtung des Magnetfelds. Als magnetisches Medium wird Terbium-Eisen-Kobalt (TbFeCo) verwendet, bei dem dieser Effekt besonders ausgeprägt ist; die TbFeCo-Schicht liegt dabei zwischen zwei durchsichtigen Schichten, die das magnetische Medium vor Korrosion schützen und den Kerr-Effekt verstärken. Das Schreiben geschieht, indem ein kleiner Magnet unten an der Platte ein Magnetfeld in einer bestimmten Richtung anlegt; von oben wird die Platte stark lokal durch einen kurzen Laser-Puls auf einige hundert Grad Celsius erwärmt und wieder schnell abgekühlt. Zum Löschen wird das Magnetfeld in umgekehrter Richtung angelegt und der Laser ein zweites Mal gepulst. Vor jedem neuen Schreiben muß das Feld gelöscht werden; aus diesem Grund sind die Zugriffszeiten beim Schreiben etwa doppelt so hoch wie beim Lesen. Ein Problem bei phasenändernden Materialien ist die Ermüdung des Effekts bei häufigem Schreiben; deshalb sind MO-Disks auch nicht beliebig oft beschreibbar.

10.5 Magnetbänder

Magnetbänder sind, von der Zugriffszeit und den Kosten her gesehen, das Massenspeichermedium am Ende der Speicherhierarchie. Sie zeichnen sich typischerweise durch

- niedrige Kosten pro gespeichertem Zeichen,
- hohe Kapazität,
- hohe Zugriffszeiten und
- Austauschbarkeit

aus. Damit sind ihre Haupteinsatzgebiete im wesentlichen der Einsatz als Archivierungsmedium, als Backup für Festplatten, als Transportmedium sowie für rein sequentielle Aufgaben.

- *Archivierung*: Bei vielen Rechneranwendungen ist es notwendig, den Datenbestand über einen längeren Zeitraum aufzubewahren. Da hierbei in der Regel sehr große Datenmengen verwahrt werden müssen, muß das Medium sowohl preiswert sein als auch möglichst viele Daten pro Volumeneinheit speichern können.

  Mit Magnetbändern sind auch Forderungen nach sicherer Aufbewahrung von Daten leicht erfüllbar. Bei ordnungsgemäßer Lagerung der Bänder wird die Erreichbarkeit der Daten eher von der Verfügbarkeit dann veralteter Hardware als von unbrauchbaren Bändern abhängen.

- *Backup*: Die Sicherung von Benutzerdaten hat zwei wesentliche Aspekte. Sie beugt dem Datenverlust bei Ausfall einer Festplatte vor, und sie ermöglicht dem Benutzer das Wiederaufsetzen auf einen Zwischenstand, falls durch ein Versehen Programme, Daten oder Teile hiervon gelöscht werden. Sicherungen haben im Gegensatz zur Archivierung relativ kurze Lebensdauern. Oft werden die verwendeten Bänder nach einigen Wochen oder Monaten zyklisch wiederverwendet. Wesentliche Kriterien bei der Durchführung von Sicherungen sind die dafür notwendige Zeit und die Kosten.

- *Transport*: Im Workstation-Bereich sind Magnetbänder das am stärksten eingesetzte Medium zum Transport von Daten und Programmen. Notwendige Voraussetzung hierfür ist neben einer ausreichenden Datensicherheit die Standardisierung des Mediums. Damit wird die Austauschbarkeit von Bändern auch verschiedener Hersteller ermöglicht. Problematisch ist die Weiterentwicklung von bestehenden Laufwerken und Bändern. Neuentwicklungen sollten abwärtskompatibel sein, damit eine Datenübertragung zumindest vom alten zum neuen System ermöglicht wird.

- *Sequentielle Datenverarbeitung*: Einige Anwendungen sind derart, daß sie mit einem sequentiellen Speichermedium auskommen. Sind hohe Kapazität und Störsicherheit weitere Anforderungen, so bieten sich Magnetbandlaufwerke an.

Die im technisch-wissenschaftlichen Workstation-Bereich häufigsten Anwendungen sind der Einsatz als Sicherungmedium sowie zum Transport. Im kommerziellen Einsatz spielt daneben die Funktion als Archivierungsmittel eine große Rolle. In beiden Bereichen gibt es zwei Modi beim Einsatz von Bändern:
- Der Start-Stop-Betrieb.
- Einsatz als Streamer.

Diese Einsatzbereiche führten wegen ihrer verschiedenen Anforderungen zu verschiedenen Ausprägungen der Magnetbandgeräte. Üblich sind:
- 1/2" Bandbreite (Spule oder Kassette).
- 1/4" Bandbreite (Kassette).
- 8 mm Videoband (digitale Aufzeichnung, Kassetten).
- 4 mm Audioband (digitale Aufzeichnung, Kassetten).

Für den Start-Stop-Betrieb sind dabei nur $\frac{1}{2}$"-Bandgeräte geeignet. Bei dieser Betriebsart ist es erforderlich, das Magnetband innerhalb der Pause zwischen zwei geschriebenen oder gelesenen Datensätzen bis zum Stillstand abzubremsen und wieder auf Sollgeschwindigkeit zu beschleunigen. Bei den $\frac{1}{2}$"-Geräten, die mit einer Bandgeschwindigkeit von 5,1 m/s arbeiten, ergibt sich daraus eine Beschleunigung des Bandmaterials von über 500 g (vom Stillstand auf 5,1 m/s in unter 1 Millisekunde). Diese Beschleunigungen verlangen eine spezielle Mechanik, um die Abnutzung der Bänder zu begrenzen. Diese Mechanik ist mit den einfacheren Bauformen (Kassetten) nicht realisierbar.

Im Workstation-Bereich sind, bedingt durch die Anforderungen, die Kosten und die Bauformen meistens $\frac{1}{4}$"-Kassetten, mit steigender Tendenz auch 8mm und 4mm Laufwerke zu finden.

10.5.1 1/4" - Kassetten

Dieses Format ist das derzeit gebräuchlichste bei Workstationsektor. Die Laufwerke und Bänder sind für den Streamer-Betrieb ausgelegt. Bei dieser Betriebsart wird ein Datenstrom mit gleichbleibender Aufzeichnungsrate auf das Band
geschrieben.

Die Bänder sind in Kassetten (Cartridges) verpackt. Diese dienen sowohl dem
Schutz der Bänder als auch, bedingt durch den Aufbau der Cartridges, dem
Antrieb. Der in jeder Kassette enthaltene Mechanismus ermöglicht einen sehr
einfachen Aufbau des Laufwerkes, da keine zusätzlichen Riemen, Kupplungen
oder Antriebsmotore benötigt werden. Der zentrale Antriebsriemen führt um
beide Spulen und die Antriebsrolle herum. Damit ist sichergestellt, daß die
Spulen immer kompakt gewickelt werden (Bild 10-6). Durch den Metallboden der
Kassetten wird eine stabile Basis für die Spulen gebildet.

Die Aufzeichnungsdichten und -formate sind de facto-Standards. Sie werden von
der ''Working Group for Quarter Inch Cartridge Drive Compatibility'' (QIC) gesammelt und veröffentlicht. Einige der von QIC veröffentlichten Standards sind
Basis für Normungen der ANSI. Für UNIX-Systeme sind derzeit die Normen

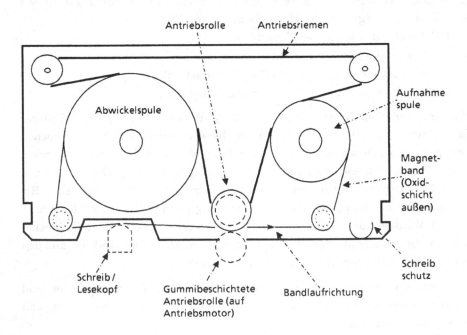

Bild 10-6: Aufbau einer 1/4"-Kassette

QIC-24, QIC-120 und QIC-150 mit Kapazitäten von 60 MByte, 120 MByte und 150 MByte üblich. Die Kassetten haben ein Format von 4" × 6" × 0,65" (etwa 10 cm × 15 cm × 1,65 cm).

Neben diesem Format (DC-300 Format) gibt es noch ein physikalisch kleineres Kassettenformat. Die DC-2000 Kassetten haben eine Größe von 2,5" × 3" × 0,6". Für diese sind die QIC-40 und QIC-80 Standards (Kapazität 40 MByte bzw. 80 MByte) definiert. Diese Laufwerke werden direkt an Floppy Controller angeschlossen. Sie haben, auch wegen der geringeren Übertragungsraten gegenüber den Bandlaufwerken mit SCSI-Anschluß, bei Workstationsektor eine geringere Bedeutung.

Die Aufzeichnung auf die Kassetten im 1/4"-Format erfolgt auf neun horizontal angeordneten Spuren [SLAT 89]. Hier wird jeweils eine Spur bis zum Bandende geschrieben, bevor die Laufrichtung des Bandes gewechselt wird und der Kopf auf eine andere Spur positioniert wird.

10.5.2 Digitale Aufzeichnung

Die steigenden Kapazitäten der Festplatten liegen derzeit deutlich über denen der $\frac{1}{4}$"-Laufwerke. Eine Datensicherung erfordert somit einen mehrfachen Bandwechsel und damit die Beaufsichtigung der Maschine. Dieses Problem wird durch die neueren Digitalrecorder (Video/Audio) gelöst. Diese haben, bedingt durch andere Aufzeichnungstechniken (Schrägspuraufzeichnung), trotz kleinerer physikalischer Abmessungen eine deutlich höhere Kapazität.

- *8mm-Laufwerke*: Die Kassetten haben ein Format von etwa 6,5 cm × 9,5 cm. Kassetten und Laufwerke sind den 8mm Videorecordern entlehnt. Die Kapazität derzeitiger Laufwerke liegt bei über 2 GByte pro Kassette; höhere Kapazitäten sind zu erwarten.

- *4mm-Laufwerke*: Als weitere Alternative bieten sich die von den DAT-Recordern stammenden 4mm-Kassetten an. Das verwendete Aufzeichnungsverfahren ist ähnlich dem bei 8mm-Recordern eingesetzten. Unterschiede liegen im Umschlingungswinkel (90° gegenüber 221° bei 8mm-Laufwerken) sowie der Kopfneigung. Durch den geringeren Umschließungswinkel ist ein schnellerer Suchlauf möglich. Zusätzlich wird das Laufwerk mechanisch einfacher.

Aufgrund ihrer geringen Baugröße und der hohen Verbreitung der zugrundeliegenden Laufwerke (8mm Videokassetten) werden auf 4mm und 8mm Bändern basierende Backup-Systeme oft schon als preiswerte "desktop expansion units" angeboten. Durch den Anschluß über den SCSI-Bus lassen sich viele Rechner auf diese Weise nachrüsten. Für Workstations mit hoher Plattenkapazität sind bereits Laufwerke mit eingebauten Datenkomprimierern im Angebot. Mit diesen stehen auf einem 8mm Band bis zu 8 GByte Kapazität zur Verfügung.

10.6 Spezielle Lösungen

10.6.1 Disk Cache

Die Zugriffszeiten von Massenspeichern liegen etwa 5 Größenordnungen über denen von Halbleiterspeichern; das legt natürlich nahe, auch hier einen Caching-Mechanismus vorzusehen, um die effektiven Zugriffszeiten zu reduzieren.

Damit Caching sinnvoll ist, müssen die angeforderten Daten eine gewisse Lokalität aufweisen (siehe das Kapitel 4, "Speicherarchitektur"). Bei Massenspeichern ist das tatsächlich der Fall, weil meist mehrere Zugriffe hintereinander auf das selbe File oder den selben Paging-Block stattfinden. Es ist deshalb sinnvoll, einen größeren Disk Cache auf einem Winchester-Modul zu installieren (> 64 kByte, mit DRAMs zu realisieren); wenn nun ein Block angefordert wird, können die nachfolgenden Sektoren gleich anschließend gelesen und im Disk Cache gehalten werden; bei den nächsten Zugriffen muß nur noch aus dem wesentlich schnelleren Disk Cache gelesen werden. Dieser Mechanismus funktioniert natürlich umso besser, je besser "aufgeräumt" eine Platte ist, d. h. wenn logisch zusammengehörige Sektoren auch auf der Platte nahe zusammen sind; denn dieser Disk Cache kennt natürlich nur Spur und Sektor der Platte und nicht etwa File-Namen.

10.6.2 Solid State Disks und Wafer Stack

Ein Weg, um die Zugriffszeit auf Massenspeicher drastisch zu reduzieren, ist die Verwendung von Halbleiterspeichern. Ein einfacher Weg ist, einen großen Speicher aus (langsamen und billigen) DRAMs aufzubauen; dieser DRAM-Speicher kann dann ebenso wie konventionelle Massenspeicher (also blockweise) angesprochen werden, aber eben mit wesentlich geringerer Zugriffszeit. Bei dieser Lösung muß man allerdings überlegen, ob es nicht doch sinnvoller ist, die DRAMs in den Hauptspeicher zu stecken, als sie über den Peripheriebus und mehrere Bus-Interfaces zu adressieren.

Eine neuere Aktivität in dieser Richtung ist, anstatt gekapselte handelsübliche DRAMs einen gesamten Wafer mit Halbleiterspeichern zu verwenden, bei dem auch einige Elemente ausgefallen sein können. Diese Lösung ist billiger als die

Verwendung von DRAMs im Gehäuse, und gleichzeitig ist die verfügbare Speicherkapazität auch höher (> 100 MByte), so daß deren Einsatz für kommerzielle Anwendungen wieder interessant werden kann.

10.7 Neue Massenspeicher

Wie sieht der Massenspeicher der Zukunft aus? Diese Frage läßt sich durch vier Begriffe ganz knapp beantworten:
- mehr Kapazität,
- kleinere Außenmaße,
- höhere Geschwindigkeit,
- neue Speichermedien.

Die Weiterentwicklung der herkömmlichen Medien wird diesen für die nähere Zukunft noch ein Übergewicht sichern. Die Probleme sind jedoch absehbar. In den letzten 10 Jahren ist die Leistung von Plattenlaufwerken um den Faktor 3 gestiegen – die von Prozessorleistung jedoch um den Faktor 1000 [PARI 90]. Für die nächsten Jahre ist ein ähnlicher Trend zu erwarten. Die Lücke zwischen den (traditionellen) großen Massenspeichern und den schnellen Prozessoren wird weiter aufklaffen; damit werden immer komplexere Speicherarchitekturen notwendig, um die Prozessoren in der notwendigen Geschwindigkeit mit Code und Daten zu versorgen.

Zusätzlich wird durch die Integration audiovisueller Bedieneroberflächen der Bedarf an Speicherkapazität stark ansteigen. So sind (ohne weitere Maßnahmen) schon bei den heutigen PC- und TV-Standards Datenraten von mehr als 20 MByte/s notwendig, um bewegte Bilder darzustellen. Eine 600 MByte-Festplatte hat damit lediglich eine Kapazität von 30 Sekunden Spieldauer. Erschwerend kommt die Tendenz zu immer höheren Auflösungen und Bildwiederholfrequenzen hinzu.

Zur Lösung dieser Probleme zeichnen sich mehrere Verfahren ab. Weit fortgeschritten ist die Speicherung von Daten in dreidimensionalen Hologrammen [PARI 90]. Diese Technik verspricht eine Lösung der anstehenden Aufgaben. So sind die hiermit aufgebauten Speicher sehr schnell (Übertragungsrate > 100 MByte/s), klein und nichtflüchtig. Erste Prototypen werden in den nächsten Jahren erwartet.

Eine Reihe anderer Verfahren ist derzeit in frühen Laborstadien. Die nachfolgenden Beispiele stehen stellvertretend für eine breite Palette von neuen Ansätzen. Eine Möglichkeit ist die Verwendung photochromatischer Substanzen; diese verändern ihr Absorptionsverhalten (und damit ihre Farbe), wenn sie mit

Licht einer bestimmten Wellenlänge bestrahlt werden. Ein anderer Weg wurde im IBM-Forschungslabor in Almaden aufgezeigt. Hier ist es gelungen, einzelne Xenon-Atome auf einer (auf -269 °C abgekühlten) Oberfläche eines Nickel-Einkristalls zu verschieben und zu positionieren. Der Abstand der einzelnen Atome voneinander beträgt dabei nur 13 Ångström (13×10^{-10} m). Für eine Fläche von $1\,mm^2$ berechnet sich damit eine theoretische Speicherkapazität von etwa $5,9 \times 10^{11}$ Bit oder 73 GByte. An einem ähnlichen Verfahren wird auch an der Universität Stanford gearbeitet.

Literatur

[BURG 89]   Burghaus, U.: Massenspeicher der Zukunft. mc 8 (1989) 8, S. 46-51

[COMS 88]   Comstock, R. L.; Workman, M. L.: Data Storage on Rigid Disks.
              Mee, C. D.; Daniel, E. D. (Eds.): Magnetic Recording, Vol. II: Computer Data Storage, pp. 19-129

[DANI 87]   Daniels, S.; Zeissler, M.; Zeissler, R.: Massenspeicher-Handbuch
              für Mikrocomputer. Troisdorf 1987

[ENGH 81]   Engh, J. T.: The IBM Diskette and Diskette Drive. IBM Journal of
              Research and Development 25 (1981) 9, pp. 701-711

[HARR 81]   Harris, J. P.; Phillips, W. B.; Wells, J. F.; Winger, W. D.: Innovations in the Design of Magnetic Tape Subsystems. IBM Journal
              of Research and Development25 (1981) 9, pp. 691-700

[HENN 90]   Hennessy, J. L.; Patterson, D. A.: Computer-Architecture: A
              Quantitative Approach. San Mateo (CA) 1990

[MIAS 88]   Miastkowski, S.: Fast Drives for Modern Times. Byte13 (1988) 7,
              pp. 118-128

[SATC 90]   Satchell, S.: Megafloppies. Byte 15 (1990) 10, pp.301-309

[SHER 88]   Sherman, Ch.: The CD ROM Handbook. New York 1988

[SLAT 89]   Slater, M.: Microprocessor-Based Design., Englewood Cliffs (NJ):
              Prentice Hall 1989

[WRIG 89]   Wrigth, M.: Winchester Disk Drives. EDN 34 (1989) May, pp. 122-136

11   UNIX als Workstation-Standard

Bei der Mehrzahl der in den vorangegangenen Kapiteln vorgestellten System-komponenten handelte es sich um Hardware-Module, die untrennbar zur Archi-tektur einer Workstation gehören oder zumindest weit verbreitete Komponenten heutiger Workstations darstellen (Graphik, Vernetzung). Die Integration und Verwaltung all dieser Komponenten wird durch das Betriebssystem vorgenom-men. Gleichzeitig stellt das Betriebssystem dem Benutzer einer Workstation eine Schnittstelle zur Verfügung, über die diese Komponenten angesprochen werden können. Eine Workstation wird also erst durch die Hinzunahme eines Betriebs-systems komplettiert.

Die Vielzahl der sich auf dem Markt befindlichen Betriebssysteme zeigt aber, daß nicht jedes dieser Systeme für jede Rechnerarchitektur geeignet ist. Sucht man ein Betriebssystem für Workstations, so wird man sehr schnell auf UNIX stoßen. Warum sich UNIX letztendlich bei Workstations als Betriebssystem durchgesetzt hat (und heutzutage als Standard-Betriebssystem für Workstations betrachtet werden kann), soll in diesem Kapitel näher erläutert werden.

11.1 Was ist UNIX?

UNIX ist ein sogenanntes *offenes System*, d. h. es kann auf einer breiten Palette von unterschiedlichen Rechnersystemen betrieben werden, vom PC bis hin zu hochleistungsfähigen Multiprozessor-Workstations. Darüber hinaus ist UNIX kein starres System, sondern vielmehr offen für eine Vielzahl von Applikations-programmen, solange sich diese Programme an bestehende Regeln halten, die im Rahmen von umfangreichen Standardisierungsmaßnahmen entstanden sind. Weitere entscheidende Merkmale des UNIX-Systems sind seine *Multi-User* und *Multi-Tasking* Fähigkeit. Multi-User-Betrieb bedeutet, daß mehrere (im Prinzip beliebig viele) Benutzer (User) gleichzeitig an einer Workstation arbeiten können, solange nur genügend Bildschirme angeschlossen sind. Jeder dieser Benutzer kann nun seinerseits mehrere Programme (*Tasks*) starten, die dann parallel abgearbeitet werden. Diese Fähigkeit nennt man Multi-Tasking. Da der Prozessor grundsätzlich sequentiell arbeitet, also nur eine Aktion zu einem Zeitpunkt ausführen kann, werden Multi-User- und Multi-Tasking-Fähigkeit ausschließlich vom Betriebssystem zur Verfügung gestellt und verwaltet. Darüber hinaus bietet UNIX mit der *Shell* oder einer fensterorientierten Benutzeroberfläche dem Anwender eine komfortable Schnittstelle an, die das Arbeiten mit UNIX erheblich vereinfacht (Kapitel 12, "UNIX aus Benutzersicht").

UNIX bringt auch Systemverwaltern und Programmierern etliche Vorteile. Da es ein *modulares System* ist, können beispielsweise externe Geräte wie Drucker und Plotter sehr einfach in das System integriert werden; sie werden als eigenständige Module betrachtet, die an definierter Stelle in das Gesamtsystem integriert werden (Kapitel 13, "UNIX aus Systemsicht"). Programmierer schätzen das UNIX-System, weil es eine große Palette von teilweise sehr mächtigen Dienstprogrammen (*Utilities*) zur Verfügung stellt und zudem die Programmerstellung in der Sprache C mit umfangreichen Bibliotheken (*Libraries*) unterstützt. Die standardisierten Bibliothekszugriffe ermöglichen das Erstellen portabler Applikationsprogramme, eine Anforderung, die immer mehr in den Vordergrund rückt.

Neben all diesen Eigenschaften, die UNIX sowohl für Anwender als auch für Programmierer zu einem interessanten Betriebssystem machen, gibt es einen weiteren Grund für die Verwendung von UNIX als Workstation-Betriebssystem: UNIX wie auch Workstation-Architekturen wurden speziell für den Bereich der wissenschaftlich-technischen Anwendungen entwickelt. Im Laufe der Zeit entstanden so parallel zueinander ein Software-System (UNIX) und ein Hardware-System (Workstation-Architektur), die sich in in ihrer Funktionalität weitgehend ergänzen und heutzutage in ihrer Gesamtheit den Begriff der "Workstation" definieren.

11.2 Entwicklungsgeschichte von UNIX

Ende der 60er Jahre gab es fast ausschließlich sogenannte *Batch-Systeme*, die über Lochkarten programmiert wurden (also nicht interaktiv arbeiteten) und die nur von einem speziellen Operateur bedient werden konnten. Ziel war es deshalb, ein Betriebssystem zu entwickeln, das eine interaktive Benutzung gestattete und zudem mehreren Programmierern die Möglichkeit bot, im Team an einem Projekt zu arbeiten, ohne die Restriktionen von Mainframes (lange Antwortzeiten, Ressourceneingpässe, usw.) hinnehmen zu müssen. Das Ergebnis hieß UNIX [GULB 88].

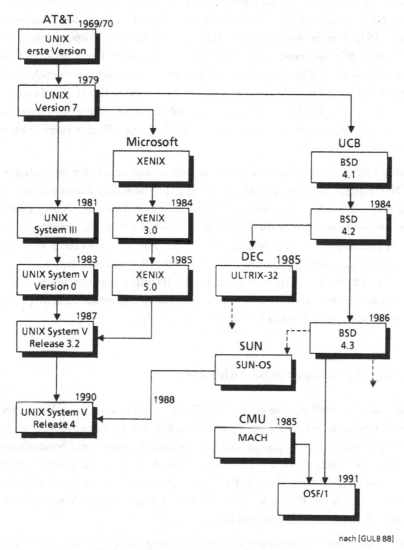

Bild 11-1: Entwicklungsgeschichte von UNIX

Die erste Version des UNIX-Systems wurde in den Jahren 1969/70 bei Bell Laboratories, einer Tochterfirma von AT&T und Western Electric, entwickelt. Es war ursprünglich in Assembler geschrieben, wurde aber 1971 in C umgeschrieben, um die Maschinenabhängigkeit infolge der Assemblersprache zu umgehen. In den folgenden Jahren wurde das System von AT&T immer wieder verändert, bis schließlich 1979 die Version 7 vorlag, der Ursprung aller heute bekannten UNIX-Systeme. Von 1980 an entwickelten sich drei Hauptrichtungen: UNIX System V von AT&T (mit der Zwischenstufe System III), XENIX von Microsoft

und BSD, ein UNIX-Derivat der University of California (BSD: Berkeley Software
Distribution, kurz: Berkeley-UNIX). Wie auf Bild 11-1 dargestellt entstanden
weitere UNIX-Linien wie ULTRIX (Digital Equipment Corporation, DEC),
SunOS (SUN Microsystems) sowie eine Vielzahl von speziellen UNIX-Systemen
anderer Hersteller. Etliche dieser Hersteller waren vor allem Hardware-Anbieter,
die seit Anfang der 80er Jahre verstärkt im Workstation-Markt Fuß faßten. Es
lag daher nahe, eigene UNIX-Systeme, die zudem speziell für wissenschaftlich-
technische Anwendungen geeignet waren, für die neuen Rechnerarchitekturen
einzusetzen.

Jede dieser Entwicklungslinien brachte ihre eigenen Ideen und Entwicklungen in
ihr UNIX-System mit ein, so daß zwar die grundlegenden Eigenschaften von
UNIX erhalten blieben, ihre Ausprägungen aber zum Teil sehr unterschiedlich
waren. Diese Heterogenität der UNIX-Welt brachte gerade für Programmierer
große Probleme mit sich, da ihre Applikationen nur sehr schwierig von einem
System auf ein anderes portierbar waren und damit ein wesentliches Merkmal
eines offenen Systems wieder verlorenging. Als Resultat davon bildeten sich her-
stellerabhängige wie herstellerunabhängige Gremien, die versuchten, allgemeine
Standards für ein einheitliches UNIX-System zu finden.

11.3 Standardisierungsbemühungen

Obwohl jeder Hersteller seine eigene UNIX-Version gegenüber der Konkurrenz
abschotten konnte, indem er den Kunden auch auf Applikationsebene an sich
band, zeigte sich bald, daß standardisierte Betriebssysteme – wie beispielsweise
DOS in der PC-Welt – einen unschätzbaren Vorteil bieten: einen großen, herstellerunabhängigen Software-Pool gefüllt mit einer Vielzahl unterschiedlichster
Applikationen, die der Kunde auf einfache (und billige) Art und Weise erwerben
und auf seinem Rechner installieren kann.

Allerdings warf der Versuch einer Standardisierung von UNIX zwei gravierende
Probleme auf:

– Welches UNIX-Derivat sollte als Basis für ein Standard-UNIX dienen? Da alle
  Entwicklungen positive neue Eigenschaften (die teilweise konträr zu anderen
  Implementierungen liefen) für das jeweilige System lieferten und man zudem
  vermeiden wollte, einzelne Hersteller zu stark zu bevorteilen, mußte der Standard möglichst umfassend sein.

– Wie erzeugt man den erwünschten Software-Pool, wenn Workstations auf unterschiedlichen Prozessor- und Systemarchitekturen beruhen ?

11.3.1 Standardisierungsgremien und Realisierung der Standards

Um diese Probleme lösen zu können, bildeten sich mehrere Konsortien, die Standardisierungsvorschläge erarbeiteten:

X/OPEN

Die X/OPEN Gruppe ist eine *Herstellervereinigung*, deren Ziel eine Standardisierung bei Systemaufrufen, Bibliotheksfunktionen, Fenstersystemen, Datenbanken und Internationalisierung ist. Sie zählt zu ihren Mitgliedern u.a. AT&T, HP, DEC, Siemens-Nixdorf, Bull und Unisys. Die Vorschläge zur Standardisierung werden zusammengefaßt im *X/OPEN Portablility Guide* (*XPG*, [X/OPEN]). Der Portability Guide orientiert sich bei den Systemaufrufen und Bibliotheksfunktionen weitgehend an der System V Interface Definition (*SVID*, [AT&T CIC]) von AT&T. Da sich die meisten Mitglieder (losgelöst von X/OPEN) für das X Window System als Standard für eine graphische Fensteroberfläche entschieden haben, gilt das X Window System auch als defacto-Standard für ein UNIX-Fenstersystem (Kapitel 12, "UNIX aus Benutzersicht").

POSIX

POSIX ist eine *herstellerunabhängige* Arbeitsgruppe des *IEEE* (Institute of Electrical and Electronics Engineers). Die Arbeitsgruppe erhielt den Titel *P1003 Working Group* und ist in einzelne Arbeitsbereiche gegliedert, die Standards vorschlagen sollen, welche später in ANSI-, DIN- oder ISO-Definitionen übergehen sollen. Die Arbeitsbereiche umfassen:

IEEE P1003.1   : System Service Interface
IEEE P1003.2   : Shells und Tools
IEEE P1003.3   : Testmethoden
IEEE P1003.4   : Realzeiterweiterungen
IEEE P1003.5   : Ada-Anbindungen
IEEE P1003.6   : Sicherheitsstufen
IEEE P1003.7   : Systemadministration
IEEE P1003.9   : Fortran-Anbindungen
IEEE P1003.12 : Protokollunabhängige Schnittstellen
IEEE P1003.14 : Multi-Processing

ANSI C-Gruppe X3J11

ANSI C arbeitet an der Standardisierung der Programmiersprache C. Damit sollen die vielen C-Dialekte, die die Portierung von C-Programmen außerordentlich erschwert haben, vereinheitlicht werden, wie das für andere Programmiersprachen bereits geschehen ist [ANSI 88].

Open Systems Interconnection

Im Netzwerkbereich entwickelt die ISO-Gruppe Open Systems Interconnection
(*OSI*) eine Standardisierung der Kommunikation über Netzwerke. Der Einsatz
dieses Standards bei UNIX-Systemen wird gegenwärtig noch diskutiert.

In den bisher erwähnten Gremien werden ausschließlich Standardisierungs*vor-schläge* erarbeitet und keine fertigen Systeme entwickelt, die praktisch eingesetzt
werden könnten. Die Implementierung dieser Vorschläge wird von zwei konkur-
rierenden Interessengruppen betrieben: UNIX International (*UI*) und OPEN
SOFTWARE FOUNDATION (*OSF*).

UNIX International

UNIX International (UI), das u. a. von den Firmen AT&T und SUN gebildet wird,
entwickelte auf Basis der UNIX-Derivate System V und SunOS ein neues, den
Standardisierungsvorschlägen konformes: UNIX-System, das *UNIX-System V
Release 4* (*SVR4*). Dieses System basiert im wesentlichen auf der bisherigen
System V-Linie, wurde aber um eine Fülle von Eigenschaften der BSD-Linie erweitert. UNIX SVR4 kam im Frühjahr 1990 als Produkt auf den Markt und ist
das erste verfügbare Standard-UNIX.

Die Beschreibung der Benutzer- bzw. der Systemschnittstelle in Kapitel 12 und 13
wird sich auf UNIX SVR4 beziehen.

OPEN SOFTWARE FOUNDATION

Die OSF entwickelt das aus der BSD-Linie entstehende UNIX-System *OSF/1*.
Mitglieder in der OSF sind u. a. DEC, HP, IBM und Siemens-Nixdorf.

Der wichtigste Unterschied zum SVR4 liegt in der Struktur des OSF/1-System-
kerns. Es handelt sich dabei um den an der Carnegie Mellon University (CMU)
entwickelten verteilten *MACH*-Betriebssystemkern. Der Grund für die Verwendung des MACH-Systemkerns liegt in der bereits bestehenden Binärkompatibilität von MACH und BSD. Die Vorteile, die verteilte Betriebssysteme gegenüber
bekannten Betriebssystemstrukturen haben, werden im zweiten Teil von Kapitel
13, "UNIX aus Systemsicht", näher erläutert.

Seit Herbst 1990 gibt es den sogenanten *OSF/1 Snapshot*, eine Vorabversion von
OSF/1. Der Snapshot besteht im wesentlichen aus dem MACH-Systemkern und
einer Implementierung der wichtigsten Systemkomponenten eines UNIX-
Systems. Obwohl er als (Minimal-)Betriebssystem zum Betreiben einer Work-
station ausreicht, kann er nicht als Standard-UNIX im Sinne der vorgestellten
Standardisierungsgremien bezeichnet werden.

11.3.2 Standardisierung von Applikationssoftware

Alle bisher vorgestellten Standardisierungsbestrebungen bezogen sich auf die Entwicklung eines Standard-UNIX-Betriebssystems und waren eine notwendige Voraussetzung, um Anwendern und Programmierern ein homogenes Arbeitsumfeld bieten zu können. Im nächsten Schritt muß nun gewährleistet werden, daß bestehende und vor allem zukünftige Applikationen auf jeder UNIX-Plattform ablauffähig sind. Um bestehende Applikationen auf UNIX SVR4 zu portieren, werden bei den einzelnen Software-Herstellern große Aktivitäten unternommen. Sie zielen entweder darauf ab, den Quelltext umzuschreiben oder aber Programme zu entwickelt, mit denen der Binärcode eines bereits installierten Programms in das Binärformat von SVR4 umgesetzt werden kann.

Application Programmer's Interface

Zukünftige Applikationen müssen, wenn sie auf SVR4 ablaufen sollen, nach den Regeln des *Application Programmer's Interface (API)* entwickelt werden. Das API definiert die Schnittstelle zwischen Anwenderprogramm und UNIX-System, d. h. es definiert im wesentlichen die Syntax von Systemaufrufen und die Funktionalität von Systembibliotheken. Hinzu kommt die Verwendung von sogenannten *Shared Libraries*, die nicht wie üblich statisch beim Übersetzen an das Programm gebunden werden, sondern erst dynamisch bei der Programmausführung. Diese Technik erlaubt ein flexibleres Arbeiten und liefert erheblich kleinere lauffähige Programme, da der Bibliothekscode beim Binden nicht jedesmal komplett kopiert wird ([SABE 90]). Im wesentlichen entspricht die API-Definition der System V Interface Definition.

Nun bringt das API zwar eine Standardisierung der Programme auf Quellcode-Ebene, aber eben noch keine Binärkompatibilität für alle Hardware-Plattformen, auf denen SVR4 läuft, da diese herstellerabhängig auf unterschiedlichen Prozessoren basieren.

Application Binary Interface

Aus diesem Grund wurde das *Application Binary Interface (ABI)* [AT&T USO] definiert, das die binäre Kompatibilität von Applikationen für eine Prozessorarchitektur garantiert. Es gibt beispielsweise ein ABI für den SPARC-Prozessor, das garantiert, daß diesem ABI entsprechende Programme *herstellerunabhängig* auf jeder Hardware-Plattform lauffähig sind, die auf der SPARC-Technologie basiert. Entsprechend gibt es ABIs für alle anderen gängigen Prozessortypen. Diese Binärkompatibilität wird erreicht, indem man die ABI-Definition in zwei Teile spaltet, einen prozessorabhängigen und einen prozessorunabhängigen Teil. Der prozessorunabhängige Teil stimmt weitgehend mit der API-Definition überein, während der prozessorabhängige Teil die Abbildung der API-Definitionen auf den

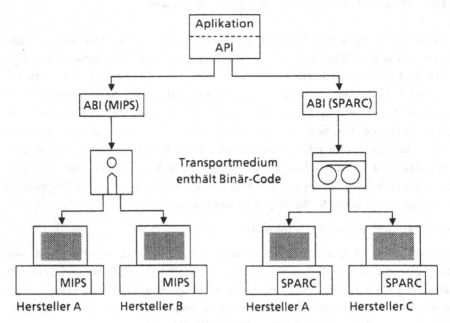

Bild 11-2: Application Binary Interface

jeweiligen Prozessor gewährleistet. Dazu verwendet er das *Extended Linking Format (ELF)*, mit dem das dynamische Binden von Programmen unterstützt wird (Bild 11-2).

Eine weitere Eigenschaft des ABI ist die Festlegung des Verteilungsmediums (Diskette, Magnetband, Beschreibungsdichte des Mediums, usw.) für die Applikationsprogramme. Die Definition des Verteilungsmediums ist notwendig, da es im Workstation-Bereich – im Gegensatz zur PC-Welt – keine einheitlichen Standards gibt, sondern vielmehr starke Herstellerabhängigkeiten existieren.

Werden alle vorgestellten Standards berücksichtigt, so steht einer einheitlichen UNIX-Welt mit einer großen Menge an verfügbaren Applikationsprogrammen, wie dies aus der DOS-Welt bekannt ist, nichts mehr im Weg (*Shrink Wrap Software*). Trotzdem darf nicht vergessen werden, daß die Durchsetzung dieser Standards mit großem Aufwand verbunden ist. Die "standardisierte UNIX-Welt" wird wohl noch ein bis zwei Jahre auf sich warten lassen.

11.4 Sicherheitsaspekte des UNIX-Systems

Als Resultat der 20-jährigen Entwicklung von UNIX steht heute ein sehr mächtiges, ausgereiftes und mit vielen Finessen ausgestattetes Betriebssystem zur Verfügung. Gleichzeitig stieg damit aber auch seine Komplexität stark an. Zwangsläufig stellt sich daher die Frage nach der Sicherheit des UNIX-Systems. Solange UNIX ausschließlich im Bereich der wissenschaftlich-technischen Anwendungen eingesetzt wurde, war die Verbesserung von Ausfallsicherheit, Datensicherheit und Datenschutz eher zweitrangig. Seit sich UNIX aber auch im kommerziellen und militärischen Bereich immer mehr durchsetzt, sind gerade diese Themen stark in den Vordergrund gerückt. Eine Standardisierung von UNIX muß deshalb neben einer Vereinheitlichung von Hardware-Software-Schnittstelle und Programmierschnittstelle auch eine Berücksichtigung der (bisher etwas vernachlässigten) Sicherheitsaspekte umfaßen.

Sichere Betriebssysteme

Die Frage nach der Sicherheit eines Betriebssystems beschäftigt sich im wesentlichen mit zwei Punkten: dem fehlerlosen (und damit zuverlässigen) Arbeiten des Betriebssystems selbst und den Möglichkeiten des Betriebssystems, mit unzulässigen Manipulationsversuchen fertig zu werden. Als Betriebssystem ist UNIX zweifellos ein sicheres und ausgetestetes Software-System. Gerade durch die lange Entwicklungszeit konnten fehlerhafte Systemfunktionen und Systemprogramme entdeckt und korrigiert werden. Gleichzeitig erlaubt die offene und modulare Architektur von UNIX eine zuverlässige Integration von neu hinzukommender Systemfunktionalität.

Im zweiten Fall ist die Antwort etwas schwieriger zu finden. Solange es sich um einfache (und vor allem unabsichtigte) Fehlbedienungen seitens des Benutzers handelt, kann das System den Fehler leicht erkennen und den Benutzer mittels einer Fehlermeldung wieder auf den richtigen Weg bringen. Handelt es sich aber um ein unrechtmäßige Eindringen in das System mit dem Ziel, geschützte Daten zu manipulieren, so kann kein Betriebssystem hundertprozentigen Schutz garantieren. Es ist daher Aufgabe eines jeden Betriebssystems, das unrechtmäßige Eindringen in das System zu erschweren und geeignete Mechanismen zum Schutz von System- und Benutzerdaten bereitzustellen. Gerade an dieser Stelle wird das, sonst so vorteilhafte, "offene" UNIX-Konzept zum Nachteil.

Ziel dieses Abschnittes soll sein, Sicherheitslücken im UNIX-System aufzuzeigen und zugleich Gegenmaßnahmen vorzustellen, die UNIX SVR4 anbietet. Aufgrund der Komplexität von UNIX muß diese Aufzählung zwangsläufig unvollständig bleiben. Hierzu kommt, daß viele Konzepte ein detailliertes Grundwissen der Funktionsweise von UNIX voraussetzen; dieses Grundwissen kann nur in begrenztem Maße in den folgenden beiden Kapiteln vermittelt werden. Als Abschluß dieses kurzen Überblicks soll das *Orange Book* vorgestellt werden, ein Kriterienkatalog, der die Sicherheit von Rechensystemen allgemein definiert und bewertet. Stellvertretend für die Vielzahl von Publikationen zu diesem Thema soll an dieser Stelle [LIEB 90] erwähnt werden.

11.4.1 Sicherheitslücken im UNIX-System

Bei der Suche nach Schwachstellen im UNIX-System muß man zwischen *isolierten* und *vernetzten* Rechensystemen unterscheiden. Bei den isolierten Systemen liegen die Sicherheitsprobleme vor allem in der unkundigen Systemverwaltung durch den Systemadministrator, während die gravierenden Probleme bei vernetzten UNIX-Systemen durch potentielle Schwachstellen in den Kommunikationsprotokollen entstehen.

Sicherheitslücken in isolierten Rechensystemen

LOGIN und Paßwortmechanismus

Da UNIX-Systeme grundsätzlich Mehrbenutzersysteme sind, wurde ein Benutzer-Identifikationsmechanismus (login) entwickelt, der mit Hilfe des Paßwortmechanismus neben der Identifizierung überprüft, ob der Benutzer an diesem Rechner arbeiten darf und falls ja, mit welchen Benutzerrechten er auszustatten ist. Während die Benutzerkennung allgemein zugänglich ist, wird das zugehörige Paßwort in codierter Form in der Datei /etc/passwd abgespeichert. Der dazu benutzte Codierungsalgorithmus crypt() ist eine Einwegfunktion, die nach dem *Data Encryption Standard* (*DES*) implementiert ist. Durch das Zusammenspiel der nachfolgenden Fakten wird dieser Mechanismus zu einer Schwachstelle im System:

1) Die Datei /etc/passwd ist für jedermann lesbar.
2) crypt() ist ein Standardprogramm, das auf jedem UNIX-Rechner verfügbar ist und dessen Arbeitsweise bekannt ist.
3) Ein Paßwort darf maximal 8 Zeichen lang sein.
4) Viele Benutzer geben leichtfertig ihr Paßwort weiter, verändern es selten und wählen Paßwörter, die leicht zu erraten sind oder nur aus wenigen Zeichen bestehen.

Es existieren "Paßwort-Knackalgorithmen", die durch Ausprobieren aller möglichen Zeichenkombinationen versuchen, Paßwörter herauszufinden. Untersuchungen haben ergeben, daß dies für Paßwörter mit maximal vier Zeichen schon nach wenigen Minuten oder Stunden gelingt. Dies wird auch dadurch vereinfacht, daß viele Benutzer nicht alle 95 druckbaren ASCII-Zeichen benutzen, sondern ihr Paßwort nur aus den 26 Buchstaben bilden.

Trojanische Pferde

Ein typisches Sicherheitsproblem in UNIX-Systemen stellen Programme dar, die neben ihrer eigentlichen Funktion zusätzliche, dem Benutzer dieses Programms unbekannte Aktionen ausführen. Diese zusätzlichen Aktionen können zu gravierenden Manipulationen des Betriebssystems führen und ermöglichen so dem Urheber dieser sogenannten *Trojanischen Pferde* den Zugang zum Rechensystem. Erschwerend kommt hinzu, daß unter UNIX ein Programm immer mit den Rechten desjenigen Benutzers ausgeführt wird, der das Programm aufruft. Dies hat vor allem dann schwerwiegende Folgen, wenn der Aufrufende der Systemverwalter ist. Aus diesem Grund sollte der Systemverwalter darauf achten, daß er keine ihm unbekannten Programme ausführt, wie Spielprogramme oder externe Dienstprogramme. Zudem dürfen Standard-Dienstprogramme nur dann von ihm aufgerufen werden, wenn sichergestellt ist, daß das Betriebssystem die korrekte Version dieses Programms aus den eigens für solche Programme reservierten Verzeichnissen benutzt (/etc, /bin, /usr/bin, usw., siehe Kapitel 13, "UNIX aus Systemsicht"). Dies schließt auch die korrekte Konfigurierung der PATH-Variable mit ein, die grundsätzlich zuerst /bin und /usr/bin durchsuchen sollte und nicht das Verzeichnis, in dem der Aufrufende sich gerade befindet.

Sicherheitslücken in vernetzten Rechensystemen

Neben diesen lokalen Problemen auf isolierten Stationen gibt es eine Vielzahl von Sicherheitslücken in vernetzten UNIX-Systemen. Hier liegen die Probleme vor allem in den Kommunikationsprotokollen begründet. Eines dieser Protokolle ist das *Internet-Protokoll (IP)*, das auf der Ebene 3 des ISO/OSI-Referenzmodells angesiedelt ist (Kapitel 8, "Vernetzung"). Das IP erlaubt die Übertragung von Datenpaketen zwischen Rechnern. In den darüberliegenden Schichten finden sich dann Protokolle, wie *Transmission Control Protocol* (TCP), *Remote Procedure Call* (RPC) oder *Network File System* (NFS). Mehr dazu in Kapitel 13, "UNIX aus Systemsicht".

Hauptsächliche Probleme all dieser Protokolle sind:

1) Sie bieten *keinen Replay-Schutz*, d. h. der Netzverkehr kann aufgezeichnet und später wieder ins Netz eingespeist werden.

2) Es können keine *gefälschten Absenderadressen* erkannt werden, d.h. ein potentieller Eindringling, der Rechner A kontrolliert, kann sich für Rechner B ausgeben, ohne erkannt zu werden.

3) Sie erlauben *Source Routing (absenderbestimmte Wegwahl)*, d.h. der Absender kann bestimmen, über welche Rechner die Daten verschickt werden und kann

so die Dienste der Rechner, die auf diesem Weg liegen, benutzen. Glücklicherweise wird diese Protokolleigenschaft von den meisten Implementierungen ignoriert.

Hinzu kommen Probleme bei speziellen Protokollen.

File Transfer Protocol

Das File Transfer Protocol (FTP) ist ein Protokoll der Anwendungsschicht (Schicht 7 im ISO/OSI-Modell), bei dem Dateien von einem Rechner zum anderen kopiert werden. Dabei werden Paßwörter abgefragt, die zur Identifizierung über das Netz geschickt werden. Ein Angreifer kann "mithören" und später die Paßwörter selbst benutzen. Bei verschlüsselter Übertragung können Replay-Techniken benutzt werden. Zudem ermöglicht FTP das sogenannte *anonymous ftp*, bei dem man sich *ohne* Paßwortabfrage Zugriff auf einen anderen Rechner im Netzwerk verschaffen kann, um beispielsweise Public Domain Software (frei verfügbare Software) zu kopieren. Damit erhält ein Eindringling mühelos Zugang zu einem Rechner, wenn auch mit sehr geringen Benutzerrechten.

Network File System

NFS ermöglicht dem Benutzer den transparenten Zugriff auf verschiedene im Netz verteilte Dateisysteme. Es verwendet dazu das Remote Procedure Call-Protokoll (RPC), das mit Hilfe des Rechnernamens bestimmt, welche Zugriffsrechte der Benutzer auf dem angesprochenen Dateisystem hat. Diese Methode ist sehr unsicher und kann den Angreifer relativ leicht in die Lage versetzen, Zugriff auf geschützte Dateisysteme zu erlangen. Hinzu kommt, daß Daten grundsätzlich unverschlüsselt übertragen werden, eine Eigenschaft, die allerdings auf viele Transportprotokolle zutrifft. Eine neue Implementierung des RPC-Mechanismus *(Secure RPC)* hat dieses Problem jetzt allerdings etwas entschärft.

Einsatz von Yellow Pages

Das Software-System Yellow Pages ermöglicht eine einfachere Verwaltung eines Rechnerverbundes, da es Systemparameter-Dateien zentral am sogenannten *Yellow Pages-Server* verwaltet. Untersuchungen haben ergeben, daß die Implementierung erhebliche Sicherheitsmängel aufweist. So kann beispielsweise auch ein nicht-privilegierter Benutzer die Lücken ausnutzen, da es bei Tests u. a. gelang, einen paßwortlosen Eintrag mit den Privilegien eines Systemadministrators zu erzeugen.

Neben den vorgestellten Sicherheitsproblemen (und den Möglichkeiten zu ihrer Vermeidung), gibt es mehrere Ansätze (und auch Produkte), die die Sicherheit von UNIX erhöhen. Dazu gehören u. a. neue Autentifizierungsmechanismen (z.B. *Kerberos*) und Verschlüsselungsverfahren (z.B. *Privacy Enhanced Mail*), Werkzeuge für den Systemverwalter und Expertensysteme zur Entdeckung von Eindringlingen (*Intrusion Detection Expert System, IDES*).

11.4.2 Kriterien zur Sicherheit von Rechensystemen

Um allgemeine Kriterien zur Sicherheit von Rechensystemen zu entwickeln, wurden 1983 vom amerikanischen Verteidigungsministerium die sogenannten *Bewertungskriterien für vertrauenswürdige Systeme* herausgegeben, allgemein bekannt unter dem Namen *Orange Book*.

Das Buch ist eingeteilt in vier Gruppen (A-D) und sieben Sicherheitsklassen (D < C1 < C2 < B1 < B2 < B3 < A1), die linear geordnet sind. Bild 11-3 erläutert diese sieben Klassen mit ihren jeweiligen Anforderungen.

Ursprünglich zählten UNIX-Systeme zur niedrigsten Sicherheitsklasse D, konnten aber von ihrer Konzeption her bis Stufe C2 erweitert werden. UNIX SVR4 entspricht heute in seiner Grundversion *C2*. Darüber hinaus gibt es ein zusätz-

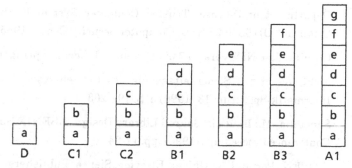

a: Minimale Sicherheit (z. B. Schreibschutz für beliebige Dateien)

b: Benutzerbestimmbarer Zugriffsschutz
   Identifizierung
   Benutzerhandbuch über Sicherheitsmerkmale

c: Aufzeichnungen über Sicherheitsverletzungen
   Wiederverwendung von Objekten

d: Festgelegter Zugriffsschutz
   Kennzeichnung von Objekten

e: Normale Sicherheitspolitik
   Kennzeichnung von Subjekten und Geräten

f: Kennung für Sicherheitsbeauftragten mit speziellen Rechten
   Modularer Aufbau des Sicherheitssystems

g: Formale Verfikation des Sicherheitssystems

Bild 11-3: Sicherheitsklassen des Orange Book

liches Sicherheitspaket, das SVR4 ergänzt und auf die Sicherheitsstufe *B2* bringt. Da diese zusätzlichen Sicherheitsmechanismen die Performance des Systems stark beeinträchtigen können, muß darüber entschieden werden, welche Anforderungen ("Performance vs. Sicherheit") für das gegebene Rechensystem (und seine Anwendungen) mehr Gewicht haben.

Literatur

[ANSI 88]   Mark Williams Company: ANSI C. A Lexical Guide. Englewood Cliffs (NJ): Prentice Hall, 1988

[AT&T CIC]   AT&T Customer Information Center (CIC): System V Interface Definition. Issue 2, 3 Bände

[AT&T USO]   AT&T UNIX Software Operation: System V Application Binary Interface. UNIX Press, 1990

[DOD 85]   Department of Defense: Trusted Computer System Evaluation Criteria. DOD 5200.28-STD, Computer Security Center 1985

[GULB 88]   Gulbins, J.: UNIX Version 7 bis System V.3. Berlin: Springer 1988

[LIEB 90]   Liebl, A.; et al.: Sicherheitaspekte des Betriebssystems UNIX. Informatik-Spektrum 13 (1990) 8, S. 191-203

[SABE 90]   Sabetella, M.: Issues in Shared Library Design. USENIX Summer Conference Proceedings (1990), pp. 11-24

[X/OPEN]   X/OPEN Portability Guide. Elsevier Sience Publishers B. V.: Niederlande, 5 Bände

12 UNIX aus Benutzersicht

Dieses Kapitel gibt einen Einblick in die interaktiven Bedienoberflächen, mit denen das UNIX-System ausgestattet ist. Ein Benutzer hat vielfältige Möglichkeiten, ein solches System zu nutzen. In erster Linie wird er daran interessiert sein, mit seiner Applikation, z. B. einem CAD-System oder einer Datenbankanwendung, zu arbeiten. Seine Schnittstelle besteht dabei vor allem aus der Bedienoberfläche der speziellen Applikation. Ein zweiter Typ von Benutzern erstellt selbst Applikationen. Er benutzt dazu die Tools und Kommandos, die ihm das UNIX-System anbietet, wie z. B. einen Compiler oder einen Editor. Als weiterer Benutzertyp soll hier der Systemverwalter genannt sein. Er kümmert sich um die Strukturen und die Einstellung des Systems. Mit Hilfe von Kommandos und Systemprogrammen verwaltet und überwacht er die Ressourcen des Rechners. Er definiert z. B. neue Benutzer oder installiert neue Hardware und Software. Unter UNIX wird er *Super User* genannt und ist im Gegensatz zu anderen Benutzern mit allen Rechten und Privilegien ausgestattet.

Aufgrund dieser unterschiedlichen Benutzeranforderungen an das System gibt es verschiedene Arten von Bedienoberflächen. Jede Applikation, jedes Tool wird anders bedient, auch wenn es heute Bemühungen gibt, hierfür Standards zu finden. Es sollen im folgenden zwei Tools vorgestellt werden, die dem Benutzer eine interaktive Schnittstelle anbieten, die *Shell* und das *X Window System*.

12.1 Die Shell

Wenn man die Arbeit an einer Workstation beobachtet, so stellt man fest, daß die meisten Benutzer ihre Applikation oder das Betriebssystem interaktiv bedienen. Im UNIX-System ist unter einer interaktiven Bedienung des Betriebssystems das Absetzen von Kommandos zu verstehen, mit denen man z. B. Prozesse startet und verwaltet oder Operationen im Dateibaum durchführt. Dafür gibt es ein Tool, die Shell, die standardmäßig mit jedem UNIX-System geliefert wird. Wie andere

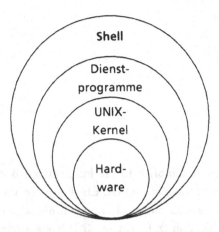

Bild 12-1: Einbettung in das UNIX-Schalenmodell

Tools ist die Shell *nicht* Bestandteil des Betriebssystemkerns, sondern wird als
normaler Benutzerprozeß abgearbeitet. Bild 12-1 zeigt in einer symbolischen Darstellung, wo der Shell-Prozeß in der UNIX-Prozeßhierarchie angesiedelt ist. Die
Abarbeitung der Shell als Benutzerprozeß erlaubt es, verschiedene Shells einzusetzen. Ein Benutzer kann sogar seine eigene Shell erstellen. Außer der UNIX-
Standard-Shell, der sogenannten *Bourne Shell*, sind heute vor allem die *C Shell*
und die *Korn Shell* verbreitet. Die folgenden Ausführungen beziehen sich auf die
Bourne Shell. C Shell und Korn Shell besitzen im allgemeinen die gleiche Funktionalität und enthalten darüber hinaus einige nützliche Erweiterungen, auf die
im einzelnen hingewiesen wird. Die Aufgabe einer Shell ist es, Kommandos
entgegenzunehmen, sie zu interpretieren, auszuführen und anschließend die
Ergebnisse auszugeben.

12.1.1 Kommandoeingabe

Die Shell kann auf zwei verschiedenen Wegen ihre Eingaben erhalten. Zum einen
interaktiv durch den Benutzer, zum anderen durch den Mechanismus der Shell-
Prozeduren.

Soll ein Rechner *interaktiv* bedient werden, so benötigt man ein I/O-Gerät. Für die
Bedienung der Shell ist der Einsatz eines alphanumerischen Terminals ausreichend, das an eine serielle Schnittstelle des Rechners anzuschließen ist. Diese Art
von Terminals ermöglicht nur eine Eingabe über eine Tastatur und stellt auf
ihrem zumeist kleinen Bildschirm (14") eine zeichenweise Ausgabe zur Verfügung. Die Ausgabe von Graphik und die Bedienung mit einer Maus, wie man sie

von Graphik-Workstations kennt, ist mit ihnen nicht möglich. Die Kosten und die Anforderungen, die sie an Hardware und Software des Rechners stellen, sind im Vergleich zu Graphikterminals aber auch wesentlich geringer. Die Shell benötigt nur die Funktionalität dieser einfachen Terminals, kann aber auch keine zusätzlichen Eigenschaften unterstützen.

Wie sieht nun eine interaktive Eingabe eines Kommandos aus? Die Shell fordert den Benutzer zur Eingabe eines Kommandos auf. Dieser gibt seinen Kommandotext mit Hilfe der Tastatur ein. Dabei wird jedes getippte Zeichen sofort auf dem Bildschirm dargestellt. Nach der Eingabe erfolgen Interpretation und Ausführung des Kommandos. Die Beendigung dieser Vorgänge macht die Shell durch die nächste Aufforderung zur Eingabe sichtbar.

Mit diesem Vorgang kann der Benutzer seine Kommandos der Shell übergeben. Die erneute oder abgeänderte Eingabe bereits abgeschickter Kommandos kann nur durch nochmaliges vollständiges Eintippen des Kommados erzielt werden. Die C Shell und die Korn Shell bieten dem Benutzer aus diesem Grund einen History- und Editiermechanismus an. Einmal eingegebene Kommandos können damit erneut verwendet und verändert werden.

Als zweite Bedienmethode stehen die Shell-Prozeduren zur Verfügung. Sie werden mit einem Editor wie ein Programm erstellt und enthalten die gleichen Kommandos, die auch bei der interaktiven Eingabe möglich sind. Darüber hinaus existiert für die Shell-Prozeduren ein Parametermechanismus, wie er z. B. bei Unterprogrammen der Programmiersprache C bekannt ist. Als Unterschied zur interaktiven Bedienung bekommt der Shell-Prozeß seine Kommandos nicht von einem Terminal, sondern aus einer Datei, in der die Shell-Prozedur abgelegt ist.

Die Programmierung von Shell-Prozeduren ist wesentlich einfacher zu erlernen als beispielsweise das Erstellen von C-Programmen. Außerdem können Programme in Form von Shell-Prozeduren mit weniger Code und in kürzerer Zeit erstellt werden. Daher werden sie gerne für die erste Implementierung eines Algorithmus eingesetzt, mit der nur die Funktionalität nachgewiesen werden soll, ohne auf Optimierungen Wert zu legen (*Rapid Prototyping*). Ein klarer Nachteil gegenüber C-Programmen liegt in der Ausführungszeit. Shell-Prozeduren müssen Zeile für Zeile von der Shell interpretiert und ausgeführt werden und laufen damit wesentlich langsamer als vergleichbare Programme, die in einer Programmiersprache implementiert und von einem Compiler in binären Code übersetzt wurden. Bei der Veröffentlichung oder dem Vertrieb von Shell-Prozeduren trifft man auf einen weiteren Nachteil: Sie können nur in Form von Sourcecode weitergegeben werden. Für den Autor gibt es damit keine Möglichkeit, seine Arbeit vor unberechtigtem Kopieren oder Verändern zu schützen.

12.1.2 Interpretation und Ausführung von Kommandos

Im vorhergehenden Abschnitt wurden die beiden Wege gezeigt, durch die die
Shell ihre Kommandos erhalten kann. Für die nun folgende Interpretation und
Ausführung dieser Kommandos ist es bedeutungslos, ob ein Kommandotext interaktiv an einem Terminal erzeugt oder als Teil einer Shell-Prozedur einer Datei
entnommen wurde.

Ein Kommandotext kann aus mehreren Arten von Befehlen bestehen. Zum einen
kann ein solcher Befehl der Name einer Datei sein, in der ein ausführbares
Programm als binärer Code oder eine Shell-Prozedur steht. Es gibt aber auch eine
Reihe von Befehlen, die von der Shell intern abgearbeitet werden. Sie dienen z. B.
der Ablaufsteuerung von Kommandosequenzen (*while, if, ...*; Konstrukte, die auch
aus Programmiersprachen bekannt sind). Zusätzlich zu den Kommandos kann ein
Kommandotext Steuerzeichen enthalten, die die Abarbeitung der Kommandos
beeinflussen. In einem Beispiel am Ende dieses Abschnittes wird eines dieser
Steuerzeichen erläutert.

Weiterhin existiert noch eine Menge anderer Komponenten, aus denen ein Kommandotext aufgebaut sein kann. Darunter fallen z. B. der *Wildcard*-Mechanismus
für den komfortableren Zugriff zu Dateien oder die *Alias*-Definitionen zur Abkürzung langer Kommandos, um nur einige zu nennen. Auf die Vielzahl dieser Funktionen einer Shell kann in diesem Rahmen nicht näher eingegangen werden.
Allgemein kann man nur sagen, daß sich die verschiedenen Shell-Typen vor allem
in diesen Funktionen unterscheiden.

Durch die Analyse des Kommandotextes hat die Shell nun die Informationen,
welche Programme sie zur Ausführung bringen muß. Für jedes Kommando, das
einer binären Codedatei entspricht, wird ein eigener Prozeß erzeugt, der genau
dieses Programm abarbeitet. Die Standard-I/O-Kanäle für einen UNIX-Prozeß
werden von der Shell festgelegt. Zur Abarbeitung von Shell-Prozeduren wird
ebenfalls ein eigener Prozeß gestartet, in dem wiederum ein Shell-Programm abläuft. Diese Shell entnimmt ihre Eingaben nun ausschließlich der Datei, in der die
Shell-Prozedur abgelegt ist.

An einem *Beispiel* soll die Ausführung eines Kommandos verdeutlicht werden.
Eine Shell erhält die Eingabe ls -l | wc-l. Mit diesem Kommando sollen die
Files im aktuellen Directory gezählt werden. Das Kommando ls -l listet die
Filenamen zeilenweise auf, wc -l bestimmt die Anzahl der Zeilen. Mit dem Pipe-
Steuerzeichen | werden die beiden Kommandos gekoppelt. Die Ausgabe von ls -
l wird durch eine Pipe als Eingabe für wc -l umgelenkt. Zur Ausführung des
gesamten Kommandos kreiert die Shell zwei Prozesse und eine Pipe zwischen
ihnen. Dies ist in Bild 12-2 symbolisch dargestellt.

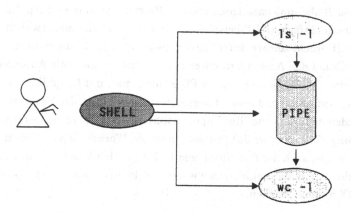

Bild 12-2: Beispiel für die Ausführung eines Kommandotextes durch die Shell

12.1.3 Einsatz in modernen Systemen

Nach den Aussagen in Abschnitt 12.1.1 könnte man zu dem Schluß kommen, daß
die Shell als interaktives Bedienungs-Tool durch die verstärkte Verwendung von
Graphikterminals an Bedeutung verliert, da sie die Eigenschaften dieser Geräte
nicht entsprechend nutzt. Die derzeitige Entwicklung sieht allerdings anders aus.
Für Graphikterminals werden heute vor allem Fenstersysteme eingesetzt, deren
Vorteil es ist, daß sie mehrere Applikationen die gleichzeitige Ausführung auf
einem Bildschirm. Jede dieser Applikationen erhält dabei ein eigenes Fenster.
Die Shell, die ja auch eine Art Applikation ist, kann nun auch innerhalb eines
solchen Fensters dargestellt werden. Auf diese Weise wird die Shell in Verbindung mit Window-Systemen häufig eingesetzt, da andere, durch Graphik und
Mauseingabe unterstützte Eingabe-Tools zwar komfortabler, aber in der Funktionalität noch nicht so mächtig sind. Ein weiterer Grund für die zukünftige
Verwendung der Shell ist die große Anzahl von Shell-Prozeduren, wie sie vor
allem im Bereich der Systemadministration existieren. Insgesamt wird die
Bedeutung der Shell zwar geringer werden, aber sicher nicht völlig verschwinden.

12.2 Das X Window System

12.2.1 Geschichte und Motivation

In den siebziger Jahren waren Mainframes und Minicomputer die am weitesten
verbreiteten Rechner. Diese hatten meist mehrere serielle Schnittstellen, an die

alphanumerische Terminals angeschlossen wurden. Die Anforderungen an die interaktiven Bedienungsmöglichkeiten der Betriebssysteme und Applikationen waren dadurch einfach. UNIX beispielsweise wurde – wie bereits erwähnt – durch die Shell mit einem solchen interaktiven Bedienungstool ausgerüstet. Als sich dann die PCs bei den Anwendern durchsetzten, stiegen auch die Anforderungen an die interaktive Bedienung. Einen PC konnte man mit Graphikbildschirmen mit höherer Auflösung und neuen Eingabegeräten, wie z. B. der Maus, ausrüsten. Es entstanden dadurch neue "Bedienphilosophien" – wie die menügesteuerte Eingabe. Anfang der achtziger Jahre erschienen die Workstations auf dem Markt. Mit ihnen wuchs auch die Bedeutung von UNIX. Da bei Workstations auch Graphikbildschirm und Maus eingesetzt wurden, wollte man sich diese Eigenschaften unter UNIX nutzbar machen.

Mit UNIX und der Shell konnte man in sinnvoller Weise pro Terminal nur eine Applikation darstellen und bedienen. Da UNIX durch die Multi-Tasking-Eigenschaft mehrere Applikationen quasi parallel abarbeiten kann, sollte die Darstellung und Bedienung mehrerer Applikationen auf einem Terminal möglich sein. Die Darstellung, die sich bisher auf die Ausgabe von Text beschränkte, sollte um die Ausgabe von Graphik erweitert werden. Außerdem wollte man zusätzlich zur Tastatur die Maus als Eingabegerät nutzen.

Bereits mit den PCs, aber vor allem mit den Workstations, begann die Vernetzung der Rechner untereinander immer mehr an Bedeutung zu gewinnen (siehe auch Kapitel 8, "Vernetzung"). Man konnte vom lokalen Rechner aus auf andere Rechner des Netzes zugreifen, um z. B. zusätzliche Rechenleistung, Speicherkapazitäten oder spezielle I/O-Geräte zu nutzen. Der Zugriff auf diese Ressourcen sollte für den Benutzer transparent sein. Dabei forderte man sogar einen Verbund von Rechnern, auf denen unterschiedliche Betriebssysteme liefen (siehe auch Abschnitt, 13.2 "Verteilte UNIX-Betriebssystemarchitekturen").

Auf dem Hintergrund dieser Forderungen wurde am MIT (Massachusetts Institute of Technology) 1984 das Projekt *Athena* ins Leben gerufen. Ziel war es, ein Lehrmittel für Studenten zu entwickeln. Jeder Student sollte an einer eigenen Workstation arbeiten. Durch eine Vernetzung der Rechner untereinander sollte der Zugriff auf zentrale Ressourcen möglich sein. Um bereits vorhandene Rechner unterschiedlicher Hersteller nutzen zu können, wurde eine von Hardware und Betriebssystem unabhängige Bedienoberfläche, das X Window System, geschaffen. 1986 waren die Arbeiten so weit vorangekommen, daß man das *Release X10.4* veröffentlichen konnte. HP und DEC waren die ersten Hersteller, die X auf ihre Workstations portierten und den Kunden anboten. X war zu diesem Zeitpunkt bei weitem nicht das einzige Window-System. Nahezu jeder Hersteller hatte eigene Produkte auf diesem Sektor entwickelt. X war aber das erste herstellerunabhängige und für jedermann zugängliche Window-System. Das war ausschlaggebend für seine große Verbreitung. Um die Entstehung unterschiedlicher Versionen von X zu vermeiden, gründete das MIT 1988 das *X-Konsortium*, dem eine Reihe namhafter Hersteller beitrat. Dieses Konsortium definierte einen Standard für X, der sich heute als Industriestandard etabliert hat.

12.2.2 Aufbau des Systems

Das X Window System erlaubt es mehreren Applikationen gleichzeitig, auf einem Graphikbildschirm fensterorientiert Text und Graphik auszugeben und von Tastatur oder Maus Eingaben zu erhalten. Durch eine genormte Schnittstelle zwischen den Applikationen und dem I/O-Subsystem, in das sämtliche geräteabhängigen Steuerfunktionen für Bildschirm, Tastatur und Maus integriert sind, kann eine Applikation unabhängig von den speziellen I/O-Geräten realisiert werden.

Bei der Entwicklung des Systems mußte man sich für eine der Möglichkeiten zur Realisierung der Schnittstelle zwischen einer Applikation und dem I/O-Subsystem entscheiden. Zwei Lösungen wurden dabei in Betracht gezogen: zum einen eine Realisierung mit Hilfe eines *Gerätetreibers,* zum anderen eine Realisierung nach dem *Client-Server-Modell.* Die zweite Lösung wurde schließlich für das X Window System gewählt. Im folgenden wird auf beide Lösungsansätze eingegangen, um die jeweiligen Vor- und Nachteile zu erörtern.

Ein Gerätetreiber ist für die Ansteuerung und Verwaltung einer speziellen Ressource des Rechnersystems zuständig (siehe auch Abschnitt 13.1, "Die Architektur von UNIX"). In dem hier geschilderten Fall handelt es sich dabei um ein Graphikterminal (Bildschirm, Tastatur und Maus). Der Gerätetreiber enthält alle hardware-abhängigen Funktionen und bietet den Applikationen seine Dienste und damit die Funktionen des Grafikterminals in Form von Unterprogrammaufrufen an. Ein solcher Mechanismus erfordert nur einen sehr geringen Kommunikationsaufwand zwischen Applikation und I/O-Subsystem. Obwohl sich dadurch in der Applikation keine speziell auf das Grafikterminal zugeschnittenen Funktionen befinden, ist die Applikation nicht völlig geräteunabhängig. Eine Verwendung eines anderen Terminals und die damit verbundene Verwendung eines anderen Treibers erfordert zumindest ein Binden der Applikation mit den neuen Treiberroutinen. Als weiterer Nachteil ist der Bedarf aufwendiger Synchronisationsmechanismen innerhalb des Treibers zu nennen, der entsteht, wenn mehrere Applikationen parallel auf das gleiche Grafikterminal zugreifen wollen. Diese Nachteile führten dazu, daß X nicht mit Hilfe des Treiberkonzeptes,

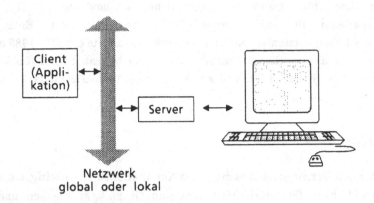

Bild 12-3: Client-Server-Modell für die Realisierung von X

sondern, wie im folgenden beschrieben, nach dem Client-Server-Modell implementiert wurde (Bild 12-3).

Der Server enthält die Steuerfunktionen für die I/O-Hardware und damit verbunden die hardware-abhängigen Teile des Systems. Der Client besteht aus der Applikation. Client und Server tauschen untereinander Daten und Information mit Hilfe eines Protokolls aus. Dieses Protokoll ist standardisiert und sichert damit die Unabhängigkeit der Clients von speziellen Eigenschaften des Grafikterminals. Für jedes spezielle Terminal muß es zwar einen eigenen Server geben, die Schnittstelle zu den Clients – sprich das Protokoll – ist aber bei allen Servern einheitlich.

Das Protokoll zwischen Client und Server gestattet die Verwendung verschiedener Kommunikationsmedien. Zum einen können sich Client und Server auf dem gleichen Rechner befinden. Dann wird die Übertragung der Daten zwischen den beiden vom Betriebssystem des Rechners bewerkstelligt (siehe Abschnitt 13.1, "Die Architektur von UNIX"). Zum anderen gibt es die Möglichkeit, daß Client und Server sich auf verschiedenen Rechnern befinden und ein Netzwerk, z. B. Ethernet zusammen mit dem TCP/IP-Protokoll, den Datentransfer übernimmt (siehe Kapitel 8, "Vernetzung"). Man gewinnt durch Verwendung des Protokolls also die Möglichkeit, mehrere Rechner, auf denen auch unterschiedliche Betriebssysteme laufen können, auf der Applikationsebene zu koppeln. Diese Art der Verbindung der Applikation mit dem I/O-System hat aber auch einen Nachteil. Durch die Daten- und Informationsübergabe mit Hilfe eines Protokolls entsteht ein größerer Aufwand, der natürlich mehr Zeit kostet, als z. B. die Unterprogrammaufrufe einer Treiberimplementierung.

Client-Server-Kommunikation

Wie bereits erwähnt erfolgt der Daten- und Informationsaustausch zwischen einem X-Client und dem X-Server nach den Regeln eines Protokolls, dem sogenannten *X-Protokoll*. Es kann als eine zentrale Komponente von X bezeichnet werden und wurde deshalb vom X-Konsortium standardisiert. In ihm ist festgelegt, welche Anfragen der Client an den Server stellen kann und welche Antworten und Fehlermeldungen er zurückbekommt. Mit Hilfe der Anfragen kann der Client die Funktionen des Servers anstoßen und dem Server Daten übermitteln. Die Antworten und Fehlermeldungen, die der Server an den Client zurückschickt, bestehen aus den Ergebnissen der zuvor angestoßenen Aktionen.

Zusätzlich definiert das X-Protokoll noch die Protokolldateneinheit *Event*. Ein Event ist eine asynchrone Mitteilung des Servers an einen Client. In einem Event ist eine Eingabeaktion an der Tastatur oder Maus oder eine Zustandsänderung der Daten des Servers enthalten. Der Client bekommt die Events aber nicht automatisch zugeschickt, er muß sie beim Server anfordern. Er kann dem Server beispielsweise den Auftrag erteilen, alle Bewegungen des Mauszeigers in einem bestimmten Window als Events zu schicken. Ab dem Zeitpunkt der Anforderung schickt der Server nun die entsprechenden Maus-Events an den Client. Events, für die kein Client Interesse bekundet hat, gehen verloren. Die Übermittlung der Events wird als asynchron bezeichnet, da die Events gepuffert werden können, bevor sie den Client erreichen. Der Client muß damit beim Eintreffen eines Events seine momentane Tätigkeit nicht einstellen. Für jeden Client gibt es eine

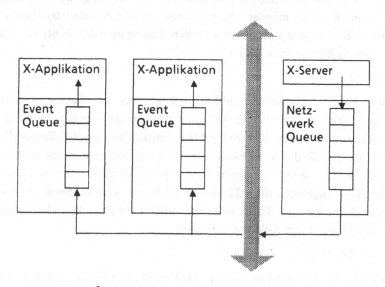

Bild 12-4: Übertragungsweg der Events vom Server zum Client

Warteschlange, in der nur die eintreffenden Events für genau diesen Client abgelegt werden. Der Client kann die Events dann bei Bedarf der Warteschlange entnehmen. Wenn man den Weg der Events vom Server zum Client verfolgt (Bild 12-4), so kann man sogar eine doppelte Pufferung der Events feststellen: Der erste Puffer wird durch das Kommunikationsmedium zwischen Server und Client gebildet, der zweite ist die bereits angesprochene Warteschlange beim Client.

Der X Server

Er enthält alle geräteabhängigen Funktionen, die speziell auf die I/O-Hardware angepaßt sind. Grundsätzlich unterstützt jeder X Server einen Graphikbildschirm mit *Bitmap-Graphik* (siehe Kapitel 9, "Graphik") sowie Tastatur und Maus. Seine Funktionen und Algorithmen sind an die Hardware angepaßt. Die Schnittstelle zu den Clients ist durch das X-Protokoll festgelegt. In dieser Schnittstelle bietet der Server den Clients seine Funktionen an. Jedem Client stellt er dabei ein virtuelles Graphikterminal zur Verfügung, d. h. der Client kann auf dem Terminal arbeiten, ohne auf andere Clients, die dasselbe Terminal benutzen, achten zu müssen. Die Aufgaben des Servers kann man in zwei Klassen teilen. Zum einen erledigt er Aufträge der Clients. Dazu gehören u. a. das Ausgeben von Text oder Graphik auf dem Bildschirm oder das Verändern interner Datenstrukturen, in denen Zeichensätze abgespeichert sind oder über die Clients miteinander kommunizieren können. Diese Vorgänge bezeichnet man als "Multiplexing der Anforderungen", da der Server von mehreren Clients quasi parallel Anforderungen entgegennimmt und sie nacheinander abarbeitet. Zum anderen gibt es einen "De-Multiplexing-Vorgang", bei dem der Server Eingaben von Tastatur oder Maus entgegennimmt oder Veränderungen in seinen Datenstrukturen feststellt, einen Event daraus generiert und diesen dann an alle Clients verschickt, die Interesse an diesem Event haben.

Der X Client

Er besteht aus der eigentlichen Applikation. Diese wird von einem Anwendungsprogrammierer erstellt, der keine speziellen Kenntnisse über den X-Server und das Grafikterminal haben muß. Seine I/O-Schnittstelle ist das X-Protokoll. Mit Hilfe der Dienste, die das X-Protokoll anbietet, realisiert er seine spezielle Applikation. Diese Dienste werden ihm in Form einer Bibliothek von Unterprogrammen, der *Xlib*, angeboten (Bild 12-5). Mit Hilfe der Xlib-Routinen kann er in gewohnter Weise prozedural programmieren und muß sich nicht im Detail um die Kommunikation mit dem X-Server kümmern.

Xlib und X Toolkit

Die Routinen der Xlib sind für die Applikation die Schnittstelle zum X-Server. Genauso wie das darunterliegende X Protokoll wurde auch die Xlib vom X-Kon-

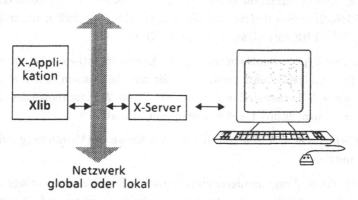

Bild 12-5: Die Xlib

sortium standardisiert. Die folgende Aufstellung soll einen groben Überblick geben, welche Dienste die Xlib zur Verfügung stellt:

- Die erste Xlib-Routine, die von einer Applikation aufgerufen werden muß, dient dem Aufbau einer Duplex-Verbindung mit dem Server. Mit ihr werden die Adresse des Servers auf dem Netzwerk und der Bildschirm für die Ausgabe festgelegt.

- Nach dem ersten Verbindungsaufbau muß der Client Funktionen benutzen, mit denen wichtige Grundinformationen ausgetauscht werden. Dabei wird festgelegt, ob für die Datenübertragung Little oder Big Endian-Format (siehe Kapitel 6, "Aktuelle RISC-Prozessoren") verwendet wird und ob der Client die Rechte besitzt, um den X-Server benutzen zu können. Außerdem übermittelt der Server dem Client Informationen über sich und seine I/O-Hardware.

- Mit den Fensteroperationen errichtet und verändert die Applikation die Ein- und Ausgabefenster auf dem Bildschirm. Dabei kann ein Fenster geöffnet, an eine bestimmte Stelle plaziert, in der Größe verändert oder wieder gelöscht werden.

- Es existieren Routinen für die Ausgabe von Textinformation. Die Applikation kann dabei bestimmen, mit welchem Zeichensatz die Textinformation dargestellt werden soll. Es können dabei die Zeichensätze verwendet werden, die der Server gespeichert hat. Dafür kann die Applikation dem Server selbst Zeichensätze übermitteln, die dieser dann in seinen Datenstrukturen speichert.

- Die Routinen für die graphische Ausgabe beschränken sich auf die einfachen Graphikoperationen. Man kann z. B. einzelne Pixel, Linien, Kreise oder Polygone zeichnen lassen oder die Farbe der Objekte bestimmen. Für kompliziertere Graphikoperationen, z. B. für die 3D-Darstellung, gibt es durch die Xlib keine Unterstützung. Allerdings gibt es für X eine Erweiterung für 3D-

Graphik. Sie unterstützt im wesentlichen die Funktionen, die in dem Grahik-Paket PHIGSPLUS enthalten sind (siehe Kapitel 9, "Graphik"), und trägt den Namen *PEX* (PHIGSPLUS as Extension to *X*).

- Ein weiterer Typ von Routinen erledigt die Event-Operationen. Man kann mit ihnen die einzelnen Events bestimmen, die man bekommen oder nicht mehr bekommen will. Ferner sind in der Xlib die Event-Warteschlange des Clients und Operationen für ihre Bearbeitung implementiert.

- Schließlich gibt es noch eine Routine für den Abbau der Verbindung zwischen Client und Server.

Mit der Xlib hat der Programmierer einen Satz von Routinen zur Verfügung, mit denen er seine Applikation entwickeln kann. Die Programmierarbeit wird ihm durch diese Routinen zwar bereits erleichtert, ist aber trotzdem immer noch aufwendig. Er muß z. B. jede Einstellung der Systemparameter selbst vornehmen. Für die graphische Gestaltung der Bedienoberfläche hat er nur die einfachen Graphikroutinen zur Verfügung. Ähnliches gilt für die funktionelle Gestaltung der Bedienoberfläche. Deswegen wurden sogenannte *X-Toolkits* entwickelt. Sie sind Programmierbibliotheken, die ausschließlich auf den Routinen der Xlib basieren (Bild 12-6).

Ein Toolkit zerfällt in zwei Teile, die *X-Intrinsic-Routinen* und das *Widget-Set*. Die X Intrinsic-Routinen enthalten die eigentlichen funktionellen Abläufe des X-Toolkits, wogegen das Widget-Set das graphische Erscheinungsbild der Bedien-oberfläche bestimmt. Die Intrinsic-Routinen werden vom X-Konsortium definiert. Sie legen die Funktionalität der Bedienoberfläche fest; z. B. bestimmen sie die Funktionsweise eines *Button* (Bedienknopf), der im Fenster graphisch dargestellt ist. Außerdem kann der Applikationsprogrammierer mit ihnen viel einfacher die Verbindung zum Server initialisieren oder seine Fensterumgebung aufbauen. Die Erstellung einer X-Applikation wird durch sie erheblich einfacher. Ein Widget-Set dagegen bestimmt das graphische Aussehen der einzelnen Elemente, aus denen eine Bedienoberfläche bestehen kann. Dazu zählen z. B. Ecken und Ränder der Windows und die unterschiedlichen Arten von *buttons*. Es gibt mehrere Widget-Sets. Zwei der bekanntesten sind *Motif* von *OSF* und *OPEN LOOK* von *AT&T*. Die Widget-Sets sind herstellerspezifisch und werden vom X-Konsortium nicht überwacht.

Wenn man eine Applikation mit einem Toolkit erstellt, so hat man nicht nur den Vorteile der einfacheren Programmerstellung, sondern man gibt seiner Applikation damit dasselbe optische und funktionelle Aussehen, das auch andere Applikationen besitzen, die mit diesem Toolkit erstellt wurden. Die Bedien-oberflächen der Applikationen werden damit zueinander konsistent und erhalten immer das gleiche professionelle Aussehen. Ein Nachteil bei der Verwendung von

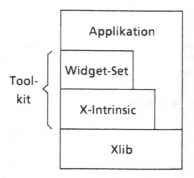

Bild 12-6: Das X-Toolkit

Toolkits ist der sehr große binäre Code, der beim Übersetzen und Binden der Applikation mit der großen X-Toolkit-Bibliothek entsteht. Durch diesen großen Code und die zusätzliche Funktionalität der X-Toolkit-Routinen laufen diese Programme deutlich langsamer als Programme, die nur auf der Basis der Xlib erstellt wurden. Zur Lösung dieses Problems können *Shared Libraries* eingesetzt werden, die erst während der Laufzeit dynamisch zur Applikation hinzugebunden werden. Der binäre Code einer X-Toolkit-Applikation wird dadurch wesentlich kleiner und ist beim Programmstart schneller in den Hauptspeicher zu laden (siehe Abschnitt 11.3.2, "Standardisierung von Applikationssoftware").

12.2.3 Eine X-Applikation – der Window Manager

Eine X-Applikation kann von jedem Programmierer mit Hilfe der Routinen der Xlib oder einem Toolkit wie ein normales Programm entwickelt werden. Unter X gibt es aber bereits ein Anzahl von Standardanwendungen, die mit dem System geliefert werden. Eine der wichtigsten ist sicher xterm. Beim Aufruf von xterm wird ein Fenster erzeugt, das die Eigenschaften eines alphanumerischen Terminals besitzt. Mit ihm können nun alle Anwendungen und Tools betrieben werden, die nicht speziell für X entwickelt wurden. Mit xterm läßt man unter UNIX z. B. sehr häufig eine Shell laufen.

Eine weitere sehr bedeutende X-Applikation ist der *Window Manager* (Bild 12-7). Er wird – wie die anderen X Clients auch – mit Hilfe der Routinen der Xlib entwickelt. Er kann auf einem anderen Rechner als der X-Server laufen. Aus diesen Eigenschaften kann man ersehen, daß es keinen Standard-Window Manager geben muß. Es gibt im Gegenteil mehrere davon, wobei der Benutzer selbst entscheiden kann, mit welchem er arbeiten will oder ob sogar ein selbst entwickelter Window Manager eingesetzt werden soll.

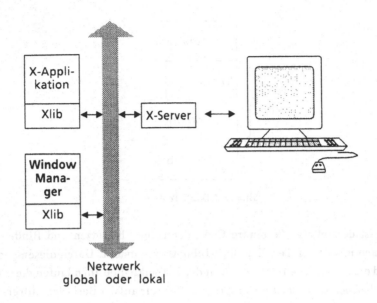

Bild 12-7: Der Window Manager

Um die Funktionsweise erklären zu können, muß man zuerst die Fensterhierarchie des X Window Systems betrachten. In Bild 12-8 sieht man, nach
welcher Systematik ein Bildschirm von einem X-Server verwaltet wird. Der X-
Server generiert am Anfang das *Root Window*. Jede Applikation erzeugt bei
ihrem Start ein *Toplevel Window*. Im Bild sind das die Fenster 1, 2 und 3. Alle
Unterfenster, die eine Applikation noch kreiert, liegen innerhalb dieses Toplevel
Windows. Die Sichtbarkeits- und Überlagerungshierarchie der Fenster kann
durch einen Hierarchiebaum wie im Bild dargestellt werden.

Der X-Server hat die Informationen über die momentan angelegten Fenster in
seinen Datenstrukturen gespeichert. Diese Informationen kann der Window
Manager benutzen, um das Layout des Bildschirms zu bestimmen. Seine Aufgabe
ist es, die Lage und Größe aller Toplevel Windows festzulegen. Mit seiner Hilfe
können diese Fenster verschoben, verkleinert, vergrößert oder in der Sichtbar-
keitshierarchie nach oben oder unten verlagert werden. Außerdem kann man ein
Fenster zu einem Symbol, dem *Icon*, schrumpfen lassen. Damit kann man den
Platz, den eine Applikation auf dem Bilschirm benötigt, auf ein kleines Symbol
reduzieren, falls mit der Applikation z. B. gerade nicht gearbeitet werden soll. Bei
Bedarf kann das Icon später wieder zum normalen Toplevel Window der Applikation zurückverwandelt werden. Damit der Window Manager diese Aktionen
korrekt durchführen kann, müssen sich die Applikationen an bestimmte Spiel-
regeln halten. Jede Applikation muß ein Toplevel Window eröffnen. Die Position

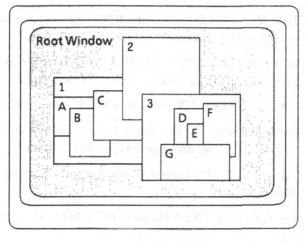

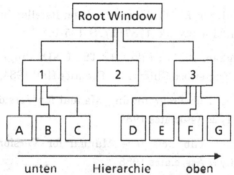

Bild 12-8: Die Fensterhierarchie in X

und Größe darf sie nicht selbst bestimmen oder verändern. Die Verwaltung der Unterfenster hat jede Applikation selbst zu übernehmen. Genauso hat sie selbst zu bestimmen, ob eine durch den Window Manager veranlaßte Größenveränderung des Toplevel Windows zu einer Veränderung des Darstellungsmaßstabes oder des Bildausschnittes führt.

Gesteuert werden diese Fensteroperationen über ein Menü, das der Window Manager anbietet. In diesem Menü befinden sich auch Einträge zum Starten einiger Standardapplikationen (z. B. xterm). Der Benutzer kann dieses Menü auch erweitern, um damit z. B. das Starten selbst entwickelter Applikationen durch das Window Manager-Menü zu erlauben.

Literatur

[BACH 86]   Bach, M. J.: The Design of the UNIX Operating System. Englewood Cliffs (NJ): Prentice Hall 1986

[BOLS 89]   Bolsky, M. I.; Korn, D. G.: The Kornshell, Command and Programming Language. Englewood Cliffs (NJ): Prentice Hall 1989

[COME 89]   Comeau, G.: The UNIX Shell. Byte 14 (1989) 9, pp. 315-321

[GÖBE 89]   Göbel, M.; Mehl, M.: Standards der graphischen Datenverarbeitung. Ehningen bei Böblingen: expert-Verlag 1989

[GULB 88]   Gulbins, J.: UNIX Version 7, bis System V.3. Berlin: Springer 1988, S. 325-396

[HAYE 89]   Hayes, F.; Baran, N.: A Guide to GUIs. Byte 14 (1989) 7, pp. 250-257

[HUTT 87]   Huttenloher, R.: Die Anwender-Schnittstellen in UNIX-Systemen. Design&Elektronik (1987) 17, S. 105-108

[KERN 84]   Kernighan, B., W.; Pike, R.: The UNIX Programming Environment. Englewood Cliffs (NJ): Prentice Hall 1984, pp. 71-100

[NYE 88a]   Nye, A.: Xlib Programming Manual for Version 11. Sebastopol: O'Reilly & Associates 1988

[NYE 88b]   Nye, A.: Xlib Reference Manual for Version 11. Sebastopol: O'Reilly & Associates 1988

[NYE 89]   Nye, A.: XView Programming Manual, An OPEN LOOK Toolkit for X11. Sebastopol: O'Reilly & Associates 1989

[PFEI 89]   Pfeiffer, B.; Glas, F., X.: Das X-Window-System – Grundlagen und Programmierbeispiele, Teil 1: Design&Elektronik (1989) 11, S. 88-93; Teil 2: Design&Elektronik (1989) 18, S. 76-81; Teil 3: Design&Elektronik (1989) 25, S. 84-88; Teil 4: Design&Elektronik (1990) 1, S. 86-95

[TROM 87]   Trommer, I.: Einführung in UNIX, Teil 3: Benutzeroberfläche Shell. mc 6 (1987) 8, S. 50-53; Teil 4: Shell als Programmiersprache. mc 6 (1987) 9, S. 104-107

[YOUN 90]   Young, D.: Programming with the X Toolkit, Part I. UNIX WORLD (1990) 1; Handling Input with the X Toolkit, Part II. UNIX WORLD (1990) 2; Programming with the X Toolkit, Part III. UNIX WORLD (1990) 3

13   UNIX aus Systemsicht

13.1 Die Architektur von UNIX

Nach der Vorstellung des UNIX-Systems als Workstation-Standard in Kapitel 11 und der näheren Betrachtung der Benutzerschnittstelle in Kapitel 12 soll nun die interne Struktur, die *Architektur*, von UNIX dargestellt werden ([BACH 86], [LEFF 89]). Dabei dient als Referenzsystem das UNIX System V Release 4 (*SVR4*), das Standard-UNIX aus heutiger Sicht.

13.1.1 Die Struktur des Systemkerns

Betrachtet man die Arbeitsweise von UNIX, so kann man zwischen zwei Ebenen unterscheiden: der Benutzerebene und der Systemebene. Wie bereits in Kapitel 12 erwähnt, kann ein Benutzer, ausgehend von seiner Shell, Prozesse starten (durch Aufruf eines Programms), die ihrerseits wiederum neue Prozesse starten bzw. Dateien manipulieren. Da dieses Konzept zu einer großen Anzahl von gestarteten Prozessen und manipulierten Dateien führen kann, muß die Verwaltung dieser Aktivitäten zentral vom Betriebssystem aus gesteuert werden und kann nicht den jeweiligen Benutzern überlassen werden. Aus diesem Grund bekommt jeder Benutzerprozeß seinen eigenen, vor anderen Benutzerprozessen geschützten Adreßraum (*User Space*), in dem er seine Benutzerdaten selbst verwaltet. Unter dem Adreßraum eines Prozesses (auch: Prozeßadreßraum) versteht man einen diesem Prozeß exklusiv vom Systemkern zugeteilten virtuellen Speicherbereich, in dem sowohl der Programm-Code des Prozesses als auch seine Programm-Daten gespeichert werden. Alle prozeß-spezifischen Daten, die vom Betriebssystem zur Verwaltung dieses Prozesses benötigt werden, sind im Systemadreßraum (*System Space*) abgelegt; auf diesen Bereich des virtuellen Speichers können ausschließlich Routinen des Systemkerns zugreifen. Die Verwaltung der Prozesse und der Zugriff auf den Dateibaum über zentrale Datenstrukturen im System-adreßraum wird durch den *Betriebssystemkern* (*Kernel*) durchgeführt (dargestellt

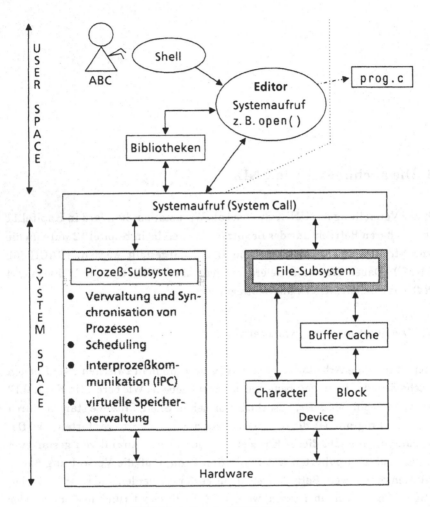

Bild 13-1: Aufbau des UNIX- Systemkerns

in Bild 13-1). Im folgenden wird User Space auch häufig als User-Modus und entsprechend System Space als System-Modus bezeichnet werden.

Benutzerprozesse gelangen in den Systemkern über vordefinierte Systemaufrufe (*System Calls*), die durch spezielle Bibliotheken zur Verfügung gestellt werden. In Assemblerprogrammen kann der Wechsel in den Systemkern direkt (d. h. ohne Verwendung der System Call-Bibliothek) programmiert werden. Zusätzlich gibt es eine Vielzahl weiterer Bibliotheken, die die Arbeit des Programmierers erleichtern sollen (z. B. I/O-Bibliotheken).

Jeder Systemaufruf hat einen Eintrag in der in Assembler geschriebenen System Call-Bibliothek. Durch *Trap*-Anweisungen, die in den Systemaufrufen enthalten sind, wird in den System-Modus umgeschaltet. Dabei wird ein Interrupt erzeugt, der das Umschalten der Hardware von User- nach System-Modus bewirkt. Nachdem ein aktiver Benutzerprozeß in den System-Modus umgeschaltet hat, führt der Systemkern für ihn System-Code aus und benutzt dabei den System-Stack an Stelle des Benutzer-Stacks, d. h. der Adreßraum des Benutzerprozesses wurde gewechselt.

Der Systemkern unterteilt sich im wesentlichen in zwei Funktionsblöcke, das *Prozeß-Subsystem* und das *File-Subsystem*. Je nach Funktionalität der Systemaufrufe wird eines der beiden Subsysteme aktiviert. So gibt es beispielsweise Systemaufrufe zur Prozeßsteuerung, wie fork( ) (generiert einen Kindprozeß) und exit( ) (beendet einen Prozeß), oder Systemaufrufe zur File-Verwaltung, wie open( ) (öffnet ein File) oder read( ) (liest aus einem File).

Die Aufgaben des Prozeß-Subsystems liegen in der Verwaltung und Synchronisation von Prozessen, in der (fairen) Vergabe von CPU-Zeit an die wartenden Prozesse, in der Prozeßkommunikation und in der virtuellen Speicherverwaltung.

Das File-Subsystem verwaltet alle Arten von Files. Man unterscheidet bei UNIX zwischen *block devices*, über die man Daten blockweise lesen oder schreiben kann, und *character devices*, die zeichenweisen Zugriff erlauben (z. B. die zeichenweise Ausgabe von Daten auf einem alphanumerischen Terminal). Der Zugriff auf blockorientierte Geräte erfolgt über einen internen Puffermechanismus, den sogenannten *buffer cache*.

Die Trennung des Systemkerns in zwei Subsysteme ist allerdings keine starre Trennung. So muß beispielsweise das Prozeß-Subsystem ausführbare Dateien mit Hilfe des File-Subsystems in den Arbeitsspeicher laden, bevor diese ausgeführt werden können.

Im folgenden sollen nun die wesentlichen Teile von Prozeß- und File-Subsystem näher erläutert werden.

13.1.2 Das Prozeß-Subsystem von UNIX

Prozesse definieren unter UNIX den "Handlungsfaden" der gesamten Systemaktivitäten, d. h. jede nur erdenkliche Systemaktivität muß im Rahmen eines Prozesses ablaufen. Ein *Prozeß* kann daher als "die Ausführung eines Programms" definiert werden.

Hierarchische Prozeßstruktur

Die gestarteten Prozesse bilden eine hierarchische Struktur, definiert durch eine *Vater-Sohn-Beziehung*. Dabei wird der Prozeß, von dem aus ein neuer Prozeß gestartet wird, als Vaterprozeß, und der neu gestartete Prozeß als Sohnprozeß

bezeichnet. Der erste Prozeß (und damit Vaterprozeß) des gesamten Betriebssystems ist der swapper-Prozeß. Er ist für das Ein- bzw. Auslagern von Prozessen
zwischen Hauptspeicher und Hintergrundspeicher verantwortlich (Kapitel 4,
"Speicher-Architektur"). Der swapper-Prozeß startet den init-Prozeß, den Vaterprozeß aller Benutzerprozesse.

Ablauf einer Benutzersitzung

Wird nun eine Benutzersitzung durch den *Login*-Mechanismus initialisiert, so
wird für den neuen Benutzer ein Kommandointerpreter (*Shell*, Kapitel 12, "UNIX
aus Benutzersicht") gestartet, der es ihm gestattet, beliebige Programme auszuführen. Die Shell ist damit der Vaterprozeß aller von diesem Benutzer gestarteten
Prozesse im Laufe dieser Benutzersitzung. Bild 13-2 zeigt eine Momentaufnahme
einer Benutzersitzung.

Zur Identifizierung erhält jeder Prozeß eine eindeutige Prozeßnummer (*PID, Process Identification*) und die Prozeßnummer seines Vaterprozesses (*PPID, Parent
Process Identification*). Durch diesen Mechanismus ist die hierarchische Prozeßstruktur eindeutig definiert. "Stirbt" ein Prozeß, der Vater von noch aktiven Prozessen ist, so wird der init-Prozeß (PID = 1) der neue Vaterprozeß. Mit dem
exit( )-Systemaufruf kann sich ein Prozeß selbst terminieren. Soll ein Prozeß
von einem anderen Prozeß aus beendet werden, so wird ein *Signal* (kill( )) verschickt, das den Empfängerprozeß veranlaßt sich zu terminieren.

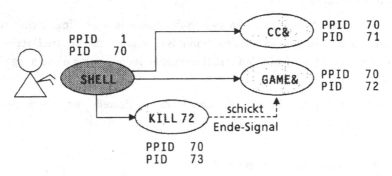

Bild 13-2: Momentaufnahme einer Benutzersitzung

Generierung eines neuen Prozesses

Ein neuer Prozeß wird mit dem fork( )-Systemaufruf vom Vaterprozeß (z. B. der
Shell) erzeugt. Dabei kopiert das Betriebssystem den Vaterprozeß und gibt dem so
entstandenen Sohnprozeß eine neue PID (Erhöhung des internen Prozeßzählers).

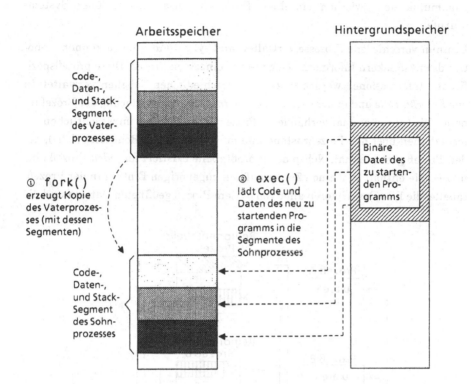

Bild 13-3: Generierung eines neuen Prozesses und Starten des zugehörigen Programms

Starten des zugehörigen Programms

Ein UNIX-Programm besteht aus einem festen Byte-Muster, das von der CPU als eine Folge von Maschineninstruktionen interpretiert wird. Dabei wird zwischen Code-, Daten- und Stacksegmenten unterschieden. Bevor das Programm gestartet werden kann, müssen die Segmente der durch den fork( )-Systemaufruf erzeugten Kopie, die noch den Wert der Segmente des Vaterprozesses besitzen, mit den entsprechenden Segmentinhalten des neu zu startenden Programms überlagert werden. Dies geschieht mit dem exec( )-Systemaufruf. Er lädt Code und Daten des neuen Programms aus der zugehörigen Datei vom Hintergrundspeicher und legt sie in den entsprechenden Segmenten des Sohnprozesses ab. Jetzt kann die Abarbeitung des neu geladenen Programms im Sohnprozeß erfolgen. Das eben geschilderte Vorgehen wird in Bild 13-3 nochmals gezeigt.

Interne Struktur eines Prozesses

Daten-, Code- und Stack-Segmente der Benutzerprozesse liegen alle im Benutzer-Adreßraum, der vom UNIX-System zentral verwaltet wird. Um die einzelnen Bereiche (*Regions*) vor dem Zugriff durch andere Prozesse zu schützen, erfolgt die

Kommunikation zwischen einzelnen Prozessen ausschließlich über Systemaufrufe.

Um nun verschiedene Prozesse verwalten und synchronisieren zu können, benötigt der Systemkern Informationen zu jedem einzelnen Prozeß. Diese prozeßspezi-
fischen Informationen werden in zwei unterschiedlichen Tabellen verwaltet: in
der *Prozeßtabelle* und in der sogenannten *u area*, einer Erweiterung der Prozeßtabelle. Die (genau einmal vorhandene) Prozeßtabelle enthält im wesentlichen Informationen über den Prozeßzustand und die Kennung des Benutzers (*UID*), der
den Prozeß gestartet hat. Neben der Prozeßtabelle existiert für *jeden* Prozeß eine
u area. Sie enthält u. a. einen Zeiger auf den zugehörigen Eintrag in der Prozeßtabelle, die File-Deskriptoren aller von diesem Prozeß geöffneten Dateien und die

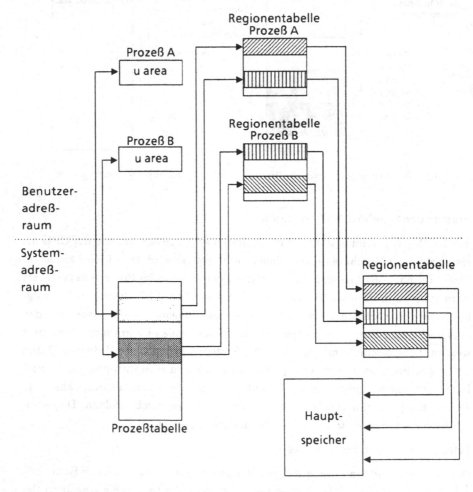

Bild 13-4: Datenstrukturen zur Prozeßverwaltung

Parameter für die Systemaufrufe. Der Systemkern hat nur dann Zugriff auf die u area eines Prozesses, wenn dieser gerade aktiv ist (Bild 13-4).

Neben den allgemeinen und den spezifischen Prozeßdaten müssen zusätzlich die Attribute der einzelnen Segmente gespeichert werden. Dies geschieht mit Hilfe der Regionentabelle (*Region Table*), deren Einträge auf die Anfangsadresse der jeweiligen Region im Arbeitsspeicher zeigen. Zusätzlich führt jeder Prozeß in seinem Adreßraum eine eigene Regionentabelle (*Per Process Region Table*). Diese zusätzliche Indirektion ermöglicht den Zugriff mehrerer Prozesse auf dieselbe Region im Speicher (*Shared Memory*-Technik). Eine nähere Erläuterung dieses Konzepts findet sich bei der Diskussion der verschiedenen Kommunikationsmechanismen.

Mit Hilfe der Informationen der Prozeßtabelle kann der Systemkern den gerade aktiven Benutzerprozeß stoppen, um dann einem wartenden Prozeß die Möglichkeit zu geben, aktiv zu werden. Das Umschalten zwischen zwei Prozessen nennt man Kontextwechsel (*context switch*) oder auch Task-Wechsel (verwendet in Kapitel 5, ”RISC-Compiler”). Dabei werden alle lokalen und globalen Prozeßinformationen des zu verdrängenden Prozesses gerettet. Danach werden die Prozeßinformationen des neu zu aktivierenden Prozesses restauriert.

Prozeßzustände und Prozeßzustandsübergänge

In einem UNIX-System gibt es eine Vielzahl von wartenden Prozessen, aber nur einen *einzigen* aktiven Prozeß. Insgesamt gibt es unter UNIX vier verschiedene Prozeßzustände, wobei sich ein Prozeß zu jedem Zeitpunkt in genau einem dieser Zustände befindet (siehe Bild 13-5):

(1) Der Prozeß ist aktiv und arbeitet im User-Modus.
(2) Der Prozeß ist aktiv und arbeitet im System-Modus.
(3) Der Prozeß wartet darauf, vom Systemkern aktiviert zu werden.
(4) Der Prozeß schläft, d. h. er ist momentan nicht in der Lage weiterzuarbeiten.

Die Zustände (3) und (4) können grundsätzlich nur von Prozessen erreicht werden, die sich im System-Modus befinden. Dieser Modus wird wie oben beschrieben durch einen Systemaufruf des Benutzerprogramms erreicht. Da der Einsatz dieser Systemaufrufe aber applikationsabhängig ist, könnte der Fall eintreten, daß ein aktiver Prozeß nie einen Systemaufruf durchführt und damit wartenden Prozessen keine Chance gibt, ihn aus dem aktiven Zustand zu verdrängen. Aus diesem Grund enthält der UNIX-Systemkern einen *Scheduler*, der nach einem Zeitscheibenverfahren jedem (wartenden) Prozeß einen Teil der CPU-Zeit zubilligt (Zeitscheibe). Läuft eine Zeitscheibe ab, so wird von der Hardware ein Interrupt ausgelöst, der einen Kontextwechsel bewirkt und den Scheduler aktiviert. Der Benutzerprozeß wurde also vom System gestoppt (Zustand (2)), ohne daß er einen

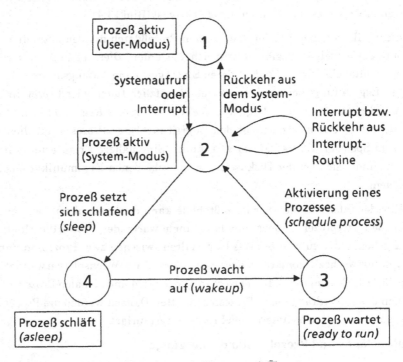

Bild 13-5: Prozeßzustandsdiagramm mit Übergängen

Systemaufruf ausführen mußte. Danach wählt der Scheduler den ersten Prozeß aus der Warteschlange (Zustand (3)) aus und aktiviert diesen. Zuletzt wird der alte Prozeß vom Scheduler prioritätsgesteuert in die Warteschlange eingereiht und ein Kontextwechsel in den User-Modus (Zustand (1)) durchgeführt, damit der neu aktivierte Benutzerprozeß seine Arbeit aufnehmen kann.

Neben diesen Zuständen kann sich der Prozeß auch im Zustand (4) (Prozeß schläft) befinden. Prozesse gehen in diesen Zustand, wenn beispielsweise eine benötigte Systemressource nicht frei ist und der Prozeß daher nicht sofort weiterarbeiten könnte. Dadurch, daß ein Prozeß "schläft", gibt er wartenden Prozessen die Möglichkeit, in der Zeit, in der er auf die Freigabe seiner Ressource wartet, aktiviert zu werden. Ein anderer Grund ist das Warten auf die Beendigung einer I/O-Operation. Kann der Prozeß weiterarbeiten, wird er "aufgeweckt" und in den Zustand (3) gebracht. Fällt der Wartegrund für mehrere Prozesse gleichzeitig weg, so werden alle Prozesse aufgeweckt, die deswegen gewartet haben. Es ist gleichzeitig auch die einzige Möglichkeit für einen Prozeß, den Zustand (4) zu verlassen, d. h. es ist nicht erlaubt, daß ein Prozeß aus diesem Zustand heraus direkt aktiv wird und weiterarbeitet, auch wenn er der einzige war, der auf das Freiwerden der Ressource gewartet hat.

Neben der Verwaltung der einzelnen Prozesse muß auch darauf geachtet werden, daß die Datenstrukturen des Systemkerns zu jedem Zeitpunkt eindeutig und konsistent sind. Daher muß sichergestellt sein, daß Prozesse, die im System-Modus arbeiten und dabei Datenstrukturen des Kerns manipulieren, nicht unterbrochen werden, da der nachfolgend aktive Prozeß eventuell die gleichen Strukturen manipulieren würde, die vom vorhergehenden Prozeß manipuliert und in inkonsistentem Zustand hinterlassen wurden. Die Eigenschaft des Systemkerns, selbst nicht unterbrechbar (*Non-Preemptive*) zu sein, löst zudem das Problem des gegenseitigen Ausschlusses (*Mutual Exclusion*) zweier (oder mehrerer Prozesse), da sichergestellt ist, daß kritische Bereiche im Programmablauf nur immer von genau einem Prozeß zur selben Zeit durchlaufen werden.

Ähnlich gelagert ist das Problem der Interrupt-Behandlung. Da ein Ausblenden von Interrupts während der Programmausführung eines Prozesses im System-Modus zu längeren Verzögerungszeiten bei der Interrupt-Behandlung führen würde, werden die Interrupt-Leitungen nur beim Eintritt in einen kritischen Bereich maskiert, so daß ankommende Interrupts ignoriert werden (*Locking*). Nach Verlassen des kritischen Bereichs wird die Maskierung entfernt, und die inzwischen angekommenen Interrupts werden nachträglich bearbeitet. Da kritische Bereiche üblicherweise recht kurz sind, hat diese Technik in der Praxis nur geringe Verzögerungszeiten in der Interrupt-Behandlung zur Folge.

Es zeigt sich also, daß das UNIX-System einen sehr mächtigen Mechanismus zum Schutz von parallel gestarteten Benutzerprozessen bereitstellt. Gleichzeitig ist es aber häufig notwendig, Daten zwischen verschiedenen Benutzerprozessen auszutauschen. Im nachfolgenden Abschnitt werden die Möglichkeiten, die UNIX für die Kommunikation zwischen Benutzerprozessen zur Verfügung stellt, näher erläutert.

Methoden der Prozeßkommunikation

Prozesse haben mehrere Möglichkeiten miteinander zu kommunizieren. Im einzelnen sind dies:

Verwendung von Signalen

Signale (*Signals bei UNIX*) informieren den Empfängerprozeß über das Eintreffen eines asynchronen Ereignisses. So können sich z. B. Prozesse gegenseitig Signale mit dem kill() Systemaufruf zuschicken. Unter UNIX SVR4 gibt es insgesamt 19 verschiedene Signaltypen. Neben dem Austausch von Signalen zwischen Benutzerprozessen, gibt es auch noch andere Anwendungsmöglichkeit von Signalen, wie z. B.:

– Benutzt ein Prozeß den exit()-Systemaufruf, um seine Arbeit endgültig zu beenden, so schickt der Systemkern ein Ende-Signal an diesen Prozeß.

- Über Signale kann einem Prozeß das Auftreten von Hardware-Fehlern oder die Verletzung von Zugriffsrechten auf Dateien mitgeteilt werden.
- Treten bei der Ausführung eines Systemaufrufs unerwartete Fehler auf, so werden diese dem Prozeß durch das Senden eines Signals mitgeteilt.

Wenn der Systemkern ein Signal an einen Prozeß schickt, dann wird nur in der Prozeßtabelle im Eintrag des Empfängerprozesses ein Bit gesetzt. Für jeden Signaltyp ist ein eigenes Bit reserviert. Sind in der Zeit, in der ein Prozeß nicht aktiv war, mehrere unterschiedliche Signale für ihn eingetragen worden, so kann er auf diese reagieren, sobald er vom Scheduler aktiviert wird. Treffen mehrere Signale gleichen Typs ein während der Prozessor wartet, so wird das Eintreffen dieses Signals nur ein einziges Mal in der Prozeßtabelle vermerkt.

Schrittweises Kontrollieren eines Prozesses

Das *Process Tracing* stellt eine einfache Form der Interprozeßkommunikation dar, die vor allem bei Debugger-Prozessen verwendet wird. Debugger-Prozesse, wie sdb (*Symbolic Debugger*), definieren Benutzerprozesse, die überprüft werden sollen, und kontrollieren diese dann mit dem ptrace( )-Systemaufruf. Die Kontrolle umfaßt die Breakpoint-Verwaltung und das Lesen bzw. Schreiben von Daten im virtuellen Prozeßadreßraum. Damit besteht das Process Tracing in der Synchronisation (a) des Debugger-Prozesses, (b) des zu kontrollierenden Prozesses und (c) der Kontrolle der Prozeßausführung.

Der Pipe-Mechanismus

Pipes erlauben den Transfer von Daten zwischen verschiedenen Prozessen (siehe dazu auch Kapitel 12, "UNIX aus Benutzersicht"). Sie sind nach dem Warteschlangenprinzip (*First-In-First-Out, FIFO*) implementiert. Daneben unterstützen Pipes auch die Prozeßsynchronisation.

Hat man mit Hilfe des pipe( )-Systemaufrufes eine Pipe generiert, so kann man mit read( ) und write( ) genauso auf die Pipe zugreifen, als wäre sie ein normales UNIX-File (die Organisation von Dateien wird im Kapitel 13.1.2 näher erläutert). Die Pipe wird beim Lese-/Schreibzugriff über ihren File-Deskriptor, der durch den pipe( )-Aufruf erzeugt wurde, angesprochen. Zudem unterscheidet man zwischen *named* und *unnamed* Pipes. Unnamed Pipes können nur von Sohnprozessen des Pipe-Erzeugerprozesses benutzt werden, während Named Pipes, die einen Eintrag im Dateiverzeichnis bekommen, von jedem Prozeß direkt über den Pfadnamen angesprochen werden können.

System V Interprozeßkommunikation (IPC)

Das *System V IPC*-Paket umfaßt drei verschiedene Kommunikationsmechanismen: das Verschicken von Nachrichten, die formatierte Daten enthalten (*message passing*), die Aufteilung des virtuellen Speichers in Bereiche, auf die mehrere

Prozesse Zugriff haben (*shared memory*), und die Verwaltung von Semaphoren zur Prozeßsynchronisation.

– Beim *Message Passing* werden mit Hilfe der Systemfunktionen msgsnd( ) und msgrcv( ) Nachrichten asynchron zwischen Prozessen ausgetauscht. Dabei werden die Nachrichten sowohl beim Sender als auch beim Empfänger zwischengepuffert. Darauf aufbauend gibt es eine synchrone Kommunikation (Remote Procedure Call, RPC), bei der neben einer SEND- und RECEIVE-Routine auch eine REPLY-Routine benutzt wird. Die Kommunikation über RPC (siehe Kapitel 13.1.3) findet vor allem im *Client-Server-Modell* (Kapitel 12, "UNIX aus Benutzersicht") Anwendung; sie gehört *nicht* zum System V IPC-Paket.

– Prozesse können auch *über gemeinsame Speicherbereiche (Shared Memory)* kommunizieren. Dabei schreibt ein Prozeß seine Daten in einen bestimmten Bereich des gemeinsamen Speichers, der dann von anderen zugriffsberechtigten Prozessen gelesen werden kann. Die Systemaufrufe für das Arbeiten mit gemeinsamen Speicherbereiche (shmget( ), shmat( ) usw.) entsprechen in ihrer Funktionalität den Systemaufrufen für das Message Passing.
Intern werden gemeinsame Speicherbereiche über die Regionentabellen der einzelnen Prozesse, sowie über die Regionentabelle des Systemkerns verwaltet (siehe dazu auch Bild 13-4).

– Mit der *Semaphor Technik* können kritische Bereiche eines Programms gesperrt werden (*locking*), so daß die Ausführung dieses Programmabschnitts nicht unterbrochen werden kann. Die so geklammerten Programmteile stellen dann sogenannte *atomare Operationen* dar. Um ein endloses gegenseitiges Blockieren zweier Prozesse zu vermeiden (Prozeß A besitzt ein Semaphor, auf das Prozeß B wartet und umgekehrt), wurde bei UNIX der Semaphormechanismus nach Dekkers Algorithmus implementiert. Dieser löst das Problem des gegenseitigen Ausschlusses (*Mutual Exclusion*) durch die Einführung von atomaren P( )- und V( )-Operationen ([JANS 85]).

Prozeßkommunikation im Netzwerk

Alle bisher vorgestellten Kommunikationsmechanismen beziehen sich auf eine Kommunikation zwischen zwei Prozessen, die beide auf *demselben* Rechner ablaufen. Will man nun Nachrichten zwischen zwei Prozessen austauschen, die auf *verschiedenen* Rechnern ablaufen (oft im Client-Server-Modell), so stehen dafür Standard-Netzwerk- und Kommunikationsprotokolle zur Verfügung. Allerdings erlauben diese Protokolle keine oder nur eine mit großem Aufwand verbundene Kommunikation zwischen Prozessen auf ein und demselben Rechner. Aus diesem Grund wurde im BSD UNIX Anfang der 80er Jahre das Konzept der *Sockets* eingeführt, die heute einen standardisierten Prozeßkommunikationsmechanismus auf Netzwerkbasis darstellen.

Sie erlauben eine Kommunikation

- zwischen Prozessen auf unterschiedlichen Rechnern, wie dies in Bild 13-6 dargestellt ist, und

- zwischen Prozessen auf einem Rechner, wobei die Kommunikation direkt zwischen den Sockets der Prozesse auf Schicht 5 erfolgt, ohne daß die Dienste der darunterliegenden Protokolle (Schicht 1-4) benutzt werden.

Sockets werden u. a. bei der Implementierung des X Window Systems verwendet (Kapitel 12, "UNIX aus Benutzersicht"). Aus Sicht des Systemkerns ist der Socket-Mechanismus in drei Schichten konfiguriert (siehe Bild 13-6):

- *Socket Layer*: Diese Schicht dient zum Umsetzen der socket-spezifischen Systemaufrufe (z. B. `connect()`, `accept()`, `listen()` usw.) in Befehle für die darunterliegenden Schichten.

- *Protocol Layer*: Hier befinden sich die Protokoll-Module, die für die Kommunikation zwischen zwei Prozessen benutzt werden (z. B. TCP/IP oder andere Protokolle der OSI-Schichten 3 und 4).

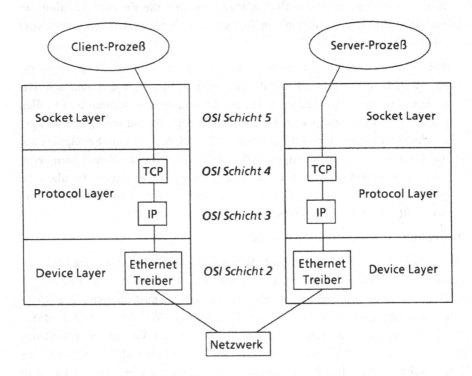

Bild 13-6: Client-Server-Implementierung mit Sockets

- *Device Layer*: Diese Schicht bietet Zugriff auf alle Gerätetreiber für die verschiedenen Geräte im Netzwerk (z. B. Ethernet-Treiber).

Um über Sockets kommunizieren zu können, muß sowohl auf Server- wie auch auf Client-Seite ein Socket eingerichtet sein. Der Server-Prozeß überwacht seinen Socket, d. h. er wartet auf Requests von beliebigen Clients. Jeder Client-Prozeß hat selbst einen Socket, über den er seine Requests an den Server schickt und über den er die vom Server gelieferten Daten empfangen kann. Die Zuordnung von Protokollmodulen zu den entsprechenden Geräte-Treibern wird bereits beim Hochfahren des Systems konfiguriert.

Die Verwaltung des virtuellen Speichers

Eine weitere Aufgabe des Prozeß-Subsystems ist die Verwaltung des virtuellen Speichers, d. h. das Prozeß-Subsystem ist beim Kontextwechsel dafür verantwortlich, daß die Prozeßregionen des neuen Prozesses in den Hauptspeicher geladen werden. Gleichzeitig müssen Regionen anderer Prozesse, die nicht mehr gebraucht werden, auf den Hintergrundspeicher ausgelagert werden (*Swapping, Demand Paging*). Die dazu notwendigen Konzepte wurden bereits ausführlich in Kapitel 4, "Speicherstrukturen", erläutert.

13.1.3 Das File-Subsystem

Das File-Subsystem verwaltet die Dateihierarchie des Systems. Es regelt im wesentlichen den Zugriff auf Daten, die sich nicht im Hauptspeicher befinden (Dateien im Filesystem), und steuert das Arbeiten mit externen Geräten (*Devices*). Im folgenden werden die einzelnen Konzepte näher erläutert.

Der logische Dateibaum

Dateien werden auf dem Hintergrundspeicher in hierarchischer Form abgelegt. Die Struktur dieser Hierarchie ähnelt dem Aufbau eines Baumes, wobei die Wurzel als *Root* ("/") und die Blätter als *Files* (Dateien) bezeichnet werden. Die Äste des Baumes bilden den Weg von der Wurzel zu den einzelnen Dateien, wobei ein Knoten (Dateiverzeichnis, *Directory*) Informationen über die darunterliegenden Einheiten enthält (siehe Bild 13-7).

Diese hierarchische Baumstruktur kann durch explizit definierte Querverbindungen erweitert werden (symbolische Verweise, *Symbolic Links*). Man benutzt sie beispielsweise, um dem Benutzer eine vertraute Arbeitsumgebung zu schaffen, indem man ihm durch einen symbolischen Verweis suggeriert, er würde die von ihm benutzten Programme wie gewohnt unter /home/bin finden, obwohl sie in diesem System unter /usr/bin abgelegt sind (Bild 13-7).

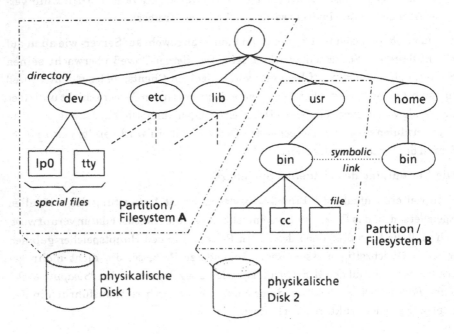

Bild 13-7: Beispiel eines logischen Dateibaums im UNIX-System

Neben den benutzerspezifischen Dateiverzeichnissen verwaltet UNIX auch etliche Systemverzeichnisse. So werden beispielsweise Systemprogramme unter /bin und /usr/bin gespeichert und Systembibliotheken unter /lib. Ein besonderes Verzeichnis ist das /dev Verzeichnis: hier werden Dateien, die den Zugriff auf externe Geräte erlauben (*Special Files*), abgespeichert. Das Arbeiten mit externen Geräten unter UNIX wird in diesem Kapitel noch näher erläutert.

Zum Abspeichern der Dateien auf einem physikalischen Medium muß der logische Dateibaum auf das zugrunde liegende Medium abgebildet werden. Bei einer Festplatte geschieht diese Abbildung in zwei Schritten: zuerst wird die Festplatte in einzelne unterschiedlich große Teilbereiche aufgeteilt (*Partitionierung der Festplatte bei UNIX*). Danach werden in diesen Partitionen sogenannte *Filesysteme* eingerichtet, die das physikalische Speichern von Dateien auf dem Hintergrundspeicher ermöglichen. Je nach Organisation des Rechensystems können unterschiedliche Filesysteme nebeneinander auf der gleichen Festplatte installiert werden; so kann sich z. B. auf einer in zwei Partitionen geteilten Festplatte ein DOS- und ein UNIX-Filesystem befinden. Eines der eingerichteten Filesysteme ist das *Root-Filesystem*. Es enthält die Urlade- (*Boot-*) Information für das UNIX-System. Will man Zugriff auf ein bestehendes Filesystem erhalten, so geschieht das durch den mount-Befehl. Er ermöglicht das (logische) Einhängen eines Filesystems unter ein bestimmtes Verzeichnis. Es ist dabei völlig unerheblich, ob alle Filesysteme auf einer Festplatte oder auf mehreren (unterschiedlichen) Medien eingerichtet sind. Das "mounten" der Filesysteme wird üblicherweise beim Urladen des Betriebssystems durchgeführt.

Die Struktur von Dateien

Würde man die Daten einer Datei zusammenhängend auf der Platte abspeichern, so hätte man einen sehr leichten Zugriff auf die Daten: es würde genügen, sich die Anfangs- und die Endadresse des belegten Speicherbereiches zu merken. Leider wirft eine solche Dateiverwaltung etliche Probleme auf. So ist es ziemlich schwierig, bestehende Dateien zu vergrößern, da die Gefahr besteht, daß Daten anderer Dateien überschrieben werden. Gleichzeitig ergeben sich beim Löschen von Dateien Lücken im Speicher, die nur von Dateien gefüllt werden können, die in diese Lücke passen.

Aus diesem Grund werden Daten *blockweise* auf der Platte abgespeichert, mit Blockgrößen von 512, 1024 oder 4096 Byte. Mit dieser Strategie löst man die oben erwähnten Probleme. Allerdings erfordert diese Technik einen höheren Verwaltungsaufwand, da jetzt die Blockadressen *aller* Blöcke, die Daten der Datei enthalten, in der korrekten Reihenfolge gespeichert werden müssen.

Interne Darstellung von Dateien

Der Systemkern arbeitet nicht mit dem Dateinamen, sondern mit einer speziellen Datenstruktur, dem sogenannten *Inode* (*Index Node*). Der Inode enthält eine Beschreibung der Dateiattribute und eine Liste von Verweisen, über die die physikalischen Daten erreicht werden können. Jeder Datei ist genau ein Inode zugeordnet. Will beispielsweise ein Prozeß mit open( ) Zugriff auf eine bestimmte Datei erhalten, so lädt der Systemkern den zugehörigen Inode in den Systemadreßraum. Jetzt kann er anhand der Inode-Einträge feststellen, ob der Prozeß die benötigten Zugriffsrechte besitzt. Trifft dies zu, so kann der Benutzerprozeß über spezielle Systemaufrufe (read( ), write( ), usw.) auf die Datei zugreifen. Alle diese Systemaufrufe brauchen ihrerseits den Inode, um Zugriff auf den Inhalt der Datei zu haben. Falls die Datei noch nicht existiert, wird ein freier Inode für diese Datei ausgewählt. Bild 13-8 zeigt die Inode-Struktur und das Verfahren, mit dem Daten auf der Platte angesprochen werden können.

Inode-Einträge für Dateiattribute

Im Inode wird vermerkt, wem die Datei gehört (BenutzerId, GruppenId), welche Zugriffsrechte es auf die Datei gibt (Schreiben/Lesen/Ausführen für Eigentümer/Gruppe/Andere), wieviele Daten die Datei enthält und wann die Datei zuletzt modifiziert wurde. Der tatsächliche Name der Datei steht im Verzeichnis-Eintrag, *nicht* im Inode.

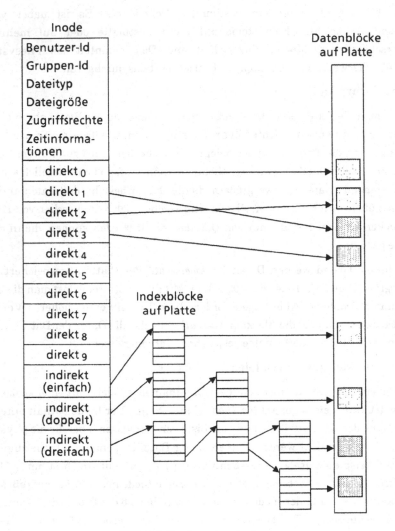

Bild 13-8: Struktur eines Inodes

Zugriff auf die physikalischen Daten

Ein Inode hat 10 Einträge, die auf die Blockadresse eines *Datenblocks* auf der Platte zeigen. Der Datenblock kann über diese Einträge *direkt* angesprochen werden. Arbeitet das Dateisystem mit einer Blockgröße von 1 KByte, so sind 10 KByte Daten direkt erreichbar. Ist eine Datei größer als 10 KByte, so kann über den nächsten Inode-Eintrag ein *Indexblock* erreicht werden, dessen Einträge wiederum auf Datenblöcke zeigen. Bei einer Blockgröße von 1 KB und einer Blockadressierung von 32 Bit (d. h. ein Eintrag belegt 4 Byte) besteht ein Indexblock aus 256 Einträgen. Damit können bei *einfacher Indirektion* $256 + 10 = 266$

Datenblöcke erreicht werden. Nach dem gleichen Prinzip wurden auch *Doppelt-* und *Dreifach-Indirektionen* implementiert. Theoretisch kann also eine Datei aus $10 + 256 + 256^2 + 256^3$ Datenblöcken bestehen, d. h. eine Datei kann größer als 16 GByte sein. Da üblicherweise die Dateigröße im Inode als 4-Byte-Eintrag abgespeichert wird, ist die maximale Dateigröße auf 4 GByte ($= 2^{32}$ Adressen) limitiert.

Die Referenzen auf Datenblöcke werden immer sequentiell im Inode abgespeichert, d. h. man verwendet erst die 10 direkten Einträge, dann die einfache Indirektion (hier wieder sequentiell), usw. Der Systemkern kann daher über den Offset auf einfache Art und Weise die notwendigen Blockadressen ermitteln, die er benötigt, um die entsprechenden Datenblöcke in den Speicher zu laden.

Layout eines Filesystems

Ein Filesystem besteht aus einer Sequenz logischer Blöcke, deren Größe ein Vielfaches von 512 Byte ist. Die Blockgröße wird einmal festgelegt und gilt dann für alle Blöcke des Filesystems. Das UNIX-System kann mehrere Filesysteme parallel verwalten. UNIX kennt verschiedene Filesystem-Strukturen, wie *S5* (von System V) oder das XENIX-Filesystem. Die Entscheidung über das Filesystem-Layout wird bei der Erstinstallation des Systems getroffen und kann nicht nachträglich verändert werden. Bild 13-9 zeigt das prinzipielle Layout eines Filesystems.

Der *Boot-Block* belegt üblicherweise den ersten Sektor eines Filesystems und kann die Programmsequenz enthalten, die beim Einschalten des Rechners benötigt wird, um das Betriebssystem zu laden (*Bootstrap Code*). Obwohl diese Sequenz nur im Boot Block eines einzigen Filesystems enthalten sein muß, wird in jedem Filesystem dafür Platz reserviert.

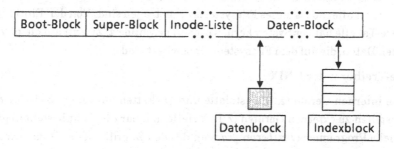

Bild 13-9: Layout eines Filesystems

Im *Super-Block* werden Statusinformationen des Filesystems gespeichert. Dazu gehören Informationen zur Anzahl der Dateien, die auf dem Filesystem gespeichert sind, sowie Informationen zu den freien Bereichen auf dem Filesystem.

Nach dem Super-Block ist die *Inode-Liste* gespeichert. Sie enthält *alle* Inodes des Filesystems, egal ob diese vergeben sind oder nicht. Die Anzahl der Inodes eines Filesystems legt der Systemadministrator bei der Konfigurierung des Filesystems fest. Ein besonderer Inode ist der *Root-Inode* des Filesystems. Über ihn kann die oberste Hierarchieebene des Filebaums angesprochen werden. Der Root-Inode ist ein sogenannter Verzeichnis-Inode, d. h. über ihn können die Inodes aller Dateien dieser Hierarchieebene, die zugehörigen logischen Dateinamen und alle Verzeichnis-Inodes der darunterliegenden Hierarchieebene erreicht werden.

Der *Daten-Block* beginnt am Ende der Inode-Liste und beinhaltet Daten (gespeichert als Datenblöcke) bzw. administrative Informationen (gespeichert als Indexblöcke). Auf jeden Block aus diesem Bereich gibt es höchstens einen Verweis.

Die Verwaltung aktiver Dateien

Öffnet man eine Datei mit open( ), so liefert der Systemaufruf einen *File-Deskriptor* zurück. Über diesen File-Deskriptor kann mit anderen Systemaufrufen auf die Datei zugegriffen werden. Die File-Deskriptoren werden für jeden Prozeß separat in einer *File-Deskriptor-Tabelle* gespeichert (siehe Bild 13-10).

Die File-Deskriptor-Tabelle befindet sich in der *u area* eines Prozesses (siehe Kapitel 13.1.2). Parallel dazu wird in der globalen *File-Tabelle* des Systemkerns für jede geöffnete Datei genau ein Eintrag erzeugt, egal wieviele Prozesse die Datei geöffnet haben. Jeder Eintrag in der File-Tabelle erhält einen Zähler, der die Anzahl der vergebenen (und noch benutzten) File-Deskriptoren auf diese Datei zählt. Zudem werden Informationen über die Dateizugriffsart gespeichert (read/write usw.). Von der File-Tabelle gehen Verweise in die sich im Arbeitsspeicher befindliche *Inode-Tabelle*, in die die Inodes aller geöffneten Dateien eingetragen werden. Die Inode-Tabelle darf nicht mit der sich auf dem Filesystem (und damit auf dem Hintergrundspeicher) befindlichen Inode-Liste verwechselt werden, in der grundsätzlich alle Inodes dieses Filesystems eingetragen sind. Von den Einträgen der Inode-Tabelle hat der Systemkern, wie oben geschildert, Zugriff auf die physikalischen Daten, die auf dem Filesystem gespeichert sind.

Geräte-Treiber unter UNIX

Für alle internen Geräte (z. B. Festplatte und Diskettenlaufwerk), sowie für die Schnittstellen zu externen Geräten (z. B. serielle und parallel Schnittstellen) gibt es spezielle Programme (*Treiberprogramm*), das den Zugriff auf das Gerät ermöglichen. Man unterscheidet dabei zwischen blockorientierten (*Block Devices*) und zeichenorientierten Geräten (*Character Devices*). Erstere werden über einen speziellen Pufferungsmechanismus des Systemkerns, den *Buffer Cache* angesprochen. Zeichenorientierte Geräte werden direkt angesprochen (und deshalb auch *Raw Devices* genannt). Allgemein gilt, daß jedes Gerät, das über ein frei

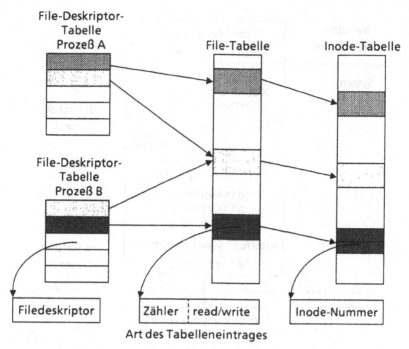

Bild 13-10: Datenstrukturen zur Verwaltung offener Dateien

adreßierbares (blockorientiertes) Speichermedium verfügt, ein Block Device ist. Alle anderen Gerätetypen sind Character Devices. So gehören beispielsweise Festplatten und Diskettenlaufwerke zu den Block Devices, während Bildschirme und Zeilendrucker zu den Character Devices zählen. Der Zugriff auf die Geräte wird vom Betriebssystem aus so gesteuert, daß der Applikationsprogrammierer nicht merkt, ob er auf ein Block oder Character Device zugreift. Er muß genausowenig wissen, wie das Gerät physikalisch angesprochen wird, da er beim Arbeiten mit externen Geräten dieselben Systemaufrufe benutzt wie beim Arbeiten mit Dateien.

Die Transparenz der Systemaufrufe wird dadurch gewährleistet, daß die einzelnen Systemaufrufe vom Betriebssystem auf spezielle Routinen abgebildet werden, über die das gewünschte Gerät letztendlich angesprochen wird. Die Menge aller dieser spezifischen Geräte-Routinen nennt man den *Treiber* für dieses Gerät. Das Erstellen dieser Programm-Module ist Aufgabe des Systemprogrammierers. Bild 13-11 zeigt das Arbeiten mit Treibern unter UNIX.

Um einen Treiber für ein neues Gerät erstellen zu können, muß sich der Systemprogrammierer zuerst über die Funktionalität des Gerätes klar werden, d. h. er

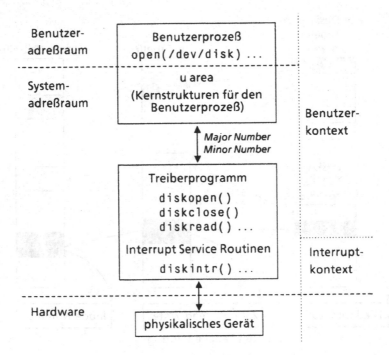

Bild 13-11: Arbeitsweise von Geräte-Treibern

muß festlegen, welche Systemaufrufe für dieses Gerät zugelassen sein sollen. Dabei kann er u. a. auf folgende Systemaufrufe zurückgreifen:

open( ):   ”Öffen” des Geräts, d. h. Initialisierung einer Kommunikationsverbindung zwischen Gerät und Applikationsprogramm

close( ):   ”Schließen” des Geräts, d. h. Abbruch der durch open( ) hergestellten Kommunikationsverbindung

read( ):   lesen von Daten vom Gerät in den Adreßraum des Applikationsprogramms

write( ):   schreiben von Daten vom Applikationsprogramm auf das externe Gerät

ioctl( ):   Übermittlung von E/A-Kontrollkommandos zum Gerät

intr( ):   Behandlung von Geräte-Interrupts

Im nächsten Schritt muß er die speziellen Systemroutinen für die ausgewählten Systemaufrufe erstellen. Dabei werden die Prozedurnamen beibehalten, allerdings erweitert um ein Präfix, das das Gerät eindeutig identifiziert. So kann die open( )-Routine für ein Festplatte z. B. diskopen( ) und dementsprechend die write( )-Routine diskwrite( ) heißen. Die Treiber-Routinen selbst stützen sich auf spezielle Prozeduren des Systemkerns, die den Zugriff auf externe Geräte unterstützen (z. B. eine Prozedur zur Abbildung von physikalischen auf virtuelle Adressen).

Jetzt können die fertigen Programmteile übersetzt und mit dem Systemkern zusammengebunden werden. Dies ist notwendig, da der Systemkern bei einem Systemaufruf das gerätespezifische Programmstück zur Verfügung haben muß. Mit Hilfe des Befehls mknod wird zusätzlich eine Gerätedatei (*Special File*, siehe oben) erzeugt, die normalerweise unter /dev im Dateibaum abgelegt wird. Sie besitzt eine eindeutige Gerätenummer (*Device Number*), die sich aus *Major Number* und *Minor Number* zusammensetzt. Zudem erhält die Datei ein Attribut, das sie als Block bzw. Character Device definiert.

Nach dem oben beschriebenen Erstellen eines Geräte-Treibers, kann nun ein Applikationsprogramm ein open() auf diese Gerätedatei ausführen und damit auf das zugehörige physikalische Gerät zugreifen. Das Betriebssystem verwendet die Major Number als Index für eine interne Geräteliste, über deren Eintrag der zugehörige Satz Treiber-Routinen ausgewählt wird. Die Minor Number wird der entsprechenden open()-Routine (z. B. diskopen()) als Parameter übergeben. Über diesen Parameter kann beispielsweise die benötigte Partition der Festplatte definiert werden.

Das vorgestellte, modulare Treiberkonzept, ermöglicht ein einheitliches und flexibles Arbeiten mit beliebigen externen Geräten. Es gehört sicherlich mit zu den herausragendsten Eigenschaften des UNIX Systems ([SCO 89]).

Funktionserweiterung von Geräte-Treibern durch Streams

Treiber setzen sich meist aus zwei funktionalen Teilen zusammen: einem *protokollabhängigen* Teil und einem *gerätespezifischen* Teil. Der protokollabhängige Teil besteht aus einer Menge von Softwarefunktionen (Modulen), die Daten und Befehle vom Benutzerprozeß bearbeiten, bevor sie (über den gerätespezifischen Teil) zum Gerät weitertransportiert werden. Da dieser Mechanismus auch in der umgekehrten Richtung funktioniert, spricht man von einer Voll-Duplex-Verbindung. Der Streams-Mechanismus unterstützt die Realisierung des protokollabhängigen Teils. Er garantieren eine erhöhte Modularität und Flexibilität für das I/O-Subsystem. Da Streams weder dem Prozeß-Subsystem noch dem File-Subsystem zugeordnet werden können, würden sie in Bild 13-1 eine separate dritte Säule bilden.

Ein Stream bei UNIX wird aus zwei parallelen Kommunikationspfaden gebildet, der *Input Queue* und der *Output Queue* (siehe Bild 13-12). Will ein Prozeß Daten auf einen Stream schreiben, so übernimmt der Systemkern die Daten vom Prozeß und schreibt sie auf die Output Queue des Streams. Beim Lesen von einem peripheren Gerät liest der zugehörige Treiber die Daten und schickt sie dann über

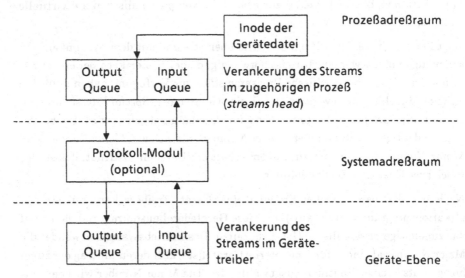

Bild 13-12: Implementierung eines Geräte-Treibers als Stream

die Input Queue an den wartenden Prozeß. Input und Output Queue eines Streams gehören immer untrennbar zusammen.

Jede Queue besteht aus einer Datenstruktur, die u. a. folgende Einträge enthält:
- verschiedene Prozeduren, mit denen die Kommunikation zuerst aufgebaut und dann betrieben werden kann
- Zeiger auf eine Nachrichtenliste sowie auf die nächste Queue im Stream
- Flags, die den Status der Queue enthalten

Mit der Einführung von Streams wurde der Zugriff auf Peripheriegeräte vereinfacht. Gleichzeitig ermöglicht das (dynamische) Anbinden unterschiedlicher Protokoll-Module ein sehr flexibles Arbeiten mit physikalischen Geräten.

13.1.4 Das Network Filesystem

Durch zunehmende Vernetzung von Rechnersystemen, insbesondere durch Local Area Networks (*LAN*, Kapitel 8, "Vernetzung") im Workstation-Bereich, entstand ein Bedarf nach Betriebssystemfunktionen, die diese Vernetzung ausnutzen. Die ersten Programme, die sich durchsetzen konnten, waren die sogenannten "*Remote*"-Programme von Berkeley. Sie ermöglichten es, Dateien zwischen UNIX-Systemen zu kopieren oder Programme auf einem anderen Rechner auszuführen. Ein Beispiel dafür ist rcp (*Remote Copy*), mit dem Dateien zwischen UNIX-Systemen kopiert werden:

```
$> rcp MASCHINE_A:Text.txt MASCHINE_B:/tmp/Text.txt
```

Ein Nachteil war, daß bei allen Remote-Programmen der (logische) Maschinenname explizit mit angegeben werden mußte. Das heißt, der Anwender mußte eine gewisse Kenntnis über die Maschinen besitzen, zwischen denen er Dateien austauschen wollte. Obwohl dies eigentlich als selbstverständlich erscheint, wäre es wünschenswert, eine *transparente Sicht* auf Dateien anderer Systeme zu bekommen. Eine solche Sicht ermöglicht das *Network Filesystem (NFS*, [SAND 85]), indem es die Filesysteme anderer UNIX-Rechner als Äste in den eigenen Dateibaum einhängt (siehe Bild 13-13).

Ähnlich wie bei lokalen Filesystemen werden die externen Filesysteme bei NFS über den mount Befehl integriert. Durch die Zusammenführung von UNIX-Systemen über NFS sehen weder Anwender noch UNIX-Programme einen Unterschied zwischen lokalen Dateien und Dateien, die sich auf anderen, über NFS verbundenen, Systemen befinden. Die NFS-Architektur beruht auf dem *Client-Server-Modell*. Der NFS-Client definiert die Maschine, die Zugriff auf Dateien über das Netzwerk erhalten möchte. Der NFS-Server stellt die Dateien, die sich auf seiner Platte befinden, zur Verfügung.

Die Design-Überlegungen, die NFS zugrundeliegen, betreffen nicht nur die Transparenz des Zugriffs, sondern auch die LAN-Einbindung heterogener Systeme. Ziel ist es, beliebige Rechnertypen, auf denen unterschiedliche Betriebssysteme laufen, zu integrieren. Die von NFS angewandten Protokolle wurden so ausgelegt, daß sie *betriebssystemunabhängig* und gleichzeitig einfach genug sind, so daß eine Portierung auf Low-End-Systeme, wie beispielsweise PCs mit MS-DOS, möglich ist.

Eine weitere Anforderung an NFS ist die *Ausfallsicherheit*. Systeme, die durch NFS verbunden sind, sollten nicht zum Stillstand kommen, wenn eine Systemkomponente ausfällt. Der Absturz eines Clients oder Servers sollte nicht zum Zusammenbruch des Systems führen; gleichzeitig muß es auch möglich sein, dynamisch neue Komponenten zu integrieren.

NFS stützt sich auf 3 Protokollebenen, die die Transparenz und Maschinenunabhängigkeit ermöglichen:

- das *Virtuelle Filesystem (VFS)*, das Filesysteme, die lokal oder über das Netzwerk erreichbar sind, integriert und einen einheitlichen Zugriff auf diese Filesysteme ermöglicht.
- *External Data Representation (XDR)*, eine Darstellung, die ein einheitliches Datenformat und damit Maschinenunabhängigkeit garantiert.
- *Remote Procedure Calls (RPC)*, ein Protokoll zur Aktivierung von Prozeduren auf anderen Systemen.

Im folgenden soll nun näher auf diese Ebenen eingegangen werden.

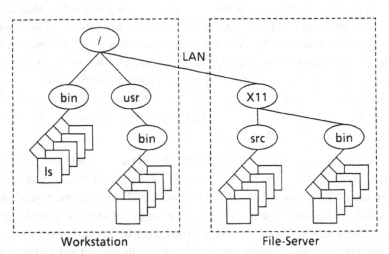

Bild 13-13: Workstation und File-Server, verbunden durch NFS

Virtuelles Filesystem

Durch die Einführung des virtuellen Filesystems VFS (Bild 13-14) wird eine zusätzliche Hierarchiestufe gegenüber den traditionellen UNIX-Filesystemen (z. B. *S5* von SVR4) eingefügt. Im traditionellen Filesystem werden Dateien und Verzeichnisse über einen Inode angesprochen (siehe oben). Jeder Inode hat im Filesystem eine eindeutige Nummer. Beim Verbinden mehrerer Filesysteme ist jedoch diese Eindeutigkeit nicht mehr gewährleistet. Daher verwendet das VFS sogenannte *Vnodes (Virtual Inode*, [KLEI 86], [ROSE 90]*)*, um Dateien zuzuordnen.

Für jede geöffnete Datei wird ein Vnode angelegt, der die Verbindung zwischen der Datei und dem zugehörigen Filesystem aufbaut. Der Vnode verweist auf das jeweilige Filesystem und damit auf den Platz, wo die physikalischen Daten gespeichert sind. Es ist aber nicht ausreichend, nur auf die Daten eines Filesystems zu verweisen. Gleichzeitig müssen auch Operationen definiert und implementiert sein, die auf dem jeweiligen Filesystem ausgeführt werden können. Jeder Vnode-Eintrag verweist auf einen Satz solcher spezieller *Vnode-Operatoren*, die an das Filesystem angepaßte Zugriffsfunktionen (wie z. B. open( ) oder close( )) darstellen. Unter diesem Aspekt betrachtet, ähnelt das Arbeiten mit virtuellen Filesystemen stark dem Arbeiten mit Geräte-Treibern (siehe oben).

Mit Hilfe von VFS kann UNIX nun beliebig viele (und vor allem auch *unterschiedliche*) Filesysteme verwaltet. NFS ist nur ein Beispiel dafür.

External Data Representation

Da es auf unterschiedlichen Rechensystemen oftmals auch eine unterschiedliche Darstellung der Daten gibt (siehe auch Little/Big Endian in Kapitel 6, "Aktuelle

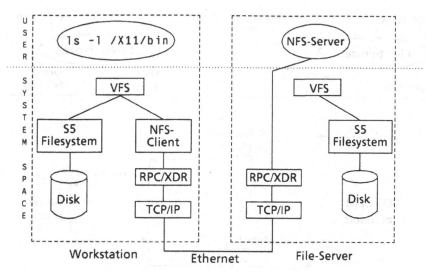

Bild 13-14: Einsatz des virtuellen Filesystems

RISC-Prozessoren"), bedarf es beim Austausch von Daten über LAN einer Festlegung der Byte-Folge für die Datentypen, die eine Applikation verwendet. *External Data Representation (XDR)* ist ein Standard zur Definition solcher Byte-Folgen; er ermöglicht eine systemunabhängige Kommunikation. Der XDR-Standard definiert Byte-Anordnungen für alle gängigen Datentypen, wie beispielsweise für Integer, Gleitkomma oder Vektoren. Die kleinste Einheit, mit der XDR Daten darstellt, beträgt 4 Byte, wobei das Big Endian-Format (auch bekannt als *network byte ordering*) angewandt wird.

XDR wird dem Anwender und Systemprogrammierer in Form einer Bibliothek zur Verfügung gestellt [SCO 89b]. Mit einfachen Funktionen können Programme geschrieben werden, deren Daten konsistent über das Netzwerk übertragen werden.

Die Implementierung von NFS setzt auf dem XDR-Protokoll auf.

Remote Procedure Calls

Das Programmpaket *Remote Procedur Calls (RPC)* ist eine prozedur-orientierte Programmierschnittstelle zur Aktivierung von Prozeduren in Server-Programmen auf anderen Systemen. Die RPC-Schnittstelle kann für die Implementierung von Client-Server Systemen benutzt werden. Das RPC-Modell gleicht dem Modell der Prozeduraufrufe in Programmen. Wie bei einem üblichen Prozeduraufruf werden Prozedurparameter übergeben, und der Ablauf des Programms verzweigt in die Prozedur. Das Hauptprogramm wird erst nach der Beendigung des Prozeduraufrufes fortgesetzt. Die RPCs arbeiten nach dem gleichen Prinzip, aber mit

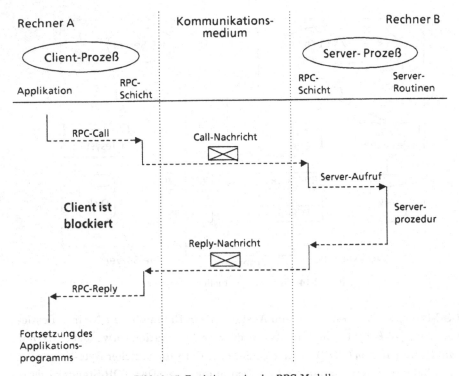

Bild 13-15: Funktionsweise des RPC-Modells

dem wesentlichen Unterschied, daß die Prozedur, die man aufrufen möchte, ein Server-Prozeß auf einem anderen Rechnersystem ist.

Der Client (das aufrufende Programm) schickt eine *Call*-Nachricht mit den Prozedurparametern an den Server und wartet (d. h. er blockiert), bis der Server eine Antwort (*Reply*) zurückschickt. Die *Reply*-Nachricht enthält die Informationen, die angefordert wurden, und mit denen das Client-Programm weiterarbeiten kann. Auf der Server-Seite ist ein Prozeß aktiv, der permanent auf *Call*-Nachrichten wartet, um diese abzufangen und darin enthaltene Befehle auszuführen. Das RPC-Modell ist in Bild 13-15 dargestellt. Es erzeugt einen synchronen Ablauf von Prozessen, und ist eine einfache Art der Interprozeßkommunikation über LAN. Es gibt jedoch auch andere Variationen der Client-Server-Kommunikation, z. B. den asynchronen Kommunikationsverlauf, bei dem der Client-Prozeß nicht blockiert wird, sondern sich zwischenzeitlich anderen Aufgaben widmet.

Das RPC-Protokoll kann mit der Session Schicht (Schicht 5) des ISO/OSI-Modells verglichen werden, da es sich nur um die Spezifikation und Interpretation von Nachrichten kümmert. Die RPC-Implementierung ist völlig unabhängig vom darunterliegenden Transportsystem. Das hat zur Folge, daß das RPC-Protokoll keine Aussagen über die Zuverlässigkeit einer Kommunikation machen kann. Benutzt man ein Transportprotokoll wie TCP/IP (ein heutzutage bei den meisten Systemen verwendetes Transportprotokoll), so kann mit wenig Aufwand ein stabiles System aufgebaut werden, da TCP/IP ein sogenanntes *zuverlässiges Transportsystem* ist. Trifft dies nicht zu, so müßte die Applikation, die RPC einsetzt, selbst für einen Timeout-Mechanismus und wiederholtes Senden bei Verlust von Nachrichten sorgen [SCO 89b].

13.2 Verteilte UNIX-Betriebssystemarchitekturen

Seit Anfang der 70er Jahre hat sich das UNIX-Betriebssystem in vielerlei Hinsicht verändert. Im wesentlichen waren dies Erweiterungen der Funktionalität sowie die Vereinigung der verschiedenen UNIX-Linien zu einer standardisierten Version. Parallel dazu entwickelte sich der Workstation-Bereich weg von einheitlichen Monoprozessorsystemen hin zu unterschiedlichen Workstation-Architekturen. Die heutige Workstation-Landschaft ist im wesentlichen geprägt von Monoprozessor-Workstations, eng gekoppelten Multiprozessorsystemen, bei denen alle Prozessoren auf einen gemeinsamen Speicher zugreifen, und lose gekoppelten Multiprozessorsystemen, bei denen die einzelnen Prozessoren jeweils über einen eigenen lokalen Speicher verfügen und über einen Systembus miteinander verknüpft sind (siehe Bild 13-16). Diese unterschiedlichen Architekturen müssen in einem Rechnerverbund koexistieren und sollten dabei aus Sicht des Betriebssystementwicklers als eine gemeinsame Systemressource gesehen werden. Um eine solche Sichtweise zu realisieren, bietet UNIX SVR4 verschiedene Mechanismen an (siehe NFS, [UNIX 90]), ist aber prinzipiell nach wie vor speziell für Monoprozessorsysteme ausgelegt.

Aus diesem Grund gibt es schon seit langem Bestrebungen und Forschungsprojekte ([CHAS 89], [COME 90]), die sich mit Betriebssystemarchitekturen beschäftigten, welche rechnerübergreifend implementiert werden sollten. Um die Zusammenarbeit mehrerer Rechner über meist lokale Netze zu ermöglichen, entstanden zunächst die *Netzwerk-Betriebssysteme*, deren Ziel vor allem die Nutzung gemeinsamer Ressourcen ist. Anspruchsvoller ist der Ansatz des *verteilten Betriebssystems*, welches dem Benutzer eine Anzahl im Netz verteilter Rechner als ein homogenes, leistungsfähiges System erscheinen läßt. Beide Ansätze werden im folgenden kurz charakterisiert.

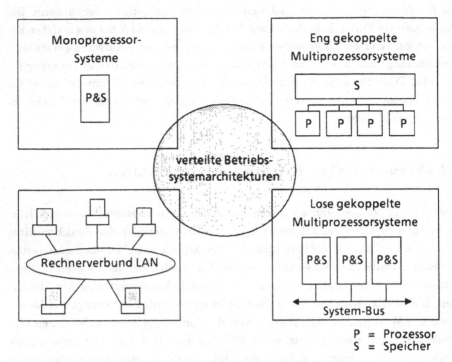

P = Prozessor
S = Speicher

Bild 13-16: Rechnerarchitekturen heutiger Workstations

13.2.1 Netzwerk-Betriebssysteme

Die Netzwerk-Betriebssysteme (*Network Operating Systems, NetOS*) entstanden aus dem Wunsch heraus, die in einem LAN vorhandenen Ressourcen besser nutzbar zu machen. Typische Anforderungen an ein solches Betriebssystem sind:

- die Auslagerung von eigenen, lokalen Daten auf andere Stationen.
- der Zugriff auf nicht-lokale Daten.
- das Starten und Beenden von Prozessen, die auf anderen Stationen ablaufen.
- die Auslagerung von Prozessen auf andere Stationen, um damit eine optimale Lastverteilung im Rechnerverbund zu erzielen.

Ausgehend von diesen Anforderungen basieren die Netzwerk-Betriebssysteme auf den folgenden drei Grundprinzipien:

(1) Jeder Rechner besitzt sein eigenes Betriebssystem. Die Kommunikation zwischen den (unterschiedlichen) Betriebssystemen im Rechnerverbund wird durch geeignete Protokollschnittstellen gewährleistet. In der Praxis liegen gerade in dieser Eigenschaft der Netzwerk-Betriebssysteme die meisten Probleme, da bisher bei weitem nicht alle Protokollschnittstellen standardisiert sind.

(2) Die Implementierung eines Netzwerk-Betriebssystems in einem Rechnerverbund erfolgt durch die Einführung einer zusätzlichen Software-Schicht, die Informationen über die Lokalität der einzelnen Dienste verwaltet und Service-Calls nach Bedarf weiterleitet.

(3) Vor der Benutzung eines anderen Rechners im Netz ist ein *Remote Login* (entspricht dem bekannten Login-Mechanismus mit dem Unterschied, daß der Rechner spezifiziert sein muß, auf den der Benutzer Zugriff erhalten will) durchzuführen. Dabei muß der Benutzer (a) Informationen über die andere Station haben und (b) die Lastverteilung innerhalb des Systems selbst steuern.

Vor allem auf Grund der fehlenden Transparenz innerhalb des Rechnerverbunds und seines oft inhomogenen Charakters sind Netzwerk-Betriebssysteme für die Integration von Spezial-Hardware (Hardware-Beschleuniger für Graphik, Simulation usw.) in den Verbund wenig geeignet; will der Benutzer die Fähigkeiten der Spezial-Hardware ausnutzen, so muß er das Applikationsprogramm auf dem Rechner starten, über den die Spezial-Hardware erreichbar ist. Dies ist nur bei genauer Kenntnis der Struktur des Rechnerverbundes möglich.

13.2.2 Verteilte Betriebssysteme

Der wesentliche Unterschied zwischen Netzwerk-Betriebssystemen und verteilten Betriebssystemen besteht in der *Transparenz der Verteilung aus Benutzersicht* ([TANE 85]). Ein verteiltes Betriebssystem führt eine integrierte, netzweite Ressourcenverwaltung durch, die die Auslagerung von Dateien oder die Ausführung von Teilaufgaben auf fremden Stationen vor dem Benutzer verbirgt. Um dieses Ziel zu erreichen, genügt es nicht, bestehende Betriebssysteme funktional zu erweitern. Man muß vielmehr das gesamte Betriebssystemkonzept diesem neuen Entwurfsziel anpassen. Als Ergebnis dieser Neuentwicklungen entstanden homogene, netzwerkübergreifende Betriebssysteme ([CHAS 89], [CHER 88], [POPE 85]). Grundsätzlich gibt es zwei unterschiedliche Ansätze, um verteilte Betriebssysteme zu realisieren: *zentralisiert* oder *dezentralisiert*.

Zentralisierte verteilte Rechensysteme

Der zentralisierte Ansatz führt zurück in die Zeiten des "Mainframe Computing", bei dem alle System-Ressourcen zentral verwaltet wurden. Allerdings sind im Gegensatz zu den Mainframes bei heutigen Rechensystemen die System-Ressourcen nicht mehr lokal verfügbar, sondern im Netzwerk (über LAN oder WAN, siehe Kapitel 8, "Netzwerke") verteilt. Dabei spielt es keine Rolle, wieviele Rechner-Komponenten sich im Netzverbund befinden, oder wie weit die einzelnen Komponenten voneinander entfernt sind (theoretisch bis zu mehreren tausend Kilometern).

Realisiert werden zentralisierte Rechensysteme nach dem Client-Server-Modell (siehe auch Kapitel 12, "UNIX aus Benutzersicht"). Der Benutzer arbeitet dabei üblicherweise an einem Terminal, das ihm einen *transparenten* Zugang zum gesamten Rechensystem ermöglicht, d. h. der Benutzer meldet sich *nicht* bei einem spezifischen Rechner des Rechensystems an (beispielsweise über telnet oder rlogin), sondern arbeitet mit dem Rechensystem als Ganzem. Beim Aufruf eines Applikationsprogramms (Client) erhält dann ein Pool von zentralen Server-Komponenten einen Request. Die zuständige Server-Komponente (z. B. Prozeß-Server, File-Server oder Boot-Server) entscheidet anhand verschiedener Kriterien, welche System-Komponente die Abarbeitung des Auftrags übernehmen soll. Beispiele für solche Entscheidungskriterien sind u. a. die Verfügbarkeit von Ressourcen oder Aspekte zur bestmöglichen Lastverteilung im Rechensystem.

Der Vorteil dieses Ansatzes liegt in der *absoluten Transparenz der Verteilung* und in der Möglichkeit, eine weitgehend optimierte Lastverteilung zu erreichen. Dem gegenüber steht eine starke Belastung des Netzes, da nur ein sehr geringer (und vom Benutzer nicht beeinflußbarer) Teil der Arbeit an der lokalen Workstation des Benutzers ausgeführt wird. Durch die Entwicklung immer schnellerer Netze (z. B. auf Basis von Glasfaserkabeln) verliert dieser Aspekt aber mehr und mehr an Bedeutung.

Ein bekannter Vertreter der zentralisierten verteilten Rechensysteme ist das von A. S. Tanenbaum entwickelte (und seit 1989 verfügbare) verteilte Betriebssystem *AMOEBA* ([MULL 90]).

Dezentralisierte verteilte Rechensysteme

Bei dezentralisierten verteilten Rechensystemen wird im Gegensatz zu zentralisierten Rechensystemen nur die Arbeit auf verschiedenen Workstations im Netzverbund koordiniert. Beim dezentralisierten Ansatz arbeitet der Benutzer an einer von ihm ausgewählten Workstation, deren Betriebssystem ihm die Mehrzahl der benötigten Dienste (wie beispielsweise die Prozeßverwaltung) *lokal* zur Verfügung stellt. Bei lokal nicht verfügbaren Diensten (z. B. beim Zugriff auf System-Komponenten zur hardware-unterstützten Beschleunigung von Spezialaufgaben), schickt das Betriebssystem einen Request an die entsprechende System-Komponente. Dieser Zugriff ist (wie beim zentralisierten Ansatz) transparent für den Benutzer.

Obwohl auch hier die Betriebssystemarchitektur nach dem Client-Server-Modell aufgebaut ist, kann der Benutzer weitgehend selbst bestimmen, welche Komponenten im Systemverbund von ihm benutzt werden. Der Benutzer "sieht" also die einzelnen Komponenten im Netzverbund, obwohl er auf alle System-Komponenten die gleichen Zugriffsmöglichkeiten wie auf seine eigene lokale Workstation hat. Bei Netzwerk-Betriebssystemen hingegen sind für den Zugriff auf andere System-Komponenten spezielle Befehle notwendig.

Der Vorteil dezentralisierter verteilter Rechensysteme liegt vor allem in der geringeren Belastung des Netzwerks (verglichen mit zentralisierten Rechensystemen). Zudem sinkt der Verwaltungsaufwand, da viele Dienste lokal verfügbar sind. Allerdings ist eine Lastverteilung im System schwierig zu realisieren.

Zwei wichtige Vertreter von dezentralisierten verteilten Betriebssystemen sind *CHORUS*, entwickelt von der französischen Firma Chorus Systèmes, und *MACH* ([RASH 86]), das an der Carnegie Mellon University (CMU) entstanden ist.

Im Folgenden werden die Grundkonzepte (dezentralisierter) verteilter Betriebssysteme näher erläutert. Dabei orientiert sich die verwendete Terminologie weitgehend am CHORUS-System.

Grundkonzepte verteilter Betriebssysteme (am Beispiel CHORUS)

Ein verteiltes Betriebssystem verwaltet miteinander kommunizierenden *Sites*, wobei eine Site einer Arbeitsstation im Rechnerverbund entspricht. Der Basiskommunikationsmechanismus zwischen den einzelnen Sites ist das *Message Passing* (siehe dazu Kapitel 13.1.2), da dieses Konzept bei einer Rechnerkopplung über LAN am geeignetsten ist; eine Realisierung mit Semaphoren oder Shared-Memory-Techniken wäre zu umständlich und würde auch nicht die gewünschte Flexibilität liefern. Jede Site hat ihren eigenen Betriebssystemkern, der folgende Grundfunktionen bereitstellt:

- die Prozeß-Verwaltung (*Process Management*),
- die Kommunikation zwischen beliebig im System verteilten Prozessen (*Inter Process Communication*),
- die Verwaltung des virtuellen Speichers (*Virtual Memory Management*).

Durch die Beschränkung auf diese Grundfunktionen kann der Systemkern klein gehalten werden. Weitere Betriebssystemaufgaben wie Datei-Verwaltung, Ressourcenmanagement oder Überwachung von Schutzmechanismen werden auf Server-Prozesse ausgelagert. Charakteristisch für verteilte Betriebssysteme ist das Client-Server-Modell, bei dem die Protokollschnittstellen die Aufgaben der Modulschnittstellen in "lokalen" Betriebssystemen erfüllen. Entscheidend für den transparenten Aufbau eines verteilten Betriebssystems ist die Einführung von Kommunikationsschnittstellen, den sogenannten *Ports*. Sie stellen den einzigen Zugang zu Prozessen dar. Ports sind logische Adressen und damit unabhängig vom "physikalischen Aufenhaltsort" des zugehörigen Prozesses. Dieser Mechanismus erlaubt eine *transparente Kommunikation*, da der Sender seine Nachricht an

einen logischen Namen sendet, der dann vom Betriebssystem einer physikalischen Adresse zugeordnet wird. Ein Port kann auch *dynamisch* vom Betriebssystem einem anderen Prozeß zugeteilt werden (Port-Migration), ohne daß das
Anwendungsprogramm, das diesen Port addressiert, etwas davon merkt.

Prozesse, wie sie "herkömmliche" Betriebssysteme wie UNIX definieren, sind in
einem verteilten Betriebssystem in *Prozeßumgebung* und *Prozeßaktivität* aufgeteilt. Die Prozeßumgebung, der Rahmen eines Prozesses, wird unter CHORUS als
actor bezeichnet. Jeder Actor besitzt lokale Ressourcen, zu denen u. a. sein
virtueller Prozeßadreßraum und seine logischen Ports gehören. Die Aktivitäten
eines Prozesses werden als *Thread* ("Handlungsfaden") bezeichnet. Ein Thread
stellt den Ablauf des Programms dar. Neu bei diesem Konzept ist, daß mehrere
Threads innerhalb eines Actors *parallel* ausgeführt werden können. Threads, die
zu verschiedenen Actors gehören, tauschen Nachrichten mit Hilfe der Interpro-
zeßkommunuikation (IPC) aus. Zur Erläuterung dieses Prinzips dient das Beispiel
eines single-threaded Actors, der IPC-Messages empfangen möchte. Der Thread
dieses Actors wartet solange, bis er über einen vordefinierten Port eine Message
empfängt, die ein Thread eines anderen Actors an diesen Port geschickt hat. Bis
zum Eintreffen der Message ist dieser Thread (und damit der ganze Actor)
blockiert. Beim Eintreffen der Message nimmt der Thread seine Arbeit wieder auf
und verarbeitet die neu angekommenen Informationen. Unter CHORUS ist es
nun möglich, mehrere dieser Threads (dynamisch) zu generieren und ihnen unterschiedliche Funktionalität zu geben. So kann beispielsweise jeder Port durch einen separaten Thread überwacht werden, während ein weiterer Thread für den eigentlichen Programmablauf zuständig ist. Die Kommunikation zwischen den einzelnen Threads (die ja nun alle im gleichen virtuellen Adreßraum ablaufen) kann
über Signale oder über Shared Memory-Techniken realisiert werden (vgl. dazu
Bild 13-17).

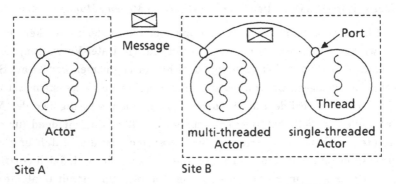

Bild 13-17: Interprozesskommunikation unter CHORUS

Die Einführung dieser sogenannten *Lightweight Processes*, also die Aufteilung des Handlungsablaufs eines Prozesses in mehrere unabhängig von einander arbeitenden Handlungsfäden (Threads), ist eine der herausragendsten Eigenschaften verteilter Betriebssysteme. Sie wird häufig bei der Implementierung von Server-Systemen verwendet. Allerdings verlangt das Multi-Threading ein grundsätzliches Umdenken beim Programmieren, da alle Threads den gleichen Adreßraum benutzen und daher ihre Aktivitäten und Datenzugriffe untereinander synchronisieren müssen.

Typische Implementierung eines Multiserver-Systems unter CHORUS

Wie bereits erwähnt, haben verteilte Betriebssysteme grundsätzlich folgende Eigenschaften:

(1) Jede Site hat Zugriff auf alle Ressourcen im Rechnerverbund.
(2) Der Zugriff auf die Ressourcen ist transparent.

Um diese Eigenschaften fehlertolerant und einfach implementieren zu können, wird üblicherweise das Client-Server-Modell verwendet. Dabei stellt das Gesamtsystem eine Menge von Server-Prozessen (unter CHORUS *Manager* genannt) zur Verfügung, die auf Anfrage von Clients (Benutzerprozesse oder andere Manager,

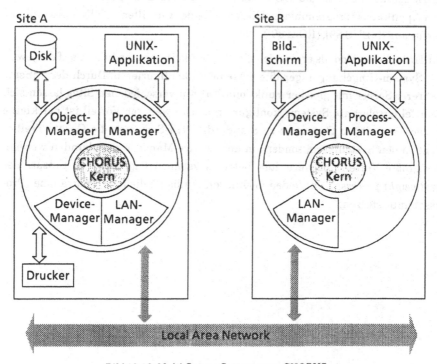

Bild 13-18: Multi-Server-System unter CHORUS

die über den benötigten Dienst nicht verfügen) die gewünschten Dienste ausführen. So wird beispielsweise der Zugriff auf die Festplatte durch den *Object Manager* und der Zugriff auf Terminal, Netzwerk, Drucker usw. durch den *Device Manager* gesteuert. Der jeweilige Server-Prozeß ist als multi-threaded Actor implementiert und befindet sich ausschließlich auf der Site, wo die zugehörigen Peripheriegeräte angeschlossen sind. Angesprochen wird der Server-Prozeß vom Client-Prozeß über einen Request in Form einer Message. Die Rückantwort des Server-Prozesses erfolgt auf gleichem Weg. Dabei ist es unerheblich, ob beide Prozesse auf demselben Rechner laufen oder nicht, da die Nachrichten nicht an physikalische sondern an *logische* Ports geschickt werden. Wird vom lokalen Device-Manager erkannt, daß der Partner-Prozeß nicht auf seinem Rechner läuft, so schickt er über das Transportmedium eine Meldung an alle Device-Manager im System (*Broadcast*). Der Device-Manager, der den logischen Port kennt, nimmt dann die Nachricht an und bearbeitet sie (siehe dazu auch Bild 13-18).

Einen besonderen Server-Prozeß stellt der *Process-Manager* dar. Er bietet dem Anwender eine komplette UNIX-Umgebung, d. h. der Anwender kann auf der Workstation eine UNIX-Applikation laufen lassen ohne zu merken, daß er mit einem verteilten Betriebssystem arbeitet. Im Process-Manager werden dann die UNIX-spezifischen Aufrufe in CHORUS-Funktionalität umgesetzt. Zudem stehen dem Applikationsprogrammierer alle Vorteile des verteilten (UNIX-) Systems zur Verfügung ([JENS 89], [ROZI 89]).

Mit Hilfe dieses Modells ergibt sich die Möglichkeit, sehr modulare, auf die jeweilige System-Umgebung angepaßte Systeme zu konfigurieren. Durch den Einsatz mehrerer Server mit gleicher Funktionalität auf verschiedenen Sites lassen sich auch fehlertolerante Systeme konfigurieren. Ein weiterer Vorteil ist der kleine Systemkern, da im Gegensatz zu Standard-UNIX-Systemen die Geräte-Treiber nicht in den Systemkern, sondern in den Device-Manager eingebunden werden. Der größte Vorteil von verteilten Betriebssystemen liegt aber im Einsatz der *lightweight processes*, da sie den modularen Aufbau beliebiger Programme (Prozesse) unterstützen.

Literatur

[BACH 86]   Bach, M., J.: The Design of the UNIX Operating System. Englewood Cliffs (NJ): Prentice Hall 1986

[CHAS 89]   Chassin de Kergomeaux, J.; Cheese, A. B.: Distributed Operating Systems and their Applicability for Multiprocessors. Technical Report CA-47, European Computer Industry Research Center, München, Mai 1989

[CHER 88]   Cheriton, R: The V Distributed System. Communications of the ACM 33 (1988) 3

[COME 90]   Comer, D.; et al.: A New Design for Distributed Systems: The Remote Memory Model. USENIX Summer Conference Proceedings (1990), pp. 127-135

[JANS 85]   Janson, P. A.: Operating Systems. Structures and Mechanisms. Orlando: Academic Press 1985

[JENS 89]   Jensen, T. H.; et al.: CCS Specification V. 1.0. Technical Report Esprit II #2569 CC-D1, Siemens AG München, 1989

[KLEI 86]   Kleinman, S.: Vnodes: An Architecture for Multiple Filesystems in Sun Unix. USENIX Summer Conference Proceedings (1986), pp. 238-247.

[LEFF 89]   Leffler, S. J.; et al.: The Design and Implementation of the 4.3 BSD UNIX Operating System. Reading: Addison Wesley, 1989

[MULL 90]   Mullender, S. J.; et. al.: Amoeba - A Distributed Operating System for the 1990s. IEEE Computer 23 (1990) 5, pp. 44-53

[POPE 85]   Popek, G: The Locus Distributed System Architecture. MIT Press 1985

[RASH 86]   Rashid, R.; et al.: Mach: A New Kernel Foundation for UNIX Development. USENIX Summer Conference Proceedings (1986)

[ROSE 90]   Rosenthal, D. S. H.: Evolving the Vnode Interface. USENIX Summer Conference Proceedings (1990), pp. 107-118

[ROZI 89]   Rozier, M.; et al.: Chorus Distributed Operating Systems. Computing Surveys 21 (1989) 1 (4)

[SAND 85]   Sandberg, R.; et al.: Design and Implementaion of the Sun Network Filesystem. USENIX Summer Conference Proceedings (1985), pp. 119-130

[SCO 89a]   The Santa Cruz Operation: SCO UNIX System V/386 Development
             System. Device Driver Writer's Guide. 1989

[SCO 89b]   The Santa Cruz Operation: SCO UNIX System V/386. NFS
             Programmer's Guide. 1989

[TANE 85]   Tanenbaum, A. S.; van Renesse: Distributed Operating Systems.
             Computing Surveys 17 (1985), pp. 419-470

[UNIX 90]   UNIX International: Distributed Computing in UNIX System V.
             Technology Today, A Strategy for Tomorrow. 1990

14　Ein typisches RISC-System

14.1　Die Workstation als System

Die vorangegangenen Kapitel haben sich ausführlich mit den Komponenten eines Prozessors bzw. eines Rechners befaßt. Aufgabe dieses Kapitels ist es nun, die gewonnenen Erkenntnisse zusammenzufassen und am Beispiel einer kompletten Workstation in ihre Zusammenhänge einzuordnen. Dazu wird eine Referenz- oder Basis-Workstation BWS '91 beschrieben, die alle wesentlichen Komponenten enthält. Der Name ist davon abgeleitet, daß es sich bei der vorgestellten Maschine um eine repräsentative Beispiels-Workstation aus dem Jahr 1991 handelt. Gleichzeitig werden die im Rahmen der Einzelkomponenten zur Verfügung stehenden Alternativen kurz umrissen. Damit dient die BWS '91 dazu,

- einen Überblick über die Komponenten einer modernen Workstation zu geben,
- ihr Zusammenspiel zu erläutern und
- anhand ihrer Leistungmerkmale eine Referenz zu bilden, an der andere Architekturen gemessen werden können.

Was ist eine typische Workstation? Vor einigen Jahren wurde diese Frage noch einfach mit der "5 M-Regel" beantwortet. Demzufolge war ein Rechner eine Workstation, wenn er

- eine Rechenleistung von mindestens 1 MIPS aufwies,
- mindestens 1 MByte Hauptspeicher hatte,
- der Bildschirm mindestens 1 Million Pixel anzeigte,
- die Transferrate auf dem LAN mindestens 1 Mbit/s betrug und
- er Multi-Tasking und Multi-Windowing hatte (zählt als ein M).

Diese Beschreibung alleine reicht heute sicher nicht mehr aus. Die beiden ersten Kriterien sind mittlerweile überholt; auch PCs haben vielfach Rechenleistungen von 4 oder mehr MIPS. Der Speicherausbau liegt dabei oft deutlich jenseits der 1 MByte-Marke. Für eine typische Workstation gilt derzeit, daß die Leistung

Technische Daten der BWS91:

- Rechenleistung etwa 20 MIPS (RISC-Prozessor)
- Getrennte Caches für Code und Daten mit jeweils 64 KByte
- 16 MByte Hauptspeicher, mit SIMM-Modulen auf 128 MByte ausbaubar
- Hochauflösender, flimmerfreier Farb-Bildschirm
- Maus
- Eingebaute Festplatte mit 300 - 400 MByte
- Integrierter LAN- (Ethernet-) Anschluß
- Preis: zwischen $ 10.000 und $ 20.000

Bild 14-1: Eckdaten der BWS '91

größer als 10 MIPS ist. Für das Verhältnis von Leistung zum Hauptspeicher-ausbau gilt die Daumenregel "etwa 1 MByte pro MIPS".

Die BWS '91 hat eine Leistung von etwa 20 MIPS. Der Hauptspeicherausbau beträgt in der Grundausstattung 16 MByte, wobei ein Ausbau auf 128 MByte möglich ist. Bild 14-1 zeigt die Eckdaten der BWS '91.

Die Graphikfähigkeit des Bildschirms bei hoher Auflösung ($>10^6$ Pixel) und flimmerfreier Darstellung ist Basis für den Einsatz von Multi-Windowing. Die Möglichkeit, mehrere Fenster auf einem Bildschirm darstellen zu können, ermöglicht ein deutlich komfortableres Arbeiten am Rechner als bei nur einem Fenster.

Die Netzwerkfähigkeit ist bei heutigen Workstations in der Regel in der Grund-ausstattung vorhanden. So werden z. B. UNIX-Rechner kaum ohne Ethernet-Anschluß ausgeliefert, und die UNIX-Software umfaßt eine ganze Reihe von Paketen zur Arbeit auf einem Netzwerk. Wichtig ist dabei, daß diese Software und das Netzwerk in das System integriert und somit für den Benutzer transparent sind.

Ein Beispiel hierfür sind File-Server und nicht-lokale Drucker. Ein netzwerk-fähiges Dateisystem bietet dem Benutzer den Zugriff auf Dateien lediglich nach logischen Aspekten. Interessant für den Benutzer ist nicht mehr der physikalische Speicherort, sondern nur noch die Position seiner Dateien im Dateibaum. Die Software sorgt dafür, daß eine eindeutige Abbildung zwischen den im Dateibaum vorhandenen und den real abgespeicherten Dateien vorgenommen wird.

Nicht-lokale Drucker sind ein weiteres typisches Beispiel. Der Benutzer muß nicht wissen, welche Maschine den Drucker ansteuert und wo diese steht. Für ihn sieht das Druckkommando auf allen Rechnern gleich aus. Die interne Weiter-verarbeitung und das Durchreichen auf dem Netz bleiben ihm verborgen.

Wesentliche Merkmale einer Workstation liegen nicht nur in der Hardware begründet, vielmehr ist das Angebot an fertiger Software bei der Auswahl einer Workstation ein entscheidender Aspekt. Damit wächst die Workstation von einer reinen Rechenplattform zu einer Problemlösung. Die Vielfalt der angebotenen Software erlaubt es, in einer homogenen Umgebung Probleme unterschiedlichster Art zu bearbeiten.

Neben der reinen Hardware und der angebotenen Software gewinnt die Ausbaubarkeit des Rechners zusehends an Bedeutung. Wünschenswert ist es, ausgehend von einer Basis-Workstation durch das Hinzufügen von Komponenten zu einem leistungsfähigeren Gerät zu kommen. Interessant sind hierbei insbesondere die CPU (Rechenleistung, siehe Kapitel 14.2), der Hauptspeicherausbau (Kapitel 14.3, 14.4) sowie die Graphik-Fähigkeiten (Kapitel 14.5) und die Vernetzung (Kapitel 14.7). Dabei ist jeweils darauf zu achten, daß die *Ausgewogenheit* der einzelnen Komponenten erhalten bleibt. Ein zu starker Ausbau einer einzelnen Komponente führt meist zu Engpässen in anderen Teilen des Rechners, sodaß kein den Kosten für den Ausbau adäquater Leistungsgewinn mehr zu erzielen ist.

14.2 Der Prozessor der BWS '91

Eines der ersten Argumente bei der Auswahl einer Workstation ist deren Ausstattung mit CPU und FPU. Oft wird mit der Überlegenheit einer bestimmten CPU über eine andere argumentiert. Welche Bedeutung hat die Auswahl der CPU als Kern der Workstation?

Diese Frage muß vor ihrer Beantwortung weiter aufgeschlüsselt werden. Ein wichtiger Aspekt ist die reine *Integer-Rechenleistung*. Für eine moderne Workstation sollte diese oberhalb von 10 bis 15 MIPS liegen, ein Wert, der von gängigen RISC-Prozessoren erreicht oder übertroffen wird. Weitere Kriterien sind die *Erweiterbarkeit* der Rechenleistung sowie das Spektrum der zur Verfügung stehenden Software. Mit der Auswahl einer CPU ist die weitere Auswahl bereits weitgehend vorgegeben. Die zur Verfügung stehenden Möglichkeiten werden durch die nachfolgenden Fragen charakterisiert:

- Gibt es *pinkompatible schnellere Versionen* des Prozessors, so daß durch einen einfachen Austausch die Rechenleistung gesteigert werden kann?

- Ist die *CPU-Baugruppe* auf einem *separaten Modul* befestigt, so daß höhere Rechenleistung durch einen Modulaustausch erreicht werden kann?

- Ist die *Binär-Kompatibilität* zu CPUs aus der Produktion anderer Hersteller gegeben, so daß die Rechenleistung auch durch Erweiterung mit Einheiten anderer Hersteller gesteigert werden kann?

- Steht für diesen Prozessor ein ausreichendes Angebot an fertiger *Software* zur Verfügung, so daß die vorgegebenen Problemstellungen damit gelöst werden können?

Betrachtet man den Markt unter den obigen Aspekten, dann wird schnell deutlich, daß nicht die Wahl einer speziellen CPU die entscheidende Bedeutung hat. Wichtiger ist die Umgebung, die zu diesem Prozessor erhältlich ist, insbesondere das Angebot an fertiger Software und das Einhalten gängiger Standards.

In den nachfolgenden Abschnitten werden der Prozessor der BWS '91 (BWSP) und seine Umgebung vorgestellt. Dabei werden insbesondere die Fragen nach Standards und Erweiterbarkeit berücksichtigt.

14.2.1 Der Modellprozessor BWSP

Die BWS '91 ist mit einem RISC-Prozessor (BWSP) ausgestattet. Seine Kenndaten sind in Bild 14-2 aufgeführt. Die wichtigsten Merkmale sind:

- *Großer linearer Registersatz* (32 General-Purpose-Register)
Damit ist es möglich, einen großen Teil der im Programm verwendeten Variablen und vom Compiler erzeugten Hilfsvariablen in Registern zu halten. Zusätzlich können bei guter Compilertechnik für viele Funktionsaufrufe die Übergabeparameter in Registern gehalten werden. Insgesamt wird dadurch der Speicherverkehr reduziert; die Berechnungen werden so weit wie möglich in den schnellen On-chip-Registern durchgeführt.

- 32-Bit RISC-Prozessor
- Linearer Registersatz mit 32 Registern
- 4 GByte virtueller Adreßraum
- IU (Integer Unit)
- Mehrere EEUs (Extension Execution Units)
- IU-Pipeline, dadurch überlappte Abarbeitung
- FPU (Floating Point Unit)
- MMU (Memory Management Unit)
- Flexibles Interface für externe Koprozessoren

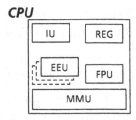

Bild 14-2: Kenndaten des Prozessors BWSP

- *Pipeline*

Die überlappte Abarbeitung der Befehle führt zu einem deutlichen Leistungszuwachs. Die Pipeline verfügt über Scoreboarding; damit muß der Compiler
keine NOPs generieren. Dies führt zu dichterem Code und damit zu einer
besseren Ausnutzung der Caches. Die damit erzielte höhere Trefferrate bei
Cache-Zugriffen trägt zu einer höheren Systemleistung bei.

- *Integer Unit (IU)*

Die Integer Unit ist die wichtigste Ausführungseinheit. Hier werden die
meisten der Befehle (arithmetische und logische Operationen, Sprünge)
ausgeführt. In späteren Versionen könnte ein Teil der Funktionalität in EEUs
ausgelagert werden, um durch diese Spezialisierung einen Leistungsgewinn zu
erzielen.

- *Extension Execution Unit (EEU)*

Die Integer Unit kann (in einer neuen Prozessor-Generation) durch EEUs
erweitert werden. Dabei ist sowohl eine Erweiterung durch gleichartige EEUs
als auch durch EEUs mit zusätzlicher Funktionalität möglich. Der Prozessor
bietet damit einen einfachen und modularen Weg, in der nächsten Generation
(superskalare Verarbeitung) eine höhere Leistung zu erzielen.

- *Integrierte FPU*

Die FPU kann als EEU aufgefaßt werden. Sie ist auf dem Prozessorchip
integriert. Die enge Kopplung an den Integer-Kern ermöglicht eine hohe
Rechenleistung bei Floating-Point-Operationen. Die FPU hat einen eigenen
Registersatz und kann somit parallel zu den anderen Recheneinheiten
arbeiten. Sie hat den Status eines speziellen Koprozessors. Die Befehle zum
Ansprechen der FPU unterscheiden sich nicht von denen zum Ansprechen
externer Koprozessoren.

- *Integrierte MMU*

Die auf dem Prozessor integrierte MMU besteht im wesentlichen aus einem
schnellen TLB (Translation Lookaside Buffer) und einem Cache Controller.
Die On-chip-MMU ermöglicht eine schnelle Kontrolle auf die Zulässigkeit von
Zugriffen auf Speicherseiten. Durch die Kopplung mit einem Cache Controller
wird der Zugriff auf externe Caches stark vereinfacht.

- *Flexibles Koprozessor-Interface*

Für spezielle Anwendungen ist es oft notwendig, auf die Anwendung abge-
stimmte Verarbeitungseinheiten einzusetzen. Über das Koprozessor-Interface
können solche Einheiten leicht an den BWSP angeschlossen werden.

Auf dem Prozessorchip sind keine Caches integriert. Bei einem Einsatz des
Prozessors BWSP kann somit die Größe der Caches auf den jeweiligen Anwen-

dungsfall abgestimmt werden. Zusätzlich bleibt der Prozessor relativ klein und kann somit kostengünstig produziert werden.

14.2.2 Architekturalternativen für den BWSP

Für einige Teile des BWSP bieten sich leistungsfähige Architekturalternativen an. Die wichtigsten sind:
- Registerfenster anstelle eines linearen Registersatzes
- FPU als externe Einheit
- Superskalare Verarbeitung auf dem Chip

Die einzelnen Varianten haben dabei in der Regel sowohl Vor- als auch Nachteile. Für die Verwendung von Registerfenstern anstelle eines linearen Registersatzes spricht, daß die Abbildung der Aufrufmechanismen (zumindestens für Sprachen wie C) einfacher wird und somit der Compiler weniger komplex ist. Andererseits ergibt sich aus der Verwendung der Fenster kaum ein meßbarer Geschwindigkeitsvorteil bei der Abarbeitung eines einzelnen Programms. Die geringere Zahl von Speicherzugriffen (viele Register) wird durch die besseren Optimierungsmöglichkeiten bei einem linearen Registersatz weitgehend wieder wettgemacht (siehe Kapitel "RISC-Compiler"). Zusätzlich sind bei Multitasking-Systemen die Taskwechsel in die Leistungsbetrachtung einzubeziehen. Für Prozessoren mit großen Registersätzen führt das notwendige Auslagern der Register zu deutlich höheren Umschaltzeiten bei einem Kontext-Switch als dies bei kleinen Registersätzen der Fall ist. Da zudem bei einem kleinen linearen Registersatz die Hardware deutlich einfacher ist und damit höhere Taktraten ermöglicht, wird der BWSP mit einem linearen Registersatz ausgestattet. Um diesen möglichst gut einzusetzen, wird ein hochoptimierender Compiler verwendet.

Gegen die FPU als externe Einheit spricht der Haupteinsatzzweck der BWS '91: Sie ist als wissenschaftlich-technische Workstation konzipiert und wird einen erheblichen Teil der ablaufenden Berechnungen im Fließkomma-Format vornehmen. Hier bedeutet die enge Kopplung (mit einer On-chip FPU) einen Performance-Vorsprung gegenüber einer externen FPU. Für Low-Cost Rechner könnte eine externe FPU günstiger sein, da dann der Prozessor billiger produziert werden kann und somit die Grundversion des Rechners günstiger wäre.

Superskalare Prozessoren erfordern einen sehr hohen Aufwand sowohl an Hardware (breite Busse, komplizierte Steuerlogik, ...) als auch an Software (hochoptimierende, parallelisierende Compiler). Mit einem solchen Prozessor und den daraus folgenden Rahmenbedingungen würde die BWS '91 den Kostenrahmen sprengen, ohne einen adäquaten Leistungszuwachs zu bieten. Dies ist darauf zurückzuführen, daß die Compilertechnik für superskalare Rechner die volle Leistung der Prozessoren noch nicht ausnutzen kann.

Durch den modularen Aufbau der BWS '91 und des BWSP sind Erweiterungen leicht zu integrieren. So ist bei Verfügbarkeit der entsprechenden Compiler-technik die Möglichkeit gegeben, den steigenden Leistungsbedarf der kommenden Jahre durch eine superskalare Version bei voller Binär-Kompatibilität zu befriedigen.

14.2.3 Standards

Die BWS '91 und ihr Prozessor orientieren sich an den für Workstations wichtigen Standards. Diese sind sowohl im Hardware- als auch im Software-Bereich zu finden. Dadurch wird die spätere Aufrüstbarkeit des Rechners und seine Kompatibilität zu existierenden Umgebungen gewährleistet.

Die BWS '91 (Bild 14-3) verwendet als Systembus keinen Standard-Bus (VMEbus, Multibus, ...), sondern einen schnellen Speicherbus, evtl. einen Standard-Spei-cherbus. An diesen werden die einzelnen Subsysteme (Graphik, Tastatur, LAN-Controller, ...) angeschlossen. Weiterhin besteht die Möglichkeit, über einen Adapter einen Expansion-Bus zu betreiben. Dieser Expansion-Bus ist einer der gängigen Standard-Busse, so daß die für diese Busse angebotenen Peripherie-karten Verwendung finden können (vgl. auch Kapitel 7,"Busse").

Für spätere Erweiterungen der BWS '91 ist somit neben den Software-Standards auf der Hardware-Seite der Prozessor interessant. Für einen kompatiblen Pro-zessorersatz gibt es mehrere Varianten:

- *Pinkompatibilität*
  Dies bedeutet, daß die nächste Prozessorgeneration auf dasselbe Pinout fest-gelegt ist wie die bisherige. Die Freiheit der Entwickler ist dadurch stark ein-geschränkt. Weiterhin ist zu erwarten, daß durch eine solche Einschränkung im Design der nächsten Prozessorgeneration unnötige "Bremsen" enthalten sind. Lediglich bei Erhöhung der Taktfrequenz innerhalb einer Baureihe erscheint dieser Weg als sinnvoll.

- *Pinkompatibles Prozessormodul*
  Bei diesem Ansatz wird die Schnittstelle eines Prozessormoduls definiert. Bei ausreichend flexibler Definition besteht hier die Option, Leistungssprünge durch Austauschen der Prozessormodule zu erreichen. Diese Variante bietet eine sehr hohe Flexibilität auf der Hardware-Seite. Gleichzeitig wird lediglich verlangt, daß das neue Prozessormodul lediglich der Schnittstellendefinition

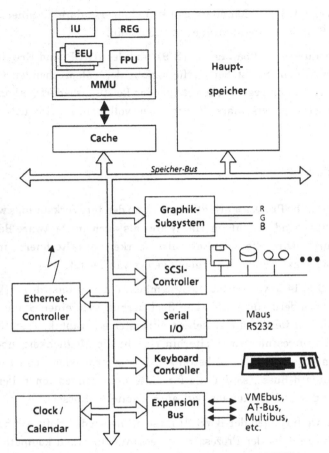

Bild 14-3: Architektur der Beispiel-Workstation BWS '91

gehorcht und im Binärcode aufwärtskompatibel zum alten Modul ist. Die BWS '91 ist mit einem Prozessormodul ausgestattet.

– *Binärkompatibilität:*
   Die Binärkompatibilität ist die schwächste Forderung. Sie garantiert lediglich, daß die Programme der Maschine A auch auf der Maschine B laufen. Erweiterungen für Leistungsgewinne werden hierdurch nicht unterstützt.

Für die *Software* gilt, daß die gängigen Standards eingehalten werden müssen, um ein breites Angebot lauffähiger Anwendungsprogramme sicherzustellen. Diese Standards umfassen sowohl die graphischen Oberflächen (X Window System, MOTIF, PHIGS) als auch Betriebssystemschnittstellen (z.B. SVID = System V Interface Definition). Die weitestgehende Standardisierung wird mit einem ABI (Application Binary Interface) erreicht. Dieses stellt die Austauschbarkeit von Programmen zwischen den Rechnern verschiedener Hersteller (!)

sicher, solange Rechner und Programme der im jeweiligen ABI definierten
Schnittstelle genügen.

14.3 Schnelle Speichermedien

Die Speicheranforderungen an Workstations wachsen von Jahr zu Jahr. Bedingt
durch aufwendige Benutzungsoberflächen und immer komplexere Systeme sind
Hauptspeichergrößen von 16 MByte und mehr üblich. Dabei tritt das Problem auf,
daß die Speicherzugriffszeiten nicht in dem Maße sinken wie die Prozessoren
schneller werden. Verschärft wird das Problem durch die sinkenden CPIs bei
RISC-Prozessoren (Bild 14-4). So verlangt ein typischer RISC-Prozessor (wie der
BWSP) in jedem Zyklus einen neuen Befehl. Die hier auftretende Lücke zwischen
benötigter und möglicher Zugriffszeit wird durch Caches ausgefüllt.

14.3.1 Caches

Der in der BWS '91 eingesetzte Prozessor verarbeitet etwa einen Befehl pro
Zyklus (CPI = 1). Daten und Befehle werden über getrennte Busse eingelesen
(bzw. geschrieben, ↗ Harvard-Architektur). Damit wird sichergestellt, daß nicht
durch lesende oder schreibende Datenzugriffe der Instruktionsfluß unnötig
gebremst wird. Für jeden der beiden Bereiche (Code und Daten) ist ein eigener
Cache vorhanden. Beide Caches sind direct-mapped und haben eine Kapazität von
jeweils 64 kByte. Damit ist eine gute Trefferrate beim Zugriff auf den Cache zu
erwarten, so daß der Rechner kaum durch Warten auf aus dem Hauptspeicher
nachzuladende Daten gebremst wird. Die BWS '91 hat nur einstufige Caches.

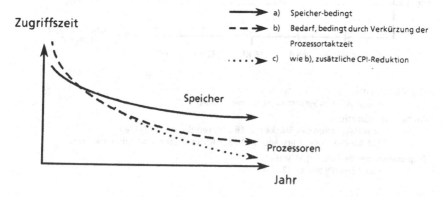

Bild 14-4: Entwicklung der Speicherzugriffszeit

Der Einsatz von Caches ist für den Anwender vollkommen transparent. Ein Cache-Controller (beim BWSP integriert) sorgt dafür, daß die Caches den Zugriffen entsprechend nachgeladen werden. Die Cachegröße hat keinen Einfluß auf die Funktionalität des Rechners; durch Verkleinern oder Vergrößern wird lediglich die Leistung des Systems beeinflußt.

Dabei gilt, daß schon eine Verringerung der Fehlzugriffsrate um wenige Prozent eine deutliche Leistungssteigerung mit sich bringt (Bild 14-5). Damit ist eine einfache Möglichkeit gegeben, die Systemleistung deutlich zu steigern. Die Rückwirkungen auf den Rest des Systems sind wesentlich geringer als bei einer Erhöhung der Taktfrequenz. Bei Verwendung fertiger Cache-Module läßt sich ein größerer Cache durch Austausch des alten Moduls gegen ein größeres realisieren. Wahlweise kann die Möglichkeit zum Anschluß weiterer Module bestehen. Die Modifikationen sind damit auf einen kleinen Teil der Hardware beschränkt. Der Rest des Systems ist nicht betroffen.

Im Gegensatz dazu wirkt sich die *Erhöhung des CPU-Taktes* auf einen größeren Teil des Systems aus. Betroffen sind:

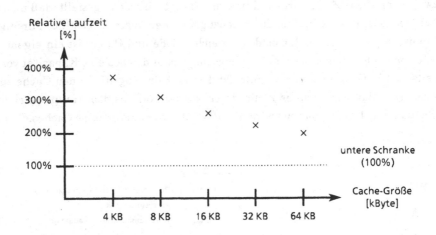

100% Laufzeit =
    theoretisches System ohne Cache-Misses
Cache-Konfiguration:
    Das Nachladen der Blöcke mit 16 Worten dauert 26 Zyklen .
    (16 für die Blockübertragung, 10 zur Initialisierung der Übertragung)
Zugrundeliegende Fehlzugriffsraten:
    siehe [HENN 90], p. 421

Bild 14-5: Einfluß der Cachegröße auf die Rechnerleistung

- Die *CPU*. Diese muß gegen ein Exemplar mit höherer Taktfrequenz ausgetauscht werden. Sind *Koprozessoren* angeschlossen, so ist sicherzustellen, daß auch die Koprozessoren mit der neuen Taktfrequenz arbeiten.

- Die Zugriffszeit der *Caches* muß auf die CPU abgestimmt sein. In der Regel sind schnellere Bausteine notwendig.

Weitere Abhängigkeiten können durch das Board-Design bestimmt sein. Ist der CPU-Takt nicht vom Systemtakt abgekoppelt, kann es Rückwirkungen auf die Peripheriekarten geben. Der Hauptspeicher muß so konstruiert sein, daß er auch bei der höheren Taktfrequenz in der Lage ist, die Anforderungen der Caches (beim Nachladen: ein Wort pro Takt) zu erfüllen. Zusätzlich ist darauf zu achten, daß der höhere Takt bereits beim Design des Boards berücksichtigt wird. Ein Kriterium ist hier die Anordnung der Baugruppen auf dem Board.

Die BWS '91 verfügt über einen einstufigen Cache. Zweistufige Prozessor-Caches stammen aus der Multiprozessor-Umgebung. Hier werden sie eingesetzt, um die Busbelastung zu reduzieren und auf diesem Weg zu einer Leistungssteigerung zu kommen. Für Monoprozessorsysteme (wie etwa eine typische Workstation) führt der Einsatz von zweistufigen Caches zu keinen nennenswerten Leistungssteigerungen. Dies liegt daran, daß hier der Bus in der Regel nicht zum Engpaß wird wie bei Multiprozessorsystemen. Berücksichtigt man, daß der Hauptspeicher bei Nachladeoperationen schon ein Wort pro Zyklus liefert, dann hat die zweite Cachestufe keine Leistungsvorteile mehr gegenüber dem Hauptspeicher. Die zweite Cachestufe führt lediglich zu erhöhtem Konstruktionsaufwand, einer komplexeren Hardware und somit zu höheren Systemkosten.

14.3.2 Hauptspeicher

Die Kosten für den Hauptspeicher haben an den Gesamtkosten für eine Workstation einen hohen Anteil. Bei einer Ausstattung mit 16 MByte liegt dieser für heutige Workstations bei etwa 30%. Ein größerer Speicherausbau erscheint für eine Workstation (an der ein Benutzer arbeitet) derzeit nicht sinnvoll. Die BWS '91 hat in der Grundausstattung einen Hauptspeicher von 16 MByte.

Der Hauptspeicher muß, um künftigen Anforderungen gewachsen zu sein, einfach erweiterbar sein. Ein spezieller Entwurf mit eigens konstruierten Speicherboards scheidet daher aus. Statt dessen wird der Einbau von SIMMs (Single Inline Memory Module) vorgesehen. Dabei werden die Steckplätze so ausgelegt, daß sowohl 4 MByte-Module als auch 1 MByte-Module verwendet werden können. Bei Ausstattung des Rechners mit 32 Steckplätzen ergibt sich damit ein maximaler Hauptspeicherausbau von 128 MByte. Die BWS '91 verfügt über 32 Steckpätze;

bei Erweiterungen müssen die Module paarweise eingebaut werden, da der Speicher in zwei Bänke aufgeteilt ist.

Um den Cache mit voller Geschwindigkeit nachladen zu können, muß der Hauptspeicher in jedem Zyklus ein Wort auslesen und an den Cache weiterreichen können. Bei den derzeitigen Speicherzugriffszeiten bedeutet dies, daß der Speicher in mindestens zwei Bänken aufgebaut werden muß (2-fach interleave). Diese werden bei einem Zugriff abwechselnd gelesen, so daß der Hauptspeicher dann schnell genug ist.

Bei einem derartig konstruierten Hauptspeicher hat der Benutzer die Möglichkeit, diesen durch Zukauf preiswerter Standard-Module schrittweise zu erweitern und so seinem Bedarf anzupassen.

14.4 Massenspeicher

Als Peripheriegeräte in Frage kommende Massenspeicher für Workstations sind Floppy-Disks, Festplatten, optische Platten und Magnetbandgeräte (siehe Kapitel 10,"Massenspeicher"). Festplatten sind davon die für Workstations interessantesten Massen "arbeits"-speicher.

Moderne Workstations werden oft in zwei Varianten angeboten, diskless oder mit eingebauten Festplatten. Die Entscheidung, welche Variante zum Zuge kommt, hängt dabei ausschließlich vom Anwendungsfall und der Umgebung ab. Der Einbau von Festplatten in (kleine) Workstation-Gehäuse ist kein Problem; moderne $3\frac{1}{2}$"-Platten bieten ausreichende Kapazität bei sehr kleinen Außenmaßen. Diskless Workstations müssen einen Netzanschluß haben; sie laden sämtliche Programme und Daten von einem zentralen Server. Der Vorteil dieses Prinzips liegt darin, daß die Programme nur einmal, auf dem Server, abgespeichert werden müssen. Damit ist auch einer der Hauptnachteile offensichtlich: Bei Ausfall des Servers ist die gesamte Installation lahmgelegt. Zudem führen hohe Belastungen des Servers und des Verbindungsnetzes zu hohen Wartezeiten beim Lesen und Schreiben von Programmen und Daten. Insbesondere bei dateiorientierten Betriebssystemen wie UNIX führt dies dazu, daß nicht die volle Rechenleistung der Workstation ausgenutzt wird.

14.4.1 Massenspeicher an der BWS '91

Die BWS '91 ist aus obigen Gründen keine Diskless-Workstation. In der Grundausstattung ist sie mit einer $3\frac{1}{2}$"-Festplatte ausgerüstet, die eine Kapazität von etwa 400 MByte hat. Diese Platte hat einen SCSI-Anschluß. Der SCSI-Bus ist nach außen geführt, so daß in externen Gehäusen die Plattenkapazität erweitert werden kann. Intern bietet die BWS '91 noch Platz für einen Streamer oder ein Floppy-Disk-Laufwerk. Auch diese Massenspeichergeräte sind an den SCSI-Bus angeschlossen.

Durch den Einsatz des SCSI-Busses ist die Erweiterbarkeit des Grundgerätes mit zusätzlichen Massenspeichereinheiten sehr einfach. Massenspeichergeräte mit SCSI-Anschluß sind als Standard Peripheriegeräte im Handel. Durch den genormten Anschluß ist auch die Herstellerfrage kein Problem.

14.4.2 Handelsübliche Massenspeicher

Festplattenlaufwerke (5¼", 3½") mit SCSI-Anschluß werden mit Kapazitäten bis über 1 GByte angeboten. Bei passender Konfiguration des Treibers können sie problemlos in bestehende Systeme integriert werden.

Gleiches gilt für Magnetband-Laufwerke. Hier ist jedoch auf den verwendeten Standard zu achten. Bei den ¼"-Bändern ist derzeit das QIC-24 Format (60 MByte) vorherrschend; es wird jedoch in der nächsten Zeit vom QIC-150 Format (150 MByte) abgelöst werden. Parallel dazu stehen die 4 mm- und 8 mm-Digital-Aufzeichnungsgeräte zur Verfügung. Für einen Datenaustausch sind die ¼"-Bänder (der größeren Verbreitung wegen) vorzuziehen. Für Sicherungen sind die Digitalbänder besser, da sie eine höhere Kapazität haben.

Die für Workstations angebotenen Floppy-Disk-Laufwerke orientieren sich an den in der PC-Welt gängigen Formaten. Sie haben, bei beidseitiger Aufzeichnung, meistens eine Kapazität von 1,44 MByte nach der Formatierung. Der Einsatz eines solchen Laufwerkes ist hauptsächlich dann interessant, wenn (relativ selten) Daten zwischen der Workstation und einem PC transportiert werden sollen. Hier stehen die Floppy-Disks dann in Konkurrenz zu einem (für PCs relativ teuren) Netzanschluß. Für Sicherungszwecke sind Floppy-Disks kaum zu verwenden. Bei einer 400 MByte großen Festplatte würden für eine Vollsicherung über 270 Disketten benötigt!

Optische Platten sind in Anbetracht der großen Kapazität von Magnetplatten und der hohen Zugriffszeiten bei optischen Platten hauptsächlich für Anwendungen interessant, bei denen sehr große Datenmengen (≫ 100 MByte) transferiert oder dauerhaft abgespeichert werden sollen. Ein Beispiel hierfür ist ihr Einsatz als "Dokumentations-Server". Damit eröffnet sich die Möglichkeit, eine volle Systemdokumentation on-line am Rechner zu haben, ohne dabei den Platz auf der Festplatte reservieren zu müssen. Für die Arbeit mit dateiorientierten Systemen (z. B. für den Swap-Space) sind sie zu langsam. Falls Bedarf besteht, ist der Anschluß einer optischen Platte über den SCSI-Bus leicht möglich.

14.5 Graphik

Eine leistungsfähige Graphikeinheit ist von tragender Bedeutung für die Konzeption moderner Workstations. Eine gute Graphikeinheitist auch bei Low-End-Workstations wichtig, und zwar:

- Für die *Bedienoberfläche*: Ein wichtiger Trend bei neueren Rechner-Konzeptionen ist es, auch Nicht-Fachleuten den Zugang zu Rechnerleistungen zu ermöglichen. Förderlich dafür ist eine einfach zu bedienende graphische Oberfläche. Eine solche Bedienoberfläche muß mindestens so schnell sein, daß sie der Benutzer nicht als Hemmschuh für seine Anwendungen empfindet.

- Für *CAD-Anwendungen*: Ein bedeutendes Einsatzgebiet von Workstations sind CAD-Anwendungen (↗CAD: Computer Aided Design); Beispiele dafür sind elektrisches (E-CAD) und mechanisches CAD (M-CAD). Bei E-CAD lauten die Anforderungen, zweidimensionale farbige Objekte darzustellen, beispielsweise Schaltpläne, Simulatonsergebnisse oder Layout-Darstellungen. Für Low-End M-CAD sind farbige, einfach geshadete Objekte oder Gittermodelle darzustellen; ein Familien-Konzept, das diese Anwendungen auch für High-End-Workstations zugänglich macht, ist wünschenswert.

- Die Programmierung sollte mit *Graphik-Standards* – wie ↗X Window System oder ↗PEX – möglich sein. Da bei der Umsetzung von Graphik-Standard-Routinen auf eine spezielle Hardware mit Performance-Einbußen zu rechnen ist, müssen gewisse Leistungsreserven von vorneherein vorgesehen sein.

Unsere BWS '91 bietet also eine preiswerte, farbige Darstellung auf einem Monitor mit 1024×1280 Pixeln; die angestrebte Leistung liegt im Bereich von 150 000 3D-Vektoren pro Sekunde. Aus Kostenüberlegungen ist es ratsam, als Basisversion einen Schwarz-Weiß-Monitor anzubieten; ein solcher Monitor ist für Desk Top Publishing (↗DTP) sogar meist einem farbigen vorzuziehen.

Im Prinzip gibt es drei Möglichkeiten, die Graphikeinheitan die CPU anzukoppeln:

- Die Graphikeinheit ist eine *Zusatzkarte für einen Standard-Bus* wie den AT-Bus. (Busse wie der VMEbus scheiden bei einer Low-End-Workstations schon aus Platzgründen aus.) Diese Lösung hat den Vorteil, daß dafür eine Reihe von preiswerten Standard-Boards "von der Stange" eingesetzt werden können. Allerdings ist diese Art der Ankopplung für unser System entweder zu langsam oder zu teuer. Zu langsam, wenn die Ansteuerung durch sehr Hardware-nahe Befehle erfolgt und auf die Graphikkarte viele Informationen übertragen werden müssen; hier ist ein AT-Bus einfach überlastet. Eine Ansteuerung mit höheren Graphik-Primitiven erfordert aber mehr Rechenleistung auf der Graphikkarte und verteuert sie damit.

- Die nächste Möglichkeit ist eine *Ankopplung über den Speicherbus*, so wie das in unserem Schema-Bild der BWS '91 eingezeichnet ist. Die Übertragungsleistung eines Workstation-Speicherbus liegt bei etwa 80 MByte/s und hat damit genügend Leistungsreserven, um eine Graphikkarte anzusteuern. Die Ansteuerung kann – je nach Art der Graphikkarte – sowohl Hardware-nah erfolgen als auch auf höherem Level.

- Vor allem bei *RISC*-Prozessoren ist es möglich, Hardware-Beschleuniger für bestimmte Funktionen als *Koprozessor* oder *Extension Execution Unit* (EEU) eng an die CPU anzukoppeln (vgl. Kapitel 6, "Aktuelle RISC-Prozessoren"). Auch hierbei ist die Kommunikations-Ebene im Prinzip beliebig; für ein optimiertes System ist sie jedoch stark abhängig von der Leistungsfähigkeit des Graphikbeschleunigers. Genau das ist auch der Schwachpunkt dieses Konzepts: Es gibt für jeden Prozessor und jede Graphikkarte eine optimale Anpassung; sind diese beiden Komponenten aber nicht optimal aufeinander abgestimmt, so sinkt die Performance drastisch ab, weil dann Synchronisationsmechanismen eingesetzt werden müssen.

- Eine weitere Möglichkeit wäre, sämtliche Graphikoperationen von der *CPU* durchführen zu lassen. Diese Lösung ist aber die schlechteste und – nach Kosten pro MIPS gerechnet – auch die teuerste: Zum einen ist eine General-Purpose-CPU auf Graphikbefehle nicht optimiert, so daß sie auf diese Weise wenig effizient eingesetzt wird. Zum andern sind gerade die Graphikoperationen sehr gut parallel zu den anderen Rechenoperationen auszuführen, so daß es wenig sinnvoll ist, auf diese einfache Art der Parallelisierung zu verzichten.

Die Graphikkarte soll vom Programm aus über eine Standard-Schnittstelle angesprochen werden. Als besonders geeignet erscheint dabei der Aufruf über Xlib-Funktionen: Alle ernst zu nehmenden portablen graphischen Oberfächen, wie Motif oder Open Look, basieren heute auf dem Standard *X Window System*. Obendrein stellen diese Graphikpakete eine Software-Schnittstelle auf hohen Niveau zur Verfügung, mit der relativ einfach programmiert werden kann. Eine Frage, die häufig diskutiert wird, ist, ob die Graphikeinheit X Window System-Befehle direkt unterstützen soll. Diese Lösung kann im Einzelfall dann favorisiert werden, wenn eine reale Performance-Verbesserung oder eine Kostensenkung nachgewiesen werden kann.

14.6 Langsame Peripherie

Daß ein Rechner Anschlußmöglichkeiten für langsame Peripherie bieten muß, erscheint so selbstverständlich, daß es kaum mehr ausdrücklich erwähnt wird. Das gilt vor allem für die *seriellen Schnittstellen*, die bis etwa 20 kBaud übertragen können. *Parallele Schnittstellen* wie Centronics spielen bei Workstations – anders als bei PCs – kaum eine Rolle. Um schnellere Geräte anzuschließen, werden häufig *Standard-Busse* mit einer Spitzen-Übertragungsleistung von bis zu 50 MByte/s verwendet.

14.6.1 Serielle Schnittstellen

Eine typische und weit verbreitete serielle Schnittstelle ist *RS232*; gebräuchlich sind Übertragungsraten von 1200 Baud bis zu 38 400 Baud ist in Stufen veränderbar. Eine solche Schnittstelle wird in der Regel durch einen einzigen Chip realisiert. Eine Workstation hat üblicherweise mindestens zwei serielle Schnittstellen: An eine davon sind Maus und Tastatur angeschlossen. Die andere kann zum Anschluß eines Druckers verwendet werden. Häufig wird der Drucker jedoch an einen zentralen Server angeschlossen, so daß ihn über Netz mehrere Workstations gleichzeitig benutzen können.

Als Drucker für Workstations werden heute in aller Regel *Laserdrucker* verwendet; Matrixdrucker bleiben zunehmend dem Low-End-Markt vorbehalten. Bei der Ansteuerung von Laserdruckern setzt sich allmählich *PostScript* durch. PostScript ist eine sehr mächtige Beschreibungssprache für graphische Objekte. Es wurde von vorneherein als geräteunabhängige Hochsprache konzipiert. Das bedeutet natürlich auch, daß der PostScript-Interpreter im Drucker wegen seiner Komplexität einen ähnlichen Bedarf an Rechenleistung hat wie die Workstation selbst. Aus diesem Grund werden häufig leistungsfähige RISC-Prozessoren als Controller in Laserdruckern eingesetzt.

14.6.2 Standard-Busse

Eine Möglichkeit, die von PCs und Workstations gleichermaßen genutzt wird, ist die Erweiterbarkeit des System um Koprozessor-Module für spezielle Anwendungen, vom Meßgerät bis zum Hardware-Beschleuniger. Solche Module werden in der Regel als Karten für Standard-Busse angeboten. Für Workstations sind heute drei *Klassen von Standardbussen* üblich (vgl. das Kapitel 7, "Busse"):

- *Konventionelle 16-Bit-Busse*; typische Vertreter sind der *AT-Bus* und der *Multibus I*.
  Diese Busse werden eher für Low-End-Workstations eingesetzt. Sie haben den Vorteil, daß die Backplane relativ wenig Platz benötigt und so das Gehäuse klein bleiben kann. Weiterhin ist das Bus-Interface einfach und billig. Außerdem gibt es gerade für den AT-Bus ein breites Angebot an Bus-Karten, das durchaus auch für Workstations interessant ist. Ein Nachteil dieser Busse ist die relativ geringe Transferrate von etwa 1 MByte/s, was für etliche Anwendungen einen Engpaß darstellt.

- *32-Bit-Busse für verteilte Anwendungen*, wie beispielsweise der *VMEbus*, der *Multibus II* oder der *FutureBus*.
  Mit diesen Bussen lassen sich bereits sehr komplexe Anwendungen aufbauen, die deutlich über General-Purpose-Funktionen hinausgehen, wie beispielsweise Steuer- und Echtzeit-Anwendungen, bei denen viel Rechenleistung auf der Karte integriert ist. Die Transferrate dieser Busse liegt typischerweise bei 10 bis 50 MByte/s. Häufig werden diese Busse auch zum Anschluß von Peripheriegeräten, wie Massenspeicher oder Drucker, genutzt. Aus diesem Grund findet sich diese Klasse von Bussen auch häufig bei zentralen Servern.

- *32-Bit-Speicherbusse*, wie der *SBus* oder der *TURBOchannel*.
  Ein relativ neuer Weg ist, den Speicherbus eines Rechners als Standard-Bus zu gestalten und mit einer Backplane für externe Module zugänglich zu machen. Weil der Speicherbus recht schnell ist (bis zu 100 MByte/s), kann die Backplane auch nicht sehr lang sein und verfügt deshalb nur über wenige Steckplätze. Außerdem werden für diese Busse gegenwärtig erst recht wenig Karten angeboten; allerdings ist hier eine stark steigende Tendenz zu erwarten. Ein klarer Vorteil dieser Busse ist, daß sie wenig Platz benötigen (kaum mehr als ein AT-Bus). Weiterhin weisen sie sehr hohe Transferraten auf, so daß sie zur Zeit für kaum eine Anwendung einen Engpaß darstellen.

Für die BWS '91 wird ein Standard-Speicherbus ausgewählt: Einerseits benötigt dieser Bus wenig Platz auf dem Board, was zur Kostenreduktion beiträgt. Andrerseits ist nicht zu erwarten, daß in die BWS '91 mehrere spezielle Karten integriert werden; für solche Anwendungen ist eher eine größere Workstation-Version oder ein zentraler Server geeignet.

14.7 Vernetzung und Server

Eine weitere wichtige Systemkomponente bei der BWS '91 ist der *LAN-Anschluß*, was heute meist Ethernet oder Token Ring bedeutet (siehe Kapitel 8, "Vernetzung"). Im Gegensatz zu anderen Rechnerklassen ist die Vernetzung bei Workstations nicht ein gelegentlich benutztes Anhängsel, über das elektronische Post (↗ Mail) oder hie und da ein Datentransfer abgewickelt wird, sondern sie ist ein integraler, unverzichtbarer Bestandteil der Workstation-Konzeption. Das gilt in so hohem Maße, daß es heute problemlos ist, eine Workstation ohne Massenspeicher (Harddisk) zu kaufen (↗ *Diskless Workstation*), eine Workstation ohne Netzzugang ist jedoch nahezu undenkbar. Über den Netzanschluß kann eine Workstation gebootet werden, das Netz kann einen transparenten Anschluß von nicht-lokalen Dateien ermöglichen bis hin zum *diskless* Betrieb, was bedeutet, daß der Rechner keinen eigenen Massenspeicher mehr hat, sondern über das Netz auf die Platte eines anderen Rechners zugreift. Die Vernetzung kann weiterhin den Zugang zu anderen Rechnern (z. B. mit höherer Rechenleistung) ermöglichen. Neuere Konzepte verwenden die Vernetzung, um rechenintensive Tasks aufzuspalten und auf gerade nicht benutzte Maschinen zu verteilen.

Die Vernetzung macht das Familien-Konzept für Workstations erst wirkungsvoll: So wird es möglich, Rechner verschiedener Leistungsklassen einzukaufen, die dann je nach Bedarf verwendet werden können. Das ist möglich, weil man sich wegen der durchgängigen Netzkonzeption auf allen Maschinen in gleicher Weise einloggen kann. Außerdem können die Rechner so eingerichtet sein, daß die File-Struktur auf allen Maschinen gleich erscheint.

Bild 14-6 zeigt einen Ausschnitt aus einer typischen Netz-Landschaft: Es gibt Workstations verschiedener Leistungsklasse, die alle an ein Ethernet-Kabel angeschlossen sind. Es sind einige *Low-Cost-Workstations* vorhanden die beispielsweise für Desktop Publishing (DTP) und E-CAD verwendet werden. Diese Workstations können auch diskless sein. Ein *X-Terminal* ist für einfache Textverarbeitung und zur Programmerstellung nützlich. Eine *High-Performance-Workstation* ist zur Unterstützung von MCAD-Anwendungen vorgesehen. Eine *Special-Purpose-Workstation* dient für Animations-Anwendungen. Schließlich ist in das vernetzte System noch ein *zentraler Server* integriert, der für rechenintensive Anwendungen eingesetzt wird. Der Server enthält mehrere zusätzliche Platten, weil er sämtliche Benutzerdaten enthält und auch Programm-Bibliotheken verwaltet. Weiterhin ist ein Bandlaufwerk installiert, um das Backup des gesamten Netzes zu besorgen. Ferner enthält er einen Anschluß an ein MAN-Netz, über den sämtliche Rechner mit der Außenwelt kommunizieren können. Es gibt zwei Laserdrukker im Netz: Einer ist für das Ausdrucken von einfachen Texten und Programm-Listings bestimmt, ein anderer ist für Zeichnungen und sonstige CAD-Daten.

Dieses Beispiel einer Netz-Landschaft zeigt zum einen die Ensatzumgebung der BWS '91 und wie sie im Vergleich zu anderen Workstations der gleichen Familie einzuordnen ist. Das Beispiel zeigt aber auch, daß für die Architektur einer Work-

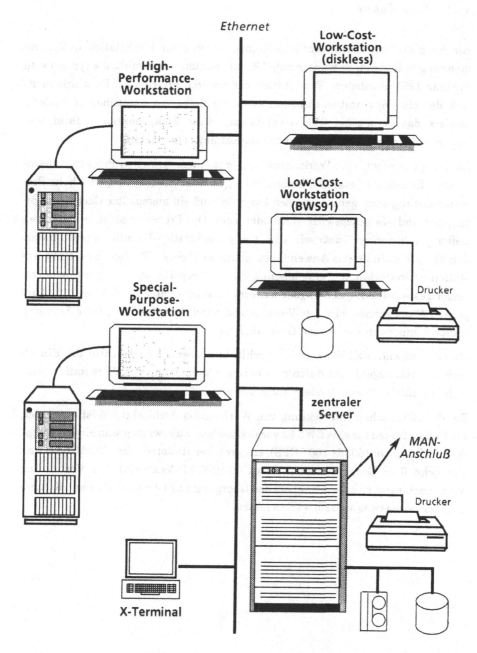

Bild 14-6: Vernetzung von Workstations

station nicht nur das einzelne System wichtig ist, sondern daß gerade auch die Zusammenstellung und die Netz-Konfiguration eine wichtige Bedeutung für das Gesamtsystem hat.

14.8   Conclusio

An der BWS '91 wurden sämtliche Komponenten einer Workstation in Zusammenhang aufgezeigt. Es wurden dabei Komponenten ausgewählt, die typisch sind für eine 1991 angebotene Workstation der unteren Preisklasse. Es wurde deutlich, daß eine Workstation nicht nur aus einer Reihe von Komponenten besteht, sondern daß gerade bei RISC-Workstations diese Komponenten in ihrer Leistungsfähigkeit auch gut aufeinander abgestimmt sein müssen.

So genügt es nicht, eine Workstation nur mit einem schnellen Prozessor auszustatten. Es müssen zusätzlich Maßnahmen getroffen werden, damit die hohe Prozessorleistung auch genutzt werden kann; so muß ein angepaßter Cache, Hauptspeicher und Massenspeicher vorhanden sein. Der Prozessor sollte in mehreren Leistungsklassen verfügbar sein, damit eine Workstation-Familie angeboten werden kann, die ein breites Anwendungsspektrum abdeckt. Typisch für eine Workstation ist weiterhin, daß eine leistungsfähige Graphikeinheit eng mit dem Prozessor gekoppelt ist. Unabdingbar ist ferner ein adäquater LAN-Anschluß. Kurz gesagt: Ein Rechner wird zur Workstation durch ausgewogene, hohe Leistung seiner Komponenten *Prozessor, Graphik, Netz*.

Damit wird klar, daß Workstation-Architektur über die Architektur des Einzelrechners hinausgeht; erst durch die überlegte Vernetzung von Workstations entsteht ein effizient zu nutzendes Gesamtsystem.

Bei der stürmischen Entwicklung von Workstation-Architekturen ist es schwer, die Rahmendaten für eine *BWS '93* vorauszusehen. Zu erwarten sind ein leistungsfähiger Prozessor (60 bis 100 MIPS), ein größerer Hauptspeicher (32 MByte) und eine schnellere Graphikeinheit (bis zu 600 000 3D-Vektoren). Die Vernetzung wird zunehmend zu einem Engpaß; der Übergang zu FDDI wird aber aus Kostengründen noch etwas auf sich warten lassen.

15   RISC-Workstations: Produkte

Workstations haben sich, ausgehend von spezialisierten Einzelanwendungen, zu einem eigenständigen Partner in der Rechnerlandschaft entwickelt. Sie stellen einen Markt steigender Bedeutung dar, der in wenigen Jahren den Umfang des Mainframe-Marktes erreichen wird. Die im Workstation-Markt tätigen Firmen sind jedoch von sehr unterschiedlichen Standpunkten aus gestartet: Digital Equipment und Data General als klassische Anbieter von Minicomputern folgen dem Trend zur Dezentralisierung, den sie einst erfunden haben, müssen dabei jedoch mehr oder weniger Rücksicht auf ihre gut eingeführten Rechnerlinien nehmen. Ähnlich ergeht es Anbietern wie Siemens und IBM: Sie müssen ihr angestammtes Geschäftsgebiet der Mainframes unterstützen, gleichzeitig aber im Wachstumsmarkt der Workstations präsent sein. Die Marktführer SUN und in gewissem Sinn auch Hewlett Packard-Apollo konnten sich – mit beträchtlichem Erfolg – als Spezialanbieter ganz auf die Entwicklung von Workstations konzentrieren.

In den folgenden Abschnitten werden die RISC-Workstation-Produkte der Firmen Data General (AViiON), Digital Equipment, Hewlett Packard (Serie 700), IBM (RS/6000), Siemens (WS30-1000) und SUN (SPARCstation) aus der Sicht der jeweiligen Firma vorgestellt.

Diese Produktbeiträge sind als lose Artikelfolge mit Stand Januar 1991 zu verstehen. Dem Leser wird so die Möglichkeit gegeben, den in den ersten 14 Kapiteln dargestellten Stoff an der Praxis zu überprüfen und auch die folgenden Produktbeschreibungen auf der Basis der ersten 14 Kapitel fundierter zu verstehen.

15.1 Data General: AViiON – die RISC/UNIX-Rechner

Nicklas, Andreas; Data General GmbH, Schwalbach/Taunus

Die Thematik dieses Artikels ist die AViiON RISC/UNIX-Rechnerfamilie mit dem 88000 Motorola RISC Chip. Im besonderen wird die vollsymmetrische UNIX-Betriebssystem-Implementierung *DG/UX* für eng gekoppelte AViiON Mehrprozeßrechner erläutert.

Bild 15.1-1: Die AViiON AV 200

15.1.1 Die AViiON RISC/UNIX-Rechnerarchitektur

Alle AViiON Systeme basieren auf der Motorola 88000 RISC Technologie. Die AViiON Rechnerfamilie ist eine vollständige Architektur, bestehend aus preiswerten Desk Top Workstations, Mid Range Workstations im Turmgehäuse, kleinen, mittleren und großen Server- oder Mehrplatzsystemen. Als Betriebssystem wird UNIX eingesetzt. AViiON Systeme sind Software-kompatibel von der 17 oder 40 MIPS starken Workstation bis zum Server oder Mehrplatzsystem für mehrere hundert Benutzer.

Sowohl die leistungsstarken Workstations als auch die Server-Systeme werden als Doppelprozessor-Architektur angeboten. Die Doppelprozessor-Systeme können zunächst als Einzelprozessor-Systeme vom Kunden erworben und nachträglich um einen weiteren Prozessor ergänzt werden.

Die entscheidenden Merkmale der AViiON UNIX/RISC-Rechnerfamilie von Data General

Die Rechner basieren auf *Standards* von der Tastatur bis zur Benutzeroberfläche.
- Tastatur
  101 (102) PC-AT Tastatur
- Busse
  VME, SCSI
- CPU
  Motorola 88000 RISC
- Betriebsystem
  UNIX, MS/DOS Emulation
- Kommunikation
  TCP/IP, OSI, X.25, ONC/NFS, SNA, DECnet, X Window System, Novell
- Sprachen
  ANSI Sprach-Implementierungen
- Daten-Management
  ANSI SQL
- Benutzeroberfläche
  OSF/Motif

Softwarekompatibilität von der Workstation bis zum größten Server oder Mehrplatzsystem

Alle AViiON Rechnersysteme verwenden dieselbe Prozessortechnologie und dasselbe Betriebssystem. Sie sind aus diesem Grunde voll binärkompatibel. Aufgrund der umfangreichen Rechnerpalette und des modularen Aufbaus der einzelnen Systeme, kann der Anwender im Bausteinverfahren die Systemausprägung bzw. -leistung nach seinem Bedarf wählen.

Die Systeme

- *AV 200:*
  Äußerst preiswerte monochrome Workstation als Tischmodell mit 17 MIPS Leistung;

- *AV 300:*

Workstation als Tischmodell mit 17 oder 20 MIPS Leistung oder als kleiner Server;

- *AV 400:*

Workstation als Turmmodell mit 17, 20, 34 oder 40 MIPS Leistung und VME-Bus;

- *AV 3000:*

Kleiner preiswerter Server oder Mehrplatzsystem im Turmgehäuse mit 17 MIPS Leistung;

- *AV 4000:*

Kleiner bis mittlerer Server oder Mehrplatzsystem im Turmgehäuse mit 17, 20, 34 oder 40 MIPS Leistung;

- *AV 5200:*

Mittlerer bis großer Server oder Mehrplatzsystem im Untertischgehäuse mit 25 oder 50 MIPS Systemleistung;

- *AV 6200:*

wie Modell AV 5200, allerdings für 19 Zoll Einschubgestelle.

Sehr gutes Preis/Leistungsverhältnis

Jedes AViiON System, ob Workstation oder Server, ist auf einer einzigen System-platine aufgebaut. Aufgrund der hohen Integrationsdichte, der kleinen Gehäuse-maße und den vielen vorgefertigten Systemkomponenten kann Data General die AViiON Systeme enorm günstig produzieren und verkaufen.

Zweidimensionale Wachstumsperspektiven in Richtung Leistungsfähigkeit und Fehlertoleranz

Aufgrund des DG/UX UNIX-Betriebssystems und der Motorola RISC-Technologie sind die AViiON Systeme mehrprozessorfähig. Die größten Modelle verfügen der-zeit über zwei Prozessoren. Ein nächster Schritt ist die Ankündigung eines Mo-dells mit vier Prozessoren. Gleichzeitig erhöht sich kontinuierlich die Leistung der einzelnen Motorola-Prozessoren.

Eine zweite Dimension liegt in der Vermarktung von fehlertoleranten AViiON UNIX-Rechnern. Die DG/UX Version 4.40 verfügt bereits über Möglichkeiten der Plattenspiegelung und über ein ausfallsicheres Dateisystem. Demnächst werden Arrays mit Platten verfügbar sein, die über zwei Schnittstellen an redundante Busstrukturen angeschlossen sind. Die System-Hardware wird sich über den SCSI-Bus redundant auslegen lassen.

Robustes UNIX-Betriebssystem basierend auf den wichtigsten Standards und kommerziellen Erweiterungen

Das UNIX-Betriebssystem von Data General – DG/UX – entspricht: AT&T System V Release 3.2 (SVID 2 und SVVS), BSD 4.3, Posix IEEE 1003.1, 88open Binärkompatibilität, ANSI X3J11 C Compiler, X-Windows Release 2.3, ONC/NFS 4.0. Zusätzlich ist die Emulation von MS/DOS möglich. DG/UX bietet zusätzlich zu den aufgeführten Standards voll symmetrisches Multiprozessing, hoch verfügbares Dateisystem, logische Plattenverwaltung, Systemverwaltung über Menü-Steuerung und einem optimierten Scheduler für Mehrprozeß- und Mehrbenutzerumgebungen.

Flexible Systeme durch die Benutzung von VMEbus-Karten über den eingebauten VMEbus ähnlich wie bei den Personalcomputern, können AViiON Systeme aufgrund des VMEbus mit zusätzlichen VMEbus-Karten ausgerüstet werden. Somit lassen sich die AViiON Systeme für dedizierte Anwendungen optimieren.

Einbindung in heterogene Systemlandschaften durch zahlreiche Netzwerkprodukte

Mit der AViiON Rechnerarchitektur unterstützt Data General die herstellerabhängigen Netzwerkarchitekturen IBM/SNA, ONC/NFS von Sun und DECnet. Als herstellerunabhängige Netzwerkarchitekturen werden OSI, TCP/IP, X.25 und X.400 unterstützt. Für EDI steht ein Translator von Metro-Mark zur Verfügung. Die AViiON UNIX/RISC-Systeme können mit Novell Netware als Server für Personalcomputer mit dem MS/DOS oder OS/2 Betriebssystem fungieren. Apple Macintosh Rechner werden mit uSHARE an gemeinsame AViiON UNIX-Server angebunden.

Leistungsfähige Datenbankserver durch die Verfügbarkeit aller wichtigen Datenbanksysteme

Mit UNIX können Sie jetzt sehr preiswerte und leistungsfähige Datenbank-Server kaufen. Wichtig ist die freie Verfügbarkeit einer Datenbank Ihrer Wahl. Auf der AViiON Rechnerarchitektur von Data General sind alle wichtigen Datenbanken verfügbar: Oracle, Ingres, Informix, Progress, Unify, Sybase und viele mehr.

Große Auswahl an Software durch die Mitgliedschaft von Data General in der 88open Software Initiative und Marketingabkommen mit vielen unabhängigen Software-Häusern.

Hardware- und Software-Hersteller, die Produkte basierend auf der 88000 RISC-Technologie von Motorola vermarkten, haben sich innerhalb der 88open Group zusammengeschlossen. Wichtigster Grundsatz der 88open Group ist die Binär-Kompatibilität der Systeme untereinander. So kann eine Software-Anwendung beispielsweise sowohl auf einem Tektronix als auch Data General Rechner mit einem einheitlichen Distribution-Medium benutzt werden. Eine Portierung läuft auf Systemen untschiedlicher Hersteller. Aufgrund der Marktbreite ist die 88open Group für Software-Häuser sehr interessant. Sie hat innerhalb kürzester Zeit viele Software-Produkte erbracht.

Standardisierte graphische Benutzeroberfläche OSF/Motif basierend auf dem X Window System und der Looking Glass Desk Top Manager

Die Benutzeroberfläche Motif geht aus der Technologie der Benutzeroberflächen NEW WAVE und Presentation Manager hervor. Aus diesem Grunde haben Sie mit diesen Benutzeroberflächen über drei Betriebssystemwelten (UNIX, MS/DOS, OS/2) hinweg eine weitgehend homoge Umgebung für Ihre Anwender. Motif ermöglicht dem Benutzer den einfachen Umgang mit seinem UNIX System. Für die Arbeit mit dem UNIX-Dateisystem steht der Looking Glass Desk Top Manager zur Verfügung. Dateien werden graphisch mit Icons (Sinnbilder) verwaltet. An keiner Stelle muß der Anwender auf die UNIX-Kommandooberfläche zurückgreifen.

15.1.2 DG/UX das vollsymmetrische UNIX-Mehrprozessorbetriebssystem

Der in diesem Kapitel besprochene Betriebssystem-Kernel von Data General (DG/UX) ist Bestandteil der UNIX-Mehrprozessorimplementierung. Unterstützt werden von dem DG/UX Kernel Ein- und Mehrprozessor AViiON RISC Rechner mit eng gekoppelten symmetrischen Hardware-Komponenten (*tightly coupled*). DG/UX erkennt automatisch die Anzahl der im AViiON System vorhandenen CPUs, so daß das Booten des RISC-Rechners für den Anwender ein identischer Vorgang ist, egal ob es sich um ein Einzel- oder ein Mehrprozessorsystem handelt.

Tightly coupled bedeutet, daß ein Prozessor den Hauptspeicher und eine einzige Kopie des Betriebssystems, gemeinsam mit anderen Prozessoren innerhalb eines Rechnersystems teilt. Aus dieser Definition folgt, daß die Anzahl der vorhandenen Prozessoren dem Benutzer verborgen bleibt (das Mehrprozessorsystem gleicht aus der Sicht eines Prozesses einem Einprozessorsystem). Eine Ausnahme stellt die Gesamtleistung des Rechnersystems dar.

Symmetrisches Betriebssystem heißt, daß alle Prozessoren gleichberechtigt sind und über exakt die gleichen Eigenschaften und Rechte verfügen. Jeder Prozessor eines solchen Mehrprozessorrechners kann den gleichen Maschinenbefehlssatz ausführen, auf den gleichen Hauptspeicher zugreifen, alle I/O Einheiten benutzen und muß in der Lage sein, alle Interrupts zu bedienen ([ENSL 77]).

Betriebssysteme für eng gekoppelte Mehrprozessorrechner lassen sich generell in zwei Kategorien unterteilen: der *Master/Slave-* und der *symmetrischen* Betriebsweise. In der Master/Slave-Betriebsweise gilt die Einschränkung, daß der Betriebssystem-Kernel nur auf einem Prozessor ablaufen darf, dem "Master"-Prozessor. Die anderen Prozessoren fungieren bei diesem Modell als "Slaves". Eine Anwendung kann sowohl auf dem Master- als auch auf dem Slave-Prozessor abgearbeitet werden. Allerdings muß bei der Benutzung von Slave-Prozessoren mit jedem Zugriff auf den Betriebssystem-Kernel die Abarbeitung der Anwendung unterbrochen werden, solange bis der Kernel-Zugriff von dem Master-Prozessor abgearbeitet werden kann [GOBL 82].

Im Gegensatz dazu sind die Prozessoren eines symmetrischen Systems gleich und austauschbar. Der Kernel kann auf jedem der Prozessoren eines Rechners zur Ausführung gebracht werden, gleichzeitig und natürlich auch simultan zu den anderen Prozessoren ([BACH 84], [HAMI 88]). Der Vorteil liegt offensichtlich darin, daß ein Prozeß durch den Wegfall des Wartens auf die Abarbeitung des Kernel-Zugriffs durch den Master-Prozessor, nicht mehr gestört wird.

Selbstverständlich sind die derzeitigen Mehrprozessorrechner in der Regel weder mit der einen noch mit der anderen Kategorie völlig deckungsgleich. Viele dieser Systeme stellen Hybride in der Form dar, das Teilmengen von Kernel-Zugriffen auf jedem Prozessor, während wiederum andere Teilmengen von Kernel-Zugriffen nur von dem "Master"-Prozessor abgearbeitet werden können ([ARNO 74], [HOLL 82], [NOGU 75]).

Oft sind zum Beispiel Mehrprozessorsysteme anzutreffen, wo die Verwaltung und der Zugriff der I/O-Einheiten einem einzigen Prozessor, dem Master-Prozessor, obliegt. Die Ausführung der jeweiligen I/O-Treiber des Kernels ist in diesem Fall dem Master-Prozessor vorbehalten.

Der Betriebsystem-Kernel von DG/UX für die AViiON ist eine reine Ausprägung der Kategorie des vollsymmetrischen Multi-Processing. Ein sehr entscheidendes Merkmal in einem vollsymmetrischen System ist die Forderung der simultanen Benutzung des Betriebssystem-Kernels auf mehreren Prozessoren. Realisierbar ist diese Forderung nur mit einem Kernel, der reentrant ist, was weder von dem System V noch von dem Berkley-Kernel erfüllt wird. Deshalb mußte der Kernel des DG/UX UNIX-Betriebssystems vollkommen neu geschrieben werden und stellt eine der seltenen Ausnahmen eines Kernels dar, der *reentrant* ist.

Ziel der Realisierung eines solchen Kernels ist die Erreichbarkeit einer wesentlich besseren Gesamtsystemleistung, insbesondere wenn die Anzahl der Prozessoren und die Zugriffsrate auf den Kernel hoch ist. Mit Rechnern, die nach dem Master/Slave-Prinzip arbeiten, ist lediglich mit zwei bis drei Prozessoren eine signifikante Leistungssteigerung des Gesamtsystem möglich. Weitere Prozessoren lassen nur noch marginale Leistungssteigerungen zu, so daß die Hinzunahme weiterer Prozessoren nicht zu rechtfertigen ist. Die vollsymmetrische Implementierung von DG/UX erlaubt den sinnvollen Einsatz von sechs bis acht Prozessoren in einem AViiON System.

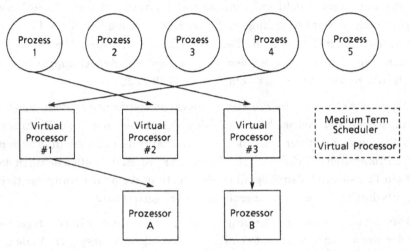

Zwei-Ebenen-Scheduling: Auf der oberen Ebene werden die Prozesse mit Hilfe des Medium-Term-Schedulers auf die virtuellen Prozessoren (VP) verteilt. Der virtuelle Prozessor ist eine Abstraktion des physikalischen Prozessors.

Bild 15.1-2: Zwei-Ebenen-Scheduling

Prozeßverwaltung

Die Mehrprozessorfähigkeit des DG/UX UNIX-Betriebssystems hat starke Auswirkung auf die Synchronisation und die zeitliche Verwaltung der Prozesse. Das Konzept des "virtuellen Processing", erstmals beschrieben in [REED 76], beschreibt die Möglichkeit der Synchronisation und der zeitlichen Verwaltung von Prozessen unabhängig von der aktuell vorhandenen Anzahl physikalischer Prozessoren eines Mehrprozessorsystems.

Der virtuelle Prozessor

Der virtuelle Prozessor (VP) ist eine Abstraktion des physikalischen Prozessors. Mit Hilfe dieser Abstraktion ist es möglich, die Hardware des Mehrprozessorrechners von den höheren Kernel-Ebenen des Betriebssystems zu trennen.

Eine Instanz innerhalb des Kernels bestimmt eine feste Anzahl an virtuellen Prozessoren. Es gilt, daß die Anzahl der VPs immer größer der Anzahl der physikalischen Prozessoren ist, aber gewöhnlich kleiner als die Anzahl der auszuführenden Prozesse. Demnach wird ein auszuführender Prozeß zuerst auf einen VP und erst anschließend auf einen physikalischen Prozessor abgebildet. Durch dieses Konzept ist die zeitliche Verwaltung der Prozesse (*Scheduling*) auf zwei Ebenen möglich: auf der untersten Ebene werden von dem Dispatcher den VPs physikalische Prozessoren zugeteilt. Nach der Zuteilung ist der VP im aktiven Modus und bereit Prozesse abzuarbeiten. Auf der oberen Ebene werden die Prozesse mit Hilfe des "Medium Term Scheduler" auf die VPs verteilt.

Scheduling

Innerhalb des DG/UX Betriebsystem werden beim Scheduling drei verschiedene logische Ebenen unterschieden: Short Term Scheduling, Medium Term Scheduling und Long Term Scheduling. *Long Term Scheduling* liegt in der Verantwortung des Systemadministrators. Er kann die Systemauslastung und -leistung optimieren durch die Parametrisierung des Betriebssystems, z. B. Starten der Prozesse in Abhängigkeit der Tageszeit, etc.. Short Term Scheduling und Medium Term Scheduling dagegen unterliegen dem UNIX-Kernel. Der *Short Term Scheduler*, oder Dispatcher, ist verantwortlich für die Zuteilung der VP auf die physikalischen Prozessoren. Es werden bei diesem Scheduler sehr einfache, deterministische und effiziente Algorithmen verwendet, so daß der Aufwand der Zuordnung von VPs sehr gering ist. Das Hauptziel des Short Term Schedulers ist die maximale Auslastung der physikalischen Prozessoren.

Verantwortlich für die Zuweisung der Prozesse auf die verfügbare Menge der VP ist der *Medium Term Scheduler*. Die Algorithmen dieses Schedulers sind wesentlich komplexer als die des Short Term Schedulers. Sie sind heuristisch ausgelegt und optimieren die Gesamtsystemauslastung, d. h. der Prozessoren, des Hauptspeichers und der I/O-Kanäle. Entsprechend höher ist der Verwaltungsaufwand. Hauptziel des Medium Term Schedulers ist die effiziente Abarbeitung einer hohen Anzahl an Prozessen unter bestmöglicher Verteilung auf alle Systemressourcen (CPU, I/O, Hauptspeicher, etc.).

Short Term Scheduler

Der Short Term Scheduler ist durch den Dispatcher realisiert, der die virtuellen Prozessoren (VP) aus der Liste der betriebsbereiten VPs (Runnable List) auswählt, um sie auf den physikalischen Prozessoren abzuarbeiten. Der Dispatcher verteilt die virtuellen Prozessoren (VP) unter Berücksichtigung von Prioritäten auf die physikalischen Prozessoren. Demjenigen der lauffähigen VPs mit der höchsten Priorität innerhalb der Runnable List wird ein physikalischer Prozessor zugewiesen. Die Liste der lauffähigen VPs ist nach Prioritäten sortiert, so daß der Dispatcher einfach den obersten VP der Runnable List starten muß. Wird der Dispatcher aufgerufen, einen VP zu starten, und findet er dabei einen VP in der Abarbeitung mit einer höheren Priorität vor, so findet kein Austausch statt.

Es gibt Teile des Kernels, die auf spezielle "Kernel-VP" abgebildet werden. Unter der Maxime einer bestmöglichen Gesamtleistungsfähigkeit des Rechnersystems ist es notwendig, daß bestimmte Teile des Kernels unverzüglich gestartet und abgearbeitet werden können. Ein Beispiel sind die Interrupts von I/O-Einheiten, die sofort auf Kernel-VP abgebildet werden und zu einem De-Scheduling vorhandener VPs führen können.

Medium Term Scheduler

Der Medium Scheduler ist dafür verantwortlich, die Prozesse auf die virtuellen Prozessoren zu verteilen. Die Verteilung ist heuristisch und basiert zusätzlich auf Parametern, die vom Medium Term Scheduler beeinflußbar sind. Grundsätzlich wählt der Medium Term Scheduler jeweils den Prozeß mit der höchsten Priorität aus, solange, bis kein Prozeß mehr vorhanden ist. Allerdings ist der Medium Term Scheduler in der Lage die Priorität der Prozesse während ihrer Abarbeitung aufgrund des Laufzeitverhaltens zu verändern, um so die Systemgesamtleistung zu optimieren. Aufgrund der Tatsache, daß DG/UX eine Time Sharing-Implementierung ist, muß der Scheduler gewährleisten, daß sowohl ein ansprechendes interaktives Verhalten als auch die Abarbeitung großer Hintergrundprozesse möglich ist. Der Medium Term Scheduler benutzt das *Await Quantum* (maximale Wartezeit der Prozesse im Wartzustand auf Ereignisse) und das *Execution Time Quantum* (maximale Abarbeitungszeit im Running Status), um die geforderte Ausbalancierung zu erreichen. Soll ein Prozeß gestartet werden, dann weist der Medium Term Scheduler dem Prozeß einen VP zu und legt neben der Priorität außerdem das Await Quantum und das Execution Time Quantum fest. Stellt der Medium Term Scheduler fest, daß die zugewiesene Wartezeit auf Ereignisse (Terminal und Platten-I/O) – Await Quantum – überschritten wird, bekommt der Prozeß einen mehr interaktiven Charakter, indem die Prozeßpriorität erhöht und das Execution Time Quantum erniedrigt wird. Überschreitet dagegen der Prozeß die ihm maximal zugewiesene Zeit zur Abarbeitung (Execution Quantum), erhält der Prozeß vom Medium Term Scheduler einen mehr Batch orientierten Charakter, indem das Execution Quantum herauf- und die Priorität herabgesetzt wird.

Alle zwei bis drei Sekunden prüft der Medium Term Scheduler zusätzlich zur Prozeßverwaltung die Auslastung des Hauptspeichers und die Auslagerungsquote von Hauptspeicherseiten. Besteht die Gefahr, daß der Wirkungsgrad des Systems schlechter wird, nimmt der Scheduler einige Prozesse für 10 bis 15 Sekunden aus der Bearbeitung, um die Belastung des Hauptspeichers einer Überprüfung zu unterziehen.

Der Medium Term Scheduler selbst ist ein Prozeß der permanent an einen VP gebunden ist. Seine Arbeitsweise wird bestimmt durch das Aufsetzen von neuen

Prozessen und initiiert durch übergeordnete Instanzen des Kernels, den Prozeßprioritäten, dem Await Quantum und dem Execution Quantum.

Input/Output

Eine entscheidende Forderung an das Design des mehrprozessorfähigen DG/UX
UNIX-Kernels war, daß mehrere Prozessoren *parallel* auf I/O-Einheiten zugreifen
können und die Bearbeitung von Interrupts simultan erfolgen kann. Insbesondere
das Bearbeiten der Interrupts ist grundsätzlich verschieden von anderen UNIX
Implementierungen durch die Benutzung einer oder vieler I/O-Dämon-Prozesse.

Virtueller Hauptspeicher

Das Design des virtuellen Hauptspeichers wird entscheidend von den Hardware-
Funktionen bestimmt, welche den Hauptspeicher verwalten. Für DG/UX sind vor
allem zwei Aspekte wichtig: erstens, geht der Kernel davon aus, daß die Hard-
ware-Verwaltung des Hauptspeichers eine konsistente Sicht des physikalischen
Hauptspeichers für alle Prozessoren und I/O-Operationen gewährleistet. Eine
Folge ist, daß der Inhalt des Daten- und des Instruktions-Caches für das
Betriebssystem unsichtbar bleibt. Zweitens hat jeder Prozessor des Systems einen
eigenen Cache zum Übersetzen von logischen zu physikalischen Adressen. Die
Hardware gewährt keine Konsistenz für diese Caches bei dem Ein- und Auslagern
von Hauptspeicherseiten. Die spezielle Verwaltung der Caches zur Adressüber-
setzung ist daher von hoher Wichtigkeit für den Kernel.

15.1.3 Zusammenfassung

Der mehrprozessorfähige UNIX-Kernel ist seit einiger Zeit bei Anwendern im
Einsatz, vor allem auf der AViiON Rechnerarchitektur, die den Motorola
MC88000 RISC-Chip als Prozessor benutzt. Die Ziele einer vollsymmetrischen
Betriebssytemimplementierung auf einer Mehrprozessorrechnerarchitektur sind
erreicht. Das Konzept des virtuellen Prozessors gibt dem Betriebssystem – DG/UX
von Data General – eine exellente Basis für Synchronisation und Scheduling. Die
Effektivität des Schedulings hat sich in der Praxis eindrucksvoll bewiesen, in
Tests wie dem *AIM III Benchmark*. Der AIM III ist ein Benchmark der Mehrbenutzerumgebungen simuliert und an das Scheduling eines Betriebssystems
hohe Ansprüche stellt, so daß die Effektivität des Schedulings von DG/UX meßbar
wird. Die Behandlung der I/O-Einheiten erlaubt den beliebigen Wechsel von Ein-
prozessor- zu Mehrprozessorsystemen durch das simple Hinzustecken eines zweiten Prozessors (Beispiel die AViiON 412 Doppelprozessor-Workstation) und an-
schließendes Booten des Betriebssystems.

15.1.5 Literatur

[ARNO 74]   Arnold, J. S.; Casey, D. P.; McKinstry, R. H.: Design of tightly-coupled multiprocessing programming. IBM Systems Journal 13 (1974) 1, pp. 60-87

[BACH 84]   Bach, M. J.; S. J. Buroff: Multiprocessor Unix Operating Systems. AT&T Bell Laboratories Technical Journal 63 (1984) 8, pp.1733-1749.

[ENSL 77]   Enslow, P. H.: Multiprocessor Organization – A Survey. ACM Computing Surveys 9 (1977) 1, pp. 103-129.

[GOBL 82]   Goble, G. H.; Michael H. M.: A Dual Processor VAX 11/780. Conference Proceedings, The 9th Annual Symposium on Computer Architecture (1982), pp. 291-298.

[HAMI 88]   Hamilton, G.; Daniel S. C.: An Experimental Symmetric Multiprocessor Ultrix Kernel. Usenix Conference Proceedings, Winter 1988. The Usenix Association, Berkley, CA., (1988), pp. 283-290.

[HOLL 79]   Holley, L. H.; Parmelee, R.P.; Salisbury C. A.; Saul, D. N.: VM/370 asymmetric multiprocessing. IBM Systems Journal 18 (1979) 1, pp. 47-70.

[NOGU 75]   Noguchi, K.; Ohnishi, I,; Morita, H.: Design considerations for a heterogeneous tightly-coupled multiprocessor system. In: AFIPS Conference Proceedings, National Computer Conference (1975), pp. 561-565.

[REED 76]   Reed, D. P.: Processor Multiplexing in a Layered Operating System. In: MIT/LCS/TR-164, Laboratory for Computer Science, Massachusetts Institute of Technology, Juni (1976)

15.2   Digital Equipment: RISC-Workstations und Server

Selbach, Elmar.: Digital Equipment GmbH, München

RISC-basierende Computer-Systeme haben in den letzten Jahren, vor allem im technischen Markt, dramatische Zuwachsraten erreicht. Der Grund dafür liegt wohl hauptsächlich im veränderten Verhalten der technisch-orientierten Benutzer, die offener für neue Konzepte geworden sind und für die die reine Rechenleistung eines Mikroprozessors vermehrte Bedeutung erlangt hat. Im Gegensatz zu kommerziellen Benutzern können technische Anwender ohne große Mengen an Support-Software auf ihren Rechnern auskommen und sind darüber hinaus eher bereit, mit nicht-vollständiger oder unausgereifter Software, die oft in frühen Stadien der Verfügbarkeit neuer Architekturen angeboten wird, zu arbeiten.

Mit wachsendem Angebot von RISC-basierenden Computern reift auch die angebotene Software und erreicht eine Qualität, die auch den Anforderungen der Anwender im kommerziellen Bereich genügt. Diese Evolutionsschritte sind vergleichbar mit denen, die die VAX-Systeme in der letzten Dekade durchlaufen haben. Bei Digital Equipment unternimmt man große Anstrengungen, RISC-basierende Rechner und Server zu entwickeln und zu vermarkten, die Digital's führende Position im technisch-wissenschaftlichen Bereich festigen und neue Marktsegmente erobern können. Für den weiteren Ausbau der Marktposition ist deshalb eine solide Basis von RISC-basierenden Systemen unbedingt notwendig. Aus diesem Grund sind ULTRIX (UNIX)-basierende Rechner seit einiger Zeit ein wesentlicher Bestandteil der Produktstrategie von Digital Equipment.

15.2.1   Warum RISC, warum MIPS?

Von den verschiedenen Anbietern von RISC-Prozessoren hat Digital Equipment im Frühjahr 1988 die Fa. MIPS in Kalifornien ausgewählt. Die Gründe für diese Wahl waren vielfältig:

MIPS arbeitete 1988 bereits seit mehreren Jahren an der Entwicklung von Mikroprozessoren, und diese Firma war mit der Vermarktung des R2000 1985 der erste kommerzielle Lieferant von RISC-Prozessoren. Der 1988 als zweiter entwickelte R3000-Chip war zu diesem Zeitpunkt nahezu unübertroffen in seinen Leistungsdaten. Darüberhinaus wurde der Mikroprozessor 1988 bereits von drei unabhängigen Herstellern angeboten. Mittlerweile haben führende internationale Anbieter wie NEC und Siemens den Kreis der Produzenten dieses Prozessors vervollständigt.

Bei der Entwicklung der MIPS-Architektur wurde die Hardware von vornherein
den Befürfnissen des C-Compilers der Stanford University angepaßt, der sich
durch herausragende Optimierungsleistungen auszeichnet. Durch die Lizenznah-
me dieses Compilers durch MIPS wurden einige 10 Mannjahre an Entwicklungs-
leistung von der Stanford University zur Fa. MIPS transferiert, wodurch diese
Firma, da der Erfolg der RISC-Technologien im wesentlichen durch die Qualität
der Compiler bestimmt wird, exzellente Voraussetzungen für den weiteren Erfolg
ihrer Architektur schuf. Die Verfügbarkeit einer qualifizierten Entwicklermann-
schaft bei MIPS war außerdem für Digital die Gewähr, daß sich Portierungen und
Neuentwicklungen von Software für diese Architektur ohne große Probleme
bewerkstelligen ließen, eine Einschätzung, die später voll bestätigt wurde. Das
Design der Prozessoren von MIPS läßt das Bemühen erkennen, die Hardware-
Architektur den Bedürfnissen der Systementwickler anzupassen, denn die hervorragenden Leistungsdaten werden durch eine ausgeklügelte Kombination von
Hardware und Software erreicht. Daß alle Prozessoren, jetzt erhältliche wie zukünftig zu entwickelnde, untereinander binärkompatibel sind, ist für MIPS
selbstverständlich. Dies war für Digital Equipment einer der wesentlichen Gründe für die Entscheidung zugunsten der MIPS-Chips.

Nicht zuletzt die Pläne für die Weiterentwicklung der Architektur sind beein-
druckend: nach dem R2000 und dem R3000 stellte MIPS vor kurzem den R4000,
eine multiprozessorfähige Weiterentwicklung des R3000 vor. Besonders beein-
druckend ist ebenfalls, daß die RISC-Chips dieser Firma nicht nur in CMOS-Technologie angeboten werden, es wird auch in ECL-Technologie gefertigte Versionen
der Prozessoren geben, so z. B. den R6000.

Weitere Gründe für die Entscheidung Digital's zugunsten der Fa. MIPS waren die
hervorragenden Daten, die bei Benchmarks erzielt wurden, sowie die Möglichkeit,
die neue Systemarchitektur im *Little Endian* Mode zu entwerfen, wodurch die
neuen Rechner in wesentlichen Teilen kompatibel zu der VAX-Architektur wurden (allerdings nicht binär-kompatibel sind). Dies erleichterte ebenfalls deutlich
die Portierung von VAX-Software. Diese Chance wurde übrigens nicht nur von
Digital Equipment, sondern auch von etlichen anderen Firmen genutzt, die ihre
Software auf die neuen Rechnersysteme portierten, so daß mittlerweile (Stand
September 1990) weit mehr als 1000 Applikationen für DECstations und DEC-
systems verfügbar sind.

Die enge Verflechtung der Firma MIPS mit Digital Equipment und weiteren
Firmen wie z. B. Siemens und NEC stellt sicher, daß diese Firma bei Neuentwicklungen stets Zugriff auf neueste Prozeßtechnologien und Software-Produkte hat.

15.2.3 RISC-Systeme von Digital Equipment

Neuentwicklungen des Jahres 1989

Nach einer Entwicklungszeit von nur 9 Monaten stellte Digital Equipment im Januar 1989 mit der DECstation 3100 seine erste auf der RISC-Architektur basierende Workstation vor. Kurz darauf folgten ein erster Server, das DECsystem 3100, und eine weitere, kleinere Workstation, die DECstation 2100. Bis Ende 1989 folgten noch zwei weitere Server, das DECsystem 5400 und das DECsystem 5810(20), wobei das DECsystem 5820 eine Zweiprozessor-Version des DECsystem 5810 ist. Einen Überblick über die 1989 vorgestellten RISC-Systeme der Fa. Digital Equipment gibt Tabelle 15.2-1.

Tabelle 15.2-1: Die RISC-basierenden Workstations und Server d. Fa. Digital Equipment

Produkt Feature	DECstation 2100/3100	DECsystem 3100	DECsystem 5400	DECsystem 5810/5820
MIPS *)	10,4 / 14,3	14,3	16,6	18,7 / 36
Hauptspeicher	24 MByte	24 MByte	64 MByte	128 MByte
Plattenspeicher (max.)	1,2 GByte	2,0 GByte	9,7 GByte	38 GByte
Externer Bus	SCSI	SCSI	Q-Bus	VAXBI
Ethernet-Support	TCP/IP, NFS, DECnet	TCP/IP, NFS, DECnet	TCP/IP, NFS, DECnet	TCP/IP, NFS, DECnet

*) Die MIPS-Zahlen basieren auf einer Kombination der Benchmarks
Dhrystone, grep, yacc, diff, nroff

DECsystem 5100 und DECsystem 5500

Die im Oktober 1990 neu vorgestellten Server DECsystem 5100 und DECsystem 5500 ergänzen und erweitern die Palette der RISC-basierenden Computer um Systeme im unteren und mittleren Leistungsbereich.

Während sich das DECsystem 5100 aufgrund seines günstigen Preises besonders als Kommunikationsserver, beispielsweise in Abteilungen mit heterogener Rechnerausstattung, eignet, wird das DECsystem 5500 wohl eher für anspruchsvolle Aufgaben aus naturwissenschaftlichen, technischen oder kommerziellen Bereichen eingesetzt werden. Beide Rechner warten mit der gleichen internen Systemarchitektur wie die DECstation 5000 auf. Die wesentlichen Leistungsdaten dieser Computer sind in Tabelle 15.2-2 zusammengefaßt.

Tabelle 15.2-2:   Leistungsdaten des DECsystem 5100 und des DECsystem 5500

Produkt / Feature	DECsystem 5100	DECsystem 5500
Prozessortakt	20 MHz	30 MHz
MIPS	19,4	28,2
Hauptspeicher	128 MByte	256 MByte
Plattenspeicher (max.)	4,4 GByte	28 GByte
Externer Bus	SCSI	Q-Bus (optional VMEbus) SCSI, DSSI
Kommunikation	TCP/IP, NFS, DECnet, 12 x V24/DEC423	TCP/IP, NFS, DECnet, SNA

Die DECstation 5000 und das DECsystem 5000

Anfang 1990 stellte Digital Equipment mit der DECstation 5000 eine weitere Serie von Workstations und Servern vor, deren Leistungsdaten die der bisher verfügbaren Workstations deutlich übertreffen. Einen Überblick über die angebotenen Workstations der Serie DECstation 5000 gibt die Tabelle 15.2-3:

Bild 15.2-3: DECstation 5000, Modell 200

Am Beispiel dieser Workstation soll nun exemplarisch die Architektur eines bei
Digital Equipment entworfenen RISC-Rechners erklärt werden.

Tabelle 15.2-3:   DECstation 5000/200 Übersicht

Produkt Feature	DECstation 5000/200 CX	DECstation 5000/200 PX	DECstation 5000/200 PXG	DECstation 5000/200 Turbo
Prozessortyp	MIPS R3000	MIPS R3000	MIPS R3000	MIPS R3000
Prozessortakt	24 MHz	24 MHz	24 MHz	24 MHz
MIPS	24	24	24	24
Hauptspeicher	8-120 MByte	8-120 MByte	8-120 MByte	8-120 MByte
Auflösung	1024 × 864	1280 × 1024	1280 × 1024	1280 × 1024
Farbebenen	8	8	8 / 24	24
3D-Polygone / s	10 000	20 000	65 000	100 000
2D-Vektoren / s	130 000	300 000	300 000	400 000
Windows	DEC-Window OSF-Motif	DEC-Window OSF-Motif	DEC-Window OSF-Motif	DEC-Window OSF-Motif
Graphik-Software	X11 PHIGS XUI GKS	X11 PHIGS XUI GKS	X11 PHIGS XUI GKS	X11 PHIGS XUI GKS
Plattenspeicher	max. 21 GByte	max. 21 GByte	max. 14 GByte	max. 7 GByte
Vernetzung	Ethernet / FDDI	Ethernet / FDDI	Ethernet / FDDI	Ethernet / FDDI
VMEbus Option	ja	ja	ja	ja

Die Systemarchitektur der DECstation 5000

Die DECstation 5000 enthält im wesentlichen die drei Komponenten Prozessorsubsystem, Memory-Subsystem und I/O-Subsystem (Bild 15.2-2)

Prozessorsubsystem

Das Prozessorsubsystem besteht aus einem Chip-Set, das eine R3000-CPU,
Floating Point Unit R3010 und einen Memory Buffer LR3220 enthält, sowie den
Instruktions- und Daten-Caches.

Der R3000-Chip-Set (R3000, R3010, LR3220) arbeitet mit einer Taktfrequenz von
25 MHz und der R3000-Prozessor adressiert einen virtuellen Speicher von
4 GByte Größe. Die R3010-FPU unterstützt die CPU als Koprozessor und besitzt
durch eine Vergrößerung des Befehlssatzes des R3000-Prozessors die Fähigkeit,
arithmetische Operationen mit Fließkommazahlen durchzuführen. Die Daten, die
von der CPU in den Cache-Speicher geschrieben werden, müssen ebenso in den
Systemspeicher übertragen werden, um die Konsistenz der Daten zu wahren.

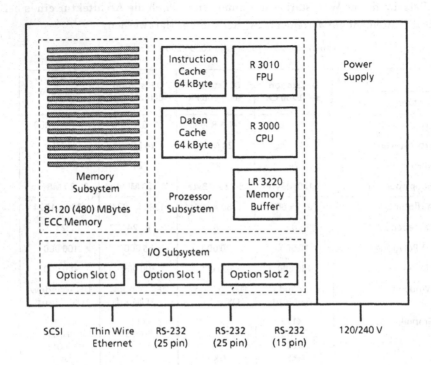

Bild 15.2-4: Schema der Systemarchitektur der DECstation 5000/200

Diese Aufgabe wird von dem LR3220 Memory Buffer übernommen, was es der CPU erlaubt, mit ihren Rechenoperationen fortzufahren, während bis zu sechs ausstehende Schreiboperationen von dem LR3220 vollführt werden.

Cache Memories minimieren Anfragen der RISC-Prozessoren, deren Leistungsfähigkeit ja erheblich von einem schnellen Speicherzugriff abhängt, an speicherresidente Daten durch Bereithaltung oft benützter Instruktionen in einem schnellen Speichersystem, das von der CPU während eines Taktzyklus abgefragt wird. Der R3000 maximiert die Bandbreite des Cache-Speichers durch separate Unterstützung von 64 KByte Instruktions- und Write Through Data Cache.

Memory-Subsystem

Im Memory-Subsystem finden sich eine Kontroll-Logik, ECC-Logik und 1-15 Speichermodule, die es dem Benutzer erlauben, den Rechnerspeicher von 8 MByte bis zu 120 MByte (mit 4-Mbit-Speicherbausteinen bis zu 480 MByte) auszubauen.

Das I/O-Subsystem

Drei residente Controller für SCSI, Thin Wire Ethernet und die seriellen Schnittstellen sowie zu drei optionale I/O Controller für einen neuentwickelten internen Bus, den TURBOchannel, bilden das I/O-Subsystem der DECstation 5000. Während SCSI, Thin Wire Ethernet und die seriellen Schnittstellen die externe Verbindung des Rechners ermöglichen, ist der TURBOchannel ein Hochgeschwindigkeitsbus, der mit einer Peak-Rate von 100 MByte/s den Datenpfad zwischen Prozessor und Memory-Subsystem bildet. Da der TURBOchannel in der DECstation 5000/200 Serie eine Besonderheit darstellt, auf dessen außergewöhnliche Leistungsfähigkeit auch Fremdentwickler Zugriff haben, soll dieses System im folgenden kurz vorgestellt werden.

Der TURBOchannel

Der TURBOchannel ist ein synchroner I/O-Kanal, der in der DECstation 5000/200

Tabelle 15.2-4: Zusammenfassung der Leistungsdaten des TURBOchannel

Transaktion	Bandbreite (MByte/s)
Theoretische Leistung (25 MHz)	
DMA Peak-Datenrate	100
DMA Write	98,5
I/O Write	33,3
DMA Read	97,7
I/O Read	25,0
Hardware Performance-Grenzen der DECstation 5000-200	
DMA Write	94,1
I/O Write	33,3
DMA Read	91,4
I/O Read	12,5

mit einer Taktfrequenz von 25 MHz betrieben wird. Bei einer Zykluszeit von 40 ns erreicht der TURBOchannel eine DMA-Spitzenleistung von 94 MBytes/s tatsächlicher Memory-Zugriffsrate. Weitere Leistungsmerkmale dieses Bussystems finden sich in Tabelle 15.2-4.

Auf dem TURBOchannel werden I/O-Operationen durchgeführt, wobei das Prozessorsubsystem Daten von einem I/O-Modul liest oder in ein I/O-Modul schreibt und DMA (Direct Memory Access) Transaktionen ausführt. Für nähere Details siehe [DEC 90b].

Der TURBOchannel ist mit dem Prozessor und Memory-Subsystem sowie den I/O Controllern verbunden (Bild 15.2-2), wobei die Möglichkeit besteht, die auf dem System Board befindlichen I/O Controller um weitere Controller zu ergänzen, die in die TURBOchannel Option Slots gesteckt werden.

So lassen sich neben den mandatorischen I/O Controllern für SCSI, Thin Wire Ethernet und RS232 Schnittstellen noch weitere Controller, z. B. für Thick Wire Ethernet, FDDI (Fiber Distributed Data Interchange, Glasfaserverbindung),

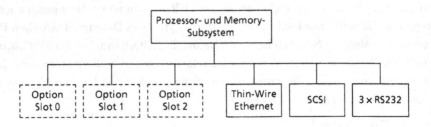

Bild 15.2-2: TURBOchannel Architektur in der DECstation 5000

VMEbus und Futurebus+ oder zwei Graphikkarten für 2D- oder 3D-Graphikbeschleunigung, anbringen.

Tabelle 15.2-5: Peripheriegeräte für DECstations und DECsystems

Plattenspeicher:	RZ23, 107 MByte SCSI RZ55, 332 MByte SCSI RZ56, 665 MByte SCSI RZ57, 1 GByte SCSI RF31, 381 MByte ISE RF71, 400 MByte ISE RA70, 280 MByte SDI RA90, 1.2 GByte SDI RA92, 1.5 GByte SDI
Datensicherung:	TK, 95 MByte, Bandgerät TK70, 296 MByte, Bandgerät TU81E, 40/145 MByte, Bandgerät RRD40, CD-ROM, 9 Spuren RZK10, 300 MByte, Bandgerät TLZ04, 1.2 GByte, Digital-Audio-Tape RX23, 1.4 MByte, 3.5 Zoll Diskettenlaufwerk
Bussysteme:	Q-Bus, VMEbus, Futurebus + (opt.) DSSI, SCSI, SDI
Weitere Anschluß- möglichkeiten:	Thin/Thick-Wire-Ethernet, FDDI

An dieser Stelle soll noch das TURBOchannel TRI/ADD-Programm erwähnt werden, das es Anwendern aus der Industrie erlaubt, mit Unterstützung der Fa. Digital Equipment optionale Hardware für dieses Bussystem zu entwickeln. Durch dieses Programm, für dessen Teilnahme keine Royalties oder Lizenzgebühren erhoben werden, bietet Digital Equipment Entwicklern von Zusatz-Hardware, Chip-Lieferanten oder auch Systemherstellern etc. Zugriff auf eine Architektur, die nicht nur mit hervorragenden Leistungsdaten aufwartet, sondern auch einfache und relativ schnell durchzuführende Designs ermöglicht. Dabei garantiert

die Skalierbarkeit der Architektur und das langfristige Committment der Fa.
Digital Equipment die Zukunftssicherheit eines Entwurfs.

Tabelle 15.2-6: Software der RISC Systeme von Digital

Betriebssystem:	ULTRIX 4.0 inklusive: NFS, SQL, C, Datenbank- beschleuniger Prestoserve (Decsystem 5500: -entsprechend X 1003.1 X/Open Port. Guide -kompatibel zu AT&T SVID R12, V1 BSD 4.2/4.3 -C2 Sicherheitsstandard
Netzwerk:	TCP/IP, NFS, X25 (DECnet, NAS, SNA opt.)
Window System:	X/Windows, OSF/MOTIF
Graphik Schnittstellen:	XUI Toolkit, UIL, OSF/MOTIF
Graphik:	X, PHIGS, Disply PostScript (GKS 3-D optional)
Compiler:	C, FORTRAN, BASIC, Pascal, LISP, Microfocus Cobol und Acucobol sowie weitere Compiler von Drittanbietern (z.B. C + +)

15.2.4 Ausblick

Die derzeitigen rapiden Fortschritte in der Halbleitertechnologie, bei denen alle
zwei Jahre die Prozeßtechnik einen Generationswechsel durchläuft, ermöglichen
auch den Designern von RISC-Chips, ihre Entwürfe weiter zu verbessern. Derzeit
sind für CMOS Designs Design Rules von 1,0 Mikrometer und darunter Stand der
Technik. Die Verfügbarkeit dieser Prozesse für die Mikroprozessorfertigung wird
eine Dichte von mehr als einer Million Transistoren, Taktfrequenzen von 50 MHz,
(bis Ende dieses Jahrzehnts wohl mehr als 100 MHz) und die Integration von
CPU, FPU und kleinen Teilen des Caches auf einem Chip ermöglichen. CMOS
wird die beherrschende Technologie bleiben, während sich aufgrund des hohen
Preises für ECL-Prozessoren nur ein kleines Marktsegment eröffnen wird. Ihr
größtes Marktsegment dürften RISC-Prozessoren wohl in der Verwendung als
Single-Chip-Mikrocomputer finden. Insgesamt kann man davon ausgehen, daß,
zumindest für dieses Marktsegment, RISC-Prozessoren die CISC-Prozessoren aus
ihrer führenden Position verdrängen werden. Multiprozessorfähigkeiten, Super-
pipelined- und Superskalar-Architekturen werden bereits in den nächsten beiden
Jahren zu den selbstverständlichen Features der RISC-Prozessoren gehören. Mit

der Einführung von 0.8 µm Design Rules lassen sich auch 64-Bit-Architekturen auf Silizium realisieren. Bei den Rechnersystemen werden sich die bereits jetzt sichtbaren Trends fortsetzen.

So werden im Bereich der Server neue Systeme mit hohen Rechenleistungen, standardisierten I/O-Kanälen und vielen Expansionsmöglichkeiten die jetzigen Rechner mittlerer und hoher Leistungsfähigkeit ersetzen, wobei im High End-Bereich RISC-Computer mit mehreren Prozessoren auch als Mainframes fungieren werden.

Das bewährte Client/Server-Prinzip begünstigt bei den Workstations einerseits die Benutzung dieser Rechner als RISC-PCs, die bei einem günstigen Preis/Leistungsverhältnis nur geringe Expansionsmöglichkeiten bieten, während andererseits, insbesondere für wissenschaftlich-technische oder kommerzielle Anwendungen, teurere Systeme, die große Caches, 3D-Graphik, schnelle Speicher und eine große Zahl von Erweiterungsmöglichkeiten bieten, auf den Markt kommen.

15.2.5 Literatur

[BHAN 89]   Bhandarkar, D.: Why MIPS?
             DECsystems Notes Conference, Note 24.0, Digital Equipment
             Corp., Maynard, Mass. 1989

[BHAN 90]   Bhandarkar, D.: RISC System Trends.
             Digital Equipment Corp., Palo Alto (CA), Oktober 1990

[DEC 90a]   DEC: DECstation 5000/200 Technical Overview.
             Digital Equipment Corp., Maynard (Mass.), März 1990

[DEC 90b]   DEC: TURBOchannel Overview.
             Digital Equipment Corp., Palo Alto (CA), April 1990

[KANE 88]   Gerry Kane: MIPS RISC Architecture.
             Englewood Cliffs (NJ): Prentice Hall 1988

15.3 Hewlett-Packard: Die Arbeitsplatzrechner der Serie 700

Kerle, Hannes., Schmidt-Lademann, Frank-Peter; Hewlett-Packard GmbH, Böblingen

Die neue RISC-Workstation von Hewlett-Packard eröffnet eine neue Leistungsklasse im Bereich der Arbeitsplatzrechner. Sie entstand mit der Vorgabe, die zur Zeit maximal erreichbare Leistung zu einem außergewöhnlich günstigen Preis zur Verfügung zu stellen. Dabei sollte der Rechner an unterschiedliche Bedürfnisse anpaßbar sein und über möglichst viele Standardschnittstellen verfügen. Nicht zuletzt wurde großer Wert auf hohe Graphikleistung und sehr guten File-Systemdurchsatz gelegt.

15.3.1 Rückblick

Die Geschichte der Arbeitsplatzrechner ist seit Beginn mit dem Namen Hewlett-Packard verbunden. Bereits Anfang der siebziger Jahre brachte Hewlett-Packard mit dem System 9100 einen "BASIC-programmierbaren Tischrechner" mit Mehrzeilen-Display auf den Markt, den man als den Urahn heutiger Workstations ansehen kann. Ende des Jahrzehntes folgte mit dem 9845 ein Arbeitsplatzrechner mit Bildschirm.

Anfang der achtziger Jahre wurde mit dem 680x0-Prozessor von Motorola dann endgültig der Grundstein für den derzeit am schnellsten wachsenden Rechnermarkt gelegt außerdem die bis heute erfolgreichste Prozessorfamilie aus der Taufe gehoben. Diese CPU bildet noch immer das Herz der weit verbreiteten HP Serie 300 und Serie 400 Rechner.

Mitte der achtziger Jahre war der Markt bereits mit Anbietern von Workstations überflutet. Daraus resultierte ein steigender Konkurrenzdruck und der Versuch der Hersteller das Preis/Leistungsverhältnis zu verbessern. Ebenfalls Mitte der achtziger Jahre erlangte RISC als neue Computer-Architektur steigende Bedeutung. Diese Entwicklung wurde durch die verbesserten Möglichkeiten des elektronischen Designs und der Herstellung elektronischer Bauteile begünstigt. Zudem sahen viele Hersteller darin eine Chance, sich auch durch Leistung und nicht nur im Preis von der Konkurrenz zu unterscheiden. Hewlett-Packard hat sehr früh die rasch wachsende Bedeutung von RISC erkannt, und bereits 1986 den ersten kommerziellen RISC-Rechner mit PA-RISC (*Precision Architecture*) auf den Markt gebracht. 1987 folgte dann die erste HP RISC-Workstation. 1988 brachte die Firma Apollo mit der DN 10000 den ersten Computer mit der superskalaren

RISC-Architektur PRISM (Parallel Reduced Instruction Set Multiprocessor) heraus. Superskalar bedeutet, daß mit dieser Architektur bis zu drei Instruktionen gleichzeitig ausgeführt werden können (eine Integer-Operation und zwei Gleitkommaoperationen). Durch die Integration in unser Unternehmen entstand aus beiden Architekturlabors ein neues, noch leistungsfähigeres Entwicklungsteam für die Zukunft.

15.3.2 RISC-Strategie

Betrachten wir den Wert einer Workstation für den Anwender, so wird dieser zu einem großen Teil von Preis/Leistungsverhältnis bestimmt. Da die Systemkosten im wesentlichen von Hauptspeicher, Spannungsversorgung und Monitor bestimmt werden, außerdem der Kostenanteil der CPU weiter zurückgeht, versuchen die Hersteller über das Leistungsverhalten dieses Verhältnis zu verbessern.

Grundsätzlich gibt es zwei Möglichkeiten, den CPU-Durchsatz zu erhöhen:
- Erhöhung der Taktfrequenz.
- Paralleles Abarbeiten mehrerer Instruktionen in einem Taktzyklus (Superskalarität).

Die erste Möglichkeit wird von Herstellern bevorzugt, die für eine Standardisierung des Instruktionssatzes und ein Einfrieren der Architektur eintreten. Dadurch wird der Weiterentwicklung der Systeme einer von zwei Freiheitsgraden genommen. Diese Strategie wird in erster Linie von Herstellern von RISC-CPUs der ersten Generation verfolgt.

Neuere RISC-Implementierungen gehen mehr in Richtung Superskalarität. Damit kann mehr Leistung bei gleicher Taktfrequenz erreicht werden bzw. die gleiche Leistung bei niedrigerer Taktfrequenz. Der Vorteil von längeren Zykluszeiten liegt darin, daß billigere Caches und Bussysteme Verwendung finden können. Das wiederum bedeutet insgesamt niedrigere Systemkosten.

Das Ziel von Hewlett-Packard besteht darin, möglichst viele Instruktionen parallel zu verarbeiten und durch moderne Hochleistungs-Halbleitertechnologie die Taktfrequenz trotzdem anzuheben. Daneben soll auch die Multiprozessorfähigkeit unserer beiden RISC-Architekturen weiter optimiert werden (in Hardware und Software) und im Workstation-Bereich Anwendung finden.

Um dieses Ziel zu erreichen, vereint die nächste Generation der PA-RISC-Architektur die Vorteile von PA-RISC und PRISM und enthält zusätzlich weitere Innnovationen, ohne die Kompatibilität mit den beiden bestehenden Systemen aufzugeben.

15.3.3 Precision Architecture-RISC

Die erste Definition von PA-RISC erfolgte 1983 als PA-RISC 1.0. Die Architektur zeichnet sich durch die folgenden Merkmale besonders aus.:

- *Sehr gut skalierbare "General Purpose"-Architektur.*
  Einsatzgebiet von Workstations, über kleine Mehrplatzsysteme bis zu großen Multiprozessormaschinen

- *Großer virtueller Adreßraum.*
  Daraus resultieren schnelle "Kontext"-Wechsel (Context Switch) ohne Zurück-schreiben von Cache und TLB (Translation Lookaside Buffer) und transparen-te Zugriffe auf die Daten aller Prozesse für das Betriebssystem.

- *Multiprozessorfähigkeit.*

- *Koprozessorfähigkeit.*
  Es sind bis zu 16 Koprozessoren bzw. special Function Units anschließbar.

- Der *Befehlsatz* deckt ein sehr breites Spektrum von Anforderungen ab und ent-hält sehr kompakte, zusammengesetzte Befehle (compare and branch, add and branch, move and branch)

Bis jetzt basieren etwa 20 Rechnermodelle auf PA-RISC 1.0. Um auf der Basis dieser bewährten RISC-Architektur eine kostengünstige Hochleistungs-Work-station zu entwickeln, wurden umfangreiche Studien und Analysen von Anwen-dungsprogrammen und Auslastungen in typischen Arbeitsplatzrechnerumge-bungen untersucht. Daraus ergaben sich besondere Anforderungen in den Berei-chen virtueller Speicher, Bearbeitung aufwendiger numerischer Berechnungen und kostengünstiger Graphikfähigkeiten. Um diesen Forderungen zu genügen, wurden folgende Erweiterungen der PA-RISC-Architektur vorgenommen (*PA-RISC 1.1*):

- Zusammengesetzte Gleitkommainstruktionen (Addition und Multiplikation, Subtraktion und Multiplikation).

- Vorzeichenlose Festkommamultiplikation.

- 16 zusätzliche, doppelt genaue Gleitkommaregister (insgesamt 32). Die Gleit-kommaregister können nun auch als 64 einfach genaue Register benutzt werden.

- Optimierung von Cache Lese- und Schreibzugriffen.

- Die Speicherseitengröße wurde von 2 KByte auf 4 KByte angehoben.

– Block-TLB-Einträge.
Zusammenhängende Bereiche des virtuellen Speichers wurden mit einem Eintrag auf einen zusammenhängenden Bereich des physikalischen Speichers abgebildet (z. B. für das Betriebssystem, Bildspeicher).

– Um die Zeit für das Aktualisieren des TLB zu reduzieren, wurde ein zweiter Satz von Registern eingeführt, durch die das Sichern von Registerinhalten während einer Unterbrechungsbehandlung vermieden wird

Bei all diesen Erweiterungen war ein wesentliches Entwurfsziel, die Kompatibilität von PA-RISC 1.0 auf PA-RISC 1.1 zu gewährleisten.

15.3.4 HP-Workstation-Serie 700

Die HP Serie 700 ist eine neue Familie von Workstations, basierend auf der PA-RISC 1.1-Architektur. Sie ersetzt die Arbeitsplatzrechner Serie 800 und erweitert das Angebot von Hewlett-Packard in einem Leistungsbereich oberhalb der Motorola 680x0-basierenden Serie 400-Rechner.

Die Konzeption der Serie 700 zeichnet sich dadurch aus, daß alle Komponenten für die Anforderungen in einer Workstation-Umgebung optimiert bzw. entwickelt wurden (optimierter Befehlssatz, hohe Datenbandbreiten zwischen allen Bausteinen, integrierte Graphikfunktionen, Standard-I/O-Bus).

Systemübersicht

Das Blockdiagramm (Bild 15-1) gibt eine Übersicht über das Zusammenwirken der verschiedenen Systemkomponenten.

CPU, Gleitkommakoprozessor (FPC) und Cache bilden eine Einheit. Der FPC wurde in Zusammenarbeit mit Texas Instruments entwickelt. Für die Koordination der Transaktionen zwischen CPU, Speicher und Peripherie wurde ein eigener VLSI-Chip entwickelt. Dieser Baustein regelt die Buszuteilung, optimiert Speicherzugriffe und führt einige Graphikoperationen durch. Er verbindet CPU, Speicher und Systembus. Der Systembus basiert auf einem HP internen Graphikbus. Über den Systembus sind Graphiksubsysteme, Standard-I/O sowie weitere Busse über Busadaptoren angeschlossen. Standardmäßig steht der EISA-Bus als Peripheriebus zur Verfügung. Weitere Busadapter, etwa für den VMEbus, sind vorgesehen.

Rechenwerk

Das Rechenwerk besteht aus der *Zentraleinheit* (CPU), dem *Gleitkommaprozessor* und dem *Cache-Speicher*.

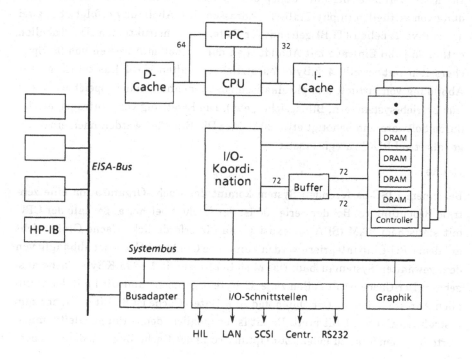

Bild 15.3-1: Blockdiagramm für das Modell 750

Zentraleinheit

Die CPU ist in einem CMOS VLSI-Chip mit 577 000 Transistorfunktionen implementiert. Dieser Baustein enthält die ALU, 2 MMUs sowie zwei Cache Control-Einheiten, getrennt für Daten und Instruktionen.

Die Instruktionsausführung erfolgt in einer fünfstufigen Pipeline (Instruktion lesen, Operanden lesen, Ausführungsphase, Daten-Cache lesen, Register laden). Die CPU ist erfolgreich bis zu 90 MHz getestet worden und wird im Modell 750 mit 66 MHz betrieben. Die nutzbare Taktfrequenz ist zur Zeit begrenzt durch die verfügbaren SRAM-Bausteine des Cache. Taktverluste durch Datenabhängigkeiten zwischen Instruktionen in der Pipeline konnten durch direkte Weitergabe von Rechenergebnissen parallel zur Abspeicherung im Registerspeicher minimiert werden. Taktverluste bei Sprüngen wurden durch Nutzung des "Delayed Slot" (der Befehl nach dem Sprungbefehl wird immer ausgeführt) und Sprungvorhersage-Heuristiken vermieden. Die durch die Hardware nicht vermeidbaren Taktverluste lassen sich in den allermeisten Fällen durch Optimierung der Instruktionsreihenfolge umgehen.

Die MMU verbindet die Funktionen des Speicherzugriffschutzes und der Abbildung von virtuellen in physikalische Adressen. Die Abbildung erfolgt über zwei assoziative Tabellen (TLB) getrennt für Daten und Instruktionen. Die Tabellen enthalten je 96 Einträge mit Abbildungen der virtuellen Adressen von 96 Speicherseiten mit jeweils 4 KByte. Zusätzlich enthalten sie 4 Blockeinträge zur Abbildung von virtuell und physikalisch zusammenhängenden Speicherblöcken (für Betriebssystemkern, Bildspeicher, etc.). Die Ersetzung von Einträgen erfolgt durch Software und benötigt etwa 20 Takte. Die Einträge werden nach einer angenäherten LRU-Strategie ersetzt.

Cache

Bei einem RISC-basierenden System kommt der Cache-Organisation eine zentrale Bedeutung zu. Bei der Serie 700 ist der Cache-Speicher außerhalb der CPU mit statischem RAM (SRAM) realisiert, da die erforderliche Cache-Größe nicht auf dem CPU-Chip integriert werden kann. Die Größe des Cache ist abhängig von dem gewählten Systemausbau. Das Modell 750 ist mit 2×256 KByte Cache ausgebaut. Der Cache ist in Zeilen zu je 32 Byte organisiert und wird mit der virtuellen Adresse indiziert. Der Datenpfad zum Daten-Cache ist 64 Bit breit, der zum Instruktion-Cache 32 Bit breit. Damit ist es möglich, doppeltlange Gleitkommawerte in einem Takt zu laden. Zur Optimierung des Cache-Zugriffs dienen ebenfalls:

- Geänderte Cache-Zeilen (*dirty cache lines*) werden nur bei Bedarf zurückgeschrieben (*copy back cache*).

- Der Instruktionsstrom wird fortgesetzt, sobald das referenzierte Wort im Cache vorliegt. Die verbleibende Cache-Zeile wird simultan nachgeladen.

- Der Compiler kann explizit das Vorauslesen (*prefetching*) in den Daten-Cache veranlassen.

- Durch ein Hinweis-Bit kann der Compiler verhindern, daß eine Cache-Zeile vom Speicher gefüllt wird, wenn beabsichtigt ist, die gesamte Zeile neu zu schreiben.

- Cache-Zugriffe werden ferner durch Zwischenpuffer in der Speicherverwaltung optimiert.

Gleitkommakoprozessor (FPC)

Der FPC ist direkt mit dem Daten- und Instruktion-Cache verbunden und decodiert Instruktionen parallel zur CPU. Damit entsteht trotz der Implementierung in einem zweiten Chip keine Verzögerung. Für die FPC-Instruktionen werden zwischen 3 und 18 Takte benötigt, wobei ebenfalls eine Pipeline-Organisation vorliegt. Addition, Subtraktion und Multiplikation benötigen 3 Takte sowohl für einfache als auch für doppelte Genauigkeit. Division benötigt 10 Takte für einfache und 12 Takte für doppelte Genauigkeit und Wurzelziehen benötigt 14 bzw. 18 Takte.

Der FPC besteht aus einer Additions- und einer Multiplikationseinheit. Jede dieser Einheiten kann eine Operation jeden zweiten Takt beginnen. Daraus ergibt sich ein theoretischer Durchsatz von 66 MFlops. CPU und FPC können parallel Instruktionen ausführen. Aufgrund der implementierten Doppelbefehle ist dieser Prozessor superskalar.

I/O-Koordination

Die Koordination der Transaktionen im System zwischen CPU, Speicher und Systembus übernimmt ein speziell für diese Aufgabe entwickelter VLSI-Baustein. Er erfüllt folgende Aufgaben:

- Buszuteilung,
- Speicherverwaltung,
- Schnittstelle zum CPU-Cache,
- I/O-Optimierung,
- Graphikfunktionen.

Buszuteilung (Arbitrierung)

Die Buszuteilung erfolgt reihum zwischen den Schnittstellen, die den Bus anfordern. Jeweils einer Schnittstelle kann Priorität eingeräumt werden. Schnittstellen können den Bus für bis zu 8 Transaktionen behalten.

Speicherverwaltung

Für die Speicherverwaltung galt es besonders hohe Bandbreiten zu erzielen, um die nötigen Datentransferraten zur CPU und den Graphiksubsystemen zu erhalten. Durch Einsatz von Interleaving (alternierender Zugriff auf mehrere Speicherbänke) beträgt die Speicherbandbreite 260 MByte/s. Die kontinuierliche Datenrate zur CPU beträgt 125 MByte/s, die erzielbare DMA-Datenrate 90 MByte/s.

Bei der Verwendung von 4 MBit-Chips kann das Modell 750 mit bis zu 192 MByte Hauptspeicher ausgerüstet werden.

Schnittstelle zum CPU-Cache

Der Datenaustausch zwischen CPU und Speicher erfolgt auf der Basis von Cache-Zeilen (32 Byte). Dieser Datenpfad wurde besonders optimiert:

- Zurückzuschreibende Cache-Zeilen werden zwischengepuffert. Damit kann die neue Cache-Zeile aus dem Speicher abgerufen werden, bevor die bisherige Zeile zurückgeschrieben wird.

- Die nächste Instruktionszeile wird von der Speicherverwaltung selbständig in einen Puffer geladen. Dort steht sie für die nächste Anforderung durch den Cache zur Verfügung. Dadurch werden pro Ladeoperation in den Cache 155 ns Speicherzugriffszeit gespart.

Systembus

Die Kommunikation mit der Peripherie erfolgt über den Systembus bzw. über Systembus und daran angeschlossene Standardbusse (EISA, VMEbus). Der Systembus hat getrennte, 32 Bit breite Adreß- und Datenpfade. Durch Überlappung der Adreß- und Datenphasen von aufeinanderfolgenden Transaktionen (*Pipelining*) kann die volle Bandbreite des Busses von 133 MByte/s genutzt werden. DMA-Transfers aus dem Speicher werden ähnlich wie Cache-Zugriffe durch Vorauslesen aus dem Speicher (*prefetching*) optimiert.

Graphikunterstützung

Eine der wesentlichen Merkmale heutiger Workstations ist ihre hohe Graphikleistung. Hewlett-Packard bietet auf seinen Workstations führende Graphiktechnologie an, insbesondere auf dem Gebiet des "Solid Modelling".

Für die Graphikschnittstelle werden verschiedene Architekturen angeboten. Diese unterschieden sich in der Verteilung der einzelnen Stufen der Graphik-Pipeline auf die Komponenten CPU bzw. Graphiksubsystem. Die Graphik-Pipeline besteht aus den Stufen: Display List, Koordinatentransformation, "Scan Conversion" und Bildspeicher.

Die unterschiedlichen Architekturen sind transparent zur Applikations Software, da Funktionen, die nicht durch Hardware ausgeführt werden, automatisch durch Software nachgebildet werden. Neben den Standardfunktionen für Vektorgenerierung, Flächenfüllung und Blocktransfers stehen unter anderem folgende Funktionen zur Verfügung.

- Gouraud Shading,
- NURBS (Non Uniform Rational B-Splines),
- mehrere Lichtquellen,
- Texturierung,
- Ray Tracing,
- Radiosity,
- Anti Aliasing,
- Contouring,
- Deformierung,
- Animation.

Externe Graphiksubsysteme

Bei sehr hohen Anforderungen, insbesondere im 3D-Bereich, werden alle Transformationen und die "Scan Conversion" im Graphiksubsystem ausgeführt. Das externe Subsystem ist über eine DMA-fähige Schnittstelle an den Systembus angeschlossen (Bild 15-2).

CPU	Subsystem		
Displaylist	Transformation	Scan Conversion	Bildspeicher

Bild 15.3-2: Externe Graphiksubsysteme

Als Hochleistungsgraphiksystem wird zum Beispiel der TURBO-VRX angeboten. Sie ist mit bis zu 4 Transformationsprozessoren mit je 80 MFLOPS ausgerüstet und verfügt über 4 Overlay-Planes, 24 Image-Planes und 24 z-Buffer-Planes. Sie hat folgende Leistungsmerkmale:

Vektoren/Sekunde	1 360 000
Schattierte Polygone/Sekunde	330 000
Pixel-Transferrate	40 MByte/s

Interne Graphiksubsysteme

Für Anwendungen, die besonders Leistungen unter dem X Window System erfordern, werden Einschubkarten angeboten. Die 3D-Graphikleistung ist geringer als bei den externen Graphiksystemen. Die Einschubkarten enthalten nur den Bildspeicher und Vektorgeneratoren. Bei dieser integrierten Graphikkonfiguration wird die Koordinatentransformation von der CPU/FPC durchgeführt und die Funktion der "Scan Conversion" wird durch spezielle Operatoren in der Speicherverwaltung ausgeführt (Bild 15-3).

CPU			Subsystem
Displaylist	Transformation	Scan Conversion	Bildspeicher

Bild 15.3-3: Interne Graphiksubsysteme

Die Einschubkarten sind in verschiedenen Versionen erhältlich, die sich im wesentlichen durch die Zahl der Bildspeicherebenen und die möglichen Pixel-Attribute unterscheiden.

Die "True Color VRX" ist eine dieser Graphikeinschubkarten. Sie hat 24 Image Planes, 8 Overlay Planes, Hardware Cursor, segmentierbare Farbtabelle mit 1280 Einträgen und Hardware zur Vektorgenerierung und Flächenfüllung. Der Bild-

speicher ist sehr flexibel konfigurierbar bezüglich der Benutzung der verschiedenen Bildspeicherebenen und der Auswahl von Farbtabellensegmenten. Man
kann pro Pixel definieren, wie die Bildspeicherebenen zu benutzen sind und welches Farbtabellensegment anzusprechen ist. Damit ist es möglich, verschiedenen
Bildschirmfenstern unterschiedliche Bildspeicherkonfigurationen zur Verfügung
zu stellen. Es kann unter anderem zwischen folgenden Konfigurationen gewählt
werden:

- 24 Bit/Pixel,
- 2×12 Bit/Pixel (Doppelpufferung),
- 10 Bit/Pixel,
- 2×8 Bit/Pixel (Doppelpufferung),

Bei 8 Bit/Pixel-Konfiguration kann zusätzlich zwischen 4 Farbtabellensegmenten
gewählt werden.

X11-Vektoren/Sekunde	1 100 000
X11-Rechtecke/Sekunde	400 000
3D-Vektoren/Sekunde	1 150 00
Schattierte Polygone/Sek	24 0000
Pixel-Transferrate	63 MByte/s

I/O-Schnittstellen

Die üblichen Schnittstellen zum Anschluß von Druckern, LAN, externen Massen-
speichern usw. sind auf einer Schnittstellenkarte zusammengefaßt bzw. auf der
Systemplatine integriert. Folgende *Schnittstellen* stehen dort zur Verfügung:
- HIL (Human Interface Link) zum Anschluß von Tastatur, Maus, Tablett und
  anderen Eingabegeräten;
- LAN (IEEE 802.3);
- Centronix;
- 2 mal RS232;
- SCSI.

Für weitere Schnittstellen steht der Standardbus EISA zur Verfügung. Ferner ist
vorgesehen, weitere Bussysteme (etwa VMEbus) über Buswandler an den Systembus anschließen.

15.3.5 Software

Das Betriebssystem für die Rechner der Serie 700 ist Hewlett-Packard's UNIX-
Implementation *HP-UX*. HP-UX erfüllt die in POSIX.1, X-Open/XPG3 und
Interface Definition für System V.3 festgelegten Unix-Standards und enthält
viele BSD4.2, BSD4.3 und HP-eigene Erweiterungen. HP-UX besteht seit 1982

und unterstützt die Workstation und Multi-User-Plattformen Serie 300, Serie 400, Serie 700 und Serie 800. Damit ist die volle Kompatibilität und Interoperabilität zwischen diesen Plattformen gewährleistet. Im Laufe des Jahres 1991 wird auch das Betriebssystem OSF/1 auf der Serie 700 verfügbar sein.

15.3.6 Compiler

Eine leistungsfähige Workstation benötigt neben den Hardware-Möglichkeiten auch Compiler, die in der Lage sind, diese Fähigkeiten in der Applikations-Software zu nutzen, ohne dabei die Software ändern zu müssen. Neben den Standard-Optimierungstechniken beinhalten die HP-Compiler folgende Besonderheiten, um die PA-RISC-Architektur möglichst gut auszunutzen:

– Verbesserte Anordnung der Instruktionen (*Instruction Scheduling*), um ein Anhalten des Instruktionsstroms zu vermeiden und um die Parallelität zwischen CPU und FPC auszunutzen. Dabei wird zweimal optimiert, einmal vor und einmal nach der Registerzuweisung. Vor der Registerzuweisung können mehr Gelegenheiten zur Parallelisierung genutzt werden.

– In FORTRAN-Programmen wird der Schleifenkörper dupliziert (*Loop Un-rolling*), wenn Gleitkommaoperationen enthalten sind. Dadurch kann die CPU-Pipeline besser genutzt werden, da mehr Instruktionen ohne Datenabhängigkeit zur Verfügung stehen.

– Einführung eines weiteren Optimierungslaufes zur Bindezeit. Nachdem die tatsächlichen Adressen vorliegen ergeben sich weitere Möglichkeiten zur Optimierung durch Einsparung von Befehlen, wenn feststeht, daß nur kleine Adreßintervalle zu überbrücken sind.

Die Kombination der Rechner der Serie 700 mit den weiterentwickelten Compilern ergibt eine neue Hochleistungs-Workstation, die die Leistung bestehender Applikationen durch einfaches Neuübersetzen vervielfacht.

15.3.7 Leistungsdaten

In Tabelle 15-1 sind die Ergebnisse einiger Standard-Benchmarks wiedergegeben. Die Ergebnisse wurden auf einer sehr frühen Compiler-Version erzielt und werden sich noch verbessern. Zum Vergleich sind die Werte des Modell 835 der Serie 800 hinzugefügt, einer PA-RISC-Implementierung der ersten Generation. Der Vergleich zeigt, daß es in der neuen Generation gelungen ist, die Leistungsausbeute je Takt deutlich zu erhöhen. Dabei ist zu bemerken, daß das Verhältnis Instruktionen/Takt schon bei den Rechnern der Serie 800 extrem günstig ist.

Tabelle 15.3-1: Leistungsdaten der Hewlett-Packard Precision Architecture

Modell	Takt [MHz]	Cache-Größe (I/D)	Dhrystone [VAX-MIPS]	Linpack [MFlops]	SPECmarks		
					Overall	Integer	Float
HP 835	15	128 K	14,0	1,7	9,4	9,7	9,1
HP 720	50	128 K / 256 K	57,0	17,0	55,5	39,0	70,2
HP 750	66	256 K / 256 K	76,0	22,0	72,2	51,0	91,0

15.3.8 Zukünftige Entwicklung

Mit der hier vorgestellten Rechnerfamilie ist ein erheblicher Leistungssprung gelungen. Damit wird die Entwicklung jedoch nicht stehenbleiben. Die PA-RISC-Architektur bietet noch ein erhebliches Potential zur weiteren Leistungsverbesserung. Noch höhere Ausbeute je Takt und neue Technologien zur gleichzeitigen Erhöhung der Taktfrequenz werden schon in naher Zukunft PA-RISC-Prozessoren mit weit über 100 MIPS ermöglichen. Mehrprozessorsysteme werden die Leistungsfähigkeit der Systeme nochmals vervielfachen. Ein erhebliches Potential zur Leistungssteigerung liegt auch noch in verbesserten Compiler-Technologien. Die Möglichkeiten der automatischen Parallelisierung und Vektorisierung von Programmen sind hier bei weitem noch nicht erschöpft.

Weitere Schwerpunkte der Entwicklungsarbeit bei Hewlett-Packard liegen im Bereich der Benutzerschnittstellen und hier insbesondere der Multimedia-Systeme, sowie im Bereich der verteilten Systeme. Zukünftige Arbeitsplatzrechner werden ein multimediales Fenster in ein weltumspannendes Informationssystem sein.

15.4 IBM: POWERstation und POWERserver

Nägele, K.; International Business Machines Corp., Böblingen

15.4.1 Überblick

Die RISC-System/6000-Rechnersysteme sind eine Familie von sechs Workstation-
und sechs Server-Modellen, die als Tischmodell, als Standmodelle und als Rack-
modell ausgeführt sind. Die Systeme können entweder als dedizierte Einplatzsysteme (*POWERstation*) oder aber auch als gemeinsam benutzte Ressource
(*POWERserver*) eingesetzt werden. POWERstations besitzen drei Leistungsmerkmale, die für eine technische Workstation von besonderem Interesse sind:

1. *Hohe Prozessorleistung:*
   Die neue POWER-Architektur ermöglicht die gleichzeitige Ausführung von
   Floating Point-, Integer- und Verzweigungsinstruktionen bei einer konstant
   hohen Verarbeitunggeschwindigkeit. Interne Datenpfade mit hohen Bandbreiten (z. B. Speicherbus mit 656 MByte/s bei 41 MHz Taktfrequenz), abge-
   stimmte Daten- und Instruktion-Caches, großer Haupt- und Festplattenspeicher und eine Micro Channel-Implementierung mit bis zu 40 MByte/s tragen
   zu einer ausbalancierter Systemleistung und hohem Datendurchsatz bei.
   Besonders sichtbar wird die extrem hohe Prozessorleistung beim Ausführen
   von rechenintensiven Anwendungen mit hohem Anteil an Gleitkommaoperationen (*number-crunching*). Hier wird eine Peak-Performance von 40 bis 82
   MFlops bei 20 bis 41 MHz Taktfrequenz erzielt.

2. *Graphikleistung:*
   Die verfügbare Graphik-Hardware (Graphiksubsystem und -adapter) deckt die
   gesamte Bandbreite von einfacher 2D-Graphik (z. B. für Dokumentenverar-
   beitung, Business-Graphik) bis zur anspruchsvollen 3D-Graphik (z. B. für
   CAD, Animation) mit aufwendigen Schattierungsmodellen (Gouraud, Phong)
   und 16,7 Mio. Farben ab. Das Betriebssystem AIX Version 3 unterstützt diese
   Graphik-Hardware mit weitverbreiteten Graphik-APIs, einschließlich des
   X Window System, OSF/Motif und mehrerer populärer Graphikbibliotheken.

3. *Konnektivität und Kommunikation:*
   Die 6000er Familie verfügt über offene und standardisierte Kommunikations-
   und Schnittstellenprotokolle, wie TCP/IP, NFS, NCS, Ethernet, Token-Ring,
   BSC, SNA, X.25, die Integration und kooperative Client/Server-Verarbei-
   tungsmodelle in heterogenen Netzen erlauben.

POWERserver können als traditionelle Multi-User-Systeme mit bis zu mehreren hundert angeschlossenen ASCII-Terminals oder als Server für mehrere Workstations oder X-Terminals in einem lokalen Netz konfiguriert werden. Beispiele für Funktionen als Netz-Server sind:

- File-Server,
- Compute-Server,
- Print-Server,
- Communication-Server (Gateway),
- Dokumentations-Server.

POWERstation und POWERserver 320 sind die Einstiegsmodelle der 6000er Familie und können als Tisch- oder als Untertischsysteme installiert werden. Sie liefern bereits eine sehr hohe Rechenleistung und besitzen ein besonders attraktives Preis/Leistungsverhältnis. Sie können bei Verwendung der neuen 4-Mbit-Technologie mit bis zu 128 MByte Hauptspeicher und mit bis zu 800 MByte Festplattenspeicher ausgebaut werden. Die Standardkonfiguration umfaßt 8 MByte Speicher und eine 160 MByte Festplatte. Für den I/O-Ausbau stehen vier freie Micro Channel-Steckplätze zur Verfügung.

POWERstation und POWERserver 520 sind Standmodelle, die den gleichen Prozessor-Chip-Satz wie die Modelle 320 verwenden, aber mehr Raum für den Ausbau mit Speicherkarten, internen Festplatten und Adapter bieten. Die Standardkonfiguration kommt mit 8 MByte Hauptspeicher, einer 355 MByte Festplatte und einem Small Computer System Interface (SCSI)-Adapter aus, der außer im Modell 320 auch in allen anderen Modellen standardmäßig eingebaut ist und jeweils einen von insgesamt 8 Micro Channel-Steckplätzen belegt. Die 520er, wie auch alle anderen Standmodelle, besitzen 8 separate Steckplätze für Hauptspeicherkarten und können auf bis zu 512 MByte Hauptspeicher (Modell 540 nur 256 MByte) ausgebaut werden. Ebenso besitzen alle Standmodelle drei Plätze (Bays) für interne Festplatten und können maximal auf 2,5 GByte interne Plattenkapazität aufgerüstet werden.

POWERstation und POWERserver 530 besitzen die gleiche Gehäuseform wie die 520er Systeme, liefern aber eine höhere Prozessorleistung durch:

- eine 128 bit breite Cache-Speicherschnittstelle (an Stelle von 64 bit),
- ein Data Cache mit doppelter Größe von 64 KByte,
- 25% schnellere Taktfrequenz (25 MHz),
- mehr separate interne Datenpfade.

Die Standardkonfiguration ist mit 16 MByte Hauptspeicher und mit einer 355 MByte SCSI-Festplatte ausgestattet.

POWERstation 730 ist das 6000er Modell mit der höchsten Graphikleistung. Es enthält den gleichen RISC-Prozessor wie ein 530er Modell, besitzt aber zusätzlich ein integriertes Graphikprozessorsubsystem, wodurch es auch eine etwas breitere Bauweise hat. Die Graphikleistung ist im Vergleich zu den anderen Modellen der Familie ca. 10 mal so groß. Das Modell 730 ist besonders gut geeignet für den Bereich der technisch-wissenschaftlichen Anwendungen, wo viele Graphik-operationen mit schneller Floating Point-Arithmetik berechnet werden und wo vielfältige 3D-Graphikfähigkeiten benötigt werden.

POWERstation und POWERserver 540 besitzen den gleichen Prozessor-Chip-Satz und Ausstattungsmöglichkeiten wie die Modelle 530, werden aber mit 30 MHz Taktfrequenz betrieben. Es sind die ersten Modelle, die mit der 4-Mbit-Speicher-Chips ausgestattet sind und damit bis auf 256 MByte Hauptspeicher ausgebaut werden können. In der Standardkonfiguration ist das 540er Modell mit 64 MByte Hauptspeicher und mit 640 MByte (2×320MByte) Festplattenspeicher ausgestattet.

POWERstation und POWERserver 550 sind die leistungsstärksten Modelle der 6000er-Familie. Ihre Prozessororganisation ist identisch zum Modell 530, jedoch wurde die Taktfrequenz auf 41 MHz erhöht. Standardmäßig sind die 550er Modelle mit 64 MByte Hauptspeicher und mit 800 MByte Festplattenspeicher ausgestattet. Die sonstigen Ausstattungsmöglichkeiten entsprechen dem Modell 530. Die Modelle 550 besitzen Leistungsmerkmale von Minisuper-Rechner und eignen sich z.B. besonders für Workstation/Server-Umgebungen mit rechenintensiven technischen Anwendungen oder auch für große kommerzielleMulti-User-Server-Anwendungen.

- ▸ SPARC Prozessoren 8.8 – 20.8 SPECmarks
- ▸ hochauflösende Grafik, Grafikbeschleuniger
- ▸ Fenstertechnik, grafische Oberfläche (OpenWindows™, Deskset™, Guide™)
- ▸ integrierter Netzwerkanschluß (Ethernet)

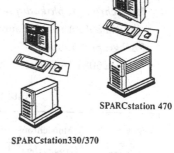
SPARCstation 470

SPARCstation330/370

SPARCstation 2

SPARCstation SLC

SPARCstation IPC

Bild 15.4-1: IBM RISC System/6000 Rechnerfamilie

Tabelle 15.4-1: Leistungsdaten der IBM RISC-System/6000-Rechnerfamilie

Modell	320	520	530	540	550	730	930
SPECmark	24,6	24.6	32	38.7	54.32	32,0	32,0
MIPS	29,5	29.5	37.1	44.3	56.0	37.1	37.1
Mflops (DP Linpack)	8.5	8.5	13.7	16.5	23.0	13.7	13.7
Taktfrequenz (MHz)	20	20	25	30	41	25	25
Hauptspeicher (MByte)	8-128	8-512	16-512	64-256	64-512	16-512	16-512
Freie Micro Channel-Plätze	4	7	7	7	7	6	7
Interne Festplatten (MByte)	120-640	355-2571	355-2571	640-2571	800-2571	355-2571	670-11998

POWERserver 930 ist ein 19-Zoll Rack-System mit der gleichen Prozessorleistung wie das Modell 530, jedoch mit weit größeren Ausbaumöglichkeiten. Standard-mäßig beinhaltet es 16 MByte Hauptspeicher, eine 670 MByte Festplatte, eine 2,3 GByte Bandeinheit und 600 MByte CD-ROM. Das Modell kann mit weiteren Bandeinheiten, CD-ROMs und mit Festplatten bis auf 12 GByte interne Platten-kapazität ausgebaut werden. Eine zusätzlich installierbare Batterieeinheit kann einen bis zu 10 Minuten langen Stromausfall überbrücken.

15.4.2 Graphik

Alle RISC-System/6000-Graphikadapter und das Graphikprozessorsubsystem besitzen eine Auflösung von 1280 × 1024 Bildpunkten. Es stehen folgende Adapter zur Verfügung:
- Monochromgraphikadapter:
  - IBM 8508 19-Zoll Monochrom-Bildschirm.
- Farbgraphikadapter:
  - IBM 5081 16-Zoll Graphikbildschirm,

Tabelle 15.4-2: Graphikleistungsdaten

Adapter	Monochrom	Farbgraphik	3D Farbgraphik	3D+ Farbgraphik	Graphik-subsystem [3]
Auflösung	1280x1024	1280x1024	1280x1024	1280x1024	1280x1024
Farbpalette	250 Graustufen	16 Min	16 Min	16 Min	16 Min
Farben	16 Grautöne	256	16 Mio.	16 Mio.	16 Mio.
2D Vektoren/s [1]	-	-	90 000	90 000	990 000
3D Vektoren/s [1]	-	-	90 000	90 000	990 000
3D Polygons/s [1]			10 000	10 000	120 000

[1] 10 Pixel Polylinien in Gleitkomma-Koordinaten (transformiert, skaliert und clipped)
[2] 50 Pixel Polylinien in Gleitkomma-Koordinaten und in Gouraud Shaded Dreiecksdrahtgeflecht
[3] im Modell 730

- IBM 6091 19-Zoll und 23-Zoll Graphikbildschirm.
- *3D Farbgraphikadapter:*
  - IBM 5081 16-Zoll Graphikbildschirm,
  - IBM 6091 19-Zoll und 23-Zoll Graphikbildschirm.
- *3D + Farbgraphikadapter :*
  - IBM 5081 16-Zoll Graphikbildschirm
  - IBM 6091 19-Zoll und 23-Zoll Graphikbildschirm.

15.4.3 POWER-Architektur

Die POWER (Performance Optimization With Enhanced RISC)-Architektur ist die zweite Generation der IBM RISC-Architektur. Diese neue Generation basiert auf einem "superskalaren" Entwurfsprinzip, das durch folgende Merkmale gekennzeichnet ist:

- Ausführen von Floating Point-Berechnungen in einem Taktzyklus.
- Ausführen von mehreren Operationen in einem Taktzyklus.
- Kombinieren von Grundoperationen zu Verbundoperationen (z. B. multiply-add).
- Minimierung bedingter Sprünge, die zusätzliche Taktzyklen benötigen (zero-cycle-branching).

Der Instruktionssatz der POWER-Architektur umfaßt 184 Instruktionen, die von drei Funktionseinheiten ausgeführt werden. Dieser relativ umfangreiche Instruktionssatz resultiert aus einer neuen Entwurfsphilosophie, bei der nicht ein reduzierter Befehlsatz im Vordergrund steht, sondern die möglichst minimale Ausführungszeit eines gesamten Programmes.

Entwurfsansatz der POWER-Architektur:

[Anzahl der Instruktionen] × [Zyklen pro Instruktionen] → MINIMUM

Funktions-Einheiten

Die RISC-System/6000-Prozessorarchitektur besteht aus drei logischen Funktionseinheiten: einem *Branch-Prozessor,* einem *Fixed Point-Prozessor* und einem *Floating Point-Prozessor.* Diese Funktionseinheiten können unabhängig und völlig überlappend arbeiten, und sie ermöglichen die Ausführung von bis zu vier Instruktionen – einer Fixed Point, einer Floating Point, einer Branch und einer Condition Code – in einem Taktzylus. Der in die CPU integrierte Floating Point-Prozessor besitzt eine "Multiply-Add"-Instruktion, die in jedem Taktzyklus das Resultat einer Floating Point-Multiplikation und einer Addition liefert

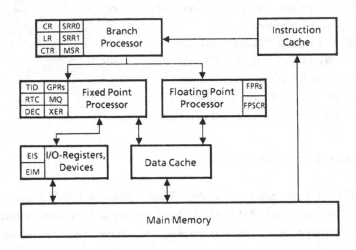

Bild 15.4-2: Logische Struktur der POWER-Architektur

Branch-Prozessor

Der Branch-Prozessor enthält alle Informationen und Ressourcen, um Verzwei-
gungs- und Condition Code (CC)-Operationen selbstständig und parallel zu anderen Instruktionen auszuführen. Er besitzt sechs 32 bit Register: ein Condition
Code-(CR), ein Link- (LR), ein Counter- (CTR), zwei Save Restore- (SRR) und ein
Machine State-Register (MSR). Der Branch-Prozessor hat direkten Zugriff zu
einem Instruktions-Buffer-Netzwerk, über das der gesamte Instruktionsfluß zum
Fixed Point- und zum Floating Point-Prozessor geführt wird. Der Branch-Prozessor ist dadurch in der Lage, Verzweigungs- und CC-Instruktionen (einschließlich
Software-Interrupts) aus dem Instruktions-Buffer heraus vorauseilend und überlappend zum FXP und FPP auszuführen. Das Ziel ist, alle Verzweigungsopera-
tionen ohne Zeitverluste in der FXP- und FPP-Pipeline auszuführen (*zero-cycle-
branch*-Konzept). Unterstützt wird dieses Konzept von den Compilern durch umsortieren der betreffenden Instruktionsfolgen, damit die Sprungbedingungsin-
struktion (setzt CC) möglichst immer drei Instruktionen und mehr vor der eigentlichen Verzweigungsinstruktion steht. Die *zero-cycle branch*-Implementierung
ermöglicht, daß alle unbedingte Sprünge ohne Pipeline-Verzögerungen ausgeführt werden und daß bei bedingten Spranganweisungen die Pipeline für 0 bis
maximal 3 Taktzyklen angehalten werden muß.

Komplettiert wird diese Architektureinrichtung durch ein CC-Register mit acht
unabhängigen 4-Bit CC-Feldern. Die acht Felder werden vom Compiler wie ein
Registersatz verwaltet und können gezielt von den Funktionseinheiten gesetzt
werden. Damit ist es möglich über einen größeren Codebereich hinweg mit mehreren aktiven CCs zu arbeiten und mehr Instruktionen parallel auszuführen.

Fixed Point-Prozessor (FXP)

Der FXP führt alle Festkommaarithmetik, alle logischen Operationen und alle
Lade- und Speicheroperationen, einschließlich der Lade/Speicheroperationen des
FPP, aus. Weitere Funktionen sind:

- Dynamische Adreßübersetzung über Translation Lookaside Buffer (TLB):
  - two-way set-associative Daten-TLB mit je 64 Einträgen;
  - two-way set-associative Instruktion-TLB mit je 16 Einträgen.
- Schutzmechanismen für Datenzugriffe (page protection, data lock/grant für ein
  special segment).
- Aktualisieren (*reload*) der beiden TLBs über Hash Anchor Table und Page
  Frame Table (ist in der Hardware implementiert).
- Steuerung und Verwaltung des 64 KByte Daten-Caches und dessen Cache
  Directories.
  - four-way set-associative Daten-Cache mit je 128 Einträgen.

Der FXP enthält eine *Multiply Divide Unit*, bestehend aus einem vierstufigen
Carry Save Adder, der pro Zyklus ein 8-Bit-Resultat erzeugt. Damit können 32-
Bit-Multiplikationen in 3 bis 5 Zyklen (abhängig von den Vorzeichenstellen) und
32-Bit-Divisionen in 19 bis 20 Zyklen durchgeführt werden. Die shift- und
rotate- Instruktionen werden hardware-seitig durch einen Barrel-Shifter und
eine Rotator-Einheit unterstützt.

Der FXP besitzt ein 5-Port Register File mit 32 Arbeitsregistern, die jeweils 32 Bit
lang sind. Zusätzlich gibt es noch fünf Spezialregister: das Data Address- (DAR),
das Data Storage Interrupt Status- (DSISR), das Transaction Idendifier- (TID),
das Multiply-and-Quotient- (MQR) und das FX Exception-Register (XER).

Floating Point-Prozessor (FPP)

Der in die CPU intergrierte FPP arbeitet standardmäßig mit doppelter Genauigkeit (64-Bit-Datenfluß) und unterstützt den IEEE-754 Binary Floating
Point-Standard. Er ist in einer sechsstufigen Pipeline implementiert und kann in
jedem Taktzyklus das Resultat einer arithmetischen Floating Point-Operation generieren. Ausnahme ist die FP-Division, die nach dem Newton-Raphson-Schema
approximiert wird und deren Ausführung 19 bis 20 Zyklen beansprucht.

Besonderes Merkmal des FPP ist das neuartig implementierte Rechenwerk, die
sogenannte *Multiply Add Fused (MAF)* Einheit. Die MAF ist in einer nur zweistufigen Pipeline implementiert und kann in jedem Taktzyklus ein Resultat einer
Multiplikation und einer Addition (FRT = FRA x FRB + FRC) berechnen. Die Kombination zweier Instruktionen in eine "Multiply-Add"-Instruktion liefert zwei
bedeutende Vorteile:

1. Ein genaueres Ergebnis, da das Zwischenergebnis der Multiplikation nicht gerundet wird, bevor es auf den Summanden aufaddiert wird.

2. Die Reduzierung der Pfadlänge des Codes, woraus in rechenintensiven Anwendungen signifikante Leistungsvorteile resultieren.

Der FPP besitzt 32 Operandenregister mit je 64 bit, sechs 64-Bit Renaming-Register und zwei weitere 64-Bit Hilfsregister für die Floating Point-Division. Die sechs Renaming-Register dienen der kontinuierlichen Weiterführung der I-Pipeline auch in Fällen, wenn dicht hintereinander folgende Floating Point-Ladeinstruktionen das gleiche Zielregister benutzen. Normalerweise muß hier die Pipeline gestoppt werden, da nachfolgende Ladeoperationen den Registeroperanden der jeweils vorherigen Ladeoperation überschreiben würden. Indem das Zielregister (zum Beispiel FR3) der nachfolgendem Ladeinstruktion physisch auf ein anderes Register (zum Beispiel FR3') abgebildet wird und später beim Zugriff auf den bereits geladenen Operanden umbenannt (FR3' → FR3) wird, können auch solche Ladeoperationen ohne Zeitverlust ausgeführt werden.

Zusätzlich zur Haupt-Pipeline besitzt der FPP für Floating Point-Lade- und Speicheroperationen zwei Neben-Pipelines. Dadurch können alle Speicherzugriffsoperationen in enger Kooperation mit dem FXP (er führt alle Datenzugriffe zum D-Cache aus) und parallel zu den FP-Arithmetikoperationen ausgeführt werden.

Synchronisation

Die Synchronisation zwischen FXP und FPP wird in den ersten Pipeline-Stufen mit zwei Hardware-Signalen (Hold und Cancel) durchgeführt. Damit wird erreicht, daß in den Buffer der beiden Dekodiereinheiten immer die gleichen Instruktionen zur Verarbeitung anstehen. Die Synchronisation in den weiteren Pipeline-Stufen wird mit folgenden zwei Mechanismen durchgeführt: Eine Zählereinrichtung gewährleistet, daß die FXU niemals mehr als zwei Instruktionen der FPU voraus ist und daß die FPU niemals mehr als sechs Instruktionen der FXU voraus ist. Der zweite Mechanismus benutzt ein Flag, das von der FXU gesteuert wird und der FPU das Auftreten und die Durchführung eines *precise*-Interrupts anzeigt. Daraufhin unterbricht die FPU ihre Pipeline solange, bis die FXU den *precise*-Interrupt ausgeführt hat und das Flag wieder rückgesetzt hat.

Caches

Der POWER-Prozessor besitzt eine Harvard-Architektur, mit getrennten Caches für Instruktionen und Daten. Für die dynamische Adreßumsetzung sind ebenfalls getrennte Translation Lookaside Buffers (TLBs) für Instruktionen und Daten implementiert.

Das Instruktion-Cache (I-Cache) ist 8 KByte groß und ist als two-way set-associative Cache mit einer Zeilenlänge (Line) von 64 Byte (16 Instruktionen) organisiert. Das I-Cache ist physikalisch auf vier 2 KByte Cache-Arrays aufgeteilt, die getrennt adressiert werden können und in denen die Instruktionen als Modulo-4-Folge abgespeichert sind. Dies erlaubt die kontinuierliche Zuführung von vier Instruktionen pro Taktzyklus in das nachfolgende Instruktions-Buffer-Netzwerk.

Verwaltet werden die I-Cache-Arrays über vier getrennte Cache Directories (Set A und B, gerade und ungerade Cache Line-Adressen) mit je 32 Einträgen, die damit einen Zugriff zu nicht auf Wort- und Cache Line-Grenzen ausgerichtete (*misaligned*) Instruktionsadressen ermöglichen. Nur bei Überschreiten einer 4 KByte Seitengrenze können aus Alignment-Gründen keine vier Instruktionen in einem Taktzyklus ausgelesen werden. Das Daten-Cache (D-Cache) ist 64 KByte (32 KByte) groß und ist als *four-way set-associative* Cache mit einer Zeilenlänge von 128 Byte (32 Daten-Worte) organisiert. Der Zugriff erfogt über vier Cache Directories mit je 128 Einträgen. Das D-Cache ist physikalisch auf vier 16 KByte Cache Arrays (Chips) aufgeteilt und als *Store Back* Cache implementiert. Dies bedeutet, daß die Daten einer Cache Line erst bei der Auslagerung und auch dann nur, wenn die Daten der Line tatsächlich verändert wurden in den Speicher zurück geschrieben werden (weniger Datenverkehr auf dem Speicherbus). Das D-Cache unterstützt einen *aligned* Datenzugriff auf Wort- und Doppelwort- (64-Bit-) grenzen mit Read/Write-Instruktionen in einem Taktzyklus. Zur Beschleunigung der Aus- und Einlagerung von Cache Lines und zur besseren Ausnutzung der Bandbreite des Speicherbuses wird der gesamte Datentransfer zwischen D-Cache und Hauptspeicher über 128 Byte breite Cache Reload Buffer (CRB) und Store Back Buffer (SSB) geführt. Das Laden des CRB aus bzw. das Entladen des SBB in den Hauptspeicher erfolgt in 128-Bit-Blöcken und dauert jeweils acht Taktzyklen. Dies entspricht beim Modell 550 (41 MHz) einer Speicherbandbreite von 656 MByte/s. Die Übertragung zwischen D-Cache und CRB bzw. SBB erfolgt in jeweils zwei 64 Byte Blöcken und wird in jeweils zwei Taktzyklen durchgeführt. Insgesamt wird der normale Zugriff zum D-Cache für nur vier Taktzyklen unterbrochen, zwei für das Auslagern der alten Cache Line in den SBB und zwei Zyklen für das Einlagern der neuen Cache Line aus dem CRB. Während der Cache-Nachladeoperationen zum Hauptspeicher, die insgesamt 16 Zyklen dauern, kann die CPU mit Daten aus Registern und Cache parallel weiterarbeiten.

Die Steuerung des D-Cache beruht auf einer Kombination aus Hardware (Aus-/Einlagern von Daten) und aus Betriebssystem-Software (Synchronisation). Vorteile von software-gesteuerten Caches sind unter anderem:
- schnelleres Speichersubsystem,
- Reduzierung der Komplexitäten,
- Reduzierung des Cache-Speicherdatenverkehrs,
- mehr Parallelität zwischen den Funktionseinheiten.

Speicherarchitektur

Die POWER-Architektur definiert einen virtuellen Adreßraum von 4 Petabyte (2^{52}) und einen realen Adreßraum von 4 GByte (2^{32}). Alle Instruktionen- und Datenadressen, die durch Programme generiert werden, sind 32 bit breite effektive Adressen.

Abhängig von zwei Bits im MSR befindet sich der Prozessor im realen oder im virtuellen Mode. Im realen Mode ist eine 32-Bit effektive Adresse zugleich auch die reale Adresse, mit der direkt auf den Hauptspeicher zugegriffen wird. Im virtuellen Mode wird aus der 32-Bit effektiven Adresse eine 52-Bit virtuelle Adresse gebildet (Bild 15-3).

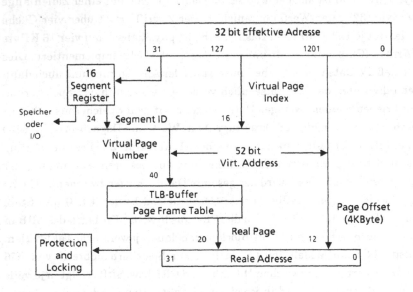

Bild 15.4-3: Virtuelle Adreßgenerierung und Übersetzung

Einem ausführenden Programm steht ein virtueller Adreßraum von 4 GByte zur Verfügung, der in 16 Segmenten zu je 256 MByte (2^{28}) aufgeteilt ist. Insgesamt sind über 24 Millionen Segmente (2^{24}) verfügbar, die für eine Vielzahl von aktiven Objekten (Prozesse, Dateien, Metadaten des gesamten File-Systems, usw.) benutzt werden können. Jedes 256 MByte-Segment ist wiederum in über 64 000 (2^{16}) virtuelle Seiten (Pages) mit je 4 KByte (2^{12}) aufgeteilt.

Die dynamische Adreßübersetzung erfolgt über einen Translation Lookaside Buffer (TLB) und parallel dazu über eine invertierte Seitentabelle (Page Frame Table, PFT). Die invertierte PFT besitzt für jede reale Seite (nicht wie üblich für jede virtuelle Seite) einen 8 Byte PFT-Eintrag, in dem die im Moment zugeordnete virtuelle Seitenadresse enthalten ist. Ein PFT-Eintrag enthält noch weitere sei-

ten-spezifische Informationen, wie Speicherschutz-Bits für Lese- und Schreibzugriffe, ein *referenced-* und ein *changed-*Bit, sowie einen Zeiger zum nächsten Eintrag in der Seitentabelle. Der 2-Wege-Daten-TLB besitzt insgesamt 128 Einträge
und dient der Beschleunigung der Adreßübersetzung. Er enthält die zuletzt refe-
rierten realen Seitenadressen von 128 virtuellen Seitenadressen. Befindet sich die
virtuelle Adresse im D-TLB, so dauert die Adreßübersetzung einschließlich der
vorhergehenden Adreßgenerierung nur einen Zyklus. Wenn nicht, muß die Seitentabelle durchsucht werden und darüber die reale Adresse ermittelt werden.
Anschließend wird der D-TLB nach der LRU-Methode aktualisiert, damit beim
nächsten Zugriff zur gleichen 4 KByte-Seite die reale Adresse sofort verfügbar ist.
Die Suchkette der Seitentabelle wird über eine Zeigeradresse aus der sogenannten *Hash Ancor Table (HAT)* angesteuert. Der Einsprung-Index für die
HAT-Zeigeradresse wird mit einem Hash-Verfahren aus der virtuellen Adresse
berechnet.

Spezialsegmente

Ein Segment des Speichers kann als *Special Segment* deklariert werden, wenn in
dem zugehörigen Segmentregister ein entsprechendes Bit gesetzt wird. In einem
Special Segment ist jede 4 KByte-Seite in 32 Blöcke à 128 Byte unterteilt. In
einem PFT-Eintrag ist jedem dieser 32 Blöcke ein Lock Bit und eine gemeinsame
Transaktion-ID (TID) zugeordnet. Zusätzlich sind noch verschiedene Steuer-Bits
für Lese/Schreibsperrung und für eine automatische oder eine programmgesteu-
erte Zugriffsfreigabe vorhanden. Der Lock-Manager im AIX-Betriebssystem bearbeitet alle generierten Sperr-Interrupts und steuert mit den Steuer-Bits aus den
PFT-Einträgen die Synchronisation und den *atomic update* für alle Schreib-/Lese-
zugriffe zu den einzelnen Blöcken der betreffenden Seiten eines *Special Segment*.

Dieser automatische Sperrmechanismus für Datenblöcke kann bei der Trans-
aktionsprogrammen oder bei Operationen auf einen Datenbankspeicher sehr
effizient eingesetzt werden.

Interrupt-Verarbeitung

Die POWER Architektur unterstützt neun verschiedene *Interrupt-Typen*. Für
jeden Interrupt, mit Ausnahme des SVC, führt der Prozessor folgende Operationen aus:

1. Adresse der nächsten auszuführenden Instruktion wird in SRR0 geschrieben.
2. Setzen von Interrupt-spezifischen Daten in das SRR1 (Bit 0-15).
3. Kopieren der MSR-Bits 16-31 in die Bit-Stellen 16-31 des SRR1.
4. Setzen des MSR abhängig vom Interrupt-Typ.
5. Laden der nächsten Instruktion von einer definierten Vektoradresse.

Im Falle eines SVC-Interrupts wird das LR anstelle des SRR0 und das CTR anstelle des SRR1 benutzt. Die Programmausführung beginnt dann an einer der 128 SVC-Vektoradressen.

Alle Interrupt-Typen besitzen verschiedene Vektoradressen, die sich, abhängig vom Interrupt Prefix (IP) Bit im MSR, entweder im ROM Bereich FFF00100$_H$ bis FFF01FE0H oder im Schreib/Lesebereich 00000100$_H$ bis 00001FE0$_H$ befinden. Bei einem System-Reset wird das IP-Bit gesetzt und alle Interrupt-Adressen liegen ursprünglich im ROM-Bereich und können anschließend per Software (IP = 0) in den RAM-Bereich gemapped werden.

Tabelle 15.4-3: Adresse der Interrupt-Vektoren

Offset-Adresse	Interrupt Type	Offset-Adresse	Interrupt Type
'00100'x	System Reset	'00900'	Reserved
'00200'x	Machine Check	....	....
'00300'x	Data Storage	'00F00'x	Reserved
'00400'x	Instruction Storage	'0100'x	Supervisor Call (0)
'00500'x	External	'01020'x	Supervisor Call (1)
'00600'x	Alignment	....	....
'00700'x	Program	....	....
'00800'x	FP Unavailable	'01FC0'x	Supervisor Call (126)
		'01FE0'x	Supervisor Call (127)

Precise Interrupts

Eine wichtige Einrichtung bei paralleler Instruktionsverarbeitung durch mehrere Funktionseinheiten ist das Ausführen von *Precise-Interrupts*. *Precise Interrupt* bedeutet, daß trotz überlappender Pipeline-Verarbeitung exakt der Maschinenstatus angezeigt wird, der einer rein sequentiellen Instruktionsausführung entspricht. Das heißt zum einen, daß die Pipeline so rechtzeitig gestoppt werden muß, daß keine Registerinhalte von nachfolgenden Instruktionen verändert werden können. Zum anderen müssen alle Änderungen der Registerinhalte wieder rückgängig gemacht werden, wenn diese Änderungen durch zeitlich im voraus ausgeführte Branch- und Bedingungscode-Instruktionen gemacht wurden.

Timer

Die POWER-Architektur definiert zwei Register für die Implementierung von Zeitgeberfunktionen, einen 64-Bit Real-Time Clock (RTC) und einen 32-Bit-Decrementer (DEC). Das RTC Register ist in einen oberen und in einen unteren 32-Bit-Zähler aufgeteilt. Der obere Zähler wird jede Sekunde inkrementiert, der untere Zähler besitzt eine Auflösung von 10 Maschinenzyklen und wird nach jeweils einer Sekunde wieder auf 0 gesetzt.

Der 32-Bit-Dekrementierer arbeitet ebenfalls mit der 10-Maschinenzyklus-auflösung, setzt aber bei jedem 0/1 Wechsel seines höchstwertigen Bits ein spe-zielles Bit im External Interrupt Summary (EIS)-Register. Dadurch wird ein externer Interrupt generiert, vorausgesetzt das EIS-Bit ist nicht maskiert und das EI-Bit im Machinenstatusregister (MSR) ist freigegeben.

Zuverlässigkeit

Die RS/6000-Systeme besitzen systematische Fehlerprüf- und Fehlerkorrektur-einrichtungen, die einen besonders hohen Sicherheitsschutz gegen Hardware-Fehler bieten.

- *Parity Checking:*
  Alle Chip-zu-Chip-Busse besitzen Paritätsprüfbits. Die meisten On-chip-Da-tenpfade, Register, Caches und TLBs sind ebenfalls geschützt durch Parity-Bits. RS/6000 Micro Channel-Karten können Parity-Prüfungen für Adressen und Daten implementieren.

- *ECC-Speicherprüfungen:*
  Alle Operationen zum RS/6000-Hauptspeicher werden mit *Error Checking and Corrrection (ECC)* durchgeführt. Jedes Datenwort enthält 32 Daten-Bits, 7 Prüf-Bits und ein Ersatz-Bit. Jedes Datenwort wird mit einem modifizierten Hamming-Code codiert in den Speicher geschrieben und beim Auslesen auf Fehler geprüft. Der ECC-Code erlaubt, alle 1-Bit-Fehler zu korrigieren und alle 2-Bit-Fehler zu erkennen.

- *Memory Scrubbing:*
  Der Hauptspeicher besteht aus DRAMs, die etwas empfindlich sind für tem-porären 1-Bit-Fehler. Diese 1-Bit-Fehler können sich über längere Zeit-perioden zu nicht korrektierbaren 2-Bit-Fehlern aufsummieren. Deshalb wird mit einem nieder priorisierten Hintergrundprozess alle Bit-Zellen des DRAM's periodisch durch Auslesen eines Datenwortes (ggf. Fehlerkorrektur) Rückspei-chern des korrekten Datenwortes und nochmaliges Auslesen zur Verifikation geprüft.

- *Bit Steering:*
  Erlaubt das Einfügen des Ersatz-Bits in eine beliebige Position des Datenworts oder der ECC-Bits.

- *Bit Scattering:*
  Gewährleistet, daß in einem Speicher-Chip immer nur ein einziges Bit eines 32 Bit-Datenwortes gespeichert wird.

- *Built-in Self-Check:*
  Jedes Chip des RS/6000-Prozessorkomplexes enthält eine umfangreiche Prüf-
  logik, um Selbsttests bei der Inbetriebnahme durchzuführen.

15.4.4 AIX Version 3 für IBM RISC System/6000

Advanced Interactive eXecutive (AIX) ist eine Familie von UNIX-basierenden
Betriebssystemen, die IBM's strategische Produkte für offene Systeme sind. Die
AIX-Familie umfaßt die Betriebssysteme

- AIX PS/2 für Personal Systeme/2 mit Intel's 32-Bit-Prozessoren,
- AIX Version 3 für IBM RISC System/6000,
- AIX/370 für VM-basiernde Systeme der ES/9000 Familie.

AIX-Version 3 (AIX V3) wurde speziell für die POWER-Architektur der RISC-
System/6000-Familie entwickelt. Es ist das erste von IBM selbst entwickelte AIX-
Betriebssystem und innerhalb der Familie technisch führend. AIX V3 ist ein
professionell einsetzbares Betriebssystem, das viele traditionelle Schwachpunkte
von UNIX-Systemen beseitigt und sich stark an den Bedürfnissen kommerzieller
Systemumgebungenen ausrichtet. Basierend auf AT&T System V und BSD 4.3-
Implementierungen wurde es substantiell neu strukturiert. Der Betriebssystemkern (Kernel) wurde komplett neu geschrieben und wesentliche Erweiterungen in
den Bereichen Zuverlässigkeit, Datenintegrität, Systemverwaltung und Systemeffizienz hinzugefügt.

Standards

Eines der Hauptziele von AIX V3 ist die Koexistenz mit anderen offenen Systemen in einer gemischten (heterogenen) Herstellerumgebung. IBM ist aktiv in
allen wichtigen Standardgremien (ANSI, IEEE, OSF, X/OPEN, usw.) vertreten
und hat sich verpflichtet alle Standards im UNIX-Umfeld zu intergrieren.

AIX V3 ist konform zu folgenden formalen und informalen (Industrie-) Standards:

- IEEE POSIX 1003.1,
- X/OPEN, XPG3 (Base Level),
- FIPS 151-1 (Erweiterungen zu POSIX 1003.1),
- ANSI/ISO Sprachen-Standards für C, FORTRAN, Pascal, COBOL und Ada,
- AT&T System V Interface Definition (SVID, Issue 2),
- BSD 4.3,
- X Window System Version 11.4, OSF/Motif,
- NFS 4.0 (SUN Mikrosystems), NCS (Apollo), SNA LU6.2, TCP/IP,
- Ethernet V2.0, Token-Ring, IEEE 802.3, X.25, SDLC.

Systemfunktionen

Kernel

Der Kernel ist der Teil des Betriebssystems, der direkt mit den Hardware-Ressourcen des Prozessors arbeitet und Dienste für die anderen Betriebssystemebenen bereitstellt. Seine Funktionalität ist entscheidend für die Systemeffizienz, d. h. wie gut die verfügbare Hardware genutzt wird, und ist neben der Prozessorleistung ein wichtiger Faktor für die absolute Systemleistung. AIX V3 fördert effiziente Ressourcennutzung u. a. durch:

- skalierbare Datenstrukturen und Algorithmen,
- auslagerbarer (pageable) und dynamisch konfigurierbarer Kernel,
- dynamisches Binden und Laden von Programmmodulen,
- abbilden (mapping) der Dateisysteme im Hauptspeicher,
- Echtzeitverarbeitung (Prozesse mit absoluten Prioritäten).

Echtzeitverarbeitung

Für die Echtzeitverarbeitung wurde die Prozessverwaltung erweitert. Sie arbeitet nun mit zwei unterschiedlichen Ausführungsumgebungen:

1. Interrupt Handler (IH)-Umgebung,
2. Prozeßumgebung.

Die *IH-Umgebung* ist für Programmteile gedacht, die schnell auf externe Ereignisse reagieren müssen. Dagegen laufen in der *Prozeßumgebung* die Programme, die unabhängig von externen Ereignissen sind und den Prozessor in einer fairen Weise teilen sollen. Prozesse in der IH-Umgebung werden nicht der normalen Prozeßsteuerung mit dem Zeitscheiben (time-sliced-)verfahrens unterworfen, sondern besitzen eine feste Priorität und laufen immer bis zum Programmende. Sie können nur von anderen IH-Prozessen mit noch höherer Priorität unterbrochen werden. Die Prozesssteuerung unterscheidet insgesamt 128 verschiedene Prozeßprioritäten, wovon mehr als 20 einem priviligierten Benutzer für die Anwendungsprogrammierung von Echtzeitprozessen zur Verfügung stehen. Weitere Funktionen für die Echtzeitunterstützung sind:

- unterbrechbare Kernel-Prozesse,
- Pin/Lock-Mechanismus für Hauptspeicher,
- *leightweight* Prozesse,
- direkte Timer-Steuerung für Echtzeitanwendungen,
- *Pre-allocation* von Dateien (damit sie auf hintereinander folgenden Plattenblöcken abgespeichert werden).

Dateisystem

Das *AIX Journalled File System (JFS)* basiert auf dem Berkeley Fast File System, besitzt aber Erweiterungen die eine flexiblere Verwaltung und eine höhere Sicherheit der Dateisysteme ermöglichen. JFS-Dateisysteme können während des laufenden Betriebes in ihrer Größe verändert. Dies ist ein beträchtlicher Vorteil gegenüber der statischen Definition eines Dateisystems mit einer festen Speichergröße und einer festen maximalen Anzahl von Dateien. Ein weiterer Vorteil von JFS-Dateisystemen ist, daß ein Dateisystem auch über mehrere Festplatten verteilt angelegt bzw. dynamisch vergrößert werden kann.

Zuverlässiger und ausfallsicherer ist ein JFS-Dateisystem dadurch, daß alle Änderungen an der Struktur eines Dateisystems transaktionsartig in einer Datenbank protokolliert werden. Wenn das System während der Änderungen abstürzt, kann beim Wiederanlauf das beschädigte Dateisystem anhand der Protokollinformationen sehr schnell wieder repariert und konsistent gemacht werden.

Festplattenverwaltung

AIX V3 verwaltet die Festplatten mit dem *Logical Volume Manager*, der den gesamten physischen Speicherraum in logische Speichereinheiten aufteilt. Der den einzelnen Dateisystemen zugeordnete Plattenplatz kann dadurch dynamisch (d. h. während des laufenden Betriebes) verändert und auch auf mehrere physische Festplatten verteilt werden. Möglich ist auch eine automatische Spiegelung von Plattenbereichen auf mehrere Festplatten.

Compiler-Technologie

Um das Leistungspotential der POWER-Architektur voll ausnutzen zu können, entwickelte IBM parallel zum RISC-Prozessor die neue *XL Compiler-Familie*. Diese Familie umfaßt hochoptimierende XL-Compiler für die Sprachen C, FORTRAN und Pascal, die alle nach einem zweistufigen Phasenkonzept arbeiten. In der ersten Phase wird der Quellcode nach jeweils sprachenspezifischer Syntax- und Semantikanalyse in eine gemeinsame Zwischensprache übersetzt. In der zweiten Phase erfolgt mit einem gemeinsamen Optimierer die Codegenerierung. Angewendete Optimierungstechniken sind u.a.:

- *Register-Allokation mit Graph-Färbe-Algotithmen,*
- *Umbenennung von Registern,*
- *Umsortieren des Codes,*
- *Eliminierung von Sprungketten.*

Die anderen IBM-Compiler, COBOL, Ada und PL/I und auch die weiteren portierten Fremd-Compiler, wie Objective C, Lisp, Smalltalk-80 usw., besitzen jeweils ihre eigenen Optimierer und generieren direkt den Maschinencode.

Der nachfolgende Binder erstellt aus den einzelnen Objektdateien das Lademodul im Objektdateiformat XCOFF. Die Laufzeitumgebungen der Compiler im AIX V3 erlauben das dynamische Nachladen und Einbinden weiterer Objektmodule beim Programmstart und während der Programmausführung.

Konnektivität und Kommunikation

AIX V3 bietet Vernetzungsmöglichkeiten mit dem *Transmission Control Protocol/Internet Protocol (TCP/IP)*, dem *Network File System (NFS)* und dem *Network Computing System (NCS)* für lokale Ethernet- und Token Ring-Netze.

TCP/IP umfaßt zusätzlich zu den Protokollen auf der Transferebene noch weitere Protokolle auf der Anwendungsebene, die Dateitransfers, entferntes Einloggen und elektronische Postdienste (Mailing) ermöglichen.

NFS erlaubt einen benutzer-transparenten Zugriff zu Dateien, die in einem LAN auf verschiedenen Systemen verteilt gespeichert sind. Außerdem bietet es eine RPC (Remote Procedure Call) Schnittstelle, die für die Programmierung von Anwendungen mit verteilter Programmausführung auf entfernten LAN-Systemen verwendet werden kann.

Eine noch effizientere Unterstützung für die Verteilung und Parallelisierung von Daten und Programmen in einem heterogenen Rechnerverbund liefert NCS. Es umfaßt Client Server- und *Location Broker*-Funktionen und eine *Network Interface Definition Language*. Der Benutzer hat über eine einzige Schnittstelle die gesamte verteilte Speicher- und Prozessorleistungen (distributed computing) eines LAN-Netzes zur Verfügung und kann dadurch eine bedeutende Steigerung seiner Anwendungsproduktivität erzielen. Dies ist eine neue Ebene von Integration in einem Netzverbund mit heterogenen Rechnern.

Für die Interoperabilität mit IBM SAA Systemen stehen die SNA-Kommunikationsprotokolle, einschließlich LU 6.2 APPC, und 3270 Emulationen zur Verfügung. Für SQL-Abfragen von einem RS/6000-System zu AS/400- und zu MVS DB2-Datenbanken stehen LU 6.2 basierende Programmierschnittstellen zur Verfügung.

Datenfernübertragungen sind über asynchrone und über X.25-Verbindungen möglich. Für die Integration von DOS-Systemen in einem LAN ist standardmäßig ein DOS-Server im AIX V3 enthalten.

Das gesamte Netzwerkmanagement kann mit dem *Simple Network Management Protocol* (SNMP) und mit IBM's Netview-Managementprogramm (von einem S/3090 System aus) durchgeführt werden.

Benutzerschnittstellen

Für die Interaktion zwischen Benutzer und System stehen folgende Schnittstellen zur Verfügung:
- Shells (Bourne, C und Korn),
- dialogorientierte Menüs,
- graphische Benutzeroberflächen.

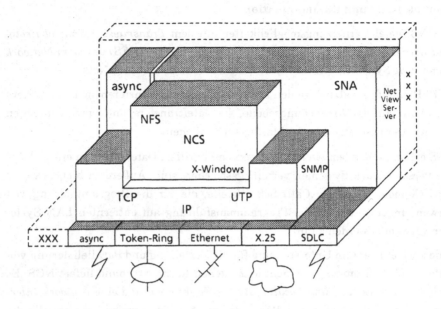

Bild 15.4-4: RISC-System/6000-Kommunikationsstruktur

Die *Shells* sind die Basisschnittstellen auf der Kommandoebene und ermöglichen über Tastatur und Bildschirm die Interaktion zwischen Benutzer und Betriebssystem.

Dialogorientierte Menüs werden für die Systemverwaltung und für die Online-Dokumentation benutzt. Die Online-Dokumentation erlaubt einem Benutzer die Darstellung der gesamten RISC-System/6000-Dokumentation auf dem Bildschirm. Die Informationen werden nach der Hypertextmethode verwaltet und können über Indizes zu bestimmten Textstücken (z. B. Kommandos, Unterprogramme usw. sehr schnell angesprungen und in einem Window angezeigt werden. Die weitere Verbindung zu abhängigen Textstücken kann dann durch direkte Auswahl im Window hergestellt werden.

Die *graphische Benutzeroberfläche*, sowohl für AIX- als auch für SAA-Systeme, ist AIXwindows. AIXwindows basiert auf dem X Window System und dem OSF/Motif Standard. Das Produkt liefert eine Benutzerschnittstelle sehr ähnlich zum OS/2 Presentation Manager und zu Microsoft Windows und ermöglicht auf der Basis eines Client/Server-Modells ein netzwerktransparentes Window-System für text- und graphikbasierende Anwendungen. AIXwindows enthält zusätzlich Display PostScript (DPS) von Adobe Corp., den Desktop-Manager X.desktop von IXI und zwei Bibliotheken mit graphischen Funktionen, die kompatibel zur Silicon Graphics GL-Schnittstelle und zur IBM AIXwindow Graphics Support Library (XGSL) sind.

PostScript ist eine Seitenformatsprache die häufig bei Desktop Publishing-Anwendungen für die Ausgabe auf einem Laserdrucker benutzt wird. Display Post-Script erlaubt Anwendungen die Ausgabe des gleichen Datenstromes auf einem Graphikbildschirm und bietet eine sehr gute Korrespondenz zwischen Bildschirm und Drucker *(What-you-see-is-what-you-get)*. Der Desktop Manager liefert eine Icon-Darstellung für das gesamte Dateisystem und erlaubt das Starten von Anwendungen und eine interaktive Dateibearbeitung (Copy, Delete, Move, usw.) durch direkte Manipulation der Icons.

Graphikprogrammierung

Für die 6000-Plattform stehen folgende Graphikprogrammpakete zur Verfügung:

- *AIX Personal graPHIGS Programming Interface:*
  Mit der Bibliothek können interaktive und geräteunabhängige graphische Anwendungen in 2D- und 3D-Darstellung für den technisch-wissenschaftlichen und künstlerischen Bereich entwickeln werden. Sie enthält Graphikfunktionen mit IBM-eigenen Aufruf-Formaten, die die neueren ANSI/ISO PHIGS Funktionalität (PHIGS PLUS) unterstützen, als auch Bindings für die ANSI/ISO FORTRAN Standard-Aufrufe.

- *Graphics Libraray (GL):*
  Die Bibliothek enthält eine umfangreiche 3D-fähige Programmierschnittstelle, die der GL von Silicon Graphics entspricht. GL-Anwendungen erfordern eine besonders leistungsfähige Hardware-Basis und benötigen den 3D, 3D+ oder das Graphik-Subsystem des Modells 730.

- *Programmbibliothek Xlib:*
  Diese Bibliothek ist in dem Produkt AIXwindows enthalten und besitzt eine Programmierschnittstelle die dem X Window System Version 11.3 entspricht. Auf Xlib bauen höhere Programmierschnittstellen, wie z. B. X11-Toolkit und Xt-Intrinsics, auf.

- *AIX Computer Graphics Interface Toolkit (CGI-Toolkit):*
  Mit diese Bibliothek können geräteunabhängige Anwendungen, z. B. für graphikfähige Drucker, Plotter und Bildschirme, entwickelt werden. Alle Funktionen können auch innerhalb des AIXwindow-Systems verwendet werden.

- *AIXwindows Graphics Support Libraray (XGSL):*
  Diese Schnittstelle liefert geräteunabhängige Elementarfunktionen für die Programmierung von interaktiven Graphikanwendungen. Sie ist vollständig in das AIXwindow-System integriert und dient besonders als Migrationspfad für bestehende GSL-Anwendungen der Systeme AIX/RT und AIX PS/2.

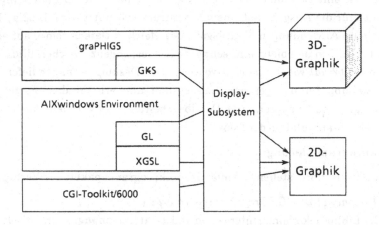

Bild 15.4-8: Graphische Programmierwerkzeuge

Systemmanagement AIX V3 besitzt für die Verwaltung eines Rechnersystems einschließlich seiner Peripherie ein in das Betriebssystem integriertes Dialogprogramm. Das *System Management Interface Tool (SMIT)* generiert eine dialogorientierte Menü-Schnittstelle, über die alle Verwaltungsaufgaben, wie Installation, Konfiguration, Geräte-, Datei- und Festplattenverwaltung, Fehleranalyse, sehr einfach ohne tiefe Systemkenntnisse und schnell durchgeführt werden können. Der Benutzer wird durch eine Serie von Menüs und Dialoge geführt, die automatisch die entsprechenden Kommandos zusammenstellen und ausführen. Dabei sind nur sehr geringe Kenntnisse über das Systemmanagement und keinerlei Kenntnisse auf der Ebene der AIX-Kommandos notwendig. Alle ausgeführten Kommandos werden in einer Datei protokolliert und können zu Lernzwecken verwendet werden.

Intern besitzt SMIT eine Schnittstelle zu einer objekt-orientierten Datenbank, die von einem *Database Manager* verwaltet wird und in der sich die Informationen aller installierbaren Systemeinheiten befinden. Dies schafft ein einheitliches, schnell zugreifbares und flexibel erweiterbares Datenmodell und liefert wesentlichen Beitrag zu einer besseren Konfigurierbarkeit, Verwaltbarkeit und Zuverlässigkeit eines UNIX-Systems.

15.4.5 Schlußbemerkungen

Die IBM POWER-Architektur repräsentiert eine der führenden Superskalar-Architekturen derzeitiger RISC-Prozessoren. Die POWER-Prozessoren können mit fortschreitender VLSI CMOS-Technologie mit weiteren Funktionseinheiten, größeren Caches und breiteren Bussystemen implementiert werden und bieten auch zukünftig ein solides vertikales Leistungswachstum. Das Betriebssystem AIX Version 3 bietet standardkonforme Schnittstellen, benutzerfreundliche Funktionen, erweiterte Sicherheit und modernes Systemmanagement. Es sind alle wichtigen Protokolle, Systemschnittstellen und Bibliotheken vorhanden, um Kommunikation und Portabilität in offenen Systemumgebungen zu ermöglichen. Die hochentwickelten XL Compiler-Technologien sind der POWER-Architektur optimal angepaßt und liefern einen äußerst effizienten Code.

Die 6000-Rechnersysteme sind sehr variabel als Workstation und als Server einsetzbar und bieten ein Leistungspektrum bis zum Superminirechner. Einsatzgebiete sind z. B. die technischen Bereiche in der Fertigungs- und Grundstoffindustrie, wissenschaftliche Abteilungen, öffentlicher Dienst, als auch Handel- und Dienstleistungsbereiche. Eine Vielzahl von AIX-Partner lieferten bis heute über 700 in Deutschland erhältliche Software-Lösungen (weltweit sind ca. 2500 AIX-Anwendungen verfügbar). Dazu gehören Büroanwendungen und Publishing, Anwendungsentwicklung, Tools, Netzwerksoftware, technisch-wissenschaftliche Programme, CAD/CAM/CAE-Lösungen und Pakete mit betriebswirtschaftlichen Anwendungen.

15.5.6 Literatur

IBM RISC System/6000 Technology, IBM Corporation 1990
> Formnummer: SA23-2619

RISC System/6000 Hardware Technical Reference -General Information-
> Formnummer: SA 23-2643

IBM Joural of Research and Development
> Volume 34, Number 1, January 1990

IBM RISC System/6000 Produktinformation
> Formnummer: GT 12-4322
> Formnummer: GT 12-4320

IBM AIX Family Definition Overview, IBM Corporation 1988
> Formnummer: GC 23-2002

15.5   Siemens Nixdorf: WS30-1000

Güldner, Bernhard, Kuch, Jürgen; Siemens Nixdorf Informationssysteme AG, Nürnberg

15.5.1 RISC oder CISC?

Viele betrachten den Schlagabtausch unter Experten – welche Prozessorarchitektur ist denn nun das Optimum – ein bißchen unter dem Aspekt eines Religionskrieges. Ganz falsch ist diese Art der Betrachtung sicherlich nicht, denn beide Architekturprinzipien haben ihre Vorzüge, und letztendlich entscheidet die Nutzleistung einer Maschine, nicht ihre "Papierform". Vergleich von RISC-bzw. CISC-Leistung im individuellen Fall ist also angesagt.

Der Trend hin zur Verwendung einer CPU, die mit relativ wenig Instruktionen auskommt, diese jedoch äußerst schnell ausführen kann, ist im Bereich der Hochleistungs Computer nicht neu und verstärkt sich insbesondere im Workstation-Sektor seit 1986, als IBM seine 6150-Workstation mit RISC-Architektur ankündigte. RISC steht für "Reduced Instruction Set Computer" im Gegensatz zum herkömmlichen "Complex Instruction Set Computer" (CISC). Alle Verbesserungen dienen letztlich dem Ziel, einen RISC-Prozessor optimal auszulasten, d. h. die Datenmengen, die er verarbeiten kann, schnell genug an die "Peripherie" des Prozessors wie Hauptspeicher und Massenspeicher zu bringen bzw. von dort zu holen. Mit anderen Worten: Ein schneller Prozessor nützt wenig, wenn er besonders schnell warten muß.

Daß RISC heute für Workstations interessant ist, wurde erst dadurch möglich, daß eine Reihe neuer Technologien in Hard- und Software entstanden. Diese umfassen Verbesserungen in der VLSI-Technik, in der Speicherkapazität und -zugriffsgeschwindigkeit, in der Architektur und Effizienz der Compiler und – nicht zuletzt – in den allgemein sinkenden Hardware-Kosten.

Daß RISC und CISC keine Frage des "entweder / oder" sein müssen und auch nicht sind, sondern sich durchaus sinnvoll ergänzen, dafür gibt es genügend Beispiele. Letztlich ist es der Anwender, der sich für eine Lösung seines Problems interessiert und der nicht so sehr anhand des Kriteriums "Prozessorarchitektur" eine Entscheidung für oder wider ein System fällt, sondern anhand ganz anderer Kriterien. Hier spielen eine wichtige Rolle:

- Wie gut kann ich meine Investition absichern?
- Kann ich zu einem günstigen Preis in eine Technologie einsteigen?
- Wie präsentieren sich die Systeme; muß ich bei einer Erweiterung umlernen?

- Gibt es Standard-Software, die auf allen Systemen läuft?
- Was bringen die einzelnen Systeme an Leistung für meine Anwendung?

Workstation-Familie WS30 der SNI

Die Workstation-Familie WS30 von SNI (Siemens Nixdorf Informationssysteme) integriert CISC- und RISC-Architekturen. Bei einer Leistungsbandbreite von 4 bis 80 MIPS bietet sich dem Benutzer ein einheitliches Bild. Das Handling der Workstations ist völlig identisch, der Benutzer merkt nur anhand der Geschwindigkeit, vor welchem Familienmitglied er sitzt. Das Betriebssystem ist homogen über alle Familienmitglieder hinweg.

15.5.2 Workstation WS30-1000 von SNI mit RISC-Architektur

Die WS30-1000, das High End-Produkt der WS30-Rechnerfamilie ist am oberen Ende des Spektrums angesiedelt, sie ist schon *fast* ein Supercomputer. PRISM-Architektur (<u>P</u>arallel <u>R</u>educed <u>I</u>nstruction <u>S</u>et <u>M</u>ultiprocessing) mit bis zu 4 PRISM-CPUs, ein 64 bit breiter Datenbus (X bus) mit einer Übertragungsrate von 150 MByte/s, Hauptspeicher bis zu 128 MByte sind Eckdaten eines Systems, dessen erreichbare Rechenleistungen von 22 MIPS und 5,8 MFLOPS *je CPU* diese rechtfertigen.

Diese Leistungen der WS30-1000 werden nicht dadurch erreicht, daß einfach eine RISC-CPU in eine bestehende Architektur eingebaut wird, sondern durch einen ganzheitlichen Ansatz. Es wurde für die WS30-1000 eine komplett neue Architektur entworfen, die auf einen optimalen Datendurchsatz durch alle wesentlichen Systemkomponenten ausgelegt ist.

Ein weiteres wichtiges Design-Merkmal für die WS30-1000 ist deren Integration in die sonst auf CISC basierende WS30-Familie, um so dem Anwender ein Höchstmaß an Homogenität der gesamten WS30-Systemfamilie zu bieten.

Jede PRISM-CPU besteht aus einem eigenen Integer-Prozessor, einem Gleitkomma-Prozessor, eigenem Dual-Speicher sowie einer eigenen Memory Management Unit (MMU).

Die WS30-1000 vereint in sich drei Architekturprinzipien: *RISC*, *Parallelität* und *Multiprocessing*.

WS30-1000: RISC

Das RISC-Prinzip äußert sich in einem eingeschränktem Satz von 107 Instruktionen. Trotz dieses für einen RISC-Prozessor relativ umfangreichen Instruktionssatzes ist es gelungen, daß alle Befehle in reiner Hardware ausgeführt werden können (*hard wired instructions*) und somit eine Intepretation durch Microcode

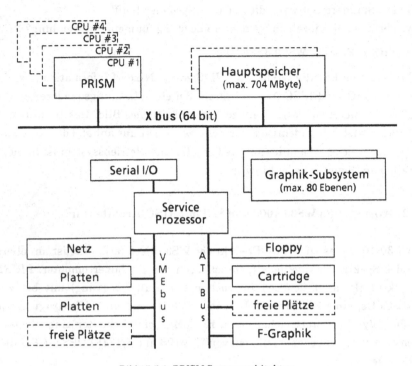

Bild 15.5-1: PRISM Systemarchitektur

nicht mehr nötig ist. Dies ermöglicht der WS30-1000, alle Befehle, bis auf drei, in *einem Takt* auszuführen. Die Ausnahmen sind die sehr rechenintensiven Operationen der Division von Integer- und Gleitkommawerten sowie die Quadratwurzel aus einer Zahl. Selbst die sonst zeitintensiven Load- und Store-Operationen werden in einem Takt ausgeführt.

WS30-1000: Parallelität

Eine weitere Innovation bei der PRISM-Architektur der WS30-1000 ist die Parallelität auf Prozessorebene. Ein 64 bit breiter Instruktionspfad führt vom Instruktion-Cache zu den beiden Verarbeitungseinheiten für Integer- und Gleitkommaaufgaben.

Dadurch entstehen zwei signifikante Vorteile. Zum einen wird den Compilern ermöglicht, zwei 32-Bit-Instruktionen pro Takt bereitzustellen und somit den Durchsatz der CPU zu steigern. Zum anderen wird der Gleitkommaeinheit ermöglicht, ihre eigenen Befehle direkt vom Cache zu erhalten. Diese Implementierung eliminiert die zeitintensive Prozessor-Koprozessor-Beziehung der meisten 32-Bit-Systeme.

Die Floating Point-Einheit besteht pro CPU aus zwei getrennten Chips, einem Addier- und einem Multiplizierwerk, die beide unabhängig voneinander arbeiten

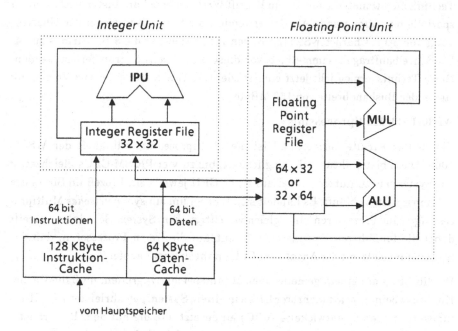

Bild 15.5-2: Prozessor-Architektur des PRISM

können. Angeschlossen sind diese Werke an ein sehr schnelles Registerarray, welches mittels 8 gleichzeitig nutzbarer 64 bit breiter Datenkanäle einen rechnerischen Durchsatz von über 1 GByte/s ermöglicht.

Obwohl die WS30-1000 eine reine Skalareinheit darstellt, kann sie für vektororientierte Anwendungen mit überraschendem Erfolg eingesetzt werden. Grund hierfür ist das Modell des parallelen Verteilens und Ausführens von zusammengefaßten Instruktionen auf der Gleitkommaeinheit.

Zusammengefaßte Instruktionen ermöglichen die parallele Durchführung einer Gleitkommaaddition und-multiplikation in einem CPU-Takt. Das Ergebnis ist die gleichzeitige Ausführung von drei Instruktionen auf einer CPU in einem Takt. Angewandt auf die Vektoroperation Ax + B bedeutet das, daß die Integereinheit das Laden und Speichern von Gleitkommawerten sowie die Adreßberechnungen durchführt, die Gleitkommaeinheit führt die eigentlichen Berechnungen mittels aufeinanderfolgender Multiplizier-Addier-Instruktionen durch.

Als Puffer zwischen den Rechenwerken und dem Hauptspeicher sind getrennte Caches für Daten (64 KByte) und Instruktionen (128 KByte) vorhanden. Das Design der Caches beruht auf dem *Write Through* Konzept. Dies bedeutet, daß Schreibaufträge an den Cache zum Hauptspeicher durchgeschrieben werden. Da dies jedoch zu einer intensiven Busbelastung führen kann, wird eine verfeinerte

Technik angewandt, die unter dem Begriff *Write Later* bekannt ist. Hierzu werden spezielle busoptimierende ASICs verwendet, die beispielsweise bei der Übertragung von 8-Bit Character-Strings an den Hauptspeicher die 8-Bit-Strings zu 64-Bit-Schreibaufträgen sammeln, bevor diese zum Speicher transferiert werden. Diese Technik ermöglicht jetzt eine effizientere Ausnutzung der zur Verfügung stehenden Busbandbreite von 150 MByte/s.

WS30-1000: Multiprocessing

Ein drittes Architekturmerkmal ist die Multiprocessing-Fähigkeit der WS30-1000. Diese bietet aktuell die Möglichkeit, bis zu vier PRISM-CPUs gleichzeitig am Systembus zu nutzen, wobei auf einer CPU jeweils ein Prozeß im Sinne des Betriebssystems abläuft. Es handelt sich hierbei um ein *symmetrisches* Multiprocessing: Alle Prozessoren sind gleichberechtigt. Ein System-Scheduler verteilt dabei die lauffähigen Prozesse so effizient auf die freien Prozessoren, daß der Systemdurchsatz mit der Anzahl der CPUs nahezu linear ansteigt.

Da die CPUs auf einem gemeinsamen Hauptspeicher zugreifen, muß die Cache-Kohärenz beim Einsatz mehrerer CPUs in einem System gewährleistet sein. Hierfür werden speziell entwickelte ASICs eingesetzt, die die auf dem Bus transferierten Daten und Adressen beobachten und auf Kollision mit dem aktuellen Cache-Inhalt überprüfen. Im Falle einer Kollision wird dann dafür gesorgt, daß der Cache-Inhalt entsprechend den Anforderungen inkrementell invalidiert wird. Die verwendete Technik der Kollisionsüberprüfung ermöglicht eine Überwachung der Cache-Kohärenz in reiner Hardware mit geringer Beeinträchtigung der CPU-Leistung.

WS30-1000: RISC-Graphik

Unter den 107 Befehlen für die CPU gibt es auch Graphikinstruktionen, wie z. B. das "trivial clip reject/accept", die gerade für Workstation als graphikintensive Systeme eine wichtige Rolle spielen. Hier wird ein Trend erkennbar, der die Hochleistungsgraphik-Workstation weg von einer ausschließlich auf Graphik spezialisierten Maschine hin zu einem System führt, das für allgemeinere Aufgaben, wie z. B. numerische Berechnungen oder Simulationen ebenso geeignet ist wie für Visualisierungsaufgaben. Die bei traditionellen Architekturen vielfach anzutreffenden Spezialprozessoren einer *Graphics Engine* sind bei WS30-1000 ersetzt durch die Kombination "sehr leistungsfähige RISC-CPU plus sehr schnelle einfache Zeichenmaschine". Der Nutzen für den Anwender liegt sofort auf der Hand: Die Workstation kann neben den Visualisierungsaufgaben auch ihre Stärken voll bei rechenintensiven Applikationen ausspielen.

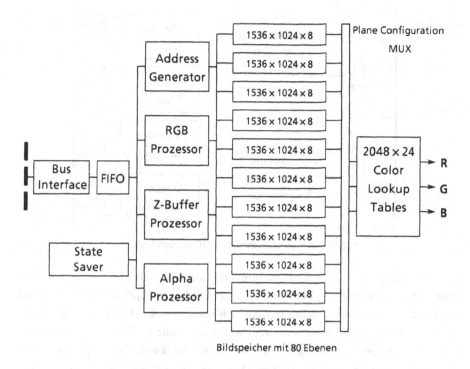

Bild 15.5-3: Graphiksystem der PRISM-Architektur

15.5.3 Workstation WS30-1000: Ganzheitlicher Ansatz

Zur Unterstützung der CPU wurden in der WS30-1000 sämtliche Systemkomponenten optimiert:

Um die hohe Leistung der PRISM-CPUs weitergeben zu können, besitzt die WS30-1000 ein leistungsfähiges *Hochgeschwindigkeits-Bussystem*. Der auf dem Bus vorhandene Takt entspricht dem Prozessortakt von 18 MHz. Der speziell entwickelte X bus hat eine Breite von 64 bit und eine Übertragungsrate von 150 MByte/s. Er verbindet die CPUs, den Hauptspeicher, die Graphik-Hardware sowie die integrierten AT-Bus- und VMEbus-Bussysteme, über die Peripheriegeräte angeschlossen werden können.

Um den *Hauptspeicher* an die hohe Rechenleistung anzupassen, wurde er parallel ausgelegt. Um Operationen mit einem hohen Durchsatz ausführen zu können, sind mehrere Schreib- und Leseaufträge sowie Adreßanforderungen zu einer Zeit möglich. So können pro Tochterkarte bis zu vier Anforderungen gleichzeitig aktiv sein, so daß beispielsweise in einem System einem System mit vier Prozessoren

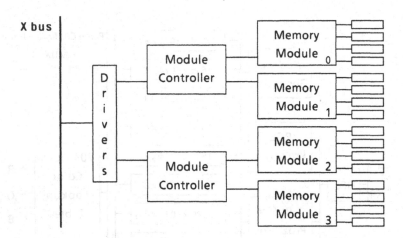

Bild 15.5-4: Speichersystem der PRISM-Architektur

jeder Prozessor von einem 8 MByte großen Hauptspeicher gleichzeitig bedient werden kann. Jede weitere Tochterkarte (bis zu 4 sind pro Speicherkarte möglich) unterstützt weitere vier gleichzeitige Anforderungen, so daß bei einem voll ausgebautem System 32 Adreßanforderungen aktiv sein können. Dies sorgt dafür, daß den Speicherbausteinen genügend Zeit bleibt, um die gewünschten Informationen auf den Bus zu bringen. Eine weitere Optimierung des Systemdurchsatzes wird durch die Präferenz von Leseanforderungen vor Schreibaufträgen mittels einer auf den Hauptspeicherkarten vorhandenen Logik erreicht.

Das "Disk-striping"-Verfahren der WS30-1000 (Bild 15-5) verteilt Dateien auf mehrere Plattenlaufwerke und ermöglicht so über verschiedene Kontroller einen gleichzeitigen Zugriff und damit eine Erhöhung des Datendurchsatzes zwischen Primär- und Sekundärspeicher. Unterstützt werden bis zu vier Hochgeschwindigkeits-ESDI-Platten mit einer Transfer-Rate von 15 Mbit/s. Werden die neuen 679-MByte-Platten verwendet, so steigt die Plattenspeicherkapazität der WS30-1000 bis auf 2,8 GByte.

Spezielle Compiler der WS30-1000 schließlich optimieren den Datenfluß und fassen Instruktionen zu 3er-Paketen zusammen, damit eine parallele Ausführung von drei Instruktionen pro Takt erreicht wird (Bild 15-6).

Erste beeindruckende Resultate dieses ganzheitlichen Ansatzes für die RISC-WS30-1000 lassen sich an Benchmark-Ergebnissen erkennen: Mit einer CPU werden folgende Werte erreicht (Tabellen 15-1 und 15-2):

Im Sinne einer durchgängigen Kompatibilität der WS30-Familie ist es selbstverständlich, daß die mit der WS30-1000 compilierten Programme auch auf den anderen Rechnern der WS30-Reihe ablauffähig sind.

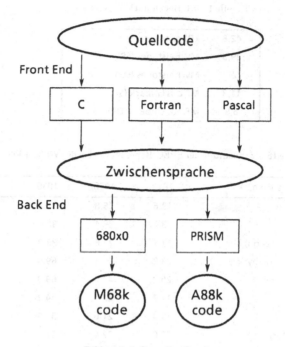

Bild 15.5-6: Compiler-Struktur

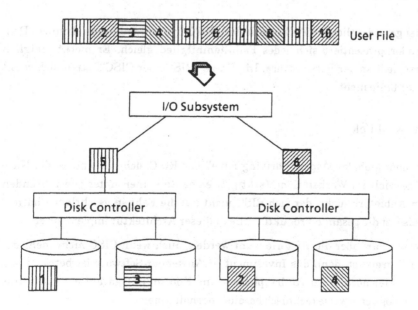

Bild 15.5-5: "Disk-striping"-Verfahren

Tabelle 15.5-1: Benchmark-Ergebnisse

42,8	kDhrystones
29,5	MWhetstones (SP)
27	MWhetstones (DP)
11,3	MFlops Linpack (SP)
5,8	MFlops Linpack (DP)

Tabelle 15.5-2: Resultate der SPEC-Benchmarks bei der WS30-1000

SPEC Benchmark	1010	1020	1030	1040
gcc (C compiler)	13.6	25.8	37.8	49.2
espresso (EDA)	13.4	26.4	39.6	52.4
spice2g6 (Circuit Design)	11.7	22.6	33.3	43.6
doduc (High Energy Physics)	23.9	46.6	69.0	90.8
nasa7 (Fluid Dynamics)	26.7	47.8	69.0	84.8
LI (LISP)	11.7	22.8	34.2	45.6
eqntott (CAD)	11.4	21.6	32.4	42.8
matrix300 (Vector)	22.0	37.4	52.2	61.2
fpppp (Quantum Chemistry)	38.9	63.4	89.4	96.8
tomcatv (Fluid Dynamics)	31.2	55.8	79.2	93.6
SPECthruput (Geometric Mean)	*18.6*	*34.2*	*50.1*	*62.8*

Hier ist ganz deutlich die Philosophie der WS30-Systemfamilie zu erkennen. Dem Anwender präsentiert sich jedes Familienmitglied gleich. Er merkt lediglich Unterschiede in der Performance. Die Frage "RISC oder CISC?" stellt sich somit in erster Linie nicht.

15.5.4 Ausblick

Unter dem globalen Aspekt "driving force" hat RISC sicherlich heute die Nase vorn. Speziell im Workstation-Markt gibt es heute keinen unter den führenden sieben Anbietern mehr, der sich RISC nicht auf die Fahnen geschrieben hätte – teilweise ist die gesamte Produktfamilie in dieser Architektur implementiert.

Vergessen darf aber die Historie nicht werden, auch wenn CISC nicht mehr der "letzte Schrei" ist, denn das Investment in Anwender-Software ist beträchtlich. RISC ist hier noch in der Aufbauphase – eine Kontinuitätsgarantie also für alle, die sich möglicherweise technisch bereits überholt sehen.

Neue Möglichkeiten bietet RISC im Bereich Graphik. Was bislang speziellen Graphikprozessoren vorbehalten war, kann jetzt auf Basis von Software-Lösungen realisiert werden – die Folge sind höhere Flexibilität und Einsparungen bei Systemkosten – unserer Meinung nach gewichtige Argumente.

Auf die weitere Entwicklung darf man gespannt sein. RISC wird ja ein höheres Leistungspotential und eine raschere Entwicklungsgeschwindigkeit nachgesagt (alle 12 Monate Leistungsverdopplung), bei CISC gilt die halbe Geschwindigkeit; dies muß aber noch bewiesen werden, denn heute ist die Entwicklungsgeschwindigkeit noch gleich.

15.5.4 Literatur

[APOL 89]   Apollo Computer Inc.: Apollo Graphics Performance Report. Chelmsford (Mass.), March 1989

[APOL 88a]   Apollo Computer Inc.: Series 10000 Technical Reference Library, Vol. 1-5. Chelmsford (Mass.) 1988

[APOL 88b]   Apollo Computer Inc.: Servicing the Series 10000 Workstation and Server. Chelmsford (Mass.) 1988

[WEIC 84]   Weicker, R. P.: Dhrystone: A Synthetic Systems Programming Benchmark. Communications of the ACM 27 (1984) 10, pp. 1013-1030

15.6   Sun Microsystems: SPARC-basierende Workstations

Lippert, Martin: Sun Microsystems GmbH, Grasbrunn

Sun Microsystems ist einer der wenigen Computer-Hersteller, der eine eigene RISC-Architektur entwickelt hat. SPARC – der Name ist ein Acronym für skalierbare Prozessorarchitektur – wurde 1984, also zu einem Zeitpunkt erarbeitet, als die traditionell großen Prozessorhersteller kein Produkt anbieten konnten, Sun aber nach einer Basis für die Entwicklung -Feuer Computerfamilien suchte, die den Anforderungen der nächsten 10-15 Jahren standhalten sollten.

SPARC ist in vieler Hinsicht anders als die Prozessoren des Mitbewerbs. Der wesentliche, nichttechnische Unterschied ist Sun's offene Lizenzstrategie. Das Ziel ist die Entwicklung eines SPARC-Markts. Jede Firma, die offene Industriestandards einsetzen möchte, kann die SPARC-Architektur lizensieren, abgestuft auf die jeweils erforderlichen Integrationstiefen.

Im folgenden werden zwei Themen behandelt: Einmal die mit SPARC verfolgte Strategie und zum zweiten die SPARC-Produktfamilie. Auf die wesentlichen Leistungsmerkmale der SPARC-Architektur wird nicht eingegangen. Sie sind bereits in Kapitel 6, dieses Buchs "Aktuelle RISC-Prozessoren" nachzulesen.

15.6.1   Sun Microsystem's Strategie

Die Firma Sun Microsystems Inc. wurde im Februar 1982 in Mountain View, Kalifornien, ins Leben gerufen. Die Produktidee von Sun geht darauf zurück, einen leistungsfähigen, vernetzbaren Arbeitsplatzrechner mit hochauflösendem, graphischen Bildschirm unter Verwendung möglichst vieler Standards zu entwickeln. Der Name Sun stammt aus der Abkürzung des Projektnamens: Stanford University Network. Das Erfolgskonzept von Sun Microsystems läßt sich auf einen einfachen Nenner bringen: Standards und Partnerschaft. Alle Produkte von Sun wurden von Anfang an konsequent aus den jeweils verfügbaren Standards aufgebaut: Prozessoren von Motorola aus der 68000er Familie, UNIX als Betriebssystem, Ethernet als Basis für die Vernetzung, VMEbus und SCSI als Bussystem.

Dort, wo es keine Standards gab, hat Sun eigene Entwicklungen durchgeführt und an Partner lizensiert, um neue Industriestandards zu schaffen, wie beim Netzwerk-File-System NFS, und jetzt mit dem RISC-Prozessor SPARC.

o **heterogen, vernetzt**

o **Anwendungen**

o **Marktanteil**

o **Partner**

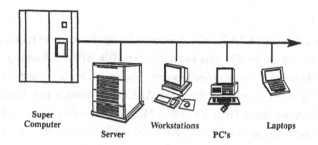

Super
Computer   Workstations   Laptops
        Server   PC's

Sun's Zielsetzung: Möglichst viele Rechner davon mit SPARC–Prozessor

Bild 15.6-1: Rechnerlandschaft der 90er Jahre

Die Rechnerlandschaft der 90er Jahre wird nach Einschätzung von Markt-
experten nach wie vor aus heterogenen Systemen vieler Hersteller und unterschiedlicher Leistungsklassen bestehen: Angefangen von Supercomputern, über
Server und Workstations bis hin zu PC's und Laptops. All diese Systeme sind zu
einem heterogenen Netzwerk integriert. Das Ziel von Sun Microsystems ist es,
und das ist die SPARC-Vision, daß möglichst viele dieser Rechner mit einem
SPARC-Prozessor arbeiten.

Eine wichtige Rolle bei dieser Vision spielt die Anwendungs-Software. Die
Anwender entscheiden sich nicht für einen bestimmten Rechner der Hardware
wegen, sondern weil sie mit dem System eine bestimmte Aufgabe erledigen
möchten. Dies bedeutet, die Verkaufschancen der Computer-Hardware steigen
mit der Anzahl der verfügbaren Anwendungs-Software-Pakete.

Die Software-Industrie, die Anwendungen entwickelt und vermarktet, kann sich
aus Kostengründen nicht jeder Hardware-Plattform widmen. Die Entscheidung,
ob ein Software-Paket auf die eine oder andere Plattform portiert wird, hängt

direkt zusammen mit der Anzahl der installierten Systeme und den weiteren Wachstumschancen, die dieser Plattform eingeräumt werden.

Bis Ende 1990 waren über 2.200 Hardware- und Software-Produkte auf den RISC-basierenden Sun-Workstations und Serversystemen verfügbar. Sie decken Dutzende von Anwendungsbereichen ab. Hunderte von Sun-Partnern arbeiten an der Entwicklung neuer Applikationen. Kein anderer Computer-Hersteller kann mehr lauffähige Software bieten als Sun Microsystems und die mit Sun verbundenen Partner.

SPARC-Lizenznehmer

Die Zielsetzung von Sun ist es, mit SPARC eine leistungsfähige RISC-Architektur zu schaffen, an der viele Computer-Firmen partizipieren. Die SPARC-Strategie setzt ganz bewußt auf Innovation und Wettbewerb. Nur eine breit gefächerte Unterstützung von vielen Hardware- und Software-Anbietern kann einen Industriestandard etablieren. Aus diesem Grund hat Sun Microsystems die Ergebnisse der RISC-Prozessor-Entwicklung in der SPARC-Architektur-Definition dokumentiert und sich entschlossen, SPARC zu lizenzieren.

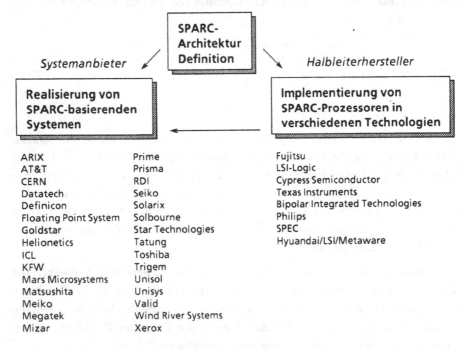

Bild 15.6-2: Lizenznehmer der SPARC-Architektur - Auszug

Die Halbleiterlizenznehmer implementieren die SPARC-Architektur mit ihrem Know-How in ihren Technologien. Abnehmer für die SPARC-Prozessoren sind

Systemanbieter, die SPARC-basierende Computer-Systeme entwickeln und vermarkten, wie z. B. Sun Microsystems.

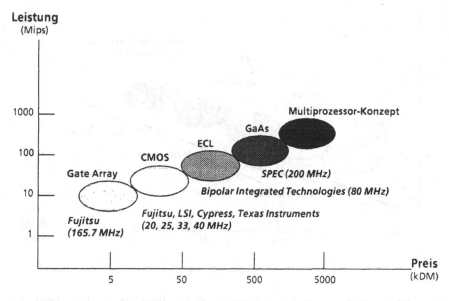

Bild 15.6-3: Verfügbare SPARC-Prozessoren

Das Produktspektrum der Halbleiterpartner besteht jeweils aus einer SPARC-Integer-Zentraleinheit, einem Gleitkomma-Interface, einem Gleitkomma-Prozessor, einer Memory Management Unit und zum Teil aus speziellen Cache-Bausteinen.

Fujitsu, LSI Logic, Cypress Semiconductor, Texas Instruments und Bipolar Integrated Technologies (BIT) bieten heute Prozessoren an, die von 16,67 MHz bis hin zu 80 MHz Taktfrequenz betrieben werden können. Der Leistungsbereich erstreckt sich von etwa 10 MIPS bis hin zu 65 MIPS. Mit der SPARC-Implementierung der Firma SPEC in GaAs-Technologie werden 200 MIPS erwartet.

Die Systemanbieter entwickeln mit den Prozessorbausteinen der Halbleiterhersteller eigene, SPARC-basierende Computer, die das gesamte Leistungsspektrum der DV-Industrie, von PC bis zum Supercomputer, abdecken.

SPARC - Binärkompatibilität

Der Einsatz von SPARC-basierenden Systemen bietet dem Anwender einen enormen Vorteil. Computer-Systeme unterschiedlicher Leistungsklassen, wie Supercomputer und Server, Workstations und Laptops, werden Binärcodekompatibel. Das Besondere daran ist, daß diese Kompatibilität herstellerübergreifend ist. SPARC-Systeme von Sun sind binärkompatibel zu SPARC-Systemen von Solbourne, von Toshiba, von ICL und zu denen, die in Zukunft auf

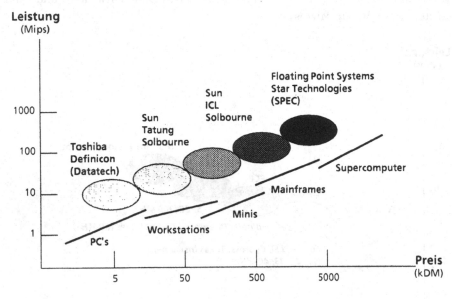

Bild 15.6-4: Verfügbare SPARC-Systeme

den Markt kommen werden. Das Konzept, wodurch diese Kompatibilität möglich wird, heißt *Application Binary Interface, ABI*. ABI ist eine Spezifikation, die die Binärsystemschnittstelle zwischen Anwendung und Betriebssystem definiert. Die Vorteile eines Standard-ABI's zeigen sich deutlich für DOS Software.

Die Entwickler müssen jeweils nur eine einzige Version ihrer Software schreiben. Die Händler verkaufen die Produkte in Plastikfolie eingeschweißt im Selbstbedienungsverfahren. Die Käufer und Anwender sind sicher, daß diese Produkte einfach installierbar und kompatibel zu ihrem PC sind. Diese Kompatibilität in der PC-Welt beruht technisch gesehen auf zwei Faktoren: Einem einheitlichen Betriebssystem, MS-DOS, und einer einheitlichen Prozessorarchitektur, den Mikroprozessoren von Intel.

Die SPARC-Vision zielt darauf ab, diese Vorteile auch für die UNIX-Welt zu schaffen. Das einheitliche Betriebssystem ist UNIX System V Release 4, die einheitliche Prozessorarchitektur ist SPARC.

SPARC International

Die SPARC-Technologie wird heute nicht mehr von Sun allein, sondern einer Gruppe von Firmen weiterentwickelt, die sich in einer unabhängigen Vereinigung mit dem Namen *SPARC International* Anfang 1989 zusammengeschlossen haben. Unter den Gründungsmitgliedern waren Bipolar Integrated Technologies, Cypress Semiconductor, Fujitsu, LSI Logic und Texas Instruments. Andere haben sich dieser Gruppierung später angeschlossen. Zielsetzung von SPARC Inter-

Die SPARC-Vision
ein Standard, der von vielen Anbietern getragen wird

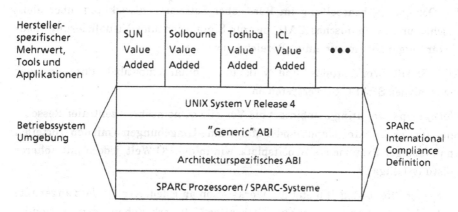

Bild 15.6-5: Die SPARC-Vision

national ist die Verfügbarkeit der Technologie für die Industrie. Ein Jahr später, Anfang 1990, veröffentlichte SPARC International die SPARC Compliance Definition Version 1.0, anhand der die SPARC-Kompatibilität eines Computer-Systems geprüft werden kann. SPARC International ist gegliedert in vier Komitees.

Einmal das *Architecture Compliance and Certification Committee*. Dies hat zur Aufgabe, die Schnittstellen für die sogenannte Compliance Definition – eine Art Verifizierungsdefinition nach Art der X/OPEN - festzulegen.

Das *Tool-Committee* definiert die für Software-Häuser maßgeblichen Standardwerte, was vor allem Spezifikationen für Entwicklungstools umfaßt.

Das *Technology Licencing Trademark Management Committee* verhandelt die Abkommen mit möglichen Lizenznehmern und darf das SPARC-Warenzeichen vergeben.

Das vierte Komitee – das *Marketing Committee* – organisiert die Beziehungen zwischen den SPARC International-Mitgliedern, die Kommunikation und das gemeinsame Programm-Management. Es ist ferner zuständig für die Kontakte zu anderen nationalen und internationalen Standardisierungsgremien.

Aus dieser Organisationsstruktur ist zu ersehen, welche Rolle und welche Befugnisse SPARC International gegenüber Sun erhalten hat.

15.6.2 Die Sun-Produktfamilie

Die SPARC-basierenden Sun Systeme werden in großer Leistungsbandbreite angeboten und erfüllen daher die Bedürfnisse vieler Anwendungsbereiche. Von der Dokumentenbearbeitung im Büro, über Software-Entwicklung, über elektrisches und mechanisches CAD, bis zur Simulation und Visualisierung komplexer Vorgänge, um nur einige Bereiche zu nennen.

Alle SPARC-Workstations sind vollständig binärkompatibel, untereinander sowie mit den SPARC-Serversystemen.

Workgroup Computing kombiniert die Vorteile gemeinsamer, zentraler Ressourcen – typisch für Minicomputer oder Mainframe-Umgebungen – mit den Vorteilen unabhängiger Systeme als Arbeitsplatz, wie in der PC Welt, jedoch mit höherer Leistungsfähigkeit.

Im Server/Client-Modell bietet die Workstation an jedem Arbeitsplatz angepaßte Rechenleistung und Funktionalität. Über das Netzwerk stehen jedem Anwender gemeinsame spezialisierte Server-Funktionen zur Verfügung: Dateiverwaltung und netzweiter Zugriff über NFS, zentralisierte Administration, Zugriff auf gemeinsame Ressourcen und Zugriff auf weitere Rechenleistung sind die wichtigsten Server-Funktionen.

Die Integration der Workstation und der Server erfolgt durch Local Area Networks (LAN), mit Durchsatzraten von 10 MBit/s (Ethernet) bis zu 100 MBit/s (FDDI = Fiber Distributed Data Interchange) oder über öffentliche Datennetze bis zu 2 MBit/s.

SPARC-Server

Um Anwendern mit den unterschiedlichsten Aufgaben die idealen Arbeitsmittel zu geben, bietet Sun eine Vielfalt von Workstationen an. Um diese Individuen zu einer Arbeitsgruppe zu vernetzen und gemeinsame Aufgaben zu lösen, benötigt man Server. Mit Servern verschiedenster Ausbaubarkeit und Leistung, konzipiert für kleine und große Arbeitsgruppen, bietet Sun auch in diesem Bereich die passende Hardware und unterstützende Software an.

Ein ausgewogenes Verhältnis zwischen Prozessor- und I/O-Leistung zeichnet die SPARCserver aus. Caches beim I/O-Transfer und intelligente Plattensteuerungen optimieren den transaktions-orientierten Einsatz und die Datenbankanwendungen

Ziel:
- gesteigerte Produktivität der Arbeitsgruppe
- offenes Hardware-/Softwarekonzept
- leicht zu verwalten und zu erweitern

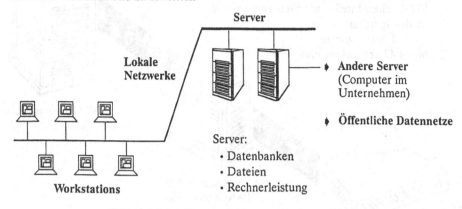

Bild 15.6-6: Das Konzept: Workgroup Computing

Server-Tischmodelle

Um auch kleinen und mittleren Arbeitsgruppen passende und preisgünstige Datei- und Datenbankserver zu bieten, hat Sun für jedes Tischmodell eine maßgeschneiderte Server-Erweiterung konzipiert. Dabei bilden die SPARCstation SLC und IPC das untere Ende, gemessen an Preis und Ausbaubarkeit, während die SPARCstation 2 als Server nicht nur ausgewogene Systemleistung, sondern auch hohe Ausbaubarkeit bietet. Mittels SBus-Speicherkarte kann der Arbeitsspeicher auf 96 MByte erweitert werden.

Server-Turmmodelle

Auch die Server-Turmmodelle unterscheiden sich nach Leistung und Erweiterbarkeit. Von der 4/330 mit 5 VMEbus-Steckplätzen bis hin zum Datencenter 4/490 mit 16 VMEbus-Steckplätzen. Durch Einsatz von zwei Multiplexerkarten kann eine 4/330 als Datenbank- oder Dateiserver-Arbeitsgruppen mit bis zu 36 Terminals unterstützen, während an einem 4/490 Datencenter auch große Arbeitsgruppen bis zu 130 Terminals arbeiten können. Neben der hohen Anzahl an möglichen Benutzern, zeichnen sich die SPARCserver 4/470 und 4/490 durch ein breites Spektrum an verfügbaren Peripherieprodukten aus. Beide sind bis 672 MByte Arbeitsspeicher aufrüstbar, können mit sehr schnellen IPI-Platten oder preisgünstigen SCSI-Platten ausgestattet werden und sind somit für höchste Ansprüche gerüstet.

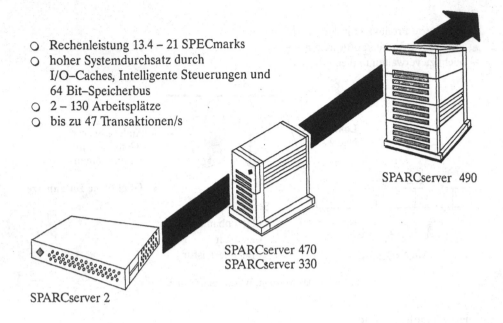

- Rechenleistung 13.4 – 21 SPECmarks
- hoher Systemdurchsatz durch
  I/O–Caches, Intelligente Steuerungen und
  64 Bit–Speicherbus
- 2 – 130 Arbeitsplätze
- bis zu 47 Transaktionen/s

SPARCserver 490

SPARCserver 470
SPARCserver 330

SPARCserver 2

Bild 15.6-7: Die SPARCserver

SUN Server Software

Nicht alleine die Ausbaubarkeit und die ausgewogene Systemleistung machen
einen Server zur Hauptkomponente innerhalb einer Arbeitsgruppe. Einfache
Administration, Schutz der Daten und Unterstützung der Hardware für Datenbankanwendungen sind ebenso wichtig. Mit spezieller Sun Server Software
werden die Sun-Server noch leistungsfähiger und die Datenhaltung, z.B. mit
gespiegelten Platten noch sicherer.

Sun Server Ware beinhaltet Software und Hardware, die die Flexibilität und
Leistung der SPARCserver optimiert. Mit den beiden Software-Produkten Sun
DatabaseExcelerator (DBE) und SPARCserverManager (SSM) werden zum einen
Datenbankanwendungen bis um das 5-fache beschleunigt, andererseits wird mit
dem SPARCserver Manager die Datensicherheit und Flexibilität durch ge-
spiegelte Platten oder On-line-Datensicherung erheblich verbessert. Mit
SUNQuickCheck verbessert sich die Verfügbarkeit von SPARCservern oder
SPARCstations und damit die Datenverfügbarkeit auch in Netzwerken, nach Un-
terbrechungen oder Störungen, und zwar unabhängig von der Plattenkapazität.

Tab 15.6-1: Alle SPARCserver auf einen Blick

	SS 2	SS330	SS 470	SS 490
Modell	Tischmodell	5-Steckplätze Turmmodell	12-Steckplätze Turmmodell	16-Steckplätze Schrankmodell
CPU-Leistung				
SPECmarks*	20.8	13.4	19.4	19.4
TPS (TP1)	N/A	N/A	N/A	51
Cache Größe	64 KB	128 KB	128 KB	128 KB
Erweiterungen (max.)				
Hauptspeicher	96 MB	72 MB	672 MB	672 MB
Platte	7.6 GB SCSI	2.6 GB SCSI	8.0 GB IPI 2.0 GB SCSI	32 GB IPI
Ethernet	2	2	2	2
FDDI	N/A	N/A	2	2
serielle Schnittstellen	18	36	98	130
SW-Installation Backup/ Datenaustausch	644 MB CD-ROM 150 MB Kassette 3.5" Floppy 2.3 GB Videoband	644 MB CD-ROM 150 MB Kassette 3.5" Floppy, 2.3GB Video- u.1/2" Band	644 MB CD-ROM 150 MB Kassette 3.5" Floppy, 2.3GB Video- u.1/2" Band	644 MB CD-ROM 150 MB Kassette 3.5" Floppy, 2.3GB Video- u.1/2" Band

*SPECmark Ergebnisse basieren auf SunC 1.1 und SunFortran 1.4

Darüber hinaus lassen sich mit SunPrestoserve, einem NFS-Hardware-Beschleuniger, die Antwortzeiten in einer NFS-Umgebung um bis zu 75% steigern.

SPARC-Workstations

SPARCstation heißen die SPARC basierenden Workstations von Sun Microsystems. Sie unterscheiden sich durch Rechenleistung, Ausstattung, Ausbaufähigkeit und Preis. SPARCstations eignen sich gleichermaßen als hervorragendes Arbeitsplatzsystem für technische und nichttechnische Anwender. Das untere Ende der Produktfamilie bildet das Einstiegmodell, die SPARCstation SLC. Vielfältige Erweiterungsmöglichkeiten, extrem hoher Hauptspeicherausbau sowie hohe Plattenkapazität sind die Vorzüge des SPARCstation Spitzenmodells, der SPARCstation 470. Das SPARCstation-Angebot umfaßt folgende Modelle:

- SPARCstation SLC   das Einstiegsmodell
- SPARCstation IPC   das preisgünstige Farbsystem
- SPARCstation 2   das Hochleistungs-Tischmodell
- SPARCstation 330   das VMEbus-Turmmodell
- SPARCstation 470   das Spitzenmodell in Leistung und Erweiterbarkeit

SPARCstation SLC

Die SPARCstation SLC bildet das untere Ende der Sun Workstation Produktfamilie. Sie ist von den SPARCstation Tischmodellen das preisgünstigste und ist
als Einstiegmodell ideal für diejenigen, die Wert auf möglichst viele, in einem
Netzwerk integrierte, Arbeitsplätze legen.

Bild 15.6-8: SPARCstation SLC

Die SPARCstation SLC bietet kostengünstige Lösungen für viele Einsatzbereiche,
wie etwa Software-Entwicklung, Dokumentenbearbeitung, Datenbankanwendungen oder Büroautomatisierung. Sie ist eine wirkliche Alternative zu X-Terminals, weil sie durch die eigene Zentraleinheit den Server und den Netzwerks-
verkehr spürbar entlastet.

Die SPARCstation SLC ist ein kompaktes Tischsystem mit 17" schwarz/weiß
Bildschirm, Zentraleinheit, Speicher sowie alle Schnittstellen sind auf einer einzigen Platine untergebracht, die im Bildschirmgehäuse integriert ist. Das System
besitzt keinen Lüfter und arbeitet daher völlig geräuchlos.

Bild 15.6-9: SPARCstation SLC-Systemaufbau

Mit der SPARCstation SLC läßt sich in Verbindung mit SPARCservern das Server/Client-Modell einfach realisieren.

SPARCstation IPC

Die SPARCstation IPC ist Sun's preisgünstigstes Farbmodell. Mit der IPC werden Leistung, Erweiterbarkeit und Einfachheit in Form von SPARC, UNIX und Open Look in einem kompakten Gehäuse integriert. Durch ihre Leistung, Erweiterbarkeit, Farbe und einen attraktiven Preis ist dieses System eine ideale Alternative zu vernetzten, Hochleistungs-PCs. Sie bildet eine Basis für den Einstieg in die CAD-Welt, für Anwendungen aus dem Bereich des Finanzwesens oder der Bürokommunikation. In einem Server/Client-Modell ist sie als Server für kleine Arbeitsgruppen genauso einsetzbar wie als Client.

SPARCstation 2

Mit der SPARCstation 2 hat die erfolgreichste Workstation, die je gebaut wurde, die SPARCstation 1+, einen würdigen Nachfolger gefunden. Die SPARCstation 2 integriert die doppelte Leistung der SPARCstation 1+ in das gleiche, kompakte

Bild 15.6-10: SPARCstation IPC

Gehäuse. Sie ist die ideale Maschine für den Benutzer, der höchste Ansprüche an die Systemleistung und die Anbaubarkeit stellt.

Mit einer ausgewogenen Leistung, neben 21 SPECmarks, hoher Ein/Ausgabeleistung und Erweiterbarkeit, ist sie die ideale Workstation für anspruchsvolle Anwendungen, wie z.B. im 3D-Graphikbereich, Simulation oder Animation, aber auch ein leistungsfähiger Server für kleine bis mittlere Arbeitsgruppen.

Nicht nur die dezentralisierte Rechenleistung, sondern im wesentlichen die Graphikfähigkeiten zeichnen eine Workstation aus. Durch hochauflösende Graphikbildschirme und die entsprechend leistungsfähigen Bildschirmspeicher und Graphikbeschleuniger bilden Workstations die ideale Basis für graphische Benutzerschnittstellen und Graphikanwendungen. Um den unterschiedlichen Leistungsanforderungen gerecht zu werden, bietet SUN eine breite Palette von Graphikoptionen an. Neben der spezifischen Hardware bestehen unterschiedliche Anforderungen an Software-Hilfsmittel, wie Graphikbibliotheken oder Software-Entwicklungswerkzeuge.

▶ **die Hochleistungs-Workstation**
– 20.8 SPECmarks
– integrierte, beschleunigte Grafik
– kompaktes Tischmodell wie SPARCstation 1/1+
– hohe Leistung, hohe Erweiterbarkeit

▶ **die Grafik-Workstation**
– GX Grafikbeschleuniger für 2D/3D Drahtmodelle
– GS Grafikbeschleuniger für 3D Volumenmodelle
– GT Grafikbeschleuniger für höchste Darstellungsqualität
  und Leistung

Bild 15.6-11: SPARCstation 2

Mit dem Graphikbeschleuniger GX, der in nahezu jeder dritten SPARCstation installiert ist, hat Sun den Leistungsbereich von mehr als 500.000 2D-Vektoren/s und 240.000 3D-Vektoren/s erschlossen. Diese Beschleunigung wird transparent, d. h. die Hardware muß nicht speziell programmiert werden. Bei der SPARC-station 2 ist der GX in der Standardfarbversion integriert. Jedes SPARCstation 2 Farbsystem besitzt somit einen Graphikbeschleuniger.

Der GX ist die ideale Basis für elektrische und elektronische CAD-Anwendungen (E-CAD) sowie auch für den Einstieg in mechanisches CAD (M-CAD). Ebenso wird die Produktivität der Benutzer durch die Beschleunigung der *OPEN LOOK*-Benutzerschnittstelle oder durch beschleunigtes Darstellen von Texten erhöht.

Im Bereich von anspruchsvollem mechanischem CAD gehören 3D-Fähigkeiten längst zu den Basisanforderungen. Neben der hierfür nötigen Graphikleistung zeichnen hohe Systemleistungen Maschinen für den Bereich 3D-CAM und CAE aus. Mit neuester Technologie wurde es möglich, hohe 3D-Leistung auf einem Board zu integrieren, das in dem kompakten Tischgehäuse der SPARCstation 2 Platz findet. Nicht zuletzt dieser technische Fortschritt führt zu einem exzellenten

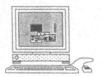  

SPARCstation GX   SPARCstation 2GS   SPARCstation 2GT

- 2D und 3D Drahtmodelle
- GX Standard bei Farbsystem
- 8 Bit Grafik
- transparente Beschleunigung
  für Anwendungen aus:
  - elektr. CAD
  - mechanisches CAD
  - CASE und Dokument-
    erstellung
  - Finanzwesen

- interaktive 3D Fähigkeiten
- Integration der 3D Hardware in
  das SPARCstation-Gehäuse
- ausbalancierte Leistung:
  - beschleunigte 3D Grafik mit
  - bis zu 20.000 schattierten
    Polygonen/sec
- Einsatzschwerpunkte:
  - MCAD, MCAE
  - Animation, Simulation
  - Geografische Informations-
    systeme (GIS)
  - Modellierung

- 3D Hochleistungsgrafik
- 5-fache 3D Grafikleistung
  der GS
- hohe Bildqualität und
  Funktionalität
- Einsatzschwerpunkte
  - MCAD, MCAE
  - Animation, Simulation
  - Geografische Informations-
    systeme (GIS)
  - Modellierung

Bild 15.6-12: SPARCstation 2 Graphikbeschleuniger

Preis-/Leistungsverhältnis. Eine SPARCstation 2 GS ist konzipiert für den typischen Arbeitsplatz eines Konstrukteurs oder eines Entwicklers, dessen Aufgaben neben 2D- auch 3D-Entwicklungen sind.

Höchste 3D-Leistung in Form von Geschwindigkeit, Funktionalität und Qualität bietet die SPARCstation 2 GT. In einem Zusatzgehäuse, das über eine SBus-Verbindung mit der SPARCstation 2 gekoppelt wird, finden die GT-Prozessoren mit Graphikleistungen für allerhöchste Ansprüche Platz.

Mit dem System wird die magische Grenze von 100.000 3D-Polygonen pro Sekunde erreicht und dabei auch Darstellungsqualität und Funktionalität geboten. Die SPARCstation 2 GT ist ideal für Anwendungen aus dem Bereich 3D-CAM/CAE, wo Interaktion eine sehr große Rolle spielt. Daneben ist dieses System für Animation und Simulation und für den Bereich der 3D-Modellierung konzipiert.

Nicht zuletzt die Verfügbarkeit von entsprechenden Applikationen, wie CADDS von PRIME, I-DEAS von SDRC oder PATRAN von PDA, machen die GS und die GT zu leistungsfähigen Graphiksystemen.

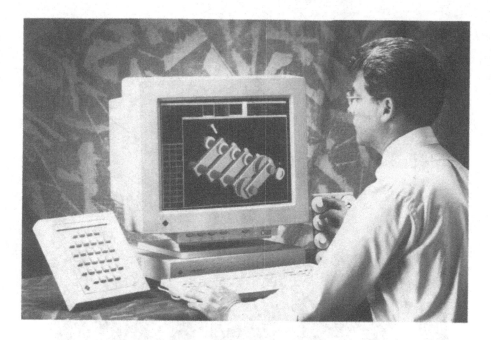

Bild 15.6-13: SPARCstation 2 GS

SPARCstation 4/330 und 4/470

Neben den Tischmodellen SPARCstation SLC, IPC und der SPARCstation 2 bietet SUN Workstations als Turmmodelle an. 5 oder 12 VMEbus-Steckplätze ermöglichen bei diesen Systemen den Einsatz von VMEbus-Karten, wie etwa dem VX/MVX-Visualisierungs-Beschleuniger von Sun. Aufgrund der sehr großen Verbreitung von VMEbus-Karten ist ein Schutz bereits getätigter Investitionen vorteilhaft. Desweiteren bieten die Sun Turmmodelle durch diese VMEbus-Schnittstelle eine Fülle von Anwendungen, die für die Tischmodelle nicht verfügbar sind.

SunOS (UNIX) Betriebssystem

SunOS ist heute die führende UNIX-Implementierung im Markt und ebenso die bevorzugte Software-Entwicklungsplattform. Sun war einer der Pioniere, die UNIX in den breiten Computer-Markt brachten. SunOS integriert Industriestandards, neueste UNIX-Techniken und bietet den Anwendern einen kontinuierlichen Übergang zum Standard von UNIX International, dem UNIX-System V

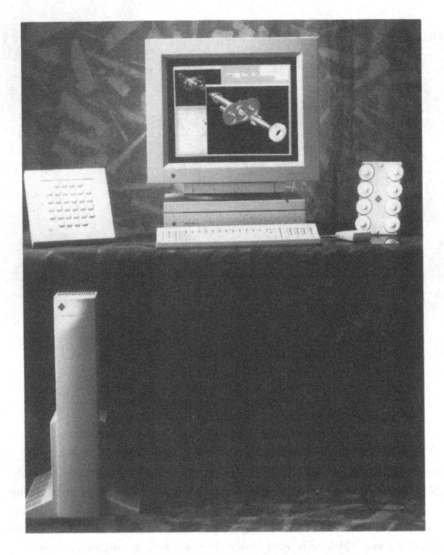

Bild 15.6-14: SPARCstation 2 GT

Release 4, das SunOS, Xenix und System V zusammenführt. Die Anwender von SunOS, Xenix und System V – den Vorläufern des System V Release 4 – umfassen etwa 80% der gesamten installierten UNIX-Systeme.

Sun hat zur Verbreitung von UNIX mit zahlreichen Entwicklungen beigetragen. Diese haben Eingang in das UNIX-System V Release 4 von UNIX International gefunden oder sind als separate Produkte erhältlich. Die Schwerpunkte dieser Entwicklung liegen in folgenden Bereichen:

– Netzwerkprodukte,

Tab 15.6-2: Alle SPARCstations auf einen Blick

	SS SLC	SS IPC	SS 2	SS 330	SS 470
Modell	Tischmodell	Tischmodell	Tischmodell	12-Steckplätze Turmmodell	12-Steckplätze Turmmodell
CPU-Leistung					
SPECmarks*	8,8	11.8	20.8	13.4	13.4
Hauptspeicher	8-16 MB	8-24 MB	8-96 MB	8-72	8-672 MB
Platte	2.6 GB extern	207 MB intern 2.6 GB extern	2x207 MB intern 7.6 GB extern	2.0 GB SCSI 7.6 GB extern	8.0 GB IPI 2.0 GB SCSI
Bus	N/A	2 SBus	3 SBus	5	12 VME
Ethernet	1	2	1	2	2
FDDI	N/A	N/A	N/A	1/2	2
Monitor	17″ Monochrom	16″ Farbe	16″,19″ Farbe, GX 21″ Farbe GS/GT 17″,19″ Mono- chrom	19″ GX 19″ Monochrom 21″ Farbe VX	19″ GX 21″ Farbe VX
SW-Installation	644 MB CD-ROM	644 MB CD-ROM	644 MB CD-ROM	644 MB CD-ROM	644 MB CD-ROM
Backup/	150 MB Kassette	150 MB Kassette 3.5″Floppy, 2.3GB	150 MB Kassette 3.5″ Floppy	150 MB Kassette 3.5″Floppy, 2.3GB	150 MB Kassette 3.5″Floppy, 2.3GB
Datenaustausch	2.3 GB Videoband	Video- u.1/2″Band	2.3 GB Videoband	Video- u.1/2″Band	Video- u.1/2″Band

*SPECmark Ergebnisse basieren auf SunC 1.1 und SunFortran 1.4

- Graphische Oberflächen,
- Produktivitätswerkzeuge.

Sun Produkte - Marktführer durch Standards und Partnerschaft

Sun Microsystems setzte sich von Anfang an zur Aufgabe, Systeme auf der Basis bestehender Standards zu bauen und löste damit den weltweiten Trend zur Standardisierung des UNIX-Betriebssystem aus.

Das heutige Konzept zur Unterstützung oder zur Definition von Standards bleibt nicht auf die Betriebssystemebene begrenzt. Sun will mit einer offenen Betriebs- systemarchitektur Quellcodekompatibilität im Markt erreichen. Das einzige Betriebssystem, das hierzu als Basis geeignet scheint, ist UNIX, das auf einer Vielzahl von unterschiedlichen Maschinen verfügbar ist. Aber dennoch existieren unterschiedlichste Versionen. Sun setzt seit Firmengründung konsequent auf UNIX, sowohl im Server als auch im Workstations-Bereich und unterstützt die wirklichen Standards: POSIX oder IEEE 1003, X/Open, System V Interface Defi- nition und X-Windows.

Sun's offene Netzwerkarchitektur gewährleistet die Basis auch für den Informationsaustausch in heterogenen Umgebungen. Wie beim Betriebssystem setzt Sun auf bestehende Standards oder de-facto-Standards und entwickelt diese selbst oder unterstützt Standardentwicklungen und die Komitees bei deren Arbeit. NFS, Sun's Netzwerk-File-System, ist hierfür ein Beispiel.

Neben der Betriebssystem- und der Netzwerkarchitektur ist die offene Rechnerarchitektur der dritte Eckpfeiler in Sun's Konzept zur Unterstützung und Förderung von Standards. Innerhalb der Sun-Systeme, aber auch mit anderen Systemen jeglicher Leistungsklassen, die SPARC-Rechner und kompatible Betriebssystem bieten, besteht eine Binärkompatibilität. Damit ist die Fülle von SPARC-Anwendungen für eine breite Palette von Rechnersystemen verfügbar, nicht zuletzt durch diese, durch Offenheit und Skalierbarkeit erreichte Verbreitung lebt das Konzept. Durch Verbreitung im Markt folgen Anwendungen, die in sich wieder zur Verbreitung beitragen.

Neben der SPARC-Architektur als Herz des gesamten Konzeptes, werden Standard-Bussysteme, wie VMEbus, SCSI oder IPI unterstützt. Daneben arbeitet Sun aktiv in Gremien, die sich mit neuen Bussystemen beschäftigen. Der SBus, ein von Sun entwickelter Peripheriebus mit einer sehr viel höheren Leistung als der des VMEbuses, wurde von Sun offengelegt, so daß mittlerweise eine Vielzahl von Anbietern ein großes Angebot an Zusatzkarten anbieten.

Die SPARC-Microprozessor-Architektur ist nach wie vor die einzige in der Industrie, die als wirklich offen zu bezeichnen ist. Hersteller aus aller Welt können die Technologie lizensieren und damit Computer-Systeme entwickeln, die völlig kompatibel mit SCD-konformen Systemen anderer Anbieter sind. Bereits heute bieten viele Systemhersteller – beispielsweise International Computers Limited (ICL), Solbourne Computer Inc., Toshiba-SCD-kompatible Produkte an. Die Gemeinschaft der SPARC-Systemanbieter zusammen gesehen schafft eine extrem große Installationsbasis binärkompatible Systeme, die für Software-Anbieter sehr attraktiv ist, weil der Entwicklungs- und Pflegeaufwand für ein Produkt nur einmal entsteht.

Einige Marktbeobachter vergleichen diese Situation im Workstation-Markt heute mit der PC Industrie in den 80er Jahren. Die rasche Zunahme des Marktanteils des IBM PC's hatte damals andere - technisch ebenbürtige - Alternativen, zu einem Schattendasein verdammt und vom Markt verdrängt.

Wir gehen davon aus, daß Systeme, basierend auf Standards wie die SPARC-Architektur, die in großen Stückzahlen verkauft werden, den Workstation-Markt heute und in Zukunft in anologer Weise beeinflussen, werden.

Anschriften der Autoren

Prof. Dr. Christian Müller-Schloer

Institut für Rechnerstrukturen
und Betriebssysteme
Universität Hannover
Appelstraße 9a
3000 Hannover 1

Ernst Schmitter
Johannes Bergmann
Katrin Braun
Michael Geiger
Christian Hafer
Thomas Herlin Jensen
Thomas Niedermeier
Doris Rauh
Eberhard Schäfer
Erwin Thurner

Siemens AG
ZFE IS SYS 1
Otto-Hahn-Ring 6
8000 München 83

Andreas Nicklas

Data General GmbH
Am Kronberger Hang 3
6231 Schwalbach/Taunus

Dr. Elmar Selbach

Digital Equipment GmbH
Freischützstraße 91
8000 München 81

Hannes Kerle,
Frank-Peter Schmidt-Lademann

Hewlett-Packard GmbH
Herrenberger Straße 110-130
7030 Böblingen

Kurt Nägele

IBM, AIX Marketing
Am Hirnach 2
7032 Sindelfingen

Dr. Bernhard Güldner,
Jürgen Kuch

Siemens Nixdorf Informationssysteme AG
SNI SP APS 133
Postfach 4848
8500 Nürnberg

Dr. Martin Lippert

Sun Microsystems
Bretonischer Ring 3
8011 Grasbrunn 1

Glossar

ABI

Das ABI (*Application Binary Interface*) garantiert die Binärkompatibilität von Applikationen für eine spezielle Prozessorarchitektur, d. h. eine Applikation, die auf einem ABI aufbaut, kann *herstellerunabhängig* auf jedem Rechner ablaufen, der auf dem zu diesem ABI gehörigen Prozessor basiert.

Actor

Der Actor bezeichnet bei verteilten Betriebssystemen die Umgebung eines ↗Prozesses, d. h. er verwaltet dessen lokale Ressourcen. Dazu gehören u. a. der virtuelle ↗Adreßraum und die logischen ↗Ports des Prozesses.

Adreßraum

Der Adreßraum eines Prozesses ist der diesem Prozeß exklusiv vom Systemkern zugeteilte virtuelle Speicherbereich, in dem sowohl der Programmcode des Prozesses als auch seine Programmdaten gespeichert werden. Man unterscheidet zwischen dem Adreßraum von Benutzerprozessen (*user space*) und dem des Systemkerns (*system space*).

ALU

Die ALU (*Arithmetic and Logic Unit*) ist Teil der ↗CPU und enthält mindestens einen Addierer, eine Einheit für logische Operationen und eine Shift-Einheit.

ANSI C

ANSI C (*American National Standards Institute*) arbeitete an der Standardisierung der Programmiersprache C. Die zuständige Fachgruppe X3J11 wurde 1983 gegründet; seit 1989 gilt ANSI C als Standard.

API

Das API (*Application Programmer's Interface*) definiert die Schnittstelle zwischen Anwenderprogramm und UNIX-System, d. h. es definiert im wesentlichen die Syntax von Systemaufrufen und die Funktionalität von Systembibliotheken (↗*Libraries*).

ASIC

Der maßgeschneiderte Entwurf integrierter Bausteine (Full Custom) ist ein teurer und aufwendiger Prozeß, so daß sich dieser Aufwand nur für hohe Stückzahlen lohnt. Um auch kleine Auflagen von integrierten Bausteinen zu erlauben, wird bei ASICs (Application Specific Integrated Cicuit) der Entwurfsprozeß dadurch beschleunigt, daß man auf einem Katalog vorentworfener, standardisierter Schaltungsteile (*Standardzellen*) aufsetzt.
Bei *Gate Arrays* werden darüberhinaus noch Fertigungskosten reduziert, da nur noch die letzten Prozeßschritte spezifisch für einen Baustein sind.

Assoziative Suche

Die gegenüber einem Hauptspeicher sehr viel kleinere Kapazität eines Cache erfordert, daß ein Cache-Eintrag unterschiedlichen Hauptspeicheradressen zugeordnet werden kann. Beim Laden eines Cache wird zusammen mit den eigentlichen Daten die Hauptspeicheradresse oder ein Teil davon – das *Tag* – abgelegt. Beim Auslesen wird anhand dieses Tags das zugehörige Datum identifiziert. Einen solchen Zugriff nennt man assoziative Suche oder inhaltsorientierten Zugriff. Alle Cache-Einträge, über die sich eine assoziative Suche erstreckt, bilden einen Satz (*Set*).

Attached Processor

Eine Baugruppe mit eigenem Prozessor, die
lose gekoppelt (*loosely coupled*) – z. B. über den
Systembus – an den Host-Prozessor angeschlossen ist.
Im Gegensatz dazu stehen eng gekoppelte
(*tightly coupled*) Systeme, wie beispielsweise
↗Koprozessoren.

Backplane

Die Backplane ist eine Rückwand-Platine, die
mit fest montierten Buchsen – sogenannten
Slots – versehen ist; die passenden Stecker
sind auf der Flachbaugruppe montiert. Die
Slots sind auf der Backplane durch geätzte
Leitungen verbunden.

Beleuchtungsmodell

Ein Beleuchtungsmodell legt die Art der Behandlung von Lichtquellen und ihre Wirkung
auf die vorhandenen Objektoberflächen fest.
Außerdem beinhaltet es die Wechselwirkung
der Objekte untereinander.

Benchmark

Benchmarks sind spezielle Programme, die
dazu dienen, die Leistung eines Systems oder
einer bestimmten Systemkomponente zu ermitteln. Die Benchmarks sollen ein repräsen-
tatives Anforderungsprofil für das untersuchte System darstellen.

Bewegtbildverarbeitung

Die Bewegtbildverarbeitung beinhaltet die
Auswertung und Kodierung von Bildinformation. Sie wird z. B. angewendet für das Komprimieren von Bildinformation, um diese über
Netz zu versenden oder auf Bildplatte abzu-
speichern.

Bézier-Algorithmus

Der Bézier-Algorithmus und B-Spline-Kurven
werden bei der Approximation von Kurven auf
der Basis von gemessenen Stützpunkten angewendet. Die Kurven liegen im Zweidimensionalen, jedoch kann man eine Reihe von
Kurven, mit der z-Koordinate als Parameter,
zu einem dreidimensionalen Objekt zusam-
mensetzen. Sowohl der Bézier-Algorithmus als
auch der ↗B-Spline-Algorithmus werden
hauptsächlich in 3D-CAD-Programmen angewendet.

Broadcast

Ein Transfer an *alle* Teilnehmer eines Busses
oder eines Netzwerks.

BSD-UNIX

BSD (*Berkley Software Distribution*)-UNIX ist
ein an der University of California ent-
wickeltes UNIX-System. Aus ihm entstand
SunOS, das UNIX-System von SUN Microsystems. Viele Eigenschaften von BSD-UNIX
wurden im Zuge der UNIX-Standardisierung in
den heutigen Standard UNIX ↗SVR4 integriert.

BTC

Der BTC (*Branch Target Cache*) ist ein In-
struction Cache, der eng mit einer *Instruction
Prefetch Unit* zusammenarbeitet. Der BTC un-
tersucht während des Programmlaufs, ob die
Sprungziele (*branch target*) des Programms
bereits im Instruction Cache geladen sind.
Wenn nein, dann wird der I-Cache mit den
Befehlen an den Sprungstellen nachgefüllt.
Diese Nachfüllen geschieht parallel zur Pro-
grammausführung und führt daher zu keinem
↗Cache Miss.

Bus

Kommunikationspfad in einem Rechner. Spezifisch für einen Bus ist, daß zu jedem Zeitpunkt immer nur *ein* Busteilnehmer den Bus
steuern darf.
Bus wird gelegentlich auch als Synonym für
"Leitungsbündel" verwendet.

B-Spline-Kurven

Siehe ↗*Bézier-Algorithmus*.

Cache

Der Cache ist ein kleiner, aber schneller Speicher, der die Unterschiede zwischen den Zugriffszeiten von Prozessor und Hauptspeicher
ausgleicht. Dabei wird sowohl die räumliche
als auch die zeitliche Lokalität von Befehlen
und Daten ausgenutzt, um die laufend benutzten Befehle und Daten in den Cache zu laden
und in ihm zu halten.

Cache-Ersetzungsstrategien

Bei einem mehrfach satzassoziativen Cache
muß durch einen Ersetzungsalgorithmus festgelegt werden, welcher Cache-Block bei einem

Cache Miss (↗Cache Miss) durch den neuen Eintrag verdrängt wird. Übliche *Algorithmen* sind LRU (*least recently used*), LFU (*least frequently used*), FIFO (*first in, first out*) und Random.

Cache Hit

Wenn sich ein Daten- oder Befehlswort im ↗Cache befindet.
Siehe auch ↗*Cache Miss* und ↗Hit Rate.

Cache Miss

Ein Cache Miss entsteht, wenn der Prozessor auf eine Adresse zugreift, die sich nicht im Cache befindet. Das zugehörige Datum wird in diesem Fall dem Prozessor vom Hauptspeicher bereitgestellt und gleichzeitig in den Cache übernommen.

Cache-Schreibstrategien

Wenn die CPU einen Schreibauftrag ausführt, muß nicht nur im Cache, sondern auch im Hauptspeicher das Datum aktualisiert werden. Der Hauptspeicher kann dabei gleichzeitig mit dem Cache aktualisiert werden (*Write Through*), oder die Aktualisierung wird erst durchgeführt, wenn der geänderte Eintrag aus dem Cache verdrängt wird (*Write Back* oder *Copy Back*). Eine Variante des Write Through-Mechanismus wird durch die Einführung eines Puffers realisiert, der die Schreibdaten zwischenspeichert (*Buffered Write Through*). Der Pufferinhalt wird in den Speicher übernommen, sobald Bus und Speicher nicht mehr belegt sind.

CISC

CISC (*Complex Instruction Set Computer*) ist die Architektur von traditionellen Prozessoren. CISCs haben üblicherweise einen umfangreichen Befehlssatz (> 100 Befehle) mit variablem Format und mehreren Adressierungsarten, hohes ↗CPI und ↗Mikroprogrammierung.
Der Begriff CISC wurde geprägt, um die traditionelle Rechnerarchitektur gegenüber der ↗RISC-Architektur abzugrenzen.

Code-Optimierung

Die Code-Optimierung ist ein Arbeitsschritt bei der Übersetzung von Programmen (↗*optimierende Compiler*). Ziel ist dabei, den erzeugten Code in einen schneller ablaufenden

zu überführen. Typische Maßnahmen sind die Optimierung der ↗*Registerbelegung*, das Durchführen von ↗*Peephole-Optimierungen* sowie das Berücksichtigen von *Pipeline-Eigenschaften*.

Column Mode (bei DRAMs)

Der Column Mode ist eine spezielle Eigenschaft von *DRAMs*, die beschleunigte Blockzugriffe unterstützen. Beim Column Mode erfolgt die Steuerung von Folgezugriffen, nach Bereitstellen der Startadresse durch Angabe einer neuen Spaltenadresse.

Context Switch

Als Context Switch (Kontextwechsel, ↗Task-Wechsel) wird das Umschalten zwischen zwei ↗Prozessen bezeichnet. Dabei werden alle lokalen und globalen Prozeßinformationen des zu verdrängenden Prozesses gerettet und Code- bzw. Datenbereiche des neuen Prozesses in den Prozeß-↗Adreßraum des Benutzerprozesses geladen.

CPI

Cycles per instruction. Dieses Verhältnis gibt an, wieviel Taktzyklen ein Prozessor für die Abarbeitung eines Befehls durchschnittlich benötigt. Für ↗CISC-Prozessoren gilt ein typischer Wert von 10 bis herab zu 2. Die ↗RISC-Prozessoren begannen mit einem CPI von ca. 2, das bei der neuesten Generation auf einen Wert < 1 abgesunken ist.

CPU

Die CPU (*Central Processing Unit*) ist Kern eines Prozessors. Sie umfaßt mindestens den Befehlsdekoder (bei ↗CISCs mikroprogrammiert) und eine ↗ALU. Da die CPU nur Integer-Operationen ausführt, wird sie häufig auch *Integer Unit (IU)* genannt.

Crossbar Switches

Crossbar Switches sind intelligente Multiplexer oder Verbindungen. Sie besitzen mehrere Eingänge und Ausgänge. Die Schaltung der Verbindungen erfolgt dynamisch und ist programmgesteuert. Mit Crossbar Switches ist es möglich verschiedene Eingangsquellen mit unterschiedlichen Ausgängen zu verbinden.

Cross Compiler

Ein Cross Compiler ist ein Compiler, der auf einem Rechner mit Prozessor X abläuft und einen Code für einen von X verschiedenen Prozessor Y erzeugen kann. Cross Compiler werden in der Regel eingesetzt, um Software für neue Rechner auf einem bestehenden Entwicklungssystem schreiben und übersetzen zu können.

Deadlock

Eine Situation, in der sich zwei (oder mehrere) Prozesse gegenseitig blockieren, ohne daß diese Blockade aufgelöst werden kann, nennt man Deadlock. Ein Deadlock tritt typischerweise auf, wenn Prozeß A eine Systemressource beantragt, die Prozeß B besitzt, und gleichzeitig Prozeß B diese nicht freigeben kann, da er auf eine Systemressource wartet, die von Prozeß A belegt ist. Zur Lösung dieses Problems wird üblicherweise *Dekkers* Algorithmus des *gegenseitigen Ausschlusses* (*mutual exclusion*) verwendet.

Debugger-Prozeß

Ein Debugger-Prozeß kontrolliert (schrittweise) den Ablauf eines Applikationsprogramms. Er wird als Dienstprogramm eingesetzt, um logische Fehler im Programmablauf des Applikationsprogramms zu finden. Ein solches Vorgehen wird auch als *Process Tracing* bezeichnet und ist eine spezielle Art von Prozeßkommunikation.

Device (unter UNIX)

Ein Device ist ein externes, physikalisches Gerät, das z. B. unter UNIX über spezielle Treiberprogramme (*Device Driver*) betrieben werden kann. Man unterscheidet zwischen zeichenorientierten Geräten (*Character Devices*) und blockorientierten Geräten (*Block Devices*).

Diskless Workstation

Workstations wurden zunächst alleinstehend betrieben, benötigten also ihre eigene Peripherie, insbesondere eine *Festplatte* zum Booten (Urladen) und für das File-System. Für besonders preisgünstige Workstations verzichtet man auf eigene ↗Peripherie. Der Massenspeicher ist dann zentral in einem ↗Server untergebracht und über Netz (↗Ethernet) mit der Diskless Workstation verbunden. Da besonders beim Booten große Datenmengen über das Netz laufen, geht man nun teilweise wieder dazu über, wenigstens eine kleine Festplatte in der Workstation zu installieren (*Diskfull Workstation*).

DRAM

Bei DRAM-Bausteinen (*Dynamic Random Access Memory*) muß die in einem Kondensator gespeicherte Information in festen Abständen aufgefrischt werden (↗Refresh). Aus Kostengründen werden Hauptspeicher üblicherweise mit DRAMs aufgebaut.

Embedded Control

Embedded Control-Systeme unterscheiden sich durch einige wesentliche Merkmale von General Purpose-Rechnern wie etwa Workstations. Ihr Einsatzbereich liegt meist innerhalb eines größeren Systems; der Rechner ist als solcher nicht unbedingt erkennbar. Rechner in Embedded Control-Anwendungen sind i. d. R. für einen speziellen Anwendungsfall zugeschnitten. Die auf Embedded Control-Systemen anfallende Rechenlast zeigt oft ein sehr typisches und ausgeprägtes Profil (z. B. entweder sehr hohe oder keine Anforderungen an Fließkomma-Arithmetik).
Die Steuer-Programme in Embedded Control-Anwendungen sind oft in nichtflüchtige Speicher eingebrannt, es läuft also immer ein ganz bestimmtes Programm ab.

Endian (Little Endian, Big Endian)

Siehe ↗*Wortformat*.

Exception

Eine Exception zeigt das Auftreten unerwarteter Ereignisse beim Abarbeiten eines ↗Prozesses an, wie beispielsweise Adressierungsfehler oder Division durch Null. Zudem treten Exceptions üblicherweise während der Ausführung eines Befehls auf, d. h. das System muß diesen Befehl nach der Exception-Behandlung neu starten. Obwohl UNIX für Exceptions wie für ↗Interrupts denselben Mechanismus benutzt, unterscheiden sich beide Unterbrechungsarten signifikant.

FDDI

Fiber Distributed Data Interface (FDDI) ist ein lokales Netzwerk basierend auf Glasfaserkabel. Es ist in einem doppelten Ring aufgebaut, wobei der zweite Ring zu Sicherungszwecken dient. Zur Vergabe des Mediums wird das Token Passing Prinzip verwendet.

Fehlertoleranz

Eigenschaft eines Rechensystems, trotz Fehler das korrekte Verhalten zu zeigen, d. h. die geforderte Dienstleistung zu erbringen und Fehlerauswirkungen auf das System zu verhindern.

Das fehlertolerante System garantiert demnach, daß Anweundungsfunktionen erhalten bleiben, auch wenn in Subsysteme Fehler auftreten, die zur Menge der zu tolerierenden Fehler gehören.

Dieses Verhalten resultiert aus dem Aufeinandertreffen von Fehlerwirkungen und den realisierten Abwehr-, d. h. Fehlertoleranzmaßnahmen.

Die Realisierung dieser Fehlertoleranzmaßnahmen erfordert zusätzliche Mittel, die über die Erfordernisse der Anwendungsfunktionen hinausreichen.

Durch Nutzung der Redundanz gewährleistet ein fehlertolerantes Rechensystem Ausfallsicherheit und erhöht Zuverlässigkeit und Verfügbarkeit des Gesamtsystems.

File (bei UNIX)

Das File ist (neben dem Prozeß) eine der Basiseinheiten, die vom UNIX-System verwaltet werden. Files sind in einem hierarchischen File-Baum organisiert und können vier unterschiedliche Ausprägungen annehmen: (1) normale Datei (enthält Daten), (2) Directory (Katalogeintrag zur Strukturierung des File-Baums), (3) Symbolic Link (Querverbindungen im File-Baum) und (4) Special File (symbolische File-Baum-Einträge für Geräte).

Flächennormale

Eine Flächennormale ist ein Vektor mit normierter Länge. Seine Orientierung ist senkrecht zu der Fläche, auf der er sich befindet.

Floorplanning

Arbeitschritt beim Layout-Entwurf, der den Funktionsblöcken eines Schaltungsentwurfs in einer groben Abschätzung Flächen zuweist, die dann zusammen mit den Verdrahtungsflächen unter Berücksichtigung der Daten- und Steuerflüsse zu einem Gesamt-Chip-Plan (Flurplan, Floor Plan) zusammengefügt werden.

Forwarding

Das Forwarding löst Datenkonsistenkonflikte innerhalb einer Pipeline, wenn Daten aus dem Register-File verarbeitet werden sollen, diese aber noch nicht dort zur Verfügung stehen, da diese von einem vorausgehenden Befehl erst zu einem späteren Zeitpunkt eingeschrieben werden.

Mit dem Forwarding-Mechanismus kann das Datum an die Ausführungseinheit, die dieses Datum benötigt, weitergeleitet werden, sobald das gewünschte Datum innerhalb des Prozessors vorhanden ist. Damit werden unnötige Wartezeiten auf Ergebnisse vermieden und der Durchsatz des Prozessors wird gesteigert.

FPU

Die FPU (*Floating-Point Unit*) beschleunigt arithmetische Operationen mit Floating-Point-Zahlen durch die Unterstützung der Algorithmen durch spezielle Hardware.

Für die Formate und die Behandlung der Daten wurde der Standard *IEEE 754-1985* definiert. Seine Einhaltung stellt sicher, daß auch unterschiedliche Implementierungen der Floating-Point-Arithmetik zu den gleichen Ergebnissen führen. Es ist nicht festgelegt, welche Teile des Standards in Hardware abgebildet werden und welche durch eine Nachbearbeitung durch Software-Bibliotheken erfolgen.

Folgende *Formate* wurden fest gelegt: Single bzw. Double Precision mit 32 bzw. 64 bit Wortbreite, die durch fakultative Extended-Formate ergänzt werden. Der Standard umfaßt die vier Grundrechenarten und die Rundungen, Über- und Unterlauf, sowie die Behandlung illegaler Operanden.

Einzelne FPU-Realisierungen ersetzen die Division durch eine näherungsweise Reziprokwertbildung des Nenners mit anschließender Multiplikation mit dem Zähler (CRAY und i860). Die Division durch 2,0 führt dadurch zu einem anderen Resultat als die Multiplikation mit 0,5.

Glasfaserkabel

Glasfaserkabel wird bei optischer Übertragung verwendet. Das Medium ist sehr dünn und biegsam. Die Erzeugung der Signale erfolgt durch Umwandlung von elektrische in optische Signale mit Hilfe von Leuchtdioden (LED).

Harvard-Architektur

Bei der klassischen ↗*von Neumann-Architektur* bildet die Schnittstelle zum Speicher den sogenannten *von Neumann-Flaschenhals*. Er verringert die Systemleistung, da sowohl der Befehlsstrom als auch der Datenstrom über diese Schnittstelle abgewickelt werden muß. Dies gilt vor allem für RISC-Prozessoren, die im Idealfall in jedem Zyklus einen Befehl einlesen müssen.

Die *Harvard-Architektur* trennt die Befehls- und Datenströme, die direkt am Prozessor auf die erste Stufe der Speicher-Hierarchie (Caches) zugreifen. Dahinter werden sie zusammengeführt und die Maschine besitzt nur einen Hauptspeicher.

Ursprünglich geht der Name auf die Computer der Mark-Serie zurück, die von *Aiken* in den 40er Jahren an der Harvard-University entwickelt wurde, und bei der die beiden Ströme mit vollkommen getrennten Speichern realisiert waren.

Hit Rate (bei Caches)

Die Hit-Rate (siehe auch ↗Miss-Rate und ↗Lokale/globale Miss-Rate) gibt den Prozentsatz erfolgreicher Cache-Zugriffe in Bezug auf die Gesamtanzahl der Zugriffe an. Die Hit-Rate ist abhängig von den Cache-Parametern (Cache-Größe, Block-Größe und Grad der Assoziativität) und dem Anwendungsprogramm.MG

Inline Expansion

Beim Aufruf von Funktionen und Prozeduren müssen zur Programmlaufzeit Datenstrukturen zur Verwaltung von Adressen und Daten aufgebaut werden. Bei Aufrufen von kleiner Funktionen kann dieser Overhead wesentlichen Anteil an der Gesamtlaufzeit der Funktion haben. In diesen Fällen wird oft der Code der Funktion direkt an die Aufrufstelle kopiert ("der Aufruf wird expandiert"), um den Zusatzaufwand für die Aufrufverwaltung zu sparen.

Interpolation

Durch Interpolation kann man Signalwerte von z. B. Meßsignalen, die zwischen zwei real gemessenen Werten approximieren. Dieses Verfahren erlaubt es, Signalverläufe genauer darzustellen als es die Anzahl an real gemessenen Stützpunkten erlaubt. Es gibt verschiedene Methoden der Interpolation:

lineare, quadratische, usw. Sie unterscheiden ich im Aufwand und in der Qualität des Ergebnisses.

Interrupt

Bei Hardware: Ein asynchrones, von außen kommendes Ereignis, dessen Zeitpunkt in der Regel nicht vorhersehbar ist (verursacht z. B. vom Timer, Ein- und Ausgabegeräten). Ein Interrupt führt meist zu einer Unterbrechung der sequentiellen Befehlsabarbeitung durch den Prozessor. Die Abarbeitung des Interrupts geschieht in einer Interrupt-Routine, einem kleinen Programm, das dann aufgerufen wird. Von einzelnen Befehlen ausgelöste synchrone Unterbrechungen nennt man dagegen ↗*Traps*.

Bei Betriebssystemen: Interrupts bezeichnen im UNIX-System das asynchrone Eintreffen von Ereignissen. Ausgelöst werden Interrupts von externen I/O-Geräten oder von der System-Clock. Üblicherweise treten Interrupts zwischen zwei Befehlen auf, so daß nach der Interrupt-Behandlung sofort der nächste Befehl ausgeführt werden kann (siehe dazu auch ↗*Exception*). Vor Beginn der Interrupt-Behandlung wird der Kontext (*context switch*) des aktiven ↗Prozesses gerettet.

IP

Das *Internet-Protokoll* (IP) stammt aus den frühen 80er Jahren und wurde erstmalig im ARPANET implementiert. Es sorgt für die Vermittlung von Datenwegen zwischen Sender und Empfänger, und wird im ↗ISO/OSI-Modell der Schicht 3 (Netzwerkschicht) zugeordnet.

IPC

IPC (*Inter Process Communication*) ist eine von mehreren Möglichkeit der Prozeßkommunikation, die das UNIX-System zur Verfügung stellt. Sie basiert auf dem asynchronen Austauschen von Nachrichten zwischen zwei Prozessen (Message Passing-Konzept). Besondere Bedeutung kommt IPC bei der Implementierung von verteilten Systemen zu.

IU

Integer Unit. Siehe ↗CPU.

Kathodenstrahlröhren

Bei Kathodenstrahlröhren wird jedes Bild, nicht wie beim Rasterbildschirm punktweise aufgefrischt, sondern vom Elektronenstrahl vektorweise nachgezeichnet. Objekte können nur im Drahtmodell und nicht flächig dargestellt werden.

Kernel

Siehe ↗Systemkern.

Koaxialkabel

Ein Koaxialkabel ist eine geschirmte Leitung. In der Mitte verläuft ein Kupferdraht, auf dem das Signal übertragen wird. Der Draht ist mit einer Isolierschicht umgeben, die wiederum von einer auf Masse gelegten Kupferschicht ummantelt ist. Koaxialkabel wird hauptsächlich für LANs verwendet.

Laptop

Personal Computer und Workstations werden, je nach Größe und Ausbau, als *desk side* (auch ↗Tower) für die größeren Systeme bzw. *desk top* für die kleineren, auf dem Schreibtisch plazierbaren Systeme bezeichnet. Noch kleinere Maschinen, deren Grundfläche meist nicht die der Tastatur übersteigt, mit einem Gewicht von 5 bis 10 kg wurden nun Laptop getauft, da man sie auch auf dem Schoß bedienen kann.

Library

Zur komfortableren Programmierung stellt das UNIX-System dem Programmierer viele häufig gebrauchte Prozeduren in Form von Bibliotheken zur Verfügung (z. B. I/O-Prozeduren oder Prozeduren zur Manipulation von Zeichenfolgen). Neben dem bisher verwendeten Bibliotheks-Mechanismus, bei dem die gesamte Bibliothek zur Übersetzungszeit an die Zieldatei gebunden wird, gibt es unter UNIX ↗SVR4 auch *shared libraries*. Bei diesem Konzept werden die benötigten Prozeduren erst zur Laufzeit an das Programm gebunden.

LIW

Long Instruction Word. Bei einer LIW-Architektur werden mit einem Befehlswort mehr als eine Ausführungseinheit (Execution unit) angesprochen. LIW-Architekturen sind eine verbreitete Methode, um das ↗CPI eines Prozessors zu reduzieren.

Lokale/globale Miss-Rate

Jeder Cache hat für ein bestimmtes Programm eine bestimmte Miss-Rate. Liegt diese z. B. bei 1%, dann erzeugt einer von 100 Zugriffen einen Miss und geht weiter an den Hauptspeicher. Diese sogenannte *globale* Miss-Rate ändert sich nicht, wenn ein Cache in der zweiten Stufe einer Cache-Hierarchie eingesetzt wird. Er wird für das gleiche Programm die gleiche Anzahl von Misses aufweisen. Da jedoch die Anzahl der Zugriffe durch den ersten Cache erheblich herabgesetzt ist, ergibt sich im Verhältnis eine wesentlich höhere *lokale* Miss-Rate.

Mail

Der Mail-Dienst ist ein Programm, das es erlaubt, digitale Nachrichten mit anderen Netzteilnehmern auf der ganzen Welt auszutauschen. Die Teilnehmer können an unterschiedlichen, miteinander verbundenen Netzen angeschlossen sein.

Mainframe

Ein Mainframe wird häufig auch als *Großrechner* bezeichnet. Er ist speziell darauf ausgelegt, daß er möglichst viele, meist nur alphanumerische Terminals bedienen kann. Zusätzliches Augenmerk wurde auf die *Sicherheit* gelegt, so daß auch bei einer Störung der Rechner nicht vollständig "abstürzt". Die weiteste Verbreitung finden Mainframes im kommerziellen Bereich, wo von vielen, zum Teil weit verteilten Terminals Transaktionen auf eine große Datenbank durchgeführt werden (Buchungssysteme, Bankwesen).

Mikroprogrammierung

Bei mikroprogrammierten Prozessoren werden die Maschinenbefehle nicht direkt von der Hardware ausgeführt, sondern durch kleine Unterprogramme, sogenannte *Firmware*. Die Firmware hat einen Befehlssatz, der direkt die Hardware anspricht. Mikroprogrammierung wird von ↗CISCs häufig verwendet.

Miss Rate (bei Caches)

Miss Rate = 1 – Hit Rate
Siehe ↗Hit Rate.

MMU

Die MMU (*Memory Management Unit*) ist für die Verwaltung des virtuellen Adreßraums verantwortlich. Sie bildet die virtuellen (logischen) Adressen auf reale (physikalische) Adressen ab. Wird die Abbildung durch ↗Paging realisiert, werden beide Adreßräume in eine Folge von Abschnitten konstanter Länge, sogenannte Seiten (*Pages*), unterteilt. In einer Tabelle ist für jede Seite des virtuellen Adreßraumes die zugehörige reale Seitenadresse abgespeichert. Um die Umsetzung zu beschleunigen, wird ein *Translation Lookaside Buffer* (↗TLB) verwendet, der als eine Art Cache für die Seitentabelleneinträge fungiert. Parallel zur Umsetzung können zusätzliche Prüfungen wie auf Existenz der Seite im Hauptspeicher (realer Adreßraum) oder auf Zugriffsrechte durchgeführt werden.

Motif

Motif ist das von ↗OSF unterstützte ↗Widget-Set. Es setzt auf X Window System auf. In Motif ist das Aussehen und die Handhabung von Elementen einer Benutzeroberfläche, wie z. B. Buttons, Menüs, Icons usw. festgelegt. Motif ist augenblicklich dabei sich als de facto Standard zu etablieren. Ein weitere Widget-Set dieser Art ist ↗*Open Look*.

Multimedia

Unter dem Begriff Multimedia versteht man die Integration verschiedener Medien in einem System. Eine Multimedia-Workstation würde z.B. einen Video-Anschluß, einen Audio-Anschluß, einen Anschluß für Breitbandnetz beinhalten. Nicht nur die Hardware-Integration, sondern auch die softwaremäßige Integration der Medien unter einer Benutzeroberfläche wird mit diesem Begriff erfaßt.

Multi-Tasking

Multi-Tasking bezeichnet die gleichzeitige Ausführung mehrerer Tasks (↗*Prozesse*). Multi-Tasking muß vom Betriebssystem unterstützt werden. Bei Multiprozessor-Architekturen werden die einzelnen Tasks vom Betriebssystem aus den einzelnen Prozessoren zugeteilt, d. h. sie werden tatsächlich parallel abgearbeitet. Bei Monoprozessor-Architekturen muß das Betriebssystem für eine faire Vergabe der ↗CPU an die einzelnen Prozesse sorgen (Zeitscheibenverfahren), d. h. die einzelnen Tasks werden sequentiell (aber ineinander verschachtelt) abgearbeitet.

Multi-Threading

Während beim Multi-Tasking mehrer Prozesse parallel ausgeführt werden, kann beim Multi-Threading ein einzelner Prozeß in mehrere "Handlungsfäden" (↗*Threads*) aufgeteilt werden. Die Einführung dieser sogenannten *Lightweight Processes* ermöglicht die Ausnutzung von Parallelität innerhalb eines üblichen UNIX-Prozesses. Allerdings kann Multi-Threading nur unter speziell dafür entwickelten Betriebssystemen eingesetzt werden (verteilte Betriebssystem-Architekturen).

Multi-User

Der Multi-User-Betrieb erlaubt das gleichzeitige Arbeiten mehrerer Benutzer an einem Rechensystem. Voraussetzung dafür sind entsprechende Betriebssystemmechanismen und eine ausreichende Zahl von an das Rechensystem angeschlossenen ↗Terminals. Gleichzeitig ist auch ↗Multi-Tasking unumgänglich.

NFS

Das *Network File System* (NFS) von SUN Microsystems ermöglicht den transparenten Zugriff auf ↗Files von im Netzwerk verteilten Rechensystemen, d. h. der Benutzer muß beim Zugriff nicht wissen, auf welchem Rechensystem sich das File tatsächlich befindet. NFS wird auf Basis des *virtuellen Filesystems* (↗VFS) implementiert. Im ↗ISO/OSI-Modell entspricht NFS einem Protokoll der Schicht 7 (Anwendungsschicht).

Nibble Mode (bei DRAMs)

Der *nibble mode* ist eine spezielle Eigenschaft von DRAMs (↗DRAM), um Blockzugriffe zu beschleunigen. Beim *nibble mode* kann nach Bereitstellen der Startadresse auf sequentielle Folgeadressen (üblicherweise maximal 4) allein durch Setzen des CAS-Signals (*column address strobe*) zugegriffen werden.

Note Book PC

Siehe auch ↗*Laptop*. Noch kleinere und leichtere PC- oder Workstation-Variante mit einem Gewicht von nur mehr 2 bis 3 kg.

OPEN LOOK

OPEN LOOK ist das von UNIX International
unterstützte Pendant zu ↗Motif. Es setzt auf
dem Fenstersystem NEWS von Sun Microsystems auf.

Optimierende Compiler

Die Aufgabe von Compilern ist zunächst die
Übersetzung von in höheren Programmiersprachen geschriebenen Programmen in Maschinenprogramme, die auf einem Prozessor
ablaufen können. Diese Aufgabe wird durch
die ↗Code-Optimierung ergänzt. Moderne
Compiler enthalten in der Regel ein oder mehrere Optimierungsstufen, die vom Anwender
bei Aufruf des Compilers ausgewählt werden
können.

Orthogonalität

Ein orthogonaler Befehlssatz läßt die Kombination aller Befehle mit allen Adressierungsarten zu.

OSF

Die *OPEN SOFTWARE FOUNDATION*
(OSF) ist eine Interessengemeinschaft, die
sich mit der Implementierung einer standardisierten Version des UNIX-System befaßt
(OSF/1-System). Zu ihren Mitgliedern zählen
u. a. DEC, HP, IBM und Siemens-Nixdorf.
Konkurrent bei der Entwicklung eines "Standard-UNIX" ist ↗UI.

Page Fault

Ein Page Fault ist eine Unterbrechung, die
durch einen Zugriff auf eine Seite (*page*), die
sich nicht im Hauptspeicher befindet, ausgelöst wird. Das Betriebssystem lädt daraufhin
die benötigte Seite in den Hauptspeicher
(↗Paging).

Page Mode (bei DRAMs)

Der *Page Mode* ist eine spezielle Eigenschaft
von DRAMs (↗DRAM), um Blockzugriffe zu
beschleunigen. Beim *page mode* erfolgt die
Steuerung von Folgezugriffen, nach Bereitstellen der Startadresse, durch Angabe der
neuen Spaltenadresse (Column-Adresse) und
Setzen des CAS-Signals (*column address
strobe*).

Paging

Unter Paging versteht man die Unterteilung
sowohl des virtuellen als auch des physikalischen (realen) Adreßraums in Abschnitte (Seiten, Pages) gleicher Größe. Übliche Seitengrößen liegen dabei zwischen 512 Byte und
4 KByte. Im Rahmen der Adreßübersetzung
wird eine Seite des virtuellen Adreßraums auf
eine Seite des physikalischen Adreßraums abgebildet. Paging wird teils in Hardware
(↗MMU), teils durch das Betriebssystem
realisiert.

Parity

Von jedem "Parity-gesicherten" Byte oder
Wort wird gezählt, ob die Anzahl der Einsen in
diesem Byte gerade oder ungerade ist. Das Ergebnis dieses Zählens wird in die sogenannte
Parity-Leitung, eine zusätzliche Leitung, eingespeist. Der Empfänger des Worts vergleicht
nun sein Ergebnis mit dem Wert auf der
Parity-Leitung und meldet bei einem Unterschied Fehler.

PC

Personal Computer (PC) war der erste Name
für die dezentralen, mikroprozessor-basierten
Rechner, die im Gegensatz zum ↗*Mainframe*
ganz einem einzigen Benutzer zur Verfügung
stehen.
Oft wird unter PC ganz speziell ein IBM-kom-
patibles System unter MS-DOS verstanden.

PCM-Verfahren

Das PCM-Verfahren (Pulse Code Modulation)
wird zur Digitalisierung und Übertragung von
analogen Signalen verwendet. Die abgetaste-
ten Signalpegel werden durch Schwellenver-
gleich quantisiert. Die Übertragung der Daten
erfolgt ungesichert und uncodiert als Bit-
strom.

Peephole-Optimierung

In der ↗Code-Optimierung werden u. a. Verfahren eingesetzt, die jeweils nur wenige
nebeneinander liegende Befehle betrachten.
Diese, einem Blick durch ein Fenster oder
Schlüsselloch gleichende Betrachtungsweise
hat für die entsprechenden Verfahren den
Begriff *Peephole*-Optimierung geprägt. Innerhalb der Peephole-Optimierung wird dann
nach der Art der durchgeführten Optimierung
weiter unterschieden.

Perspektivische Projektion

Die perspektivische Projektion wird angewendet, um einen dreidimensionalen Eindruck auf einem ebenen (zweidimensionalen) Bildschirm zu erzeugen. Die Linien und Flächen werden derart verzerrt, so daß Flächen und Linien entweder weiter entfernt oder näher am Betrachter erscheinen. So erhält der Betrachter den Eindruck wie in der realen Umgebung: weiter entfernte Objekt erscheinen kleiner und die nahen größer.

Pipeline-Interlocks

Hierbei handelt es sich um *Konflikte*, die zwischen zwei Befehlen, die sich in der Pipeline befinden auftreten können. Als Beispiel sei die Datenkonsistenz genannt: Ein Befehl liest Daten aus dem Register-File aus, die ein vorausgehender Befehl erst zu einem späteren Zeitpunkt in dieses einschreibt. Dieser Konflikt wird in den meisten Prozessoren durch zusätzliche Hardware gelöst (↗*Forwarding* oder ↗*Scoreboard*). In den Fällen, in denen keine Abhilfe geschaffen werden kann, muß der Compiler durch *Instruction Scheduling* verhindern, daß diese Konflikte auftreten.

Pixel

Ein Pixel ist ein Punkt auf dem Bildschirm. Jeder Bildschirm ist in eine Anzahl von Feldern aufgeteilt, von denen jedes Feld mit dem Elektronenstrahl getroffen und zum Leuchten gebracht werden kann.

Polygone

Ein Polygon ist eine Fläche, die durch eine Anzahl von geraden Linien begrenzt wird. Es kann eine beliebige Anzahl von Kanten besitzen. Beispiele für Polygone sind Rechtecke und Dreiecke.

Port

In verteilten Systemen sind Ports die Kommunikationsschnittstellen zwischen den verschiedenen ↗Actors. Ports sind im wesentlichen logische (und systemweit eindeutige) Namen, die von jedem Prozeß im System adressiert werden können. Dabei spielt keine Rolle, wo sich der zugehörige Actor befindet, d. h. Ports können zur Laufzeit des Programms einem neuen Actor zugeteilt werden (*port migration*).

POSIX

POSIX ist eine *herstellerunabhängige* Arbeitsgruppe des ↗*IEEE*, die Standards im UNIX-Umfeld entwickelt, welche später in ↗*ANSI*-, DIN- oder ↗*ISO*-Definitionen übergehen sollen. POSIX ist auch unter der Bezeichnung *P1003 Working Group* bekannt.

Protokoll

Genaue Regelung des zeitlichen Ablaufs eines Vorgangs. Durch Protokolle ist der Ablauf einer Übertragung auf einem Bus oder Netz festgelegt.
Für die Protokoll-Notation werden bei Bussen meist Zeitdiagramme, Finite State Maschines (FSM) oder Petri-Netze verwendet.
Für Netze gibt es eine Protokoll-Hierarchie, die in den 7 OSI-Schichten festgelegt ist.

Prozeß

Im UNIX-System werden Prozesse als die Ausführung eines Programms definiert. Der Prozeß ist (neben dem ↗File) eine der Basiseinheiten, die vom UNIX-System verwaltet werden. Die wichtigsten Aufgaben der Prozeßverwaltung sind (1) Synchronisation von Prozessen, (2) Kommunikation zwischen Prozessen, (3) Zuteilung der ↗CPU an einen Prozess und (4) die Verwaltung des virtuellen Adreßraums.

PSR

Das Processor State Register (PSR) enthält alle Informationen, die ein Prozessor benötigt, um nach einem ↗Trap mit der normalen Befehlsabarbeitung fortzufahren.

Rasterbildschirm

Ein Rasterbildschirm wird, im Gegensatz zur Kathodenstrahlröhre bildpunktweise angesteuert. Jeder Bildpunkt wird beim Auffrischen neu gezeichnet, selbst wenn er vom augenblicklichen Bildschirminhalt nicht aktiv ist. Auf dem Rasterbildschirm ist es möglich sowohl Linien als auch Flächen darzustellen.

Refresh

Ein Refresh ist zur Auffrischung der im Kondensator einer DRAM-Speicherzelle gespeicherten Ladung nötig, die durch Leckströme verlorengeht. Die Auffrischung aller Speicherzellen muß innerhalb weniger Millisekunden wiederholt werden. Es wird jeweils eine Zeile der Speichermatrix aufgefrischt. Zu den verschiedenen Refresh-Verfahren gehören: *burst refresh, hidden refresh* und *self refresh.*

Reflexionskoeffizient

Der Reflexionskoeffizient gibt an, wie auf eine Oberfläche auftreffendes Licht absorbiert und reflektiert wird. Der Reflexionskoeffizient wird bei Anwendung eines Beleuchtungsmodells zur Farbberechnung von Bildpunkten verwendet. Die Größe des Reflexionskoeffizienten, die immer zwischen 0 und 1 liegt, ist abhängig von der Oberflächenbeschaffenheit (Rauheit, Transparenz usw.) und der Färbung der Oberfläche.

Registerfenster

Eine Alternative zu dem *homogenen Registersatz* der meisten Prozessoren ist das Registerfenster-Konzept (*Register Windows*). Dabei ist ein Teil von ihnen nur innerhalb einer Prozedur sichtbar (*lokale* Register). Bei einem Aufruf bzw. Rücksprung wird das Fenster umgeschaltet, so daß für die lokalen Variablen ein eigener Satz von Registern zur Verfügung steht. Sind die Fenster überlappend organisiert, so kann die aufrufende Prozedur die Parameter in den Überlappungsbereich schreiben, von dem die aufgerufene Prozedur diese wieder lesen kann. Analog dazu erfolgt die Rückgabe des Ergebnisses. Um Platz für Variablen zu besitzen, auf die ständig zugegriffen werden muß, sind die *globalen* Register ständig verfügbar.
Insgesamt steht eine höhere Anzahl von Registern zur Verfügung, womit Speicherzugriffe eingespart werden können. Andererseits ist der Aufwand bei einem Task-Wechsel höher, da mehr Register gerettet werden müssen.

Registerzuordnung

Das Optimieren der Registerzuordnung ist eine der zentralen Aufgaben innerhalb der ↗Code-Optimierung. Ihr Ziel ist es, im Programm verwendete Daten so in Registern und im Speicher abzulegen, daß die während der Programmlaufzeit anfallenden Datenzugriffe möglichst schnell ausgeführt werden. Diese Bedeutung dieser Aufgabe ergibt sich aus der großen Differenz der Zugriffszeiten zu Registern und zum Hauptspeicher.

RISC

Die RISC-Architektur (*Reduced Instruction Set Computer*) zeichnet sich gegenüber den traditionellen ↗CISC-Prozessoren aus durch geringe Anzahl von Befehlen, einfaches Befehlsformat, ↗Pipelining, Load/Store-Architektur und kleines ↗CPI.

RPC

Das *Remote Procedure Call*- (RPC-) Protokoll ist eine prozedur-orientierte Programmierschnittstelle zur Aktivierung von Prozeduren in Server-Programmen auf anderen Rechensystemen. Das RPC-Modell gleicht dem Modell der lokalen Prozeduraufrufe in Programmen. Im ↗ISO/OSI-Modell entspricht RPC einem Protokoll der Schicht 5 (Sitzungsschicht). Besondere Anwendung als Kommunikationsprotokoll findet RPC bei der Implementierung von verteilten Betriebssystemen.

Scan Line

Eine Scan Line ist eine Zeile von Bildpunkten auf dem Bildschirm. Die Auffrischung des Bildschirms erfolgt durch Nachzeichnen der einzelnen Scan Lines.

Scoreboard

Datenkonsistenzkonflikte können in einer *Pipeline* auftauchen, wenn ein nachfolgender Befehl auf Daten eines vorausgegangenen Befehls zugreifen will, diese aber noch nicht im Register-File verfügbar sind. Diese Konflikte können gelöst werden, wenn der nachfolgende Befehl so lange verzögert wird, bis das gewünschte Datum verfügbar ist. Die Hardware nennt man *Scoreboard*, die für jedes Register Buch führt, ob der Inhalt verfügbar ist und die Befehle, die in die Pipeline eingeführt werden, so lange anhält, bis die Daten vorhanden sind.

SIMM

Single Inline Memory Module (SIMM) bezeichnet eine Bauform für Hauptspeichermodule. Dabei sind die Speicherbausteine (evtl. beidseitig) auf eine kleine Platine aufgelötet. Die Platinen werden hochkant in entsprechende Fassungen eingesetzt. Mit dieser Technik werden sehr hohe Speicherdichten erreicht. Zusätzlich zeichnen sie sich durch einfache Handhabung und leichte Erweiterbarkeit damit aufgebauter Hauptspeicher aus.

Snooping

Bei *Multiprozessorsystemen* können Konsistenzprobleme auftreten, sobald jeder Prozessor einen eigenen Cache besitzt und diese Caches Kopien derselben Daten enthalten. Bei Systemen mit einem gemeinsamen Speicherbus kann das dezentrale *snooping* zur Konsistenzerhaltung eingesetzt werden. Bei diesem Protokoll wird, sobald ein Schreibauftrag auf ein Datum, von dem es mehrere Kopien gibt, ausgeführt wird, entweder eine *Invalidate*- oder eine *Update*-Nachricht auf den Bus gesendet. Alle Caches überprüfen diese Nachricht, und sie setzen, falls sie über eine Kopie des betroffenen Datums verfügen, den Cache-Eintrag ungültig (*invalidate*) oder übernehmen den neuen Wert (*update*).

Sockets

Sockets stellen einen standardisierten Prozeßkommunikationsmechanismus auf Netzwerkbasis dar. Sie werden häufig in Implementierungen des ↗Client-Server-Modells benutzt (u. a. in X Window System-Implementierungen). Sockets gehören wie ↗RPC zur Schicht 5 (Sitzungsschicht) des ↗ISO/OSI-Modells.

Speicherhierarchie

Ein Rechnersystem besteht üblicherweise aus mehreren hierarchisch angeordneten Speicherkomponenten (Register, Caches, Hauptspeicher und Hintergrundspeicher), die sich in der Speicherkapazität, der Zugriffszeit und den Kosten pro Bit unterscheiden.

SRAM

Bei SRAM-Bausteinen (*Static Random Access Memory*) muß im Gegensatz zu DRAM-Bausteinen (↗DRAM) die in einem Flipflop gespeicherte Information nicht aufgefrischt werden. Die Speicherzelle von SRAM-Bausteinen benötigt mehr Transistoren als eine DRAM-Zelle, so daß auf der gleichen Chip-Fläche nur etwa ein Viertel der Speicherkapazität erreicht werden kann, jedoch ist die Zugriffszeit bei SRAMs deutlich kürzer. Sie werden daher für den Aufbau von *Caches* (↗Cache) verwendet.

Static Column Mode

Der *static column mode* ist eine spezielle Eigenschaft von DRAMs (↗DRAM), um Blockzugriffe zu beschleunigen. Beim *static column mode* erfolgt die Steuerung von Folgezugriffen, nach Bereitstellen einer Startadresse durch ausschließliches Anlegen einer neuen Spaltenadresse (Column-Adresse).

Static Group

Ports verschiedener ↗Actors können zu statischen Gruppen zusammengefaßt werden. Ist dies geschehen, so kann ein Applikationsprogramm die Gruppe anstelle eines spezifischen ↗Ports adressieren. Dabei entscheidet das Betriebssystem, welcher Port der Gruppe die Nachricht tatsächlich erhält. Dieser Mechanismus findet vor allem bei der Implementierung redundanter Server Anwendung. Dabei werden Ports von mehreren Servern, die identische Dienste anbieten, in eine statische Gruppe integriert; Client-Prozesse können nun die gesamte Gruppe adressieren, ohne zu wissen, von welchem Server ihr Request bearbeitet wird.

Streams

Streams sind ein Prozeßkommunikations-Mechanismus, der besonders bei der Kommunikation zwischen Prozessen und Geräten benutzt wird. Man teilt dabei die Kommunikation in einen *protokollabhängigen* und einen *geräteabhängigen* Teil ein. Der Transport der Daten zwischen Prozeß und Gerät wird über einen standardisierten Mechanismus nach dem "Warteschlangenprinzip (*input/output queue*)" realisiert. Streams ermöglichen (bzgl. der Kommunikation) eine einfache Integration neuer Geräte in das Rechensystem, da nur der gerätespezifische Teil neu implementiert werden muß.

Super-Pipeline

Super-Pipeline ist eine Pipeline, bei der die Zeit zwischen dem Einschleusen der einzelnen Befehle geringer ist als die längste Ausführungszeit der einzelnen funktionalen Blöcke. Dadurch kann der Grad der Parallelität innerhalb eines Prozessors gesteigert werden.

Superskalar-Pipeline

Die Superskalar-Pipeline ist bestimmendes Merkmal der Superskalar-Architektur. Sie zeichnet sich dadurch aus, daß *mehrere Ausführungs-Einheiten parallel* mehrere Befehle gleichzeitig verarbeiten können. Die Auswertung, ob die eingelesenen Befehle parallel oder sequentiell bearbeitet werden können, trifft ein *Scheduler* in Zusammenarbeit mit einem ↗*Scoreboard* zur Laufzeit. Dabei werden die auftretenden Datenkonsistenz- und Steuerfluß-Konflikte berücksichtigt.

Die einzelnen Ausführungseinheiten haben meist eine unterschiedliche Funktionalität (z. B. ausschließlich Gleitkomma-Arithmetik), so daß Hardware eingespart werden, ohne daß der Grad der Parallelität im gleichen Maße sinkt.

SVID

Die *System V Interface Definition* (SVID) ist eine von AT&T erarbeitete Schnittstellendefinition für ↗Systemaufrufe und Bibliotheksfunktionen. Sie stimmt weitgehend mit den im ↗XPG zusammengefaßten Standardisierungsvorschlägen überein.

SVR4

UNIX System V, Release 4 (SVR4) ist die aktuelle Version des von AT&T vertriebenen UNIX. Es wurde um etliche Eigenschaften des ↗BSD-UNIX erweitert, und ist das erste auf dem Markt verfügbare UNIX, das den Standardisierungsvorschlägen der verschiedenen herstellerunabhängigen Gremien entspricht.

Systemaufruf

Mit Hilfe eines Systemaufrufs (*system call*) kann ein Benutzerprozeß den ↗Systemkern beauftragen, privilegierte Dienste für ihn auszuführen. Hat der Systemkern seine Arbeit beendet, so kann der Benutzerprozeß (der sich im Wartezustand befindet) weiterarbeiten.

System Call

Siehe ↗*Systemaufruf.*

Systemkern

Der Systemkern verwaltet ↗Prozeß- und ↗File-Subsystem. Er kann von Benutzerprozessen über ↗Systemaufrufe angesprochen werden und hat direkten Zugriff auf die System-Hardware (z.B. die ↗MMU).

Task

Siehe ↗*Prozeß.*

TCP

Das *Transmission Control Protocol* (TCP) wurde erstmalig im ARPANET implementiert. Es steht in direkter Verbindung zum ↗IP und wird heutzutage in vielen kommerziellen Systemen benutzt. Im ↗ISO/OSI-Modell wird es der Schicht 4 (Transportschicht) zugerechnet.

Thread

Der Thread stellt den "Handlungsfaden" eines Prozesses dar. Zusammen mit der "Prozeßumgebung" (↗*Actor*) bildet er einen UNIX-Prozeß. Threads werden auch als *lightweight processes* bezeichnet; sie finden vor allem in den Konzepten verteilter Betriebssysteme Anwendung (↗*Multi-Threading*).

TLB

Der TLB (*Translation Lookaside Buffer*) ist ein spezieller, üblicherweise vollassoziativer Cache zur Beschleunigung der Adreßumsetzung im Rahmen der virtuellen Speicherverwaltung. Die Einträge des TLB enthalten die Adreßumsetzung für die am häufigsten bzw. zuletzt benötigten Daten.

Touch Screen

Ein Touch Screen ist ein Bildschirm mit druckempfindlichen Bereichen. Operationen können so durch Berühren des Bildschirms ausgelöst werden. Die Auswahl in einem Menü erfolgt z. B. durch Berühren des entsprechenden Bildschirmfelds.

Tower

Während eine *Desk Top*-Workstation aus Platzgründen im allgemeinen nicht mehr stark ausbaubar ist, können die in Turmgehäusen untergebrachten Systeme meist über *Standardbusse* (VMEbus, Multibus etc.) mit handelsüblichen Zusatzkarten hochgerüstet werden. Statt Tower wird auch der Begriff *Desk Side*-Workstation verwendet.

Trap

Ein Fehlerzustand, der durch einen Befehl verursacht wird, muß vom Prozessor dadurch berücksichtigt werden, daß das laufende Programm unterbrochen wird, und dieser Fehlerzustand behoben wird. Da die Traps einem Befehl eindeutig zuzuordnen sind nennt man sie *synchron*. (Im Gegensatz zu den asynchronen ↗*Interrupts.*)

Traversieren

Im Graphikstandard PHIGS werden die
Objektbäme des gültigen Bildes zu jeder
Bildänderung "traversiert". Dieses bedeutet,
daß die Baumstruktur des Objektspeichers in
eine "flache" Struktur umgewandelt wird.

Treiber

siehe ↗Device.

UI

UNIX International (UI) ist eine von AT&T
und SUN Microsystems gegründete Interessengemeinschaft, die auf Basis der UNIX-
Derivate System V und SunOS ein neues, den
Standardisierungsvorschlägen   konformes,
UNIX-System (↗SVR4) auf den Markt gebracht haben. Ein Konkurrenzprodukt wird
von der ↗OSF entwickelt.

VDRAM

VDRAMs (*Video-DRAMs*) besitzen zwei unterschiedliche Ports: einen parallelen und
einen seriellen. Der serielle Port ist als Schieberegister realisiert, das bei jedem Taktzyklus
ein neues Datum liefert bzw. einliest. Über
den seriellen Port können Rasterbildschirme
direkt angesteuert werden. Über den parallelen Port werden VDRAMs wie normale
↗DRAMs angesteuert.

VEX

Video-Extention to X-Windows (VEX) ist ein
Fenstersystem, das den Typ eines Video-
fensters integriert. In VEX ist zusätzlich zu
normalen Fenstern definiert, wie ein Video-
fenster behandelt wird und welche Funktionen wie auf das Fenster angewendet werden
können.

VFS

Das *Virtual File System* (VFS) erweitert traditionelle UNIX-Filesysteme um eine weitere
Hierarchiestufe. Dabei verwaltet VFS nicht
nur Files, die lokal auf einem Rechner verfügbar sind, sondern auch Files die sich auf anderen Rechnern im Netzwerk befinden. Mit VFS
können beliebig viele unterschiedliche File-
Systeme unter UNIX verwaltet werden. VFS
ist auch die Basis für den Einsatz von ↗NFS.

View Port

Der View Port ist der auf dem Bildschirm
sichtbare Bereich eines Bildes. Bei Vorhan-
densein eines Fenstersystems entspricht der
Viewport dem Fensterinhalt des Fensters.
Wird das Fenster jedoch überlagert, so ist der
Viewport nur der sichtbare Teil des Fensters.

Virtueller Speicher

Der virtuelle Speicher stellt die Menge aller
virtuellen Adressen (virtueller Adreßraum)
dar, die über Maschinenbefehle angesprochen
werden können. Als technische Speichermedien dienen Haupt- und Hintergrundspeicher. Die virtuellen Adressen werden in
der *MMU* (↗MMU) in reale (physikalische)
Hauptspeicheradressen umgesetzt, bevor ein
Speicherzugriff erfolgen kann. Erkennt die
MMU im Rahmen der Adreßübersetzung, daß
sich die benötigten Daten nicht im Hauptspeicher befinden, wird eine Unterbrechung
(*Page Fault*) ausgelöst und die zugehörige
Seite in den Hauptspeicher geladen.

VLIW

Very Long Instruction Word. Die VLIW-Archi-
tektur ist die konsequente Weiterentwicklung
der ↗LIW-Architektur. Ein VLIW-Rechner
arbeitet bei jedem Prozessortakt *mehrere
gleichartige* Befehle (z.B. drei FPU-Operationen) ab. Besondere Probleme bei LIW- und
VLIW-Architekturen ergeben sich beim Wiederaufsetzen nach einem ↗Trop und (bei
VLIW bei Sprüngen).

von Neumann-Architektur

Die von Neumann-Architektur stellt die klassische Rechnerarchitektur dar. Sie besteht aus
im Prinzip aus dem Prozessor und einem Speicher. Sowohl die Befehle als auch die Daten
sind in diesem Speicher abgelegt. Da diese
Schnittstelle zum Speicher bei heutigen Rechnern die erreichbare Systemleistung begrenzt,
spricht man auch vom *von Neumann-
Flaschenhals*, der durch den Übergang zur
↗*Harvard-Architektur* vermieden wird.
Diese Architektur wurde nach *John von Neu-
mann* benannt, der in den 40er Jahren mit anderen den Übergang von der Rechner-Pro-
grammierung durch Schalter und Steckver-
bindungen auf das Ablegen eines Programmes
in einem *Speicher* anregte.

Workstation

Workstations sind in Leistung und Preis zwischen ↗*PCs* und ↗*Mainframes* angesiedelt. Ein Rechner wird zur Workstation durch ausgewogene, hohe Leistung seiner Komponenten *Prozessor, Graphik, Netz.*
In jüngster Zeit werden wegen ihrer hohen Leistung häufig ↗RISC-Prozessoren als ↗CPU von Workstations verwendet.

Wortformat

Das Wortformat bestimmt die Reihenfolge, in der die einzelnen Bytes eines Maschinenworts numeriert werden. Bei *Little Endian* wird vom LSB (Least Significant Bit) aus in Richtung MSB (Most Significant Bit) gezählt, bei *Big Endian* vom MSB in Richtung LSB.
Little Endian wird von Wort-Maschinen (z.B. VAX, Intel), Big Endian von Byte-Maschinen (z.B. IBM /370, Motorola) bevorzugt.

XDR

Da sich die verschiedenen Prozessoren in der Byte-Anordnung unterscheiden (Little/Big Endian, ↗*Wortformat*), bedarf es beim Austausch von Daten über Netz einer Festlegung der Byte-Folge für die Datentypen, die eine Applikation verwendet. *External Data Representation* (XDR) ist ein Standard zur Definition solcher Byte-Folgen; er ermöglicht eine prozessorunabhängige Kommunikation. Im ↗ISO/OSI-Modell entspricht XDR einem Protokoll dar Schicht 6 (Darstellungsschicht).

XPG

X/OPEN Portablility Guide (XPG). In ihm sind alle Standardisierungsvorschläge der ↗X/OPEN Gruppe zusammengefaßt.

X/Open

Die X/OPEN Gruppe ist eine *Herstellervereinigung*, deren Ziel eine Standardisierung bei Systemaufrufen, Bibliotheksfunktionen, Fenstersystemen, Datenbanken und Internationalisierung ist. Sie zählt zu ihren Mitgliedern u. a. AT&T, HP, DEC, Siemens-Nixdorf, Bull und Unisys.

Sachverzeichnis

M. Gonauser, M. Mvra (Hrsg.)

Multiprozessor-Systeme

Architektur und Leistungsbewertung

1989. XIII, 256 S. 106 Abb. Brosch. DM 84,– ISBN 3-540-50262-9

Inhaltsübersicht: Klassifikation von Multiprozessor-Systemen. – Verbindungsnetze. – Rechnerbeispiele zu einigen Klassifikationsmerkmalen. – Funktionale Aspekte. – Leistungsaspekte. – Methoden zur Modellbildung und Analyse von Rechnersystemen. – Anhang. – Abkürzungen. – Verzeichnis der Rechnerbeispiele. – Sachverzeichnis.

Das Buch behandelt den Aufbau und die Bedeutung von Multiprozessor-Systemen. Die beschriebenen Systeme – und zwar sowohl kommerziell verfügbare als auch erst im Forschungsstadium befindliche – werden auf ihre relevanten Merkmale hin untersucht und einander gegenübergestellt. Die resultierende Klassifikation ist in dieser Form in der Literatur noch nicht vorhanden. Sie schafft zum einen Licht im Begriffsdickicht und kann zum anderen als Basis für Entscheidungen dienen.

Ziel ist, dem Leser einen breiten Überblick sowie fundierte Hintergrundinformation zu geben. Er kann das Buch auch als Nachschlagewerk verwenden. Die übersichtliche Gliederung sowie das ausführliche Stichwortverzeichnis unterstützen ihn dabei. Das Buch wendet sich an Hersteller, Anwender und Studenten, vor allem aber an den technischen Manager, der über Anschaffung und Einsatz zu entscheiden hat. Er kann sich umfassend informieren und die einzelnen Systeme auf die Eignung für seine Bedürfnisse hin beurteilen.

Springer-Verlag
Berlin
Heidelberg
New York
London
Paris
Tokyo
Hong Kong
Barcelona
Budapest

R. Kober (Hrsg.)

Parallelrechner-Architekturen

Ansätze für imperative und deklarative Sprachen

1988. XIII, 360 S. 96 Abb. Brosch. DM 84,- ISBN 3-540-50038-3

Inhaltsübersicht: Einleitung. - Prozedurale Programmiersprachen (Ada, CHILL). - Objektorientierte Programmiersprachen. - Funktionsbasierte Programmiersprachen. - Logische Programmiersprachen. - Vergleich der Architekturvorschläge. - Glossar. - Sachverzeichnis.

Parallelrechner-Architekturen zeigen den Weg zu hochleistungsfähigen, kostengünstigen Rechnerstrukturen. Um ihr Leistungspotential für möglichst breite Anwendungsbereiche einfach und wirkungsvoll nutzbar zu machen, müssen Rechnerarchitektur und Softwarearchitektur einschließlich der Programmiersprachen gemeinsam betrachtet und im Einklang miteinander entwickelt werden.

In diesem Buch werden Aspekte der Parallelverarbeitung bei modernen imperativen und deklarativen Sprachen dargestellt, daraus resultierende Anforderungen an parallele Systemarchitekturen abgeleitet sowie geeignete Architekturen vorgestellt und bewertet.

Im einzelnen werden behandelt: imperative Sprachen (prozedurale und objekt-orientierte), deklarative Sprachen (funktionale und logische), Ebenen der Parallelität, Granularität der Verarbeitungspakete, explizite und implizite Parallelität, Anforderungen an Kommunikation und Synchronisation, Prozeß- und Speicherverwaltung, abstrakte Maschinen, Konzepte für die Umsetzung der abstrakten Maschinen in physikalische Architekturen sowie bekannte Realisierungen.

Springer-Verlag
Berlin
Heidelberg
New York
London
Paris
Tokyo
Hong Kong
Barcelona
Budapest